«Un excelente resumen de los primeros diez sigl
en su minuciosidad, claridad y organización. Esta obra debe estar obligatoriamente en la biblioteca de cualquier persona interesada en la historia del cristianismo».
Justo L. González, historiador y teólogo, autor de *Historia del cristianismo* e *Historia del pensamiento cristiano*

«Este es probablemente el mejor relato de la historia y los temas clave de la indivisa iglesia cristiana a través del primer milenio y más allá que tenemos disponible hoy en día. Su alcance es amplio y específico, abarcando todas las áreas geográficas y épocas de ese período, pero también introduciendo figuras clave particulares y proporcionando análisis reflexivos de temas importantes como la relación entre la iglesia y el estado o la comprensión de la sexualidad humana. También ofrece una selección bien escogida de textos primarios para una lectura más detallada. Seguro que se convertirá en un libro de texto estándar y en una obra de referencia para todos los estudiantes de ese período».
John Behr, decano, Profesor de Patrística, St. Vladimir's Orthodox Theological Seminary, Crestwood, Nueva York.

«Se trata de una obra monumental que sintetiza maravillosamente un deslumbrante conjunto de virtudes. Es muy completa, pero también animada por una juiciosa selección de detalles concretos; profundamente erudita, pero escrita con elegante lucidez; lleva al lector en una marcha enérgica a través de la historia cristiana al mismo tiempo que ofrece contemplaciones históricamente situadas de temas y preocupaciones cristianas perennes, tales como la filantropía y la moralidad sexual. Los prodigiosos talentos de John McGuckin como erudito y maestro, perfeccionados durante décadas, logran aquí una destilación brillante y ampliamente accesible».
Khaled Anatolios, Profesor de Teología, Universidad de Notre Dame

«John McGuckin ya ha proporcionado varias guías completas de la ortodoxia oriental. En este libro, él discute la historia de toda la iglesia durante el primer milenio, cuando todavía no había cisma entre Oriente y Occidente. No habla simplemente de la historia pública de la iglesia institucional, como es habitual, sino que presta cuidadosa atención a lo que fue ser cristiano en este período: cómo oraban y adoraban los cristianos, y cómo trataban con la riqueza y la pobreza, por no mencionar la esclavitud. El Padre John cuenta su historia con inmensa erudición y perspicacia, pero de manera sencilla y directa. El resultado es un logro poco común de inmenso valor para todos los cristianos que buscan entender su pasado—y su futuro».
Andrew Louth, Profesor Emérito de Patrística y Estudios Bizantinos, Universidad de Durham Reino Unido, miembro honorario de la facultad de teología, Vrije Universiteit, Amsterdam, autor de *Modern Orthodox Thinkers*

EL SENDERO DEL CRISTIANISMO

Los primeros 1000 años

John A. McGuckin

EL SENDERO DEL CRISTIANISMO

Los primeros 1000 años

VOLUMEN 1

John A. McGuckin

© 2017 Inter Varsity Press
© 2019 Publicaciones Kerigma

Publicado en inglés bajo el título de *The Path of Christianity: The First Thousand Years*
John Anthony McGuckin
IVP Academic © 2017

Traducción al español: Jorge Ostos
Edición al español: Mauricio A. Jiménez

Salem Oregón, Estados Unidos
http://www.publicacioneskerigma.org

Todos los derechos son reservados. Por consiguiente: Se prohíbe la reproducción total o parcial de esta obra por cualquier medio de comunicación, sea este digital, audio, video escrito; salvo para citaciones en trabajos de carácter académico, según los márgenes de la ley o bajo el permiso escrito de Publicaciones Kerigma.

Diseño de Portada: Publicaciones Kerigma

2019 Publicaciones Kerigma
Salem Oregón
All rights reserved

Pedidos: 971 304-1735

www.publicacioneskerigma.org

ISBN:978-1-948578-39-4

Impreso en los Estados Unidos
Printed in the United States

A mi amada Eileen

CONTENIDO

Preludio xiii
Abreviaturas 15

PARTE 1: EL SENDERO DE PEREGRINACIÓN DE LA IGLESIA

1. EL FÉRTIL SIGLO II 1

El fin de los apóstoles y los comienzos de la apostolicidad 1

Una proliferación de las escuelas y maestros cristianos 2

    Grupos cristianos judíos. 2
        Encratitas
        Nazarenos (Nazoraioi)
        Ebionitas
        Elcesaítas

    Montanismo 11
    Comunidades cuartodecimanas de Asia Menor 20
    Gnosis cristiana 23
        Un contexto
        Valentín (fl. 120-160)
        Bardaisan (c. 154-222)
        Basílides (fl. 135-161)

    Marcionismo 38
    Ireneo de Lyon (c. 135–200) 45
    Los padres apostólicos 50
        Clemente de Roma y las seudoclementinas
        Ignacio de Antioquía (c. 35-107)
        Hermas (activo 90-150)
        Policarpo (c. 69-156)
        Papías de Hierápolis (activo a principios del siglo II)
        Epístola de Bernabé
        La Didaché
        La carta a Diogneto

    El movimiento monarquiano de los siglos II al III 68
    La escuela primitiva antimonarquiana del Logos 84
        Justino Mártir (d. c. 165)
        Tertuliano (c. 155-220)

  Hipótilo (c. 170-235)
  Novaciano de Roma (c. 200-258)
 Las primeras ortodoxias y heterodoxias..99
 Una breve lectura 101
 Lecturas complementarias..105

2. SANGRE EN LA ARENA 111
 Los cristianos en la mira del imperio romano 111
  La persecución de Nerón...116
  La persecución de Domiciano 116
  La persecución de Trajano 117
  El interludio de Severo...119
  La persecución de Maximino el Tracio 120
  La persecución de Decio 120
  La persecución de Valeriano 121
  La persecución de Diocleciano..122
  La memoria de una comunidad perseguida 125
 Las ideas romanas sobre la ley y la religión..127
  El principado y el dominado (27 a.C. a 313 d.C.)..127
  Una respuesta cristiana a la opresión romana: La teología social de Tertuliano
 130
 Actitudes helenísticas hacia el cristianismo: el caso de celso.......................139
 Órdenes rivales no cristianas..143
  Mitra...143
  Isis, reina de la magia...149
  Cibeles..155
  Maniqueísmo..159
 Las primeras relaciones cristianas con los judíos...167
 La tradición apologética cristiana..175
  Justino Mártir (d. c. 165)..177
  Taciano...179
  Atenágoras de Atenas (c. 133–190) 181
  Melitón de Sardes (d. c. 180) 182
  Clemente de Alejandría (c. 150–215)...183
  Teófilo de Antioquía 185
  Tertuliano (c. 155–240)..186

(Marco) Minucio Félix (más tarde en el siglo II) 189
Una breve lectura 191
Lecturas complementarias 198

3. LA MADUREZ 203

El establecimiento de la política cristiana 203

Roma y África del Norte: Repercusiones de la persecución: Cipriano y Esteban 205

Las escuelas cristianas de Alejandría y Cesarea 215

La escuela catequística de Alejandría 215
Orígenes de Alejandría: Maestro teólogo y filósofo
Teología bíblica de la salvación de Orígenes
La herencia de Orígenes: Dionisio de Alejandría

La escuela de Cesarea 250

El cristianismo y los filósofos 251

Una breve lectura 261

Lecturas complementarias 265

4. EL EVANGELIO EN EL TRONO 269

Diocleciano y la revolución constantiniana 269

La crisis arriana y su resolución 273

Arrio y Alejandro en conflicto 273

El Concilio de Nicea 325 286

Búsqueda de puntos en común y consenso 294
El Sínodo de Sárdica 343
El Sínodo de Alejandría 362

Los oponentes de Atanasio 300
Eusebio de Nicomedia
Aecio y Eunomio de Cízico

La síntesis teológica capadocia 304

Basilio de Cesarea (330–379) 305

Gregorio Nacianceno (329–390) 309

Gregorio de Nisa (c. 331–395) 312

Los Concilios de Constantinopla 381 y 382 316

El ascenso del cristianismo en el siglo iv y sus opositores 324

Una brebe lectura 330

Lecturas complementarias 341

5. RECONCILIANDO EL MUNDO 345

Arrepentimiento y reconciliación en la teoría y acción cristiana temprana 345

Cánones penitenciales orientales 349
El Sínodo de Ancyra 314
Influencias monásticas en la penitencia

Los penitenciales occidentales y el sistema de confesión 358

Ideas feudales de restitución y expiación 362
Purgatorio como expiacón póstuma
Teoría de la expiación feudal en Occidente: ¿El Cur deus homo *de Anselmo?*

Los movimientos monásticos cristianos 371

El surgimiento de variedades de monaquismo cristiano 371

Monaquismo sirio 376
Afraates el sabio
Macario el Grande
Isaac de Nínive
Simeón el Estilita

Monaquismo egipcio 381
Relatos de Antonio Abad
Relatos del desierto: El fayún cristiano
El monarquismo federado de Pacomio
Otros notables centros monásticos egipcios: Gaza y Sinaí

Monasterios en Palestina y más allá 390
Eutimio
Mar Saba

El primer monaquismo en Occidente 393
Martín de Tours
Juan Casiano en Marsella
Monarquismo irlandés
   Columba
   Columbano

Una breve lectura 400

Lecturas complementarias 408

Acerca del autor 411

PRELUDIO

ESTA HISTORIA INTELECTUAL Y SOCIAL de la iglesia primitiva en sus primeros mil años ha sido diseñada desde el principio como un libro de texto. Espero que sea útil para una amplia gama de lectores: clérigos, seminaristas, una gran variedad de estudiantes de pensamiento y cultura cristianos, y también para el lector en general que tiene empatía por esta gran religión que edifica la cultura y que podría desear saber cómo llegó a ser la iglesia tal como es. Las cosas más importantes se resolvieron en el siglo V. Mucho de lo que ahora vemos como características del movimiento cristiano son variaciones en los fundamentos, reacciones a él, reacciones a las reacciones, y así sucesivamente. Una cosa es muy cierta en el cristianismo: nació de una filosofía escatológica que miraba al pasado y del cual se orientó hacia el futuro. Desde entonces ha permanecido como una fuerza profundamente conservadora, incluso cuando, como era el caso con frecuencia, era social y religiosamente radical y proléptica. La historia de la iglesia, por lo tanto, es como un vasto emporio de antigüedades, donde muy poco se ha tirado y algunas cosas arcaicas, sorprendentemente, todavía están siendo presionadas para su uso diario. Una comprensión de cómo la iglesia en el primer milenio llegó a ser como es, no sólo ofrecerá al lector una fascinante galería de historias por derecho propio, sino que también podría explicar mucho acerca de la iglesia contemporánea: por qué algunas partes de ella parecen tan lentas en reconocer el cambio de cualquier tipo, y por qué otras partes parecen no ser capaces de cambiar lo suficientemente rápido; por qué algunos aspectos de la práctica pastoral cristiana han sido, y siguen siendo, conmovedores y admirables, y por qué otros aspectos parecen menos atractivos en una era moderna que valora las libertades individuales y la responsabilidad.

Muchos programas de estudios avanzados de historia cristiana siguen un plan semestral de doce semanas y a menudo dedican dos sesiones de clase a la semana a un curso de crédito mayor, que va de dos a tres horas. Fue por esta razón que concebí el libro en dos partes. La primera sección sigue la línea histórica de desarrollo del primer milenio de forma sincrónica. Examina los diferentes protagonistas y las crisis de los distintos siglos a medida que se desarrollan temporalmente. El capítulo inicial, dedicado al siglo II, es uno de los más extensos del libro. Esto es así porque el segundo siglo fue el útero que nutrió el embrión del movimiento cristiano internacional. Si la iglesia del segundo milenio depende profundamente de la primera, entonces el primer milenio ciertamente crece orgánicamente a partir de ese segundo siglo. La primera parte del libro permite seguir una progresión lineal predecible. La segunda parte del libro toca una nota diferente. Sugiere que la vida real rara vez sigue un movimiento tan directo y lineal como podría sugerir la narrativa formal registrada. Por consiguiente, la segunda parte adopta un enfoque diacrónico de la historia. Deja el relato de los desarrollos principales y en su lugar investiga ideas estructurales clave: temas y obsesiones de los cristianos que podrían arrojar un tipo diferente de luz sobre nuestro estudio: una luz que podría dar una dimensionalidad diferente y nuevas perspectivas.

En el curso de mi enseñanza de este material, durante más de diez años en Inglaterra y luego veinte años en Nueva York, ofrecí dos clases de historia del primer milenio cada semana en el semestre de otoño. En el primero de esos encuentros hemos hecho un progreso lineal a lo largo de los siglos, con mi conferencia principal subrayando episodios y protagonistas destacados. En la segunda clase pasamos más tiempo leyendo y discutiendo colectivamente textos primarios clave, y considerando «cuestiones» y temas a lo largo de los siglos. He tratado de reproducir esto en la estructura de las partes uno y dos del presente volumen. En cada parte, sin embargo, he tenido el lujo en el libro, lo que no siempre fue posible dadas las presiones del aula, de ofrecer una amplia gama de textos primarios para cada capítulo. Mi consejo al lector es que tome los capítulos en orden secuencial de la primera parte, y luego alternarlos con la lectura de los capítulos (no necesariamente en secuencia) de la segunda parte. De esta manera, el largo camino de los mil años no será demasiado abrumador.

Por lo tanto, si el libro se utiliza como texto de clase, se presta inmediatamente a una presentación lineal, seguida de un debate en un seminario: sincrónico y diacrónico al mismo tiempo.

Espero que sea útil. Ciertamente ha sido esclarecedor ponerlo todo junto para que sirva como una exposición clara y honesta de un conjunto de fenómenos extraordinarios y a menudo extremadamente hermosos, que he tratado de exponer con un ojo histórico claro, pero también con vistas al carácter espiritual y radiante de la vida interior de la iglesia: el alma en el cuerpo que le dio vitalidad, que siempre afirmó que era el espíritu de su Señor resucitado, que todavía habitaba sus preocupaciones a pesar de la falibilidad muy humana que a menudo mostraba en su larga peregrinación terrenal.

ABREVIATURAS

ANF	*The Ante-Nicene Fathers.*
ANRW	*Aufstieg und Niedergang der römischen Welt: Geschichte und Kultur Roms im Spiegel der neueren Forschung.* Parte 2, *Principat.* Editado por Hildegard Temporini and Wolfgang Haase. Berlin: de Gruyter, 1972-
c.	circa (cerca)
CSEL	Corpus Scriptorum Ecclesiasticorum Latinorum
d.	died (fallecido)
fl.	flourished (floreció)
JEH	*Journal of Ecclesiastical History*
JTS	*Journal of Theological Studies*
OECT	Oxford Early Christian Texts
PG	Patrologia Graeca [= *Patrologia Cursus Completus:* Series Graeca]. Editado por J.-P. Migne, 162 vols. Paris: 1857-1886.
PL	Patrologia Latina [= *Patrologia Cursus Completus:* Series Latina]. Editado por J.-P. Migne, 217 vols. Paris: 1844-1864.
r.	reigned (reinó)
SC	Sources Chrétiennes
StPatr	*Studia Patristica*
VC	*Vigiliae Christianae*
ZNW	*Zeitschrift für die neutestamentliche Wissenschaft und die Kunde der aälteren Kirche*

PARTE 1

EL SENDERO DE PEREGRINACIÓN DE LA IGLESIA

1
EL FÉRTIL SIGLO II

EL FIN DE LOS APÓSTOLES Y
LOS COMIENZOS DE LA APOSTOLICIDAD

El segundo siglo es un tiempo extraordinariamente fértil en la historia cristiana. Es un período que a menudo «se encuentra entre las lagunas» del conocimiento común: siendo demasiado tarde para los que se centran intensamente en el Nuevo Testamento y demasiado pronto para los que desean ver la forma clásica de la eclesialidad posnicena. Los historiadores teológicos estudiaban a menudo este período principalmente por lo que podía bosquejar de la forma de las cosas que vendrían, más que por lo que tenía que decir en sí mismo. Pero como el estudio de toda la embriología, esta era fundacional en el desarrollo cristiano posneotestamentario puede decirnos mucho, siempre y cuando estemos dispuestos a escuchar las historias, por muy extrañas que nos parezcan al principio, y pongamos freno a nuestro deseo de abordarlas principalmente en términos de lo que vino antes o lo que vendría después. Por supuesto, la mayor parte de lo que encontramos en el siglo II se encontraba en un dilema similar de autoclasificación. La mayor parte del tiempo los escritores de esta época hacían afirmaciones explícitas entre ellos, a veces en fuerte desacuerdo, para representar el auténtico linaje de la era apostólica. Sin embargo, tantas afirmaciones conflictivas de ser la continuación genuina de la enseñanza y la dirección de los discípulos de la primera generación, llevaron a una sensación inevitablemente creciente de que no todas esas afirmaciones podrían ser verdaderas, y de que no todas las visiones de la idea central del consenso cristiano eran compatibles. Esto llevó a que gran parte de la controversia de esta época se centrara en la cuestión de la tradición: la *paradosis* de la iglesia (lo que se transmitió como núcleo y definitivo).

La apostolicidad y lo que significaba se convirtió en una cuestión crucial. Es una que se refleja aún hoy en el poder de la noción del canon apostólico (lo que puede ser considerado como Escrituras fundamentales y autorizadas del Nuevo Testamento) y la sucesión apostólica de autoridad desde las primeras generaciones hasta las sucesivas. Estas nociones gemelas de lo que es la nueva escritura de la nueva comunidad y quien habla por ella (en otras palabras, el canon apostólico y quiénes son los oficiales ordenados de la asamblea litúrgica, que hablan por ese canon en exégesis y predicación, como sucesores de los apóstoles) son los temas magistrales dominantes de todo este siglo. Al final de este período formativo, las cosas centrales han tomado forma y marcarán el cristianismo para los milenios venideros: la naturaleza de las autoridades ordenadas; el núcleo central de lo que se puede considerar como los libros sagrados cristianos, y sobre todo cómo interpretarlos; si la iglesia está vinculada o no a las leyes judías si acepta los libros sagrados judíos; cuál es la naturaleza de las esperanzas cristianas fundamentales; cuál es el estatus de la persona de Jesús o del Espíritu Santo; si el Dios cristiano era monista, binitario o trinitario en su forma; y cómo las disputas podrían resolverse en todo el creciente mundo cristiano. La iglesia se expandió desde Jerusalén muy rápidamente. Siguió rutas comerciales por mar y tierra, primero hacia Asia Menor y luego hacia todos los grandes puertos marítimos romanos. Su coherencia internacional no era algo que se daba por sentado al principio. Me parece, al menos a mí, que se ha desarrollado por la difusión de buenas prácticas observadas y copiadas por comunidades que tenían un ojo en las acciones de los demás y que también fueron alentadas hacia una mayor comunidad a lo largo del segundo siglo por los líderes eclesiásticos de las comunidades de las grandes ciudades, quienes podían jactarse de una mayor acumulación de líderes hábiles y eruditos en sus asambleas. De la misma manera que las comunidades religiosas se desarrollan hoy en día: fuertes a nivel local, pero también internacionalmente conscientes por la conexión personal y el respeto histórico.

Nuestro relato en este capítulo progresará al observar la notable variedad de personas, eventos, controversias y acontecimientos que ocurrieron en este importante período. Si el Nuevo Testamento es la verdadera embriología de la iglesia cristiana, entonces este siglo fue su infancia. El aprendizaje se imprime tanto como se adquiere conscientemente en estos tiempos formativos. Del mismo modo, las pautas establecidas aquí perduraron durante siglos como estructuras fundamentales de estatuto. Nuestro relato comienza mirando a algunos de los principales movimientos y maestros individuales, reclamando atención como los continuadores de la historia cristiana en el mundo romano después de la destrucción del templo de Jerusalén.

UNA PROLIFERACIÓN DE LAS ESCUELAS Y MAESTROS CRISTIANOS

Grupos cristianos judíos. *Encratitas.* Los encratitas son considerados como una secta secesionista por los heresiólogos posteriores, pero es probable que nunca hayan existido en esta forma concreta, es decir, como un grupo político o eclesiástico como tal. Más bien, sus actitudes formaban parte de un «espíritu de la época» mucho más amplio, ascético y negador del mundo, el cual a finales del siglo II los había marcado como secesionistas de las principales comunidades cristianas, que eran menos radicales en sus actitudes hacia el ascetismo que estas otras y que, en consecuencia, llegaron a considerar las prácticas ascéticas como indicadores de identidad específicos para estas diferentes comunidades. Así que la actitud hacia la *encrateia* (sin duda un elemento común entre tales facciones) fue probablemente elevada en el siglo II como un tópico para identificar grupos que podrían haber sido mucho más variados en términos del estatuto más amplio de identificación de las doctrinas que sostenían. El término *encrateia* significa «autodominio» en la literatura filosófica, la capacidad de controlar las fuerzas del cuerpo y del espíritu de una manera disciplinada, para permitir la vida sofística.[1] Una compilación de aforismos sofísticos del segundo siglo (que tuvo algo de vigencia entre los lectores cristianos) fueron las *Sentencias de Sexto*.[2] Es un claro ejemplo de ascetismo sofista visto en primer lugar como un alejamiento de los deseos materialistas y corporales para permitir la contemplación, pero también como una forma o «modo de vida» (*politeia*) que podría fácilmente volverse hacia un cierto «desprecio» de los valores humanos comunes.

Entre los cristianos el término *encrateia* pronto llegó a significar «continencia», y cuando se alió a las observancias dietéticas (comunes a los grupos judíos y paganos de la época) tales disciplinas ascéticas podían fácilmente convertirse en identificadores de grupo. Los «encratitas» que los heresiólogos posteriores objetan parecen haber sido grupos ascéticos radicales entre las iglesias sirias de los tres primeros siglos, algunos de los cuales se traslaparon de manera poco clara con las tendencias gnósticas y, más tarde, maniqueístas. Una prueba de fuego específica para distinguir el encratismo del ascetismo cristiano principal (especialmente cuando esto se hizo prevalente en el movimiento monástico posterior) fue la creencia entre los radicales de que la actividad sexual era profundamente antiespiritual y contraria a la liberación del alma, concebida como una lucha para escapar de los lazos carnales.[3] Entre los círculos encratitas, el matrimonio estaba mal visto, incluso prohibido a la élite de las comunidades. El movimiento también se registró como estrictamente vegetariano y abstinente de vino. Los ascetas pitagóricos habían inculcado durante mucho tiempo el vegetarianismo, ya que los alimentos veganos tenían menos «materia animada» en ellos para mantener las almas de los consumidores que tanto los «atrapaba», atados a esta región sublunar.

El movimiento a menudo estaba aliado con una cosmovisión fuertemente dicotómica de los «dos caminos» (polos siempre en guerra de luz y oscuridad, bien y mal) que mantenían al cosmos profundamente corrompido por las formas materiales; y entendía a la iglesia, de una manera definitoria y circunscrita, como el cuerpo de los elegidos puros retirado de ese malvado cosmos.[4] Algunos han visto conexiones entre

---

[1] Aristóteles, *Ética nicomáquea* 7.4.4.

[2] H. Chadwick, ed., *The Sentences of Sextus* (Cambridge: Cambridge University Press, 1959); véase en línea en inglés "The Sentences of Sextus," traducido por Frederik Wisse, *The Gnostic Society Library*, http://gnosis.org/naghamm/sent.html, consultado el 25 de mayo, 2016.

[3] Hugo Koch compiló un excelente estudio de las fuentes del encratismo que sirvió como preludio de las influencias en el movimiento monástico posterior. Véase *Quellen zur Geschichte der Askese und des Monchtums in der alten Kirche*, parte 1 (Tübingen: Motor, 1933).

[4] Por «de una manera definitoria y circunscrita» quiero decir que, si la iglesia es vista por definición como el cuerpo de los elegidos puros, no puede tolerar la presencia de lo impuro dentro de ella, así que es por ese hecho una eclesiología altamente excluyente.

la epístola a Tito (especialmente las amonestaciones del capítulo 2) y el movimiento encratista—pero hay un mundo de diferencia, ya que el consejo ascético en Tito refleja el sentido muy común y generalizado de la moralidad ascética (el «código romano de hogar»), que era una especie de forma democratizada del sofisma helénico para las personas.[5] Ese tipo de consejo ascético no se acerca al dualismo radical de la carne y el espíritu que encontramos característico del encratismo correctamente entendido. Fue en los círculos encratitas donde parece haberse originado el gran cuerpo de escritos apócrifos de los tres primeros siglos, la mayoría de los cuales están marcados por estas tendencias ideológicas, aunque aún no se hayan consolidado en una ideología doctrinal común.

El teólogo cristiano sirio Taciano es usualmente elevado como un ejemplo concreto de tal encratismo. Ireneo fue el primero en verlo como el «patriarca» de los encratitas, aunque probablemente era sólo una forma más severa de las tendencias ascéticas que prevalecían en gran parte del cristianismo sirio de los primeros tres siglos, una iglesia que atacó a los observadores externos griegos y latinos, a medida que cada vez más era incompatible con las principales comunidades del Mediterráneo.[6] Entre los sirios, por ejemplo, se ha pensado que el bautismo, hasta bien entrado el siglo IV, era también una invitación solemne a profesar castidad de por vida, lo que significaba que desde los primeros tiempos el clero de los sirios era célibe, siendo el bautismo un requisito para las órdenes clericales. La gran mayoría de los fieles adoradores serían catecúmenos que nunca recibieron los sacramentos hasta tarde en la vida, cuando estaban en su lecho de muerte o escogieron el bautismo y una vida de vejez célibe después. Según Ireneo, el movimiento encratista veía al sexo procreador como responsable de transmitir el estigma y la mancha de la condenación desde Adán hasta toda la raza humana. Es una gran reminiscencia de las ideas que más tarde influyeron en Agustín desde su época entre los maniqueos. Ireneo remonta esta idea a influencias del gnosticismo valentiniano. En efecto, ha «perseguido» a las actitudes cristianas hacia la sexualidad desde tiempos inmemoriales, apareciendo regularmente desde los mesalianos del siglo IV hasta los bogomilos del siglo XI y posteriores.

Una serie de teólogos cristianos de la primera corriente patrística denuncian regularmente el movimiento encratista.[7] En muchos casos se trata de una tendencia cultural contra la que atacan. Uno nota, sin embargo, que la inclinación profundamente reverencial que el cristianismo del segundo siglo hace hacia el ascetismo sofístico impide que los mismos escritores escriban siempre un encomio festivo de la santidad sacramental de la unión sexual bendecida por Cristo, o que noten cuán extensamente

---

[5] Cf. G. Sfameni Gasparro, "L'Epistula Titi discipuli Pauli De dispositione sanctimonii e la tradizione dell' enkrateia," *ANRW* 2.25.6, 4551-64.

[6] Véase Ireneo, *Adversus Haereses* 1.28.1; A. Voobus, *History of Asceticism in the Syrian Orient*, vol. 1 (Louvain: Peeters, 1958).

[7] Ireneo, *Adversus Haereses* 3.23; Clemente de Alejandría, *Paedagogus* 2.2.33; *Stromateis* 1.15.71.6; 3.17.101.1-2; 7.17.108.1-2; Hipólito, *Refutations* 8.20.1-4; Eusebio, *Ecclesiastical History* 4.29; Epifanio, *Panarion* 45-47.

el deseo de un liderazgo totalmente célibe, y el establecimiento de la virginidad como el más alto ideal de la virtud cristiana, son establecidos como tropos insignificantes por los mismos escritores del cuarto siglo que encuentran perturbadora a la «escuela» encratista. Quizás lo más cerca que podemos estar de encontrar un texto típico de los mismos encratitas cristianos (aparte de los hechos apócrifos de los apóstoles)[8] es el citado fragmento del diálogo de Jesús y Salomé en el Evangelio de los egipcios.[9] El historiador del siglo IV Eusebio, describiendo la situación del siglo III, dice que un tal Severo, a quien él clasifica como gnóstico, era un líder de una secta ascética radical cristiana.[10] Esta última aceptó el Antiguo Testamento pero rechazó los escritos y la autoridad de Pablo (haciéndolo evocar a los ebionitas tal como los describe Ireneo). Epifanio argumenta que este movimiento ascético radical todavía estaba vivo en Frigia y Pisidia en el siglo IV.[11]

El encratismo sería finalmente ahogado, superado por la ortodoxia cristiana más amplia en el acto mismo de su fusión con las formas principales de la vida cristiana, cuando el siglo IV trajo el movimiento monástico a su tierra natal: sólo insistiendo entonces, tal como lo hizo la corriente principal, que tales tendencias ascéticas no despreciaban la sacramentalidad del matrimonio, o la santidad de la procreación, y la virtud posible en la vida ordinaria de los laicos. El carácter abrumador del cristianismo ascético del siglo IV, sin embargo, significó que mientras se observaban estas sutilezas, la teología del matrimonio, o las reflexiones sobre el valor espiritual positivo de la experiencia física humana, fueron masivamente descuidadas por los escritores cristianos incluso en la era moderna.

Nazarenos (Nazoraioi). El heresiólogo Epifanio de Salamina del siglo IV (nunca del todo fidedigno en su juicio histórico, desafortunadamente) nos da la información de que la comunidad judeocristiana de Jerusalén que sobrevivió a la guerra romana del 70 d.C. huyó a Pella en la Decápolis.[12] Esta era la región de las «Diez Ciudades» a través del Jordán. Esto es indudablemente cierto. Epifanio entonces deriva la secta judeocristiana «nazarena» (*Nazoraioi*; por lo tanto, también *nazoreana* o *nazorena*) de esa comunidad remanente original de la iglesia de Jerusalén y los enumera cronológicamente como prosperando cerca de la época de Cerinto el Gnóstico: por lo tanto, a mediados del siglo segundo. Epifanio los cataloga en su crónica de

---

[8] Apócrifos ascéticos sirios como Hechos de Tomás, Hechos de Pablo, Hechos de Juan y Evangelio de Tomás. Para más detalles, véase Y. Tissot, "L'encratisme des Actes du Thomas," *ANRW* 2.25.6, 4415-30.

[9] Citado en Clemente de Alejandría, *Stromateis* 3.9.63.2–66.1; Clemente de Alejandría, *Excerpts from Theodotus* 67.1-4.

[10] Eusebio, *Historia eclesiástica* 4.29.4-5.

[11] Epifanio, *Panarion* 47.

[12] Ibid., 29.7.7; 30.2.7; *On Weights and Measures* 15. Eusebio habla de esto en la *Historia eclesiástica* 3.5.3, sugiriendo que el traslado a Pella fue justo antes del año 70 d.C.: «Pero la gente de la iglesia en Jerusalén había sido ordenada por una revelación, avalada por hombres aprobados allí antes de la guerra, a abandonar la ciudad y a vivir en un pueblo de Perea llamado Pella. Y cuando los que creyeron en Cristo vinieron de Jerusalén, entonces, como si la ciudad real de los judíos y toda la tierra de Judea estuvieran completamente desprovistos de hombres santos, el juicio de Dios sobrepasó por largo tiempo a los que habían cometido tales ultrajes contra Cristo y sus apóstoles, y destruyó totalmente a esa generación de hombres impíos».

secesionistas y, obviamente, tiene problemas con ellos. Lo que emerge de su tratamiento es, ante todo, que no se llamaban a sí mismos cristianos como los demás (ya que en su época se había convertido en la práctica universal establecida en Antioquía), sino más bien nazarenos (que era también una antigua forma semítica de referirse a los cristianos en el Oriente romano—como él también admite). Dice que también se refirieron a sí mismos como jeseanos (en honor al antepasado bíblico Jesé, padre del rey David) y continúa dando un discurso bíblico sobre la naturaleza del reclamo de Jesús sobre el estatus real y sacerdotal de la casa de Jesé. Epifanio señala aquí que con Herodes la casa reinante de Israel perdió toda pretensión de realeza sacerdotal en la línea de Jesé (puesto que Herodes era un gentil), de modo que después de Jesús pasó claramente como una herencia común a la iglesia.[13] Esto puede leerse, por decirlo de alguna manera, como una manifestación de la principal manzana de la discordia de Epifanio con los *Nazoraioi*: ¿cuán importante era el linaje y la pertenencia a la iglesia? Una herencia judeocristiana bien podría tener diferentes puntos de vista al respecto (así como actitudes respecto a la continua relevancia de la ley o no) de las comunidades gentiles. Los *Nazoraioi* parecen haber puesto un énfasis permanente en la importancia de la herencia física de Jesús, y cuando recordamos que la primera estructuración de la iglesia de Jerusalén se basó en los líderes de la primera generación relacionados más estrechamente con Jesús (Santiago, el hermano del Señor, y María, su madre), podríamos ver el punto de esto.

Epifanio observa que su Evangelio era Mateo en hebreo. Puesto que éste, recordemos, comienza solemnemente con la genealogía a través de Jesé, y puesto que Epifanio más tarde se queja de que el grupo ha eliminado la genealogía en la versión hebrea que leían, ahora se piensa generalmente que Epifanio se ha encontrado con un texto hebreo de «un Evangelio» que usaron que en realidad no era el mismo que el de Mateo, y sobre el cual simplemente hace identificaciones confusas. Ahora se le llama el Evangelio de los ebionitas, a partir de fragmentos reensamblados en la obra de Epifanio.[14] Se cree que fue una sinopsis del Evangelio (similar al *Diatessaron* de Taciano—un pastiche de textos usados en su adoración, una «armonía» del Evangelio). Ireneo atestiguó la existencia de esta obra, pero si realmente la comentó, estas secciones de su obra se han perdido. Aparte de cortar la genealogía, el texto retrata a Jesús y a Juan el Bautista como vegetarianos (probablemente una marca de culto de los seguidores), enfatiza la hostilidad al culto sacrificial, e incluye el resumen de la ley en las propias enseñanzas del escritor. Los comentaristas generalmente piensan que el texto fue compuesto a mediados del siglo II como una armonía de Mateo y Lucas, para reflejar las doctrinas particulares de la escuela.[15]

Los asuntos más amplios con los nazarenos, tal como los entiende Epifanio, podrían situarse también en el contexto de la creciente influencia del cristianismo

---

[13] Herodes era un árabe nabateo de ascendencia edomita, criado como judío, pero nunca fue visto como lo suficientemente puro por los rabinos, que tenían una visión de él tan negativa como la de los cristianos.

[14] Para el texto, véase M. R. James, *The Apocryphal New Testament* (Oxford: Clarendon, 1924), 8-10.

[15] El rechazo del nacimiento virginal, el rechazo de elementos paulinos, etc.

paulino como norma en las comunidades gentiles del siglo II, una norma que se había dado por sentada desde su establecimiento (para el siglo III), pero que ciertamente no era un hecho consumado, al menos en Palestina, en el siglo II. El tema más amplio, de autoridad e identidad, es similar al problema que el mismo Pablo tenía con el dominio de los líderes de Jerusalén, especialmente Santiago, y con lo que sucedió cuando las comunidades cristianas gentiles fuera de Palestina ya no se preocupaban por seguir las prescripciones cultuales o dietéticas de la ley. El obispo Epifanio, posiblemente un exjudío, escribiendo desde una perspectiva muy establecida del siglo IV que mira hacia atrás a estos cristianos judíos como reliquias de una minoría de otra época, quiere socavar decisivamente esta teología nazarena. Insiste en que Jesús tiene el reinado sacerdotal de Melquisedec, mientras que Santiago de Jerusalén tuvo el sumo sacerdocio después de Aarón. Santiago también era hijo de José, señala, no de María. Fue el hijo de María quien mantuvo el linaje jeseano y el sacerdocio de Melquisedec y lo transmitió a la *ekklesia*, no a los miembros de su familia inmediata.[16]

En *Panarion* 29.5.1, sin embargo, Epifanio parece decir a sus lectores que está basando su conocimiento de los nazarenos en el relato de Filón en su libro *The Jesseans* [Los jeseanos] y su admiración por su estilo de vida ascético en Mareotis en Egipto.[17] Esta parte de su narrativa, entonces, parece estar mezclada con el relato de Filón sobre los terapeutas, en quienes Epifanio evidentemente piensa (siguiendo a Eusebio) que eran monjes cristianos, y está en parte tomada de una lectura de la *Historia eclesiástica* de Eusebio 2.17.16-18; 2.17.21-22. Uno se pregunta, por lo tanto, cuánto del tratamiento de Epifanio en esta coyuntura está cimentado en absoluto.[18] Algunos eruditos tienen opiniones negativas de su valor, pero Ray Pritz ha argumentado recientemente que no puede ser desestimado totalmente.[19] En *Panarion* 29.7.2, sin embargo, el enfoque de Epifanio parece volver a ser agudo una vez más. Habla de una secta que se autodenominan nazarenos que se identifican definitivamente como cristianos manteniendo todas las costumbres judías (para disgusto de Epifanio), que utilizan el Nuevo Testamento junto con la Ley, los Profetas y los Escritos, en el sentido rabínico de interpretación; excepto que son mesiánicos, que proclaman la resurrección de Cristo, defendiendo la unidad de Dios y que Jesús es su Hijo.[20] Observan, dice, la práctica de la circuncisión y el guardar el sabbat [o shabat]. Epifanio admite que no conoce los detalles de su cristología: si afirman el estado piadoso del Cristo nacido de la virgen por el Espíritu Santo.[21] Implica que todavía

---

[16] *Panarion* 29.3.7; 29.4.5.

[17] Realmente en *De vita contemplativa* de Filón, no en *The Jesseans*. Véase Eusebio, *Historia eclesiástica* 2.17.

[18] Él describe a los nazarenos con términos derivados, al parecer, del relato de Ireneo sobre los ebionitas. *Adversus Haereses* 1.26.2; Hipólito, *Haereses* 7.34.1; Eusebio, *Historia eclesiástica* 3.27.5.

[19] Como H. Schaeder en *Theological Dictionary of the New Testament*, ed. G. Kittel y G. Friedrich (Grand Rapids: Eerdmans, 1942), 4:879, que imagina que Epifanio inventa todo esto de su propia lectura patrística malinterpretada. El cuidadoso estudio de R. A. Pritz (*Nazarene Jewish Christianity: From the End of the New Testament Period to Its Disappearance in the Fourth Century* [Leiden: Brill, 1988]) muestra que este no es el caso. En medio de algunas de sus confusas deducciones, también hay una línea sólida de reminiscencias históricas.

[20] Suponiendo que incluyeran los materiales paulinos, a diferencia de los ebionitas, según Ireneo.

[21] *Panarion* 29.7.6.

estaban presentes en su época y que residían en la ciudad de Berea de Celesiria, y en la ciudad de Bashanitis o Khokhabe, ambas cerca de Pella en la región de la Decápolis.[22] Jerónimo, más tarde en el siglo IV, vivió como un ermitaño cerca de Berea y también parece sugerir que el movimiento todavía tenía adeptos en Palestina en su propia época. El tratamiento que Jerónimo da a los nazarenos depende en cierta medida de su maestro Apolinar, quien tenía un conocimiento cercano del movimiento desde su propia base en Laodicea y Antioquía, cerca de Berea.[23]

Epifanio parece lanzar su ataque contra ellos principalmente por tener la audacia de mantener un deseo judío de preservar la observancia de la ley como cristianos, cuando Pablo y el concilio apostólico de Jerusalén (registrado en Hechos) habían quitado la carga de la ley para la iglesia y cuando Dios mismo había hecho que la ley después de la ascensión de Jesús fuera físicamente imposible (dado el fin del templo) ya que había sido cumplida espiritualmente en el Cristo. Los nazarenos, entonces, parecen ser en gran medida un hombre de paja para la teología supersesionista de Epifanio. Pero la forma en que los trata, a pesar de su dudosa procedencia, parece indicar que en su época todavía existían comunidades judías cristianas notables en la región de la Decápolis, lo que significa que las comunidades siguen observando grandes elementos de la Torá, no sólo las comunidades de habla aramea. Después del siglo IV parece que ya no se hace mención de ellos. Epifanio los separa de los ebionitas judeocristianos (de quienes trata en la siguiente sección del libro), aunque afirma que esta última fue fundada por un hombre llamado Ebión que había sido nazareno.[24] R. A. Pritz piensa que el término *cristiano* bien podría haberse usado para designar a los seguidores gentiles de Jesús, siendo preferible el título *nazareno* para designar a los demás discípulos judíos residentes en Palestina.[25] Justino, en su *Diálogo con Trifón* de mediados del siglo II, mucho antes de Epifanio, había indicado que había dos grupos de judíos cristianos en Palestina, uno de los cuales trató de hacer que los gentiles conversos cumplieran la ley, el otro no; uno de los cuales no aceptó el estatus divino de Jesús, y uno de los cuales sí lo hizo, y que Justino afirma que eran como él mismo (como cristiano), excepto por el hecho de que seguían observando los asuntos de la ley judía.[26] Su término de división, podemos notar, es de nuevo un término cristológico; y el sentido de la cristología no divina operativa entre algunos de los cristianos judíos de su tiempo parece alinear a este grupo con lo que es referido por varios otros escritores cristianos como característico de los ebionitas. Jerónimo

---

[22] Jerónimo, *De Viris Illustribus* 3; Eusebio, *Historia eclesiástica* 1.7.14. Kefar Sechaniah también era conocido como una «ciudad de los nazarenos» en la literatura rabínica, con un cristiano judío, Jacob, mencionado en el Talmud *Avodah Zarah* 16b-17a; Pritz, *Nazarene Jewish Christianity*, 96.

[23] Pritz, *Nazarene Jewish Christianity*, 49-51.

[24] Epifanio, *Panarion* 30.1-2; este error muestra desde el principio su falta de fundamento histórico, ya que el término no es un nombre personal sino una referencia semítica al movimiento como los «pobres».

[25] Pritz, *Nazarene Jewish Christianity*, 13.

[26] Justino Mártir, *Diálogo con Trifón* 47-48 (PG 6.577, 580-81).

también implica que los nazarenos «creen en Cristo, el Hijo de Dios, nacido de María la Virgen, y confiesan de él que sufrió bajo Poncio Pilato y resucitó».[27]

Algunos, como Orígenes en *Contra Celsum*, que habla de «ambos tipos de ebionitas», posiblemente confunden a los nazarenos (cuyo único «rasgo distintivo» de las comunidades cristianas más comunes de la diáspora era su deseo de honrar la ley como judíos continuadores) con los ebionitas, que eran un movimiento más radicalmente divergente en términos de cristología.[28] Si tomamos la evidencia de Epifanio y Jerónimo para incluir el conocimiento personal de Palestina en el siglo IV, entonces se puede ver que el movimiento nazareno ha perdurado hasta el siglo IV (cuando da paso a la expansión de las fundaciones de la iglesia imperial bizantina palestina, que lo desplazan). Si somos más escépticos con respecto a este último testimonio, el resto de los testigos patrísticos se acumulan para demostrar que aún existían hasta finales del siglo III: un cuerpo de cristianos judíos que observaban la ley, mantenían el Antiguo Testamento con la misma autoridad que el Nuevo, y no eran considerados como teológicamente disidentes de ninguna otra manera. Sin embargo, este no era el caso con las descripciones patrísticas de los ebionitas.

Ebionitas. El nombre deriva de la transliteración griega de la palabra aramea para los «pobres». También se utiliza en la literatura patrística para referirse a un grupo distinto dentro de los restos sobrevivientes del judeocristianismo, de nuevo en un área aparentemente restringida geográficamente de Palestina antes de la práctica refundación de la iglesia allí en la época constantiniana. Ireneo es uno de los primeros en mencionarlos, y Orígenes explica correctamente el significado del nombre semítico, pero no puede resistir al lenguaje figurado que la pobreza en cuestión refiere ahora a su «penuria intelectual».[29] Podría haber sido originalmente una autodenominación de la iglesia palestina como *anawim* de Dios, los «santos pobres» (véase Mt. 5:3; Stg. 2:5). Más tarde, escritores antiheréticos como Hipólito y Tertuliano, y Epifanio en el siglo IV, todos imaginaron falsamente que eran una secta fundada por una persona llamada Ebión (para entonces una herejía tenía que tener un heresiarca que la inventara).[30] Según Ireneo, su movimiento se distinguió por su rechazo de los escritos de San Pablo, a quien consideraban un judío apóstata que separó ilegítimamente el evangelio de la Torá. En relación con el canon universalmente emergente de la Escritura, parecían haber aceptado sólo el Evangelio de Mateo, conservado todas las observancias de la ley, y negado el nacimiento virginal de Cristo, considerándolo generalmente como Mesías, pero profético y humano, no divino.[31] Orígenes agrega que ellos observaron la Pascua como el último festival litúrgico y que por lo menos un grupo de ellos aceptó las tradiciones del nacimiento

---

[27] Jerónimo, *Carta* 112.13 (a Agustín).
[28] Orígenes, *Contra Celsum* 5.61 (PG 11.1277).
[29] Ireneo, *Adversus Haereses* 1.26.2; Orígenes, *On First Principles* 4.3.8; *Against Celsus* 2.1.
[30] *Refutation of Heresies* caps. 7, 10; *On the Prescription of Heretics* 4.8. Para más detalles, véase G. A. Koch, "A Critical Investigation of Epiphanius' Knowledge of the Ebionites: A Translation and Critical Discussion of Panarion 30," PhD dis., Universidad de Pensilvania, 1976.
[31] Tertuliano, *On the Flesh of Christ* 14.

virginal (aunque implicando que muchos de ellos no lo hicieron).[32] Esto sugiere que eran conocidos por él, en Alejandría y quizás en Cesarea, como un verdadero cuerpo de cristianos.

La información de Eusebio sobre ellos también es segura, a veces excesivamente. Parte de ella parece derivar de Ireneo a través de Hipólito y Orígenes. Es Eusebio quien hace la conexión entre ellos y la iglesia de Jerusalén, que huyó a Pella, conectándolos así con los nazarenos de alguna manera e implicando que su disidencia cristológica era un alejamiento del grupo más antiguo que conservaba las tradiciones cristianas más plenas (es decir, ambos Testamentos).[33] También señala que había «dos tipos» de ebionitas, a los que distingue desde el punto de vista cristológico. Un grupo, dice,

> entendió que Cristo era un hombre sencillo y ordinario que había alcanzado la justicia por el avance de su carácter; y que había nacido de la manera natural de María y su marido. Ellos insisten en la completa observancia de la ley y no consideran que serían salvos por la fe en Cristo solamente, y por una vida de acuerdo con la fe.... Pero había otros además de éstos, que llevan el mismo nombre, y han escapado de la absurda locura del primer grupo, y que no negaban que el Señor había nacido de una virgen y del Espíritu Santo, pero estaban de acuerdo con ellos en no confesar su preexistencia como Dios, en la medida en que él era el Logos y la Sabiduría. Así pues, compartían la impiedad del primer grupo, sobre todo en la medida en que insistían con celo en la observancia literal de la ley.[34]

Epifanio de Salamina proporciona más información, incluyendo extractos de sus escritos que incluyen lo que desde entonces, y recientemente, ha sido identificado como el Evangelio de los Ebionitas.[35] En términos generales, es difícil saber si eran una continuación de los primeros círculos de la iglesia de Jerusalén, que se remontan a Santiago, el hermano de Jesús, que fueron arrojados en la oscuridad por las secuelas de la guerra romano-judía y que más tarde fueron vistos como un grupo aislado (y para entonces aparentemente «extraño») una vez que la iglesia más amplia los alcanzó de nuevo (como Bauer imagina); o si eran simplemente uno de los grupos más «inusuales» entre un cuerpo más amplio de judíos cristianos en Palestina, que en el siglo III ya se habían vuelto «curiosos» a los ojos de la iglesia inmensamente gentil y que llamaron la atención de los comentaristas eclesiásticos, primero por sus costumbres judías (que ya se consideraban arcaicas entre los cristianos) y luego más agudamente (en el contexto más amplio de las luchas gnósticas) debido a su cristología secesionista, que parecía similar al «psilantropismo» (Cristo era un «simple

---

[32] Orígenes, *Contra Celsum* 5.61; *De Principiis* 4.3.5. Símaco, cuya versión de la Escritura Orígenes usó como una de sus columnas en el *Hexapla*, era un ebionita, y de manera similar la versión de Teodoción de la LXX vino de otro cristiano judío.

[33] Eusebio, *Onomasticon*, ed. P. De Lagarde (Gottingen: A. Rente, 1870), 138, 24-25.

[34] Eusebio, *Historia eclesiástica* 3.27.2-6.

[35] Epifanio, *Against the Heresies* 30.16.7-9.

hombre»).³⁶ Las Homilías y Reconocimientos clementinos están apercibidos de dos de los libros pertenecientes a esta secta: el Periodoi de Pedro y el Anabathmoi de Santiago. Epifanio ha encontrado estas referencias en la literatura clementina.³⁷

Elcesaítas. Otro grupo judío, llamado los elcesaítas, también está registrado como un grupo que afectaba la vida de la iglesia cristiana a principios del siglo II: pero eran más bien un movimiento revelador judío tardío que tenía muchos elementos de fusión religiosa pluralista. Son mencionados por Orígenes por haber tratado de evangelizar a los cristianos en Cesarea en el siglo III, predicando el perdón universal; y por Hipólito, quien registra que su maestro Alcibíades de Apamea vino a Roma en la época del Papa Calixto (papa 218-223) y predicó, sobre la base de su revelación secreta, la necesidad de un segundo bautismo.³⁸ Nos dice que enfatizaron la utilidad de la observancia judía, practicaron exorcismos, y valoraron la astrología. Jesús fue tomado por ellos como uno de una serie de santos sabios enviados al mundo para predicar el arrepentimiento. A. F. J. Klijn los considera originarios de las comunidades judeocristianas del este del Jordán, que estaban reunidas en torno a un libro revelador especial, el texto sagrado central de su profeta, que exigía la conversión del estilo de vida ante un juicio apocalíptico inminente.³⁹ No hay razón real, sin embargo, para pensar que eran judíos cristianos como tales, sino más bien una especie de movimiento apocalíptico de fusión judía del período posterior a bar Kojba, que cuando llegó a Roma encontró a la comunidad cristiana allí un blanco natural para su predicación (junto con las sinagogas romanas y la población en general). Los comentaristas cristianos presumieron más tarde que su profeta-fundador era un hombre llamado Elxai, pero los eruditos han argumentado recientemente que esto es proyección (una herejía que necesita de un hereje) y que el nombre deriva de un error griego al escuchar mal el nombre hebreo para su verdadero libro de revelaciones, *ksh hyl* o «Libro del Poder Oculto». Se mencionarán en el siguiente capítulo por la influencia que tuvieron en el movimiento maniqueísta.

Montanismo. Montanismo es el nombre que los oponentes dieron al movimiento que sus propios protagonistas llamaron «Nueva Profecía».⁴⁰ Montano parece haber sido un profeta cristiano primitivo que inició un movimiento de avivamiento carismático en Frigia (Asia Menor) entre 155 y 160. Conocemos el movimiento ahora a través de unos pocos restos fragmentarios de sus maestros citados en los primeros sínodos de obispos que se reunieron rápidamente para impugnar sus afirmaciones de estar enseñando el evangelio central, y sus afirmaciones (imputadas) a la autoridad suprema—que los profetas que hablaban en el nombre de Cristo actuaban en la iglesia

---

³⁶ Sobre Santiago, cf. Eusebio, *Onomasticon*, ed. De Lagarde, 138, aunque Eusebio opina lo mismo sobre la secta nazarena. Véase W. Bauer, *Orthodoxy and Heresy in Early Christianity* (Philadelphia: Fortress, 1971); Tertuliano, *De Carne Christi* 14.

³⁷ Véase Epifanio, *Panarion* 30.15.1; 30.16.6-7.

³⁸ Eusebio, *Historia eclesiástica* 6.38; Hipólito, *Refutation* 9.13.1-17.

³⁹ A. F. J. Klijn, "Elkesaites," en *Encyclopedia of Ancient Christianity*, ed. A. di Berardino (Downers Grove, IL: InterVarsity Press, 2014), 1:797.

⁴⁰ O los opositores lo llamaban la «herejía frigia», por la provincia de Asia Menor donde se originó.

in persona Christi. Esta fue una de las primeras veces que las comunidades cristianas primitivas tuvieron que hacer frente a su estructura de autoridad: ¿cuáles eran las clasificaciones de las oficinas y órdenes dentro de las comunidades; cuáles eran sedentarias y cuáles eran nómadas? Los primeros profetas cristianos parecen haber sido misioneros transitorios en lugar de líderes sedentarios de la comunidad, y este carácter nómada parece apegarse a los profetas montanistas. El asunto plantea la pregunta de qué tipo de autoridad puede tener un solo líder cristiano (obispo, profeta, presbítero, hacedor de maravillas, lo que sea) en una comunidad dada: si tal autoridad reclamada puede ser un «sustituto de Cristo», si es adicional al registro de las Escrituras, o si es independiente del consenso de (y está por encima de) la comunidad cristiana. Después de los montanistas, las comunidades cristianas en su mayoría resistieron a los líderes proféticos extáticos que reclamaban la autoridad de Cristo, y tendieron a moverse en la dirección de un consenso sinodal, conciliar y grupal, obediente a tradiciones, textos y prácticas anteriores, como una forma de regular las reclamaciones de autoridad en las generaciones posapostólicas. Siempre que esto ha dado paso, en la historia posterior, a reivindicaciones de cualquier líder inspirado o autoridad suprema en el sistema de gobierno cristiano, ha sido generalmente un preludio de una reacción dramática y de rechazo.

Aunque la propia voz de los montanistas ha sido difractada, los historiadores posteriores reunieron sus archivos, especialmente el historiador eclesiástico Eusebio de Cesarea en el siglo IV, cuyo registro incluye relatos de los sínodos contemporáneos reunidos para discutirlos, que en realidad citan a los líderes montanistas (aunque sea parcialmente).[41] Eusebio levanta la «herejía frigia» como un ejemplo de cómo la disciplina de la historia de la iglesia en sí misma se desarrolla como un intento constante de marcar la verdadera fe del secesionismo.[42] Recientemente se han hecho intentos de restaurar su archivo, ya que sobrevive sin el contexto de condena que prevalece en estos relatos sinodales.[43] Es muy posible que la resistencia clerical a los enfoques extáticos y carismáticos de la enseñanza cristiana por parte de los montanistas condujera a la creación de ese proceso de reunión de los obispos en consejos más amplios que los locales, algo que en el próximo siglo sería un protocolo eclesiástico establecido de los sínodos episcopales provinciales como un aspecto clave de la política internacional.

Apareciendo repentinamente como un predicador cristiano viajero (algunas versiones de la historia dicen que había sido recientemente convertido del paganismo),

---

[41] Eusebio, *Historia eclesiástica* 5.14-19; también Epifanio, *Refutation of All Heresies* 48-49.

[42] «El enemigo de la iglesia de Dios, que es tan enfáticamente el odiador del bien y el amante del mal, que nunca deja de probar cualquier forma de engaño contra los seres humanos, estuvo nuevamente activo en causar extrañas herejías que surgieron contra la iglesia de este tiempo. Para algunas personas, como los reptiles venenosos, se arrastraban por Asia y Frigia, jactándose de que Montano era el Paráclito, y que las mujeres que lo seguían, Priscila y Maximila, eran profetisas de Montano». Eusebio, *Historia eclesiástica* 5.14.

[43] Véase R. E. Heine, ed., *The Montanist Oracles and Testimonia* (Macon, GA: Mercer University Press, 1989); W. Tabbernee, *Fake Prophecy and Polluted Sacraments: Ecclesiastical and Imperial Reactions to Montanism* (Leiden: Brill, 2007).

Montano se mudó cerca de los pueblos y aldeas de Asia Central Menor con dos profetas, Maximila y Prisca (Priscilla), asociadas en su misión. Eventualmente organizaba colectas de dinero para que sus discípulos pudieran recibir un salario por sus viajes de predicación.[44] Por lo general se ha asumido que él era el líder. Pero esto no es en absoluto cierto: es lo que los críticos hostiles presumen desde la posición ventajosa de dos siglos después.[45] La existencia de profetas femeninas es significativa (aunque se sabe muy poco de ellas), ya que son representaciones sorprendentes de las líderes femeninas del movimiento cristiano primitivo. Por supuesto, podemos discernir el liderazgo femenino en los niveles más tempranos de los textos del Nuevo Testamento, pero es cada vez menos común encontrar pruebas textuales a finales del primer siglo, a medida que las comunidades cristianas se establecen, se asientan y están cada vez más sujetas a lo que se conoce como el código del hogar romano, en el que se espera que las mujeres desempeñen un papel doméstico y que sean vistas, pero no necesariamente escuchadas.[46] El cambio de tono, que eleva este código doméstico (prevaleciente en la sociedad grecorromana laica de la época), se puede ver en las Cartas Pastorales del Nuevo Testamento. También lo atestiguan los escritos de los primeros líderes episcopales de las comunidades asentadas, como las cartas clementinas de la iglesia romana, o las cartas de Ignacio de Antioquía. A principios del siglo II, el concepto de evangelistas femeninas itinerantes, o profetas misioneras, parece «escandaloso» para la iglesia establecida.

Debido a la centralidad de las profetizas para cualquier comprensión del movimiento montanista, las obras recientes que las discuten las han elevado a veces como símbolos de un llamado renovado para el liderazgo femenino ordenado en la iglesia y han aislado su antiguo rechazo como símbolo de opresión patriarcal. Otros han visto esa conexión más como relacionada con la teología feminista y el sistema de gobierno eclesiástico más reciente que con los análisis históricamente fundamentados. Gran parte de la argumentación sobre ellas como símbolos de relevancia surge, a ambos lados, como *argumenta e silentio*.[47] Aun así, el aspecto del liderazgo femenino, que siguió prevaleciendo en las comunidades montanistas posteriores (donde incluso había presbíteras) pero no en las comunidades católicas, ha sido escudriñado por algunos comentaristas recientes como una ventana reveladora de un patrón más amplio de autoridades y cargos en el cristianismo primitivo que se estrechó cada vez más en Asia Menor y en otros lugares después, y en parte debido a la controversia montanista.

---

[44] Eusebio, *Historia eclesiástica* 5.16.7; 5.18.2.

[45] Para más detalles, véase A. Jensen, "Prisca—Maximilla—Montanus: Who Was the Founder of 'Montanism'?," *StPatr* 26 (1993): 147-50.

[46] Sobre profetas femeninas, véase F. C. Klawiter, "The Role of Martyrdom and Persecution in Developing the Priestly Authority of Women in Early Christianity: A Case Study of Montanism," *Church History* 49, no. 3 (1980): 251-61; C. Trevett, *Montanism: Gender, Authority and the New Prophecy* (New York: Cambridge University Press, 1996).

[47] «Un argumento del silencio»: cosiendo grandes teorías sobre la base de poca (si es que hay alguna) evidencia; suponiendo que se sabe lo que significa el silencio probatorio.

Montano afirmó que él era el portavoz del Espíritu Santo y que el Paráclito que había sido prometido en Juan 14:26; 16:7 estaba ahora encarnado en él. Algunas de las características de la iglesia de Filadelfia, tal como se describen en el Apocalipsis de Juan, se pueden ver quizás en el movimiento montanista, y es posible que sus orígenes se remonten a aspectos de las tradiciones eclesiales menores de Asia primitiva (poderosos movimientos de avivamiento, afirmaciones visionarias, expectativas escatológicas). El contexto preciso de lo que Montano pensó que era su misión bien podría estar conectado con tales elementos apocalípticos fundamentales del libro de Apocalipsis. Probablemente representa una protesta contra la disminución de las expectativas apocalípticas entre las primeras comunidades cristianas y la correspondiente adaptación de la vida eclesiástica organizada a un entorno urbano sedentario, donde la autoridad se iba alejando cada vez más de los profetas nómadas y de los exorcistas misioneros, hacia los consejos locales de presbíteros y obispos (quizás menos carismáticos).

Sus críticos, que lo acusaban de ser un converso demasiado reciente para ser un verdadero misionero, insinuaban que su sentido de entusiasmo extático (*enthousiasmos*) era menos una vocación genuina del Espíritu divino, y más bien una prolongación de su adhesión precristiana a los cultos paganos oraculares, y que este era el contexto en el que necesitaban ver su dependencia de las profetisas, necesitándolas como un canal para entregar oráculos, como en el caso de los *magoi* y adivinos paganos.[48] Apolinar de Hierápolis, uno de los oponentes episcopales contemporáneos de Montano, cuenta que su estilo frenético de profecía llevó a algunos en las iglesias a temer que estaba poseído demoníacamente y dice que se le había prohibido hablar en la asamblea.[49] El mismo Montano afirmó que la inminente presencia del tiempo del fin (*eschaton*) había impulsado la necesidad de predicar un sentido urgente de arrepentimiento, por lo que la iglesia podría renovarse a sí misma bajo el impulso del Espíritu. Él animó a hablar en lenguas (*glossolalia*) y otras manifestaciones de *enthousiasmos*.

Los tres profetas del círculo interior reclamaban nada menos que la autoridad directa de Dios. Habitualmente hablaban *in voce dei*, como si fueran el portavoz de Dios, que hablaba desmedidamente a través de ellos. Los testigos hostiles afirmaron estar conmocionados por esto, como si los profetas estuvieran reclamando para sí mismos el estatus divino: pero probablemente no era más que una forma habitual de

---

[48] La palabra *enthousiasmos* se deriva de la palabra «lleno del dios» y describe la praxis común en los cultos paganos.

[49] Eusebio, *Historia eclesiástica* 5.16.7-8, abrevia a Apolinar de Hierápolis, una fuente contemporánea: «Un converso reciente, Montano su nombre, a través de su insaciable deseo de liderazgo, le dio al Adversario una oportunidad en su contra. Se volvió loco y, de repente, en una especie de frenesí y éxtasis, deliró y comenzó a balbucear y a profetizar cosas extrañas, profetizando de una manera contraria a la costumbre constante de la iglesia, transmitida por la tradición desde el principio. Algunos de los que escucharon sus declaraciones espurias en ese momento se indignaron y lo reprendieron como si fuera un hombre poseído y bajo el control de un demonio y conducido por un espíritu engañoso, que estaba distrayendo así a la multitud. Le prohibieron hablar, recordando la distinción que hizo el Señor y su advertencia de que se cuidara cuidadosamente de la llegada de falsos profetas (Mt 7:15)».

testimonio profético cristiano en las primeras asambleas, donde los profetas hablaban «en el nombre de Jesús». Cualquiera que cuestionaba su pronunciación, por lo tanto, estaba cuestionando a Dios mismo. Por eso permitieron a los obispos la autoridad para organizar comunidades (culto, finanzas, etc.), pero como sin dominio si resistían el mensaje del profeta; y los obispos generalmente consideraban esto como una arrogancia inaceptable de los derechos del profeta al tener un gobierno supremo sobre las iglesias. Montano afirmaba que sus declaraciones tenían una autoridad superior sobre las Escrituras «más antiguas».

Parte de su enseñanza de que el fin de los tiempos era inminente era el llamado a la reforma moral. Para prepararse para el cataclismo final, los cristianos tuvieron que adoptar un estilo de vida rigurosamente ascético. El matrimonio estaba prohibido entre sus seguidores. Sólo más tarde se volvió más ligero y se convirtió en una prohibición de volver a contraer matrimonio, incluso después de la muerte de un cónyuge. Se fomentaban los períodos regulares y severos de ayuno, así como también las limosnas sustanciales. El martirio, como otra virtud escatológica, también fue alentado. Cualquier huida de la persecución estaba prohibida como equivalente a apostasía, y esta era quizás otra razón por la que a los obispos urbanos no les gustaban tanto los montanistas, ya que su afán de avanzar por el martirio era un peligro para muchos otros cristianos de las comunidades locales bajo presión. Cuando llegara el fin, los primeros maestros montanistas afirmaban que la Nueva Jerusalén prometida en las Escrituras (Ap. 21:1-10) descendería físicamente del cielo a la pequeña aldea frigia de Pepuza (o a veces Timione). Pepuza era la ciudad natal de Montano y más tarde el centro de operaciones. A este lugar santo los verdaderos creyentes eran llamados a reunirse antes de la venida del Señor. El fracaso de Pepuza para desarrollarse como el gran locus escatológico fue una de las principales razones por las que el movimiento en Frigia se apagó, pero no antes de que la pequeña ciudad se expandiera enormemente gracias a la inversión de los montanistas.

El montanismo, sin embargo, parece haber sido un movimiento poco interesado en la «doctrina» como tal. Es, hasta este punto, algo único entre los primeros movimientos secesionistas cristianos. El montanismo aceptó plenamente la idea de la resurrección de la carne (una noción que estaba en disputa entre los grupos cristianos secesionistas más gnósticos de esta época), e interpretó muchos puntos de la Escritura con una franqueza muy simple (se supone que éste era un estilo no muy alejado de la mayoría entre las comunidades cristianas contemporáneas). Esto también, por supuesto, hizo que sus líderes estuvieran muy abiertos a las críticas de los teólogos actuales y posteriores de que eran simplistas. Una de las cosas principales que surgieron en la pneumatología cristiana posterior, después del desvanecimiento del montanismo, fue que la posesión del Espíritu de Dios en la iglesia no es atestiguada en primer lugar por la posesión extática y las declaraciones sin sentido, sino más bien por una claridad progresiva de la mente, un refinamiento y enfoque de los dones intelectuales y espirituales para la enseñanza.[50] El éxtasis dio paso, de una manera profunda en la experiencia cristiana subsiguiente, a la elevación de los dones y la conciencia humanos como parte de la tarea espiritual de «discernir al Espíritu». La recepción cada vez más hostil de los montanistas en Asia los llevó a denunciar a las comunidades como «asesinos del Espíritu». La acusación se resintió.

Los montanistas también parecen haberse glorificado en su heroica resistencia a la persecución, reclamando la corona como comunidad de mártires. Las comunidades de la línea principal también encontraron esto un poco difícil de digerir. El Obispo Apolinar de Hierápolis, por ejemplo, hizo un recuento de quién de ellos había sufrido realmente la ejecución y afirmó que era una suma cero en total.[51] Pero después de esto se contradice a sí mismo (Eusebio, como archivista posterior, desea constantemente subestimar las listas de mártires de los herejes), porque en otro pasaje de su tratado (que Eusebio también registra) Apolinar se empeña en decir que siempre que los mártires católicos eran encarcelados, no tenían comunión común con los confesores montanistas o marcionistas presentes en las mismas cárceles.[52] Otros oponentes de la primera generación del montanismo fueron nombrados por Eusebio como Alcibíades, quien escribió un tratado sobre cómo el Espíritu de Dios nunca interrumpiría los sentidos de una persona, y Milcíades, quien argumentó que la manera extática de profetizar era contraria a la costumbre de la iglesia y no estaba representada en la generación apostólica original, como la familia de Felipe o Ágabo en el período del Nuevo Testamento.[53]

El escritor Apolonio también dejó notas sobre el movimiento, cuarenta años después de que Montano comenzara a predicar.[54] Afirmó que Prisca y Maximila fueron inducidas por Montano a dejar a sus maridos después de que ellas recibieran el espíritu de profetizar. Menciona esto con desaprobación y también quiere que conste en acta que las afirmaciones de sus discípulos de que Prisca y Maximila eran «vírgenes» son falsas.[55] Los críticos antimontanistas también se apresuraron a señalar que la costumbre de los profetas anteriores había sido no recibir regalos de dinero y no

---

[50] La palabra *extática* deriva del griego *ekstasis*, que significa «estar fuera de uno mismo», no en posesión de las propias facultades; estar desposeído, por así decirlo.

[51] Eusebio, *Historia eclesiástica* 5.16.12: «Y así, como nos llamaron a nosotros asesinos de los profetas porque no recibimos a sus profetas balbuceantes, a quienes ellos decían que eran los que el Señor había prometido enviar al pueblo (Mt. 23:34), que respondieran ante la presencia de Dios: ¿Quién hay, amigos míos, de todos los que comenzaron a hablar, desde Montano y las mujeres hasta el presente, que alguna vez haya sido perseguido por los judíos, o asesinado por hombres impíos? Ni uno solo. ¿Alguno de ellos ha sido capturado y crucificado por causa del nombre? De hecho, ni uno solo. Bueno, ¿alguna de estas mujeres ha sido azotada en las sinagogas de los judíos, o apedreada? No, nunca; en ninguna parte».

[52] Ibid., 5.16.22 (citando a Apolinar de Hierápolis): «Cuando los llamados al martirio de la iglesia por la verdad de la fe se han encontrado con alguno de los llamados mártires de la herejía frigia, se han separado de ellos y han muerto sin ninguna comunión con ellos, porque no querían dar su consentimiento al espíritu de Montano y a las mujeres».

[53] Ibid., 5.17.1-3.

[54] Ibid., 5.18.12.

[55] Posiblemente un intento de hacerlas resonar con las cuatro hijas virginales del evangelista Felipe mencionado en las Escrituras (Hch. 21:8-9), quienes profetizaban y en cuya casa el profeta Ágabo conoció a Pablo.

permanecer residentes en un solo lugar.⁵⁶ Este abrazo a la pobreza es uno de los pocos «signos de un verdadero profeta», como los que se aceptaban comúnmente y sobrevivieron en la Didaché, por ejemplo.⁵⁷ La acusación antimontanista es que han demostrado ser falsos al aceptar dinero, pero el verdadero problema es probablemente que el hecho de que hayan recolectado dinero de las giras de predicación les ha permitido tratar de establecer por primera vez una jerarquía de profetas en un ambiente no nómada.

No todos en la iglesia los encontraban objetables. Algunos de los obispos asiáticos los apoyaron como un grupo de creyentes sinceros y renovadores y no pensaron que se habían convertido en una secta disidente. Una de las mentes más destacadas de la época, Ireneo, que era oriundo de Asia Menor pero que ahora dirigía la comunidad de Lyon en la Galia, los encontró como un grupo espiritual admirable, y defendió su causa en Roma. Su propia forma de milenarismo quilástico podría reflejar la tendencia de Asia Menor hacia la profecía apocalíptica.⁵⁸ Al final, a finales del segundo y tercer siglo, cuando el movimiento montanista había moderado su mensaje escatológico (después de que su tiempo final profetizado fracasara), fueron finalmente reincorporados a las tradiciones de la iglesia del norte de África. Pero los obispos de Asia Menor siempre sospecharon de ellos. Esta podría ser la razón por la que el libro de Apocalipsis nunca fue popular en la iglesia oriental. No fue sino hasta que fue transmitido a los griegos en el siglo IV como parte del canon «occidental» de las Escrituras, que se esperaba que reconocieran (los griegos insistían en que Occidente debía aceptar a cambio la carta de Santiago), que Apocalipsis entró en el canon de las Escrituras aceptadas. Incluso entonces se nota que hasta el día de hoy se le da el tratamiento silencioso en las liturgias, oraciones y oficios del cristianismo oriental: el libro todavía no se cita en la iglesia.⁵⁹

La falta de elementos doctrinales objetables a gran escala causó a las autoridades eclesiásticas considerables dificultades para decidir qué es lo que, en todo caso, estaba mal con el montanismo. El movimiento se extendió a Occidente, donde durante un tiempo en 177 y 178 importantes comunidades eclesiásticas romanas pensaron en reconocerlo como un movimiento admirable, pero finalmente no lo hicieron. De Roma se trasladó al norte de África, donde disfrutó de una segunda vida más larga y sedentaria (podríamos llamarla el montanismo fase dos) y, como se mencionó anteriormente, fue absorbida por las tradiciones de la comunidad en general. De hecho, en esta forma posterior de montanismo norafricano, a finales del siglo II y principios del III, muchos de los elementos apocalípticos originales altamente cargados fueron suavizados. La función de la profecía extática fue entonces sometida a

---

⁵⁶ Eusebio, *Historia eclesiástica* 5.18.4, 7.

⁵⁷ Didaché 11: «Si alguien, hablando por el espíritu, os pidiere dinero u otra cosa, no le hagáis caso; pero si aconseja se dé a los pobres, no le juzguéis».

⁵⁸ Ireneo, *Adversus Haereses* 5.

⁵⁹ Para más detalles, véase J. A. McGuckin, "The Book of Revelation and Orthodox Eschatology: The Theodrama of Judgement," en *The Last Things: Biblical and Theological Perspectives on Eschatology*, ed. C. E. Braaten y R. W. Jenson (Grand Rapids: Eerdmans, 2002), 113-34.

un estrés más ligero, y la urgencia de la inminente parusía pareció haber retrocedido. El teólogo africano rigorista Tertuliano pasó de ser un crítico severo a un seguidor entusiasta al final de su vida. Algunos piensan que el líder teólogo monarquiano Teódoto el Curtidor también estaba estrechamente asociado con el movimiento montanista, aunque Tertuliano nos dice que el líder de la iglesia monarquiana Práxeas (tal vez un nombre en clave para el Papa Calixto) fue decisivo en la prohibición de las ideas y asambleas monarquianas en Roma.[60] El Papa Aníketos también había sido hostil hacia ellos en ese entonces (papa c. 157–168).

Muchos han pensado que el movimiento montanista estaba claramente involucrado en la producción de la Pasión de Perpetua y Felicidad, esa narrativa clásica de mártires en la que el sueño-visión y los temas apocalípticos proféticos juegan un papel dominante. La fuerte defensa del martirio como la gloria cristiana suprema siguió siendo característica del montanismo hasta el final y dio sabor al cristianismo del norte de África. Pero el texto más sagrado del movimiento fue sin duda el libro del Apocalipsis mismo, que también emanó de Asia Menor y que probablemente representa las tradiciones arcaicas de la iglesia de esa área, que tomó una forma particularmente aguda en el ascenso del montanismo, sirviendo tal vez para tender un puente entre los patrones semíticos de la resistencia visionaria de los mártires en el Apocalipsis y los patrones gentiles de la adoración extática.

El movimiento disminuyó en casi todas partes en el siglo IV, excepto en el pueblo de Pepuza, que perduró ahora como cuartel general de las sectas montanistas. Sus efectos a largo plazo en el cristianismo fueron principalmente en la forma de las reacciones que causó. Probablemente sirvió para hacer a un lado las formas apocalípticas de pensar después del siglo IV, permitiendo que el pensamiento cristiano se volviera más amplio y metafísico. Alejó a la pneumatología cristiana de la inspiración de éxtasis y visiones, y la orientó hacia la exégesis de las Escrituras, el intelecto reflexivo y el esfuerzo moral. Tuvo un efecto a largo plazo en la agudización de la atribución de la autoridad episcopal, especialmente porque esto fue atestiguado por los obispos de muchas iglesias que se reunían en sínodos cuando los grandes problemas afectaban la paz de las iglesias.[61] La reacción sinodal al montanismo es probablemente la primera vez que los concilios episcopales (que pronto se convertirían en una forma estándar de organizar a todas las iglesias principales) son atestiguados en la historia cristiana. Un registro de tal sínodo reunido para discutir el montanismo sobrevive en los escritos del Obispo Menor de Asia, Apolinar de Hierápolis (d. c. 175). Extractos de sus cuadernos sobrevivieron para ser la fuente principal de Eusebio en *Historia eclesiástica* 5.16. Como un ejemplo elaborado de «buena práctica» en la gobernanza, este patrón de liderazgo de crisis a través de sínodos se estableció internacionalmente en las comunidades cristianas a finales del siglo siguiente. Muy rápidamente la «mente de los obispos» sinodal reclamaría la autoridad profética que

---

[60] *Against Praxeas* 1. *Práxeas* puede traducirse como «entrometido». Calixto fue Papa en Roma c. 218–223.
[61] Véase Eusebio, *Historia eclesiástica* 5.16.10.

había sido arrebatada a los montanistas y definiría el discernimiento profético como necesariamente reivindicado por más de una sola reivindicación de autenticidad de un profeta: descansar, en otras palabras, en la aclamación comunal de esa voz profética por un discernimiento que estaba alojado en el colectivo.[62] La resolución de esta crisis, como efecto secundario, marcó el rápido retiro del antiguo oficio de profeta cristiano a favor de un papel ascendente para los obispos y presbíteros, quienes absorbieron muchos aspectos de ese papel (predicación misionera, interpretación bíblica, encomio moral) en sus propias funciones.

Aquí abajo hay varios oráculos originales de los profetas montanistas, que han sido preservados por heresiólogos, generalmente sin compasión, aunque Tertuliano (por una vez) es una fuente más caritativa:[63]

Maximila dijo: «Después de mí ya no habrá ninguna profetisa. El fin llegará».[64]

Maximila dijo: «Soy perseguida como un lobo de las ovejas; pero no soy un lobo; soy Palabra, y Espíritu, y Poder».[65]

Maximila dijo: «No me escuchen a mí; escuchen más bien a Cristo».[66]

Maximila dijo: «El Señor me envió como una sectaria, y una reveladora, una intérprete de esta labor, anuncio y pacto. Me veo obligada, quiera o no, a aprender la gnosis de Dios».[67]

La profetisa Prisca dijo que un santo ministro sabe cómo administrar la santidad, porque: «La pureza es armoniosa y ven visiones, y volviendo la cara hacia abajo, hasta escuchan voces manifestadas, tan saludables como secretas».[68]

[Sobre los que niegan la resurrección de la carne], dijo Prisca: «Son carnales, y aun así odian la carne».[69]

Los catafrigianos (montanistas) dicen que en el pueblo de Pepuza, Quintilla, o era Priscila, estaba durmiendo, y Cristo vino y se acostó con ella: «Bajo la apariencia de

---

[62] La idea de que todos los obispos reunidos en oración no podían dejar de estar inspirados en el Espíritu Santo se convierte en un concepto dominante en la teoría sinodal.

[63] Para más detalles, véase J. Laporte, *The Role of Women in Early Christianity* (New York: Mellen, 1982), 57; y P. de Labriolle, *La Crise Montaniste* (Paris: Leroux, 1913), 34-105.

[64] Epifanio, *Against All Heresies* 48.12. Este podría ser el fin del movimiento profético o el fin del mundo. Montanista: *Oráculo* 11.

[65] Eusebio, *Historia eclesiástica* 5.16.17. Montanista: *Oráculo* 12.

[66] Epifanio, *Against All Heresies* 48.12. Montanista: *Oráculo* 13.

[67] Epifanio, *Against All Heresies* 48.12. Montanista: *Oráculo* 14.

[68] Tertuliano, *Exhortation to Chastity* 10. Montanista: *Oráculo* 15. En *De Anima* 9, Tertuliano habla también de una mujer de su propia comunidad promontanista en África que tuvo experiencias espirituales similares.

[69] Tertuliano, *On the Resurrection of the Flesh* 11. Montanista: *Oráculo* 16.

una mujer, con un hermoso vestido, Cristo vino a mí. Me hizo sabia y declaró que este lugar era sagrado, y que allí la Jerusalén celestial descendería del cielo».[70]

Comunidades cuartodecimanas de Asia Menor. La vida de las comunidades de cristianos en Asia Menor en este período se ilumina aún más por otra disputa que los heresiólogos posteriores quieren registrar; la llaman cuartodecimanismo, como si se tratara de un movimiento disidente, cuando se trataba más bien de las grandes comunidades cristianas mediterráneas que se dieron cuenta de que las cosas no estaban bien alineadas en el creciente consenso internacional de la praxis cristiana. Lo que estaba fuera de lugar en este caso no era una cuestión de comportamiento doctrinal, sino una cuestión de cómo las diferentes comunidades cristianas deberían calificar el tradicionalismo cuando se trataba de sus prácticas litúrgicas, y de esa cuestión de mantener la tradición (ya que todas las comunidades aspiraban a «mantener la tradición»), qué cuestiones de autoridad surgieron. Si el mantener las tradiciones transmitidas era la principal preocupación de las iglesias, entonces esto seguramente tenía prioridad sobre cualquier otra reivindicación de autoridad que se pudiera presentar en su contra. O, quizás, si una «figura de autoridad» en la iglesia que afirmaba ser una alta autoridad precisamente porque era el guardián de la tradición intervenía y exigía un cambio de las tradiciones locales que no parecían estar alineadas con las tradiciones más amplias de otros lugares, ¿su autoridad triunfaba sobre la local? Esto es lo que parecía ser el problema con el caso de los cuartodecimanos, y también es la razón por la que se mantuvo en los registros durante siglos posteriores, ya que fue un paradigma temprano de cómo el cristianismo podía sentar precedentes en términos de establecer un principio de resolución de conflictos entre las interpretaciones locales y más internacionales de la identidad cristiana.

La palabra *cuartodecimanos* deriva del latín «decimocuarto» y se refiere a la costumbre en algunas de las iglesias asiáticas de seguir el calendario litúrgico judío y observar la Pascua cristiana (también Pascha) el día catorce del mes de Nisán (abril), independientemente del día de la semana en que se celebrara. A finales del siglo II, muchas otras iglesias mediterráneas habían designado las celebraciones festivas de la Pascua al domingo más cercano después de la fecha de la Pascua judía. Esta insistencia de que la Pascua de los cristianos debía ser siempre después de la Pascua judía fue confirmada como práctica establecida internacionalmente para todas las

---

[70] Epifanio, *Against All Heresies* 49.1. Montanista: *Oráculo* 17. Uno ve la manera hostil en que este sueño-visión (la visitación de Cristo en el sueño) se convierte en una historia sexual lasciva indirecta para desacreditarla. Hay algunos casos de rituales paganos de templos de incubación que involucran sexo sagrado con el dios (sacerdotes vestidos como el dios), pero el concepto de oráculos divinos de incubación del sueño estaba bien establecido en el mundo antiguo (uno piensa en el culto a Asclepio [o Esculapio] o el culto isiaco). Más tarde, el cristianismo bizantino tuvo una visión mucho más positiva, como puede verse incluso en escritores cristianos eruditos como Gregorio Nacianceno. Para más detalles, véase J. Pettis, ed., *Seeing the God: Ways of Envisioning the Divine in Ancient Mediterranean Religion* (Piscataway, NJ: Gorgias Press, 2013).

iglesias antiguas en el Concilio de Nicea (en sus cánones) dos generaciones más tarde.[71]

Al principio no importaba mucho qué diferenciaciones locales hubiera en la liturgia. No mucha gente viajaba mucho. Pero las ciudades portuarias, por supuesto, mostraron diferencias bastante llamativas, y las noticias viajaban rápidamente a ese centro clave del comercio marítimo en el imperio, la ciudad de Roma. De esta manera, su obispo se informó sobre los asuntos internacionales y, sentado en esta antigua y prestigiosa iglesia (con sus numerosos teólogos, mártires y archivistas), él emergía –a medida que el segundo siglo avanzaba– como un destacado árbitro de las «buenas prácticas» internacionalizadas en las comunidades cristianas. Esto también significaba que cada vez más se sentía en la obligación de asegurar normas comunes y de asesorar cuando no se observaban. A mediados del siglo II, una gran disparidad en la práctica litúrgica se convertiría en un asunto de preocupación crítica, y nada haría que se notara más rápidamente que los peregrinos de una iglesia (gente de mar o comerciantes) que se encontraban a sí mismos excluidos de las celebraciones de la Pascua debido a un extraño calendario local que funcionaba en un lugar remoto. A mediados de siglo se estaba generalizando la elaboración de un *triduo*, una celebración solemne de tres días de ayuno y oración por el Viernes Santo y el Sábado Santo que precedía a las festividades del Domingo de Pascua. Qué extraño les pareció a los visitantes, por lo tanto, que la costumbre asiática era observar la Pascua cristiana en cualquier día de la semana que cayera en Nisán 14. Sería como tener Viernes Santo un lunes.

Uno sospecha que un número cada vez mayor de viajeros comerciantes se quejaron a su(s) obispo(s) cuando regresaron a casa. Igualmente, uno se imagina, los obispos de Asia Menor estaban molestos de que los visitantes no siguieran sus prácticas ancestrales, especialmente si creían que esto era una tradición cristiana antigua, por lo que se opusieron a la presión de otras comunidades (especialmente las romanas) para que se ajustaran a la observancia del Domingo de Pascua, se distanciaran del calendario judío, y admitieran un *triduo* cuaresmal. Eusebio de Cesárea, mencionando primero la causa de la controversia, la atribuye a una ansiedad sobre el tiempo de los rituales de ayuno.[72]

La primera vez que esta controversia salió a la luz fue con ocasión de una visita de un famoso teólogo de Asia Menor a Roma en 155. En esa ocasión, Policarpo, el obispo de Esmirna, perturbado por las disparidades litúrgicas, trató de hacer que los romanos se conformaran a las costumbres de Asia Menor. El Papa sirio Aníketos de

---

[71] El alejamiento de esa observancia es una de las razones por las que hoy en día los cristianos orientales y occidentales observan fechas diferentes para la Pascua (así como una diferencia calendárica de trece días). El Este todavía observa el canon de Nicea sobre la cuestión de nunca preceder o caer en el mismo tiempo que la Pascua judía.

[72] Eusebio, *Historia eclesiástica* 5.23.1. «En ese momento surgió una cuestión de gran importancia. Porque las parroquias de toda Asia, como de una tradición más antigua, sostenían que el decimocuarto día de la luna, en el que se ordenaba a los judíos que sacrificaran el cordero, debía ser observado como la fiesta de la Pascua del Salvador. Por lo tanto, era necesario poner fin a su ayuno ese día, cualquiera que fuera el día de la semana en que se produjera. Pero no era costumbre de las iglesias del resto del mundo ponerle fin en este momento, ya que observaron la práctica que, desde la tradición apostólica, ha prevalecido hasta nuestros días, de terminar el ayuno no otro día que el de la resurrección de nuestro Salvador».

Roma se negó en ese momento a hacer ningún cambio, aunque elogiando a Policarpo por la antigüedad de su propia observancia.[73] En la siguiente generación, sin embargo, Roma decidió que debía tomar la iniciativa en la defensa de una mayor uniformidad internacional en la observancia de la Pascua, y el entonces incipiente Papa Víctor (189-198) convocó a un sínodo de obispos en Roma y escribió extensamente para pedir a otros sínodos que se reunieran en otras grandes iglesias a fin de discutir el tema.[74] Polícrates, el obispo de Éfeso y líder del episcopado de Asia Menor, informó que su sínodo se había reunido a petición de Roma, pero que se negaba a ser engatusado por lo que Roma quería y que no temía las amenazas de Roma de cortar la comunión si no se implementaba el orden común. Eusebio registra gran parte del informe y respuesta de Polícrates.[75]

El Papa Víctor presionó el caso y anunció la excomunión de Asia Menor (los obispos no deben comunicarse con el sínodo de Polícrates hasta que se hayan conformado, sino más bien serían tratados como secesionistas y disidentes). Su «firme postura», sin embargo, se contrapuso hasta cierto punto, ya que muchos de los sínodos que habían tenido el placer de seguir su guía sobre las normas comunes pensaban que aplicar una penalización al tradicionalismo asiático estaba bastante fuera de lugar. El informe de Polícrates había subrayado que seguían una antigua costumbre local, y también que el Papa Aníketos había venerado a Policarpo y le había permitido presidir la Eucaristía en Roma cuando lo visitó, a pesar de que no podían ponerse de acuerdo sobre los asuntos litúrgicos. Ireneo de Lyon fue uno de los sacerdotes delegados enviados desde la iglesia de Lyon (donde había muchas comunidades migrantes de trabajadores de Asia Menor) a registrar protestas oficiales contra la dureza de la medida romana, y parece que las iglesias asiáticas mantuvieron sus costumbres locales durante algún tiempo más. Eusebio atribuye la reconciliación a los argumentos de Ireneo de que, puesto que las diferencias habían existido entre los grandes y santos ancianos del pasado, no debían tomarse ahora como motivo para romper la comunión. En el siglo V todavía había una secta de cuartodecimanos en Asia Menor, aunque en este período se había convertido en una comunidad cismática separada (aislada de las iglesias de Asia Menor que la rodeaban y que ahora seguían el modelo internacional), un grupo que había tomado su lealtad a las viejas tradiciones como una postura de «hazlo o muere» como el último ejemplo de la verdadera ortodoxia.[76]

---

[73] El nombre de Aníketos (griego) significa «no conquistado». Fue el primer Papa en notar la creciente presencia del movimiento montanista en Roma y tomó medidas contra ellos allí. Eusebio nos dice, bajo la autoridad de Ireneo, quien estuvo personalmente involucrado en las discusiones posteriores con el Papa Víctor, que esta controversia había comenzado entre Policarpo y Aníketos. Véase Eusebio, *Historia eclesiástica* 5.24.

[74] Eusebio enumera el de Roma y también dice que tiene archivos de su propia iglesia palestina de estas reuniones. También menciona sínodos con el mismo efecto en Ponto, Galia, Siria, Corinto, «y muchos otros» que llegaron «por decisión unánime». Es uno de los primeros ejemplos de cómo, a través de un proceso episcopal sinodal, se establecieron entre los cristianos, en nombre de la «tradición apostólica», normas internacionales de «buenas prácticas que deben observarse colectivamente». Véase Eusebio, *Historia eclesiástica* 5.23.2-3.

[75] Ibid., 5.24.

[76] *Cismática* (del griego para «división», *schisma*) se utiliza cada vez más en la antigüedad para denotar una secesión que tiene lugar por una razón que no afecta sustancialmente a ninguna doctrina de la fe, sino que surge de una cuestión

Ha habido muchos grupos similares desde entonces, generalmente tomando pequeños temas de desarrollo interno de la iglesia como puntos de crisis de resistencia fiel y ejemplificando una comprensión de la tradición como sinónimo de «ningún cambio». Los cambios calendáricos y litúrgicos a menudo inician tales crisis. En tiempos antiguos, las liturgias pascuales eran especialmente propensas a tal ansiedad, pues era una creencia ampliamente extendida que Cristo regresaría a la tierra en juicio en la vigilia pascual—y si una parte de la iglesia estaba en oración y la otra en cama, el asunto de cuándo se llevaba a cabo la vigilia era en verdad crítico para todos los cristianos. El tema tiene un interés perdurable no sólo por lo que revela sobre la historia de la observancia litúrgica y el patrón creciente de la orientación sinodal episcopal de las iglesias en toda la provincia, sino también por la luz que arroja sobre el surgimiento de un sentido, en Roma, de que el papado tenía una responsabilidad presidencial especial en el orden eclesiástico internacional. Esta cuestión se plantearía en adelante como un factor cada vez más importante en los asuntos cristianos, a veces para el bien de establecer un tribunal de apelación internacional muy respetado, y a veces de manera perjudicial como causa de protesta y disensión. A medida que se abría el siglo III, y ciertamente para el IV, era operativo (al menos en Roma) como una tradición que Roma tenía una tradición especial y «superapostólica» que le daba el derecho a ser escuchada en todas partes. En las disputas arrianas del siglo IV (y en muchas controversias posteriores), a menudo Roma sentía que sólo necesitaba emitir una declaración y todos los demás sólo necesitaban ponerse de acuerdo en consecuencia. Esta expectativa creciente causaría finalmente un sinfín de nuevas disputas.

Gnosis cristiana. *Un contexto*. Hasta las primeras décadas de este siglo, los comentaristas históricos cristianos (que a menudo eran tanto teólogos encubiertos como historiadores) pensaban en gran medida que sabían lo que era el gnosticismo—una sola «cosa»: principalmente una secta externa desviada y cuasiparasitaria de maestros excéntricos vagamente relacionados que mitologizaban las enseñanzas cristianas, un movimiento que surgió a principios del siglo II y que fue ampliamente rechazado entre las iglesias cristianas a principios del siglo IV, estableciendo, en el curso de esa reacción, las reglas fundamentales de las definiciones «ortodoxas-católicas» del cristianismo. En cierto sentido, entonces, se acercaron al gnosticismo como un agente precipitante de la catolicidad temprana con su organización alrededor de un canon cerrado de Escritura acordada y un sentido fijo de tradición apostólica demostrable que se sostenido como un linaje de criterio. El ímpetu antignóstico fue visto crecer a partir de un deseo eclesial de apegarse al sentido común, a las declaraciones de fe con base litúrgica (credo) en preferencia al misticismo especulativo de varios tipos.

---

disciplinaria o de la negativa a aceptar la autoridad legítima. Una secesión por razones doctrinales ahora es claramente etiquetada como una herejía (*hairesis*).

En esta (una sinopsis clásica del «problema gnóstico») los comentaristas seguían predominantemente la valoración muy negativa de Ireneo de Lyon, el obispo-teólogo del siglo II que se propuso por primera vez reprender a un grupo de valentinianos lioneses (discípulos sueltos de Valentín de Roma) a quienes consideraba como atacantes de importantes premisas de su propia iglesia local. La mirada de Ireneo en su *Adversus Haereses* («Contra los disidentes») se elevó más de lo habitual, más globalmente, por así decirlo, debido a su conocimiento del trabajo de los maestros valentinianos en Roma. Pero, aunque su trabajo se propone acumular una gran variedad de detalles y cargas sobre el movimiento gnóstico, sobre todas las cosas Ireneo era un maestro local. Se sintió impulsado a escribir una crítica devastadora del gnosticismo como enemigo pernicioso de la autenticidad cristiana debido al daño que veía infligir a su propia congregación lionesa traumatizada, que acababa de salir de una persecución severa y fatal. A medida que pasaba el tiempo, y las buenas ideas que los maestros gnósticos habían ofrecido se absorbieron silenciosamente (como sucede a menudo con los movimientos que al principio son atacados por ser perniciosos), mientras que las «cosas más dudosas» que representaban se denunciaban ruidosamente, Ireneo llegó a ser el principal portavoz de todo el movimiento antignóstico, y su arquitectura de las ideas representaba la sustancia de lo que llegó a calificarse como el sistema católico de autoidentidad. Fue la reacción antignóstica la que de hecho hizo mucho para darle forma cristalina a esto a mediados del siglo segundo.

Los textos eran caros de reproducir en la antigüedad y representaban mucha mano de obra, además de su costo. Los movimientos intelectuales derrotados tendían a no tener devotos que mantuvieran su literatura en circulación. Y así, en el siglo IV, los autores gnósticos fueron más o menos enviados a la pila de «restos», el destino que acompaña a la mayoría de la literatura inactiva: quedando fuera de circulación literaria y mental. Paradójicamente, fueron los mismos cristianos que rechazaron el gnosticismo los principales responsables de mantener viva la memoria del movimiento. Los gnósticos vivieron, conservados durante mucho tiempo en el aspecto del texto de Ireneo, precisamente como ejemplos de herejía radical. Eventualmente la mayoría de los historiadores dentro del cristianismo aceptaron la versión de Ireneo de los eventos como el único contexto de acercamiento y tomaron sus sinopsis de lo que los gnósticos enseñaron como el relato primario. Esto cambió, y el «gnosticismo» como una clase de nudo comenzó a desamarrarse después de los nuevos descubrimientos de los llamados textos gnósticos de finales del siglo XIX en adelante y especialmente a mediados del siglo XX, sobre todo la colección Nag Hammadi de literatura escondida de Jenoboskion descubierta allí en 1947. Este último era, con toda probabilidad, un basurero del cercano monasterio pacomiano que estaba limpiando sus colecciones de la biblioteca. Algunos han hecho mucho esto, considerándolo como un ejemplo de censura, pero no hay ninguna evidencia seria para pensar que el vertido de esta literatura (ya antigua) fuera otra cosa que el ejercicio normal de una biblioteca desechando materiales no deseados. Los pacomianos del siglo IV, y los devotos ascéticos cristianos en general, estaban interesados en otra literatura que no fuera ésta, y este otro corpus lo han conservado, copiado y protegido extensamente durante dos milenios como las vastas colecciones de teología ascética y mística que tenemos hoy en día. Si un corpus de literatura tiene una audiencia que la valora (sin contar los desastres naturales), sobrevivirá. El tipo de metafísica teosófica representada en los tratados gnósticos perdió rápidamente su audiencia central después de principios del siglo IV. En resumen, no fue reprimido por nadie; simplemente murió de muerte natural hasta que fue resucitado por la fuerza en los tiempos modernos, por nuevos devotos, a menudo invistiéndolos con significados que originalmente no tenían.

El hallazgo de Nag Hammadi, sin embargo, inició una verdadera explosión de reevaluaciones de lo que era el gnosticismo en la última parte del siglo XX. De hecho, esto ha continuado aún hoy en día con la religión popular (fuertemente influenciada por las teorías de conspiración de los últimos días, especialmente en los Estados Unidos, donde los editores pueden hacer mucho dinero con ese género) para explicar el fenómeno inusual de que mucha gente en Norteamérica hoy en día sabe poco acerca del cristianismo antiguo, aparte de los «evangelios secretos perdidos», que supuestamente han sido mucho más divertidos que los evangelios conservados públicamente de los que todos hemos oído hablar. Durante muchas décadas he cumplido con las expectativas de los estudiantes universitarios de primer año que desean especializarse en literatura gnóstica con el consejo de ir a leer primero los materiales primarios, sólo para ver caras abatidas cuando regresan a confesar que no son tan emocionantes como algunos comentaristas les habían hecho creer y que, de hecho, a veces eran positivamente incomprensibles. Ireneo no se anduvo con rodeos cuando argumentó que «para refutar tal literatura sólo es necesario describirla», pero entre su punto de vista de que la herejía no tiene nada que ofrecer, excepto la corrupción y la visión inflada de unos pocos eruditos de que aquí hay una alternativa viable al cristianismo hiperdogmático, tal vez haya un camino intermedio: a saber, que esta literatura, ahora que uno puede acercarse a ella sin el comentario intelectual de testigos hostiles, ha ampliado un poco nuestra comprensión de las condiciones de la iglesia en el siglo II y ha abierto nuestro concepto de lo que podría ser una escuela privada dirigida por un *didaskalos* filosófico religioso en el siglo II.

Más que esto, quizás, ganamos aquí una perspectiva más profunda de cómo este estilo de metafísica religiosa especulativa estaba en relación con la metafísica cristiana principal. Algunos estudiosos han comenzado a argumentar (en una reacción excesiva a la apologética ireniana) que probablemente nunca hubo un movimiento «gnóstico» más que una herejía inventada de heresiólogos. Esto me parece, al menos, una exageración masiva de la evidencia, ya que no sólo fueron los cristianos los que gritaron en contra de los «gnósticos» (nombrándolos como tales desde su propia autodenominación, sino añadiendo que, en lo que a ellos se refería, era «seudognósis», o falsa sabiduría), sino que también fueron las antiguas escuelas establecidas de la filosofía helenística las que los encontraron intelectualmente detestables.

En las *Enéadas* del gran comentarista platónico del siglo III Plotino, tiene una sección específica antignóstica, en la que los reprende por una visión radicalmente pesimista de la relación de lo divino con la cosmología, acusándolos de tener un «desprecio por la creación», y refuta su tendencia a multiplicar los principios cosmológicos (o arcontes hipostáticos).[77] En sus manos, como en el caso de los padres cristianos de los siglos II al IV, la proyección de la Tríada divina era una visión del alcance divino al cosmos que era al mismo tiempo un recorte fundamental de la metafísica especulativa gnóstica.[78] Plotino los consideraba, se sospecha, como teosofistas que sólo tenían confluencia superficial con su propia agenda metafísica. Orígenes (que tenía mucho respeto por Plotino, aunque no fue devuelto) sintió lo mismo. Su actitud hacia el pensamiento gnóstico representaría el otro extremo del espectro de Ireneo. Él también fue un oponente de la mayoría de las ideas centrales de la teoría gnóstica, pero fue capaz de reconocer y responder a los problemas de la teodicea y divina revelación que los gnósticos habían planteado de una manera seria. Si el pensador del segundo siglo no encontró nada bueno que decir, los teólogos intelectuales del tercer siglo como Clemente de Alejandría u Orígenes, entonces, encontraron mucho que era bueno absorber, silenciosa y juiciosamente, para que pudiera ser «reclamado» para la iglesia principal (podríamos empezar a llamarla la «gran iglesia» en esta época). Así que sería falaz pensar que todos los grandes teólogos cristianos eran unánimemente hostiles a la agenda gnóstica. Eran hostiles a gran parte de ella, y a casi todos sus métodos y premisas metafísicas. Deseaban probar sus aprehensiones más místicas (el sentido del iniciado inspirado y el amplio panorama metafísico de la salvación que muchos textos gnósticos evocaban) mediante la conformidad con los precedentes bíblicos, históricos y litúrgicos de sentido común: cosas que se podían pesar y medir junto a cosas que sólo se podían intuir. El elemento de conformar la iluminación personal a la experiencia y guía de la comunidad es la diferencia por excelencia.

Es importante reconocer, también, que la iglesia principal ciertamente no suprimió o censuró los movimientos gnósticos. El siglo II es demasiado pronto para imaginar a un obispo con poder de censura—aparte de la simple fuerza de la argumentación. La mayoría de la apologética antigua es robusta de una manera que conmociona al lector moderno (que también olvida lo brusco que sonará para los oídos posteriores nuestra propia apologética). Los antiguos no se dedicaban a escuchar diferentes «escuelas de pensamiento» con pacifismo irénico. Ellos fueron entrenados como polémicos triunfadores. No necesitamos adoptar sus métodos aquí, pero podemos revisar la evidencia con un espíritu más desapegado (¡tal vez!) manteniendo dos premisas: que se trataba de un movimiento secundario en lo que respecta al desarrollo general del cristianismo (aunque daba a la iglesia a largo plazo una gran profundidad de reflexión en las percepciones místicas), y que aunque el gnosticismo no era una obra completa,

---

[77] *Enéadas* 2.9; 2.9.5.
[78] Ibid., 2.9.2-3. Algunos de los esquemas emanacionales cósmicos de los gnósticos llegaron a 365 emanaciones divinas.

o incluso un movimiento particularmente coherente a lo largo de los siglos de la antigüedad tardía, cuando estaba de moda (especialmente en los siglos segundo al tercero, cuando afectaba de manera más significativa a los cristianos), sin embargo, existían algunas escuelas discretas que podían observarse en relación con la historia de la iglesia. Es por eso que el concepto de gnosticismo todavía tiene fuerza de significado, pero también por lo que esta sección se concentrará en Valentín, Bardaisan y Basílides como sus puntos de atención más significativos. ¿Cómo describirlos y, por lo tanto, describir su intención?

A los antiguos movimientos gnósticos (nunca hubo uno solo) se les dio la coherencia que tenían por un principio axiomático compartido de que la salvación era la experiencia de la iluminación (la *gnosis* puede ser mejor traducida como «sabia iluminación») y que esta iluminación surgió de la comprensión fundamental de que esta existencia material cósmica actual era un encarcelamiento de la verdadera vida espiritual (*pneumatikos*) e intelectual (*logikos*, *noetikos*), en la oscuridad, el sufrimiento y la ceguera materiales (*hylic*). Para mí este enfoque fundamental de la metafísica define lo que considero, aun así, como «material gnóstico» propiamente dicho, a diferencia del material «sofiánico», que abunda en toda la filosofía y religión antiguas (incluido el cristianismo en sus múltiples formas). Si mezclamos «sofiánico» con el tema de la luz capturada por la oscuridad, corremos el riesgo de perder el control sobre el significado de *gnostica*, así que yo aconsejaría que reserváramos el término *gnóstico* para aquellos materiales en los que vemos el mito de la guerra de la luz y la oscuridad activamente comprometidos como un principio cosmológico—y no simplemente como referencias a esa idea o tema, los cuales son antiguos lugares comunes, sino más bien «arreglos» metafísicos sustantivos de la vida en torno a la idea de una caída en la oscuridad y una introducción a la iluminación (por una figura del Salvador) como la dinámica exacta de la salvación.[79] Así que para nuestros propósitos aquí Valentín y su sistema (que es exactamente lo que Ireneo estaba atacando originalmente) siguen siendo arquetípicos de lo que uno podría entender sensatamente por «cristianismo gnóstico».

Varios movimientos gnósticos de la época del cristianismo primitivo se apoyaban en el mito del alma preexistente dado por Platón. Aquí el concepto de la «inconsciencia» del alma de que su vida presente (en el mundo) es una ilusión y engaño es transmitido gráficamente por su famosa historia de los prisioneros en la cueva (ven sombras en la pared trasera de la cueva y tienen la ilusión de que esas sombras son la realidad—sin saber que el mundo real está en otro lugar, fuera de la cueva, y que necesitan un esfuerzo heroico de discernimiento para «dar la vuelta» y lidiar con ello).[80] El triste estado de estar atrapado en la materia y la ignorancia (la

---

[79] La palabra *sofiánico* proviene de sofía o «tradiciones de sabiduría», una manera de teologizar lo que describe el discernimiento como luz y la ignorancia como oscuridad. El pensamiento sofiánico incluye lo gnóstico como una subcategoría, pero es mucho más amplio que esto, prevalente en toda la Escritura, y central en la tradición evangélica también.

[80] *República* 514a-520a.

antítesis de la sabiduría-gnosis) es considerado por algunos movimientos gnósticos como la «caída» del espíritu en la carne, y la caída primitiva es presenciada (en muchas y variadas elaboraciones de ese relato, especialmente en el nacimiento forzado de la conciencia espiritual de seres—es decir, los sensibles—en la vida híbrida de la conciencia material). En resumen, la existencia misma de la raza humana sufriente ejemplifica la caída—nuestra existencia es nuestro pecado. Nuestro pecado es la ignorancia y el dolor existencial. Nuestra salvación es nuestra liberación de los términos de tal existencia. El(los) Salvador(es) celestial(es) y terrenal(es) que aparecen en los sistemas gnósticos son aquellos que nos enseñarán a ser libres de la pista de baile de la ignorancia, el sufrimiento y la muerte.

Los estilos gnósticos de la metafísica preexistieron en el cristianismo, y muchos de estos temas se pueden observar en el maniqueísmo del segundo siglo.[81] Obras anteriores, como las de Hans Jonas y Kurt Rudolph, tendían a pensar que el origen de las ideas gnósticas se encontraba en las antiguas religiones del Oriente Próximo. De hecho, algunos eruditos postularon un origen iraní (especialmente su fuerte creencia en la lucha cósmica de dos potencias primitivas: Oscuridad y Luz, Bien y Maldad, Salvadores y Opresores). Pero no existen ejemplos precristianos de textos claramente gnósticos, y parece más bien haber sido un movimiento profundamente helenístico que alcanzó su apogeo en el segundo siglo de la era cristiana. No debe considerarse simplemente como una forma «parasitaria» de cristianismo, judaísmo o maniqueísmo, ya que se sentía igualmente a gusto en varias «lecturas» de estilos de vida filosóficos helenísticos, independientemente de cualquier elemento «cristiano» en absoluto. Los textos de Nag Hammadi, por ejemplo, tienen algunos cristianos *gnostica* entre ellos, pero otros materiales son simples tratados filosóficos y éticos clásicos, lo que hace imposible llamar a Nag Hammadi una colección gnóstica en absoluto. Adolf von Harnack, el gran historiador de la iglesia protestante de finales del siglo XIX y principios del XX, definió el gnosticismo (en su aspecto cristiano) como un ejemplo de la «helenización extrema» de la tradición evangélica.

Este deseo de distinguir claramente la «verdad bíblica» y la «religiosidad filosófica griega» fue una vez predominante en la escritura teológica del siglo pasado, pero ya no se considera defendible. Varios de los primeros elementos cristianos llamados gnósticos se encuentran en el Nuevo Testamento y son manifestaciones del género apocalíptico judío tardío. Además, el judaísmo de la época de Jesús estaba fuertemente influenciado por las corrientes culturales helenísticas. Las categorías en blanco y negro de Harnack no funcionan. Trabajos posteriores de Michael Williams y Karen King han vuelto a advertir sobre la sobrecategorización que implica hacer una descripción demasiado estricta de los gnósticos entendidos principalmente como disidentes cristianos, una perspectiva que sigue demasiado de cerca el impulso retórico

---

[81] Hans Jonas, *The Gnostic Religion: The Message of the Alien God and the Beginnings of Christianity*, 2da ed. (Boston: Beacon, 1963); y Kurt Rudolph, *Gnosis: The Nature and History of Gnosticism* (San Francisco: Harper & Row, 1983), tratan muy bien estas cuestiones de origen.

de los apologistas patrísticos.[82] También es bueno, tal vez, recordar que esto no significa que «no eran» disidentes cristianos, o que su disidencia es la razón misma por la que los recordamos, para bien o para mal, por las posibles alternativas que podrían haber ofrecido a las estructuras cristianas o por las estructuras que la gran iglesia estableció para contrarrestar su potencial influencia.

Así pues, había gnósticos claramente «cristianos» que enseñaban en escuelas que se consideraban independientes del control de los *episkopoi* cristianos y no muy sujetos a la orientación o a la cobertura de las cuestiones de las tradiciones comunitarias cristianas. Las historias de Jesús que heredaron y que deseaban alegorizar eran para ellos material base para la narración metafísica, mucho más que narrativas históricas relativas a la teología del pacto del Antiguo Testamento adaptada por las enseñanzas sofiánicas de Jesús.[83] Estos *didaskaloi* (o maestros) gnósticos abrieron sus propias escuelas (*daskaleia*) privadas de retórica en las grandes ciudades helénicas, tales como Antioquía, Alejandría, Roma y Édessa. Entre los más abiertamente cristianos de estos *didaskaloi* estaban Valentín de Roma, Ptolomeo su discípulo, Teódoto, Basílides de Alejandría, Bardaisan el Sirio y Hermógenes. Este grupo central puede ser considerado con seguridad como centralmente significativo y nos dan datos históricos sólidos importantes para el desarrollo del cristianismo primitivo.

Valentín (fl. 120–160). El gnosticismo cristiano de tipo valentiniano era una forma de conocimiento que se pensó intrínsecamente para dar salvación a los elegidos redimidos—lo que generalmente conducía a la unión mística con el principio divino. Esta era una experiencia estrechamente relacionada con la vida después de la muerte espiritual y la salvación personal, y por lo tanto su reformulación como doctrina podría haber sido el resultado del intento de los *didaskaloi* gnósticos de atraer a los seguidores de los misterios griegos precristianos. El gnosticismo valentiniano era hostil al principio de la materialidad y a menudo utilizaba un conjunto altamente alegórico y espiritualizador de interpretaciones simbólicas de textos sagrados o fenómenos materiales—en armonía con la idea vagamente platónica de que la realidad material es en realidad «irreal» y más una ilusión y una trampa que una «existencia real» sana y empíricamente confiable. Entre ellos, esto se relacionaba a menudo con relecturas muy intelectualistas de las religiones o mitos antiguos (tan hasta cierto punto pluralistas), y en algunos casos se basaba en lecturas de historias cristianas que pretendían armonizarlas con los mitos helenísticos de los salvadores ascendentes y

---

[82] Karen King, *What Is Gnosticism?* (Cambridge, MA: Harvard University Press), 2003; Michael Williams, *Rethinking Gnosticism: An Argument for Dismantling a Dubious Category* (Princeton, NJ: Princeton University Press, 1996).

[83] Es decir, tomaron la proclamación de Jesús como Hijo de Dios y la interpretaron para presentar a Jesús como un salvador cósmico universal a la manera de un *Soter-Theos* griego, a menudo poniendo poco énfasis en la realidad material histórica de Jesús –algunas versiones de la cristología gnóstica consideraban al hombre Jesús como simplemente una cáscara que la fuerza divina habitaba temporalmente–, causando así el primer gran argumento conocido acerca de la cristología en la antigua iglesia, la crisis docética (¿era Jesús real o meramente una apariencia [*dokesis*] de una divinidad?), ya que una verdadera divinidad no puede ser realmente carne somática.

descendentes. Las lecturas altamente alegóricas y simbólicas de la Escritura mantuvieron a la vez la forma de los textos tradicionales, pero liberaron al intérprete de cualquier subordinación a los significados originales.

Esta forma alegórica de leer (y de liberarse de) un texto fue, al parecer, popularizada por primera vez entre los cristianos por los gnósticos valentinianos. Ya estaba muy extendida entre los helenistas como forma de leer literatura clásica. Esta forma de exégesis bíblica fue una tendencia que al principio alarmó mucho a la gran iglesia, antes de que tales lecturas llegaran a ser estándar en los siglos III y IV. En efecto, el primer inventor del «comentario bíblico cristiano» en forma alegórica fue el exégeta valentiniano Heracleón. Su obra fue purgada por el crítico bíblico mucho mayor Orígenes, quien se propuso hacer que el método alegórico de interpretación fuera «apropiado» para la ortodoxia católica en el siglo III, refutando la mayoría de los «principios del dogma» que Heracleón y Valentín pudieron hacer girar a partir de su lectura alegórica de las narrativas bíblicas sobre Jesús. La alegoría, sin embargo, atenúa la voz histórica que interviene en la lectura textual y sube el volumen a las especulaciones metafísicas. La iglesia siempre ha sido cautelosa de la tensión involucrada en ese proceso: la diferencia entre un literalismo escritural esclavizado y un mito libre que hace del testimonio del pasado.

El mismo Valentín fue famoso en vida por sus brillantes habilidades intelectuales y retóricas. Su rechazo por parte de la iglesia de Roma y poco después por parte de otras grandes y principales comunidades cristianas fue la chispa que inició el proceso de clarificar claramente la diferencia entre teologías ortodoxas y gnósticas (aunque, por supuesto, todavía había una gran variedad en ese momento tanto en las ideas de catolicidad como en las de gnosticismo). Valentín es, pues, el catalizador de todo el concepto de la tradición apologética de la ortodoxia, independientemente del interés que sus propias ideas tengan por derecho propio. Era un nativo de Alejandría que asumió un puesto de profesor en Roma en algún momento entre 136 y 140.[84] Parece que se fue a Chipre en 160, según Eusebio y Tertuliano, en gran parte debido a la hostilidad que le generaron las autoridades eclesiásticas romanas. Se le identificó como el heresiarca en la literatura cristiana apologética, y muy poco de su obra original permanece, aunque su sistema fue descrito (principalmente para ser ridiculizado) por varios testigos hostiles, especialmente Ireneo de Lyon.[85] Pero hay

---

[84] Epifanio, *Panarion* 31.2.3; Ireneo, *Adversus Haereses* 3.4.3; Eusebio, *Historia eclesiástica* 4.11.1.

[85] Los fragmentos valentinianos existentes se pueden encontrar en M. Simonetti, ed., *Testici gnostici in lingua greca e latina* (Milan: Fondazione Lorenzo Valla, 1993) (con traducción al italiano). Véase también C. Markschies, *Valentinus Gnosticus? Untersuchungen zur valentinianischen Gnosis mit einem Kommentar zu den Fragmenten Valentins* (Tübingen: Mohr, 1992). La tesis de Markschies es que el relato de Ireneo sobre el valentinismo no está en armonía con los fragmentos existentes, si estos últimos se estudian sin tener en cuenta su abrumadora intención apologética. Pero, aunque uno podría admitir fácilmente la hostil recopilación de pruebas de Ireneo a la manera de muchas otras apologéticas antiguas, tanto cristianas como no cristianas, acerca de las escuelas de pensamiento rivales, es sin embargo otro asunto totalmente distinto descartarlo como si lo hiciera todo de una sola pieza. Fue, y sigue siendo, un testigo importante de la enseñanza gnóstica, ya que le fue transmitida por fuentes romanas y lionesas de los maestros contemporáneos. Véase también F. M. Sagnard, *La gnose valentinienne et le témoignage de Saint Irenée* (Paris: J. Vrin, 1947).

otros de los Padres que también leyeron y comentaron sobre él y que conservan algunos de sus fragmentos reales.[86] Los descubrimientos de la literatura gnóstica en Nag Hammadi en el siglo XX fueron importantes para sacarlo de las sombras, ya que muchos eruditos ahora creen que el Evangelio de la Verdad contenido en el escondrijo de Nag Hammadi es una obra suya, o al menos refleja su enseñanza de una manera sustancial.[87]

En el núcleo del programa de su escuela está el mito de la gnosis restaurada, una narración de la salvación de los poderes espirituales caídos y su rescate.[88] La teología de Valentín enseña que el mundo divino, o Pleroma, es una suma de treinta poderes o Eones. De la pareja creadora primordial (una pareja sicigia masculino-femenino—andrógina—llamada Profundidad Inefable [*Bythos*] y Silencio [*Sige*], que es el principio último del ser), emana una segunda sicigia (*Nous* y *Aletheia*). Esta segunda sicigia es el primogénito creativamente fecundo del Original, y mediante esta autorreflexión Dios puede generar y manifestar su verdadero ser al propio ser de Dios, así como reflejarlo hacia afuera. Es, pues, el arquetipo de la verdadera revelación, que ahora se emitirá en una serie en cascada de emanaciones hacia las entidades menores. De este cuatro original viene un segundo conjunto de cuatro, haciendo los ocho principios primarios que constituyen el Primer Ogdóada.[89] Once pares de Eones maléficos femeninos emanan ahora a su vez de estos ocho primordiales, y este sistema de emisión-declinación produce la terminación del ciclo completo de los treinta Eones. La más joven y última de todas ellas es Sofía (la Sabiduría). Como la emanación más baja del Ogdóada Primordial, es defectuosa, desequilibrada e inquieta. Su error (especialmente su deseo desmesurado de comprender al Padre Supremo) produce el (desastre del) cosmos material. La gran debilidad de Sofía era su deseo de conocer al Padre Inefable. Su excesivo orgullo trata de imitar de manera independiente esta generatividad divina de la primera pareja primordial, pero se hace en ignorancia y sólo produce pecado y error. El resultado es el lío cósmico (las fuentes lo describen como un aborto cósmico en lugar de un verdadero nacimiento generativo) que conocemos como nuestro mundo material. Valentín cree que, en el proceso de la desastrosa producción del cosmos material por parte de Sofía, una verdadera existencia espiritual quedó atrapada en la materia. El «problema» y «error» fundamentales de este caos es el atrapamiento de la luz espiritual en las tinieblas materiales, o la colisión del espíritu dentro de un ambiente natural, que se convierte en una fuente ontológica de angustia e ignorancia últimas para todo ser consciente.

---

[86] Clemente de Alejandría, *Stromateis* 2.36.2-4; 2.114.3-6; 3.59.3; 4.89.1-3; 4.89.6–4.90.1; 6.52.3– 6.53.1; Hipólito, *Refutation* 6.42.2; 6.37.7; 10.13.4.

[87] Ahora se cree que hay ocho textos en el corpus de Nag Hammadi que son «valentinianos»: Oración del Apóstol Pablo, el Evangelio de la Verdad, el Tratado Tripartito, la Carta a Regino, el Evangelio de Felipe, el Primer Apocalipsis de Santiago, la Interpretación del Conocimiento, y una Exposición Valentiniana.

[88] Para una reconstitución de su dogma vea C. Markschies, "Valentinian Gnosticism: Toward the Anatomy of a School," en *The Nag Hammadi Library After Fifty Years*, ed. J. Turner et al. (Leiden: Brill, 1997), 401-38.

[89] Cuatro pares de masculino-femenino: Inefable-Silencio; Nous-Verdad; Palabra-Vida; Humanidad-Iglesia.

En la mitología valentiniana, uno de los más bajos y malvados de todos los principios espirituales cae a esta tierra y se hace pasar por el Demiurgo, o señor del mundo. Este espíritu malvado es el que los textos del Antiguo Testamento llaman Dios, que generalmente confunde su poder con la bondad. Es también la fuerza espiritual detrás de los dioses de las religiones helénicas y el Dios bíblico de los cristianos simples que sin pensarlo siguen a los judíos en un tradicionalismo ciego. La adoración del Demiurgo, sin embargo, tiene el propósito de esclavizar a hombres y mujeres y evitar que vean la luz. El Dios de las Escrituras es, pues, un Dios falso. Jesús viene como liberador para hablar a la humanidad de una nueva fuerza divina—la salvación del verdadero Padre. Como también insiste Marción, el Padre y el «Señor» del Antiguo Testamento son dos seres muy diferentes. El Demiurgo se disfraza de dios(es) benéfico(s), para mantener a los mortales creyendo que hay algo bueno en el ambiente material, y todo lo que necesitan hacer para lograr la rectitud es adorar, ser bondadosos, perseverar, soportar el sufrimiento cósmico, y así sucesivamente. Él tiene especial cuidado en matar a los verdaderos maestros espirituales (como Jesús y otros profetas) que podrían dar a conocer la noticia de que todo esto es una ilusión religiosa. El error religioso último, para los gnósticos, es confundir al Dios bueno (que desprecia este mundo, pero quiere liberar a las almas de su corrupción) con el Dios malo, que desea esclavizar a los espíritus psíquicos dentro de este mundo y ofrece beneficios terrenales y aparentes bendiciones terrenales a los adoradores esclavizados.

Para Valentín, el Dios Supremo estaba bastante horrorizado de que este desorden seudocreativo sófico haya resultado en eso, aunque el último poder divino es trascendentemente removido de todas las preocupaciones terrenales, decidió sanarlas y envió «emanaciones» celestiales de los rangos inferiores de los Eones para reparar la estructura cósmica rota. El Dios bueno también inspira «correspondencias» terrenales a aquellos seres patronales celestiales—grandes maestros gnósticos (como Juan el Bautista, Jesús, Mani, etc.) que declararán las verdades salvadoras de la iluminación. Uno de los Eones superiores, el compasivo Cristo celestial, envió al Salvador Jesús para liberar a las almas inclinadas espiritualmente de su encarcelamiento material y terrenal. Aquellos que comprenden el mensaje de la verdad (el *gnostikoi*) son iluminados y salvados. Aquellos que se aferran a las formas materiales (las *hylikoi*) continúan su esclavitud al Demiurgo en un mundo triste y quebrantado al que se le roba su significado espiritual y carece del potencial para el progreso psíquico. Los creyentes son clasificados, de acuerdo a su nivel de iluminación (*gnosis*), como materiales, psíquicos o espirituales (*somatikoi, psychikoi, pneumatikoi*). Los espirituales son aquellos que consagran el secreto último del ascenso final a la reunión con los Eones superiores después de la muerte. Los *pyschikoi* son aprendices. Esta última categoría era, al parecer, un «alcance ecuménico» para los miembros de la gran iglesia, alentándolos a avanzar en su ascenso espiritual (más rápido de lo que los rituales de la iglesia episcopal les prometían) al suscribirse a la versión valentiniana de la espiritualidad cristiana.

Para los valentinianos, debido a que el pecado es ignorancia, también lo es la iluminación de la salvación. Aquellos espirituales que reconocen el estado último de la trampa de su psique son liberados para convertirse en verdaderos gnósticos y serán liberados del mal material. Mientras tanto, el Demiurgo, fiel a su carácter de *daimon* malvado y perverso de este dominio terrenal, intenta todo lo que puede para mantener a los humanos atrapados en la oscuridad. Él considera la liberación de las almas de su dominio como una pérdida de prestigio y dominio. La guerra de luz y oscuridad continúa en todo el cosmos. Así como la luz divina emanó en pares creativos del Ogdóada primordial, y la unidad fue simbolizada en las sicigias, así también puede ser rota por el pecado. Esto se simboliza en la separación sexual de Adán y Eva (la ruptura del andrógino y el origen de la lujuria) como se narra en Génesis. El ser humano espiritual debe de ahora en adelante buscar estar unido a su correspondiente pareja celestial.

Todo el trazado del mito puede parecer extraño a primera vista (y los grandes apologistas de la iglesia ciertamente lo tomaron como una herramienta argumentativa, ridiculizándolo), pero básicamente todo el relato es un llamado moral a la acción salvífica para sus oyentes: el ascenso desde la materialidad hacia una sabiduría sofisticada. Lo que más conmovió a la gran iglesia fue que tal esquema básicamente cortaba la línea que unía a Jesús con una historia real: una en la que la carne importaba como una cosa sacramentalmente santa; una en la que el mundo importaba, y en la que era un mundo bueno y uno que Dios amaba y deseaba redimir mediante la sanación. La reacción que la gran iglesia estableció en contra de estos principios gnósticos fundamentales fue doble y puede ser expresada de manera sencilla. En primer lugar, se expresa de forma más sucinta en la sofiología antignóstica del prólogo juanino en esa frase resonante «Y el Logos se hizo carne» (Jn. 1:14). Segundo, fue encapsulado en una refutación de credo del principio de las emanaciones eónicas: «Creemos en un solo Dios, el Padre Todopoderoso, Creador del Cielo y de la Tierra, de todo lo visible e invisible». De hecho, aunque los credos se elevan más tarde en el siglo IV para ser declaraciones baluartes de creencia, indudablemente se originaron a principios del siglo II para ofrecer una simple declaración de creencia fundamental para contrarrestar la teocosmología gnóstica.

Si nos alejamos un poco de los detalles de la macronarrativa y consideramos su forma o tipo más amplio, es bastante claro, tal vez, que el sistema cosmológico valentiniano es una expresión fuertemente del platonismo medio del problema del uno y de los muchos, usando motivaciones religiosas y arquetipos filosóficos y previendo una jerarquía descendente de emanaciones para mediar entre el Alto Dios (el Uno) y los poderes y entidades daimónicas del mundo material (los muchos). Valentín, sin embargo, se distingue de los teósofos filosóficos comunes de su tiempo en que combina una metafísica platónica con los elementos principales de la historia de salvación cristiana y en el proceso da a su comprensión de la vida de Jesús un significado profundamente cósmico. Los opositores ortodoxos a su plan se resistieron principalmente porque había desconectado la historia de Jesús y la había arrancado del contexto sin fisuras de las Escrituras hebreas, pero también estaban profundamente influenciados por la majestuosa manera en que Valentín había explicado las implicaciones metafísicas y universales del mensaje cristiano de salvación. Cuando uno habla del rechazo final de los sistemas gnósticos en la línea principal o gran iglesia, esto contradice en gran medida la manera en que tantas percepciones de los movimientos gnósticos fueron domesticadas e incorporadas al cristianismo principal de tipo místico.

La elevación valentiniana de la mística sobre la historia, sin embargo, fue algo que la gran iglesia nunca aceptó, aunque a partir de ese momento miraría cada vez más favorablemente el concepto de expresar el *kerygma* de la salvación evangélica a través de la lente de narrativas cosmológicas más allá de las del apocalipticismo semítico. Un profundo sentido de alienación cósmica está fijado dentro de todos los esquemas gnósticos y se hace cada vez más visible en formas más amplias del cristianismo tardío del segundo siglo. La tensión producida cuando el cristianismo primitivo en algunas partes sustituyó su primer sentido apocalíptico de «alienación» por un sentido más universalista de colapso cosmológico ha sido considerada por algunos estudiosos como la raíz de una tendencia creciente a presentar al cristianismo como una religión ascética y que niega el mundo.

El dualismo en alguna forma es central para muchos patrones gnósticos de pensamiento, especialmente el de Valentín: la luz y las tinieblas están en guerra perpetuamente, al igual que el espíritu y la materia. En alguna forma, por supuesto, se podría decir que esto también era cierto en todos los sistemas religiosos en la antigüedad tardía—pero el movimiento gnóstico pone el conflicto en primer plano de manera más notable y lo eleva como un principio más metafísico, incluso teológico. La gran iglesia reaccionó en contra de esto consistentemente. El mítico esquema de salvación para Valentín funciona por medio de estas dinámicas oposiciones—un conjunto de opuestos confrontacionales que en gran medida lo contrapone a la corriente del pensamiento religioso popular griego mucho más antiguo, que a menudo había tendido a presumir una estrecha conexión entre las deidades y el orden mundial. El judaísmo también presupone un sentido cercano del mundo como bendecido por un solo Dios, el Padre del pacto. Puesto que esta premisa de la estrecha vinculación de Dios con su tierra y su pueblo del pacto en la tierra era también la visión *fundamental* detrás de la teología bíblica judía, así como detrás de las primeras interpretaciones de la vida y muerte de Jesús, era inevitable que se librara una fuerte batalla sobre las tendencias gnósticas en la iglesia cristiana, y también que rápidamente se vería como una cuestión de la «correcta interpretación de las Escrituras». El mayor discípulo de Valentín, Heracleón, es fundamentalmente un exégeta. También lo es el antignóstico más grande de la iglesia, Orígenes de Alejandría.

Valentín dejó detrás de él dos escuelas (*didaskaleia*) de discípulos.[90] La primera fue la llamada escuela occidental, incluyendo Ptolomeo y Heracleón.[91] Este grupo

---

[90] Hipólito, *Refutation* 6.35.

italiano enseñó que Cristo tenía un cuerpo psíquico, en el que el Espíritu entró en el bautismo. Ptolomeo es el autor de la *Epístola a Flora*, que ha sido totalmente preservada por Epifanio.[92] Ofrece una versión de la enseñanza en una forma sencilla para un principiante. Mantiene al Demiurgo como una criatura a medio camino entre Dios y el diablo: ni totalmente buena ni malvada, sino rígidamente obsesionada con la justicia. El *daimon* que compuso las leyes hebraicas de venganza resulta ser defectuoso, y Pablo, que nos informa que debemos tratar estas cosas alegóricamente, nos ayuda a comprender este asunto del papel de la Biblia. Ptolomeo parece, en esta obra, haber estado al tanto de la obra de Marción. La obra principal de Heracleón fue su renombrado *Comentario sobre Juan*. Fue, en efecto, el primer cristiano conocido por componer un comentario bíblico completo, y sus extensos fragmentos se conservan en el *Comentario* de Orígenes sobre el mismo Evangelio. Clemente de Alejandría lo llamó «el más famoso de la escuela de Valentín».[93]

La segunda facción de la escuela fue la *didaskaleion* oriental presidida por Marco y Teodoto, cuyos escritos son discutidos y discutidos por Clemente de Alejandría en su tratado *Extractos de Teodoto*. Sostenían la opinión de que Cristo tenía un cuerpo espiritual que simplemente pasaba a través de María como por una tubería de agua, sin tener ningún contacto físico real con ella. Teodoto dio quizás la sinopsis simple más famosa de la soteriología gnóstica. Sus preguntas sobre la salvación (maneras de demostrar la iluminación casi de tipo credo) eran tres: ¿Quiénes somos? ¿De dónde venimos? ¿Hacia dónde vamos? La obra de Marco es más difícil de comprender, e Ireneo reúne muchos rumores cáusticos sobre su moral suelta: hacer magia, seducir a mujeres ricas, etc. Parecería, sin embargo, que la teúrgia, la astrología y la numerología jugaron un papel significativo en sus enseñanzas y que las mujeres tuvieron un papel de culto en sus ritos. Ireneo no lo llama tanto filósofo como líder de una sociedad de culto (*thiasos*).[94] Marco describe un ritual de liberación en el lecho de muerte (*apolytrosis*) en el que la persona moribunda recibe las palabras secretas para pasar de este mundo a la esfera espiritual, una forma de rito comparable a algunos de los misterios griegos.[95]

Esta batalla de la gran iglesia con los esquemas gnósticos fue feroz en el siglo II y continuó en formas menores hasta el IV. Ha reaparecido en varios siglos posteriores en la historia cristiana (algunos ven las herejías medievales de los bogomilos o los cátaros/albigenses como gnósticos, al menos en forma conceptual). El gnosticismo ha marcado a todo el movimiento cristiano de manera positiva y negativa desde el siglo II. Casi todos los aspectos de la doctrina cristiana (salvación, antropología,

---

[91] Ireneo, *Adversus Haereses* 6.35.5-7.
[92] Epifanio, *Panarion* 33.3.1–33.7.10.
[93] Clemente de Alejandría, *Stromateis* 4.7.1.
[94] Ireneo, *Adversus Haereses* 1.13.4.
[95] Ibid., 1.25.5. El moribundo escuchaba el ritual y tenía que contarlo al Demiurgo para liberarse de su poder: «Yo soy hijo del Padre, del Padre Preexistente.... Estoy regresando a lo mío, de donde vine.... Soy un vaso precioso, más precioso que la fémina que te hizo.... Me conozco y sé de dónde vengo, e invoco a la Sabiduría Incorruptible, que está en el Padre, y que es Madre de tu madre, que no tuvo padre ni consorte masculino».

canonicidad, modelos de autoridad preferidos, formas de liturgia) han sido moldeados profunda y claramente por el movimiento gnóstico. Lo más importante de todo, quizás, fue la teología del Logos que vino a sustentar toda la reflexión cristológica subsiguiente. Se puede decir, por lo tanto, que esta primera gran crisis internacional que golpeó al movimiento de Jesús primitivo le dio su arquitectura clásica al agudizar por la fuerza su mente en categorías fundamentales y transformar el movimiento de una religión abrumadoramente semítica a una religión con predominancia bíblicamente helenística. Como ejemplo de esto, uno también observa que todos y cada uno de los documentos cristianos seminales ya no están en arameo/sirio, sino en griego.

Bardaisan (c. 154–222).[96] Conocido también como Bardesano, Bardesan o Bardesanes, este maestro sirio es el primer poeta cristiano conocido en ese idioma, y estableció un estándar para las generaciones de teólogos poéticos sirios que lo siguieron. Nada de esta obra sobrevive, excepto algunos títulos en la referencia de Efrén a él en sus *Himnos contra los herejes* (55).[97] Fragmentos de su prosa son preservados por escritores posteriores, quienes lo censuran (desde la perspectiva de la ortodoxia nicena del siglo IV) por tener supuestamente ideas gnósticas. Su sistema está representado en una obra sobreviviente, *El diálogo del destino* (o *El libro de las leyes de los países*). Algunos eruditos piensan que el apócrifo Hechos de Tomás fue escrito en su escuela más grande. La astrología era importante para su sistema, y probablemente sirvió como astrólogo de la corte y consejero. En su papel de importante filósofo de Estado, deseaba discutir cómo se podía entender la libertad personal a la luz del destino. Argumenta, contra el fatalismo común de los astrólogos clásicos, que Cristo había contrarrestado la fuerza abrumadora de los planetas. Parece ser fuertemente dualista en tono—pero un dualismo que es predominantemente moral más que metafísico: el mal está profundamente mezclado con el bien en este mundo, un tema que él describe, en forma semítica, como una batalla entre la luz y la oscuridad. Efrén de Siria en el siglo IV afirmaba que Bardaisan entendía la encarnación de Cristo como una mera apariencia de la naturaleza humana (docetismo). Pero esto podría haber sido su anacrónica importación a Bardaisan de lo que para entonces era una creencia común sobre el docetismo genérico de los gnósticos en general. Con todo, fue un interesante ejemplo temprano de un teólogo de palacio, un filósofo-astrólogo cristiano en la corte del rey Agbar VIII de Edesa.

El trabajo reciente de Ilaria Ramelli ha trazado conexiones intelectuales entre Bardaisan y Orígenes, siendo ambos hombres ejemplos tempranos de pensadores que tomaron en serio las cuestiones involucradas en conectar su nueva fe cristiana con los viejos problemas de la filosofía cosmológica.[98] Las conexiones entre los dos son

---

[96] En esta sección me baso extensivamente en mi artículo anterior, «Bardesanes», en *The Westminster Handbook to Patristic Theology* (Louisville: Westminster John Knox, 2004), 44.

[97] *Bar* es el término sirio para «hijo de».

[98] I. Ramelli, *Bardaisan of Edessa: A Reassessment of the Evidence and a New Interpretation* (Piscataway, NJ: Gorgias Press, 2009).

quizás más frecuentemente proporcionadas por la confianza común en los intereses platónicos medios en la providencia, la teodicea y la teoría de la revelación, a través de lecturas del *Timeo* de Platón y de elementos de la cosmología estoica. Algunas fuentes cristianas recuerdan a Bardaisan no sólo como filósofo y cortesano, sino también como diácono o presbítero de la asamblea litúrgica y como autor de refutaciones escritas de Marción y de principios gnósticos, e incluso como sufriente por la defensa de su fe en un tiempo de persecución.

Basílides (fl. 135–161). Nada ha sobrevivido directamente de la obra de este teólogo sirio que fue el maestro principal de una escuela de tipo gnóstica en Alejandría durante los reinados de Adriano (117-138) y Antonino Pío (138-161) y que compuso algunos de los primeros comentarios bíblicos cristianos, incluyendo *Veinticuatro Libros sobre el Evangelio* y un *Libro de Odas*.[99] Podría incluso haber compuesto un evangelio (apócrifo) propio.[100] Dos tradiciones textuales sobre sus escritos dan imágenes significativamente diferentes. En el relato de Ireneo, la doctrina de Basílides parece ser más o menos parecida al sistema valentiniano.[101] La deidad está más allá de toda descripción, más allá de la existencia, y emanó una serie de poderes intelectuales (*Nous, Logos, Phronesis, Sophia,* y *Dynamis*). Los dos últimos crearon el primer cielo, iniciando una serie de otras díadas haciendo otras jerarquías descendentes de los cielos hasta que se complete el número perfecto de 365, ofreciendo así alguna forma de respuesta metafísica al omnipresente problema filosófico de reconciliar al Uno y a los muchos. Los ángeles en este último y más bajo cielo (guiados por el rebelde que las Escrituras judías proclamaron erróneamente como dios) hicieron del cosmos material una obra dominada por el mal y la opresión. Cristo, encarnando el espíritu celestial de Nous, fue enviado para efectuar la liberación de las almas de esta esclavitud sombría. Arrestado y condenado a muerte por las maquinaciones del malvado Demiurgo, este poder de Cristo «cambió de forma», asumiendo los rasgos de Simón de Cirene, que le ayudaba a llevar la cruz, dejando a Simón para ser crucificado mientras él ascendía libre. Ireneo encuentra este pasaje extremadamente escandaloso (y se deleita en contarlo para conmocionar a sus lectores), pero probablemente significó originalmente la diferenciación simbólica del discípulo psíquico «necio» que vive una mímesis de Simón por un camino de resistencia y disciplina, a diferencia del discípulo gnóstico (a semejanza de Cristo) que busca el Nous y se da cuenta de la insignificancia esencial del cuerpo material y sus asuntos. Da, sin embargo, un claro ejemplo del tipo de docetismo cristológico entre los gnósticos que la iglesia en general encontró preocupante.

En la otra tradición de texto presentada en Hipólito y apoyada por algunas referencias en otros escritores cristianos, la historia se encuentra con algunas

---

[99] Clemente de Alejandría, *Stromateis* 7.106.4; Orígenes, *Commentary on Job* 21.11; Eusebio, *Historia eclesiástica* 4.7.7.
[100] Orígenes, *Homily 1 on Luke*.
[101] Ireneo, *Adversus Haereses* 1.24.

diferencias.[102] Se dice que Basílides enseñaba que el cosmos existía como la inclusiva «semilla del mundo» del propio Dios. Tres filiaciones, en una jerarquía descendente (ligera, pesada y profana) derivan de la semilla. La primera es un poder ascendente; la segunda asciende con el poder del Espíritu Santo; la tercera es purificada ayudando a las almas humanas a ascender. Dos arcontes también derivan de la semilla, y ambos están acompañados por sus hijos. El primer hijo guía a su padre y a su reino (el ocho perfecto u Ogdóada) al arrepentimiento, mientras que el segundo hijo refleja este proceso y enseña la verdad a su padre y al reino de los Siete (el Hebdomad). La luz salvífica del Ogdóada y del Hebdomad fue lo que inspiró a Jesús, el iluminado, que llama a los elegidos de vuelta a Dios, sanando la pecaminosidad esencial de ciertas almas. Orígenes nos dice más tarde que Basílides había enseñado la doctrina de la transmigración de las almas. El impacto esencial de su sistema parece haber sido un principio de mediación soteriológica, uno que trató de fusionar el *kerygma* cristiano con los sistemas filosóficos helenísticos de mediación cosmológica. Basílides es uno de los primeros maestros gnósticos que muestra una reacción a la apologética de la gran iglesia de que la sucesión apostólica es de importancia crítica para la autenticidad cristiana. Según Hipólito, afirmaba haber derivado su enseñanza de las iniciaciones secretas que provenían de la escuela del apóstol Matías y dijo que él era el estudiante de Glaucias, quien había servido como intérprete del apóstol Pedro.[103]

Marcionismo. Otra ventana hacia las diversas escuelas de la Roma cristiana nos la abre Marción de Sinope (c. 85-160). Era un cristiano reflexivo, muy rico y, por lo tanto, bien educado, y uno de los pocos en este momento que fue criado en la fe desde la infancia por una importante familia clerical del Ponto.[104] Su lectura de las Escrituras hebreas horrorizó a Marción tanto como lo edificó a él. Moisés, el gran héroe y profeta de Dios, que habla a Dios y dirige al pueblo redimido, para él también fue el señor de la guerra que ordenó a sus soldados que volvieran y mataran vengativamente a las mujeres y a los niños madianitas después de su victoria militar (cuando los mismos soldados querían perdonarlos), manteniendo vivas sólo a las jóvenes vírgenes como su propio botín sexual. ¿Cómo podría un texto que contiene tales escrituras ser considerado totalmente sagrado cuando representaba tantos episodios ambiguos, por no decir francamente inmorales, en algunas partes? ¿Era Dios verdaderamente genocida en su carácter, o tan patentemente inestable en su temperamento, como lo indicaban muchas de estas historias antiguas? ¿O estaban históricamente condicionados (cuentos de guerra de la Edad de Bronce, como los de los griegos en manos de Homero) y necesitaban un filtro y clasificación radical antes de poder ser introducidos a salvo a bordo de la religión cristiana como autoridades religiosas y

---

[102] Hipólito, *Refutation* 7.20-27.

[103] *Refutation of All Heresies* 7.20.1-5. Los personajes oscuros del Nuevo Testamento que no dejaron ningún registro público para consultar siempre fueron un buen blanco para los seudoepigrafistas y los psicopompos de las tradiciones secretas.

[104] La riqueza de su familia provenía del transporte marítimo, y él la amplió en gran medida mediante el comercio militar. Era hijo del obispo de Sinope, una comunidad del Mar Negro. Se dice que su propio padre lo excomulgó de su iglesia local.

éticas? Pero si necesitaban una clasificación interpretativa tan drástica (juzgando el mismo criterio de juicio), ¿cómo se les podía conceder autoridad global o autoridad canónica sobre los cristianos como la «Palabra de Dios» no mediada? ¿Podría la religión de la misericordia y el perdón, tal como Cristo la representaba, sobrevivir a su matrimonio con la totalidad de las Escrituras hebreas, o podrían inundar la canoa y derribar la coherencia de la teología y la moral de los primeros cristianos?

Estos son conjuntos de preguntas que, externamente, continúan latentes en la sociedad más amplia cuando examina los criterios morales de las comunidades religiosas, y que internamente todavía desafían a los cristianos estudiosos hoy en día. Evidentemente, la iglesia cristiana hoy en día elogia la totalidad de las Escrituras—es sólo que a menudo la iglesia las cita de una manera muy fragmentaria, es muy cuidadosa acerca de lo que debe leerse en la iglesia o no, y tiene cánones históricos sofisticados para decidir qué es «edificante» (y eternamente válido) o «desedificante» (e históricamente limitado en el tiempo). Los extensos desarrollos del cristianismo de sofisticada interpretación textual a fines del siglo III y IV dieron una serie de respuestas a algunas de estas preguntas que Marción encontró preocupantes, y sirvieron para distanciar a la iglesia de la «letra» del Antiguo Testamento, otorgándole autoridad pero no en un sentido absoluto.[105] Pablo el apóstol ya había comenzado a luchar con tales asuntos, y Marción, por lo menos, era un lector cercano de Pablo.[106] De las obras de Marción, sólo han sobrevivido siete breves prólogos latinos de las epístolas paulinas.[107] Pero Marción comenzó la discusión de la cuestión del significado perdurable del Antiguo Testamento desde una perspectiva mayormente gentil, diferente a la de Pablo, y sus respuestas a ella se elevaron a un orden de importancia para servir como un hito para las generaciones subsiguientes. Habiendo articulado este problema, causó una bifurcación permanente en el camino para cualquiera que viniera después. Aunque él y su teoría bíblica fueron finalmente rechazados, su influencia perduró de muchas maneras durante siglos después de él. La comunidad que fundó como iglesia alternativa siguió siendo una alternativa popular al cristianismo dominante hasta mucho después del año 200 en Asia, cuando fue más o menos absorbida por el movimiento maniqueísta. En el Occidente latino todavía estaba en evidencia hasta finales del siglo III; y en Siria tuvo su supervivencia más larga en el siglo V, como pueden ver los teólogos sirios tan posteriores como Rábula y Teodoreto escribiendo refutaciones de la misma.[108]

---

[105] Excepto por (lo que es históricamente hablando) una minoría de teóricos «fundamentalistas» que todavía podrían argumentar que cada línea del Antiguo Testamento es igualmente significativa como cada línea del Nuevo y que cada línea de cada uno tiene una autoridad absoluta sobre la comunidad. Sin embargo, tales puntos de vista no se encuentran en la antigüedad, ya que ambos son de carácter moderno y están en manos de facciones muy pequeñas de la familia cristiana en general, aun cuando esa familia sostenga tradiciones de inerrancia, infalibilidad y supremacía bíblica.

[106] Véase R. J. Hoffmann, *Marcion, on the Restitution of Christianity: An Essay on the Development of Radical Paulinist Theology in the Second Century* (Chico, CA: Scholars Press, 1984).

[107] De la mano de un discípulo cercano. Véase J. Wordsworth y H. J. White, *Novum Testamentum Domini Nostri Jesus Christi Latine*, vol. 2 (Oxford: Clarendon, 1913).

[108] G. May, "Markion/Markioniten," en *Religion in Geschichte und Gegenwart*, 4ta ed. (Tübingen: Mohr Siebeck, 1998–2007), 5:834.

Después de que Marción fue expulsado de la comunidad principal en Roma, él preservó los rituales y formas del cristianismo romano en sus propias iglesias, llevando al obispo del siglo IV Cirilo de Jerusalén, quien nos ha dejado sus instrucciones a los recién bautizados, para advertirles a sus nuevos conversos que se aseguren de que estaban en la iglesia católica, no en la marcionista, cuando viajaran al extranjero.[109] Los padres cristianos posteriores, siguiendo a Epifanio, lo caracterizaron como uno de los primeros «seductores» de la virgen que era la iglesia, por lo que se le incluyó como uno de los primeros heresiarcas en lo que más tarde se convertiría en el *quincunx* herético simbólico de Simón el Mago, Mani, Valentín, Marción y Arrio.[110]

Sus obras se han disipado, y sólo se pueden reconstruir fragmentos de su muy activa lista de opositores, que incluye a algunos de los escritores más importantes del siglo II: Tertuliano, Justino Mártir e Ireneo. Los escritores cristianos posteriores que hablan de Marción están reciclando las obras de estos teólogos anteriores. La fuente principal de nuestro conocimiento sobre él sigue siendo el tratado de Tertuliano *Contra Marción*.[111] Justino era un contemporáneo suyo y habló extensamente de él en su (ahora perdida) *Sintagma contra todas las herejías*.[112] Ireneo es responsable de que muchas generaciones anteriores lo consideraran como un gnóstico. Ireneo probablemente sobresistematiza sus puntos de vista de la herejía rastreándolos hasta las raíces únicas de los maestros. En el caso de Marción, él afirma que fue enseñado por el gnóstico sirio Cerdón (*Kerdon*), discípulo de Simón el Mago en Roma después del año 135, de quien tomó sus ideas de que el dios del Antiguo Testamento era radicalmente diferente del Dios y Padre del Señor Jesucristo, y también que los relatos evangélicos tenían que ser leídos de una manera totalmente espiritual (nomaterial o docetista).[113] Esta conexión gnóstica ha sido cuestionada recientemente. Marción ciertamente conocía a los maestros gnósticos en Roma y en otros lugares, pero su verdadero programa intelectual deriva de su deseo de personificar sistemática y severamente el corpus de textos sagrados cristianos mediante la imposición de una ideología paulinista radical como lente interpretativa.

La escritura principal de Marción fue la *Antítesis*. Adolf von Harnack lo describió como una especie de «Introducción al Nuevo Testamento» muy temprana para

---

[109] Esto fue 250 años después de la muerte de Marción. Véase Cirilo, *Catecheses* 4.4.

[110] *Refutation of All Heresies* 42.2. Relatos hostiles de su vida relatan que su padre supuestamente lo excomulgó por tener una aventura con una virgen cristiana en Sinope; y por eso vino a Roma para desarrollar sus estudios y establecer, efectivamente, su propia iglesia-*schola* allí.

[111] *Adversus Marcionem*. Véase E. Evans, *Tertullian: Adversus Marcionem* (Oxford: Oxford University Press, 1972) (Texto en latín y trad. al inglés). Véase también E. P. Meijering, *Tertullian Contra Marcion: Gotteslehre in der Polemik: Adversus Marcionem I-II* (Leiden: Brill, 1977).

[112] Es posible que sea la primera vez (anticipada, sin embargo, en la tercera carta de Juan) que el concepto de herejía (*hairesis*), que hasta ese momento significaba una división de opiniones entre varias escuelas filosóficas (y por lo tanto era algo que se seguía discutiendo), cambie su peso al significado eclesiológico que prevalecía desde entonces entre los cristianos; es decir, refiriéndose a una diferenciación conceptual o divergencia que fractura la posibilidad de continuar el reconocimiento mutuo como parte de la misma familia de fe.

[113] Ireneo, *Adversus Haereses* 1.27.1.

cristianos.[114] Parece que la mayoría de sus escritos se referían a la exégesis y al establecimiento de un corpus autoritario mucho más pequeño de literatura sagrada. Aunque su trabajo sería rechazado fundamentalmente por el cuerpo más amplio de cristianos, es indudable que Marción fue la fuerza más influyente para hacer que los cristianos pensaran seriamente sobre su actitud hacia los textos sagrados del judaísmo y los impulsara a clarificar su concepto de un canon de las Escrituras cristianas.

Marción vino a Roma y estudió allí, se estableció, y se convirtió en parte de la gran comunidad de cristianos romanos. Uno necesita imaginar un nexo de iglesias caseras, presbíteros-obispos líderes y algunos filósofos-teólogos cristianos notables que estableciendo *scholae*. En este período, la doble pertenencia no era ni imposible ni desconocida. El creciente estrés con los *didaskaloi* gnósticos pronto hizo que el asunto se volviera un tema espinoso. Cuando Marción llegó a Roma, donó una suma muy grande a las finanzas de la comunidad cristiana católica: doscientos mil sestercios.[115] En 144, cuando el obispo romano (posiblemente Higino) lo excomulgó por sus enseñanzas, su dinero le fue devuelto en su totalidad. Hay indicios en los relatos de que Marción no estaba contento con su separación, aunque la versión de Tertuliano de que buscaba la reconciliación al final y estaba dispuesto a renunciar a sus doctrinas para llevarla a cabo (aunque la muerte le impidió hacerlo) es probablemente una ilusión. Murió en 160, habiendo dejado Roma y probablemente regresado a Asia Menor.

Marción se negó a reconciliar al dios del Antiguo Testamento (de quien concluyó que era un dios tribal vengativo y mezquino de los judíos) con el Padre del que hablaba Jesús. Tomó a Jesús como la figura que primero reveló el «Dios verdadero» al mundo y elevó a Pablo como su apóstol elegido después de haber visto, desde la gloria, que los otros apóstoles habían hecho un trabajo desastroso de transmitir la enseñanza. Lo dedujo de las enseñanzas de Jesús sobre el amor universal de su Padre, comparado con la sangre del dios mencionado en el Antiguo Testamento. Hizo listas de incidentes en los que este dios se manifestaba claramente como un malvado vengativo. En Isaías, por ejemplo, este dios dice: «Yo soy el Creador del mal».[116] Marción agregó la filosofía a su navaja exegética y concluyó que el dios del Antiguo Testamento no era otro que los *Demiourgos*, el artífice de este cosmos visible, que tenía a su cargo todas las actividades sublunares (el «príncipe de este mundo» al que Jesús se refería como el enemigo del reino), pero que era profundamente hostil a los seres humanos y que no quería que tuvieran conocimiento espiritual (como ya lo reveló en el episodio de Adán y Eva en el jardín). Continuó de una manera sistemática: el Demiurgo debe ser clasificado como un *daimon* menor pero poderoso,

---

[114] Discute la obra en su monografía *Marcion: The Gospel of the Alien God*, trad. J. Steeley y L. Bierma (New York: Labyrinth, 1990), 53-63; véase también su *History of Dogma*, trad. N. Buchanan (Boston: Little, 1901), 1:266-81.

[115] Una barra de pan en Roma costaba medio sestercio, y medio litro de buen vino el doble. En el siglo I, la paga de un legionario del ejército era de novecientos sestercios al año. Sobre esa base, su donación se acercó lo suficiente a una donación de cuatro millones de dólares en los valores actuales.

[116] Is. 45:7 LXX (*ktizon kaka*). Véase Tertuliano, *Adversus Marcion* 1.2.

no como el verdadero Dios; su carácter choca con la benignidad esencial del Dios que Jesús revela como filantrópico. Por consiguiente, toda la revelación del Antiguo Testamento, celebrando este Demiurgo, este Dios de Israel, debe ser rechazada de raíz y rama de la revelación cristiana: desarraigada como la cizaña del nuevo campo de trigo. Los apóstoles de Jesús no habían comprendido esta tarea fundamental, el mensaje radical de que el verdadero Dios quiere liberar al mundo de la esclavitud del Demiurgo, que, desde que hizo a la humanidad, la considera como su propiedad esclava. La humanidad fue hecha para el discernimiento divino, pero el descuido de este dios cósmico permitió que la raza cayera en la ignorancia y el pecado, y su malicia los condenó al castigo y a la muerte. El Dios revelado por Jesús, sin embargo, aunque no es el creador del imperfecto orden cósmico o de la humanidad que forma parte de él, es una deidad muy misericordiosa que ve la difícil situación de los humanos bajo la tiranía del Demiurgo y así envía a su amado Hijo a anunciar un rescate: para la liberación espiritual y la ascensión a un nuevo servicio de una deidad de amor recién revelada. Se pueden ver aquí, por supuesto, puntos de contacto entre las enseñanzas cosmológicas gnósticas y el dualismo teológico maniqueo.

Para Marción la realización de esta asombrosa perspicacia significa que incluso los textos del Nuevo Testamento que ya en su día emergieron como «apostólicos» tienen que ser purificados. Jesús es el apóstol radicalmente nuevo del Dios verdadero y misericordioso, totalmente diferente del dios creador del que se habla en la literatura antigua, una idea que sigue seduciendo las mentes influenciadas por los judíos de varios de los primeros discípulos de Jesús, que han pensado erróneamente que su Padre era el antiguo dios de Israel. Los textos del Antiguo Testamento, por lo tanto, no deben ser leídos alegóricamente en un intento de reconciliar la ley con el evangelio de la gracia, sino que siempre deben ser leídos literalmente. Nada en el Nuevo Testamento es un cumplimiento de ningún tipo o tradición del Antiguo Testamento. Debido a este literalismo exegético, Marción fue a menudo objeto de burla para los escritores cristianos posteriores.[117] El único que entendió la separación radical de la ley y la gracia, argumentó Marción, fue el apóstol Pablo, el elegido e iluminado de Jesús. Son las enseñanzas correctivas de Pablo las que deben ser usadas como el tamiz que filtra la contaminación demiúrgica que se ha infiltrado en el nuevo *kerygma* como parte de la hostilidad continua del Demiurgo, que estaba tratando una vez más de desviar el instinto espiritual de la humanidad y volver a la esclavitud animando a los cristianos a adoptar las ideas judías. Así fue como Marción se puso a cortar grandes pasajes incluso del corpus del Nuevo Testamento. Su trabajo principal en Roma fue producir una defensa de estas ideas, junto con una versión definitiva del «auténtico canon» de la enseñanza sagrada cristiana: su propia versión, es decir, de la tradición apostólica.

---

[117] Ireneo, *Adversus Haereses* 1.27; 4.8, 34; Tertuliano, *On the Prescription of Heretics* 30-44; Clemente de Alejandría, *Stromateis* 3.3-4; Orígenes, *Against Celsus* 6.53; y especialmente a través de la dedicada apología de Tertuliano *Contra Marción*.

A Marción le quedaba una biblia muy pequeña. Él ve a los tontos, corruptores y judaizantes como responsables del lío que es el corpus literario de las primeras enseñanzas cristianas. No tiene otro método exegético aparte de esta construcción ideológica (el Demiurgo levantando cizaña astutamente en el trigo); pero, supongo, es un poco como el *Jesus Seminar* de finales del siglo XX: un conjunto de premisas teológicas sobre la cristología domina el «método» elegido, para producir básicamente un canon de literatura mucho más pequeño aceptado como único autoritario, que, en última instancia, apoya la ideología y así (¡no es de extrañar!) justificar el método en un círculo hermenéutico cerrado.

Para Marción, cuando Jesús descendió a la tierra, asumió un cuerpo que sólo parecía material. Los malvados secuaces del dios del mundo lo crucificaron para impedir que el mensaje liberador fuera predicado a los mortales, pero no se dieron cuenta de que él mismo no era mortal, por lo que su muerte fue su perdición, ya que le permitió descender a la prisión psíquica del Demiurgo del Hades y anunciar incluso allí que traería el rescate espiritual. Él les predica el evangelio de que su perdón divino no requiere castigo después de la muerte—que de hecho es meramente un carácter que falla del dios maligno el desear hacer esto a los seres psíquicos. El mensaje moral de Marción se basaba en la enseñanza de que entender la fuerza de la bondad amorosa y el perdón ofrecidos por el Dios y Padre de Jesús nos lleva a anhelar vivir en amor y paz, y a levantarnos de las corrupciones de este mundo para unirnos con el Salvador en un nuevo reino celestial. Uno necesitaba en este cosmos material, entonces, vivir lo menos posible bajo el dominio del dios maligno. Marción abogó por el abandono del matrimonio y la actividad sexual (la procreación mantiene el suministro de esclavos espirituales al dios de este cosmos). Los conceptos de una resurrección natural y la condenación eterna son insensatos, un ejemplo de cómo las viejas ideas del Demiurgo materialista han corrompido el mensaje de liberación espiritual de Jesús.

Lo que dio forma al canon marcionista fueron probablemente las exigencias litúrgicas de la primera celebración eucarística. Su paso hacia el abandono total del Antiguo Testamento significó, en términos litúrgicos, una «táctica de choque» relativamente menor que si nos acercáramos al asunto de manera exegética. En la práctica litúrgica significaba que sustituía al salterio como fuente de antífonas e himnos. La extensión de la lectura de los pasajes del Antiguo Testamento en la Eucaristía debe haber variado en este período. En algunos lugares las lecturas del Antiguo Testamento se encontraban en el servicio de vigilia de la noche anterior al domingo por la mañana. Así pues, Marción presentó su canon efectivo como un corpus de dos volúmenes: *Evangelikon* y *Apostolikon*. El relato evangélico elimina las referencias al nacimiento y a la infancia de Jesús (simplemente un juego para evitar la atención del Demiurgo). Su texto final es una versión altamente editada de un solo núcleo lucano.[118] El *Apostolikon* de Marción consistía en diez cartas de San Pablo, también con sus propias ediciones. Él, o no reconocía, o rechaza, las Epístolas

---

[118] Un proceso de simplificación que él basó en Gal. 1:8-9.

Pastorales. Este enfoque en dos volúmenes litúrgicos sigue siendo la práctica litúrgica de la iglesia oriental—la Escritura en el modo litúrgico no se presenta a la iglesia de manera tan simbólica como la Biblia encuadernada que contiene el Antiguo Testamento y el Nuevo Testamento (sólo en la praxis posterior a la Reforma), sino como dos volúmenes encuadernados de Apóstol y Evangelio. Las lecturas del Antiguo Testamento no son rechazadas, por supuesto, en este proceso de leccionario litúrgico hacia el canon, pero en la práctica bizantina, por ejemplo, se localizan principalmente en el servicio vespertino de las Vísperas antes del domingo.

Las teorías generales de Marción representaban una potente mezcla de mensajes sencillos y carismáticos de amor y libertad; ningún juicio divino; ninguna necesidad de tomar las cosas de este mundo tan en serio excepto como ilusiones peligrosas; Cristo un símbolo espiritual y su mensaje un asunto de iluminación; la iglesia fundamentalmente una comunidad de comunión espiritual. Era un movimiento que conservaba todas las formas iconográficas externas y rituales de la iglesia principal, pero que era una simplificación teosófica de la misma. Uno se imagina (aunque Marción no habla de ello más que para sugerir que muchas «corrupciones» han sido admitidas en el sistema eclesial) que Marción probablemente pensaría que los sistemas de autoridad (tales como los oficios de liderazgo en la iglesia primitiva) no eran válidos si eran opresivos: y hasta este punto uno se pregunta si tenía una actitud arrogante hacia los maestros episcopales y presbiterales de las comunidades litúrgicas. Ciertamente se consideraban a sí mismos como teniendo autoridad real sobre él para juzgar su doctrina, no para que él los juzgara en términos de su doctrina. Los aspectos más sorprendentes de su enseñanza, por supuesto, fueron el hundimiento total de la Ley y los Profetas del Antiguo Testamento debido a su teología daimónica, y la cristología ascética que él presumía, que Cristo sólo parecía humano y que vino a traer un mensaje puramente espiritual de escape. Tertuliano, por su parte, comenzó a luchar seriamente con las implicaciones cristológicas de esto en sus tratados, no sólo con sus argumentos antidocéticos en *Sobre la carne de Cristo*, sino también a través de todo su amplio corpus de trabajos dogmáticos sobre teología, trinitarismo, cristología, pneumatología, eclesiología, heresiología y sacramentalismo.

Aun cuando no mencionan a Marción por su nombre, los furiosos sonidos que salen de los talleres de los principales teólogos cristianos del siglo II (y de hecho a lo largo del tercero) demuestran que Marción había agitado dramáticamente la olla. Al igual que con sus puntos de vista sobre las Escrituras, la revelación y el canon, sus ideas no fueron admitidas por el cuerpo más grande de la iglesia. Pero él fue el catalizador que puso al sistema en su fermento más importante y así causó el nexo posterior de soluciones. Asimismo, puede ser considerado en un frente mucho más amplio como el pensador que quizás más que cualquier otro (y esto porque estaba mucho más «en la iglesia» que los gnósticos o los maniqueos) alejó al cristianismo de los géneros dominantes de la poesía semítica hacia una presentación sistemática más filosófica y cosmológicamente basada en las fuentes de su fe. Después de Marción vemos el nacimiento de la sistemática cristiana. La controversia del monarquismo [o monarquianismo], que se extiende desde múltiples iglesias de finales del segundo siglo hasta la primera parte del tercer siglo, es un claro ejemplo de ello.

Ireneo de Lyon (c. 135–200). Ireneo es un teólogo inmensamente importante del siglo II. Él vino de Esmirna y nos dice que había conocido a Policarpo (aunque era muy joven y Policarpo era muy viejo) cuando Florino, el presbítero romano a quien escribía, ya era una persona de sustancia en la iglesia de Esmirna.[119] Estudió primero en Roma antes de convertirse en presbítero de la iglesia de Lyon. En 177 esa iglesia lo envió en una misión mediadora para apelar al Papa Eleuterio para que tolerara a los montanistas, y mientras estaba allí estalló una salvaje persecución en Lyon, reclamando la vida del obispo Potino, a quien Ireneo sucedió a su regreso de su misión.[120] En el año 190 Ireneo regresó a Roma para suplicar al Papa Víctor (189-198) en nombre de los obispos cuartodecimanos de Asia Menor que deseaban salvaguardar su costumbre local de celebrar la Pascua en el decimocuarto día del mes de primavera de Nisán, quien había sido censurado por una reciente carta encíclica del Papa Víctor, que llamaba a todos los sínodos de obispos a romper con esta práctica.[121] La tradición cristiana posterior sugiere que Ireneo fue martirizado.[122]

Ireneo es una de las principales voces que se oponen a los cristianos gnósticos de su tiempo, especialmente a las escuelas valentinas y setianas, que se supone que conocía mejor por experiencia en Lyon y Roma. Su estilo de apología estableció patrones de pensamiento (un enfoque en la teología antiespeculativa, histórica y cristológicamente centrada) y administración (un enfoque en la autoridad del obispo para enseñar, exaltar y controlar los libros leídos en las iglesias) que se convirtieron en constitutivos para la ortodoxia católica posterior (teorías centrales de la sucesión apostólica y la canonicidad de la Escritura). Es un teólogo interesante, si bien algo prolijo, que influyó en Orígenes y en la posterior tradición alejandrina de manera significativa y, por lo tanto, dio forma a la corriente principal del desarrollo de la catolicidad.

Su obra principal es el tratado de cinco volúmenes *Contra todas las herejías* (*Adversus Haereses*).[123] Utiliza su propio conocimiento de los maestros disidentes de Roma y la Galia, así como las obras de los escritores apologéticos que le precedieron: principalmente Justino Mártir, Teófilo de Antioquía y Papías. Es difícil discernir dónde se encuentran estos préstamos en su obra, ya que el corpus de estos mismos escritores se ha perdido en gran medida. En el primer libro (sobre la detección de la falsa gnosis) revisa los sistemas teológicos gnósticos, especialmente el de la escuela de Valentín, y hace una lista de los principales maestros gnósticos. Él hace que la línea

---

[119] Eusebio, *Historia eclesiástica* 5.20.5-7.

[120] Eusebio conocía la carta de recomendación que Ireneo llevó a Roma y la cita: «Si hubiéramos sabido que el rango puede conferir justicia a alguien, lo habríamos recomendado como presbítero de esta iglesia [de Lyon], porque esa es su posición». Ibid., 5.4.2.

[121] Eusebio (Ibid., 5.24.17) dice que estuvo a la altura de su nombre (*Irinaois* significa «hombre de paz») por la forma en que hizo un llamamiento a ambas partes para que llegaran a un acuerdo.

[122] Gregorio de Tours, *Historia Francorum* 1.27.

[123] Su título original completo era *Detección y derrocamiento de la pretendida pero falsa gnosis*.

comience con Simón el Mago (para demostrar su principio de que los maestros herejes comenzaron a resistir a los apóstoles desde el principio y continúan hasta el día de hoy) y la continúa desde Menandro en este orden: Satornil, Basílides, Carpócrates, Cerinto, los ebionitas, los nicolaitas, Cerdón, Marción, Taciano, y los encratitas. De esto se deduce claramente que se trata de una confusión de grupos de Taciano, de Marción y judeocristianos a los que hoy en día no llamaríamos «gnósticos» junto con los gnósticos propiamente dichos. Para Ireneo todos ellos eran «seudognósticos», según su taxonomía. En otras palabras, todos estos maestros representaban, para él, sistemas o escuelas dirigidas por falsos maestros (tan aislados y nombrados por él como herejes) que daban a la iglesia sus propias doctrinas en lugar de la verdad de la tradición apostólica. En otras palabras, no es que Ireneo se haya equivocado de alguna manera con el gnosticismo, sino que su definición de lo que es el seudognosticismo no deriva de un análisis sistemático del contenido de la literatura «gnóstica», sino de una concepción teológica previa de lo que constituye la verdad apostólica: una consonancia con la fe de las iglesias (custodiada por la comunidad de *episkopoi*), de la que claramente se alejan. La consonancia, *harmonia*, es la clave de la tradición católica heredera de la enseñanza apostólica.

El libro dos de *Adversus Haereses* se centra en el sistema valentiniano y en los marcionitas. Sigue siendo una prueba importante de lo que tenían ambas escuelas, aunque es demasiado formalista en muchos aspectos y siempre está dispuesto a lanzar calumnias morales. El valentinianismo, aparentemente, no era muy fijo ni siquiera en su transmisión de maestro a discípulos inmediatos. Aun así, Ireneo tuvo conocimiento de primera mano; él es el testigo más importante del movimiento (aunque sea un enemigo), y su testimonio no puede ser descartado como totalmente irrelevante. Se erige en su propio volumen como la voz de la razón (el Logos de Dios es la fuente de *logos* o racionalidad en los humanos), refutando doctrinas erróneas sobre la Sabiduría y su naturaleza. Por ello, insiste claramente en la irracionalidad de sus oponentes en cada paso. El Libro tres vuelve para refutar los sistemas falsos de la base de las tradiciones de la iglesia acerca de Dios y Cristo. El Libro cuatro lo hace desde la base de una exégesis de los dichos de Jesús mismo. El Libro cinco está dedicado en gran parte al concepto católico de la resurrección de toda la carne, que él levanta como una doctrina central que garantiza molestar a los gnósticos de todas las razas, a quienes está seguro de que encontrarán la idea de que la carne es también valorada por Dios como filosóficamente objetable. De esta manera, él impulsa esta doctrina como un caso de prueba principal, por así decirlo, de cómo eliminar a un simpatizante gnóstico. Su escritura tiene un carácter bastante extenso. Como muchos otros retóricos (y ciertamente es un hombre culto con profundas reflexiones teológicas a sus órdenes), previó que atraería la crítica por sus escritos e intenta desarmar al lector (y lo hace de una manera encantadora).[124]

---

[124] *Adversus Haereses* 1, prefacio 3. «No esperen de mí, residente como estoy entre los celtas y acostumbrado en su mayor parte a usar un dialecto bárbaro, ninguna muestra de retórica, que nunca he aprendido, ni ninguna excelencia de composición, que nunca he practicado, ni ninguna belleza o persuasión de estilo, a la que no hago ninguna pretensión.

Hasta los descubrimientos de Nag Hammadi en 1947 (una reserva de literatura abandonada, incluyendo varios tratados gnósticos originales y perdidos junto con otra literatura no eclesiástica), Ireneo fue una de las fuentes más completas de conocimiento de lo que era el gnosticismo cristiano. El descubrimiento de algunos de los originales muestra que, si bien es infaliblemente un testigo hostil, y con frecuencia un citador distorsionador (como lo eran casi todos los antiguos, hay que tener en cuenta), su caracterización del sistema gnóstico (principalmente valentiniano) no fue del todo inexacta. Algunos eruditos recientes que deseaban rehabilitar el gnosticismo como un «camino no emprendido» viable para la iglesia cristiana, un camino que supuestamente era más urbanamente ecuménico, lo han caricaturizado como un estrecho censurador episcopal y alguien que no entendía contra lo que estaba luchando. Sin embargo, la apologética antigua nunca (de cualquier lado que uno se acerca a ella) creyó que su tarea era representar a sus oponentes de manera justa. Sólo se dio el deber de aislar los peligros y errores que podía ver en el sistema contrario. Por consiguiente, si se podían deducir premisas falsas de un sistema criticado (incluso si los adherentes no habían establecido realmente esas premisas), se trataba de un juego limpio, ya que tales premisas, si se deducían legítimamente, se consideraban parte integrante de cualquier escuela filosófica. Ireneo deduce muchas de estas *sequiturs* de su revisión de las escuelas gnósticas. Las ve como una falsificación de la historia, un estímulo al elitismo en la comunidad y una reducción de la fuerza central de la revelación de la vida y muerte de Jesús, todo lo cual necesitaba ser soportado por el cuidado pastoral de los *episkopos* locales. No se le entiende mejor como un censurador (porque no tenía ningún poder coercitivo a su disposición sobre los grupos opuestos, aparte de la retórica y el argumento lógico), sino más bien como un líder de una escuela de pensamiento (el catolicismo primitivo, como se aclaró en sus manos) que lucha contra las escuelas alternativas de pensamiento: una ortodoxia que se afirma sobre otras que reclaman un manto más esotérico de verdad.

Una de las principales maneras en que Ireneo ve para hacer esto es afirmar el oficio episcopal: es el jefe de la asamblea litúrgica, poniendo de manifiesto no sólo extensos argumentos retóricos contra las enseñanzas gnósticas, sino también elevando los credos bautismales como la simple regla, o canon, de la verdad que debe ser sostenida y afirmada en toda simplicidad y fidelidad contra toda forma de «explicación». Ireneo tiene poco tiempo para los cosmólogos especulativos que entretejen la historia de Jesús en un mito helenístico más amplio de la decadencia y el ascenso de las almas. Su contexto, el de un líder de la iglesia que ha regresado para encontrar una congregación devastada por la persecución fatal, explica mucho de su llamado conservador a la obediencia y la disciplina litúrgica: como muchos otros líderes después de la persecución, él desea proteger y reconstruir lo que ha sido traumatizado. Aunque es un intelectual interesante por derecho propio, y uno de los

---

Pero, por favor, acepten con un espíritu amable lo que les escribo con un espíritu similar, simple, sincero y a mi manera casera».

mejores de la primera generación de «tejedores» de la Escritura, es quizás en su demostración de cómo el oficio de *episkopos* ha evolucionado de manera tan significativa en el contexto de los conflictos y problemas políticos del segundo siglo que él atrae nuestra atención como testigo de la iglesia de su tiempo.[125]

Su hostilidad a la seudognosis, en resumen, se expresa en la mentalidad de un autoritario pastoral benigno. No desea establecer una «gnosis ortodoxa» alternativa como Clemente de Alejandría y Orígenes, poco después de él, trataría el tema, sino que trata de aplicar «reglas de sentido común» (cánones o *regulae*) para evitar que su comunidad se desvíe por los maestros laicos cuya popularidad amenazaba claramente la administración de los primeros obispos cristianos y su condición de teólogos autorizados en la comunidad cristiana local. Con este fin, Ireneo subrayó la unidad de Dios y su profunda implicación con el orden material como principio dinámico de salvación entendido de manera ortodoxa. De esto se deduce que veía como uno de los defectos fundamentales de todos los sistemas gnósticos que atacaba, su hostilidad hacia la materialidad, su sospecha de ella siempre como una raíz del mal. Los especialistas gnósticos se han quejado recientemente de que no se trata de un análisis justo de las variedades de todas las escuelas gnósticas, pero Ireneo no está interesado en reproducir con precisión las enseñanzas gnósticas: desea poner el dedo en un defecto omnipresente en la religiosidad helénica en su conjunto (que afirma que las escuelas gnósticas se avivan en llamas), que es su actitud abrumadoramente pesimista hacia el ser material y su deseo de trascenderlo de una manera platonizante. En esto realmente lo hace bien. El siglo II estuvo inundado de teosofías que lamentaban el orden mundial natural y lo consideraban como la tumba o prisión del espíritu. Para Ireneo, la encarnación del Logos divino y eterno que desciende al corazón de la creación material en la persona de Cristo eleva la materialidad a sacramento de salvación, avalando la teología de la creación en el Génesis: «Y vio Dios que era bueno» (Gen. 1:10). Para él, la iglesia continúa fielmente el testimonio bíblico de los profetas de que el único Dios, el Padre supremo, es el buen hacedor del cielo y de la tierra.

Es probable que las cláusulas iniciales de los credos («Creo en un solo Dios, Padre Todopoderoso, Creador del cielo y de la tierra, de todo lo visible e invisible») se formaran en esta misma época para refutar una premisa gnóstica cristiana fundamental de la diferencia entre el «Padre» de Cristo y el malvado dios demiúrgico de este cosmos material (el falso dios del que se hablaba en el Antiguo Testamento, tal como lo defendía Marción). Como parte de su visión global de lo sagrado y del carácter revelador de este cosmos, Ireneo expone una teoría, basada en Pablo, de la recapitulación (*anakefalaiosis*) del destino humano en la persona (y cuerpo) de Cristo. Así como Cristo resume todo el cosmos en su persona divina y humana, así la humanidad es liberada del pecado y de la muerte y restaurada a un destino divino. Su sistema es una elaboración patrística importante de la teología de la deificación

---

[125] *Episkopos* significa «supervisor/obispo».

(*theosis, theiopoiesis*) que será tan importante para los teólogos sistemáticos griegos del siglo IV. Es notable en su obra cómo la cosmología de Ireneo se integra perfectamente con su soteriología. Tal es su principal y más impresionante argumento contra los disidentes gnósticos. También usó todos los argumentos antignósticos que pudo reunir. La principal de ellas fue una ridiculización de sus ideas de mediación cósmica multinivelada. Como muchos retóricos antiguos, se deleitaba en presionar en las implicaciones de las posiciones de sus oponentes hasta que cedieran el sinsentido, por lo que luego las reprendía.

Ireneo creía que la herencia intelectual de la tradición de Jesús estaba mejor protegida por la autoridad del obispo, y para ello se basó en gran medida en las ideas de Ignacio de Antioquía sobre el episcopado presidencial único. Para Ireneo, el obispo es el sucesor lineal y didáctico de los apóstoles y la encarnación de la tradición continua directa de una fe apostólica simple (a diferencia de las doctrinas teosóficas seudosofisticadas de los gnósticos que innovan elementos mayores hostiles a la tradición). La tradición del cristianismo apostólico, que deriva inmediatamente de las enseñanzas de Jesús, se demuestra en todo el corpus de las Escrituras, según Ireneo. Afirma con fuerza la unidad fundamental del Antiguo y Nuevo Testamento y su constante orientación hacia Cristo. Cristo es el centro del tiempo y el punto focal de toda revelación, el punto axial de todo lo que ha sido y de todo lo por venir. También ve la tradición de la fe manifestada claramente en las prácticas litúrgicas tradicionales de las congregaciones, especialmente los credos y oraciones de la iglesia, que constituyen una regla de fe (*regula fidei*). Es esta regla la que puede ser utilizada para probar a los obispos (para demostrar su fidelidad armoniosa y su mutua consonancia), además de ser elevada como un criterio para evaluar la variedad de los profesores gnósticos (*didaskaloi*) que, según él, contradicen la tradición y se desvían salvajemente unos de otros. Ireneo es una figura importante en el desarrollo de la idea de las Escrituras como teología normativa de la consonancia, e insiste en que son un canon cerrado, descartando así los muchos apócrifos gnósticos que se producían en su época.

En 1904 una obra suya perdida fue redescubierta en traducción armenia, la *Demostración de la predicación apostólica*.[126] Relaciona los textos del Antiguo Testamento con la venida de Cristo. Además, actuando como una apología mayor contra la separación gnóstica de los testamentos, también sirve como un manual que él pretendía usar en la instrucción continua de los fieles. Los capítulos del uno a tres discuten los motivos de su composición. Su primera parte (capítulos 4-42) presenta las doctrinas básicas y fundamentales del cristianismo católico (Trinidad, creación, caída de la humanidad, encarnación y redención en la panoplia de la historia de la salvación). La segunda parte (capítulos 42-97) ofrece una serie de «pruebas fáciles» de la enseñanza cristiana de las profecías del Antiguo Testamento. Su ethos, argumenta

---

[126] Publicado por el descubridor Ter-Mekerttschian en 1907. Había sido conocido por su reputación desde Eusebio, *Historia eclesiástica* 5.26.

Ireneo, gira en torno al anuncio de Jesús como el Hijo de David y nuestra esperanza mesiánica. La doctrina bíblica subraya una vez más la tradición apostólica de la iglesia:

> Si los profetas predijeron así que el Hijo de Dios aparecería en esta tierra, y si anunciaron dónde en la tierra, cómo y de qué manera se revelaría; y si el Señor tomó sobre sí todo lo que se había predicho acerca de él, entonces nuestra creencia en él está verdaderamente establecida en toda firmeza. Y la tradición de nuestra predicación debe ser verdadera. O sea, que el testimonio de los apóstoles es verdadero, los que fueron enviados por Dios y que predicaron sobre la faz del mundo, acerca del sacrificio que el Hijo de Dios hizo al soportar la muerte y la resurrección.[127]

Los padres apostólicos. Este es un título posterior y colectivo para los primeros escritores de la iglesia cristiana, que viene inmediatamente después del período del Nuevo Testamento (y en algunos casos junto con los últimos libros de lo que llegó a ser el canon completo del Nuevo Testamento). Son inmensamente importantes para una comprensión más amplia de la formación de las primeras comunidades cristianas, pero fueron relativamente descuidadas por la iglesia posnicena porque eran muy diferentes en forma y estilo de sus propios intereses contemporáneos en teología, principalmente porque no poseían el estatus autoritativo de los escritos bíblicos, y también porque a menudo tenían una preocupación más genérica por el «orden» de la iglesia en lugar de tener una agenda clara y precisa en asuntos doctrinales o litúrgicos. Pertenecen al mundo de la iglesia doméstica o casera, o al incipiente ascenso de los obispos monarquianos, y su enfoque general sobre el apoyo moral en un contexto o perspectiva marcadamente escatológico nos da un sentido de lo que la mayoría de los primeros predicadores episcopales deben haber parecido en su propio tiempo. Los principales escritores del grupo son Clemente de Roma, Ignacio de Antioquía, Hermas, Policarpo, Papías, y los autores anónimos de la Epístola de Bernabé, la Carta a Diogneto y la Segunda Epístola de Clemente. La Didaché también se incluye tradicionalmente en este grupo. Los dos libros conocidos como la Orden de la Iglesia Apostólica (Egipto, c. 300) y las Constituciones Apostólicas (Constantinopla, finales del siglo IV), que afirmaban formar parte de este grupo, son en realidad textos del siglo IV que pretenden ser antiguos. Varios escritores cristianos de los siglos III y IV, por lo tanto, ya estaban arcaizando deliberadamente para ser incluidos en este grupo primitivo, en parte por razones teológicas, pero especialmente en lo concerniente a asuntos de organización eclesiástica y rituales, donde deseaban ganar las alturas morales de la precedencia antigua—¡aunque tuvieran que inventarla!

Una vez más, una revisión de estos escritores muestra cuán ricamente diverso fue en realidad el segundo siglo. Tienen poco en común y no hacen mucho hincapié en el contenido teológico profundo. La mayor parte de los padres apostólicos son escriturales de una manera principalmente difusa (no es el tipo de argumentos y

---

[127] *Demostración de la predicación apostólica*, cap. 86.

sistemática exegéticos muy centrados que encontramos más tarde en la escuela del Logos), y son altamente «tradicionales» en su carácter. Esto último es, por supuesto, un concepto interesante para una iglesia infantil, lo que debe haber parecido tan novedoso para sus principales contemporáneos religiosos, tanto judíos como paganos. Lo que emerge como una característica común de estos escritores que son elevados como los antepasados del cristianismo tradicional es su carácter conservador y moralmente realista, tan altamente contrastable con los escritos cosmológicamente especulativos de muchas de las escuelas gnósticas que los siguen ligeramente. Estos padres apostólicos eran a menudo contemporáneos más jóvenes de los apóstoles originales de Jesús y, para los ojos cristianos posteriores, se vio que establecían ese vínculo vital entre la primera generación y las estructuras de organización (y autoridad) eclesial que surgieron en la segunda y tercera generaciones. Esta es la razón por la cual la autoridad, como concepto teórico y como cuestión práctica, era importante dentro de estos textos: ya sea explícitamente enfocada como un tema o implícitamente presumida como en la forma en que emiten las ordenanzas. Es también la razón por la que la siguiente generación miró hacia atrás como fuerzas conservadoras en una época que parecía tan a menudo dominada por especulaciones relativamente salvajes que tenían pocos precedentes en cualquier canon acordado de la Escritura. Su autoridad fue otorgada carismáticamente: que ellos habían sido eminentes eclesiásticos y significativos testigos santos. Su «peso» como autoridades consistía en esta contigüidad de carácter santo y en la observancia de la respetable continuidad tradicional con la generación temprana que los precedió.

En muchos casos, esta continuidad puede no ser precisamente iterada. Bastaba con señalar un linaje carismáticamente sobrio de líderes eclesiásticos, «padres» de la comunidad, que transmitieron la fe que podía reconocerse en su confesión litúrgica. Su carisma apostólico, por lo tanto, fue visto predominantemente en términos de preservación del orden dentro de sus propias vidas, y de ser vínculos autoritativos con la primera generación, históricamente hablando, para los teóricos cristianos de las generaciones posteriores. Lo que representan principalmente es la sencillez de la oración y el comportamiento moral, la disciplina obediente, el orden comunitario cercano. No están marcadamente agitados por grupos cristianos en competencia (como vemos en algunos de los apologistas, como Ireneo objetando a los gnósticos, o los apologistas africanos objetando a los perseguidores paganos). Su enfoque no está tanto en el exterior, sino más bien en la vida interna de las comunidades: muy conscientes de la necesidad de establecer políticas que funcionen, pero que también (al menos parezcan) tengan precedencia de una generación de líderes más grandes.

Clemente de Roma y las seudoclementinas. Clemente fue un líder renombrado de las iglesias romanas, que funcionó durante algún tiempo a finales del primer siglo y en las primeras décadas del segundo. Eusebio fija su oficio desde el duodécimo año de Domiciano hasta el tercer año de Trajano (92-101). Normalmente se le coloca unos años antes que hoy en día. Por lo tanto, ha entrado en las listas de la iglesia como uno de los primeros «papas» de Roma, pero eso es, quizás, fijarlo demasiado en la perspectiva de tiempos posteriores.[128] Ciertamente era un papa, cuando ese título significaba «padre» o presidente litúrgico, en lugar de la idea que puede sugerir de la monarquía papal de tiempos posteriores. Era un hombre culto, impregnado de actitudes teológicas judías, bien leído en las Escrituras y poseedor de una educación clásica elegante (aunque quizás algo superficial), en la medida en que demuestra la fusión de las ideas estoicas de equilibrio cosmológico y ética con un sentido universalista de la providencia guía de Dios. Según Ireneo, Clemente conoció personalmente a Pedro y a Pablo, y según Orígenes fue el mismo Clemente a quien San Pablo alabó como su colaborador en su epístola a los Filipenses, aunque esto podría ser simplemente una cuestión de nombre exegético cotejado en esta etapa.[129]

Clemente nos muestra algunas pruebas muy tempranas del movimiento de los cristianos en general (dado que Roma es generalmente un marcador y presagio de las cosas que sucedían en otras partes de la antigua cristiandad) desde varias organizaciones de casas-iglesias (como las que todavía se veían en el tiempo de las cartas de Pablo) hasta ideas más grandes, basadas en la ciudad, de *ekklesia*. Uno de los principales intereses de sus escritos, aparte de la forma inicial de la construcción doctrinal que manifiesta, es el argumento que presenta sobre la estructura de autoridad de una generación apostólica original que se prepara para una generación subsiguiente de obispos «apostólicos» y líderes diaconales que llevarían a cabo su autoridad: formar parte de la comunidad cristiana y ser parte de ella, pero nunca estar totalmente subordinados a ella debido a esta elevación a un cargo de autoridad y supervisión.[130] Clemente, al igual que Ignacio, le da algunos dientes organizativos concretos a la idea de la sucesión apostólica.

La única carta auténtica de Clemente *Epístola a los Corintios* es una prueba importante de esta política en las primeras comunidades católicas (extracto en la Breve lectura al final de este capítulo). Posiblemente fue compuesta durante la persecución del emperador Domiciano y parece haber sido leída, junto con las cartas paulinas, en la iglesia de Corinto en 170, mostrando en cierto modo que se le otorgó una autoridad

---

[128] Ireneo lo nombra como el tercer sucesor de San Pedro (*Adversus Haereses* 3.3.3). Tertuliano dice que fue consagrado por el mismo Pedro (*De Praescriptione Haereticorum* 32) como su sucesor inmediato (ignorando a Lino y Anacleto, que normalmente figuran como predecesores).

[129] La Carta de Clemente es la fuente más fiable para la estancia de Pedro en Roma en el tiempo de Nerón, para el viaje de Pablo a España y para el martirio de ambos apóstoles. En relación a Filipenses, vea Orígenes, *Comentario a Juan* 6.36; Eusebio, *Historia eclesiástica* 6.3.15. Como parte de su legendario desarrollo, Clemente fue elevado más tarde a ser el primo de Domiciano, Tito Flavio Clemente, el cónsul que se dice que fue ejecutado en el 96 por razones religiosas. (Dion Casio, *Historia romana* 67.14). En el siglo IV se produjo un legendario martirio de San Clemente con escaso valor histórico. Hay más posibilidades en la teoría de que fue un liberado del clan de Flavio Clemente, cuyo patronímico asume, por tanto.

[130] Clemente nos presenta en su propia reflexión un patrón de obispos y diáconos, pero se refiere a los líderes depuestos de Corinto como presbíteros (plural) con una implicación de *episkopos* que ya comienzan a tener la asociación de una sola abstracción presidencial del consejo plural de ancianos, con diáconos asociados como asistentes del obispo, no del presbítero. Cuando habla de *episkopoi* en plural, es en el contexto de una sucesión de ellos. Así pues, aunque la nomenclatura de los oficios sigue siendo fluida en este caso, se indica la distinción más clara entre *episkopos* y *presbyteros*.

cuasiescritural hasta bien entrado el siglo II.[131] El texto fue ocasionado, como tantas otras cosas en este período, por controversias particulares. La comunidad de Corinto había decidido expulsar a una junta de líderes ineficaz. Clemente (quien probablemente había recibido una petición de apoyo del mismo *presbyteroi* depuesto) aboga por la restauración de la paz en una comunidad dividida y apoya a los líderes que han sido expulsados. Si Dios los ha designado, dice, no está en el poder de la comunidad (incluso si esa comunidad los eligió) reemplazarlos a su antojo. Su elevación está marcada por el carácter apostólico (autoritativo e inspirado) que los primeros apóstoles quisieron transmitir a las iglesias, instituyendo un sistema que pasaría de su propia guía de las comunidades interprovinciales de la primera época a la dirección de «hombres aprobados», «obispos y diáconos», en la segunda era y las siguientes. Su obra en esta *Epístola* se convirtió en la exposición clásica de la teología de la sucesión apostólica en las órdenes cristianas, que también es desarrollada significativamente por los obispos Ignacio de Antioquía e Ireneo de Lyon.

El mundo del pensamiento de Clemente es decididamente similar al del antiguo código del hogar romano: el orden establecido no debe ser alterado por los rebeldes. De la Escritura él deduce varios argumentos contra el pecado de la envidia (al que atribuye la rebelión contra la autoridad) y demuestra la importancia de la humildad, la obediencia y la buena hospitalidad en la comunión (*koinonía*) de la iglesia. Clemente incluso apela al buen ejemplo de disciplina ofrecido por el ejército romano. En un terreno teológico más elevado alude a la jerarquía tan evidentemente establecida en el Antiguo Testamento, pero más inmediatamente a los modelos de autoridad establecidos por la atribución de Cristo de su propia autoridad a los apóstoles y cómo ellos organizaron una sucesión de la misma en las iglesias.

Una *Segunda Epístola a los Corintios* también fue atribuida a Clemente en el siglo IV. No es auténticamente suya y proviene de un período un poco más tardío, pero todavía tiene gran interés como tal vez el primer ejemplo sobreviviente de homilética cristiana del siglo II que emerge de un contexto litúrgico y se basa en Isaías 54:1. Este texto gira mucho en torno a la idea de la elección de la iglesia y la necesidad de arrepentimiento.[132] Su cristología es la del Salvador divino y misericordioso:

> Hermanos, tendríamos que pensar en Jesucristo como Dios y como Juez de los vivos y los muertos.... Porque Él tuvo misericordia de nosotros, y en su compasión nos salvó, habiéndonos visto en mucho error y perdición, cuando no teníamos esperanza de salvación, excepto la que nos vino de Él.... Si Cristo el Señor que nos salvó, siendo

---

[131] El Obispo Dionisio de Corinto informa de esto al Papa Sotero de Roma (Eusebio, *Historia eclesiástica* 4.23.1). Eusebio menciona en otra parte que la lectura de la «larga y maravillosa Epístola de Clemente» se había extendido también a otras iglesias (*Historia eclesiástica* 3.16).

[132] «En tanto que estamos en este mundo, arrepintámonos de todo corazón de las cosas malas que hemos hecho en la carne, para que podamos ser salvados por el Señor en tanto que hay oportunidad para el arrepentimiento. Porque una vez hemos partido de este mundo ya no podemos hacer confesión allí, ni tampoco arrepentimos». *Segunda Epístola de Clemente* 8.2-3. «Por tanto, hermanos, arrepintámonos inmediatamente. Seamos sobrios para lo que es bueno; porque estamos llenos de locura y maldad. Borremos nuestros pecados anteriores, y arrepintámonos con toda el alma y seamos salvos». Ibid., 13.1.

primero espíritu, luego se hizo carne, y en ella nos llamó, de la misma manera también nosotros recibiremos nuestra recompensa en esta carne. (1.1-2; 9.5)

El nombre de Clemente llevaba un sello en la iglesia primitiva de este período: una figura episcopal de peso apostólico. Por consiguiente, su leyenda llegó a ser casi tan grande como su persona. Pronto comenzó a ser un receptáculo seudoepigráfico para mucha otra literatura de este período energético que buscaba un hogar autoritario. Entre este corpus de la llamada literatura clementina destacan las Homilías Clementinas y los Reconocimientos Clementinos. Esta literatura muestra relaciones marcadas con el pensamiento judeocristiano primitivo, menos con la escritura auténtica de Clemente. Ambos tratados (como atestigua Epifanio) utilizan los libros apócrifos Periodoi de Pedro y Anabathmoi de Santiago. En estas fuentes se debe evitar el contacto entre cristianos y «gentiles», se deben observar cuidadosamente las purificaciones rituales, los profetas no tienen alta autoridad, y Cristo hizo varias apariciones epifánicas a lo largo de la historia antes de esta última. Estos apócrifos y su relanzamiento seudepigráfico bajo el nombre de Clemente tal vez atestigüen una presencia judeocristiana continua en Roma (el Trastévere era un barrio judío muy fuerte en la ciudad antigua cuando el cristianismo echó raíces por primera vez). Clemente parece ser una figura que sirve de puente en las iglesias cristianas judías y gentiles, ahora mezcladas. En su desarrollo legendario en esta literatura romántica primitiva, Clemente fue visto por los siglos III y IV como un teólogo importante (e incluso un mártir) a quien los apóstoles utilizaban para transmitir sus enseñanzas a las iglesias católicas ortodoxas.[133]

Ignacio de Antioquía (c. 35–107). Ignacio también nos da la oportunidad de mirar más de cerca el carácter de los primeros *episkopos* cristianos. Era el obispo de la iglesia de Antioquía. A finales del reinado de Trajano (98-117) fue arrestado por su profesión de cristiano, seleccionado como líder de alto perfil del movimiento, y llevado a Roma (a su costa) bajo una guardia de diez soldados. En el camino a su juicio compuso una serie de cartas a los líderes de las iglesias cristianas por las que pasaba, buscando implícitamente apoyo en forma de comida, alojamiento y gastos (de lo contrario, los guardias se volvían muy desagradables), y aprovechando explícitamente la oportunidad de su paso (como confesor de la fe) a través de una amplia franja internacional de comunidades cristianas para ofrecer consejo pastoral y organizativo. Fue recibido en Esmirna por Policarpo, quien organizó su recepción por un grupo más grande de líderes de las iglesias locales de Asia Menor. Desde Esmirna, Ignacio escribió cartas de aliento a las iglesias de Éfeso, Magnesia y Trales, y una a Roma, pidiéndoles que no impidieran su oportunidad de martirio (presumiblemente por medio de sobornos a los magistrados). Luego fue llevado por sus guardias a Troas, y mientras estaba allí escribió otras tres cartas: a las iglesias de Filadelfia y Esmirna, y a Policarpo personalmente. En el siglo IV se añadieron apócrifamente otras siete cartas

---

[133] Se supone que Trajano lo hizo exiliarse en una cantera de Crimea, y después de realizar allí un milagro, fue atado a un ancla y arrojado al mar. El ancla clementina (o cruz de marinero) se convirtió así en su signo.

al corpus (algunos atribuyen estas falsificaciones al autor de las Constituciones Apostólicas).

Se presume generalmente que su viaje a la capital terminó en su ejecución (así lo presumen Orígenes y Policarpo), ya que su reputación como mártir era muy alta en la antigua iglesia. Los relatos hagiográficos (*acta*) relativos a los detalles de su muerte fueron compuestos más tarde sin mucho fundamento histórico. Las cartas de Ignacio, recopiladas por primera vez por Policarpo y conservadas archivadamente por Eusebio de Cesarea en el siglo IV, son una fuente importante para el estado de la iglesia a principios del siglo II. Exigen comparación con la manera en que se reunió la colección de cartas de Pablo, pero también reflejan (y ayudaron grandemente a establecer) un modelo monárquico (es decir, presidencial único) de episcopado que gobierna el consejo de presbíteros en las comunidades cristianas internacionales. Ignacio, junto con las cartas deuteropaulinas, es un fuerte defensor del obispo único de la comunidad que tiene el estatus de Jesús en la iglesia. El obispo es elevado como el símbolo eficiente (el sacramento) de la unidad de la iglesia y es el principal legitimador de los sacramentos del bautismo, la Eucaristía y el matrimonio. Su autoridad deriva directamente de Cristo. Como segundo obispo de la gran iglesia de Antioquía, Ignacio muestra signos de algunas disensiones allí. Le da una palabra al joven obispo Policarpo en Esmirna para que se cuide de las vírgenes cristianas, quienes, como colectivo, seguramente parecen haberle dado algo de dolor en su ministerio, probablemente afirmando un grado de independencia que no toleraba. Ignacio también advierte solemnemente contra los disidentes doctrinales que estaban en Antioquía, pero también desea advertir a las otras iglesias contra su propagación. Estos parecen ser de tipo «espiritualista» que veían poco valor en la carne. Por consiguiente, la encarnación de Cristo no era una realidad significativa o quizás incluso una realidad permanente. Sólo «parecía» (*dokeo*) sufrir. Para Ignacio, esta cristología ascética que negaba la realidad carnal de Jesús lo desconectaba inevitablemente de la historia y, por tanto, de la tradición del Evangelio y, por tanto, de nosotros. Él dice,

> Si, como dicen algunos de estos ateos e incrédulos, el sufrimiento de Cristo fue sólo fingido (pero en verdad son ellos los que son creyentes fingidos), entonces ¿por qué ahora estoy encadenado? ¿Por qué debería molestarme en orar para poder luchar con la bestia?[134] Si ellos tienen razón, moriría en vano, y mi testimonio sería sólo una mentira sobre el Señor. No. Evita estos injertos salvajes, que sólo pueden dar un fruto mortal, un sabor del que deletrea nuestra perdición.[135]

Ignacio es un firme defensor de la divinidad de Jesús que concuerda con su humanidad, refiriéndose al Salvador como «nuestro Dios, Jesús el Cristo». Le encanta

---

[134] Luchar con Satanás, quien instiga a la persecución, y como mártir hacerlo en la forma de luchar con las bestias en la arena romana.
[135] *Carta a los tralianos* 10-11.

elaborar su pensamiento en antítesis equilibradas: «Sólo hay un médico, carnal y espiritual, nacido y no nacido,[136] Dios se hizo hombre, verdadera vida en la muerte, nacido de María y de Dios; sujeto primero al sufrimiento y luego incapaz de él, Jesucristo nuestro Señor».[137] Escribe concisamente, sin duda en parte porque su alcance es limitado en una carta itinerante, pero también refleja quizás un concepto de credo de la declaración de su fe: «Jesús es verdaderamente del linaje de David, según la carne, y es Hijo de Dios por la voluntad y el poder de Dios. Verdaderamente nació de una virgen, y fue bautizado por Juan, para cumplir con cada ordenanza».[138] Su teología eucarística es dinámica y realista. Llama a la Eucaristía «la carne que sufrió por nuestros pecados» y en otras partes «la medicina de la inmortalidad» (*pharmakia tes athanasias*).[139] Esboza la conexión mística entre el creyente y Cristo según lo establecido en la Eucaristía, sobre todo cuando se refiere a su propio martirio inminente a imagen de sí mismo siendo molido (como el pan) en las mandíbulas de los leones, de la misma manera que Jesús fue eucarísticamente el sacrificio de la salvación. Todo esto muestra su comprensión implícita del cristianismo desde el contexto de un *episkopos* eucarístico presidencial, un testimonio también de lo mucho que la antigua liturgia debe haber moldeado los patrones del pensamiento cristológico.

Como confesor-mártir y como obispo, Ignacio se ve y se designa a sí mismo como portador de Dios (*Theophoros*). En la próxima generación Ireneo traería su bosquejo del episcopado monárquico para completar su teología de la sucesión apostólica. El texto clave de Ignacio que aboga por el deber de todos de obedecer al obispo gobernante implícitamente y sin lugar a dudas se convirtió en un marcador de la tendencia hacia una sola presidencia episcopal en las iglesias.[140] Se reproduce en la breve lectura que se encuentra al final de este capítulo. Aun así, aunque sea profeta de la unidad, el énfasis recurrente de Ignacio en la importancia absoluta de la armonía, la sinfonía entre todos los líderes y miembros de las comunidades cristianas, y la homogeneidad de la doctrina y de la disciplina, debe indicar sin duda que sintió la necesidad de enfatizar tales temas frente a las muchas disparidades y divergencias preocupantes en las comunidades que conocía. Defiende que los pensadores teológicos seriamente disidentes (como los docetistas, que se mantuvieron alejados de la Eucaristía)[141] deben ser tratados como excomulgados intelectuales y no simplemente litúrgicos:

> Aquellos que han cuestionado el don de Dios perecen en su contención. Deberían haber tenido amor, para que se hayan beneficiado en la resurrección. Por lo tanto, lo correcto es no asociarse con esas personas y no hablar de ellas ni en privado ni en

---

[136] *Gennetos kai agennetos*. El primer término es sinónimo de *Hijo*; el segundo es un antiguo título y definición de la Divinidad.
[137] *Carta a los efesios* 7.2.
[138] *Carta a los esmirniotas* 1.1.
[139] *Carta a los efesios* 20.2.
[140] Ibid., 4.
[141] Posiblemente por ser un sacramento demasiado «materialista» de la presencia del Señor en la iglesia.

público. En cambio, estudia de cerca a los Profetas, y especialmente el Evangelio, en el que se nos revela la pasión, y la resurrección mostrada en su cumplimiento.[142]

Hermas (activo 90–150). Hermas es otro miembro muy interesante y significativamente «diferente» de los padres apostólicos. Es el escritor de El Pastor, un tratado que en un momento dado fue considerado para ser incluido en el canon del Nuevo Testamento. La obra obtiene su título del personaje del ángel del arrepentimiento, que aparece con la apariencia de un pastor para guiar la comprensión de Hermas del mensaje de Dios a la iglesia. Otra figura, una anciana que se va haciendo cada vez más joven, es una de las primeras caracterizaciones femeninas de la *ekklesia* o iglesia. La parte más antigua de la obra es un apocalipsis independiente escrito alrededor de 90 (Visiones 1-4), lo que la convierte en una narrativa escatológica cristiana casi tan antigua como Marcos 13. El carácter apocalíptico nunca está ausente de todos los materiales posteriores de su obra.

Hermas era un esclavo en Roma que alcanzó una gran prominencia debido a sus dones espirituales en la comunidad cristiana romana. Probablemente vino de la Palestina romana y posiblemente fue uno de los que fueron llevados en cautiverio a Roma después de la caída del templo. Algunos han planteado la hipótesis de que antes era un sacerdote judío (*kohen*).[143] Es contemporáneo de Clemente de Roma, el autor de la *Primera Epístola de Clemente a los Corintios*, y Hermas nos dice en una de sus visiones que la *ekklesia* celestial, que se le aparece como una mujer antigua, le instruye a hacer dos copias de su revelación y dar una de ellas a Clemente.[144] Esta interesante contemporaneidad nos da una perspectiva ligeramente diferente en cuanto a las condiciones de la(s) iglesia(s) romana(s) de este momento. La figura de la *ekklesia* celestial como una anciana (que se hace cada vez más joven y radiante en su obra) es una interesante luz lateral sobre su elevada eclesiología.[145]

La esclavista romana dueña de Hermas era la rica matrona Rhoda, que era cristiana y que finalmente lo liberó y lo instaló con propiedades en el camino de Roma a Cumae. Más tarde nos enteramos de que fue arruinado financieramente en una persecución contra los cristianos en Roma, que probablemente fue la de Domiciano. Hermas fue denunciado a las autoridades por sus hijos, que habían apostatado. Él se

---

[142] *Carta a los esmirniotas* 7.

[143] Su texto griego está lleno de semisemitismos y latinismos. Cf. A. Hilhorst, "Semitismes et latinismes dans le Pasteur d'Hermas," *Revue de l'histoire des religions* 184 (1973): 25-48.

[144] Pastor de Hermas 4.3. Esta relación es preferible a la evidencia del canon muratoriano (finales del siglo II), que hace de Hermas el hermano (familiar) del Papa Pío de Roma (papa c. 140-155). J. Quasten cree que ambas afirmaciones podrían ser ciertas (*Patrology*, vol. 1, *The Beginnings of Patristic Literature* [Westminster, MD: Newman Press, 1972], 92-93; véase en español *Patrología. I: Hasta el Concilio de Nicea* [Madrid: Biblioteca Autores Cristianos, 2001]) argumentando que la sección de la Visión del Pastor data de la época de Clemente y que el montaje final de la obra estuvo bajo el papado de Pío. Orígenes pensó que el autor era el Hermas mencionado por Pablo en su Carta a los Romanos (Rom 16:14).

[145] Un ángel lo visita y le pregunta quién cree que es la anciana que le ha dado el libro de instrucciones. Corrige el malentendido de Hermas de que fue la sibila y le dice que es la iglesia, a la que se presenta como tan de avanzada edad porque «fue creada antes que todas las cosas; ésta es la causa de su edad; y por amor a ella fue formado el mundo». Pastor de Hermas Visión 2.4.1.

queja mucho de su vida personal, especialmente de su esposa, y se sospecha que se separaron poco después de que las persecuciones lo arruinaran, ya que nos cuenta que había decidido, en el curso de la recepción de las revelaciones, adoptar una vida penitente y ascética.

El Pastor fue compuesto durante un período considerable y tiene algo de carácter literario engorroso. Pierre Nautin pensó que Hermas era el autor de Visiones 1-4, y el resto del libro (Visión 5 y Mandatos) era de un autor anónimo de la misma época, pero esto parece una manera excesiva de explicar el hecho de que el Pastor en su conjunto carece de cohesión literaria.[146] Está claro que, como un profeta carismático visionario, su ministerio primario era la predicación, no necesariamente la escritura; y visto como un documento parenético, todas las cosas se mantienen juntas de manera muy coherente como un extenso conjunto de homilías sobre el arrepentimiento. Comienza con una serie de visiones que Hermas recibió y que sirven como vehículos para su enseñanza a la comunidad eclesial en general. La obra en su conjunto está ahora dividida triádicamente: cinco Visiones; doce Mandamientos o Mandatos; y diez parábolas o Similitudes.

Teológicamente hablando, el escritor está lidiando con el problema del pecado posbautismal entre los cristianos en una época en que se pensaba predominantemente que la *ekklesia*, la iglesia de Cristo, era la comunidad pura de los elegidos. La santidad es su razón de ser, su carisma fundamental. En tal modelo eclesiológico, el pecado no tiene cabida. Sencillamente, no se puede contabilizar. En el período posterior a las persecuciones (cuando tal vez tantos como ellos podrían haber negado la fe para salvarse a sí mismos como tantos siempre se ofrecían al martirio), Hermas y sus líderes de la iglesia contemporánea se sintieron molestos con los temas del pecado posbautismal y las posibilidades de arrepentimiento. De hecho, este fue un tema que más tarde obsesionó a la mayoría de los cánones sinódicos de los *episkopoi* hasta principios del siglo IV. Estas preocupaciones, de hecho, que giran en torno a los ejes de la unidad, la santidad, la apostolicidad y la comunión universal, terminaron por resumir toda la teología de la época en la famosa frase que concluye el credo bautismal y que se reduce al cristianismo contemporáneo. Aquí, uno recuerda, la definición de iglesia se da como «una, santa, católica y apostólica». Hermas se centra en las dos primeras cuestiones, mientras que Clemente se ocupa principalmente de las dos últimas.

El Pastor representa una de las primeras soluciones al problema del pecado evidente entre la comunidad de adoración: una teología y un protocolo de arrepentimiento. La solución de Hermas nos revela su función en la iglesia romana— como uno de los «profetas» como los que encontramos en la Didaché. Nos dice que a través de sus visiones y revelaciones especiales ha aprendido que Dios ha permitido nuevas posibilidades de arrepentimiento después del bautismo. Anuncia que se

---

[146] "Hermas," en *Encyclopedia of Ancient Christianity*, ed. A. Di Berardino (Downers Grove, IL: InterVarsity Press, 2014), 220.

permite un segundo arrepentimiento posbautismal en la iglesia, e incluso un arrepentimiento final (probablemente significando una confesión en el lecho de muerte), pero no debe tomarse a la ligera. Su texto no inventa tanto la noción de arrepentimiento posbautismal, sino que trata de aclararla, como se puede ver en el texto de breve lectura que se encuentra al final de esta sección, lo que representa su enseñanza. Parece estar escribiendo en el contexto pastoral de animar a la iglesia a no retrasar el bautismo hasta el lecho de muerte, que fue el resultado efectivo de la creencia cristiana anterior de que el bautismo era una purificación de los pecados de una vez por todas y por lo tanto completamente irrepetible. Es optimista, aunque riguroso. El ayuno es esencial, pero los cristianos no deben tener fe en que les hará ganar automáticamente el perdón de Dios (él tiene en mente las «estaciones» comunales o períodos de ayuno que la iglesia romana había instituido, como las primeras formas de Cuaresma). En su octava Parábola nos dice que la iglesia es como un robusto sauce. Las ramas que han sido arrancadas de él y parecen haberse secado podrán florecer de nuevo si vuelven a arraigarse en la tierra húmeda. De la misma manera, aquellos que se han alejado deben regresar por arrepentimiento. El tono de la obra es rigorista en todo momento, a pesar de su defensa de una teología de la reconciliación. Aun así, no fue lo suficientemente riguroso para Tertuliano, quien lo denunció como el «Pastor de adúlteros» (ya que permitía la rehabilitación de graves pecados posbautismales como el adulterio y también permitía a los cristianos contraer un segundo matrimonio después de la muerte de un cónyuge, lo que Tertuliano consideraba que equivalía al adulterio).[147]

Hermas tiene otra imagen sorprendente de la iglesia en su tercera de las Visiones. Aquí la anciana le muestra una torre en construcción. Es la iglesia que actualmente se está construyendo en su condición ideal y terminada. A medida que avanza el trabajo, no todas las piedras son aptas para su uso, por lo que algunas son rechazadas. De la misma manera, aprende que todo cristiano que no acepte el arrepentimiento será expulsado de la comunión. Se necesita una respuesta inmediata aquí y ahora, ya que el tiempo que queda no es largo. Esta idea de la brevedad de la ventana del arrepentimiento se revisa más adelante, en la novena Parábola.

La luz que el libro arroja sobre el carácter del profeta cristiano en las estructuras eclesiales de Roma es que el oficio parece estar predominantemente preocupado por la parénesis moral.[148] Sus doce Mandatos son una sinopsis de la enseñanza moral cristiana que sería útil para la instrucción catequética: cómo vivir en la fe y la sobriedad, cómo conducirse en la condición de casado o viudo, quiénes son falsos y verdaderos profetas, a quienes se debe creer o no creer, cómo tratar con la tristeza y las dudas en la mente y el corazón, cómo arrancar el mal del corazón y llenarlo de alegría y bondad.

---

[147] Pastor de Hermas, Mandatos 4.4.1-2.
[148] Exhortación, aliento, advertencia y corrección. Un tipo temprano de padre ascético espiritual.

En su segunda Parábola, Hermas da una alegoría de la vid y el olmo. Es robusto y fuerte y permite que la vid, débil y endeble en su propia estructura de ramas, suba por él y finalmente haga que el propio olmo ofrezca una fruta rica que no podría ofrecer por sí mismo. Esta es la manera en que Dios quiere que los ricos y los pobres interactúen en la comunidad cristiana: los ricos apoyan a los desdichados con su propia sustancia para que puedan dar fruto a los ojos de Dios.[149] Su cristología es de tipo arcaico. Identifica al Espíritu Santo con el Hijo preencarnado, una forma de ecuación binitaria de los dos como «Espíritu» que se da testimonio en algunos otros escritores primitivos, y sugiere que la Trinidad nació después de la ascensión. Aunque no es un monarquiano como tal, el esquema cristológico de Hermas está bastante crudamente elaborado y tiene elementos similares a algunos de ese monarquismo incipiente que los teólogos del Logos resistirían en Roma en la época de Tertuliano e Hipólito:

> Dios hizo que el Espíritu Santo preexistente, que creó toda la creación, morara en carne que él deseó.[150] Esta carne, pues, en que reside el espíritu santo, fue sometida al Espíritu, andando honorablemente en santidad y pureza, sin contaminarlo en modo alguno.[151] Después de que la carne se condujera tan castamente y tan bien, después de haber ayudado al espíritu y trabajado en todas las cosas a su lado, mostrándose siempre fuerte y valiente, Dios la admitió para compartir con el espíritu santo. Esto se debió a que la conducta de esta carne le agradó en la medida en que nunca fue profanada mientras llevaba el espíritu santo en la tierra.[152] Y así consultó a su Hijo y a sus gloriosos ángeles, para que esta carne que había servido tan irreprensiblemente al espíritu, pudiera obtener un lugar de habitación y no perdiera la recompensa de sus servicios. De la misma manera, hay una recompensa para toda carne que será encontrada sin mancha a causa de la vida en el espíritu santo.[153]

El retroceso progresivo de los profetas carismáticos desde el liderazgo de las comunidades (se puede contrastar su visionario «sintiendo su camino hacia adelante» con el sereno orden de la carta de Clemente), aliado con su teología poco desarrollada comparada con los teólogos del Logos, significó que su obra suscitó un respetuoso interés en el siglo II, pero que muy pronto perdió su relevancia en el siguiente.[154] La primera cuarta parte de su libro todavía está relacionado con la literatura del Nuevo Testamento en el Códice Sinaítico, probablemente una de esas grandes Biblias

---

[149] Para más detalles, véase J. A. McGuckin, "The Vine and the Elm Tree: The Patristic Interpretation of Jesus' Teachings on Wealth," en *The Church and Wealth*, ed. W. J. Sheils y D. Wood, Studies in Church History 24 (Oxford: Blackwell, 1987), 1-14.

[150] No está claro si se trata del Espíritu Santo o del Logos creador «del cual proceden todas las cosas» (véase 1 Co. 8:6).

[151] Otra vez indeterminado en cuanto a si debe ser espíritu o Espíritu.

[152] Otra vez sin discriminar si la carne (¿de Jesús?) era personal o no. ¿Fue simplemente un vehículo de carne adoptado por el Hijo de Dios, o una persona tan honrada con la elevación al lado del Señor? Estos eran todos los problemas que los teólogos del Logos exigían que los monarquianos resolvieran.

[153] Pastor de Hermas Parábolas 5.6.5-7.

[154] Nunca usa el título *Logos* ni una sola vez en su obra.

preparadas para las iglesias constantinianas por el scriptorium de Cesarea a principios del siglo IV, pero otros escritores de este período se esfuerzan por señalar que no se le debe dar ningún estatus bíblico en absoluto.

Policarpo (c. 69–156). Policarpo es otro de los padres apostólicos; sirvió como *episkopos* de Esmirna y asistió a Ignacio de Antioquía cuando éste viajaba como prisionero por Asia Menor. Cuando Policarpo era un anciano, fue una inspiración para Ireneo de Lyon cuando era niño y se convirtió para él en un ejemplo vivo de un venerable y sabio apóstol de la segunda generación, influyendo así en la madura teoría de Ireneo sobre la sucesión apostólica (la transmisión de la autoridad de los apóstoles de Cristo a los obispos de las primeras comunidades católicas). Ireneo nos dice que Policarpo fue él mismo un discípulo del apóstol Juan y fue designado para sus deberes episcopales por los mismos apóstoles, sirviendo así personalmente para demostrar la transmisión del carisma apostólico de la autoridad a manos episcopales.[155] Fue Policarpo quien probablemente recopiló y publicó los escritos de Ignacio. Sus propias cartas a Ignacio y a la iglesia de Filipos sobreviven, un ejemplo de cómo la estructura de gobierno episcopal de la iglesia estaba evolucionando en ese período, y cómo los obispos se mantenían en contacto con otras comunidades en términos de sus doctrinas, prácticas litúrgicas, y bienestar general por medio de cartas a sus compañeros obispos. Estas cartas pronto se llamaron *eirenika*, «documentos de paz». Él visitó Roma para hablar personalmente con el Papa Aníketos sobre asuntos de interés relacionados con la controversia de los cuartodecimanos, y se le tuvo en alta estima, aunque las dos iglesias no pudieron llegar a un acuerdo sobre el uso litúrgico que debería seguirse en relación con la datación de la Pascha.

Para Ireneo, Policarpo fue una gran roca de fe a la que la iglesia del siglo II miró en retrospectiva, considerando a sus grandes hombres de la segunda generación como comparables a los de la primera. Su escritura muestra muchas preocupaciones similares a las evidenciadas en las Epístolas Pastorales del Nuevo Testamento. Cuando Policarpo escribe a la iglesia de Filipos, no habla de un obispo allí, sino de un consejo de presbíteros, a quienes representa en una imagen del presbítero ideal:

> Los presbíteros deben ser tiernos de corazón, misericordiosos con todos, volviéndose tras [las ovejas] que se han descarriado, visitando a todos los enfermos, no descuidando a la viuda o al huérfano o al pobre, sino siempre pensando en lo que es honorable a los ojos de Dios y del hombre, absteniéndose de toda ira, arrogancia social, juicio injusto, manteniéndose alejados del amor al dinero, nunca creyendo apresuradamente en lo peor contra nadie, no siendo severos en el juicio, sabiendo que todos somos deudores a causa del pecado.[156]

Al igual que con la carta clementina a los corintios, parece que en este período todavía había un sistema doble de *episkopos* simples con diáconos y consejos de

---

[155] Recuento en Eusebio, *Historia eclesiástica* 5.20.5; Ireneo, *Contra las herejías* 3.3.4.
[156] Policarpo, *Epístola a los Filipenses* 6.1.

presbíteros, que eventualmente se resolverían como un protocolo formado por los mecanismos que se adoptaban unos a otros para llegar a ser un patrón más ampliamente estandarizado de un *episkopos* presidencial único, encabezando un consejo de presbíteros, con diáconos. Ireneo cuenta la historia de que Policarpo se encontró una vez con Marción y no iba a hablar hasta que Marción lo detuvo y le dijo: «¿Me reconoces?» a lo que se reporta que Policarpo respondió «De hecho, sí. Eres el primogénito de Satanás».[157] Esta fue una extensión de la misma frase de la *Epístola de Policarpo a los Filipenses*, donde castiga las herejías marcionistas y docéticas, diciendo: «Porque todo aquel que no confiese que Jesús el Cristo ha venido en carne es anticristo. Y el que no confiesa el testimonio de la cruz es del diablo. Y quienquiera que distorsione las palabras del Señor para que se ajusten a sus propios deseos, y diga que no hay resurrección ni juicio, tal persona es el primogénito de Satanás».[158]

El dramático relato del arresto, juicio y martirio de Policarpo (Martirio de Policarpo), registrado en 156,[159] es probablemente la primera narración cristiana de la muerte de un mártir, con excepción del relato de Esteban en Hechos, y da testimonio del poderoso surgimiento del culto de los santos mártires en la iglesia primitiva.[160] Contiene otras *bons mots*, como sus últimas palabras cuando el procónsul Estacio Cuadrado, compadeciéndose de su vejez y de su venerable apariencia, le ofreció dejarle en libertad si renunciaba a su fe: «Jura que renunciarás a Cristo, y yo te liberaré». Y él respondió: «He estado sirviéndole estos ochenta y seis años pasados, y nunca me ha hecho nada malo. ¿Cómo podría blasfemar ahora contra mi Rey que me ha salvado?»[161] Su relato de martirio termina con Policarpo haciendo una fina oración espontánea, como si estuviera en la anáfora eucarística (presidiendo como *episkopos*), y esta vez la ofrenda fue de su propia carne. Está registrado en la breve lectura al final de esta sección. Su doxología final da fuertes indicaciones de que las fórmulas litúrgicas fueron fuertes factores en el procesamiento de una sistemática trinitaria primitiva en forma de gloria ofrecida a Dios Padre a través de la mediación sacerdotal del Hijo en la gracia del Espíritu Santo. Esta conciencia litúrgica también explicará por qué son precisamente los *episkopoi* y los *presbiteroi* (que conocían de memoria las oraciones de la anáfora en este período, antes de que fueran escritas) los que generalmente eran la clase de teólogos que más se expresaban en contra de las teologías alternativas (como las de Marción, los docetas o los gnósticos), que en general no estaban tan arraigadas en la liturgia.

Papías de Hierápolis (activo a principios del siglo II). Papías fue otro de los padres apostólicos, se dice que fue compañero de Policarpo y fue muy apreciado por la iglesia posterior como uno de los «grandes antiguos». Era obispo de una comunidad

---

[157] Ireneo, *Contra las herejías* 3.3.4.
[158] Policarpo, *Epístola a los Filipenses* 7.1.
[159] *La vida de Policarpo* de Pionio no es auténticamente contemporáneo. Es una extensión hagiográfica del siglo IV de los textos originales del siglo II.
[160] Después de haber sido quemado en la hoguera, los cristianos de Esmirna recogieron cuidadosamente sus cenizas, «más preciosas que las gemas costosas», y las enterraron, marcando así su memoria anual como una gran fiesta.
[161] *Martirio de Policarpo* 9.3.

de Asia Menor. Sus escritos parecen haber representado un sentido muy físico de la escatología milenaria (a saber, el quiliasmo, un gobierno de mil años de los santos de Cristo en la tierra después de la derrota del anticristo). La forma en que las generaciones posteriores de la iglesia llegaron a considerar este apocalipticismo como arcaico, extraño, incluso perturbador, explica el hecho de que para el siglo IV la reputación de Papías sobreviva, pero sus escritos han sido silenciosamente olvidados, de modo que sólo pequeños fragmentos se sintieron dignos de ser registrados y archivados. Eusebio, en su *Historia eclesiástica*, registra la mayor parte de lo que ahora tenemos de él, pero no puede dejar de notar que no le importaba mucho la inteligencia de Papías, aun cuando lo usa como autoridad para los asuntos antiguos.[162] Fue el milenarismo quiliasta que ofendió principalmente las propias tradiciones origenianas de Eusebio.

También hay citas fragmentarias de Papías en otros autores posteriores. Para Eusebio fue una fuente principal de tradiciones muy antiguas sobre la composición de los Evangelios. Papías parece, por lo tanto, haber sido un comentarista exegético muy antiguo. Dio sus opiniones sobre la formación de los Evangelios en su tratado (ahora perdido) en cinco libros (*tomoi*): *Explicación de los dichos del Señor*. Esto parece haber sido escrito alrededor de 130 y tuvo una influencia significativa tanto en Hipólito como en Ireneo. Este último lo ve como un «antiguo» testigo de las tradiciones apostólicas. Los puntos de vista de Papías sobre el orden de la composición sinóptica (un Mateo original hebreo, y luego Marcos como el registro escrito de un discípulo directo de Pedro) tuvieron mucha influencia subsiguiente en las ideas de la transmisión bíblica hasta la era moderna, la cual ha desestimado en gran medida sus puntos de vista como basados principalmente en sus propias deducciones más que en el conocimiento histórico de primera mano. También mantuvo y enseñó una forma de la doctrina de la sucesión apostólica entre los obispos, y el significado de la «tradición viva de los ancianos», temas que también se pueden ver en Ignacio y Policarpo, y que llegaron a una forma centrada en Ireneo, todos los cuales también compartían raíces en la iglesia de Asia Menor en una época similar.

Epístola de Bernabé. La carta de Bernabé adquirió gran autoridad en la antigua iglesia, hasta el punto de que el Códice Sinaítico del siglo IV la vincula con los libros del Nuevo Testamento inmediatamente después del Apocalipsis de Juan. No logró mantener su lugar en el canon del Nuevo Testamento, pero siempre ha sido considerada desde los primeros tiempos como escrita por Bernabé, el compañero apostólico de San Pablo. Formaba parte del Códice Hierosolimitano, escrito en el año 1056, que fue redescubierto por el Metropolita Brienio en la biblioteca del patriarcado de Jerusalén en 1875: el mismo códice que contenía la Didaché y la primera carta de Clemente, y cuya publicación en 1875 arrojó nueva luz e interés sobre este antiguo material.[163]

---

[162] Eusebio, *Historia eclesiástica* 3.39.3.
[163] Adolf Hilgenfeld usó el manuscrito de Brienio para su edición de la carta en 1877.

El texto no es realmente una carta, sino más bien un tratado teológico compuesto en género apocalíptico. Su autor se propone enseñar el «conocimiento perfecto» (*gnosis*) y la fe. Se divide en dos partes: una apologética (contra los judíos), y la otra dedicada a exponer una guía de la vida moral cristiana. Su propósito principal al principio es mostrar cómo la interpretación judía del Antiguo Testamento en énfasis literales e históricos es completamente errónea: la revelación necesita ser entendida en formas espirituales y tipológicas, requiriendo no la circuncisión de la carne para ser parte de los elegidos sino la circuncisión de nuestro oído para que la mente pueda entender la verdad en los símbolos. Este entendimiento exegético conduce a la *teleia gnosis*, o conocimiento perfecto de la fe. Por ejemplo, los animales inmundos de los que se habla en la ley ya no son inmundos ni están prohibidos, sino que representan actitudes pecaminosas que los cristianos deben evitar ahora (caps. 9-10). El autor expone alegorías de la revelación: por ejemplo, los 318 siervos de Abraham a los que había circuncidado eran una prefiguración de cómo la salvación viene a través de la cruz de Jesús. En las matemáticas griegas, trescientos se escribe como *T*, y dieciocho como *IH*; en otras palabras, la cruz seguida de las dos primeras letras del nombre de Jesús. El autor argumenta que la ley estaba destinada a los cristianos desde el principio con el conocimiento previo de Dios, sabiendo que los judíos resultarían indignos de ella: «Moisés recibió la ley, pero ellos no eran dignos de ella.... Moisés recibió la ley, pero fue el Señor mismo quien nos la dio, como pueblo de la herencia, sufriendo por nosotros». La exégesis rabínica judía ha sido engañada por un ángel maligno, argumenta Bernabé.[164]

El texto habla de la destrucción del templo en Jerusalén y espera que llegue el momento en que el templo pueda ser reconstruido, pero enfatiza (muy inusualmente para los primeros escritos cristianos) cómo las formas actuales de adoración judía se asemejan a la idolatría pagana, ya que tanto los judíos que miran a un templo reconstruido como los paganos que los construyen en todas partes piensan que pueden adorar a Dios en un santuario exterior, en lugar de hacerlo en el corazón.[165] Hay un intento actual de reconstruir el templo, dice, pero no por los judíos: «Porque así sucedieron las cosas, porque en sus guerras [el templo] fue destruido por los enemigos, y los siervos de sus enemigos lo edifican en el presente». «Pero Dios, en efecto, mora en nuestra propia casa, es decir, en nosotros».[166] La segunda parte de la carta es muy parecida a la parénesis moral de la Didaché.[167] Adopta el tema de los «dos caminos». En la Didaché son la vida y la muerte: aquí son la luz y las tinieblas. El camino de la luz está representado con muchas instrucciones morales derivadas del Decálogo, y el camino de las tinieblas está ilustrado como un catálogo de vicios y pecados que hay que evitar.

---

[164] Bernabé 14.4; 9.4.
[165] Ibid., 16.2.
[166] Ibid., 16.3-4, 9.
[167] Ibid., 18–21.

La fecha ha sido discutida de varias maneras debido a las pistas internas que se obtuvieron de la escritura con diferentes niveles de éxito. La referencia a una posible reconstrucción del templo de Jerusalén es un indicador clave. Esto parece referirse a las especulaciones generales actuales a principios del siglo II de que un templo podría ser reconstruido sobre el monte del templo. La revuelta de Bar Kokhba de 132-135 ciertamente puso fin a cualquier posible reconciliación entre las autoridades estatales judías y romanas. Tales sueños se evaporaron entonces y sólo fueron revividos en la época del emperador Juliano. Adriano (117-138) construyó finalmente un templo a Júpiter en el sitio del monte del templo para simbolizar el fin de la independencia de la nación judía,[168] así como un templo a Venus (un burdel en funcionamiento) sobre el sitio de la tumba de Jesús, entonces el lugar de culto cristiano más importante. Parecería, por lo tanto, que la carta de Bernabé puede ser colocada firmemente entre los años 70 d.C. y su citación por Clemente de Alejandría en 190, con una fecha intermedia que parece más plausible, es decir, alrededor de 130, antes de que ocurriera la revuelta de Bar Kokhba. Los estudiosos no están seguros de si ubicarlo en Alejandría o en la Palestina romana: ambos lugares tenían grandes contingentes de judíos y judíos cristianos observantes.

Está claro que el principal problema al que se enfrentaba el autor era el conflicto que estaba recibiendo de los teólogos rabínicos. Esta tensión había acelerado la separación de las comunidades eclesiales de las sinagogas. Tanto el judaísmo rabínico postemplo como las iglesias cristianas en las casas decían ser herederos del antiguo judaísmo: los «verdaderos herederos» de una forma de vida y de culto que se remonta a antes de la conquista romana de 70 d. C. El judaísmo rabínico afirmaba que la lectura de la Torá en la sinagoga sería el camino a seguir para mantener la fe en la tradición. El escritor de la carta de Bernabé está argumentando a favor de un sentido más radical de un nuevo pacto hecho en la sangre de Jesús. Es uno de los primeros signos doctrinales claros de la separación de los caminos. Es evidente también que el autor tenía poco tiempo para los círculos de judíos cristianos observantes como los nazarenos y los ebionitas.

La cristología de la carta es muy primitiva pero elevada. Está en marcado contraste con la de los ebionitas. Cristo es el Hijo de Dios celestial encarnado que existió antes de los siglos y es el agente de la creación del Padre del mundo y de la humanidad dentro de él. «Hagamos al hombre a nuestra imagen y semejanza» era un plural, dice el autor, utilizado por el Padre dirigiéndose a su Hijo.[169] El meollo de la encarnación era «llenar la medida de la iniquidad de los que habían perseguido a los profetas y los habían matado». La pasión de Cristo es el núcleo de un nuevo pacto hecho con la iglesia. El autor de la carta se aparta de la tradición paulina en varias ocasiones.

---

[168] Harnack ve esto en la alusión de la carta a la reconstrucción de un templo y, por lo tanto, fecha el conjunto en 130-131. Lietzmann pensó que podría referirse a la destrucción romana de un templo temporal, construido bajo el breve dominio de Bar Kokhba.

[169] Bernabé 5.5.

Mientras que Pablo veía la ley como un pedagógico predestinado de la verdad, el autor la ve como un engaño diabólico.[170]

La Didaché. Partes de la Didaché se han encontrado en un pergamino de Oxirrinco del siglo IV, junto con varios otros documentos del siglo IV, en particular las Constituciones Apostólicas de origen sirio, que la incorporan casi en su totalidad, así como en un manuscrito copto del siglo V en el Museo Británico (Papiro 927) y en manuscritos latinos del siglo III. Así que obviamente ya era bien conocida en los primeros tiempos, pero después del siglo IV cayó en desuso y finalmente fue olvidada por todos, excepto por unos pocos historiadores litúrgicos. El manuscrito completo más antiguo en el que se encuentra es el del notario León de Constantinopla (fechado en 1056).[171] Sin embargo, fue tan venerado en los primeros tiempos de la iglesia que los escritores del siglo IV tuvieron que insistir, incluso en esa fecha, cuando se consideró cada vez más obsoleto, que no debía considerarse parte del canon de la Sagrada Escritura.[172] Causó sensación cuando la Didaché fue encontrada intacta en un manuscrito en Jerusalén y reeditada en el siglo XIX.[173] Fue como redescubrir una fotografía mágica de la iglesia de principios del segundo siglo, y se le devolvió mucha atención.

La palabra griega *didache* significa «enseñanza» y es la abreviatura del título original: La enseñanza del Señor a las naciones por medio de los doce apóstoles. Fue compuesta entre los años 100 y 150 d.C., posiblemente en Siria (aunque algunos la ubican en Egipto), y es más una compilación de prácticas para un grupo de iglesias que la obra de un solo teólogo-autor. Tiene dieciséis capítulos. La primera parte (caps. 1-10) consiste en instrucciones litúrgicas, y la segunda parte en reglas disciplinarias para la vida comunitaria. Quienquiera que lo haya hecho (y podríamos suponer que es la mano de un *episkopos*) parece haber recopilado, en lugar de compuesto, las reglas de disciplina para un nexo de comunidades. Los capítulos uno al seis, que hablan de las «dos maneras» de vivir, tienen un paralelo cercano con los capítulos dieciocho al veinte de Bernabé, pero no se acuerda en qué dirección corre la relación de dependencia. Las dos formas son un tropo tan genérico de esta época que ambos textos podrían mostrar independientemente la dependencia de un texto judío anterior.[174] Las secciones 1.3-2.1 de la Didaché, así como los capítulos seis y catorce, a menudo se

---

[170] Ibid., 9.4.
[171] Él lo alojó en la biblioteca del Hospicio de Anastasis en Constantinopla, de donde vino a la biblioteca del patriarcado griego en Jerusalén. Véase Quasten, *Patrología*, 1:37-39.
[172] Eusebio, *Historia eclesiástica* 3.25.4; Atanasio, *Festal Epistle* 39; Rufino, *Commentary on the Creed* 38.
[173] El erudito metropolitano griego Filoteo Brienio publicó el códice de Leo del siglo XI en 1883.
[174] Los dos caminos son el camino de la vida (virtud) y el camino de la muerte (vicios). Este estilo de catequesis moral había sido utilizado antes de que los cristianos lo aplicaran en las sinagogas de los helenistas para instruir a los prosélitos. «Hay dos caminos, el de la vida y el de la muerte, y grande es la diferencia que hay entre estos dos caminos. El camino de la vida es este: «Ama en primer lugar a Dios que te ha creado, y en segundo lugar a tu prójimo como a ti mismo. Todo lo que no quieres que se haga contigo, no lo hagas a otro.... El camino de la muerte es este: ante todo, es malo y lleno de maldición: homicidios, adulterios, concupiscencias, fornicaciones, robos, idolatrías, magias, envenenamientos, rapiñas, falsos testimonios, hipocresías, dobleces, fraudes, soberbia, maldad, egoísmo, codicia, deshonestidad en el hablar, celos, descaro, altanería, jactancia». Didaché 1.1-2; 5.1.

piensa que fueron insertados más tarde, con la intención de mantener el texto actualizado en un momento posterior.

Una cosa es cierta, que en general este es uno de los textos cristianos más primitivos de la era posapostólica. Muestra una iglesia compuesta principalmente de gentiles, que están en el proceso de abandonar muchas prácticas de la ley antigua. Refleja una comunidad donde el bautismo por triple inmersión ha sido adaptado para permitir el (más práctico) bautismo por triple infusión, pero sólo como una excepción tolerada. La gran reverencia en la que los profetas fueron retenidos en un tiempo anterior parece haber cedido, de modo que el autor de los textos tiene que subrayar nuevamente que estos son los oficiales misioneros de la iglesia que tienen la más alta precedencia cuando visitan. Estos «apóstoles y profetas» itinerantes siguen siendo designados como «sus sumos sacerdotes». A los ministros locales se les ordena que cedan el paso a los profetas por un corto tiempo, pero los profetas no deben permanecer en una iglesia por más de unos pocos días. Mientras residan, deben ser los principales celebrantes de la Eucaristía. Pero ya el énfasis en su excepcional pero temporal autoridad sugiere que el oficio profético está decayendo ante la creciente naturaleza sedentaria de las comunidades eclesiales, con sus correspondientes juntas directivas fijas y sus políticas establecidas. También sugiere fuertemente que el oficio apostólico está siendo descontinuado, con la idea de que la apostolicidad está siendo empujada hacia atrás a un conjunto cerrado de altos líderes de primera generación pertenecientes a una orden diferente. El libro ofrece al lector uno de los primeros indicios de la conducta de la liturgia cristiana: una forma muy sencilla e infantil de oración de acción de gracias, o eucarística (extracto en la breve lectura de este capítulo). Antes de tomar la comunión, la iglesia es amonestada siempre a hacer la confesión de los pecados.[175]

Como texto de la más alta antigüedad, las reglas de la Didaché para el orden eclesiástico fueron muy influyentes y marcaron la mayoría de los libros litúrgicos posteriores como de carácter anticuario.[176] Incluso en el siglo IX, cuando el pergamino (en forma de libro) se había vuelto tan obsoleto como una lámpara de gas, los textos de las liturgias de la gran catedral de Constantinopla se escribían en pergaminos en vez de en códices: una pequeña evocación de la antigüedad, preservada con el mayor cuidado de todos en la liturgia. Las disciplinas representadas en la Didaché se repitieron en varios manuales litúrgicos posteriores hasta el siglo IV. San Atanasio en Alejandría, en esa época, nos dice que el texto de la Didaché todavía se utilizaba ampliamente como manual para la instrucción de los catecúmenos. Su relegación de su utilidad al catecumenado, sin embargo, fue también un texto codificado, ya que ahora es considerado como material «muy básico».

Los capítulos siete al diez dan instrucciones sobre el bautismo, la oración y el ayuno, así como sobre el *agape* o comida en común. Los días de ayuno de la iglesia

---

[175] Ibid., 4.14.
[176] La *Tradición apostólica* de Hipólito de Roma, la Didascalia siria y las Constituciones Apostólicas (siglo IV). Este último reproduce gran parte de las ordenanzas de la Didaché en su propio capítulo siete.

son el miércoles y el viernes. La oración debe ser ofrecida en la forma del Padrenuestro tres veces al día. Las oraciones eucarísticas del libro (caps. 9-10) se basan en las bendiciones de la mesa judía. Todavía no se ha llegado a un acuerdo universal entre los estudiosos sobre si estos reflejan un «uso del mundo real» (a diferencia de los textos modelo elaborados a modo de ejemplo) y, en caso afirmativo, si reflejan el *agape* cristiano (fiesta del amor) o una Eucaristía propiamente dicha, o una combinación de ambos. En el capítulo catorce se menciona la *synaxis* del día del Señor, y se da alta prioridad a la reconciliación entre la comunidad como preparación eucarística adecuada. El capítulo quince da una instrucción muy temprana sobre la elección de diáconos (*diakonoi*) y obispos (*episkopoi*). Los presbíteros no se mencionan, pero la estructura de autoridad parece ser la de diáconos y obispos en plural, posiblemente comparable a la de un consejo de ancianos (*presbyteroi*) que se menciona en otra parte. Así que lo más probable es que este texto esté en la cúspide, con respecto al ascenso de la presidencia de un solo episcopado, con textos como las cartas de Ignacio representando al otro lado, donde ya está establecida dicha presidencia (en Antioquía, y sobre todo en Roma), aunque en esta etapa sería excesivo llamarla «episcopado monárquico». La Didaché termina en el capítulo dieciséis con una advertencia sobre la venida del anticristo y la parusía, que prevé como inminente.

La carta a Diogneto. Esta llamada carta es en realidad una apología griega anónima de mediados a finales del siglo II para los cristianos en tiempos de persecución.[177] Está dirigida a alguien llamado Diogneto. Algunos eruditos han pensado que es el tutor del emperador Marco Aurelio (161-180) o un magistrado alejandrino de alto rango mencionado en otros papiros (c. 167-203). Por su discurso de apertura, se pensó erróneamente, cuando fue redescubierta en los tiempos modernos, que era una epístola. Había sobrevivido desde la antigüedad, al parecer, en un solo manuscrito del siglo XIII, que fue destruido en Estrasburgo en 1870.[178] El texto comienza (caps. 2-4) con argumentos sobre por qué el cristianismo es superior al paganismo y al judaísmo (el uno siendo idólatra, y el otro excesivamente ritualista). Su sección más famosa son los capítulos cinco y seis, que dan un elocuente encomio de la fe cristiana (los cristianos viven espiritualmente desapegados del mundo como su alma). Los capítulos siete y ocho argumentan que la nueva religión ha aparecido tan tarde en el tiempo porque Dios deseaba demostrar la necesidad indiscutible de salvación para la raza humana, que se había descarriado por completo. El texto termina con el capítulo diez, invitando a Diogneto mismo a hacerse cristiano. Las secciones finales del manuscrito (caps. 11-12) parecen ser de un tratado separado, escrito por uno de los primeros teólogos del Logos. Tiene una eclesiología interesante, describiendo la reunión de la iglesia de Dios como la reconstitución del paraíso.

El movimiento monarquiano de los siglos II al III. Los primeros monarquianos en Roma (de principios a mediados del siglo segundo) no representan realmente un

---

[177] El autor hace referencia alusiva a las obras de Ireneo.
[178] La biblioteca de Estrasburgo fue quemada en la guerra franco-prusiana.

movimiento discernible o una secesión en la iglesia como tal (aunque los heresiólogos de una fecha posterior siempre estarán dispuestos a calificarlos como una herejía temprana debido a perspectivas posteriores); más bien, es cierto que a mediados del siglo II son más bien una tendencia de la teología cristiana muy temprana a articular su sentido de la Divinidad de una manera particular: no tanto preguntándose si era monoteísta (que pocos querrían disputar) sino preocupándose exactamente «cómo» era monoteísta y, sin embargo, podía ofrecer simultáneamente a Jesús honores divinos (títulos de aclamación, oraciones por la salvación) en su adoración. Estos primeros monarquianos eran muy probablemente, entonces, un grupo de pensadores tradicionales a quienes no les gustaba la teología del Logos en desarrollo representada por algunos de los principales intelectuales de la comunidad cristiana. Después de todo, es Tertuliano quien nombró por primera vez al movimiento de esta manera; él los expulsa, por así decirlo, como si fueran sus propios oponentes, y los tilda de arcaicos y desinformados. Probablemente se trataba principalmente de un grupo de teólogos del Logos, que estaban afilando su ingenio contra un grupo más incipiente de teólogos mayores que no usaban sus términos y se sentían incómodos con ellos, pero que no podían encontrar exactamente alternativas para usar y erigir contra ellos.

El nivel más temprano del movimiento es probablemente mejor entendido como una manera altamente tradicionalista, semítica (escritural) de pensar acerca de Dios que no había «pensado» los *problemata* que ocupaban a los teólogos más intelectuales de la escuela del Logos y que necesitaban el estímulo inicial de los apologistas del Logos para enfocarlo como un movimiento real. Si este es el caso, podríamos imaginar que los pensadores a quienes Tertuliano clasifica como monarquianos eran en realidad sólo cristianos que no habían elaborado completamente lo que el imperativo cristológico de los honores divinos atribuidos a Cristo implicaba metafísicamente. Posiblemente se contentaron con darle a Jesús títulos y funciones divinas (agente de la creación, Salvador) como las indicadas en las últimas epístolas paulinas, sin sentir la necesidad de preocuparse por explicar cómo estas cosas encajaban con el monoteísmo judío. O tal vez fue el caso que, en algunas de estas comunidades, en esta etapa, estos primeros monarquianos no habían aceptado todavía las epístolas paulinas como Escrituras propiamente canónicas y en su lugar sostuvieron una cristología altamente subordinada de Jesús como el siervo terrenal del Padre.

Sin embargo, las escuelas monarquianas del siglo III eran de un tipo diferente a éste. Lejos de ser representativos de una cristología indiferenciada y vaga, con raíces bíblicas, los últimos protagonistas tienen todas las características de las teorías escolares proyectadas conscientemente, y empezamos a encontrar nombres precisos vinculados a los líderes del movimiento. Fue entonces cuando la designación «monarquiana» de la antigua generación de teólogos del Logos se consideró una buena y reconocible etiqueta para aplicar a estos nuevos oponentes como un desprecio colectivo; y fueron atacados por lo que los teólogos del Logos querían presentar como su defectuosa comprensión de la cristología y la Trinidad. La teología difusa e inarticulada del siglo II se había convertido en la herejía del III. Los «opositores» que no fueron nombrados por razones de discreción en ese período anterior ahora pueden ser nombrados y diseccionados como líderes de las escuelas en la generación posterior.

Este acto de nombrar y criticar representa, de muchas maneras, el amanecer de la teología sistemática entre los cristianos a medida que adoptan cada vez más patrones griegos de pensamiento lógico y metafísico y los superponen a la imaginería bíblica semítica sobre Dios. El monarquianismo es, por lo tanto, al principio probablemente no más que un tradicionalismo no intelectual. Sin embargo, a mediados y finales del siglo III, muchos teólogos habían organizado sus pensamientos en contra de la escuela primitiva del Logos, y para esa etapa podemos elaborar variedades de teorías monarquianistas por un lado y teorías del Logos cristiano por el otro. La escuela primitiva del Logos estaba representada especialmente por Justino (c. 100-165), Ireneo (m. 202), Tertuliano (c. 160-225), Hipólito (c. 170-235) y Novaciano (c. 200-258); y junto con su cristología exaltada iniciaron sus ideas prototrinitarias para explicar el tema de la unidad de Dios en la diversidad, superando las limitaciones que la teología monista puso en la doctrina de Dios.

Para el siglo III también se pueden enumerar los nombres de varios de los maestros monarquianos:[179] Teodoto el curtidor, Teodoto el banquero, Pablo de Samosata, Neto de Esmirna, Artemón de Roma, Berilio de Bostra, Epigono, Cleomeno y Sabelio, de donde provenía la herejía llamada sabelianismo, una forma clásica que los pensadores posteriores tuvieron que utilizar para referirse al movimiento monarquiano en su conjunto (en forma extrema). No todos estos nombres formaban parte de una sola escuela por ningún medio (aunque algunos de ellos ciertamente se consideraban a sí mismos como vinculados escolásticamente). A mediados del siglo III, cuando el más grande de todos los teólogos del Logos estaba operativo, Orígenes de Alejandría, la oposición monarquiana se consideraba cada vez más como una cuestión secundaria. La negativa del monarquianismo a adoptar el complejo esquema metafísico del pensamiento trinitario y el lenguaje de la escuela del Logos era una cosa (la debilidad de esta última era su incapacidad para poner su mano sobre una gran variedad de textos de prueba bíblicos sencillos), pero la propia cristología del monarquianismo de un hombre exaltado, como a menudo defienden los últimos protagonistas, también fue ampliamente vista como «irreverente» por grandes sectores de la iglesia. Parecía agitarse más con las prácticas cultuales y el honor litúrgico dado

---

[179] El Práxeas del siglo II, que suele ser el primero de la lista, porque Tertuliano lo erige como el monarquiano arquetípico en su *Adversus Praxean*, es muy posiblemente un nombre artístico utilizado para ocultar quién era el verdadero objetivo. Como se dijo anteriormente, el término significa «entrometido» y podría haber sido una «tapadera» retórica para un ataque de Tertuliano contra el Papa Calixto de Roma, que había enfurecido a Tertuliano por sus restricciones antimontanistas en la iglesia romana y por sus intentos de relajar la disciplina sacramental en ciertos casos. Podría haber sido esta mayor animadversión la que estimuló este ataque a gran escala contra los opositores conservadores del pensamiento del Logos.

a Jesús en las iglesias. La escuela fue marginada porque no podía abrazar adecuadamente la *lex spiritalis* de los cristianos en general.[180]

Los posteriores sistemáticos cristianos han separado al grupo monarquiano en dos grandes corrientes (sobre la base de una historia impuesta de ideas): las del monarquianismo modalista y las del monarquianismo dinámico. Los modalistas (como Sabelio) eran vistos como la escuela que tendía a pensar que las tres personas de la Divinidad, Padre, Hijo y Espíritu, eran simplemente nombres alternativos para el mismo Dios que operaba en diferentes modalidades dentro de la historia, y por lo tanto las «personas» no eran realmente entidades distintas en sí mismas, sino sólo modos reveladores de la misma entidad divina única—en otras palabras, distinciones nominales. La teología modalista giró en torno al concepto de la coherencia del ser divino. Los monarquianos dinámicos (como Pablo de Samosata) volvieron a ver a Dios como una sola entidad divina que se extendía en actos de poder espiritual (*dynamis*) para hacer aspectos reveladores de sí misma en la historia. Estos esquemas giraban principalmente en torno al concepto de cristología y su coherencia y generalmente veían al Espíritu divino (indeterminado) adoptando al hombre Jesús de Nazaret y elevándolo por un acto de poder divino (transformando las limitaciones humanas—de ahí el término *dinámica*) en el ámbito divino a los efectos de la revelación (temporal o permanentemente). Por esta razón, a esta última escuela también se la llamaba adopcionista.

El concepto primitivo del monarquianismo deriva del término clave elegido del movimiento: la idea de la monarquía de Dios como la expresión de un único poder que da consistencia de ser a sí mismo. Es un término que es levantado y nombrado por uno de los más agudos de los primeros teólogos del Logos, Tertuliano, quien asiduamente diseccionó y criticó su oposición cristiana.[181] Cuando estaba siendo menos amable, Tertuliano los llamó patripasianos, una palabra inventada que significa «aquellos que hacen sufrir al Padre». La atribución del sufrimiento a la Deidad es el error más grande que un antiguo teólogo (de cualquier tipo) puede cometer jamás, este título de burla era su manera de argumentar que los monarquianos estaban a un paso de ser idiotas incompetentes. Esta clásica denuncia en la escuela, de que los oponentes no tienen nada sensato que decir, ha llevado a menudo a los lectores posteriores a equivocarse, olvidando que Tertuliano en un momento dado está preparando los argumentos de sus oponentes y luego los está derribando, por lo que uno necesita poner sus absolutos retóricos en alguna forma de suspensión si quiere escuchar su propia voz. Esto es difícil, por supuesto, porque incluso en su *Adversus Praxean*, la voz es generalmente la de Tertuliano todo el tiempo. Aun así, tal vez podamos resumir los primeros sentimientos monárquicos como un énfasis en la completa unicidad de

---

[180] La «ley espiritual» de la teología, o el principio de *lex orandi lex credendi* («la regla de la oración es la regla de la creencia»), argumenta que la teología es en última instancia la articulación de la adoración correcta (*ortho-doxia*), no la especulación correcta (*ortho-logia*).

[181] *Adversus Praxean* 10.1.

Dios. Se presume que la unidad impide la diversidad sobre una base lógica simple. En otras palabras, el concepto de unidad compleja no está previsto.

Este monismo les parecía a los primeros monarquianos una visión de Dios en consonancia con la Biblia: el único Dios, que es el Padre, y ningún otro dios aparte de él. Pero la extensión de las historias bíblicas del «Dios único» al dominio de la metafísica de esta manera significó que los cristianos que tan «simplemente» conectaban los dos no se daban cuenta de que habían leído en las historias bíblicas de Dios una metafísica de la unidad matemática derivada de los filósofos griegos. Los teólogos del Logos, por otro lado, tendían a argumentar que los actos y apariciones de Dios en el Antiguo Testamento eran actos de «Dios revelados en el cosmos», es decir, el Logos del Padre, que era el agente de la creación (como ya lo indicaba el Nuevo Testamento): y por lo tanto, todos los actos divinos *ad extra* (de Dios para el mundo) eran manifestaciones de facto del Logos o del Hijo, y no del Padre mismo.[182] El Padre fue el absoluto supremo que permaneció siempre invisible e inconcebible para la humanidad, excepto como se reveló en y a través del Logos divino. Sobre esta base, identificar al Dios del Antiguo Testamento como Padre y afirmar que el Hijo era totalmente distinto de él era una falacia lógica que daba prioridad a los conceptos terrenales (ideas matemáticas de unidad) en lugar de a la revelación divina. Posando como una lectura simple, fundamental y directa de las Escrituras, fue, de hecho, mostrada por los críticos del Logos como una exégesis tendenciosa (a menudo llamada lectura «judaizante») porque no daba cabida a la manera radical que tenían los cristianos de interpretar los textos bíblicos cristocéntricamente.[183]

La escuela del Logos argumentaba que, en la revelación dada a los cristianos, toda la teología del Antiguo Testamento cambió radicalmente de perspectiva: el Padre se ha revelado plenamente «sólo» en el Hijo, y se ha dado plenamente sólo en el Espíritu, a través del Hijo. El Hijo y el Espíritu estaban así en el ser divino, como la energía misma de la salvación, no aparte de ella, como meros servidores de la voluntad de un Dios monista. La unidad de Dios era, pues, una idea relacional compleja, no indiferenciada y monista. El tema sigue siendo hoy en día una línea divisoria entre las ideas judías e islámicas del único ser indiferenciado de Dios, por un lado (unicidad), y las ideas cristianas de la compleja unidad relacional, por el otro (trinidad).

Sin embargo, lo que hizo el asunto aún más complicado en el siglo II fue que un reajuste tan radical de las perspectivas bíblicas no se había establecido completamente hasta ahora en la práctica exegética. Sería uno de los mayores logros de la escuela del Logos poner en juego esta teoría exegética para apoyar su teología de Dios, pero no se establecería con procedimientos, técnicas y terminología comunes hasta mediados del siglo III. Además, la idea misma de una «unidad compleja» era un neologismo que las escuelas filosóficas de la época no podían acomodar, por lo que cualquier paso que los

---

[182] Tertuliano expone este caso, trabajando hacia su doctrina de Dios «económicamente» (es decir, a partir del relato de la manifestación de Dios de sus obras y revelaciones salvíficas) a partir de las pruebas del Antiguo Testamento en ibid., 14.

[183] Véase, por ejemplo, ibid., 31.

teóricos cristianos dieran en esta dirección en ese período se hacía sin una base semántica preexistente. Pasarían otros dos siglos antes de que los términos del lenguaje trinitario pudieran establecerse internacionalmente y ser reconocidos en todo el mundo cristiano. En muchos sentidos, este primer nivel de compromiso entre los teólogos del Logos y monarquianos a mediados del siglo II fue como un «sentir el camino a seguir».

El tratado de Tertuliano *Adversus Praxean* es un paso importante para la sistemática teológica cristiana. Es un ejemplo magistral de cómo pensar a través de la propia lógica teológica. En el curso de la misma, él inventa el neologismo *Trinidad*. Tendría una influencia a muy largo plazo. Es una mezcla de dos palabras latinas, *uno* y *tres*, convertidas en un sustantivo abstracto, «Tres-Uno-nidad». Ahora parece una generalidad cristiana. Debe haber sonado muy extraño para sus primeros y poco comprensivos oyentes. Pero para explicar la idea de la unidad compleja, Tertuliano presenta una acumulación a gran escala de textos bíblicos, muy discutidos como ejemplos de cómo hacer exégesis de la Biblia correctamente. Su idea general es que Dios es uno en términos de sustancia o esencia y tres en términos de persona; uno en poder y energía, tres en las formas de ese alcance. Él es uno (implícitamente tres) en su inmanencia divina, y tres (implícitamente uno) en su economía divina (o alcance de salvación). Es, pues, «uno en tres» y «tres en uno», pero nunca debe ser considerado uno, ni tres, en abstracción.

Para Tertuliano, la unicidad absoluta (monista) es el Dios de los filósofos paganos o el mundo de la teología de sombras del Antiguo Testamento. Este último monismo no demuestra la deidad que es el Dios y Padre de nuestro Señor Jesucristo, el que envía al Espíritu; y las ideas anteriores de la unidad divina en pluralidad (sobre las cuales los filósofos discuten) provienen del mundo del politeísmo pagano. La revelación cristiana, por otra parte, enseña la economía de la Santísima Trinidad. El término *economía* de Tertuliano significa la manera en que la omnipotencia divina, que es inaccesible en sí misma, se extiende como Padre, Hijo y Espíritu Santo, hacia la creación para hacerla y renovarla. Su unidad en sí mismo viene al mundo como su tri-unidad en la dinámica de la salvación. Esto se refinará más tarde en los conceptos de la Trinidad inmanente (Dios en sí mismo) y la Trinidad económica (Dios como revelado).

Tertuliano resume este argumento al principio de su obra, presentando toda la posición monarquiana como monumentalmente «equivocada». Aquellos que insisten sólo en la monarquía de Dios, dice él, y no pueden introducir ninguna distinción en tal unicidad

> creen que es imposible confesar la unidad de Dios excepto afirmando que el Padre, el Hijo y el Espíritu Santo son una y la misma cosa. Como si la única [realidad de Dios] no fuera todas [estas cosas]. Así que lo explicamos de esta manera: que todos ellos son uno en virtud de la unidad de sustancia, mientras que aun así protegemos ese misterio de la economía que dispone la unidad en trinidad, mostrando al Padre, al Hijo y al

Espíritu como tres. Pero estos son tres, no en calidad sino en secuencia; no en sustancia sino en aspecto; no en poder sino en la manifestación [del poder]. Porque son de una sola sustancia, de una sola cualidad y de un solo poder, porque es un solo Dios de quien se cuentan esas secuencias, aspectos y manifestaciones, en el nombre del Padre, del Hijo y del Espíritu Santo.[184]

Su lógica es precisa y aguda contra sus oponentes, que han argumentado que la unidad no puede ser otra cosa que la unicidad. La idea no puede sostenerse, argumenta Tertuliano, si la trinidad es vista como una extensión o administración (*oikonomia*) de la inabordable unidad divina para hacerla revelada y dotada al cosmos.[185] Los monarquianos que acusan a la escuela del Logos de ser innovadores heréticos han demostrado de hecho que son ellos los que no están auténticamente en línea con la fe cristiana recibida: «Ellos dicen que estamos predicando a uno, dos y hasta tres dioses, mientras que ellos dicen ser adoradores de un solo Dios. Como si su sinopsis irreflexiva de la unidad no fuera en sí misma una herejía, y nuestra trinidad, tan lógicamente establecida, no constituyó la verdad».[186] En *Adversus Praxean 2* incluso cita un credo temprano para demostrar que su posición está en línea con los formularios bautismales, mientras que las posiciones no pensadas de los monarquianos son innovadoras.

Tertuliano delata parte del contexto más amplio de este argumento cuando justifica su teología del Logos como muy distinta de la de los maestros gnósticos en Roma y en otros lugares, que han discutido sobre las emanaciones divinas (*probolai*) de la Divinidad, o aspectos divinos (*epinoiai*), de los cuales la Palabra y la Sabiduría eran sólo dos entre muchos. Parece que algunos de los primeros líderes de la iglesia romana eran tan desconfiados de la teología del Logos como lo eran de los gnósticos en general. En su exposición, que pronto sería clásica, el Hijo o la Palabra o la Sabiduría de Dios es una extensión divina (enviada salvíficamente al mundo) de una sola sustancia divina, y por esta misma razón de la singularidad de la esencia es personalmente distinta de Dios el Padre, pero nunca separada. Tertuliano hace que el vínculo relacional de la unidad sea ontológico enraizado, en imágenes famosas de raíz y rama, sol y resplandor, fuente y arroyo:

Por eso el Verbo está siempre en el Padre, como dice: «Yo estoy en el Padre»; y siempre con Dios, como está escrito: «Y el Verbo estaba con Dios»; y nunca se separó del Padre ni de otro que no sea el Padre, porque «Yo y el Padre uno somos uno». Este es el verdadero sentido de *probole* y es el guardián de la verdad, por medio del cual confesamos que el Hijo fue enviado del Padre pero nunca separado. Porque Dios envió su Palabra, como enseña el Paráclito, así como una raíz envía un brote, y una fuente el río, y el sol su rayo radiante. Y estas manifestaciones son también proyecciones de las

---

[184] Ibid., 2.

[185] Ibid., 3: «Los [monarquianos] afirman que la pluralidad y la ordenanza de la trinidad es una división de la unidad, aunque una unidad que deriva de sí misma una trinidad no es destruida sino administrada por ella».

[186] Ibid.

sustancias de las que proceden.... De esta manera la Trinidad, procediendo por grados entremezclados y conectados del Padre, de ninguna manera desafía a la monarquía, mientras que siempre conserva la calidad de la economía.[187]

Frente a un bombardeo teológico tan monumental, uno siente pena por Práxeas, a quien Tertuliano caracteriza como un conservador e influyente confesor de la iglesia romana, obviamente muy cauteloso a la hora de resistir las influencias gnósticas de los maestros inteligentes de Roma y que sólo desean preservar la fe simple de un lector de la Biblia. Sin embargo, Tertuliano ciertamente no se compadeció de él. En una desestimación muy famosa (refiriéndose a la arrogante censura de los queridos colegas montanistas de Tertuliano en Roma y su inimaginable fusión del Padre con el Hijo), Tertuliano lo señala como un maestro incompetente, alguien que es memorable sólo por hacer «dos piezas de la obra del diablo» en Roma: «Expulsó la profecía e introdujo la herejía: ahuyentó al Paráclito y crucificó al Padre».[188] Es sin duda un epitafio devastador para un teólogo al que despreciaba.

Los monarquianos posteriores del siglo III fueron ciertamente más inteligentes oponentes de los teólogos del Logos. No forman un grupo coherente como tal, por lo que es mejor discutirlos brevemente en términos de los principales maestros cuyos nombres y doctrinas han sido registrados. Colectivamente representan ese estado muy fluido de los *didaskaloi* cristianos, es decir, los maestros de escuela independientes de nivel adulto que atrajeron la atención (principalmente de desaprobar a los obispos y presidentes litúrgicos en las comunidades más grandes) porque se volvieron prominentes como filósofos o sofistas inspirados en el cristianismo. Las ciudades más grandes tenían una abundancia de escuelas de este tipo, que iban desde establecimientos grandes y serios donde los ricos podían participar en la filosofía y la retórica clásicas hasta las muy comunes escuelas «autodidactas» donde los clientes que pagaban podían aprender el comportamiento y las habilidades básicas, así como una educación más práctica. Los «directores» de estas escuelas (que, como hoy, pueden ser desde profesores de renombre internacional hasta tutores independientes de establecimientos muy modestos) reivindicaron entre los sofistas una tradición muy antigua de que representaban el «trono de la ciudad». En sus orígenes esto significaba el trono de la retórica. La idea era que los más grandes y prestigiosos de los maestros sofisticados de una ciudad determinada fueran los que «hablaran» por ella en cualquier trato que tuviera con las autoridades imperiales. Tales demostraciones retóricas eran en parte decorativas y en parte mortalmente serias (cuando se trataba de negociaciones políticas peligrosas en tiempos de disturbios civiles). En el frente más amplio, sin embargo, el concepto de «trono de la ciudad» se difundió democráticamente, casi como el uso del título de *Profesor* hoy en día. Puede ser reclamado por un decano de una escuela de la Ivy League, o (como en la tradición continental) por cualquiera que enseñe a niños pequeños. Los obispos comenzaron a reclamar el concepto de ocupar el

---

[187] Ibid., 8.
[188] De ahí deriva el ya mencionado apodo de patripasianos (aquellos que hacen sufrir al Padre).

«trono de la ciudad» en el siglo III y en el IV. El término sobrevive hoy en día en la designación de la iglesia central episcopal—la catedral. La palabra deriva del latín *cathedra*, o «trono». Pero originalmente no se trataba de un trono real, sino de un trono retórico, ya que el obispo era considerado como el que tenía el derecho supremo de predicar y enseñar en la asamblea litúrgica cristiana.

Este es el contexto en el que los *didaskaloi* monarquianos de principios del siglo III se levantaron y se hicieron identificables entre las nieblas. Es claro que ellos, al igual que los *didaskaloi* gnósticos de la misma época, también reclamaban el derecho a enseñar en torno a la fe cristiana. Puesto que el cristianismo era el núcleo de su «filosofía», no veían la necesidad de respetar la afirmación de que sólo el *episkopoi* debía ser un maestro cristiano. De hecho, el creciente énfasis (en el siglo IV) en restringir la enseñanza doctrinal sólo a los obispos surgió probablemente de este período como una reacción a los *didaskaloi* independientes (por lo tanto, menos controlables). Así, pues, varios cristianos, especialmente los laicos, comienzan a aparecer como maestros en escuelas (*scholae*) separadas de la asamblea litúrgica, a finales del siglo II y en el III. Su base de audiencia era probablemente el creciente número de cristianos socialmente ascendentes que querían una mejor educación, pero no una que estuviera impregnada de la mitología pagana o de la camaradería de las comidas de culto que a menudo la acompañaban. Lo que estos maestros tenían que decir a su clientela de pago, por supuesto, pronto regresó a las asambleas litúrgicas más grandes y fue rápidamente un asunto de amplio reportaje. Los conflictos eran inevitables, especialmente si las enseñanzas más sofisticadas y especulativas chocaban con una agenda intelectual más conservadora, restringida, tal como lo manifestaba un presidente litúrgico local.

Este fue ciertamente el caso de los maestros gnósticos y sus choques muy tempranos con los *episkopoi* cristianos. Nuestro grupo actual de *didaskaloi* de principios del siglo III atrajo el término global *monarquiano* en gran medida porque era un término útil ya establecido en la generación anterior (después de Tertuliano) para compactar a pensadores que ya habían proyectado puntos de vista monistas. Pero los que conocemos en realidad vienen en dos «escuelas» de pensamiento muy diferentes. Ambas son variaciones sobre un tema común de cómo mantener la devoción a Jesús como agente divino sin dañar un imperativo monoteísta más fundamental. Ambas trayectorias se sintieron para estirar de manera radical y alarmante la fe bíblica más simple de las generaciones anteriores. A medida que estos maestros se fueron concentrando más y más, y exigieron que la fe cristiana fuera articulada con mayor precisión, la reacción que provocaron también impulsó la agenda de agudizar y clarificar y buscar una semántica más específica y universalmente reconocida para la fe de las comunidades internacionales, un *koine* o una lengua común, por así decirlo, para las comunidades «católicas».[189]

---

[189] *Katholike* significa, originalmente, lo que era aceptado en todo el mundo cristiano en general: el consenso internacional. En este período debemos usar la palabra *católico* siempre con una *c* minúscula. En el siglo IV el término surgió como una noción clave para definir la posición de que la creencia consensuada de las comunidades litúrgicas es

Este avance no deseado paso a paso y en zigzag, como si dos personas hubieran atado accidentalmente los cordones de sus zapatos derechos, es algo que se volvió característico de los siglos formativos posteriores de la iglesia: el enfrentamiento de las enseñanzas de las aulas especulativas agudizó la articulación del consenso cristiano más amplio. Es un patrón que pronto fue redactado como una herejía moldeando así las respuestas ortodoxas, y, por lo tanto, en un sentido real, determinó lo que serían las fórmulas ortodoxas, ya que en general es un conflicto que establece la agenda intelectual de los primeros siglos y los estrechos términos de referencia de los primeros conflictos que tienen que ser representados (abrazados y abarcados) por las respuestas ortodoxas. Esta dialéctica de herejía-ortodoxia podría haber hecho que ya no fuera posible presumir y probar la idea de una armonía universal de los tiempos antiguos, ahora desafiada por unos pocos disidentes temerarios (aunque éste seguía siendo para siempre un tema favorito de los ortodoxos), pero sí hizo que la idea del consenso universal pasara a primer plano de una manera muy consciente, sin invalidarla en absoluto. Si la universalidad ya no era la de una presunta conformidad geográfica,[190] entonces surgió como una precisión cualitativa: lo que se ha mantenido y transmitido con respecto a los elementos centrales de la fe. Esta forma de «catolicismo» como discernimiento cualitativo se convirtió en el mecanismo de control de calidad más importante para la iglesia principal en la evaluación de las escuelas de pensamiento y controversias hasta mediados del siglo IV, cuando se estableció un complejo más amplio de mecanismos formales para establecer y proteger la enseñanza ortodoxa. Los *didaskaloi* gnósticos y monarquianos, por lo tanto, no sólo eran significativos por lo que tenían que decir individualmente, sino también por cómo sirvieron para establecer esta extraña y rítmica relación entre herejía y ortodoxia como proceso de desarrollo de la doctrina cristiana.

El primer grupo de maestros monarquianos a considerar fueron los llamados modalistas. Aparte del hombre de paja de Tertuliano, Práxeas, están representados por aquellos a quienes Tertuliano llamó patripasianos: «los que hicieron sufrir al Padre» en el sentido de que confundieron tanto a las personas de la Trinidad que el Hijo era también el Padre y el Espíritu. De esto, Tertuliano deriva la «implicación» de su escuela de que el Padre sufrió en la cruz. Esta manera de derivar lógicamente resultados tontos de las premisas de los oponentes (por muy justos o injustos que fueran) era una forma estándar de la antigua apologética filosófica. Cuanto más

---

la «verdadera fe», o la auténtica tradición, del cristianismo central. Posteriormente la palabra adquirió un nuevo significado como *católica* con una C mayúscula [*N. del T.* Nuevamente, la regla solo aplica al idioma inglés. En español, tanto *católico* para describir el concenso universal como *católico* para referirse a una relación con la iglesia católica romana se escriben con *c* minúscula. Es por eso que generalmente se recomienda usar «católico romano» para hacer una referencia al catolicismo romano, y así, diferenciarlo del término *católico* para significar lo mencionado al anteriormente]. Siempre tiene el propósito de evocar la tradición central de la iglesia universal, de la manera en que *evangélico* u *ortodoxo* también servirán para hacerlo. En este sentido, la reivindicación propietaria de la palabra por parte de las tradiciones locales de la era posreforma (como «católica romana», como si fuera el único significado del término *católica*), es un uso muy innovador (denominacionalista) de una noción (antidenominacionalista) importante.

[190] «Lo que todos en cada lugar siempre han pensado», una noción bastante banal que Vicente de Lerín más tarde intentará imponer a Occidente como definición de la tradición ortodoxa.

ridículas eran las conclusiones que se pudieran deducir, más claro sería el punto de que había algo radicalmente erróneo en las enseñanzas básicas. Tertuliano planteó el argumento de esta manera, por supuesto, para hacer teológicamente repugnante, para todo cristiano que la escuchara, la idea del Padre sufriente.

El maestro que puede asociarse por primera vez con esta tendencia teológica a registrar el lenguaje sobre las personas de Dios como modos de ser divino, no como realidades sustancialmente distintas, fue Noeto de Esmirna. De Asia Menor su escuela se trasladó a Roma, donde a principios del siglo III adquirió algo de dinero con las enseñanzas de Epígono, Cleomeno y Sabelio. Es este último quien, para siempre, encontró su nombre unido a él como la herejía del sabelianismo. Noeto, activo en la última parte del siglo II, fue el maestro que sirvió como el florete del teólogo del Logos Hipólito de Roma, quien nos da la mayor parte de nuestra información sobre él.[191] Noeto tuvo oposición, en una etapa temprana, por un cuerpo de presbíteros en Esmirna, dando una de las primeras indicaciones concretas del choque entre los *didaskaloi* teológicos y los presidentes litúrgicos. Dos veces lo llamaron a rendir cuentas de su fusión del Padre y del Hijo, y en la segunda lo expulsaron de la comunidad eucarística, en cuyo momento (dice Hipólito) estableció una escuela separada. Uno se imagina que ya tenía una escuela, pero después de su excomunión la puso en rivalidad con la iglesia de Esmirna, en cuyo momento, en lo que respecta a Hipólito, emergió a la luz como una herejía como tal, mientras que antes de eso era simplemente una idea equivocada. Cuando Noeto exigió a los presbíteros saber por qué se oponían a que glorificara a Cristo como el único Dios, respondieron citando el credo (bautismal) como una forma de exaltar el monoteísmo en distinción: «Nosotros también, en verdad, conocemos a un solo Dios. Conocemos a Cristo. Sabemos que el Hijo sufrió como Cristo sufrió, y murió como murió, y resucitó al tercer día, y está a la diestra del Padre, y vendrá a juzgar a los vivos y a los muertos. Y estas cosas que hemos aprendido, también las enseñamos».[192]

Noeto parece haber hecho de su fundamento de toda la teología el concepto de la unicidad de Dios como se enseña en la Escritura: «No tendréis otro Dios fuera de mí» y también «Yo soy el primero y el último, y fuera de mí no hay otro» (Ex. 3:6; 20:3; Is. 44:6). Hipólito cita a Noeto como deduciendo de esto: «Si yo, por lo tanto, reconozco a Cristo como Dios, él debe ser el mismo Padre si es Dios en absoluto. Y si Cristo sufrió, porque era Dios; por consiguiente, el Padre debe haber sufrido, porque Cristo era el Padre mismo».[193] Noeto afirmó que Cristo era divino y personalmente el Dios sufriente para poder explicar cómo su sufrimiento era salvífico y redentor: tener un valor divino como ejemplarista y liberador. Hipólito se queja de que ha sido inmensamente selectivo en su elección de pasajes bíblicos, asumiendo que la unicidad monista es el único modo de unidad posible.

---

[191] *Contra Noeto*; *Refutación de todas las herejías* 9.7-10. (El primer libro de la refutación también fue conocido como el *Philosophoumena*)
[192] *Contra Noetum* 1.
[193] Ibid., 2.

Hipólito, a juzgar por numerosos restos fragmentarios de su exégesis, fue probablemente el pensador bíblico más importante de esta época, con la excepción de Ireneo y más tarde de Orígenes. Su principal punto antimonarquiano es que el «principio» del monismo está siendo usado en contra del flujo de sentido común del significado de los pasajes bíblicos que hablan del Hijo y del Espíritu como personas distintas en el plan de salvación. En *Contra Noetum* 4 acusa a la escuela monarquiana de citar sistemáticamente los pasajes de la Biblia fuera de contexto. «De esta manera mutilan las Escrituras», se queja. Su respuesta se basa en el simple sentido de la palabra, pero visto en el contexto de la economía de la salvación:

> Es del Hijo que el Padre dice: «Yo lo he resucitado en justicia». Y que el Padre resucitó a su Hijo en justicia, el apóstol Pablo también da testimonio, diciendo: «Pero si el Espíritu que resucitó a Cristo Jesús de entre los muertos mora en vosotros, el que resucitó a Cristo Jesús de entre los muertos también vivificará vuestros cuerpos mortales por su Espíritu que mora en vosotros» [Rom 8:11].[194]

Textos como Juan 20:17 («Subo a mi Padre y a vuestro Padre, a mi Dios y a vuestro Dios»), dice Hipólito, dejan claro que Noeto está enseñando un «sinsentido». Uno se pregunta si Hipólito, quien claramente tiene textos del movimiento a mano, ha pasado por alto algo del contexto más amplio aquí: esto es, si el monarquiano se niega o no a admitir la canonicidad de Pablo o el Evangelio de Juan en este período. El argumento más amplio de Hipólito en contra de la escuela es que no tienen sentido de la taxonomía de la salvación. *Taxis* es la palabra griega para «orden» o «proceso». Hipólito introduce como núcleo de su argumento antinoetano la idea del «misterio de la economía» (*mysterion tes oikonomias*). Se convertirá en la distinción central del trinitarismo cristiano: Dios como inmanente en su propio ser único; Dios como económicamente extendiendo la mano a la creación en sus distintas personas extrapoladas; singularidad de ser y poder y majestad; pluralidad de alcance, personas, condiciones. Él lo dice de esta manera: «En cuanto al poder, por lo tanto, Dios es uno. Pero en lo que respecta a la economía, hay una triple manifestación».[195]

Contra otros dos maestros, Beron y Helix, Hipólito va más allá para defender la integridad de la escuela del Logos contra la premisa central monarquiana de que sólo ellos representaban una coherencia de la teología monoteísta. Él argumenta aquí que el Hijo es a la vez Dios infinito y hombre finito, supremamente poderoso y, sin embargo, pasible.[196] Uno puede ver por qué los monarquianos podrían estar insatisfechos con esta colocación de la paradoja tan central en la profesión dogmática central. Hipólito

---

[194] Ibid., 4.
[195] Ibid., 8.
[196] *Sobre teología: Contra Beron y Helix* (fragmento 1). Él describe a Beron como si hubiera abandonado la escuela valentiniana y empezara a enseñar que Cristo era carne divina de una manera que sugiere que se había convertido en monarquiano: «Pero, ¿cómo concebirán al mismo Cristo, que es a la vez Dios y hombre por naturaleza? ¿Y qué forma de existencia tendrá según ellos, si se ha hecho hombre por una conversión de la deidad, y si se ha hecho Dios por un cambio de la carne? Porque la mutación de estas realidades, de tal manera que una se convierte en otra, es una subversión total de ambas». *Sobre teología: Contra Beron y Helix* (fragmento 5).

explica que la solución a lo que parecen declaraciones contradictorias es el contexto de la economía de la salvación. El Verbo es Dios infinito en el seno del Padre, desde el propio ser del Padre, y por eso es indivisible de él en poder, naturaleza y rango. Pero cuando lo consideramos como Hijo, el concepto nos remite a la encarnación. Es enviado del Padre como Hijo obediente para encarnarse en la historia para la salvación del mundo. El nacimiento del Hijo del Padre enseña así la distinción de las personas, mientras que la singularidad única del ser divino y el poder y el honor (dado por el Padre al Hijo) mantiene siempre la unidad de la naturaleza divina.

Hipólito tuvo un estrecho contacto con la escuela monarquiana de Noeto, ya que su discípulo Epigono la trajo a Roma en tiempos del Papa Ceferino (papa 199-217) e inició a su propio discípulo Cleómenes para que enseñara allí. Hipólito tenía poco amor por el Papa Ceferino o su sucesor, Calixto (papa 218-223), considerándolos como «compañeros campeones de estos malvados principios», aunque es más probable que los dos líderes de la iglesia fuesen monarquianos conservadores «al viejo estilo», que encontraron más defectos en los teólogos de Logos. Para Hipólito, los papas fueron los culpables de permitir que tales ideas se apoderaran de Roma. Por su parte, Ceferino encontró irritantes las objeciones regularmente expresadas por Hipólito e incluso lo acusó de enseñar a dos dioses, algo que él a su vez encontró inmensamente molesto.[197]

De Sabelio se sabe muy poco. Ninguna de sus obras sobrevive ni siquiera en fragmentos citados. Probablemente estuvo activo en Roma en la época del Papa Calixto. San Basilio el Grande dijo que era libio de nacimiento.[198] Sea como fuere, ahora da su nombre a toda la posición monarquiana modalista. Esto se debe a que, siguiendo el trabajo de los heresiólogos, después del siglo IV una herejía tenía que tener un hereje que la fundó, y la fundó siempre como un acto de orgullo pecaminoso. De este modo, toda la ortodoxia fue atribuida a la inspiración del espíritu divino; y toda la herejía fue atribuida a la única inspiración del «padre de la mentira» (Jn. 8:44). Encontrar un hereje en cada herejía se ha convertido ahora en una parte central de la historia en curso de las ideas disidentes en la iglesia, no sólo como una historia de opiniones, sino más bien como una lucha escatológica. Epifanio sugiere que la enseñanza de Sabelio fue un refinamiento del monarquianismo modalista, tomando en cuenta algunas de las críticas de los pensadores del Logos: a saber, que los nombres Padre, Hijo y Espíritu eran tres modos distintos del ser del Dios único.[199] En otras palabras, habían adoptado algún aspecto de la teoría de la salvación económica. El Hijo murió, el Padre no. Pero Hijo, Padre y Espíritu no eran realidades sustantivas separadas: no eran tres seres así llamados, sino tres aspectos del mismo ser en diferentes modos de revelación y operación. A Sabelio se le atribuye a veces el uso

---

[197] *Refutación de todas las herejías* 9.2, 6.

[198] Basilio, *Epístola* 210; Eusebio, *Historia eclesiástica* 7.6.26. Dionisio de Alejandría, alrededor de 260, se quejó de que el Pentapolis de Libia era un lugar donde las ideas sabelianas todavía prosperaban (Atanasio, *Sobre las opiniones de Dionisio* 26; *Discursos contra los arrianos* 3.23.4).

[199] Epifanio, *Panarion* 62.

más temprano del término *homoousion* para denotar cómo Dios es una realidad o sustancia única e indivisible. Más tarde, en la crisis arriana del siglo IV, ésta sería una piedra en mano que se echaría contra el partido niceno, que favoreció esta palabra en un contexto diferente, a fin de asociarla con la reactivación de una herejía antigua y desprestigiada. Lo que parece haber sido el punto de partida del argumento de Sabelio, sin embargo, fue que los modos de la revelación de Dios no eran sustanciales en sí mismos.

En este momento, los teólogos cristianos generalmente no se habían acercado en absoluto a la clarificación de los términos necesarios del argumento teológico sobre la sustancia divina y la «instanciación» separada de los personajes. En este período la *sustancia* (esencia o ser subyacente) y la *instanciación* (instanciación concretamente real de ese ser, qua individual) se utilizaron realmente como sinónimos en griego. No sería hasta la diferenciación semántica de *ousia* e *hipóstasis* (latín *substantia* y *persona*) que este argumento podría ser resuelto. Tertuliano hizo un largo camino hacia la solución de este asunto atribuyendo definiciones a los términos clave (*substantia* y *persona*), pero los griegos tardaron más en llegar allí y siempre sospecharon que la doctrina latina de Dios era demasiado monista en su carácter. Estas sospechas se prolongarían en los debates trinitarios clásicos del siglo IV.

Según Epifanio, Sabelio prefería el término *prosopon* (plural *prosopa*), «rostro» o «máscara», para connotar los tres aspectos de Dios. Como Tertuliano, utilizó la imagen del sol y sus rayos radiantes para describir la doctrina de Dios: la figura o forma del sol mismo era el Padre; el calor radiante del sol era como el calor del Espíritu Santo; la luz radiante del sol era como el Hijo, que trae la iluminación. Mientras que sus oponentes enfatizaban claramente su «confusión» de las tres «personas» (el término latín *persona* es el equivalente semántico del griego *prosopon*) de tal manera que resultó en «ofuscación», Sabelio probablemente insistió más en no distinguir a las personas divinas como sustancialmente separadas, pero sin tener un concepto suficientemente desarrollado de cómo representar las distintas realidades del Padre, del Hijo y del Espíritu, aparte de los términos nominales (y por lo tanto «insustanciales»). Haber dejado el núcleo central de la teología cristiana (doctrina de Dios) en el dominio de lo insustancial era una grave debilidad, pues implicaba que el ser divino (fuente y energía de toda sustancia) se revelaba en categorías insustanciales.

La escuela dinámica es el otro grupo de monarquianos, tan distinguido en gran medida por los sistemáticos posteriores. Estos también se conocen como adopcionistas. Tendían a resolver el problema de la unidad y diversidad de Dios con un corte de navaja en el centro del nudo, pero desde un ángulo muy diferente al de los sabelianos. El primero deseaba elevar a Cristo como Dios. Puesto que Dios era el Padre, Cristo tenía que ser Padre también si era Dios. Lo que prevalece en esto es la «alta» o divina cristología que la motiva. Con los monarquianos dinámicos, la unidad y la inaccesibilidad de Dios no pueden ser comprometidas al involucrarlos en las actividades diarias de la vida terrenal. Así que, argumentaban, cuando los cristianos llaman a Jesús Dios, lo hacen por atribución. La Deidad suprema atrapa al hombre terrenal Jesús en el ámbito de la energía divina y lo capacita para la tarea divinamente inspirada de predicar o testificar. Jesús es divino en el sentido de ser elevado, o exaltado por Dios: se le dan poderes y honores divinamente agraciados, pero nunca Dios en sí mismo. Puede ser visto como adoptado por Dios (de ahí el adopcionismo) o como dotado de gracias y poderes divinos (de ahí el modalismo dinámico) para un tiempo en el que actúa como revelador de las enseñanzas de Dios en la tierra.

Para los opositores ortodoxos de la escuela era bastante fácil aprovechar la premisa central más objetable y elevarla como la razón principal por la que era una herejía: y esa era la implicación básica de que Jesús de Nazaret era simplemente un hombre levantado por Dios para realizar una tarea santa. Era una etapa de cristología alejada de la vista de los profetas. Por mucho que fuera un agente único de Dios, argumentaban los opositores ortodoxos, todavía es sólo un hombre. De ahí derivaron el término *psilantropismo* (la escuela «meramente un hombre») y lo usaron como un tópico para cualquiera asociado con tales tendencias. Por esta razón, varios miembros de esta escuela se asocian cuando probablemente no había originalmente ningún vínculo histórico entre ellos. Los principales pensadores aquí son los dos Teodotos de Roma, y especialmente dos pensadores orientales, Pablo de Samosata del siglo III y Fotino de Sirmio del siglo IV, cuyos nombres (como sucedió con Sabelio) vienen a ser usados como sinopsis de todo el movimiento y para cualquiera que denigre después la plena estatura divina de Jesús.

Teodoto el curtidor era originario de Bizancio (que más tarde sería el lugar de Constantinopla).[200] Epifanio cuenta que cuando llegó a Roma como maestro allí, fundó su escuela teológica sobre un nexo de textos representados por Isaías 55:3 («era un hombre de dolores»), Jeremías 17:9 («el corazón del hombre está corrompido»), y Juan 8:40 («Yo hombre que os he hablado la verdad, la cual he oído de Dios»).[201] Se dice que dedujo de su lectura de la evidencia bíblica que Jesús era un ser humano santísimo que nació de una virgen por dispensación especial de Dios Padre; vivió una vida pura y santa y fue elevado por Dios como su mensajero elegido cuando el poder divino descendió sobre él de la manera más profunda en su bautismo en el Jordán. Adoptado en el ámbito divino en este momento, Jesús pudo entonces representar las gracias y enseñanzas divinas en la tierra; pero era esencialmente un ser humano, elevado como un mensajero elegido y dotado de gracia por la buena voluntad y el favor de Dios. El Papa Víctor (papa c. 189-199) fue movido a censurarlo por no representar la creencia de la iglesia. Hipólito añade el detalle de que Teodoto afirmó que fue el «Cristo superior» el que descendió sobre Jesús en su bautismo. Sólo después de su recepción del espíritu de Cristo, Jesús fue capacitado para realizar milagros. Algunos de los discípulos posteriores de Teodoto dijeron que el bautismo fue el momento de la exaltación de Jesús, mientras que otros dijeron que después de la resurrección. Sus oponentes acusaron a Teodoto de ser uno de los no practicantes que

---

[200] Conocido en los primeros círculos británicos como «Teodoto el zapatero».
[201] Hipólito, *Refutación de todas las herejías* 7.24; 10.20; Epifanio, *Panarion* 54; Eusebio, *Historia eclesiástica* 5.28.

había negado a Cristo en las persecuciones de Roma y que posteriormente enseñó que era un mero hombre para mitigar su pecado de negación. Es difícil decir cuán exacto fue este testimonio hostil.

Teodoto el banquero era un rico maestro cristiano romano del siglo II que era un seguidor de Teodoto el curtidor. Él y su socio Asclepíades eran fuertes críticos del Papa Ceferino, acusándolo de apartarse de la «vieja tradición» de la iglesia que había prevalecido hasta la época de su predecesor, Víctor.[202] Él reparó una edición expurgada del Nuevo Testamento para demostrar lo que él creía que era en realidad la vieja tradición, de acuerdo con las notas de un libro que se redactó en su contra en ese momento y al que se refiere Eusebio.[203] Se dijo que su escuela tuvo disensiones en ella desde un principio, argumentando sobre qué era exactamente lo que comprendía la vieja tradición. Su adición a la escuela de su maestro Teodoto fue el énfasis en la tradición melquisedeciana que emplea. Aquí él argumenta que Melquisedec era un espíritu divino más elevado que Cristo, y que el Cristo celestial fue formado como una imagen menor de él, una idea que posiblemente derivó de Hebreos 5:6. Todas las escuelas tenían en común la idea de que Jesús era un ser humano al que se le había dado una exaltación y que por tanto «se decía que era» elevado a la Divinidad; pero nominalmente así, como una gracia, nunca fue Dios en sí mismo o por naturaleza. La mayoría de los antiguos críticos, debido a esta cristología humana, clasificaron el adopcionismo romano como una herejía «judía», asociándolo con la tradición ebionita de considerar a Jesús simplemente como un hombre entre los hombres. Las enseñanzas adopcionistas nunca parecen haber captado la corriente principal de la creencia cristiana y parecen más bien haber atraído a una élite más pequeña y a un grupo intelectualista en la antigüedad. Los enfrentamientos que los llevaron a darse cuenta fueron en las ciudades más grandes, con obispos censurando a los eruditos locales que trabajaban independientemente de su autoridad. En los siglos posteriores, el adopcionismo se convirtió en un concepto cliché: *psilantropismo* o «mero-hombre-ismo» para que los pensadores ortodoxos lo usen como un ladrillo para arrojar a todo tipo de oponentes cuya teología les parece censurable.

En el siglo III, el movimiento volvió a adquirir una breve notoriedad en el caso de Pablo de Samosata, un profesor de filosofía especulativo con poderosos amigos políticos que fue elevado a la función de obispo cristiano local debido a su fama como maestro de su escuela. Sus puntos de vista adopcionistas, una vez predicados desde el púlpito, hicieron que la iglesia local buscara rápidamente ayuda internacional para expulsarlo. Sus puntos de vista eran una forma más sofisticada de los de Teodoto y serán considerados en el próximo capítulo. Pero no hizo ninguna escuela grande entre los seguidores cristianos y, de hecho, fue bastante útil para la corriente mayoritaria de la opinión cristiana porque la ayudó a aclarar las razones de su aversión instintiva a tal cristología. Y de nuevo, en la crisis arriana del siglo IV, parecer ser un adopcionista

---

[202] Hipolito, *Refutación de todas las herejías* 7.24; 10.20; Epifanio, *Panarion* 54-55.
[203] Eusebio, *Historia eclesiástica* 5.28.

era una acusación (resucitar una antigua herejía para descartar a los opositores) que a menudo era nivelada por el partido niceno contra los arrianos. En ese momento, el obispo Fotino de Sirmio fue cicatrizado como uno que resucitó el antiguo adopcionismo, y el movimiento fue rebautizado como fotinianismo.[204] Una de las debilidades de la posición adopcionista es que cuenta lo suficientemente bien para la auténtica doctrina de Jesús, y satisfactoriamente para sus milagros de exorcismo y sanación, pero es menos que útil para explicar sus dramáticos actos de salvación en su cruz y resurrección: cómo es posible que tengan poder salvífico para perdonar pecados y limpiar el mundo. En el esquema adopcionista la resurrección aparece simple y reductivamente como una recompensa a Jesús por la fidelidad, en vez de ser fiel a la manera del Nuevo Testamento de verlo como el amanecer del pacto de la nueva era forjado en la pasión salvífica.

Al igual que con las escuelas gnósticas, el choque monarquiano-Logos nos abre una de las crisis intelectuales más importantes de finales del siglo II y principios del III y sirve de puente hacia las cuestiones de ese importante período de consolidación para un sentido más global de la ortodoxia cristiana en términos de doctrinas comúnmente acordadas. En el capítulo siguiente daremos un seguimiento más completo a esta era. Fue un siglo que, comparado con el que le precedió, puede ser llamado ciertamente «una era de madurez».

La escuela primitiva antimonarquiana del Logos. *Justino Mártir (d. c. 165).* Justino es uno de los pocos maestros del segundo siglo de las numerosas escuelas de *paideia* que no fueron clasificados como disidentes, y de hecho se propuso ser un campeón de la teología cristiana contra sus críticos intelectuales. Desde los primeros tiempos fue clasificado como uno de los principales apologetas cristianos, ese grupo de las primeras autoridades cuyas obras la iglesia presentó como ejemplos de teología dialéctica útil (y por lo tanto estaba dispuesto a reproducirse a través de las generaciones hasta que asumieron el estatus de clásicos). Debido a esto, su obra ha sido preservada y archivada como un testimonio muy importante de la vida ordinaria, la teología y el culto de la iglesia en el siglo II.

Justino era un palestino de Naplusa. Parece haber sido un pagano que hizo un recorrido incansable por las diversas escuelas filosóficas (habla de los estoicos, peripatéticos, pitagóricos y platonistas) hasta que, como adulto maduro hacia el año 132, descubrió las enseñanzas de los cristianos a través de un encuentro con un viejo sabio. Este *didaskalos* se convirtió en su mentor y le representó las doctrinas cristianas como el cumplimiento de todas las aspiraciones de los muchos buscadores de la verdad del mundo antiguo. A partir de entonces Justino se convirtió en un ferviente converso, e incluso después de su bautismo continuó llevando el manto del filósofo en la iglesia y fuera de ella, el signo del retórico sofisticado; y así comenzó a enseñar el cristianismo junto a los otros sabios itinerantes que se encontraban típicamente en el

---

[204] El término *adopcionismo* también se ha aplicado a una (relativamente oscura) controversia española del siglo VIII sobre la naturaleza de la filiación de Cristo: si era verdadera o adoptiva. Este último se aborda en *Seven Books Against Felix* de Alcuino.

ágora de las antiguas ciudades helénicas. Decía explícitamente (algo que debe haber impresionado a muchos cristianos de la época como una idea novedosa) que su nueva religión era una filosofía coherente. Había quedado profundamente impresionado por la valentía que había visto en los cristianos que se aferraban a su sabiduría y forma de vida (una definición suficiente de una filosofía, se supone) a pesar de cualquier amenaza a sus vidas. Registra cómo su viejo sabio le mostró el significado de los textos del Antiguo Testamento y su cumplimiento en la vida y enseñanzas de Jesús. Justino describe la experiencia con palabras que recuerdan a los discípulos de Emaús (Lc. 24:32): «Inmediatamente se encendió un fuego en mi corazón y acepté el cristianismo como la única filosofía segura y sana».[205]

Justino se trasladó a Éfeso alrededor del año 135, durante la época de la revuelta de Bar Kokhba, y entabló un debate con un rabino judío llamado Trifón, que deseaba inculcarle a Justino los errores de su interpretación de las Escrituras hebreas. El diálogo, una disputa pública que duró más de dos días, fue escrito más tarde por Justino en forma literaria y se convirtió en una de las primeras oportunidades para abordar por qué la exégesis cristiana se apartó de los primeros estilos rabínicos; el asunto, por supuesto, se centró en el implacable enfoque cristocéntrico de cómo la iglesia leía la Biblia. El cumplimiento de las profecías es un argumento recurrente y fuerte que Justino presenta para la defensa de las doctrinas cristianas, tanto en el *Diálogo* como en sus *Apologías*, y reúne sus evidencias para presentar una pesada base de datos, probablemente representando la forma de proceso literario que era habitual en su aula. Justino luego viajó para abrir una escuela en Roma, donde el cristiano sirio Taciano era uno de sus alumnos.[206]

Justino floreció durante el reinado del emperador Antonino Pío (138-161), publicando la *Primera apología* (c. 155) para hacer defensa de los cristianos perseguidos por leyes injustas. En esta época también publicó un relato de su efusivo debate, titulado *Un diálogo con Trifón el judío*. Poco después de que Marco Aurelio asumiera el poder imperial (161), Justino emitió una *Segunda apología* dirigida al Senado de Roma. Se cree (a partir de sus referencias a la celosa rivalidad de sus enemigos) que uno de sus rivales filosóficos, Crescente el Cínico, lo denunció ante el prefecto de Roma, Junio Rustico (163-167), junto con varios de sus alumnos. Cuando se negaron a ofrecer sacrificios, fueron azotados y decapitados. El registro de su juicio fue retirado por testigos presenciales y aún sobrevive.

Justino es uno de los más intelectuales del grupo de los apologistas cristianos.[207] No sólo refutó las acusaciones habituales contra los primeros cristianos (inmoralidad, intención sediciosa, odio a la humanidad), sino que también se propuso mostrar a los

---

[205] *Diálogo con Trifón* 8.

[206] Más tarde, Taciano fue uno de los principales maestros encratitas y compositor de una armonía del Evangelio llamada el *Diatesseron*.

[207] El grupo usualmente incluye, como sus miembros principales a través de los siglos II a principios del IV, a Justino, Taciano, Ireneo, Tertuliano, Atenágoras, Arístides, Teófilo, Hipólito, Novaciano, Minucio Félix, Arnobio y Lactancio. Hubo otros cuyas obras se han perdido en su totalidad o en gran parte: Cuadrado, Milcíades, Aristo, Apolinar de Hierápolis, y Melitón de Sardis.

oyentes de mente abierta el carácter esencial del nuevo movimiento. Describe a la iglesia como la comunidad de aquellos que se dedican al Logos, o razón de Dios. El Logos creador había puesto una semilla germinativa de verdad (*Logos spermatikos*) en todos los corazones humanos como su conciencia más profunda y su instinto religioso, y, en la persona de Jesús, el Logos supremo había encarnado personalmente en la historia para reconciliar a todos los amantes de la verdad en una sola escuela de sofistería divina, diseñada para llevar a todos los hombres y mujeres de buena fe a la afirmación común de la verdad. Para Justino, el cristianismo es por lo tanto la suma y el cumplimiento de toda búsqueda humana previa de la verdad (tanto pagana como judía). Los cristianos son monoteístas y creen que el Logos es Dios, en segundo lugar, después del Dios supremo. Sus ideas sobre la relación entre el Dios supremo y el Logos divino están fuertemente coloreadas por el subordinacionismo, el cual es como él mantiene la dualidad dentro del marco del monoteísmo. Su tratado *Diálogo con Trifón* es uno de los primeros textos en avanzar el argumento (que pronto se convirtió en un motivo dominante entre los cristianos) de que los gentiles cristianos fueron elegidos como el «nuevo Israel». Justino aborda e interpreta el Antiguo Testamento de una manera completamente cristológica y Logoscéntrica. Su *Primera apología* es uno de los primeros y más autoritativos relatos de las primitivas liturgias cristianas del bautismo y de la Eucaristía, aún más valioso ya que parece que muchos obispos de la misma época no quisieron hablar públicamente de la celebración de estos sagrados misterios. Justino nos da, por así decirlo, la visión laica de lo que sucedía y lo que significaba, como si se lo explicara a un amigo no cristiano de la iglesia.

La confianza intelectual de Justino comenzó una tendencia mucho más abierta entre los pensadores cristianos a creer que podían adoptar la teología judía y la sabiduría filosófica helenística de una manera juiciosamente equilibrada para servir como vehículo para la predicación cristiana. El temor al pensamiento griego y a la terminología que los maestros gnósticos habían difundido entre muchos en la iglesia fue disipado por el éxito de la obra de Justino, llevada a cabo en un espíritu de confesión fiel y ortodoxa. Su muerte como mártir también selló positivamente su reputación para las generaciones futuras. En este sentido, fue un puente importante entre los teólogos de base exegética, los pensadores del Logos y los maestros cosmológico-metafísicos. La reconciliación de todos ellos se produciría a mediados del siglo III con Orígenes de Alejandría. Pero Justino, Hipólito e Ireneo demostraron ser pasos importantes hacia esa resolución final que estableció el término para que los teólogos cristianos fueran sintetizadores mucho más expertos de lo que lo habían sido hasta entonces. Esta confianza abierta de Justino se puede ver claramente en un pasaje distintivo de su *Segunda apología*:

> Confieso que estoy orgulloso de ser llamado cristiano, y con todas mis fuerzas me esfuerzo por serlo. No porque las enseñanzas de Platón sean tan diferentes de las de Cristo, sino porque no son similares en todos los aspectos. Lo mismo sucede con todos los demás: los estoicos, los poetas y los historiadores. Porque cada uno de ellos

hablaba bien según el grado en que cada uno tenía una participación en el Logos espermático, y así podía reconocer todo lo que le pertenecía [al Logos]. Pero los [maestros] que se contradijeron a sí mismos en los puntos más importantes parecen no haber poseído esa sabiduría celestial y el conocimiento que no puede ser refutado. Y así, cualesquiera que sean las enseñanzas correctas que todos los hombres hayan promulgado, éstas son propiedad de nosotros los cristianos. Porque junto a Dios, adoramos y amamos al Logos que es del Dios no engendrado e inefable, puesto que también se hizo hombre por nosotros, para que, siendo partícipe de nuestros sufrimientos, nos traiga hasta la sanación.[208]

Tertuliano (c. 155–220). Quinto Septimio Florente Tertuliano (Tertuliano) fue otro miembro destacado de la primera escuela del Logos y es quizás su mayor defensor literario. También fue uno de los mejores apologetas latinos que la iglesia primitiva produjo, así como uno de los mejores sistemáticos primitivos. Su trabajo en la apologética le llevó a asumir el poder de la maquinaria legal romana, que entonces se aplicaba violentamente en las persecuciones estatales que habían clasificado toda clase de religión cristiana como ilícita y, por lo tanto, habían impuesto al Estado penas fijas de traición contra ella. Escribió apasionadamente y con un impulso poderoso (a menudo de la manera más pugnaz). Su estilo y rigorismo cultural pueden desanimar a los lectores modernos, y sus diatribas contra la inmodestia de las mujeres en la iglesia (códigos de vestimenta, etc.) lo han llevado a ser el teólogo cristiano primitivo que las feministas modernas desprecian más profundamente. Es un hombre de su tiempo que mantiene el sesgo patriarcal del código de hogar romano. Pero, aun así, sus ideas intelectuales dieron a la iglesia primitiva una base profunda para el desarrollo futuro. En sus peleas legales con la autoridad romana eleva la cuestión de cómo debe prevalecer la justicia en la ley, porque la ley es servidora de la justicia, y no al revés. Es una idea que el mundo aún no ha absorbido completamente, podría parecer. Y es un dramático defensor de la libertad religiosa: «Es derecho de todo ser humano elegir su propia religión».[209] En sus reflexiones sistemáticas sobre la Trinidad, la cristología y la teoría de la salvación, estableció los términos de gran parte del vocabulario teológico latino más antiguo de los cristianos.

Más tarde en su vida, aparentemente se unió al movimiento montanista en Cartago y se convirtió en un firme defensor de un grupo que cada vez más estaba siendo marginado. Su rigorismo parece haber sido exacerbado por este movimiento. Finalmente defendió la posición de que no era correcto que un cristiano tratara de evitar la muerte de un mártir, incluso huyendo de las autoridades. A pesar de esto, la reputación de Tertuliano como una de las mentes fundadoras de la teología ortodoxa latina fue mantenida por todos sus sucesores literarios latinos en la iglesia, incluyendo Cipriano, Lactancio y Agustín. Su gran obra, el *Apologeticum* (*Apología*), aun cuando las antiguas condiciones sociales ya no se aplicaban a un cristianismo protegido por el

---

[208] *Segunda apología* 13.
[209] *Ad Scapulam* 2.

imperio, era un monumento a ellos de lo noble que había sido su espíritu y de lo incisiva que era su crítica de la sociedad pagana.[210]

Tertuliano era el hijo de un centurión pagano que servía en la África romana y cuando era joven se dedicó con éxito a la abogacía en Roma.[211] A mediana edad (alrededor de 193) se convirtió al cristianismo, probablemente en Cartago. La valentía de los mártires cristianos parecía haberle impresionado profundamente: «Todo el mundo frente a tan prodigiosa resistencia—escribe—se siente golpeado por la duda y anhela ardientemente descubrir lo que hay en la raíz de todo esto. Desde el momento en que descubre la verdad, la abraza directamente él mismo».[212] Jerónimo, en el siglo V, es el único testigo que dice que llegó a ser presbítero, pero el alcance de su subsiguiente ministerio de enseñanza entre 195 y 220 y el conocimiento íntimo de los procesos de la iglesia que demuestra no lo hacen improbable.[213] Su conocimiento del latín y del griego le permitió estudiar la tradición cristiana internacional: un factor que enriquece su trabajo y que también sirvió para unir la tradición intelectual cristiana griega y latina en un período crucial. Su estilo apologético es conciso y a menudo se basa en la caricatura y el ridículo (un elemento estándar del argumento de la sala judicial en su época). Por lo general, no es seguro deducir las posiciones reales de sus oponentes de la manera en que Tertuliano los arrastra por la arena intelectual para mostrar sus ridículas «conclusiones». A veces su preferencia por el breve aforismo lleva a que aspectos de su pensamiento tengan una innecesaria oscuridad. Un comentarista latino posterior critica su estilo a este respecto.[214]

Pero cuando no estaba involucrado en una denuncia explícita (de enemigos fuera o dentro de la iglesia), Tertuliano regularmente se muestra como un teólogo profundamente reflexivo. Como muchos otros grandes oradores, tenía un don para el discurso resumido, y muchos de sus aforismos todavía tienen resonancia en la iglesia. Advirtiendo a las autoridades paganas de que su política de persecución era inútil, dijo: «La sangre de los mártires es semilla [para la iglesia]». Hablando del misterio de por qué Dios se revelaría en el Cristo crucificado y resucitado, se opuso a los detractores que trataban de ridiculizar la fe cristiana como «totalmente no creíble»: «La creo precisamente porque es absurda», implicando que la verdad de Dios no debe ser juzgada sobre la base de la lógica humana y lineal.[215] Una vez más, desestimando despreciativamente el ridículo de los filósofos contemporáneos, respondió con un barrido total de su propio brazo: «¿Qué tiene que ver Atenas con Jerusalén?» Y en su

---

[210] «Consideren, pues, cómo se les puede acusar de irreligión por el hecho de que destruyen la libertad de religión, prohibiendo a una persona su elección de dios, para que yo no pueda adorar a quien yo quiera, pues me veo obligado a adorar a quien yo no quiero; cuando seguramente nadie, ni siquiera un hombre, desearía recibir jamás una adoración renuente». *Apologeticum* 24.6-7.

[211] Quasten cree que puede identificarse con el jurista Tertuliano, cuyas opiniones se recogen en el libro romano *Corpus Civilis*. Véase J. Quasten, *Patrology*, vol. 2 (Antwerp: Spectrum, 1975), 246. [Consulte la versión en español de esta obra en la sección bibliográfica].

[212] Tertuliano, *Ad Scapulam* 5.

[213] Jerónimo, *De Viris Illustribus* 53.

[214] Vicente de Lerins: *quot paene verba, tot sententiae*: «Casi todas sus palabras representan una proposición».

[215] Y haciendo eco de Pablo, por supuesto: 1 Co. 1:25.

tratado *Sobre el testimonio del alma*, donde argumentaba que la vida natural es un testimonio instintivo de la presencia divina, hizo una audaz declaración apologética que ha dado lugar a generaciones de reflexión cristiana sobre el evangelio como la raíz de la cultura, diciendo: «El alma es naturalmente cristiana» (*anima naturaliter christiana*). En esta obra él exige que las sofisterías de los filósofos cedan ante las verdades simples y sin adornos del testimonio de una conciencia humana:

> Te lo pido, alma, pero no cuando estás eructando sofisterías al estilo de un maestro de escuela, o de una persona entrenada en bibliotecas, o alimentada en academias y pórticos. No, me dirijo a ti [alma] como simple, sin tutela, inculta y desaprendida: cualidades que tienen quienes sólo te tienen a ti como su posesión: esa misma experiencia del camino, la calle, el taller, toda integral. Es tu inexperiencia lo que quiero, ya que nadie parece tener confianza en tu experiencia tan pequeña. Pero lo que espero de ti son esas mismas cualidades que tú misma introduces en un hombre, y que conoces ya sea por ti misma o por tu Autor.[216]

Mucha de su feroz libertad y audacia intelectual derivó de su apasionado deseo de encontrar la verdad, contarla y exponer a los falsos reclamantes de la verdad. En este sentido, su lema era *veritas non erubescit nisi solummodo abscondi*: «La verdad se sonroja por una sola razón: cuando está oculta».[217] Él constantemente aboga por decir la verdad pero ve sus resultados como generalmente fatales para el que relata la verdad. Es la verdad la que despierta el odio de los demonios hacia la iglesia y los lleva a mover a los malvados a asesinar al cristiano como testigo de la verdad. «La verdad», dice Tertuliano, «persuade enseñando, pero no enseña persuadiendo».[218]

Tertuliano enriqueció la literatura teológica latina con su conocimiento de las costumbres eclesiásticas y las controversias de Oriente, sobre todo al elevar la teología del Logos a un lugar prominente en su esquema teológico. Fue un crítico temprano y cáustico del movimiento monarquiano en un momento en que algunos de los líderes romanos lo consideraban un «conservadurismo seguro». Desde el año 205 sus escritos muestran un creciente respeto por las ideas montanistas, pero el estilo del montanismo, tal y como era entonces influyente en el norte de África, era una forma muy moderada del movimiento original de Asia Menor, y no hay ninguna indicación clara de que alguna vez rompiera con la comunidad católica. Sus principales obras incluyen la *Apología* (escrita en el año 197), en la que hace un apasionado llamamiento a la tolerancia legal del cristianismo. En una serie de obras morales dirigidas a los cristianos (*Sobre la asistencia al teatro*, *Sobre el servicio militar*, *Sobre la idolatría*, *Sobre la penitencia*) les advierte severamente de los peligros de la asimilación a las normas corruptas de la sociedad pagana contemporánea y les advierte contra la

---

[216] *De Testimonio Animae* 1. Para Tertuliano, la naturaleza muy simple del alma, incluso de las personas más ignorantes, da testimonio, si es limpia, de la presencia de Dios, de la condición inmortal del destino humano y de la ética universal del amor. El alma sabe naturalmente que es la imagen de Dios.

[217] *Adversus Valentinianos* 3.2.

[218] Ibid., 1.4.

adopción de una profesión militar (en gran parte debido a la exigencia de adorar al genio imperial, aunque también con la convicción de que tal vida es contraria al evangelio irénico).

Escribió una obra argumentando (a partir del principio legal de la prescripción como una «resolución preliminar fuera de orden» de ciertos argumentos ofrecidos a un tribunal) que las herejías no podían ser consideradas parte del mundo cristiano en absoluto (*Sobre la prescripción de herejes*). Siguió a Ireneo al establecer el principio de la sucesión apostólica como prueba de dónde residía de facto el cristianismo católico. Iba a tener el efecto de reforzar masivamente la importancia de la ortodoxia católica (es decir, «internacional») en la definición de la iglesia. Compuso una serie de obras que atacaban las ideas de los gnósticos y de Marción (*Contra Marción, Contra Hermógenes, Sobre la resurrección de los muertos, Sobre la carne de Cristo*), retomando el tema central de que la encarnación de Cristo era una verdadera realidad física que reivindicaba la bondad del mundo material y daba la promesa de la verdadera resurrección a los creyentes. Gran parte de su conocimiento de los sistemas gnósticos deriva de Ireneo y de las obras perdidas de Justino, Milcíades y Próculo, pero en su prefacio y primeros capítulos da una visión general que es distintivamente suya, que las variedades y divergencias de los sistemas gnósticos demuestran la característica constante de todos los sofismas humanos: la especulación arrogante en misterios más allá de su capacidad y, como resultado de ello, el alejarse de la verdad.

Su mayor ataque (*Contra Práxeas*) a los monarquianos se dirige a un tal Práxeas (o «entrometido»). Este no es probablemente un nombre real, pero podría ser una forma irónica de ridiculizar al Papa Calixto de Roma, su contemporáneo, a quien Hipólito (un teólogo del Logos al que respetaba mucho) también había acusado de monarquismo. En esta obra Tertuliano establece los fundamentos de lo que sería la doctrina latina de la Trinidad. Demuestra cómo el modalismo es antibíblico, a pesar de sus protestas de ser bíblicamente anterior a la teología del Logos, y se propone explicar cómo la Palabra y el Espíritu emanan como personas (*personae*) distintas del Padre, todas poseedoras de la misma naturaleza (*natura*). Su acercamiento a la cristología entendía la naturaleza en el sentido de posesiones legales, lo que puso al pensamiento latino en un largo sendero: Cristo posee dos naturalezas, pero es una sola persona.

El tratado *Adversus Judaeos* de Tertuliano es un registro que hizo de una disputa de un día de duración entre un converso cristiano y un prosélito judío en el norte de África.[219] Sintió que el argumento había confundido más cosas de las que había aclarado, así que decidió hacer una investigación escrita y establecer conclusiones para la iglesia. En esta obra establece un tono de separatismo radical que tuvo una inmensa influencia sobre el pensamiento latino posterior acerca del judaísmo. El pueblo judío, argumenta él, rechazó a Dios al rechazar a su Cristo, y así rechazó su gracia, apartándose así de ella. Por eso el Antiguo Testamento ya no tiene fuerza y

---

[219] Sólo los primeros ocho capítulos son auténticamente suyos.

sólo debe ser interpretado espiritualmente, no literalmente, por la iglesia, que lo ha heredado por derecho, ya que los gentiles fueron llamados por Dios como sus nuevos elegidos. La ley judía no tiene ningún precedente espiritual de todos modos. La ley primordial ya fue dada por Dios a toda la humanidad, promulgada para Adán y Eva en el paraíso, y esta «ley natural» de Dios inscrita invisiblemente en los corazones humanos es la base divina de la que derivan todas las demás leyes, incluida la de los judíos. Las prescripciones escritas de la Torá eran inferiores a ella. La circuncisión, la observancia del sábado y el culto de sacrificio han sido abolidos, y la ley de la venganza ha caído ante el amor del amor mutuo. El verdadero sacerdote del nuevo sacrificio es Cristo. El tratado termina con pruebas de la venida del Señor anunciada en los profetas, usando argumentos que extrajo principalmente de Justino Mártir.

El tratado *Sobre el Bautismo* de Tertuliano da una iluminación interesante sobre la práctica litúrgica de principios del siglo III. Claramente no le gusta el bautismo de infantes, que se estaba volviendo más común. Su obra *Sobre el alma* introduce la idea del traducianismo, el concepto de que el alma era transmitida junto con todos los demás aspectos de la vida (color de ojos, etc.) de padres a hijos. Fue una puerta que llevó al concepto de la transmisión del «pecado original» como una mancha de culpa que impregna la raza. Sería desarrollado significativamente por otro teólogo africano, Agustín, en su discusión posterior con Pelagio, y la idea vendría a arrojar una cierta sombra pesimista sobre todo el pensamiento latino subsiguiente. En sus últimos años, el renovado interés por la escatología y el creciente rigorismo marcan lo que se ha dado en llamar las obras del período «montanista» de Tertuliano (*Sobre la monogamia*, *Exhortación a la castidad*, *Sobre el ayuno*, *Sobre la modestia*). Este último tratado fue escrito alrededor de 200 en cólera por la intención del obispo de Cartago (como la del Papa Calixto) de permitir incluso el perdón de los pecados sexuales graves a los cristianos no practicantes como parte del sistema de desarrollo de la penitencia cristiana, destinado a tratar el gran número de no practicantes que siguen después de la era de las persecuciones.

Hipólito (c. 170–235). Hipólito es otro, y significativo, teólogo del Logos, aunque uno especulativamente menos importante comparado con Tertuliano, Clemente de Alejandría u Orígenes, que eran sistemáticos más magistrales en el campo de su pensamiento. En comparación, Hipólito es más un eclesiástico: interesado en asuntos de gobierno y liturgia, y un polémico que ve en la filosofía más una fuente de muchos errores que un microsistema de ideas que podrían ser presionadas en el servicio eclesial. Era un retórico, quizás, más que un filósofo en sí mismo, un destacado presbítero de la iglesia romana, aunque era, muy posiblemente, como otros grandes intelectuales de Roma en esta época, un emigrante de Oriente. Su dominio de la lengua griega y su conocimiento íntimo de la doctrina de las religiones mistéricas apuntan a un conocimiento religioso especializado de larga trayectoria. Se extiende entre los siglos II y III y es una importante veleta de qué tipo de preocupaciones teológicas marcaría la iglesia del próximo siglo. Su renombre internacional fue tal que el gran Orígenes viajó a Roma para escuchar su conferencia. Varias fuentes orientales lo describen como el obispo de Roma. Si esto es correcto, debe haber roto con la comunión del Papa Ceferino (198-217), o (más probablemente) Calixto (217-222), a quien Hipólito consideraba doctrinalmente dudoso por su monarquianismo y moralmente laxo por su relajación de las restricciones canónicas contra los pecadores públicos y su revisión de las leyes matrimoniales.

A menudo se piensa que Hipólito se convirtió así en uno de los primeros antipapas. Debido a esta historia, y también porque escribió en griego (común entre los teólogos de Roma en ese período), su reputación y su tradición textual sufrieron abandono hasta la era moderna.[220] Comparado con Tertuliano, por ejemplo, fue más o menos pasado por alto. La tradición romana primitiva era que tanto Hipólito como el Papa Ponciano (230-235) fueron arrestados en 235 y condenados a muerte en las salinas de Cerdeña (la «isla de la muerte», como la llamaba la iglesia). En su exilio fueron reconciliados, y el Papa Fabián (236-250) hizo que sus cuerpos fueran devueltos a Roma como mártires venerados y los ubicó en el cementerio de la Via Tiburtina. En 1551 las excavaciones en la misma zona sacaron a la luz una estatua de Hipólito como retórico y maestro, preparado en vida propia, que actualmente se encuentra en las colecciones del museo del Vaticano. Tiene grabada en el reverso de la base su mesa pascual y una lista de su *opera*.

Su obra principal (aunque una minoría no se la atribuye) fue la *Philosophoumena* (o *Refutación de todas las herejías*), que deriva todas las herejías cristianas de la corrupción de las religiones mistéricas o de la filosofía helenística priorizada sobre el evangelio.[221] Hipólito depende aquí de *Adversus Haereses* de Ireneo para gran parte de su conocimiento de los sistemas gnósticos, pero también parece tener acceso propio a otra literatura gnóstica y, por supuesto, se forma sus propias opiniones, lo que lo convierte en un testigo distinto y valioso de lo que fue el movimiento gnóstico. Al igual que Ireneo, Hipólito eleva la tradición bíblica de la iglesia, históricamente arraigada, y la tradición de sus maestros santos (tradición apostólica) como los principales argumentos para contrarrestar las especulaciones gnósticas que pretenden representar las tradiciones cristianas. Dice a sus lectores en el prólogo que su trabajo requerirá una extensa investigación para examinar los orígenes de las diversas tesis, pero que demostrará de manera convincente que, en cada caso de las herejías, él discutirá sobre los diversos filósofos que han avanzado sus propias teorías, no la tradición de la iglesia. Enumera unas treinta y tres variaciones de la escuela gnóstica y relaciona cada una de ellas con el tipo de escuelas filosóficas griegas que ha esbozado en su preámbulo en el primer libro. Sus libros del cinco al nueve son considerados como la parte más distintiva y personal de su escritura.

---

[220] En una época en la que la tradición latina posterior se obsesionaba cada vez más con la obediencia al pontífice romano para que fuera el todo y el fin de la eclesiología.

[221] No figura en ninguna de las tablas antiguas de sus obras, ni en la de la estatua, ni en la de Eusebio (*Historia eclesiástica* 6.22), ni en la de Jerónimo (*De Viris Illustribus* 61). Pero el autor de la obra se refiere a escritos conocidos de Hipólito como sus «tratados anteriores».

Una obra corta titulada *Syntagma* (también conocida como *Contra todas las herejías*) se ha perdido, pero parece haber sido una fuente de la obra *De Praescriptione* de Tertuliano y tal vez se resume en los capítulos cuarenta y ocho a cincuenta y tres de esta última. Epifanio hizo un amplio uso del original de Hipólito en su propia obra sobre un tema similar (*Panarion*). La obra doctrinal *Sobre el anticristo* ha sobrevivido intacta. Fue compuesta alrededor del año 200 y dirigida a un tal Teófilo.[222] Es un texto escrito con el libro de Apocalipsis en mente y ángulo. Muchos miembros de las congregaciones cristianas en Roma estaban muy conscientes escatológicamente en este período de salvajismo perseguidor. Políticamente expresados, su escatología a menudo equiparaba el poder imperial romano con la llegada del anticristo (más recientemente con la persecución de Septimio Severo). Hipólito muestra una lectura cuidadosa de los textos para argumentar (del libro de Daniel) que Roma es sólo el cuarto poder descrito en la visión de Daniel, por lo que el anticristo aún no ha aparecido en el futuro. Su *Crónica*, o historia universal del mundo, argumentó posteriormente que faltaban por lo menos doscientos años para la expiración de los seis mil años determinados de la creación. Más tarde Hipólito escribió un específico *Comentario sobre Daniel* (que sobrevive completo en su edición eslava medieval), que hace referencia a esta obra. Se muestra como un alejandrino en su estilo alegórico de interpretación, aunque significativamente menos profundo místicamente que su joven contemporáneo Orígenes. Él toma la historia de Susana en el jardín, espiada por dos ancianos lascivos que tratan de seducirla bajo la compulsión del miedo, como una alegoría de cómo dos pueblos, los paganos romanos y los judíos, han tratado consistentemente de desviar a la iglesia virgen y pura de su paraíso de estar con su esposo (Joaquín-Cristo):

> Porque cuando los dos pueblos conspiran para destruir a alguno de los santos, esperan un tiempo adecuado y luego entran en la casa de Dios y se apoderan de algunos de ellos, los arrastran y los encarcelan y les dicen repetidamente: Venid a estar de acuerdo con nosotros y adorad a nuestros dioses. Pero si no, daremos testimonio en su contra. Y cuando se niegan, los arrastran ante el tribunal y los acusan de actuar en contra de los decretos del César y los condenan a muerte.[223]

Su existente *Comentario al Cantar de los Cantares* parece ser una recopilación de las homilías de la iglesia que dio.[224] Sigue las mismas líneas que Orígenes en su propia obra maestra. El rey en el canto representa a Cristo, y la novia es la iglesia. La imagen es también una alegoría del amor entre el Logos y el alma individual, a la que Dios ama y a la que da el deseo inherente de anhelarlo. San Ambrosio utilizó la obra de Hipólito en su propia exposición del Salmo 118. La idea lanzó toda una tradición de

---

[222] Si es que (como en el *incipit* del libro de los Hechos) esta es una persona real y no simplemente un código para «lector amante de Dios».

[223] *Comentario sobre Daniel* 20.

[224] Completamente conservado en georgiano, y parcialmente en griego, eslavo, armenio y sirio, lo que demuestra lo mucho que se consideraba a Hipólito en las iglesias posteriores de Oriente.

devoción mística medieval occidental. Los otros escritos bíblicos de Hipólito, como *Bendiciones de Moisés* y *Bendiciones de Isaac y Jacob*, también se conservan.

Hipólito también compuso una *Tradición apostólica* muy influyente, una discusión sobre cómo se debe llevar a cabo el culto de la comunidad, con ejemplos de oraciones litúrgicas que el obispo que preside debe ofrecer. Marca el momento en que los obispos-presbíteros presidentes se alejaban de la oración espontánea en los sacramentos para adoptar formas rituales estandarizadas. Los estudiosos han podido recientemente abstraer esta escritura de las diversas colecciones litúrgicas posteriores en las que fue incorporada. Ahora es una de las primeras y más importantes fuentes de conocimiento de los primeros rituales de ordenación cristiana, el orden de los diversos ministerios, el catecumenado, el bautismo y la praxis de la Eucaristía primitiva. Un extracto del ritual bautismal se da en la breve lectura al final de este capítulo. En la descripción del ritual de inmersión se ve cómo se transmite casi accidentalmente toda la estructura de credo de la iglesia romana de su tiempo. Como teólogo, Hipólito defendió una visión de la iglesia como la comunidad de los elegidos puros y resistió fuertemente la tendencia que deploró en Calixto, de promover una teología de la reconciliación (una política pastoral de una iglesia de pecadores que sigue el camino del arrepentimiento).

El ataque de Hipólito a la cristología sabeliana, representada por el maestro simpatizante de filosofía cristiana Noeto (*Contra Noetum*), sirvió no sólo para aislar y marginar esta tradición cristológica, sino también para establecer los principales parámetros del desarrollo de la escuela del Logos. *Contra Noetum* ha causado controversia en cuanto a si fue originalmente parte de un trabajo anterior (Tillemont dice que fue un fragmento del *Syntagma*)[225] o un tratado independiente (como argumenta Butterworth de manera convincente) que es simplemente otra de esas obras que no están incluidas en la tabla existente de la *opera* de Hipólito.[226] Esta obra es de estilo diatributivo y se divide en dos partes. La primera refuta la versión de Esmirna del monarquianismo como una visión falaz y de «sentido común» de las Escrituras. La segunda expone la distinción personal del Logos divino del Padre sobre la base de la exégesis bíblica, cuidando de mostrar cómo los mismos textos en los que se apoya Noeto son capaces de interpretaciones significativamente diferentes. Discutiendo el favorecido «texto de prueba» monarquiano de Juan, dice Hipólito,

> Si, de nuevo, Noeto alega la propia enseñanza de Cristo cuando dijo: «Yo y el Padre somos uno», que se ocupe de los hechos y aprenda que no dijo «Yo y el Padre soy uno», sino que dijo «somos uno». Porque la palabra somos nunca se habla en referencia a una sola persona, sino que aquí se refiere a dos personas y un poder. El mismo [Señor] lo ha dejado claro al hablar a su Padre sobre los discípulos: «La gloria

---

[225] Véase la discusión en A. Brent, *Hippolytus and the Roman Church in the Third Century: Communities in Tension Before the Emergence of a Monarch Bishop* (Leiden: Brill, 1995), 117-19.

[226] R. Butterworth, *Hippolytus of Rome: Contra Noetum*, Heythrop Monographs (London: University of London Press, 1977).

que me diste, yo les he dado, para que sean uno, como también nosotros somos uno: Yo en ellos, y tú en mí, para que sean perfeccionados en uno; para que el mundo sepa que tú me has enviado».[227]

Como los primeros apologetas (como Teófilo de Antioquía), Hipólito argumenta que el Logos fue emitido por Dios el Padre para servir al propósito de crear el orden material y para su salvación en los últimos días.[228] El Logos fue al principio inmanente en la Mónada Divina, luego se convirtió en la Palabra emitida en el proceso de creación, y finalmente fue la Palabra encarnada en la economía de la salvación.[229] El Logos es «Dios de Dios» (*theos hyparchon ek theou*), en cuya terminología es anterior al Credo Niceno por un siglo.[230] El Logos es la expresión misma (revelación) del Dios inaccesible, infinito e incognoscible, que por naturaleza (en su ser inmanente) se resiste al acercamiento de toda la creación; y así el Logos es el sumo sacerdote de la creación, su mediador ante la Deidad. El Verbo es distinto del Padre, pero no es un segundo dios junto al Padre, porque sólo hay un solo poder de la divinidad; y está en el Verbo del Padre.

Hipólito continúa también discutiendo los distintos roles que las tres personas de la Trinidad continúan jugando en el proceso de salvación. Estas dos grandes ideas, el Logos como sumo sacerdote revelador de la creación y la Trinidad como revelación económica de la vida inmanente de Dios, se desarrollarían ampliamente en los siglos siguientes. El sentido relativamente poco desarrollado de Hipólito de la importancia del Espíritu Santo (llevó a una acusación del Papa Calixto de ser diteísta) y su falta de precisión (en comparación con Tertuliano, o más tarde Orígenes, por ejemplo) muestran a un pensador significativo que se encuentra en una etapa muy temprana del

---

[227] *Contra Noetum* 7.

[228] «Dios, subsistiendo solo, y sin tener nada contemporáneo consigo mismo, determinó crear el mundo. Y concibiendo el mundo en su mente, y queriendo y pronunciando la Palabra, lo creó; y luego apareció formado como le pareció. Para nosotros, pues, es suficiente simplemente saber que no había nada contemporáneo con Dios. A su lado no había nada; pero él, aunque existía solo, existía en pluralidad. Porque no era ni sin razón, ni sabiduría, ni poder, ni consejo. Y todas las cosas estaban en él, y él era el Todo. Cuando quiso, y como quiso, manifestó su Palabra en los tiempos determinados por él, y por él hizo todas las cosas. Cuando quiere, lo hace; y cuando piensa, ejecuta; y cuando habla, manifiesta; cuando diseña, lo hace en sabiduría. Para todas las cosas que son hechas, él las forma por la razón y la sabiduría, creándolas en la razón y formándolas en sabiduría. Las hizo, pues, como quiso, porque era Dios. Y como autor, consejero y artífice de las cosas que están en formación, engendró la Palabra; y como lleva esta Palabra en sí mismo, y eso, también, como (todavía) invisible para el mundo que ha sido creado, lo hace visible; (y) pronunciando la voz primero, y engendrándolo como Luz de Luz, lo expuso al mundo como su Señor (y), su propia mente; y mientras que antes era visible sólo para él, e invisible para el mundo que es hecho, lo hace visible para que el mundo pueda verlo en su manifestación y ser capaz de ser salvado. Y así apareció otro fuera de sí. Pero cuando digo otro, no quiero decir que haya dos Dioses, sino que es sólo como luz de luz, o como agua de una fuente, o como un rayo del sol. Porque hay un solo poder, que es del Todo; y el Padre es el Todo, de quien viene este poder, el Verbo. Y esta es la mente que salió al mundo y se manifestó como el Hijo de Dios. Todas las cosas, pues, son por él, y sólo él es del Padre. ¿Quién entonces aduce tontamente una multitud de dioses traídos, una y otra vez?» Ibid., 10-11.

[229] «Así, pues, el hombre, aunque no quiera, se verá obligado a reconocer a Dios Padre Todopoderoso y a Cristo Jesús, Hijo de Dios que, siendo Dios, se hizo hombre, a quien también el Padre sometió todas las cosas, con excepción de sí mismo, y también del Espíritu Santo; y que, por lo tanto, éstos son tres. Pero si alguien desea aprender cómo se muestra todavía que hay un solo Dios, que sepa que su poder es uno solo. En cuanto al poder, por lo tanto, Dios es uno. Pero en lo que respecta a la economía, hay una triple manifestación». Ibid., 8.

[230] En *Contra Noetum* 10 también habla de «Luz de Luz».

surgimiento de las controversias trinitarias en Roma.[231] Esta falta de precisión semántica en su obra fue un factor clave para convertirlo en un teólogo que fue reverenciado más por otras cosas que por su construcción dogmática en generaciones posteriores.

Sin embargo, en su amplia comprensión de la soteriología, Hipólito sigue el concepto de la salvación de Ireneo como recapitulación (*anakephalaiosis*), por el cual Cristo asume la carne para revertir el daño causado por Adán y restaurar la inmortalidad a la raza humana. Esto sería retomado a lo largo del siglo III por Orígenes y sus seguidores y se adentraría en la tradición patrística principal del siglo IV para convertirse en el hilo conductor de toda la teología del Logos: un tema y un énfasis que podríamos caracterizar como un encarnacionismo soteriológico dinámico. Focio, el erudito bizantino medieval temprano que había leído parte de su obra perdida, dice explícitamente que Hipólito era un discípulo de Ireneo.[232]

Novaciano de Roma (c. 200–258). Con Novaciano entramos decididamente en el siglo III, pero en muchos aspectos ya es una figura antigua dentro de ese siglo, en comparación, digamos, con Clemente de Alejandría y Orígenes. Novaciano continúa la tradición más antigua de Hipólito como teólogo del Logos; y en este sentido su tratado *Sobre la Trinidad* es el más revelador y digno de atención, pero, aun así, es muy claro que es una obra que muestra que su mente estaba en la relación del Hijo y el Padre más que en el tema de la Trinidad como tal. La pneumatología es todavía relativamente embrionaria y subestimada. En la historia de su vida, Novaciano era un personaje tan controvertido como Hipólito parece haber sido antes que él, pero esta vez tenemos muchos más datos registrados sobre Novaciano. Se decía que era un discípulo de Hipólito que fue bautizado en su lecho de enfermo por la aspersión, no por la inmersión (entonces considerada como un impedimento a las órdenes). Más tarde alcanzó prominencia en la iglesia romana y fue elevado al presbiterio, pero luego se dice (por Cornelio, su principal rival, quien asumió el cargo papal y fue un testigo muy hostil) que se decepcionó por no haber sido elegido para el papado vacante y así comenzó un movimiento rival en Roma al solicitar la ordenación de algunos obispos sufragáneos italianos como un pretendiente papal. Cornelio, que era un distinguido aristócrata romano y parecía haber comandado la gran mayoría de la iglesia romana en toda Italia, consideraba a su rival como un cismático traicionero.[233]

Novaciano posicionó su escuela como una defensa de las tradiciones antiguas y de los estándares rigurosos: un rigorismo que no dio apertura al creciente sentido de acomodación pastoral a los pecados y los no practicantes que previamente habían sido considerados como no merecedores de perdón posbautismal en Roma. La escuela

---

[231] «No hablaré de dos Dioses, sino de uno; de dos personas, sin embargo, y de una tercera economía, a saber, la gracia del Espíritu Santo. Porque el Padre es uno, pero hay dos personas, porque también está el Hijo; y luego está el tercero, el Espíritu Santo.... Porque es por medio de esta Trinidad que el Padre es glorificado. Porque el Padre quiso, el Hijo cumplió, el Espíritu manifestó». Ibid., 18.
[232] *Bibliotheca* anexo 121.
[233] Cf. Eusebio, *Historia eclesiástica* 6.43.2.

rigorista que él representaba perduró durante muchas generaciones después de él. Ya en el siglo V el historiador Sócrates tiene un respeto persistente por los novacianistas conservadores que conoció en la región alrededor de Constantinopla. Aun así, Novaciano fue el primer teólogo de Roma en escribir en latín. En su *De Trinitate*, que escribió antes de 250, es consciente del *Adversus Praxean* de Tertuliano, pero suma a la tradición y es uno de los primeros teólogos en demostrar un avance mediante la lectura cuidadosa de sus predecesores: el desarrollo consciente de una tradición literaria, algo que se convertiría en una norma para los teólogos del próximo siglo.[234] Su prosa es elegante y su nivel de reflexión es profundo. Trata de sistematizar el trabajo de los principales pensadores que le preceden en relación con la doctrina central de Dios (Teófilo, Ireneo, Hipólito y Tertuliano). Aborda la idea a través de las tres cláusulas cardinales del credo bautismal romano: la creencia en Dios, único Creador del cielo y de la tierra (caps. 1-8); la confesión de fe en el Hijo divino, presente en el mundo en dos naturalezas unidas (caps. 9-28); y la vida y obra del Espíritu Santo dentro de la iglesia, suscitando dones de gracias espirituales dentro de la esposa de Cristo (cap. 29). En su sección cristológica, Novaciano resume las enseñanzas disidentes de los docetistas, los ebionitas, los adopcionistas, los monarquianos y los modalistas, y argumenta en su contra. Concluye la obra (caps. 30-31) demostrando la unidad de la Divinidad y cómo la divinidad del Hijo no debilita esa unidad esencial.

Novaciano parece querer tender un puente en su teología entre los monarquianos y los adopcionistas. Por lo tanto, evita cuidadosamente la palabra *Trinidad* (*trias*), que sus predecesores en la escuela del Logos habían usado, y enfatiza la unidad divina, poniendo énfasis también en la subordinación del Hijo al Padre y la del Espíritu al Hijo.[235] Siguiendo a Tertuliano, Novaciano llama al Hijo «la segunda persona después del Padre» (*secundam post patrem personam*), pero no sigue a su mentor en la designación del Espíritu *tertiam personam*, lo que Tertuliano había hecho muy claramente.[236] Para Novaciano el Hijo es divino, pero menos que el Padre, que es su origen y que es el único sin origen: «Procedió del Padre, a cuya voluntad todas las cosas fueron hechas, como el Dios más verdadero que procede de Dios, constituyendo la segunda persona después del Padre, como el Hijo, pero nunca robándole al Padre la unidad de la Divinidad». La unidad divina es preservada por la completa sumisión del Hijo a la voluntad divina del Padre—ideas que encontraron su resurgimiento un siglo más tarde en algunos de los pensadores arrianos. Para Novaciano, la divinidad del Hijo es una divinidad «recibida», que en cierto modo se remonta a su fuente: la unicidad de la divinidad del Padre:

---

[234] Jerónimo, en su *De Viris Illustribus* 70, dice que hizo «una especie de epítome de la obra de Tertuliano».

[235] «El Paráclito recibió su mensaje de Cristo, y si así lo recibió de Cristo, entonces Cristo es más grande que el Paráclito.... Esta inferioridad del Paráclito prueba a la vez que Cristo, de quien recibió el mensaje, es Dios». *De Trinitate* 18.

[236] Tertuliano, *Adversus Praxean* 11.

> Así todas las cosas son puestas bajo sus pies y entregadas a aquel [el Hijo] que es Dios; y el Hijo reconoce que todas las cosas están sujetas a él como un regalo del Padre. De esta manera, remite al Padre toda la autoridad de la Divinidad. De este modo, se muestra que el Padre es el único Dios, verdadero y eterno; porque sólo de él procede este poder de divinidad; y aunque se transmite al Hijo y se centra en él, sigue su curso de regreso al Padre a través de su comunidad de sustancia. Así, pues, el Hijo se muestra como Dios, puesto que la divinidad es manifiestamente entregada y concedida a él; sin embargo, igualmente el Padre se demuestra aquí como el único Dios, puesto que paso a paso la misma majestad y la Divinidad, como una ola que se dobla sobre sí misma, es enviada desde el mismo Hijo y regresa para encontrar su camino de regreso al Padre que la dio por primera vez.[237]

Así que hace una buena presentación de la economía de la salvación en la Trinidad, pero debilita algo de la fuerza de sus predecesores de la teología del Logos al considerar que la divinidad del Hijo es casi una *energeia* imputada.

Su pneumatología se acerca de manera similar al Espíritu como la fuente de la gracia divina, el distribuidor de la profecía, la santidad, los milagros, la virginidad y el martirio en la iglesia—virtudes y carismas que la hacen brillar como la novia de Cristo en el mundo:

> [El Espíritu] hace que la iglesia del Señor sea perfecta y completa en todos los lugares y en todos los aspectos. En los apóstoles da testimonio de Cristo. En los mártires muestra la fe inquebrantable de la religión. En el seno de las vírgenes encierra la maravillosa continencia de una castidad sellada, y en el resto de la humanidad protege las leyes de la doctrina del Señor, manteniéndolas incorruptas e inalteradas. Él es quien destruye a los herejes, corrige a los errantes, convence a los infieles, expone a los impostores y corrige a los malvados. Mantiene a la iglesia incorrupta e inviolable en la santidad de la virginidad y la verdad perpetuas.[238]

Al teologizar acerca de la unión de las naturalezas en Cristo, Novaciano establece, además de los términos de Tertuliano basados en la posesión y correlación de dos naturalezas, términos gráficos de unión como *concretio permixta*, conjunción de Palabra y carne, y concordancia (*concordia*) de divinidad y humildad.[239] También habla de una encarnación en la *kenosis* como una economía (disposición) para la salvación. En su obra podemos ver de inmediato cuánto necesita la teología del Logos para refinar su pensamiento y, al mismo tiempo, cuánto ha aclarado sus reflexiones teniendo en cuenta el trabajo de los intelectuales de principios de siglo. Los grandes pensadores del siglo III, en particular Orígenes, llevaron la historia a alturas mucho más precisas basadas en el trabajo de sus predecesores.

---

[237] *De Trinitate* 31.
[238] Ibid., 29.
[239] Ibid., 11, 14, 16.

LAS PRIMERAS ORTODOXIAS Y HETERODOXIAS

La variedad de enseñanzas y comentaristas a lo largo del segundo siglo es casi abrumadora. Inquietante, también, ya que siempre tenemos la sensación de que nunca sabemos lo suficiente del contexto más amplio de su pensamiento. Parece que ya hay una distancia significativa entre los modismos semíticos y las enseñanzas sofiánicas de la Torá que se dan en el midrash de Jesús y las interpretaciones hagádicas de las Escrituras en los Evangelios, y los modismos de la filosofía helénica que son constitutivos de la formación educativa de base de muchos de los maestros más alfabetizados de las comunidades del segundo siglo. Los dispares grupos cristianos parecen estirados en una tensión viva y obvia entre los mundos de la Escritura y la filosofía metafísica. Muchos comentaristas históricos del pasado han caracterizado este período como un juego de la cuerda [tira y afloja] entre los literalizadores bíblicos (como las escuelas judías radicales con las que comenzamos el capítulo) y los helenizadores extremos (como describió Harnack a los maestros gnósticos). ¿Podría la filosofía griega ser usada como una herramienta armonizadora, interpretando las narrativas bíblicas de una manera más amplia y metafísica y dando a la historia de Jesús su ambiente universal? ¿O la mera importación de construcciones y especulaciones filosóficas griegas falsificó y corrompió profundamente los manantiales de la revelación cristiana?

Tertuliano había preguntado (como si esperara una afirmación de su escepticismo negativo), «¿Qué tiene que ver Atenas con Jerusalén?» Pero en realidad, la historia no está tan polarizada como esta retórica podría llevarnos a pensar. Así como el antiguo mundo judío de la época de Jesús no estaba herméticamente sellado del helenismo (y Jesús mismo podría haber conocido y hablado algo de griego), así también las categorías fundamentales del pensamiento religioso judío ya habían sido impregnadas por los intereses metafísicos griegos siglos antes de la aparición de Jesús. Las propias culturas estaban entrelazadas en una tensión considerable y profundamente arraigada antes de que los cristianos se dieran cuenta de que esta problemática persistía en sus propias comunidades. La iglesia del siglo II, por lo tanto, no traicionó a Jesús en manos de los filósofos, sino que trató seria y enérgicamente de reexpresar el lenguaje esencial de los Evangelios, considerado como una interpretación básica del *ethos* y *telos* (la esencia fundamental y el fin moral) del Antiguo Testamento, en términos que él mismo podía comprender metafísicamente, pues sólo entonces podría transmitirlo al mundo helénico como la narrativa misionera coherente de la salvación cósmica. Este imperativo evangelístico tan altamente valorado en la iglesia fue la razón por la que se requirieron nuevas categorías de teología y se exigió constantemente una nueva semántica de precisión a lo largo del segundo siglo: ¿Era Jesús un siervo angelical del Padre bueno, o una hipóstasis (presencia sustancial) del propio ser de Dios? ¿Era así un siervo criatura exaltado, o una parte exaltada e inseparable de la Divinidad increada? Tales cuestiones de cristología parecían a la vez novedosas, sin embargo, parte de las presuposiciones familiares de los antiguos rituales de culto. Una vez «notadas» como *problemata*, se destacaban, por supuesto, como cuestiones fundamentales de la identidad cristiana. Todas y cada una de estas preguntas de prueba que ocuparon el segundo siglo fueron, a su manera diferente, todo acerca de las maneras de interpretar las evidencias bíblicas e históricas: qué peso y qué equilibrio relativo darles.

El cúmulo de respuestas diferentes que se ofrecían regularmente a lo largo de este siglo produjo escuelas de pensamiento que hicieron que la iglesia más amplia (lo que algunos han llamado la gran iglesia o «catolicismo primitivo») estableciera una furiosa resistencia a la disidencia que, en su opinión, había transgredido los límites de la tolerancia en cuestiones fundamentales de la identidad cristiana. Comenzó a llamar a estas sectas y escuelas *haeresis*, o herejía: ya no en el viejo sentido escolar de una reconocida diferencia de opinión, sino en el sentido más nuevo de un conjunto de creencias declaradas que ponen al poseedor fuera del núcleo de la pertenencia eclesial. En este sentido, es posible ver más o menos la totalidad del siglo II como una batalla prolongada sobre la pertenencia y el exilio, la identidad central y la desviación secesionista. ¿Quién o qué era el núcleo? ¿Dónde estaban los límites?

De esta lucha surgieron las definiciones clásicas de cómo se podría reconocer ese ethos central de la creencia cristiana. Se establece clásicamente en la regla de la fe, o credo, que Ireneo presenta en *Adversus Haereses* 1.10.1-2.[240] Esto es en sí mismo poco más que un resumen de las Escrituras cristianas, pero se presenta en una lectura de sentido común y se ofrece en un ambiente litúrgico (un himno antes de entrar en las aguas bautismales y, por lo tanto, también un juramento de lealtad), una respuesta, es decir, como la que podría esperarse de uno de los primeros obispos de la comunidad. Esta creencia común aceptada en las normas apostólicas en todo el mundo fue elevada por Ireneo como una panacea contra las desviaciones excesivas en el cuerpo cristiano. Apela a la imagen de un solo corazón y una sola mente (el credo sigue siendo hoy en día, reivindicando la unidad cristiana como un valor fundamental)[241] y dice que las iglesias de su época, incluso tan lejanas como Alemania y Asia Menor, dan testimonio de esta unanimidad. Su imagen retórica nos puede hacer perder un poco de vista la diversidad real de su tiempo, pero lo que se desprende de su obra, en su conjunto, es que no es un casuista solitario, que busca imponer una unidad que no existe realmente o crear «apostolicidad» de la nada. Su obra es ensombrecida por otros que comparten su sentido de que la catolicidad apostólica significa precisamente este camino medio de una fe basada en las Escrituras (ni literalista ni salvajemente especulativa) que está arraigada en la memoria histórica de Jesús, quien a su vez fue entregado a la memoria de la comunidad y a su vida presente en sacramentos materiales, y atesoró enseñanzas, consagradas en la liturgia como Señor perennemente reinante de la comunidad: no una código que se reexpresa según el capricho intelectual o moral de cada uno, sino una

---

[240] El texto se ofrece a continuación en la breve lectura.
[241] «Y creemos en ... una iglesia santa católica y apostólica».

norma para juzgar la fidelidad de la comunidad que lleva su nombre y que celebra su obra progresiva de revelación divina y de perdón sanador.

De esta diversidad energética surgió una noción de armonía universal bajo una idea liberal de apostolicidad católica, que podríamos traducir intelectualmente como un escrituralismo de amplia base que busca un significado universal. La manera en que los cristianos establecieron estos cimientos en el segundo siglo fue una obra que se extendió por varios siglos, pero a ellos pertenece el logro, después de los grandes logros de la literatura de la fundación del Nuevo Testamento, de hacer cimientos para un sistema de gobierno universal de la iglesia. Estaba marcada por el canon, el credo, la liturgia, el misticismo espiritual, la estrecha atención a las Escrituras y la lealtad a líderes específicos cuyas obras fueron probadas y comprobadas por tener valor espiritual y respeto por el consenso de la tradición de los santos que los precedieron. No fue un logro insignificante.

UNA BREVE LECTURA

La oración eucarística, en Didaché 9 (finales del siglo I). Acerca de la Eucaristía, da gracias de esta manera: Primero sobre la copa: «Te damos gracias, Padre nuestro, por la santa viña de David, tu siervo, la que nos diste a conocer a nosotros por medio de Jesús, tu siervo. A ti la gloria por los siglos». Y después del partimiento del pan: «Te damos gracias, ¡Padre nuestro!, por la vida y el conocimiento que nos diste a conocer por medio de Jesús tu siervo. ¡A ti la gloria por los siglos! De la misma manera que este pan, que partimos, estaba disperso sobre los montes, y reunido se hizo uno, así sea reunida tu iglesia de los confines de la tierra en tu reino. Porque tuya es la gloria y el poder, por Jesucristo, por los siglos». Que nadie coma ni beba de esta Eucaristía, sino los bautizados en el nombre del Señor.

Instrucciones eucarísticas para el Día del Señor, en Didaché 14 (finales del siglo I). En el día del Señor reúnanse y partan el pan, y den gracias, después de haber confesado sus pecados, a fin de que su sacrificio (*thusia*) sea puro. Todo el que tenga disensión con su compañero, no se junte con ustedes hasta que no se hayan reconciliado, para que no sea profanado su sacrificio. Este es el sacrificio del que dijo el Señor: «En todo lugar y tiempo se me ofrece un sacrificio puro: porque yo soy el gran Rey, dice el Señor, y mi nombre es admirable entre las naciones» (Mal.1:10).

Clemente de Roma, 1 Clemente 42; 44.1-3; 47.6 (finales del siglo I). Los apóstoles recibieron el Evangelio para nosotros del Señor Jesucristo; Jesucristo fue enviado por Dios. Así pues, Cristo viene de Dios, y los apóstoles de Cristo. Por tanto, los dos vienen de la voluntad de Dios en el orden designado. Habiendo recibido el encargo, pues, y habiendo sido asegurados por medio de la resurrección de nuestro Señor Jesucristo, y confirmados en la palabra de Dios con plena seguridad por el Espíritu Santo, salieron a proclamar las buenas nuevas de que había llegado el reino de Dios. Y así, predicando por campos y ciudades, por todas partes, designaron a las primicias (de sus labores), una vez hubieron sido probados por el Espíritu, para que fueran obispos y diáconos de los que creyeran. Y esto no lo hicieron en una forma nueva; porque verdaderamente se había escrito respecto a los obispos y diáconos desde tiempos muy antiguos; porque así dice la escritura en cierto lugar: «Constituiré obispos de ellos n observancia de la ley, y a sus ministros en fidelidad».[242] ... Y nuestros apóstoles sabían por nuestro Señor Jesucristo que habría contiendas sobre el nombramiento del cargo de obispo. Por cuya causa, habiendo recibido conocimiento completo de antemano, designaron a las personas mencionadas, y después proveyeron a continuación que, si éstas durmieran, otros hombres aprobados les sucedieran en su servicio. A estos hombres, pues, que fueron nombrados por ellos, o después por otros de reputación, con el consentimiento de toda la Iglesia, y que han ministrado intachablemente el rebaño de Cristo, en humildad de corazón, pacíficamente y con toda modestia, y durante mucho tiempo han tenido buena fama ante todos, a estos hombres nosotros consideramos que habéis injustamente privado de su ministerio. Porque no será un pecado nuestro leve si nosotros expulsamos a los que han hecho ofrenda de los dones del cargo del obispado de modo intachable y santo.... Es vergonzoso, queridos hermanos, sí, francamente vergonzoso e indigno de vuestra conducta en Cristo, que se diga que la misma Iglesia antigua y firme de los corintios, por causa de una o dos personas, hace una sedición contra sus presbíteros.

Ignacio de Antioquía, A los Efesios 4 (finales del siglo I). También conviene caminar de acuerdo con el pensamiento de vuestro obispo, lo cual vosotros ya hacéis. Vuestro presbiterio, justamente reputado, digno de Dios, está conforme con su obispo como las cuerdas a la cítara. Así en vuestro sinfónico y armonioso amor es Jesucristo quien canta. 2. Que cada uno de vosotros también, se convierta en coro, a fin de que, en la armonía de vuestra concordia, toméis el tono de Dios en la unidad, cantéis a una sola voz por Jesucristo al Padre, a fin de que os escuche y que os reconozca, por vuestras buenas obras, como los miembros de su Hijo. Es, pues, provechoso para vosotros el ser una inseparable unidad, a fin de participar siempre de Dios.

---

[242] LXX *episkopoi* y *diakonoi*. Posiblemente evocando a 2 Crónicas 34:17, pero Clemente no especifica de dónde obtiene esta cita. Vea también Hechos 20:28.

El Pastor de Hermas, Mandato 4.3.1-6 (finales del siglo I). He oído, Señor, sir,[243] de ciertos maestros, que no hay otro arrepentimiento aparte del que tuvo lugar cuando descendimos ab agua y obtuvimos remisión de nuestros pecados anteriores. Él me contestó: «Has oído bien; porque es así. Porque el que ha recibido remisión de pecados ya no debe pecar más, sino vivir en pureza. Pero como tú inquieres sobre todas las cosas con exactitud, te declararé esto también, para que no tengan excusa los que crean, a partir de ahora, en el Señor, o los que ya hayan creído. Pues los que ya han creído, o van a creer en adelante, no tienen arrepentimiento para los pecados, sino que tienen sólo remisión de sus pecados anteriores. A los que Dios llamó, pues, antes de estos días, el Señor les designó arrepentimiento. Porque el Señor, discerniendo los corazones y sabiendo de antemano todas las cosas, conoció la debilidad de los hombres y las múltiples añagazas del diablo, en qué forma él procurará engañar a los siervos de Dios, y se portará con ellos perversamente. El Señor, pues, siendo compasivo, tuvo piedad de la obra de sus manos y designó esta (oportunidad para) arrepentirse, y a mí me dio la autoridad sobre este arrepentimiento. Pero te digo», me añadió, «si después de este llamamiento grande y santo, alguno, siendo tentado por el diablo, comete pecado, sólo tiene una (oportunidad de) arrepentirse. Pero si peca nuevamente y se arrepiente, el arrepentimiento no le aprovechará para nada; porque vivirá con dificultad.» Yo le dije [al ángel]: «He sido vivificado cuando he oído estas cosas de modo tan preciso. Porque sé que, si no añado a mis pecados, seré salvo». «Serás salvo», me dijo, «tú y todos cuantos hagan todas estas cosas».

Seudo-Clemente, Segunda Carta a los Corintios 16.4 (principios del siglo II). El dar limosna es, pues, una cosa buena, como el arrepentirse del pecado. El ayuno es mejor que la oración, pero el dar limosna mejor que estos dos. Y el amor cubrirá multitud de pecados, pero la oración hecha en buena conciencia libra de la muerte. Bienaventurado el hombre que tenga abundancia de ellas. Porque el dar limosna quita la carga del pecado.

Valentín el gnóstico, Fragmento 2, de la Epístola sobre los apegos (mediados del siglo II). «Sólo hay uno que es bueno» (Mt. 19:17). Esta libre expresión suya es la manifestación del Hijo. Sólo a través de él puede un corazón llegar a ser puro, cuando todo espíritu maligno ha sido expulsado del corazón. Porque los muchos espíritus que habitan en el corazón no permiten que se vuelva puro. En cambio, cada uno de ellos actúa a su manera, contaminando el corazón de diversas maneras con lujurias impropias. En mi opinión el corazón experimenta algo a lo que sucede a menudo en una posada pública. Se encuentran muchos agujeros cavados allí que

---

[243] El ángel del arrepentimiento, que se le aparece en forma de pastor.

a menudo son rellenados con excrementos por huéspedes indecentes que no tienen consideración por el edificio, ya que no les pertenece. De la misma manera, un corazón que es habitado por muchos *daimons* es también impuro hasta que comienza a ser cuidado. Pero cuando el Padre, que es el único bueno, visita el corazón, lo santifica y lo llena de luz. Y así una persona que tiene tal corazón es llamada bienaventurada, porque esa persona «verá a Dios» (Mt. 5:8).

Policarpo de Esmirna, citado en Martirio de Policarpo 14 (mediados del siglo II). Oh Señor, Dios Todopoderoso, Padre de tu amado y bendito Hijo Jesucristo, por quien hemos recibido el perfecto conocimiento de ti, Dios de los ángeles y de los ejércitos y de toda la creación, y de toda la raza de los santos que viven bajo nuestros ojos: te bendigo, porque has considerado oportuno concederme, en este día y en esta hora, una parte del cáliz de tu ungido en compañía de tus mártires, para que pueda así resucitar a la vida eterna en cuerpo y alma, en virtud de la inmortalidad del Espíritu Santo. Que yo sea aceptado entre ellos ante tus ojos hoy, como un sacrificio rico y agradable, como tú, nuestro verdadero Dios, que nunca puedes pronunciar falsedades, has preordenado, revelado de antemano, y llevado a la perfección. Y por eso te alabo por todas las cosas. Yo te bendigo y te glorifico por medio del sumo sacerdote eterno y celestial, Jesucristo, tu Hijo amado, por quien sea la gloria a ti, junto con Él, y el Espíritu Santo, ahora y por los siglos venideros. Amén.

Ireneo de Lyon,* Adversus Haereses *1.10.1-2 (mediados del siglo II). La Iglesia, extendida por el orbe del universo hasta los confines de la tierra, recibió de los Apóstoles y de sus discípulos la fe en un solo Dios Padre Soberano universal que hizo los cielos y la tierra y el mar y todo cuanto hay en ellos, y en un solo Jesucristo Hijo de Dios, encarnado por nuestra salvación, y en el Espíritu Santo, que por los profetas proclamó las Economías y el advenimiento, la generación por medio de la Virgen, la pasión y la resurrección de entre los muertos y la asunción a los cielos del amado Jesucristo nuestro Señor; y su advenimiento de los cielos en la gloria del Padre para recapitular todas las cosas (Ef. 1:10) y para resucitar toda carne del género humano; de modo que ante Jesucristo nuestro Señor y Dios y Salvador y rey, según el beneplácito del Padre invisible «se doble toda rodilla de los que están en los cielos, y en la tierra, y debajo de la tierra; (Fil. 2:10-11). «Y toda lengua confiese», para que él juzgue a todos justamente, y por eso envía a los «espíritus del mal» (Ef. 6:12) y los ángeles que cayeron y a los hombres apóstatas, impíos, injustos y blasfemos, para enviarlos al fuego eterno, en compañía de los impíos, los injustos, los malvados y los profanos entre los hombres; pero también puede, como ejercicio de su gracia, conferir inmortalidad a los justos, a los santos y a los que han guardado sus mandamientos y perseverado en su amor; unos desde el principio, y otros desde el momento de su arrepentimiento, para que los rodee de gloria eterna. Como ya he observado, la iglesia, habiendo recibido esta misma predicación y esta fe, aunque dispersa por todo el mundo, la conserva cuidadosamente, como si ocupara una sola casa. Ella también cree en estas doctrinas como si poseyera una sola alma, en un mismo corazón. Estas cosas las proclama la iglesia, las enseña y las transmite con perfecta armonía, como si tuviera una sola boca. Porque, aunque las lenguas del mundo son diferentes, la importancia de la tradición es la misma.

Hipólito de Roma,* Tradición Apostólica *12-20 (finales del siglo II). Y cuando la persona que va a ser bautizada desciende al agua, que el que la bautiza ponga sus manos sobre ella y le diga esto: ¿Crees en Dios Padre Todopoderoso? Y el que está siendo bautizado responderá: Sí, yo creo. Entonces que lo bautice inmediatamente una vez con la mano sobre la cabeza. Y después de esto, que diga: ¿Crees en Cristo Jesús, el Hijo de Dios, que nació del Espíritu Santo y de la Virgen María, que fue crucificado en los días de Poncio Pilato, murió, fue sepultado y resucitó al tercer día, de entre los muertos; y ascendió al cielo, y se sentó a la diestra del Padre, y vendrá a juzgar a los vivos y a los muertos? Y cuando responda por segunda vez: Yo creo; entonces que sea bautizado por segunda vez. Y luego, una vez más, que diga: ¿Crees en el Espíritu Santo en la santa iglesia? ¿Y en la resurrección de la carne? Y el que está siendo bautizado dirá: Si, yo creo. Y que lo bautice por tercera vez. Y cuando suba del agua, será ungido por el presbítero con el aceite de acción de gracias, el cual dirá: Te unjo con el aceite de acción de gracias en el nombre de Jesucristo. Y entonces cada uno se secará con una toalla y se vestirá de nuevo, y después de esto se reunirán en la asamblea de la iglesia.

LECTURAS COMPLEMENTARIAS

Conceptos general

Baus, K. *From the Apostolic Community to Constantine*. London: Burnes & Oates, 1965. Páginas 159-216.

Marjanen, A., y P. Luomanen, eds. *A Companion to Second Century Christian "Heretics."* Leiden: Brill, 2005.

Quasten, J. *Patrología. I: Hasta el Concilio de Nicea*. Madrid: Biblioteca Autores Cristianos, 2001.

Encratismo

Barnard, L. W. "The Heresy of Tatian: Once Again." *JEH* 19 (1968): 1-10.

Cecire, R. "Encratism: Early Christian Ascetic Extremism." PhD dis, Universidad de Kansas, 1985.

Grant, R. M. "The Heresy of Tatian." *JTS* 5 (1954): 62-68.

Grupos judíos cristianos

Bagatti, B. *L'Église de la circoncision*. Jerusalem: Franciscan Print Press, 1965.

Bauckham, R. "The Origin of the Ebionites." En T*he Image of the Judeo-Christians in Ancient Jewish and Christian Literature*, ed. P. J. Tomson y D. Lambers-Petry, 162-81. Leiden: Brill, 2003.

Bauer, W. *Orthodoxy and Heresy in Earliest Christianity*. Philadelphia: Fortress, 1971. Páginas 241-85.

Keck, L. E. "The Poor Among the Saints in Jewish Christianity and Qumran." *ZNW* 57 (1966): 54-78.

Klijn, A. F. J., y G. J. Reinink. *Patristic Evidence for Jewish-Christian Sects*. Leiden: Brill, 1973. Páginas 19-43.

Pritz, R. A. *Nazarene Jewish Christianity: From the End of the NT Period to Its Disappearance in the Fourth Century*. Leiden: Brill, 1988.

Montanismo

Aune, D. E. *Prophecy in Early Christianity and the Ancient Mediterranean World*. Grand Rapids: Eerdmans, 1983.

Barnes, T. D. "The Chronology of Montanism." *JTS* 21 (1970): 403-8.

Butler, R. D. *New Prophecy and New Visions: Evidence of Montanism in "The Passion of Perpetua and Felicitas."* Washington, DC: Catholic University of America Press, 2006.

Fischer, J. A. "Die antimontanistischen synoden des 2-3 jahrhunderts." *Annuarium Historiae Conciliorum* 6 (1974): 241-73.

Frend, W. H. C. "Montanism: A Movement of Prophecy and Regional Identity in the Early Church." *Bulletin of the John Rylands University Library of Manchester* 70 (1988): 25-34.

———. "Montanism: Research and Problems." *Rivista di Storia e Letteratura Religiosa* 20, no. 3 (1984): 521-37.

Heine, R. E., ed. *The Montanist Oracles and Testimonia*. Macon, GA: Mercer University Press, 1989.

Jensen, A. "Prisca—Maximilla—Montanus: Who Was the Founder of 'Montanism'?" *StPatr* 26 (1993): 147-50.

Klawiter, F. C. "The Role of Martyrdom and Persecution in Developing the Priestly Authority of Women in Early Christianity: A Case Study of Montanism." *Church History* 49, no. 3 (1980): 251-61.

Labriolle, P. de. *Crise Montaniste*. Paris: Leroux, 1913.

Massingberd-Ford, J. "Was Montanism a Jewish Christian Heresy?" *JEH* 17 (1966): 145-58.

Soyres, J. De. *Montanism and the Primitive Church: A Study in the Ecclesiastical History of the 2nd Century*. London, 1878.

Stewart-Sykes, A. "The Original Condemnation of Asian Montanism." *JEH* 50, no. 1 (1999): 1-22.

Tabbernee, W. *Fake Prophecy and Polluted Sacraments: Ecclesiastical and Imperial Reactions to Montanism*. Leiden: Brill, 2007.

_____. *Montanist Inscriptions and Testimonia: Epigraphic Sources Illustrating the History of Montanism*. Macon, GA: Mercer University Press, 1997.

Trevett, C. *Montanism: Gender, Authority and the New Prophecy*. New York: Cambridge University Press, 1996.

Tyler, E. "Tertullian and Montanism." MA dis., Columbia University, 1917.

Vokes, F. E. "Penitential Discipline in Montanism." *StPatr* 14, no. 3 (1976): 62-76.

La controversia cuartodecimana

Brightman, F. E. "The Quartodecimans Question." *JTS* 25 (1923–1924): 250-70.

Dugmore, C. W. "A Note on the Quartodecimans." *StPatr* 4 (1961): 411-21.

Talley, T. J. *The Origins of the Liturgical Year*. New York: Pueblo, 1986. Páginas 5-33.

Gnosis cristiana

Drijvers, H. J. W. *Bardaisan of Edessa*. Studia Semitica Neerlandica 6. Assen: Van Gorcum, 1966.

_____. *The Book of the Laws of Countries: Dialogue on Faith of Bardaisan of Edessa*. Assen: Van Gorcum, 1965.

Frend, W. H. C. *Saints and Sinners in the Early Church*. London: Darton, Longman, and Todd, 1985.

Gartner, B. E. *The Theology of the Gospel of Thomas*. London: Collins, 1961.

Grant, R. M. "Place de Basilide dans la théologie chrétienne ancienne." *Revue des Études Augustiniennes* 25 (1979): 201-16.

Jonas, H. *The Gnostic Religion: The Message of the Alien God and the Beginnings of Christianity*. 2da ed. Boston: Beacon, 1963.

King, K. *What Is Gnosticism?* Cambridge, MA: Harvard University Press, 2003.

Layton, B., ed. *The Rediscovery of Gnosis*. Proceedings of the International Conference on Gnosticism en Yale marzo 28-31, 1978. Leiden: Brill, 1980.

Löhr, W. A. *Basilides und seine Schule: Eine Studie zur Theologie- und Kirchengeschichte des zweiten Jahrhunderts*. Tübingen: Mohr, 1996.

Pelikan, J. *The Christian Tradition*. Chicago: University of Chicago Press, 1973. Vol. 1. Páginas 68-97.

Quispel, G. "The Original Doctrine of Valentine." *VC* 1 (1947): 43-73.

Ramelli, I. L. E. *Bardaisan of Edessa: A Reassessment of the Evidence and a New Interpretation*. Gorgias Eastern Christian Studies 22. Piscataway, NJ: Gorgias Press, 2009.

Robinson, J. M., ed. *The Nag Hammadi Library in English*. New York: Harper & Row, 1977.

Rudolph, K. *Gnosis: The Nature and History of Gnosticism*. San Francisco: Harper & Row, 1983.

Stead, C. "The Valentinian Myth of Sophia." *JTS* 20 (1969): 75-104.

Williams, M. *Rethinking Gnosticism*. Princeton, NJ: Princeton University Press, 1996.

Marción

Bianchi, U. "Théologien biblique ou docteur gnostique?" *VC* 21 (1967): 141-49.

Blackman, E. C. *Marcion and His Influence*. London: SPCK, 1948.

Gager, J. G. "Marcion and Philosophy." *VC* 26 (1972): 53-59.

Harnack, A von. *Marcion: The Gospel of the Alien God*. Traducido por J. E. Steely y L. D. Bierma. Durham, NC: Labyrinth, 1990.

Hoffmann, R. J. *Marcion, on the Restitution of Christianity: An Essay on the Development of Radical Paulinist Theology in the Second Century*. Chico, CA: Scholars Press, 1984.

Johnson, M. D., ed. *From Paul to Valentinus: Christians at Rome in the First Two Centuries*. Minneapolis: Fortress, 2003.

Marjanen, A., y P. Luomanen, eds. *A Companion to Second Century Christian "Heretics."* Leiden: Brill, 2005.

Wilson, R. S. *Marcion: A Study of a Second Century Heretic*. London: Clarke, 1933.

Wordsworth, J., y H. J. White. *Novum Testamentum Domini Nostri Jesus Christi Latine*. Vol. 2. Oxford: Clarke, 1913.

Los Padres Apostólicos

Andriessen, P. "The Authorship of the Epistula ad Diognetum." *VC* 1 (1947): 129-36.

Aune, D. E. *Prophecy in Early Christianity and the Ancient Mediterranean World*. Grand Rapids: Eerdmans, 1983. Pages 299-310.

Barnard, L. W. "The Epistle Ad Diognetum: Two Units from One Author?" *ZNW* 56 (1965): 130-37.

———. "The Shepherd of Hermas in Recent Study." *Heythrop Journal* 9 (1968): 29-36.

———. *Studies in the Apostolic Fathers and Their Background*. Oxford: Blackwell, 1961.

Bowe, B. *A Church in Crisis: Ecclesiology and Paraenesis in Clement of Rome*. Philadelphia: Fortress, 1988.

Clarke, W. K. L., ed. *The First Epistle of Clement to the Corinthians*. London: SPCK, 1937.

Connolly, R. H. "Ad Diognetum 11-12." *JTS* 37 (1936): 2-15.

──────. "The Date and Authorship of the Epistle to Diognetus." *JTS* 36 (1935): 347-53.

Donfried, K. P. *The Setting of Second Clement in Early Christianity*. Leiden: Brill, 1974.

Giet, S. *L'Enigme de la Didache*. Paris: Ophrys, 1970.

Grant, R. M., ed. *The Apostolic Fathers*. New York: T. Nelson, 1964.

──────. *Ignatius of Antioch*. Philadelphia: T. Nelson, 1985.

──────. "Papias in Eusebius' Church History." En *Mélanges H.C. Puech*, 209-13. Paris: College de France, Ecole pratique des Hautes Etudes, 1974.

Jefford, C. N. *The Sayings of Jesus in the Didache*. Leiden: Brill, 1989.

Kleist, J. A., trad. *The Epistle to Diognetus*. ACW 6. Westminster, MD: Newman, 1948. Páginas 125-47.

Kraft, R. A. *Barnabas and the Didache*. The Apostolic Fathers: A New Translation and Commentary. New York: T. Nelson, 1965.

Lawson, J. A *Theological and Historical Introduction to the Apostolic Fathers and Their Background*. London: Macmillan, 1966.

cLondon, 1890.

Meeks, W. A. *The Origins of Christian Morality: The First Two Centuries*. New Haven, CT: Yale University Press, 1993.

Munck, J. "Presbyters and Disciples of the Lord in Papias." *Harvard Theological Review* 52 (1959): 223-43.

Osiek, C. *Rich and Poor in the Shepherd of Hermas: An Exegetical-Sociological Investigation*. Washington, DC: Catholic Biblical Association of America, 1983.

Schoedel, W. R. *Polycarp, Martyrdom of Polycarp, Fragments of Papias*. Camden, NJ: T. Nelson, 1967.

──────. "Polycarp: Witness to Ignatius of Antioch." *VC* 41 (1987): 360-76.

Snyder, G. F. *The Shepherd of Hermas*. Camden, NJ: T. Nelson, 1968.

Sparks, J. N. *The Apostolic Fathers*. Nashville: T. Nelson, 1978.

Tugwell, S. *The Apostolic Fathers*. Oxford: Geoffrey Chapman, 1989.

Vokes, F. E. "The Didache: Still Debated." *Church Quarterly* 3 (1970): 57-62.

Voobus, A. *Liturgical Traditions in the Didache*. Stockholm: Stockholm, 1968.

Monarquianismo y adopcionismo

**Bird, Michael F. *Jesus el eterno Hijo de Dios: Una respuesta a la cristología adopcionista*. Traducido por Jorge Ostos. Salem: Publicaciones Kerigmam 2018.

Kelly, J. N. D. *Early Christian Doctrines*. London: A&C Black, 1958. Páginas 115-19, 158-60.

Simonetti, M. "Sabellio e il sabellianismo." *Studi Storico Religiosi* 4 (1980): 7-28.

Uribarri-Bilbao, G. M*onarquia y Trinidad: El concepto teológico 'monarchia' en la controversía monarquiana*. Madrid: University Pontificia Comillas de Madrid, 1996.

Los teólogos del Logos

Barnard, L. W. *Justin Martyr: His Life and Thought*. Cambridge: Cambridge University Press, 1967.

Barnes, T. D. *Tertullian: A Historical and Literary Study*. Oxford: Clarendon, 1971.

Bery, A. *Saint Justin: sa vie et sa doctrine*. Paris: Bloud, 1901.

Butterworth, R., trad. *Hippolytus: The Contra Noetum*. London: Heythrop College, University of London Press, 1977.

Chadwick, H. *Early Christian Thought and the Classical Tradition*. Oxford: Clarendon, 1966. Páginas 1-30.

Dix, G., trans. *The Treatise on the Apostolic Tradition of St. Hippolytus of Rome*. London: SPCK, 1968.

Goodenough, E. R. *The Theology of Justin Martyr*. Jena: Frommann, 1923.

Holmes, P., y J. Morgan.*The Importance of Tertullian in the Development of Christian Dogma*. London: K. Paul, Trench, Teubner, 1928.

Holte, R. "Logos Spermatikos: Christianity and Ancient Philosophy According to St. Justin's Apologies." *Studia Theologica* 12 (1958): 109-68.

Lawson, J. *The Biblical Theology of St. Irenaeus*. London: Epworth, 1948.

Nielsen, J. T. *Adam and Christ in the Theology of Irenaeus of Lyons*. Assen: Van Gorcum, 1968.

Osborn, E. *Tertullian: First Theologian of the West*. Cambridge: Cambridge University Press, 1977.

Osborne, C. *Rethinking Early Greek Philosophy: Hippolytus of Rome and the Pre-Socratics*. Ithaca, NY: Cornell University Press, 1987.

Papandrea, J. L. *The Trinitarian Theology of Novatian of Rome: A Study in Third Century Orthodoxy*. New York: Mellen, 2008.

Powell, D. L. "The Schism of Hippolytus." *StPatr* 12 (1975): 449-56.

Roberts, R. *The Theology of Tertullian*. London: Epworth, 1924.

Thelwell, S., trad. *Works of Tertullian*. *ANF* vols. 3-4. Edinburgh, 1885.

Trakatellis, D. *The Pre-Existence of Christ in Justin Martyr*. Missoula, MT: Scholars Press, 1976.

Wingren, G. Man and the Incarnation: A Study in the Biblical Theology of Irenaeus. Edinburgh: Oliver and Boyd, 1959.

2

SANGRE EN LA ARENA

La era de las persecuciones y la resistencia: Siglos II al III

LOS CRISTIANOS EN LA MIRA DEL IMPERIO ROMANO

Aquel que tan fácilmente asocia las imágenes de los primeros cristianos con mártires que se defienden de las bestias salvajes en las arenas romanas, o con creyentes que sufren horrendas torturas en las cárceles, es un testimonio no sólo del salvajismo de la vida en el mundo antiguo, en términos generales, sino también de la maquinaria propagandística que fue el esfuerzo literario de la iglesia en el campo de la martirología.[1] La palabra *martirología* significa el estudio o crónica de los mártires: un concepto que el cristianismo elevó a un punto altamente visible en su proyección de una autodefinición sobre y contra la sociedad más amplia de su tiempo. *Martyr* es el término griego para testimonio, y si un creyente se veía obligado a elegir entre la ejecución y la fe, era considerado como el testimonio escatológico más alto si esa fe perduraba hasta la muerte.[2] Por eso los mártires y los martirios llamaban la atención de las comunidades cristianas de todo el mundo, quizás incluso más de lo que llamaban la atención de las autoridades opresoras que instigaban a las persecuciones. Para estos últimos, esta perseverancia no era más que una molestia política que demostraba la inestabilidad mental o la misantropía social de este nuevo grupo de fanáticos. Para la iglesia, sin embargo, la resistencia a la muerte se convirtió en un punto central de la autoarticulación teológica.

Los sufrimientos de los mártires demostraron a los miembros sobrevivientes de la comunidad el carácter fundamental de los cristianos como la comunidad escatológica

---

[1] Las Arenas fueron nombradas así por la arena literal esparcida en los pisos de las exhibiciones para absorber sangre y desechos de animales.

[2] *Mártir* era el lenguaje que los primeros cristianos usaban habitualmente incluso cuando estaban en Italia. La liturgia romana se celebró en griego hasta el siglo IV.

del octavo día.[3] La sangre de los mártires (como se esboza en el libro de Apocalipsis) fue considerada por muchos en los siglos II y III como el último sacrificio que llamó al Dios del cielo para que viniera en reivindicación de sus sufrimientos, eligiera y terminara con el curso de la historia del mundo dominada por los poderes del mal. Pero no todos esos cristianos desafiados a negar su fe, por supuesto, eligieron el espinoso camino del martirio. Muchos (y los números se vuelven cada vez más problemáticos para las autoridades eclesiásticas a principios del siglo IV) eligieron el camino de la menor resistencia y argumentaron que un poco de conformismo aquí y allá (un grano de incienso ofrecido al genio divino del emperador, tal vez) no era «demasiado malo»; «no era realmente idolatría», si se consideraban todas las cosas. Aquellos que fueron llevados a juicio y aceptaron renunciar a su fe en tiempos de opresión fueron llamados los *lapsi* o los *sacrificati*, dependiendo de si simplemente habían «esquivado» su cristianismo o si se habían ofrecido como voluntarios para sacrificar a los dioses antiguos con el fin de probar su renuncia a la religión cristiana. La persecución en los primeros tiempos, como ha ocurrido en muchas épocas desde entonces, devastó la unidad y la coherencia de la comunidad. No sólo produce un ramo floral de mártires inspiradores, sino que enfrenta a la familia contra la familia, la casa contra la casa, y deja tras de sí una estela de desconfianza y resentimiento. Así fue con la iglesia primitiva. El lado más oscuro del culto reverencial de los mártires es el atormentado proceso de reconciliación que la iglesia tuvo que instigar para atender a sus miembros más atemorizados que fracasaron en su intento. Manteniendo un enfoque vivo y orgulloso en aquellos que habían aceptado la muerte libremente, por el bien del evangelio, los apologetas y mártires cristianos deliberadamente usaron la retórica para volver la propaganda de los opresores contra ellos mismos y tratar de reunir un espíritu de resistencia y valentía entre los cristianos ordinarios bajo una inmensa coacción.

Sin embargo, su retórica a este respecto fue fascinantemente poderosa. En términos de simples números de mártires que el cristianismo puede mostrar, por ejemplo, los mártires del siglo XX probablemente superan el número de mártires cristianos de todos los diecinueve siglos anteriores juntos. Que no solemos pensar de esta manera y en cambio vemos los siglos segundo y tercero como las grandes edades de la resistencia arrojan algo de luz sobre la fuerza de esa lupa de la teología cristiana primitiva del martirio, así como sobre la forma en que la iglesia en sus últimos siglos se ha alejado considerablemente de la matriz escatológica de su autodefinición. En resumen, entonces, las persecuciones fueron una fuerza poderosa en la formación del movimiento cristiano primitivo, tanto en términos de política real como en términos ideológicos.

La palabra *persecución* deriva del concepto jurídico romano de «acusar» (*persequi*) a aquellos disidentes que se consideraban especialmente peligrosos para la

---

[3] Los siete días de la creación fueron considerados como consumados por el «octavo día» de la nueva era inminente, o reino de Dios.

estabilidad del estado. Desde el punto de vista de las autoridades oficiales, los cristianos eran ante todo un problema local que debía resolverse con los métodos normales de supresión invocados en gran medida en todo el imperio. Había muchas formas de control social disponibles para el gobierno romano ampliado en la antigüedad. En las ciudades locales, la gobernanza se delegó en gran medida. Las clases altas formaron el consejo político de gobierno, responsable de los asuntos fiscales y de la aplicación de la estabilidad social. La gran mayoría de la clase esclava, que se regía por leyes severamente represivas, se mantenía necesariamente bajo control mediante el recurso a la fuerza militar, si era necesario. Por lo general no era necesario, ya que la siempre presente disposición a recurrir a la violencia extrema era suficiente para no tener que recurrir a ella. Si fuera necesario, se podría pedir al gobernador militar que apoyara cualquier tumulto especialmente violento u organizado que el gobierno normal de los magistrados no pudiera manejar con su propia milicia.

Los tribunales de justicia se ocuparían predominantemente de los litigios entre las clases altas, que reciben un «trato especial» en virtud de la ley. Aquellos que eran de bajos recursos (y que incluían a la mayoría) eran mantenidos en desprecio legal (y social) la mayor parte del tiempo, y los castigos físicos tales como azotes, encadenamientos, palizas y encarcelamientos se aplicarían amplia y vigorosamente, ya que eran particularmente adecuados para ellos. El bajo nivel de nacimiento, el bajo nivel educativo y los modales sociales ásperos se consideraban como un carácter innato que se manifestaba en todas partes. Los esclavos y los vulgares incultos no se hicieron: nacieron así. Incluso entre los escritores cristianos este sentido grecorromano de la cualidad innata de los seres humanos que emergen en su rango social predestinado era difícil de cambiar. Había poco sentido visible en la antigüedad (casi nada en los escritos existentes) de que el privilegio social fuera un círculo autoreferencial. El encarcelamiento era a expensas del encarcelado y era una amenaza nefasta no sólo por la ruina financiera y social que siempre causó o por la amenaza de esclavitud que traía consigo, sino también por los horrores que se le podían infligir casualmente a uno en la prisión.

Pero la religión siempre fue un asunto diferente en el mundo antiguo. Los crímenes contra la religión cayeron en una categoría especial en el Imperio Romano. Llevaban una pena de muerte automática. Las ofensas cometidas contra la religión del estado romano eran doblemente indemnizadas: además de ser consideradas como blasfemia contra los dioses y rupturas del vínculo de la religión que supuestamente debía subyacer en la sociedad (porque la antigüedad romana era todo menos un estado secular), los crímenes contra la religión imperial eran evidentemente traición, ya que desafiaban la autoridad sagrada del propio emperador, el pontífice supremo (*pontifex maximus*) de la religión romana. El sacrilegio contra el monarca fue por definición *lèse majesté* (es decir, un crimen contra la dignidad del soberano) y atraía una pena de muerte inmediata por la vía más insoportable y pública posible (para desanimar a otros), además de no necesitar nada más en términos de juicio que establecer que los acusados eran en realidad disidentes religiosos (en virtud de su negativa a realizar ritos de honor al divino emperador). Mucha literatura sobre las pruebas de los mártires ha sobrevivido gracias a la cuidadosa labor de archivo de los propios cristianos.[4]

Estos variados métodos de castigo de la disidencia se aplicaban con distintos grados de ejecución, dependiendo de la hostilidad de la comunidad local (y del carácter del gobernador provincial y de los magistrados locales). En la mayoría de las fuentes hasta el siglo IV (cuando las autoridades imperiales realmente tomaron conciencia de que el movimiento cristiano representaba una fuerza internacional con la que había que lidiar), las autoridades romanas parecen haber estado simultáneamente desconcertadas por la tenacidad mostrada por los cristianos en su negativa a ofrecer sacrificios estatales conformistas y enojados por su «misantropía» antisocial. La actitud general era que todos sabían que la religión del estado era una formalidad—así que ¿por qué nadie querría participar en ella junto con la religión devocional privada que desearía adoptar personalmente?

La obstinación de los cristianos al negarse a honrar a ningún otro dios que no fuera el único Padre y su Hijo real, que pronto vendría a juzgar a los malvados, golpeó a las autoridades de la clase alta en una amplia franja de la cultura romana, desde una gran ciudad hasta un pequeño pueblo, como un fundamentalismo desagradable en un mundo que exigía pluralismos. Paradójicamente, por lo tanto, las autoridades consideraban su supresión de los cristianos como un ejercicio a favor de la tolerancia religiosa, mientras que los propios cristianos la consideraban un ejemplo supremo de intolerancia religiosa. Lo que había sucedido, casi sin que ellos se dieran cuenta al principio, era que el cristianismo había traído a la discusión social el concepto de libertad de religión: que la devoción que se seguía no debía ser determinada por el estado. Esta era una idea totalmente nueva, y parecía contradictoria con los puntos de vista fundamentales de la religión antigua: que el deber del creyente religioso era adorar a los dioses en aras de la estabilidad social. El gobierno religioso en la búsqueda de la conformidad con los valores tradicionales era, por lo tanto, el primer deber del gobernante sabio. Esta acusación de misantropía contra la iglesia llevó a que las primeras comunidades cristianas sufrieran un alto grado de resentimiento de la muchedumbre local en una amplia gama de territorios, que a menudo se extendió en períodos de persecuciones respaldadas oficialmente.

Desde el punto de vista de la mayoría de los cristianos, sin embargo, estas persecuciones estatales no eran principalmente un asunto local o meramente legal, ni siquiera fundamentalmente sobre la libertad de culto, sino más bien un signo escatológico del fin de los tiempos. Los sufrimientos que invocaban sobre sus cabezas por su adoración a Cristo eran para ellos una manifestación de la ira del príncipe del mundo, el espíritu maligno, contra la esposa elegida, la iglesia, que era la comunidad de salvación en la última era. Las persecuciones patrocinadas por el estado romano, que la Escritura ya había identificado como la gran bestia, el agente del «dragón»

---

[4] Más tarde, las narraciones de los mártires se «escenifican» cada vez más retóricamente como cuentos morales entre los cristianos, pero las primeras martirologías se basan claramente en la toma de notas reales de las pruebas mismas.

satánico (Ap. 13:1-10), fueron tomadas como un signo apocalíptico del fin de los tiempos, predicho como tal por Jesús (Mc. 10:17, 39; Jn. 15:17-21), que así, en el relato de la pasión, se convirtió en el arquetipo de toda la resistencia mártir cristiana.

Esta perspectiva teológica explica por qué la iglesia registró cuidadosamente los «actos» de los mártires, las instancias de cada comunidad eclesiástica que se enfrentaba con el mal apocalíptico, y estaba muy consciente de la importancia de tener mártires en cada comunidad para validar sus poderes como congregación de la nueva era. Se creía ampliamente que los mártires pasaban inmediatamente de este mundo a la proximidad del supremo mártir, Cristo, y que podían ejercer un poderoso ministerio de intercesión en favor de sus iglesias locales. Todos sus pecados eran perdonados en el derramamiento de su sangre, y se les daba un trono de gloria, reinando junto a Cristo hasta que él volviera en gloria. Es por eso que el registro de las persecuciones fue preciso y (generalmente) exacto desde el principio del cristianismo (comenzando con el relato del protomártir Esteban, en Hechos 7:60, y la ejecución de Santiago y el arresto de Pedro en Hechos 12:2-3).

La atención teológica dada por la iglesia a la naturaleza escatológica de las persecuciones, por supuesto, les da una «prioridad» y un significado en las fuentes eclesiásticas que no tenían necesariamente en, por ejemplo, una visión más amplia de la historia de la época. El escritor de Hechos describe a Pablo como «perseguido de ciudad en ciudad» (Hch. 17:10-13), lo que realmente significa que él causó resentimiento hostil entre las congregaciones judías locales por sus visitas de predicación allí, y a veces eso se convirtió en disturbios callejeros que llamaron la atención del concilio local. A veces no está claro si tiene que abandonar la ciudad rápidamente para evitar ser arrestado por los funcionarios del consejo o por los rufianes locales empleados por sus enemigos, o incluso si estas dos cosas se traslapaban. Por supuesto, si los disturbios amenazaban la paz y el orden público de la ciudad, entonces la maquinaria gubernamental romana formal entraría en juego. El caso de Pablo fue diferente de muchos de los que siguieron en la próxima generación, ya que los administradores romanos claramente tenían conocimiento de las grandes donaciones que había traído a la iglesia de Jerusalén antes de ser arrestado, y sin duda estaban motivados por intereses venales.

Varias de las primeras persecuciones estatales tenían la intención de forzar a la creciente clase media cristiana a conformarse, amenazándola con la pérdida de sus derechos de propiedad y cívicos en lugar de imponerle cargos capitales obligatorios. Otros se centraron sólo en guiar a los maestros cristianos, o a los recién convertidos, claramente para dar ejemplo contra las conversiones. Pero para la iglesia todos eran iguales, y en su perspectiva estas persecuciones siempre se dirigían indiscriminadamente contra «la iglesia de Cristo», dando así a la noción de «persecuciones romanas» una continuidad y coherencia histórica que a menudo no tenían, siendo en muchos casos meras respuestas ad hoc y políticas tentativas, o incluso simples ejemplos del tipo de violencia de turbas aleatorias o de insensibilidad oficial que era un lugar común en las ciudades antiguas.

La persecución de Nerón. La primera de las persecuciones imperiales fue la de Nerón, el verdugo de Pedro y (probablemente) Pablo, y siempre considerado por la memoria cristiana como el arquetípico genio malvado de una larga serie de «emperadores malvados» a seguir. La idea de esa serie de los reyes malvados es presentada brillantemente por el escritor del siglo IV Lactancio en su tratado *Sobre las muertes de los perseguidores*, en el que demuestra (en paralelo a los libros de los Macabeos) cómo los emperadores malvados (tal como se definen más o menos enteramente en sus políticas de persecución) fueron derribados por Dios en muertes violentas, mientras que los emperadores buenos florecieron, más notablemente Constantino, que abolió toda la persecución de la iglesia y así fue recompensado por Dios con el poder supremo. La persecución de Nerón en el 64 d.C. fue estimulada por el deseo de que se viera que estaba haciendo algo en respuesta al desastroso incendio de Roma. Como un grupo altamente impopular, extranjero y adorador no común, los cristianos fueron un blanco fácil y fueron tratados con una crueldad espectacular por el emperador. Su elección de este grupo minoritario fue en parte diseñada para aplacar la ira de los dioses (cuya ira obviamente había resultado en el gran incendio), mientras purgaba catárticamente la ira de la población de la ciudad y servía para distraerla del palacio imperial.

Este violento pogromo se limitó a la ciudad misma, pero dejó un recuerdo agudo para las generaciones venideras porque afectó a una comunidad cristiana que era muy visible para otros cristianos y que se creía relativamente segura. Es muy posible que se refleje en el Evangelio de Marcos, donde la parábola del sembrador se adapta para aplicarse a una comunidad bajo presión opresiva y amenaza (vea Mc. 4:13-17). En el transcurso de esta muerte, Pedro murió en el circo de Nerón en la colina del Vaticano y fue enterrado en la pared del cementerio adyacente, la «Muralla Roja», que durante mucho tiempo fue recordada en la comunidad y donde un siglo más tarde se colocó un modesto monumento alrededor de su *loculus*.[5] En el siglo IV, cuando Constantino ocupó la capital y dio su favor a la iglesia, la gran iglesia basílica de San Pedro fue erigida en memoria de los mártires directamente sobre el lugar. El *loculus* de la Muralla Roja aún existe hoy en día, a muchos metros directamente bajo el altar mayor de la iglesia (renacentista) actual.[6]

La persecución de Domiciano. Los comentaristas cristianos señalan a Domiciano como el segundo perseguidor, en el año 95.[7] Sus medidas represivas estaban más enfocadas que el intento de Nerón de desviar la ira de la turba. El movimiento cristiano de su tiempo parecía haberse vuelto verdaderamente más móvil socialmente. El emperador Domiciano no se ocupaba principalmente de los proletarios locales que se habían convertido a la fe, sino específicamente de los miembros de la nobleza

---

[5] El nicho en la pared donde sus huesos fueron colocados de acuerdo con las costumbres judías y cristianas. Los funerales paganos se centraban en la cremación y en una urna que contenía cenizas.

[6] Para un relato animado de la búsqueda arqueológica del *loculus*, vea J. E. Walsh, *The Bones of St. Peter* (New York: Doubleday, 1985).

[7] Eusebio, *Historia eclesiástica* 4.26.8; Tertuliano, *Apologeticus* 5.4.

romana que mostraban cierto grado de atracción por lo que se llamaba «ideas judías» en moralidad y culto. Domiciano despreciaba este movimiento por erosionar los valores y tradiciones romanas entre la misma clase que se suponía que los mantendría como los guardianes de la cultura romana. Domitila, la sobrina del emperador, era posiblemente cristiana y en este período fue exiliada a la isla de Ponza, donde su «celda» se convirtió en centro de culto de la iglesia en el siglo IV.[8] Su marido, Flavio Clemente, fue ejecutado por (entre otras cosas) «simpatías judías». Él ha sido, durante mucho tiempo, mezclado e identificado como Clemente de Roma, uno de los más grandes líderes primitivos de los cristianos romanos. Ahora bien, en general se cree que el Papa Clemente estaba más relacionado con el clan de Flavio Clemente, el aristócrata, tal vez como un cliente liberto.

El deseo de Domiciano de deificarse a sí mismo confirmó las peores sospechas de los cristianos de su tiempo: una vez más que esta persecución no fue un mero accidente político, sino que se relacionó con la siempre presente hostilidad de los demonios, que odiaban a la iglesia porque conducía a la sociedad a la verdadera adoración y negaba a los espíritus malignos (pues así los cristianos definían a los dioses) sus ritos de culto en los templos. La persecución de Domiciano se refleja en varias fuentes cristianas, y no sólo en el Apocalipsis del Nuevo Testamento (Ap. 2:13; 20:4), que fue creado como una apología reactiva.[9] Fue la causa del exilio del apóstol Juan a Patmos y el curioso caso de la convocatoria de los últimos parientes conocidos de Jesús a Roma para un examen legal, según Hegesipo.[10] En este período en Roma, el cristianismo fue mezclado con el descriptor general «prácticas judías», aunque a finales del siglo I la ley romana comenzaría a hacer una clara distinción entre ellas—lo cual iba en detrimento del cristianismo, ya que había perdido toda pretensión que antes tenía de que se le diera una consideración especial. La religión judía fue favorecida bajo la ley pagana romana: se la consideraba antigua, moralmente refinada y suficientemente reverencial en la medida en que oraba por el bienestar del emperador. Por otra parte, el cristianismo se consideraba cada vez más como una religión de las clases bajas, que abogaba por la adoración de un criminal condenado que había enseñado una idea revolucionaria de igualdad de amor y libertad: ideas peligrosas que no tenían en cuenta los ritos religiosos tradicionales, la autoridad divina de los reyes o el mantenimiento del statu quo. Era algo que había que denunciar y, si era necesario, sacrificarlo violentamente.

La persecución de Trajano. La siguiente persecución estatal significativa fue la que se registró bajo Trajano, cuyo legado en Bitinia, Plinio el Joven, nos la presenta dramáticamente cuando pide instrucciones especiales en algún momento entre 112 y 113 d.C.[11] Ejerciendo su papel como gobernador provincial de una manera inteligente

---

[8] Eusebio, *Historia eclesiástica* 3.18.4; Jerónimo, *Epístola* 108.7.
[9] 1 Clemente 7.1; 59.4; Pastor de Hermas; Tertuliano, *Apologeticus* 5.4; Melitón de Sardes, en *Historia eclesiástica* 3.17-18; 4.26.9 de Eusebio.
[10] Eusebio, *Historia eclesiástica* 3.19-20.
[11] Plinio el Joven, *Epístola* 10.96.2.

y juiciosa, informó a su amo imperial que estaba descontento con la forma en que los lugareños estaban aprovechando la ocasión de la censura estatal genérica del cristianismo para denunciar una lista de sus enemigos sociales y comerciales por mera mezquindad. Le dice al emperador que ha llevado a cabo sus propias investigaciones, torturando a una mujer de clase baja del movimiento cristiano en prisión, a la que dice que se le llamó «diaconisa», que le había revelado lo suficiente sobre el movimiento como para demostrar que era una secta bastante inofensiva.[12] Plinio claramente piensa que el emperador iluminado se sentiría igualmente incómodo con lo que los rufianes locales estaban haciendo en su nombre. Su carta plantea al tribunal la cuestión de si los cristianos deben ser ejecutados simplemente por «profesión del nombre» o sólo por delitos demostrables.

La respuesta imperial es que la pena capital se merece si el acusado se niega en un tribunal oficial a retractarse de su devoción exclusiva a Cristo y no «adora a nuestros dioses», sino que los cristianos no deben ser buscados (*conquirendi non sunt*) como delincuentes comunes. Los delitos contra la religión no deben considerarse cuestiones de discreción local. Pero mientras no caigan bajo los focos y se conviertan obviamente en un desafío a la religión estatal, los cristianos podrían ser ignorados. Esta posición dejó a los cristianos enormemente expuestos, por supuesto, y navega completamente alrededor del punto de Plinio: que dejaba la denuncia de los cristianos con demasiada frecuencia en manos de enemigos locales que podrían tener mucho que ganar al asegurar la muerte de sus vecinos. El sucesor de Trajano, Adriano, también instruyó al procónsul de Asia en los años 124-125 d.C. para que no se dejara llevar por las protestas de la muchedumbre local contra los cristianos y los enjuiciara sólo si cometían delitos probados durante el juicio. Adriano llegó incluso a dar a los cristianos el derecho de contrainterrogar a los que los denunciaban e incluso de procesar a sus detractores bajo las leyes de la calumnia.

Este rescripto calmó la tendencia local a denunciar a los grupos cristianos bajo vagas acusaciones de misantropía o magia, pero los estallidos locales de hostilidad o de violencia de las turbas aún explicaban varias otras «persecuciones», y frente a ellas la ley romana no era de ninguna utilidad.[13] Algunos de ellos destacaron vívidamente en la memoria cristiana, como la ejecución de Justino en Roma en 165, o de Policarpo

---

[12] La ley romana no considera válida una confesión de las clases bajas a menos que haya sido obtenida mediante tortura.

[13] Los informes a medio oír de lo que los cristianos hacían en sus reuniones (cerradas) de culto circulaban entre la gente del pueblo y surgieron como sospechas de orgías sexuales (probablemente de las noticias del beso litúrgico de la paz) y asesinatos rituales (comer la Eucaristía como la carne de Cristo, como el teólogo cristiano Minucio Félix sugiere en su *Apología* [*Octavius* 9] a los indignados paganos Cecilio; o quizás un malentendido de la costumbre de comer comidas rituales funerarias en las secciones cristianas de los cementerios). Para más detalles, véase A. McGowan, "Eating People: Accusations Against Christians in the Second Century," *Journal of Early Christian Studies* 2, no. 3 (1994): 413-42. El asesinato de niños era parte de las formas más oscuras de magia nigromántica en la antigüedad y era una ofensa capital, por lo que la desinformación era extremadamente peligrosa para los cristianos, ya que incluso si era falaz podía servir para llevarlos ante el tribunal de todos modos, donde su misma negativa a adorar al emperador podía ser legalmente interpretada como una ofensa capital.

en Esmirna al mismo tiempo, y también los mártires de Lyon en 177.[14] Marco Aurelio, durante cuyo reinado ocurrieron estas cosas (161-180), es así acreditado como el cuarto de los emperadores «perseguidores». Habría sido extraño para este filósofo-gobernante que se imaginaba a sí mismo poniendo una reputación de modelo de sagacidad y equilibrio en su gobierno, haber visto cómo lo clasificaban los cristianos. Su propio tutor, sin embargo, Cornelio Frontón, que según todos los relatos era un hombre amable y muy razonable, había denunciado a los cristianos en los términos más enérgicos que podía considerar (literalmente extraídos de la denuncia de los conspiradores de Catilina) como elementos subversivos y peligrosos: como «una secta que huyó de la luz y conspiró en las sombras» (*lucifuga et latebrosa natio*).[15]

Durante este mismo período (c. 178) el filósofo pagano Celso decidió escribir una fuerte disculpa por los valores helenísticos tradicionales y compuso un tratado llamado *La verdadera palabra*, en el que argumenta que la hostilidad de la gente común contra los cristianos está bien justificada y se basa en su asociación mutua prestando juramentos secretos para apoyarse unos a otros, y sobre todo porque socavaban los valores romanos al negar a los dioses y negarse a prestar servicio público al mismo tiempo que defendían los mitos irracionales de su propia confesión. Para Celso, los cristianos eran una sociedad que debía ser perseguida y erradicada para el bien común.[16] En términos religiosos pensó que habían dado marcha atrás, reemplazando un sentido cada vez más refinado de pluralismo abstracto en la filosofía religiosa que había madurado a partir de mitos antropomórficos prehistóricos, y al deificar a Jesús, un judío crucificado, habían traicionado todo sentido común y ética. Su trabajo está entre los primeros de la apologética anticristiana que los toma lo suficientemente en serio como para hacer investigación básica. Celso lee algunos de los textos sagrados y ofrece comentarios sarcásticos contra la tradición de Jesús. Es interesante notar cómo los cristianos de su tiempo sometieron su tratado a un juicio de silencio, a pesar de que muchos escritos apologéticos tuvieron lugar en respuesta a los ataques paganos. No fue hasta una generación después que Orígenes tomó la pluma para refutar su libro punto por punto, en el proceso de preservarlo para el registro histórico.

El interludio de Severo. En 193, cuando la dinastía Severa ocupó el trono imperial, la presión contra los cristianos se alivió de nuevo en una política más relajada hacia las religiones orientales en Roma. En ese momento, el cristianismo reanudó sus esfuerzos misioneros más abiertamente, y claramente con un éxito considerable, pues paradójicamente una nueva ola de odio popular contra la iglesia pronto estuvo en evidencia entre 197 y 212, y una serie de violentos brotes locales contra comunidades cristianas ocurrieron en Roma, Alejandría y el Norte de África latina.[17] En Cartago, Perpetua y Felícitas estuvieron entre las víctimas. Un reciente converso a la iglesia, el abogado africano Tertuliano, fue testigo de esta violencia y se

---

[14] Eusebio, *Historia eclesiástica* 4.15.26, 29; 5.1; 5.2.1-8; Martirio de Policarpo.
[15] Minucio Félix, *Octavius* 8.4.
[16] Orígenes, *Contra Celsum* 8.69.
[17] Tertuliano, *Adversus Nationes* 1.14; *Apologeticus* 18.4.

sintió impulsado a escribir en su contra, algunas de las primeras teologías políticas de la iglesia. Sin ser una persecución formal del Estado, como tal, los funcionarios en los lugares donde prevalecía tal violencia de masas establecieron las leyes represivas consuetudinarias contra los disidentes religiosos. Perpetua y Felícitas, una dama bien nacida y su sirvienta doméstica, demuestran un elemento común en la violencia de este tiempo en el sentido de que parece haber sido dirigida especialmente contra los recién convertidos al movimiento que venían de las clases altas y medias.[18] Los escritores cristianos retrospectivamente atribuyeron gran parte de la culpa simbólica por esto al emperador Septimio Severo, quien en el año 202 emitió un rescripto que prohibía las conversiones al judaísmo o al cristianismo, clasificándolo como el quinto de los emperadores perseguidores. Aun así, entre 212 y 235 hubo otro período de paz, que culminó con el reinado de Alejandro Severo (222-235), quien parece haber tolerado conscientemente la expansión urbana de la iglesia y haber tenido cristianos presentes en su corte. De esta época son los primeros edificios cristianos reconocibles (como las decoradas *refrigeria* cristianas en las catacumbas romanas y el decorado baptisterio y la iglesia en Dura Europos).[19]

La persecución de Maximino el Tracio. La dinastía Severa fue violentamente derrocada en marzo de 235 por Maximino el Tracio (235-238), con una purga concomitante de los partidarios del palacio cristiano de Alejandro.[20] Este derramamiento de sangre pronto se derramó en una purga de otros destacados cristianos en Roma, incluyendo destacados intelectuales y clérigos. En Roma, el teólogo Hipólito y el Papa Ponciano fueron condenados a un exilio (fatal) en las minas de sal de Cerdeña y quizás también en Palestina.[21] Maximino fue derrocado por la dinastía Gordiana en el año 238, y aunque en ese año Orígenes (*Commentarium en el evangelium Matthaei* 24.9; *Homiliae en el Matthaei* 39) profetizó sombríamente un futuro pogromo mundial contra la iglesia, este período resultó ser otro breve interludio de paz. El general sirio Felipe el Árabe, que en esta turbulenta época ascendió al rango de emperador de 244 a 249, ha sido considerado por algunos como un cristiano. Era, al menos, un simpatizante. Según Eusebio y Juan Crisóstomo, el obispo cristiano de Antioquía, Babilas, le dio la bienvenida a la iglesia, pero le hizo estar entre los penitentes para escuchar la liturgia pascual (a causa de su asesinato).[22] Eusebio también registra que Felipe y su esposa recibieron cartas de Orígenes.

La persecución de Decio. El asesinato de Felipe en el año 249, que llevó a Decio, el séptimo perseguidor, al trono (249-251), también trajo consigo otra fuerte reacción pública a la creciente extensión y poder de los cristianos y un decidido intento de matar a la iglesia. Los cristianos habían vuelto a ser visibles en los círculos políticos más altos, así como comúnmente conocidos en las ciudades y pueblos. A Decio le

---

[18] Véase también Eusebio, *Historia eclesiástica* 6.3.
[19] *Refrigeria* son salas de rituales cristianos donde se celebraban memoriales por los muertos.
[20] Eusebio, *Historia eclesiástica* 6.28.
[21] Orígenes, *Exhortación al martirio*.
[22] Eusebio, *Historia eclesiástica* 6.34.

pareció conveniente echar la culpa del declive militar y político de Roma a la puerta del descarado rechazo cristiano de los valores tradicionales romanos, y en enero de 250 ordenó que el sacrificio anual en la Colina Capitolina a los dioses de Roma se observara solemnemente también en todas las capitales de provincia. Para marcar la ocasión, arrestó a muchos líderes cristianos prominentes. Los obispos Fabián de Roma y Babilas de Antioquía fueron martirizados por su negativa al sacrificio, y los obispos intelectuales Dionisio de Alejandría y Cipriano de Cartago tuvieron escapes cercanos. Después de la primera ola de represión, Decio estableció comisiones religiosas en muchos lugares para supervisar la observancia de los ritos de sacrificio regulares y tradicionales y para asegurar que los ciudadanos locales estuvieran obligados a participar en ellos. Esto fue diseñado parcialmente para erradicar a los objetores cristianos, y la posesión legal de certificados (*libelli*) se convirtió en una prueba necesaria para un individuo de que el sacrificio obligatorio había sido ofrecido. Los cristianos que se conformaban, ya sea ofreciendo incienso o sacrificios (llamados *sacrificati* en la literatura penitencial) o sobornando a funcionarios para que les vendieran un certificado (entonces llamado *libellatici*), eran considerados por la iglesia igualmente culpables de apostasía.

Sin embargo, a pesar del alarde de resistencia de la iglesia, la política de Decio tuvo un impacto considerable en el mayor número de convertidos a la iglesia. Asustó y acobardó a muchos. Fue sin duda la más sistemática de las persecuciones hasta la fecha. Cipriano de Cartago da mucha información sobre el período y el trastorno que causó a la vida de la iglesia. Después, el clero cristiano tuvo que instituir un nuevo ritual formal de penitencia. El rigorismo de los «viejos tiempos», cuando se pensaba que el bautismo había borrado de una vez por todas todos los pecados y que no habría necesidad de más perdón, cayó ante la necesidad pastoral de organizar algún tipo de reconciliación para los que habían tropezado. El emperador Decio fue asesinado en una batalla contra los godos en 251, y sus sucesores, Galo y Volusiano, al principio trataron de continuar con su política religiosa, pero pronto se agotó, y la iglesia se restableció rápidamente, como se puede ver en los notables avances de la literatura teológica y los asuntos organizativos de este período.[23] La reconciliación y el ajuste de las normas para los líderes clericales se convirtieron en una parte clave de las lecciones aprendidas después de Decio.

La persecución de Valeriano. El emperador Valeriano (253-260), en una batalla perdida con Persia, intentó una vez más insistir en la devoción religiosa a los dioses romanos y en 257 se convirtió en el décimo de los emperadores perseguidores cuando emitió un edicto que exigía la conformidad cristiana en la religión. Al año siguiente publicó una política de represión aún más fuerte. Según sus términos, el clero cristiano sería arrestado y ejecutado sumariamente; los senadores y caballeros romanos que profesaban el cristianismo perderían así rango y propiedades; las matronas sufrirían la confiscación de todos los bienes y serían exiliadas; los funcionarios públicos serían

---

[23] Cipriano, *Epístola* 59.8.

reducidos a la esclavitud y enviados a campos de trabajo.[24] En el año 258 Cipriano de Cartago, un aristócrata que se había convertido recientemente y había sido elevado como líder clerical, fue sacado de su arresto domiciliario y condenado a morir por el crimen de sacrilegio y por «hacerse pasar por enemigo de los dioses de Roma». La persecución de Valeriano no fue considerada por los cristianos como algo tan terrible como la de Decio o más tarde Diocleciano, pero probablemente fue una de las más severas que la iglesia haya sufrido jamás, aunque no de larga duración. Su objetivo era destruir el liderazgo de la iglesia y ahuyentar a los miembros de la clase alta: un testimonio de cuán exitosos deben haber sido ya los cristianos en atraer a los intelectuales a sus filas.

Valeriano fue capturado por los persas mientras luchaban en Edesa en 260. Sería mantenido como un rehén engordado por el resto de su vida, pero después de la muerte su cuerpo fue desollado y la piel rellena y teñida de púrpura imperial para colgarla, balanceándose, en el templo de los dioses persas como una ofrenda votiva triunfante. Era un castigo particularmente merecido para los cristianos. Su hijo Galieno (253-268) emitió un rescripto para la tolerancia de la iglesia en 262, más o menos tan pronto como había estabilizado el trono. Durante los siguientes cuarenta años la iglesia disfrutó de estabilidad política e hizo grandes avances.

La persecución de Diocleciano. La próxima crisis, por lo tanto, golpeó con particular fuerza y así se ganó el nombre de «Gran Persecución».[25] Esto duró en la mitad occidental del imperio desde el año 303 hasta el 305, y en el imperio oriental desde el 303 hasta el 312. Diocleciano introdujo una política de reforma religiosa conservadora como parte de un paquete más amplio de medidas diseñadas para estabilizar el imperio. Se ha argumentado que los miembros de su propia familia eran probablemente simpatizantes cristianos, y esa puede ser la razón por la que su propia actitud era ambivalente con respecto a una persecución violenta; pero su diputado inmediato, Galerio, fue más abiertamente hostil a la causa cristiana y persuadió a Diocleciano para que exigiera la conformidad religiosa por medio de un edicto a nivel de todo el imperio en febrero de 303. Una vez que esto fue publicado, la negativa a obedecer se convirtió, como de costumbre, en un delito capital. Los términos del edicto aún evitaban mencionar la pena de muerte, pero ordenaban la destrucción de las iglesias cristianas, la quema de todas las copias de las Escrituras, la degradación social de los creyentes de la clase alta, la reducción a la esclavitud de los funcionarios públicos y la pérdida general de los derechos legales por parte de los cristianos que profesaban obstinadamente. Un edicto adicional pronto exigió el arresto generalizado del clero, pero el sistema penitenciario estaba tan sobrecargado que se modificó para exigir que todos ellos ofrecieran sacrificios y luego fueran puestos en libertad. Muchos fueron torturados para asegurar su conformidad. Algunos se convirtieron en heroicos mártires en esta época (celebrados en el libro de Eusebio *Sobre los mártires de*

---

[24] Cipriano, *Epístola* 80.
[25] Eusebio, *Historia eclesiástica* 8.6.10.

Palestina), aunque muchos murieron de miedo, y la destrucción de la infraestructura clerical, junto con la quema de las iglesias, resultó devastadora.

A principios del año 304, después de la enfermedad de Diocleciano y su retiro temporal, Galerio intensificó las medidas más estrictamente y emitió un edicto propio exigiendo que todos los ciudadanos ofrecieran un sacrificio y una libación a los dioses bajo pena de muerte. Esto causó confusión entre los cristianos del norte de África y dio lugar a un gran número de ejecuciones públicas: algo que quemó el episodio en la conciencia cristiana más amplia. En el año 305 Diocleciano y su colega Maximiano renunciaron como emperadores rezagados en Occidente como parte de un sistema de jubilación planificado que había iniciado para estabilizar la sucesión imperial. Tenía la intención de evitar la repetición de la guerra civil que se libraba por el trono, pero la causó. Los nuevos líderes oficialmente designados pronto fueron distraídos por un número de reclamantes rivales que reunían ejércitos. Este fue el tiempo en que Constantino se elevó a la preeminencia, no atando accidentalmente sus fortunas a su autoposicionamiento como protector de los cristianos. Con toda probabilidad su madre, Helena, había sido cristiana. Constantino mismo había sido tutelado por el teólogo-político cristiano Lactancio cuando éste era el principal retórico de la capital, y él mismo fue retenido como rehén en Nicomedia por Diocleciano para asegurar la buena conducta de su padre Constancio como César menor en Occidente.

En las provincias orientales, donde Galerio era ahora el emperador mayor, la persecución continuó. En la primavera de 306, su nuevo hijo, Maximino Daya, emitió un edicto que exigía a todos los gobernadores provinciales que se aseguraran de que su pueblo fuera sacrificado. En Palestina esto se aplicó con fuerza (lo que produjo un famoso grupo de mártires palestinos), pero en otros lugares se observó esporádicamente hasta el año 309, después de lo cual se hizo cada vez más evidente para todos los interesados que se trataba de una política ineficaz. En el año 311, Galerio cayó mortalmente enfermo y, convencido de que había encolerizado al dios cristiano, decidió rescindir la política. Ahora sólo pedía que los cristianos rezaran por el bienestar del estado y por la curación de sí mismo, y les permitía reconstruir sus iglesias.[26] Seis días después, esta doceava parte de los perseguidores murieron. Su sucesor, Maximino Daya, asumió el mando de sus territorios y, sin anular específicamente el edicto de Galerio, dejó claro que él mismo animó a las autoridades locales a atacar a las comunidades cristianas y a los líderes importantes que pudieran encontrar. Esta violencia «semioficial» provocó más brotes de persecución en Nicomedia, Tiro y Antioquía.[27]

En ese momento hubo un episodio de opresión aún más violento en Egipto, durante el cual el renombrado teólogo-obispo Pedro de Alejandría fue martirizado.[28] La última víctima de este pogromo fue el teólogo de fama internacional Luciano, obispo de Antioquía, que murió en enero del año 312. El emperador Maximino Daya

---

[26] Ibid., 8.17.3-10.
[27] Ibid., 9.7.10-11.
[28] Ibid., 9.9.4-5.

murió en el año 313, justo cuando Constantino finalmente conquistó a su último rival occidental, el emperador Majencio, en Roma, y ahora era libre de dirigir sus ejércitos hacia el Este. En ese mismo año, una reconciliación formal de Constantino y Licinio, el último de los cuales era ahora augusto de todo Oriente, puso fin formalmente a la Gran Persecución. Este decreto, conocido ahora como el Edicto de Milán, despertó las esperanzas de los cristianos en ambas mitades del imperio y señaló ampliamente que Constantino iba a ser su importante protector. Ha sido aclamado como el primer gran rescripto de la tolerancia religiosa oficial en la civilización europea. En las provincias occidentales bajo su control directo, Constantino ahora claramente animaba a los cristianos. Muchos sirvieron en su ejército, y él ya vio (lo que más tarde se convirtió en su política explícita) que los obispos entre ellos cumplían la función de magistrados locales democráticamente accesibles. Constantino ha sido tradicionalmente considerado como el campeón y salvador de los cristianos a principios del siglo IV. Aunque sus dones a la iglesia de protección, favor político y restitución financiera no pueden ser subestimados, tampoco debe olvidarse lo que el propio Constantino obtuvo de los cristianos: apoyo político generalizado y soldados sirviendo en el ejército que había permitido su ascenso.

A medida que las aspiraciones de Constantino al poder supremo se hacían más y más evidentes, Licinio, el augusto de las provincias orientales, decidió recurrir una vez más a las bases de poder alternativas de la antigua religión y sus partidarios tradicionales. Alentó una política de incidentes esporádicos de hostilidad contra los cristianos de Oriente. Constantino se aprovechó de esto, en 324, como justificación para derrocar a Licinio del poder como el último de los emperadores perseguidores, dejando su propio camino claro a la monarquía suprema sobre las divisiones orientales y occidentales del imperio. Él y su dinastía estuvieron, desde ese momento en adelante, íntimamente asociados con el movimiento cristiano, y en el siglo IV la iglesia disfrutó de una paz y un crecimiento sin precedentes. Hubo un esfuerzo breve pero poco entusiasta para obstaculizar la causa de la iglesia por parte del emperador Juliano (361-363), pero la muerte de este último (posiblemente por las manos de asesinos cristianos en el ejército) efectivamente significó el fin de los emperadores paganos que ordenaban persecuciones contra la iglesia.[29] En Occidente habría un número considerable de persecuciones en los siglos V y VI, cuando los reyes godos arrianos invasores hicieron sentir su poder sobre los católicos nativos de Nicea, y en Bizancio, los emperadores cristianos celosos que imponían sus variedades de ortodoxia en los siglos posteriores serían igualmente designados por muchas fuentes como «perseguidores malvados», pero todo esto fue estrictamente «por analogía» en

---

[29] Juliano es denunciado en las *Oraciones* 4-5, *Contra Julianum* de Gregorio Nacianceno. Estas son las mejores filípicas escritas en griego desde los tiempos de Demóstenes. Su estilo es ostentosamente brillante, para dar una mentira burlona a la insistencia del emperador de que los cristianos, habiendo renunciado a los dioses que la literatura helénica celebra, habían perdido así el derecho a esa tradición literaria. «Oh, el más insensato de los hombres», dice Gregorio, «pensar que podría privar a los cristianos de su Logos [Palabra/discurso divino]».

comparación con lo que había sucedido entre finales del primer y principios del cuarto siglo.

La memoria de una comunidad perseguida. Este surgimiento extraordinariamente rápido y popular del movimiento cristiano en la sociedad romana había preocupado claramente no sólo a las autoridades oficiales, sino también a los ciudadanos de a pie, que veían surgir en medio de ellos un nuevo tipo de «pertenencia» radicalmente, que los asustaba a una reacción violenta. Los relatos de los mártires cristianos generalmente tratan de mostrar a los mártires como supremamente razonables en sus actitudes: defensores de los derechos de la humanidad, de la libertad de expresión y de la libertad de espíritu. Pero había algunos que simplemente parecían a las autoridades perseguidoras como zelotes peligrosamente locos con deseos de morir.[30] La mayoría de los comentaristas intelectuales que se fijaron en los martirios cristianos los miran con gran disgusto. Tácito el historiador pensó que su negativa a ajustarse a las leyes sólo manifestaba un «odio resuelto hacia la raza humana».[31] Plinio el Joven veía a los resistentes cristianos sólo como un ejemplo de «rebeldía y obstinación invencible».[32] Marco Aurelio, consciente de la resolución con la que se enfrentaban a la muerte, no la encontró una insignia de coraje sino de «mera obstinación».[33] Los escritores romanos hablan unánimemente (como su filosofía les había enseñado) desde una elevada superioridad que consideraba al hombre común como poco más que un bruto que esperaba una oportunidad para causar inquietud y necesitaba constantemente la guía supresora de sus superiores. Pero los relatos cristianos, tal vez con vistas a actitudes más comunes, aunque estén educados, indican que, si bien hubo mucha hostilidad por parte de la multitud, a veces el coraje de los mártires tuvo el efecto de ablandar los corazones de algunas personas, ganarse su admiración y, en ocasiones, incluso inducirlas a ir a la iglesia. Tertuliano hizo mucho de esto y acuñó su famoso aforismo de que «la sangre [de los mártires] es la semilla de los cristianos».[34] Incluso Tácito, aunque estaba molesto por ello, admitió que esto sucedió en su relato de la persecución de Nerón.[35]

Los temas de una apelación a la libertad de religión golpearon a las antiguas autoridades por ser falsos en un mundo donde todas las partes sentían que el favor de los dioses era lo que determinaba el surgimiento o la caída de los estados-naciones. Roma había florecido gracias al favor de sus propios dioses. Despreciar a esos dioses era trabajar contra el imperio tan drásticamente como tomar las armas. Las Escrituras de los cristianos les enseñaban la misma verdad: los que adoraban al verdadero Dios

---

[30] Y el mismo Tertuliano, gran defensor del coraje de los mártires, es consciente de que algunos fanáticos se preocupaban por su odio a las autoridades paganas y por su celo decidido de ofrecerse por el martirio, algo que debe haber sido una pesadilla para los líderes clericales de la iglesia, que también tenían el deber de proteger a su rebaño en la medida de lo posible. Véase Tertuliano, *Ad Scapulam* 5; *Apologeticus* 50.1.

[31] Tácito, *Anales* 15.44.6.

[32] Plinio el Joven, *Epístola* 10.96.3.

[33] Marco Aurelio, *Meditaciones* 11.3.3.

[34] *Apologeticus* 50.13; *A Diogneto* 7.7-9.

[35] En la breve lectura al final del capítulo.

serían bendecidos, y los que veneraban a los ídolos serían desechados por Dios. A principios del siglo IV el teólogo y retórico Lactancio haría esta afirmación muy explícitamente en nombre de los cristianos, basando su evidencia en el libro de los Macabeos, trazando un paralelo directo entre la iglesia y los guerreros macabeos en la revuelta y enumerando todos los casos bíblicos en los que Dios derribó a los reyes malvados. Para entonces, por supuesto, había dejado de lado la necesidad de precaución a la luz de la persecución de Galerio, y usó el libro, *Las muertes de los perseguidores*, para propagandizar el ascenso de Constantino como defensor de la iglesia.

Ni los romanos, por un lado, ni los judíos y los cristianos, por otro, tenían una confianza real, por lo tanto, en el argumento de que existía algo así como un estado secular que permitiera, o debiera permitir, la completa libertad de religión. No podemos interpolar este valor moderno en la antigüedad tardía. Los cristianos de todas las filas de la iglesia consideraban que los mártires ejemplificaban el papel de la iglesia como precipitador escatológico. La iglesia era el testigo brillante de la verdad divina en una era de adoración demoníaca, en sus mentes. Por consiguiente, la ira violenta que despertaron contra sí mismos no fue un asunto meramente político, sino una manifestación de la ira de los demonios que habían sido frustrados por Cristo y un intento de detener la obra de su Espíritu en la tierra. La violencia política, en otras palabras, era una continuación de las maquinaciones de Satanás que había causado la pasión de Cristo en primer lugar y ahora todavía pensaba que podía vencer la gracia de la resurrección al masacrar a la iglesia y borrarla de la faz de la tierra. Para los creyentes cristianos, las palabras de aliento apocalíptico de Cristo eran vívidamente reales (Mt. 16:18), y se enseñaba comúnmente en las comunidades que los mártires ascenderían directamente al cielo, para sentarse con Cristo, sin esperar en alguna forma de Hades pacífico hasta el último día.[36] Su sangre derramada por Cristo fue una mímesis de la propia pasión de Cristo, y fue imbuida con algo de su gracia divina, causando la remisión de todos sus pecados y ganando la reconciliación para los penitentes por los cuales ellos abogaban en el cielo.[37] Lograr la inmediata admisión en el paraíso significaba para la iglesia que estos grandes santos continuarían trabajando activamente como intercesores para la iglesia en la tierra.

El culto a los mártires creció rápidamente en la era de las persecuciones, y cuando esa era había pasado, seguía siendo la costumbre construir iglesias en honor de los mártires y, finalmente, llevar sus reliquias dentro de las iglesias (un cambio revolucionario de actitud social hacia la muerte) para acercar el culto a los mártires en paralelo con la celebración eucarística. Las reliquias, primero de los mártires y luego de otras categorías de santos cristianos, se convirtieron en una encapsulación muy real y potente del sentido de la presencia divina entre los primeros cristianos. Los mismos

---

[36] Ireneo, *Adversus Haereses* 4.33.9; Hipólito, *Commentariem in Danielem* 2.37.3; Tertuliano, *El aguijón del Escorpión* 10.12; *Sobre la resurrección* 43; *Sobre el alma* 55.

[37] Tertuliano, *Sobre el bautismo* 16; *A los mártires* 1; Orígenes, *Exhortación al martirio* 30; *Tradición Apostólica* 19; *Commentarii in evangelium Joannis* 6.281-283; Cipriano, *Epístola* 23.

huesos se consideraban imbuidos de la gracia divina y del poder de intercesión. A partir del siglo III, aquellos que fueron arrestados y sufrieron por la fe pero que no habían sido ejecutados, recibieron un alto honor en la comunidad como «confesores».[38] Sus oraciones se sintieron con gran poder ante Dios, y muchos cristianos se acercaron a ellos pidiendo intercesión para el perdón de los pecados.

En la disposición de los cementerios antiguos, las tumbas estaban generalmente dispuestas al azar, sin patrón. Pero tomando una vista aérea del plano se puede ver inmediatamente dónde ha sido enterrado un mártir cristiano primitivo: de repente, todas las tumbas adyacentes a él empiezan a ser colocadas en paralelo y a amontonarse lo más cerca posible. La iglesia creía vívidamente que estos eran intercesores vivientes, y en el día del juicio la gente deseaba estar cerca de ellos mientras sus cuerpos eran resucitados. Esta creencia gráfica no era un simple tropo. Los cristianos ordinarios querían apasionadamente estar cerca de sus patronos celestiales. El culto prominente de los mártires, aunque quizás no es algo que hable inmediatamente de la experiencia cristiana contemporánea, es una manera de ver cómo la iglesia primitiva organizó su visión del mundo en tiempos de angustia política.[39]

La era de las persecuciones, entonces, sirvió para atemperar el nuevo movimiento de maneras extraordinarias. Esto endureció el sentido de la iglesia de no querer comprometerse de ninguna manera pluralista con el ritual pagano. Dio a los cristianos un sentido de comunidad muy ajustado. Si el siglo II había ofrecido un conjunto muy «fértil» y «variado» de perfiles cristianos, la época de las persecuciones trazó los límites de la pertenencia eclesial mucho más estrechamente. De ella surgió un sentido mucho más fuerte de la política cristiana y un papel más destacado para la presidencia ejecutiva de los *episkopoi*, que, en general, habían salido de sus inmensos desafíos pastorales con un mayor prestigio y capacidad de gobierno. En su calendario litúrgico cada vez más amplio, la iglesia mantuvo vivos los recuerdos de sus muchos mártires, subrayando también su interpretación altamente escatológica de la sociedad política, algo que puede verse en los teólogos políticos de los siglos IV y V, Lactancio y Agustín.[40] La iglesia había nacido en la persecución y emergió como una poderosa fuerza de resistencia a través de cuatro siglos de circunstancias difíciles. Siempre después, ese recuerdo se convirtió para ella en una especie de estímulo arquetípico para sus (muchos) problemas posteriores.

LAS IDEAS ROMANAS SOBRE LA LEY Y LA RELIGIÓN

El principado y el dominado (27 a.C. a 313 d.C.). El sistema legal romano era antiguo, arraigado en ritos religiosos. Era parte de la religión romana. Los códigos de

---

[38] Eusebio, *Historia eclesiástica* 5.2.3-4.
[39] Para más detalles, véase J. A. McGuckin, "Martyr Devotion in the Alexandrian School (Origen to Athanasius)," en *Martyrs & Martyrologies*, Studies in Church History 30 (Oxford: Blackwell, 1993), 35-45; reimpreso en *Recent Studies in Church History*, ed. E. Ferguson, vol. 5 (Hamden, CT: Garland, 1999).
[40] En los *Institutos divinos* y en *Muertes de los perseguidores* del primero, y en *Ciudad de Dios* del segundo.

la ley habían surgido por primera vez en la prehistoria romana como formas de asegurar los juramentos entre las personas y hacer que fueran presenciados por los sacerdotes en los templos de los dioses. *Lex*, o ley, era por lo tanto una unión de personas socialmente bajo el ojo de los dioses romanos. Obviamente, a medida que el imperio latino se extendía por conquista para convertirse primero en una realidad internacional y luego en una realidad global, el comercio con los pueblos extranjeros a grandes distancias presionaba la ley romana para que se convirtiera en algo mucho más universal a su vez, y el sistema legal comenzaba a desarrollarse extensamente. Para nuestras preocupaciones aquí, al relacionar la ley romana con la iglesia en sus primeros siglos y ver por qué ocurrió tanto conflicto, podemos dirigir nuestra atención a las etapas posteriores de esa historia: el impacto del sistema de emperadores y cómo su adquisición del poder monárquico afectó la ley.

Debido a la pretensión de Augusto de que nunca asumiría el poder monárquico, a este período se le ha llamado el principado (derivado de la reivindicación del emperador de un estatus meramente como «primer ciudadano» o *princeps*). Por supuesto, Augusto se aseguró de que las dos bases del verdadero poder monárquico que necesitaba estuvieran aseguradas en su persona (1) en términos de control político de la ley (y por lo tanto se convirtió en el magistrado principal y árbitro de apelación), y (2) en términos de su asunción del papel de comandante en jefe de los ejércitos del *imperator* de Roma (comandante o emperador). Controlar el aspecto político de la ley y poder respaldar sus reivindicaciones con fuerza le permitió a Augusto continuar con la pretensión de una república histórica y le permitió hacer cambios radicales en nombre de las reformas tradicionales. Su autorretrato fue como «restaurador de la república». Así pues, a partir del año 27 a.C., el papel personal del emperador se convirtió cada vez más en el eje central de la elaboración y promulgación de la ley romana. Manejó el cambio a la dominación monárquica silenciosamente, usando una hábil colección de cargos republicanos. Se asignó a sí mismo el poder proconsular, lo que significaba que tenía a su cargo todos los ejércitos de Roma en las provincias fronterizas; el poder consular, que le confería la autoridad suprema en la propia ciudad de Roma; los poderes del tribunal, lo que significaba que asumía la dirección de la ley, aprobando personalmente todas las magistraturas tradicionales; y la dirección de todos los asuntos religiosos al asumir (después del año 12 a.C.) el cargo de pontifex maximus.[41]

Augusto y el senado se aferraron a la ilusión de que él fue simplemente el «primer ciudadano» durante mucho tiempo. No deseaba suplantar los procesos legislativos establecidos asumiendo poderes legislativos basados únicamente en su fuerza de dominio personal (como vencedor de la guerra civil). Esto siguió siendo un principio del principio primitivo hasta que los emperadores, después de Diocleciano, dejaron de lado la ilusión y actuaron por lo que eran, los monarcas absolutos ahora usando la ley y el senado como sus instrumentos. Para entonces llamamos a la era imperial el

---

[41] La gran mayoría de las fuerzas armadas de Roma estaban situadas en las provincias fronterizas.

dominado. Es el principado y el dominado que condujo a la revolución cristiana bajo Constantino, que a su vez allanó el camino para una revisión más profunda de los términos y principios de la ley romana bajo los cristianos.[42] Sin embargo, los emperadores asumieron personalmente importantes y crecientes poderes magisteriales, que se expandieron con el tiempo en el sistema bizantino del emperador teniendo el mando supremo sobre la emisión de la ley como sus *fons et origo*. Él se convirtió en la ley personificada. Las asambleas populares que alguna vez tuvieron la capacidad de emitir estatutos legales vinculantes bajo el ámbito del pretor fueron abolidas por el principado. En el año 125 también se abolió el control del pretor sobre los asuntos legales administrativos. Adriano puso el sello en esto en 131 cuando decretó que todos los decretos pretorianos anteriores debían ahora ser codificados sin más adiciones permitidas. En adelante, el emperador cumpliría con todos los antiguos deberes legales del pretor mediante un edicto personal.

A pesar de este impulso centralizador, por supuesto, la aplicación de la ley no era universalmente equitativa en todas las partes del imperio. Mucho dependía del celo (o fanatismo) de los gobernadores locales. Cuanto más se alejaba del ámbito de la capital, más desiguales se volvían las cosas. Las repetidas demandas en los códigos legales para que se observen los mismos fallos sugieren que la legislación romana no era absoluta ni estaba asegurada en todas partes. La aplicación desigual de las leyes penales contra los cristianos en varias provincias también lo atestigua claramente. Pero la intención estaba ahí, sin embargo, para establecer la ley como un patrón uniforme de «buen estándar» en todas las provincias del imperio.

Un resultado de este movimiento centralizador, y también uno que comenzó a considerar los rescriptos legales más como una carta universal que como un simple registro de casos de precedencia, fue el desplazamiento de todo el sistema legal romano, a finales del siglo III, desde el sistema de formularios que había estado en uso anteriormente hacia un nuevo sistema de *cognitio extraordinaria*. La mayor parte de la ley privada romano antes del siglo III había sido esencialmente una forma común de «testigo de disputas», en la que dos contendientes habían acordado con sus abogados cuál era la esencia del conflicto y lo habían dejado a la resolución de un tercero sobre la base de su formulario acordado. Ahora, el estado (en la persona del emperador como personificación suprema de la ley) asumía mayores poderes por derecho propio. En lugar de la antigua adjudicación basada en el sistema, el propio Estado asumía ahora el derecho de procesar los casos de principio a fin. El honor y la dignidad del emperador como personificación del estado se convirtieron en una clave para ese tipo de protección social de la mancomunidad y su paz, que él consideraba como su deber de oficio. Por eso se convirtió en una parte clave de la administración imperial el extender una supervisión masiva del sistema legal a través de magistrados nombrados

---

[42] Para más detalles, véase J. A. McGuckin, *The Ascent of Christian Law: Patristic and Byzantine Reformulations of Antique Civilization* (Crestwood, NY: St. Vladimir's Seminary Press, 2012).

por el imperio. Los magistrados eran iconos personificados de la majestad del emperador.

El cambio en el sistema no sólo continuó con los aspectos de centralización del imperio, sino que también subrayó que ahora era el deber del Estado, no el de los individuos dentro de él, procesar a la justicia. Lo que esto significa en términos de referencia para los disidentes cristianos es que la ley no se refería en primer lugar a la preservación y defensa de los asuntos de justicia. Era principalmente una protección de la dignidad del emperador, considerada como una clave para el bienestar de la mancomunidad. Los cristianos apelaron a cuestiones de justicia. Su negativa a adoptar el simple pluralismo del culto que subyacía en el genio divino de los emperadores que actuaban como *pontifices maximi* de la religión estatal significaba que los emperadores sólo veían la desobediencia. Esa desobediencia era un asunto mucho más inmediato y apremiante que las teorías de equidad y justicia, o las sutilezas de la teología de la adoración, porque le decía a los funcionarios imperiales que aquí había un grupo que no compartía la creencia en el derecho invencible del emperador y su estado. Esto, en resumen, fue la razón por la que la disidencia cristiana en asuntos de culto fue considerada como alta traición y conllevaba la pena de muerte. En lugar de ser una protección social universal, la ley misma se había vuelto mortal para los cristianos. Algunos de los abogados de la iglesia tenían mucho que decir sobre este tema, y sus opiniones crecerían en siglos posteriores hasta convertirse en la base de una nueva política cristiana de civilización basada en los derechos. Pero, por el momento, simplemente estaban preocupados por una urgente autodefensa.

Una respuesta cristiana a la opresión romana: La teología social de Tertuliano. La mentalidad legal de Tertuliano está entretejida a lo largo de toda su obra. Es un retórico de formación clásica y tiene un conocimiento interno de los principios de la jurisprudencia romana.[43] A esto añadió una aguda habilidad en la apologética literaria y una sólida base en la filosofía ética. Es uno de los primeros que se vuelve enérgicamente contra los opositores de la clase alta de la iglesia que acusan de barbarie a lo que ellos han estado utilizando para reprimir violentamente al cristianismo. La sangrienta negativa a escuchar a la razón, argumenta Tertuliano, es una prueba positiva de que son los gobernantes los que son bárbaros, no los cristianos a los que están matando sin causa suficiente. Como fue uno de los oradores cristianos más destacados del siglo II, es natural que las cuestiones legales y morales relacionadas con la persecución del Estado por razones religiosas ocupen su mente y, por consiguiente, Tertuliano es uno de los principales testigos de cómo los cristianos pensantes respondieron a la opresión política en esta época. Sus reflexiones centrales sobre el derecho, la justicia y la sociedad aparecen predominantemente en su *Apologeticus*, que escribió en 197, pocos años después de su conversión y durante el reinado de Septimio Severo. Aquí se propone defender la tolerancia de la iglesia.

---

[43] Una consideración biográfica y literaria de Tertuliano como apologeta cristiano aparece más adelante en este capítulo.

Sabía que su tarea primordial era revertir los principios legales de la *praescriptio*. Él mismo lo había utilizado con buenos resultados en su argumento en su tratado *De Praescriptione Haereticorum*. Ahora tenía que ser desmantelado en referencia a los cargos de traición criminal en virtud de la negativa a adorar al genio divino del emperador. La prescripción funcionó en el derecho romano al descartar «fuera de los tribunales» ciertos grandes argumentos. Independientemente de su lógica o validez aparente, la prescripción significaba que eran irrelevantes en el proceso legal. El concepto todavía se aplica ampliamente en la actualidad. Cuando Tertuliano lo aplicó a los herejes (cristianos), argumentó que el alcance de las opiniones disidentes que estos diversos grupos secesionistas sostenían los convertía en testigos inadecuados para representar al cristianismo cuando se los consideraba como una entidad corporativa. Su disidencia se había hecho tan extensa que les hizo perder el título del nombre de *cristianos*. Al aplicar tal «prescripción», sintió que sus argumentos podían ser sintetizados globalmente y rechazados por el cuerpo corporativo de la autodefinición cristiana. Ahora su problema era que el mismo argumento estaba siendo usado en su contra. Por mucho que argumentó que los cristianos debían ser escuchados, la posición jurídica del Estado era que ciertos crímenes contra la religión eran intrínsecamente tan monumentalmente escandalosos que de hecho privaban al criminal de los derechos normales del debido proceso. El mismo argumento es a menudo invocado hoy en día en referencia a los delitos de terrorismo.

Tertuliano protesta que los cristianos, sólo en virtud de su religión, a los cuales se les ha inducido a resistir los ritos religiosos romanos, no han perdido las protecciones que les otorgan la ley y la justicia natural. El argumento contrario surgió del carácter sacral que aún se encuentra ligado al derecho romano clásico. La antigua ley romana consideraba que los crímenes de religión en la categoría de delitos sacrílegos se habían cometido contra el orden de justicia establecido por los dioses. Para compensar el incumplimiento de estas obligaciones sagradas, había que hacer una expiación, un sacrificio religioso de algún tipo para pagar la deuda. Al principio, para los grandes crímenes, el sacrificio requerido en la sociedad romana antigua era la vida del ofensor. Más tarde esta severidad fue reducida y sustituida por el exilio y la confiscación de bienes. Tal exilio era literalmente una «expulsión de la ley». Estaba fuera del alcance o protección de la ley romana. Era un *homo sacer*, y se consideraba que cualquiera que lo encontrara en suelo romano había cumplido con su deber religioso de vengar el sacrilegio cometido.

En los días de Tertuliano este carácter religioso aún se apegaba a la ley romana, aunque en un sentido más amplio. La raíz de las persecuciones imperiales de los cristianos (aunque sean políticamente motivadas en casos particulares, como la reacción de Nerón, o explicables sobre la base de chivos expiatorios étnicos, como los mártires de Lyon) siempre demostró un carácter profundamente religioso a las autoridades y al pueblo. Los cristianos, al rechazar el honor a los dioses que apoyaban a Roma, se habían separado definitivamente de Roma. Las turbas en las ejecuciones cristianas están verdaderamente indignadas por los «ateos» que «odian la sociedad».

La población en general temía que, al vivir en medio del imperio, pero ofendiendo a los dioses romanos día a día, los cristianos eran una amenaza para la continua grandeza de Roma y, por lo tanto, un cáncer que tenía que ser extirpado. Su negativa similar a honrar el genio divino del emperador era simplemente un ejemplo particular del deshonor general e implacable que los cristianos ofrecían a los dioses (a quienes llamaban regularmente demonios malvados). En virtud de este carácter fundamental de su religión (el rechazo a adorar a cualquier otro que no sea el Dios cristiano), ¿no se habían declarado los cristianos como criminales de facto? Fue en contra de este tipo de argumento prescriptivo que Tertuliano fue forzado a hacer uno de los primeros casos legales filosóficamente considerados de la iglesia.

Los cristianos realmente aprendieron de esto, de la manera difícil, que sus perseguidores estaban en lo correcto en su premisa principal. La forma en que una sociedad adora determina el carácter moral del cuerpo político. Esta experiencia de sufrir persecución a manos de una maquinaria estatal de justicia propia llevó a los cristianos a expresar un importante alejamiento de las antiguas actitudes religiosas de la sociedad romana y del Oriente Próximo. Se puede ver claramente en los escritos de Tertuliano, lo que equivale a una de las primeras llamadas a la libertad de conciencia en todos los asuntos relacionados con la práctica y las creencias religiosas. Esto fue una desviación monumental de la teología usual de la providencia divina que se aplicaba en las sociedades antiguas (se aplica tanto a las fuentes judías como a las paganas), a saber, que la veneración del pueblo a la deidad (o deidades) electora aseguraba pactualmente la protección y el florecimiento del estado. Así pues, la religión importaba política y militarmente: no podía existir tal cosa como la devoción privada. Los cristianos de la época de Tertuliano son uno de los primeros grupos de la historia que defienden con fuerza una cierta desconexión entre la providencia divina (digamos, tan discernida en este caso como la voluntad manifiesta de Dios para una nación) y la fidelidad al culto. Las implicaciones más plenas de esta desconexión del favor político y del sustento del culto divino tardaron algunos siglos más en elaborarse más plenamente. Fue espectacularmente escrito en la *Ciudad de Dios* de Agustín, en el siglo V, en el que demuestra la falacia religiosa de la autoidentificación como la nación favorecida por Dios sin un sentido concomitante de escrutinio moral y arrepentimiento. Pero Tertuliano ciertamente comenzó esa revisión de la teología política. Lactancio, en el siglo IV, lo llevó a un nivel más alto en sus *Institutos divinos*, en los que argumenta que la nueva *politeia* de los cristianos podría servir sólo para refrescar la filosofía moral que podría regenerar las aspiraciones de Roma de una civilización verdaderamente de clase mundial, así como para liberarla de sus actuales ilusiones de que la conquista militar y la opresión financiera constituían la verdadera civilización global que el mundo les estaba agradecido por traer.

Puesto que Tertuliano no pudo obtener una audiencia en los tribunales, escribió apelaciones especiales en forma literaria. Contra la afirmación romana de que la negativa de los cristianos a honrar a los dioses de Roma era una carga capital porque socavaba cósmicamente los honores divinos por los que los dioses habían concedido la ascendencia política de Roma, Tertuliano respondió con una respuesta acerba: Roma nunca floreció en esta tierra porque era religiosa; ganó el mundo precisamente porque era irreligiosa, siempre lista para la guerra y la rapiña.[44] No fueron los dioses de Roma los que hicieron favores a Italia, sino que, por el contrario, es el Dios supremo de toda la historia, el Dios único de toda la humanidad, el que reparte y quita los reinos.[45] Tertuliano vuelve a menudo a este insistente escenario de la historia terrenal en un marco de referencia apocalíptico. Le da a gran parte de su trabajo una interesante ventaja sociopolítica. En este caso, él implica que, si uno debe leer la historia correctamente, uno no puede simplemente leerla como una historia de tal o cual nación en particular que domina a otros y luego reclama el permiso divino para continuar la dominación. Por el contrario, la evidencia de una religión verdaderamente global argumenta que la unidad de la Deidad, que es el único Señor de la historia, hace de la cultura humana tanto una búsqueda de armonía y fraternidad como una prueba moral: ¿Qué hizo una sociedad con su momento de ascenso: extender su brutal rapiña mientras tenían la ventaja, o buscar elevar el bien común?

Debido a su dislocación de la teología simplista de la providencia, se dedujo que Tertuliano podía hacer lo que a sus antiguos contemporáneos les habría parecido una conclusión muy sorprendente. La religión, dice él, es una cuestión de conciencia privada. Es uno de los primeros teólogos cristianos en argumentar que la paz de una sociedad diversa exige que todo ser humano tenga un derecho inalienable, en virtud de ser una criatura racional y moral, a la libertad de culto. Es un privilegio de nuestra naturaleza, dice, que cada uno debe adorar de acuerdo a su más profunda convicción. Continúa diciendo que la compulsión legal de los asuntos religiosos es, por lo tanto, contra racional y contraria a la moral: «Ciertamente, no es parte de la religión obligar a la religión, a la que sólo el libre albedrío debe conducir a un ser racional».[46]

Su posición debe mucho a las teorías estoicas de la ley natural, las cuales ha mezclado perfectamente con los principios evangélicos sobre la santidad y la justicia (*tsedaqah*) como el carácter innato del Dios único. Tertuliano convierte el sentido estoico de la «ley natural» en el poder que subyace al vínculo de la sociedad humana. Para él es sinónimo de «conciencia».[47] Es esta energía fundamental de armonía y consenso la que hace funcionar a la sociedad humana. La ley es simplemente el elemento que la une en la superficie. Si el fundamento subyacente del consenso racional desapareciera, la ley no sería suficiente para sostener la sociedad humana. Es imperativo, por lo tanto, que la ley fomente y sostenga los manantiales de esta armonía moral natural y el debido orden en la sociedad. En las manos de Tertuliano, y en las de los posteriores teóricos cristianos de la ley, esta idea del consenso moral detrás de la sociedad, de la cual la ley es la cara externa, está poderosamente cargada de

---

[44] *Apologeticus* 25.
[45] Ibid., 26.
[46] *A Escápula* 1.
[47] «Ni Dios ni la naturaleza mienten». *Sobre el alma* 6.1. La conciencia es el «don primordial de Dios a la humanidad». *Contra Marción* 1.10.3.

connotaciones religiosas individuales de gracia y pecaminosidad como en los estoicos, y muy arraigada religiosamente en ambos más que en las apelaciones modernas a la utilidad social de la ley natural. Pero la idea de esta apelación a la ley natural que él usa indudablemente sirvió en el mundo antiguo como una lingua franca comúnmente reconocida entre aquellos que, durante muchos siglos pasados, habían estado argumentando que la ley estaba al servicio de la justicia y la equidad, no como una esclava del statu quo político y financiero. Tertuliano elogia el progreso del derecho romano a través de los siglos precisamente sobre esta base, que la ley se conforma cada vez más a la justicia a medida que la sociedad madura.[48]

El argumento de Tertuliano habría sido fácilmente reconocido por cualquier jurista bien educado de la época y habría evocado cierta simpatía, haciéndose eco de algunas fuentes clásicas propias como Ulpiano, Paulo y Cicerón, que habían hecho casos similares.[49] El verdadero problema con la posición de Tertuliano, sin embargo, se ilustra en su afirmación de que la feroz determinación de los mártires cristianos de no hacer ningún compromiso con la autoridad romana era simplemente una manifestación de la determinación tranquila del sabio estoico.[50] Este «sin compromiso: sin conformidad» (porque se trataba de un culto religioso) era incuestionablemente difícil de tragar para la mayoría de los magistrados locales como algo remotamente parecido al ejercicio de la razón, cuando la religión para el romano ordinario era probablemente comparable a un simple saludo cívico de la bandera. No podían ver por qué la devoción al nuevo dios, Cristo, excluía toda reverencia a los ritos estatales, a menos que esos ritos fueran odiosos a la nueva religión por motivos políticos. Además, la convención legal de distinguir las clases en *nobiles* (clases con propiedades que merecían un castigo diferente y un trato más amable) y vulgares, o gente común, que sólo merecían ser quemados o arrojados a las bestias si se apartaban de los valores de sus superiores, significaba que mucho (si no todo) del argumento de Tertuliano estaba destinado a caer en oídos sordos.

Los mártires cristianos fueron retirados del proceso reglamentario debido a la naturaleza de la acusación que los puso en la categoría de criminales por sacrilegio, *lèse majesté*, asociación política ilícita o práctica de la magia.[51] Los cargos de *lèse majesté* y sacrilegio eran los favoritos, y estos dos focos (que están muy estrechamente asociados en el pensamiento jurídico romano)[52] se convierten así en la estructura de argumentación que gobierna el *Apologeticus* de Tertuliano.[53] Los delitos de esta

---

[48] Véase J. C. Fredouille, *Tertullien et la conversion de la culture antique* (Paris: Etudes Augustiniennes, 1972), 246.
[49] Véase A. D'Alès, *La théologie de Tertullien* (Paris: Beauchesne, 1905), 407.
[50] *Apologeticus* 49.6, 50.
[51] La asociación política ilícita está estrechamente relacionada con la rebelión armada y la ocupación de un templo (por lo tanto, sacrilegio) y se le imponen las mismas penas legales. *Digest* 47.22.2; Ulpiano 1.6; *On the Office of Proconsul*. Cf. D'Alès, *La théologie de Tertullian*, 385.
[52] *Digest* 48.4.1; Ulpiano 1.7. *On the Office of Proconsul*: «Lo que se llama traición está muy cerca del concepto de sacrilegio. Lèse-majesté es el crimen cometido contra el pueblo romano, o contra su seguridad, y son culpables de ello quienes han iniciado acciones por consejo malicioso, o asociación real». D'Alès, *La théologie de Tertullian*, 385.
[53] «Ocupémonos de las acusaciones de sacrilegio y traición; porque ésta es la principal acusación contra nosotros; de hecho, es la única acusación». Tertuliano, *Apologeticus* 10.

naturaleza fueron instruidos para ser tratados mediante un proceso sumario acelerado, ante un juez sin necesidad de otra representación, y conllevaban penas capitales automáticas.[54] Lo que leemos, en la historia cristiana posterior, como las extraordinarias (a veces románticas pero generalmente horrendas) torturas de los mártires fueron simplemente las penas estándar de los siglos II y III por tratar con lo que se consideraba una oposición sistemáticamente organizada al Estado. La antigüedad fue una época brutal. Los actos de los mártires, al detener los sufrimientos de los justos criminales por la compasión y el respeto del público, tienen por objeto cambiar la percepción social de la justicia y la de la compasión. Pero en cuanto al problema de Tertuliano de plantear una defensa legal de la iglesia que rodeaba la valla de la *praescriptio*, su gran dificultad fue cómo montar el argumento de la libertad religiosa sin condenarse a sí mismo en la primera frase.

Él expone el caso de que los cristianos niegan la existencia de los dioses de Roma, ciertamente, pero no niegan la existencia de un Dios supremo que gobierna los asuntos de la humanidad.[55] Tampoco son los únicos que niegan la existencia de muchos dioses, ya que comparten este escepticismo con muchas de las clases educadas que los condenan por ello.[56] Por lo tanto, él plantea la cuestión del shibolet de que si todos los que negaron la realidad del panteón romano fueran culpables de traición, quedarían pocas personas a salvo. Por lo tanto, aplicar brutalmente la prescripción legal de que todos los que niegan a los dioses son dignos de ser ejecutados, es una escandalosa abrogación de la razón, que cualquier discusión racional (en caso de que a los cristianos se les concediera tiempo en la corte para exponer sus creencias religiosas) sería capaz de disipar.[57]

Así que, si la creencia en los dioses no está en juego, en realidad, argumenta él, queda la cuestión de la lealtad política de los cristianos. «Un cristiano», dice Tertuliano, «no es enemigo de nadie, y menos aún del emperador de Roma, a quien cada creyente sabe que ha sido asignado a ese lugar por Dios, y a quien no puede sino amar y honrar».[58] El deber cristiano de amar y obedecer al emperador no significa, sin embargo, que los cristianos no tengan el derecho de los ciudadanos de criticar o corregir los abusos. El mandato del Señor de «dar al César lo que es del César» también significa que tienen el deber de retener de él lo que no es suyo.[59] Pero el emperador, si es un verdadero emperador de los romanos, él mismo reconocerá los límites de lo que es justo y recto. Dios, dice Tertuliano, lo ha designado al poder para hacer cumplir leyes justas. Este es su deber primordial, su misma *raison d'être*.[60] Debe

---

[54] *Pauli Sententiae*, 5.29.1. «Las clases bajas deben ser arrojadas a los animales, o quemadas vivas; y las clases más nobles deben ser decapitadas». D'Alès, *La théologie de Tertullian*, 385.
[55] *Apologeticus* 11.
[56] Cicerón es un buen ejemplo en su *De natura Deorum*.
[57] *Apologeticus* 11
[58] *A Escápula* 1.
[59] *Apologeticus* 32.
[60] Ibid.

preservar la paz y castigar al malhechor.[61] Si alguna vez revirtiera este orden natural designado divinamente y, en cambio, castigara al justo y recompensara al malvado (como lo demuestran las persecuciones), entonces presidiría una gran revolución en buen orden. El derecho debe sostener el fundamento de toda sociedad, que es la razón. La persecución de los cristianos inocentes es, por lo tanto, contra racional.[62] Pero si el emperador cumple su verdadera función, entonces merece la obediencia de todos los ciudadanos, y en este sentido los cristianos no carecerán de mostrar su lealtad.[63]

En esto, por supuesto, Tertuliano (un africano mismo) se apartó a sabiendas de una cierta tendencia en el cristianismo norafricano anterior que había glorificado la resistencia del mártir precisamente porque despreciaba a la ciudad terrenal y a todos los gobernantes paganos. Tal actitud se encuentra en la cruda «alteridad» de la Pasión de los Mártires Escilianos, escrita después de su ejecución en 180. Aquí hay poco terreno común entre el cristianismo y el imperio, poca conciencia de cualquier expectativa cristiana de hacer mucho más en este cosmos que dar testimonio de su fallecimiento, y ciertamente poca religiosidad cívica como la de Tertuliano.[64] Pero textos como la Pasión de los Mártires de Escilianos probablemente representaban las mentalidades más simples de las aldeas de hombres y mujeres que nunca habían mirado más allá de los límites de sus pequeñas posesiones, nunca sintieron la necesidad de articular una visión social cristiana más amplia de la manera en que lo hizo Tertuliano. Él tenía la vista puesta en horizontes mucho más amplios. Estaba sintiendo los vientos correctamente. En menos de 150 años los cristianos no sólo serían escuchados, sino que tendrían influencia en los asuntos imperiales.

Las persecuciones sirven como pruebas de fuego para el registro de los emperadores individuales, argumenta Tertuliano. Ellos dividen a los gobernantes en dos tipos: sabios y brutales.[65] Uno puede elegir ser como un Nerón o como un Augusto, que se mostraba reacio a recibir honores divinos.[66] A nivel local, señala, muchos magistrados demuestran su humanidad y sabiduría rechazando sumariamente los casos que se presentan contra los cristianos, simplemente por su propio amor a la justicia y a la ley.[67] ¿Por qué el maestro de la ley debería ser menos clemente? Para insistir en este punto, presta especial atención al rescripto de Trajano a Plinio, que había investigado a los cristianos de Asia Menor y los había declarado básicamente

---

[61] *El aguijón del escorpión* 14.1.

[62] *La corona* 4.5. Él va más allá, por supuesto, y demuestra hasta qué punto la moralidad y la filantropía cristianas han beneficiado al Estado: *Apologeticus* 36; 37.8; 39.

[63] *Apologeticus* 30–32; 33.1; 36.2.

[64] El 17 de julio de 180, un grupo de doce jóvenes cristianos fue llevado ante el procónsul Publio Vegelio en la ciudad africana de Scillium o Escilio. Uno de ellos, Esperato, habló por todos ellos, y su diálogo en la corte fue escrito. El procónsul les pidió que «volvieran a sus sentidos» para recibir la clemencia de su señor el emperador. Esperato respondió: «Nunca hemos hecho nada malo ni hemos cometido ningún crimen. Incluso cuando la gente nos maltrataba, dábamos gracias, porque honramos al emperador». Cuando el procónsul les pidió que juraran ante el genio divino del emperador, Esperato continuó: «No conozco el imperio de este mundo. Al que sirvo le pertenece a Dios».

[65] *Apologeticus* 1.5.

[66] Ibid., 5; 34.1.

[67] Los jueces locales tienen un amplio margen de maniobra en las audiencias. Sin embargo, una vez que se iniciaron, los resultados fueron predeterminados. Cf. *A Escápula* 4.

inocentes. Según Tertuliano, el emperador Trajano declaró en un rescripto oficial que ya no se debe buscar a los cristianos por su nombre, sino que se debe castigar a los que ya han sido puestos en conocimiento de las autoridades. Pero, ¿qué inconsistencia legal fue esta, concluye Tertuliano? Si son inocentes, ¿por qué deberían ser castigados?[68] Incluso cuando Tertuliano promete a los romanos su lealtad, siempre existe la importante y necesaria advertencia que subyace en todo juicio cristiano sobre la política social. La lealtad nunca debe ser absoluta o irreflexiva; la obediencia social siempre depende de que se le dé lealtad a una autoridad nombrada por Dios cuyo deber es, pagana o cristiana, simplemente sostener lo que es correcto. En consecuencia, la raíz del deber social cristiano es siempre recordar a los líderes este límite de su autoridad: y es seguramente por eso que rara vez se les agradecerá por ello.

El papel de la razón subyace en todo su pensamiento más amplio sobre el ordenamiento jurídico, y se deriva directamente de su antropología teológica profundamente arraigada. Para Tertuliano, Dios ha establecido un orden en la sociedad, que es una cúspide de lo que ha establecido como el sistema racional que subyace a toda la creación.[69] La humanidad es el punto culminante de esa creación y emerge como Señor de la creación en la mímesis del Padre Creador, en la medida en que la humanidad demuestra el *Logos* en la tierra; esa es una forma de vida que se vive conscientemente de acuerdo con los dictados de la razón y el orden.[70] El orden moral es el principal de estos aspectos que ponen a los sistemas sociales humanos en armonía con los órdenes naturales de la creación. La vida racional de la sociedad es, en definitiva, la más alta manifestación de la ley natural, no algo opuesto a ella. Sin embargo, puede ser pervertida, y cuando la humanidad lleva a cabo un estilo de vida desordenado, dado a actividades egoístas e inmorales en lugar de un cuidado social filantrópico, entonces no sólo se trastorna la sociedad, sino que toda la creación está desequilibrada, ya que su cabeza designada por Dios, la raza humana, ha caído en la irracionalidad subhumana. Un estilo de vida razonable y mutuamente filantrópico produce la armonía social y la paz de la sociedad, que permite que todo el arte civilizado florezca. Precisamente por eso, dice Tertuliano, el emperador ha sido creado por Dios para presidir la administración de la justicia razonada en la tierra,[71] y es por eso que ordena la lealtad de los cristianos.[72]

---

[68] *Apologeticus* 2.9.

[69] El imperio de Roma tiene un papel que desempeñar en ese sistema en evolución. A pesar de que muchos han leído (quizás sin cuidado) que Tertuliano es innatamente hostil a la política romana, un análisis cuidadoso más reciente ha demostrado que los cultos paganos y su arraigo en el sistema político son su objetivo constante. Contempla el sistema de gobierno imperial como una fuerza cultural que ha sido bendecida por Dios con un inmenso potencial para el bien humano. Su teología política está enmarcada dentro de una visión apocalíptica, arraigada en la Biblia, del juicio global de Dios sobre los asuntos humanos. Véase R. Klein, *Tertullian und das romische Reich* (Heidelberg: C. Winter, 1968); A. Z. Ahondokpe, *La Vision de Rome chez Tertullien*, 2 vols. (Lille: A.N.R.T, Université de Lille, 1991).

[70] *Sobre el alma* 17.11; *Apologeticus* 4.5.

[71] *Apologeticus* 30.2; *A Escápula* 14.1.

[72] *Apologeticus* 30–32.

Tertuliano argumenta constantemente a lo largo de sus escritos que, de todas las formas de sistemas sociales humanos, es el de los cristianos el que más eficazmente traerá la paz al corazón de la sociedad humana, ya que es una revelación de un estilo de vida construido sobre la premisa del amor. Dentro del cristianismo, dice Tertuliano, el amor es por primera vez en la historia elevado como la regla suprema de la sociedad, la visión más elevada de la comunión social.[73] Es tanto la perfección de una vida individual como el perfecto florecimiento del deseo de Dios para la sociedad. Esta ley de amor es la ley universal establecida como un orden natural dentro de la humanidad, aunque ha luchado por emerger, primero creciendo en el código social del antiguo Israel, que fue establecido por Dios para enseñar al mundo—pero nunca perteneciendo únicamente a Israel, ya que la ley de amor fue establecida en el corazón de esa primera ley que Dios dio a Adán y Eva, a partir de la cual se desarrolló posteriormente la ley de Moisés.[74] La manera en que el cristianismo ha llevado esta ley natural a su perfeccionamiento divino dentro de la sociedad es, para Tertuliano, una revelación mayor de la verdad al mundo de su tiempo. La ley del amor universal es llevada, por mandato de Jesús, al campo de la caridad incluso a contracorriente: «Nuestra perfecta y única forma de bondad», comenta Tertuliano, «no es algo que se comparta con otros. Todos aman a sus amigos. Sólo los cristianos aman a sus enemigos».[75] Pero todas las leyes de la humanidad, para Tertuliano, en la medida en que son intentos explícitos de conducir a la sociedad a la virtud, derivan directa y divinamente de la ley de Dios como su antiguo modelo.[76]

El estándar más alto de la vida moral de los cristianos en el imperio, y su comportamiento razonable y pacífico, dice él, es el nuevo movimiento que elevará al imperio a un estándar más puro de cultura. Pero es precisamente esta norma más elevada la que, en su época actual, ha molestado a los vecinos de los cristianos, que claramente prefieren vivir una vida brutal y desean así aniquilar a los cristianos de entre ellos. Su argumento aquí vuelve al punto de partida, insistiendo en que la persecución es el ejemplo perfecto de desorden social: un movimiento profundamente irracional, iniciado a un nivel simplista por turbas irreflexivas y socialmente destructivas, pero sostenido a un nivel más dañino por los funcionarios legales romanos, que deberían haber visto en toda conciencia que el estilo de vida cristiano está profundamente apegado a la razón y a la moralidad y que, de hecho, debería ser protegido como benefactor de la sociedad. Son sólo las oraciones de los cristianos, argumenta Tertuliano, las que refrenan la ira de Dios de estallar sobre las corrupciones de la vida romana. Son sus oraciones las que a menudo han asegurado las victorias romanas en tiempos de guerra.[77]

---

[73] *Tratado de la paciencia* 12.8; *La fuga en la persecusión* 14.2.
[74] *Contra los judíos* 2.4.
[75] *A Escápula* 1.3.
[76] *Apologeticus* 45.
[77] Ibid., 4.2; 5.4; *A Escápula* 4.1.

Aunque muchos de los escritos y reflexiones de Tertuliano fueron producidos bajo coerción, como respuestas ocasionales a problemas apremiantes, es extraordinario cuán amplias son sus reflexiones sobre la política teológica. En el curso del montaje de una demanda inmediata de equidad legal, razonabilidad y equilibrio moral para el beneficio de sus sufrientes correligionistas, expone una comprensión más profunda y una visión más amplia de lo que constituiría una sociedad verdaderamente justa. Aunque está profundamente arraigado en la filosofía moral estoica, su visión es mucho más que eso; lleva a la política social más allá de las generalidades de una apelación sofística a la «ley natural» como un supuesto vínculo social. Tal llamado todavía sostenía las distinciones básicas romanas de clase, beneficiando a la élite y oprimiendo a los pobres. Tertuliano es capaz, apelando a una teología del amor cristiano elaborada racionalmente, de establecer una visión verdaderamente equitativa de una comunidad, en la que el líder supremo es un juez, no un tirano—alguien que debe gobernar de acuerdo con un sistema de valores equitativos acordados y cuya tarea es elevar y proteger esos valores tan ampliamente como sea posible. Más que esto, encontramos por primera vez en un teólogo cristiano serio una defensa profunda del valor de la conciencia individual y la libertad de religión. Tertuliano da a toda la reflexión cristiana subsiguiente sobre el derecho y la teoría social un punto de referencia significativo. A sus inmediatos sucesores latinos, Lactancio y Agustín, les puso un listón y determinó una agenda que ambos reconocieron que debía ser elaborada extensamente en la nueva era de la ascendencia cristiana de la *Pax Constantina*.

ACTITUDES HELENÍSTICAS HACIA EL CRISTIANISMO: EL CASO DE CELSO

El filósofo del siglo II Celso nos da una ventana muy diferente a la iglesia de este período. Odiaba el cristianismo con una pasión que se refleja en una obra muy hostil que compuso en el año 177, durante el reinado de Marco Aurelio y su hijo Cómodo, contra la iglesia y varios aspectos del judaísmo, titulada *Logos Alethes* (*Un discurso verdadero*).[78] Esto con toda probabilidad utilizaba un juego de palabras con los diversos significados de *logos* como «palabra», «tratado», «razón» o «discurso», sabiendo perfectamente que los intelectuales cristianos estaban empezando a reclamar la idea como una designación de la Palabra encarnada en Jesús. El tratado era tan acerbamente burlón de Cristo y su religión que la iglesia lo enfrentó con silencio por más de una generación: quizás algo así como una *damnatio memoriae* contra un intelectual popular que aprovechó un tiempo de persecución para dar supuestas razones morales por las que esa violencia estaba justificada.[79] No fue sino hasta el tiempo de Orígenes de Alejandría en el año 248 que un intelectual cristiano dio una respuesta sistemática a sus acusaciones, aunque algunos han visto insinuaciones de una respuesta en el anónimo texto cristiano Diogneto.

---

[78] Orígenes, *Contra Celsum* 8.71, sugiere un imperio articular.
[79] Ibid., 8.69.

La obra de Celso en sí misma se ha perdido (los cristianos no la conservaron por su parte) excepto por las muchas citas que Orígenes da en su tratado de refutación *Contra Celsum*, que nos permite ver la sustancia de sus ataques.[80] Sin embargo, es posible que Orígenes sólo haya dirigido su atención a la parte de la escritura de Celso que tenía una relevancia directa en los asuntos cristianos. Así que no podemos presumir de los fragmentos de Orígenes que tenemos el tratado completo. Sin embargo, tiene cierto interés, ya que por primera vez un intelectual pagano se molestó en examinar el nuevo movimiento (ha leído las Escrituras para hacer su investigación básica) y hacer una crítica sostenida. El conflicto entre las escuelas que esto representa bien podría haber tenido lugar en Roma o en Alejandría y es otro aspecto de ese choque regular de las escuelas de la ciudad que uno encuentra dentro del movimiento cristiano en el siglo II (y después) entre católicos y herejes, y también fuera de él entre las diversas filosofías rivales y cultos religiosos (de los cuales había muchos).

Orígenes llama a Celso un epicúreo,[81] pero es principalmente desde el punto de vista de una forma ecléctica de metafísica y teología mediaplatónica que él viene a la iglesia, y bien podría haber sido consciente de las afirmaciones de intelectuales tales como Justino Mártir, Atenágoras o la escuela primitiva del Logos de que la iglesia era el cumplimiento de las aspiraciones de las escuelas humanas de sabiduría.[82] Él responde que encuentra el cristianismo lleno de ignorantes, que dan más peso a la fe ciega que al aprendizaje o al juicio, aunque hay, admite, algunos pocos intelectuales entre el movimiento que son tolerablemente educados y hábiles en la interpretación alegórica de los textos. Pero en general encuentra los textos y las doctrinas insufriblemente bárbaros y piensa que el cristianismo es un gran paso atrás en el desarrollo de la religión, sobre la base de que durante siglos la filosofía ha estado refinando la idea vulgar de que los dioses asumen formas humanas y tratan de llevar a las almas a las alturas de la trascendencia divina mediante la reflexión ascética sobre la verdad. Ahora aquí viene una religión que deifica a un judío crucificado (tiene todos los prejuicios sociales y raciales de su clase), afirmando que esta despreciable ejecución es el punto central de toda la tradición filosófica, moral y cultural de la raza humana. La encarnación del Logos fue un escándalo para el filósofo antiguo (como bien sabía el evangelista al escribir Jn. 1:14), y Celso está muy ofendido por el pensamiento de desarrollar la metafísica y la moral cristiana a partir de la base de la cristología evangélica. Su particularidad y exclusividad materialmente fundamentada es lo que más le sorprende. Como resultado, ofrece un desmantelamiento sistemático de las reivindicaciones cristianas.

---

[80] J. M. Vermander ("De quelques répliques de Celse dans l'apologétique de Tertullien," *Revue des Etudes Anciennes* 16 [1970]: 205-25) ha pensado ver respuestas a varias acusaciones de Celso dadas en los apologetas sin nombrarlo: Tertuliano, *Apologeticus* 21; Minucio Félix, *Octavius* 10-12; Teófilo, *A Autólico* 3.

[81] Orígenes, *Contra Celsum* 1.8; Eusebio *Historia eclesiástica* 6.36. Probablemente lo dice como abreviatura de «escéptico de tipo ateo».

[82] Orígenes se refiere cuatro veces al comentarista neopitagórico Numenio: *Contra Celsum* 1.15; 4.51; 5.38, 57.

Los cristianos, dice él, merecen la censura pública que reciben porque sus asambleas son ilegales.[83] El amor (*agape*) del que se jactan tanto no es otra cosa que el corolario de un grupo que se mantiene unido bajo amenazas externas. La enseñanza es bárbara, completamente arbitraria, y éticamente hablando no ofrece al mundo nada nuevo: sólo una medida de conceptos reciclados.[84] Cristo mismo era un hombre sencillo, nacido de la manera natural de la judía María, posiblemente por medio de un nacimiento ilegítimo, como relatan algunas de sus fuentes, y fue desgraciadamente ejecutado y ganado seguidores sólo en tiempos muy recientes mediante el uso de métodos de hechicería para convencer falsamente a la gente de que tenía poderes divinos.[85] Los hechos mágicos que hizo no eran mejores que los magos egipcios, de los que probablemente aprendió su oficio, y se acumulan sólo en cuentos populares para convencer a los ingenuos. De hecho, la iglesia está llena de ignorantes y prejuicios.[86] Los seguidores de este nuevo culto prefieren la fe ciega a la reflexión razonada y son rígidos en esa actitud. La doctrina de la resurrección es una corrupción de la doctrina helenística más pura de la inmortalidad de las almas.

El esquema cristiano podría, después de todo, admite él, tener algún valor en servir para instruir a los incultos en asuntos básicos de comportamiento moral, pero qué desastre que todo el movimiento siga el estilo judío de desconexión exclusiva de la corriente helenística, o la sabiduría de los persas, donde la adoración pluralista demuestra que todas las grandes verdades tienen una raíz común en la sociedad humana.[87] Su estrecha misantropía lleva a los cristianos a convertirse en malos ciudadanos, antipatrióticos, que no están dispuestos a emprender la defensa de la patria, y, en general, políticamente, son indignos de confianza. Sólo adoptando el liberalismo helenístico pueden ascender desde el estrecho foso en el que se han cavado.

Celso en un sentido está haciendo una especie de alcance evangélico propio a los cristianos. Su principal deseo es que se respeten los caminos de los antepasados y se honren los ritos de los dioses en un ecumenismo pluralista que les permita servir como modelos de la verdad más profunda (filosófica) que los más educados ya han percibido. Es el separatismo lo que más le molesta, sin embargo: una actitud que encuentra más censurable ya que argumenta que Moisés, que está detrás de todo el sistema cristiano, más o menos robó todo lo que tenía de mérito de las tradiciones de otras naciones y de otros sabios. Este último argumento es algo en lo que los filósofos cristianos se centrarán particularmente para revertir los mismos términos de él: que la revelación de Moisés era más antigua que la de los helenos. La antigüedad importaba en esta época como carácter fundamental de la verdad, y la sorprendente novedad de Jesús era, para Celso, un simple testimonio de cómo la religión eran *res novae*: las

---

[83] Ibid., 1.1; 8.17.
[84] Ibid., 1.2-5.
[85] Ibid., 1.6.
[86] Ibid., 1.26-27.
[87] Ibid., 8.42.

palabras significan literalmente «cosas nuevas», pero para los romanos de la antigüedad tardía eran en realidad el término para «revolución». Celso representa gran parte de la actitud de Marco Aurelio, la del emperador Juliano (apóstata) en el siglo IV, y la del senador romano Símaco, cuyas críticas similares a la de Agustín se vieron impulsadas a responder en su *Ciudad de Dios* en el siglo V.

Orígenes comenzó su libro a petición de un mecenas cristiano, Ambrosio.[88] Al principio decidió responder punto por punto, pero al darse cuenta de que esto lo esclavizaría a la agenda de Celso y terminaría con un tomo gigantesco, comenzó a usar a Celso más bien como una caja de resonancia para desarrollar sus propios conjuntos de principios más generales, contemplando cómo el cristianismo «encaja» en la historia de la cultura. Es interesante ver cómo su mente se desarrolla en esto. Claramente es un filósofo más espacioso y erudito que el crítico (muerto) que se propone refutar. Donde Celso es un brillante apologeta, listo con una frase contundente y un acerbo desprecio, Orígenes piensa en el gran esquema de la verdad. Orígenes considera a Celso como un hombre muy inteligente, pero no muy sabio. La verdad tiene un carácter, argumenta él, que es consistente consigo misma. A pesar de todas las antiguas tradiciones de las que se jacta Celso, supuestamente unidas en un vínculo de sociedad proporcionado por el culto común a los dioses, el hecho es que los helenos se adhieren a ridículas religiones míticas cuyos dioses no son dignos de ningún respeto, y mucho menos de veneración. Sus religiones y sus tradiciones de sabiduría están en serio conflicto entre sí. La sabiduría mística y antigua de los persas, que Celso tan seductoramente señala, por ejemplo, mientras se burla de la cristología, equivale al final a supuestos sabios que adoraban el fuego, lo que hace que el observador sea muy escéptico acerca de la calidad de esta supuesta sabiduría espiritual que no puede diferenciar entre las creaciones de Dios y el Dios que las crea.

El patriotismo que llama Celso, dice Orígenes, no se manifiesta en una adhesión ciega al argumento de que «el poder es lo correcto» que el imperialismo romano tiende a presuponer como natural, sino más bien refinado en una sociedad que apela a la justicia como el verdadero vínculo de cohesión social. Dios usó a Roma como instrumento evangélico. El sistema de caminos que cruzaron por primera vez el mundo entero en la época de los romanos se convirtió en el medio para la evangelización del mundo, argumenta Orígenes. Cristo Jesús se presenta como un humilde y poco atractivo maestro de virtud y no escoge ningún adorno glorioso terrenal para hacer que su doctrina se extienda por todo el mundo. Él es el agente natural de la Sabiduría eterna de Dios, que mora en él. Su verdad, que es amorosa, humilde, valiente y racional, llega a la humanidad en virtud de su propio carisma divino de claridad. Ese carisma de la frescura de la verdad y de la autenticidad inherente permanece en el mensaje cristiano hasta el día de hoy, dice él, renovando su fuerza de convicción generación tras generación. Usando a Pablo, como lo hace tan a menudo, Orígenes

---

[88] Ibid., 6.8; Eusebio, *Historia eclesiástica* 6.34-36. Ambrosio financió varios de los proyectos literarios de Orígenes. Era un seguidor gnóstico a quien Orígenes había convertido de nuevo a la gran iglesia, y para quien Orígenes escribiría más tarde su *Exhortación al Martirio*, poco tiempo antes de su propio arresto y tortura.

argumenta que el Logos asumió la carne como un misterio oculto de sabiduría. Y, como Pablo enseña, la sabiduría de Dios puede ciertamente parecer locura a los sabios de este mundo, que están fuera de la gracia de la revelación (1 Co. 1:25).

Para Orígenes, la arrogancia de Celso (que puede llegar a la verdad a la luz de la razón humana sin ayuda) le ha cegado. La humanidad no puede elevarse a lo divino. Lo divino tiene que rebajarse al espíritu humano y limpiarlo de las tinieblas en las que se ha velado a sí mismo y de su sensibilidad religiosa. Fue esta comisión la que respondió al trabajo de Celso, junto con su propio deseo de fundar una escuela universitaria en Cesarea que estuviera abierta a todos los buscadores de la verdad y que utilizara la revelación bíblica como método principal para evaluar el mérito y el valor de los sistemas filosóficos, lo que hizo de Orígenes una de las grandes mentes de la iglesia del tercer siglo.[89] Fue capaz de reunir como sistema de la metafísica de la salvación los aspectos más fragmentados y aleatorios de los primeros teólogos y apologetas del Logos y de considerar el esquema cristiano en relación tanto con la filosofía como con la doctrina bíblica. Es el primer gran filósofo del que los cristianos pueden jactarse. En su *Carta a Teodoro* Orígenes fue uno de los primeros (de muchos seguidores) que tomó la historia de los judíos en Egipto siendo instruidos por Dios para «despojar las casas de los egipcios» (Éxodo 3:22) antes de partir en su éxodo como indicación alegórica de cómo la iglesia debe pasar de su base segura en la revelación bíblica a un cierto saqueo de todo lo que era de valor en las tradiciones helenísticas de la filosofía y la cultura: aceptando y valorando lo que era verdaderamente útil para la cultura humana y siendo capaz de rechazar y dejar de lado lo que era dañino. Esto se convirtió en una verdadera carta de navegación para la iglesia del siglo IV y después en la creación de una teología de la civilización cristiana.

Aunque le había tomado casi una generación pensar en ello, Celso no sólo conmocionó a la iglesia de su tiempo con sus preguntas, sino que finalmente la estimuló para que se diera cuenta de que tenía una misión significativa para la *intelligentsia*. Una de las principales diferencias, tal vez, entre la iglesia del siglo II y la del siglo III es la creciente gama de personas socialmente elevadas y más altamente educadas que atrajo. Esto obviamente significaba que un mayor número de sus líderes serían de las clases educadas también. Por primera vez en el siglo III comenzamos a ver evidencia de esto en el mayor número de escritos episcopales y presbiterales que comienzan a llenar el gabinete de literatura cristiana de la iglesia.

ÓRDENES RIVALES NO CRISTIANAS

Mitra. El culto al dios iraní Mitra tiene profundas y antiguas raíces en Persia. El dios se menciona también en el Rigveda indio. El culto romano a Mitra, sin embargo,

---

[89] Su diseño curricular incluyó astronomía, filosofía y análisis textual: se describe en el *Discurso de agradecimiento de Teodoro* (*Panegyric*).

aunque en un tiempo se pensó que tenía una estrecha relación con la religión iraní, de la que una vez fue exigido, ahora se considera que ha sido un fenómeno particularmente discreto de la globalización del imperio romano y una llegada relativamente tardía a la escena imperial romana.[90] El culto es llamado los «misterios de Mitra» o a veces los «misterios de los persas» por los antiguos, pero probablemente de la misma manera que el culto de Hermes Trismegisto adoptó el manto de los «antiguos y misteriosos» ritos religiosos egipcios para dotarse de un atractivo patrimonio antiguo, o el culto greco-egipcio de Serapis intentó posicionarse a sí mismo como antiguo. La novedad era fatal para cualquier religión en el mundo antiguo, y el cristianismo pagaba muy caro su carácter reciente, proletario y escandaloso, abiertamente reconocido. El mitraísmo apareció al mismo tiempo que el cristianismo, en el siglo I d.C., y rivalizó con la iglesia como un culto de rápido crecimiento antes de que se desvaneciera en el siglo IV, más o menos completamente. En los siglos formativos cristianos, sin embargo, el mitraísmo tuvo una popularidad mucho más abierta que el cristianismo, aunque lo más probable es que fuera una «religión del hombre»; y aunque esa podría haber sido su fuerza en un sentido, también fue su severa limitación en otro.

Los primeros comentaristas a menudo emparejaban los movimientos cristiano y mitraico (buscando paralelismos y préstamos mutuos), pero no era un enfoque fructífero, y lo más probable es que no hubiera ninguna confianza mutua explícita en absoluto. Los mitraístas estaban felices de no preocuparse por los detalles de la doctrina y los credos o las raíces históricas y las tradiciones interpretativas. Estaban más interesados en las ceremonias prácticas de unión y en las actitudes arquetípicas. Este desinterés a gran escala por el dogma y las precisiones morales lo hacía ideal como una forma sincrética de unión entre muchos otros cultos. La pertenencia religiosa mutua no sólo era posible, sino que también se fomentaba. Y, sin embargo, mirando el gran poder de atracción que obviamente tenía el mitraísmo, tal vez pueda arrojar algo de luz sobre las cualidades y caracteres que explicaron también la rápida expansión de la religión cristiana. Ambas eran religiones de la liberación y de la victoria de los buenos, con figuras redentoras heroicas en el centro del culto. Tenían cosas en común, aunque las disparidades eran numerosas. Algunos comentaristas cristianos, como Justino Mártir, Minucio y Tertuliano, encontraron que las similitudes en los rituales (en particular en las comidas sacramentales) eran una burla deliberada del diablo a la iglesia.[91] Pero todos los paralelismos citados son probablemente lugares

---

[90] En particular, Franz Cumont, el fundador de los estudios mitriacos modernos, exploró la supuesta conexión iraní en su obra en dos volúmenes: *Textes et monuments figurés relatifs aux Mystères de Mithra* (Brussels: H. Lamertin, 1894–1896). Su volumen introductorio se considera ahora anticuado, pero el segundo volumen recoge los datos antiguos (vea el texto en línea en https://archive.org/details/textesetmonument02cumouoft). Para más detalles, véase R. Beck, "Mithraism Since Franz Cumont," *ANRW* II.17.4, 2002-2115.

[91] Véase Justino Mártir, *First Apology* 66. «Porque los apóstoles, en las memorias compuestas por ellos, que se llaman Evangelios, nos entregaron lo que se les había mandado, a saber, que Jesús tomara el pan y, después de dar gracias, dijera: "Haced esto en memoria de mí, porque éste es mi cuerpo", y de la misma manera, habiendo tomado el cáliz y dado gracias, dijo: "Ésta es mi sangre", y se la dio a ellos solos. Ahora bien, los demonios malvados han imitado en los misterios de Mitra, ordenando que se haga lo mismo. Porque como ustedes saben, o pueden aprender, el

comunes de la vida y la religiosidad helénicas, más que una mímica deliberada de ambos lados.

Adoptando muchas características de las religiones mistéricas arcaicas, el culto mitraico era inmensamente reservado. No propagó su doctrina abiertamente. Como resultado, es necesario reconstituir lo que se enseñaba y cómo se llevaban a cabo los rituales a partir de los muchos artefactos rituales (estatuas y frisos) que sobreviven en todo el imperio, pero especialmente en Italia. No hay fuentes literarias sobrevivientes que relaten la doctrina, ni escrituras existentes. Porfirio, filósofo neoplatónico del siglo III, nos dice que los relatos de la fe mitraica existían, como los de Eubuleo y Pallas, pero no han sobrevivido.[92] La interpretación de los restos del exterior del culto es, por lo tanto, la manera principal de reconstituir el *mythos*, o narrativa sagrada, de la religión.

En pocas palabras, tiene este formato: El dios nace de una roca. Se le identifica como un joven héroe con un gorro frigio.[93] Caza y luego mata un gran toro en una caverna. Luchar contra el suelo y apuñalar su cuello (*tauroctonía*) es uno de los principales símbolos rituales de los lugares de culto. Se encuentra con el dios sol (Helios), quien se arrodilla ante él. Los dos dioses se dan la mano y cenan juntos sobre los restos del toro. Otras figuras divinas a veces se asocian con el héroe divino.[94] Una aparición bastante frecuente es la de un joven desnudo con la cabeza de un león. Tiene una serpiente entrelazando su cuerpo alado, que apoya su cabeza sobre la cabeza del león. La cara de león tiene un aspecto sombrío. Este joven a veces se para sobre un globo que lleva una llave y un cetro en sus manos. En algunas representaciones hay cuatro animales zodiacales presentes. Un escorpión se adhiere a los testículos del toro.[95] Un perro y una serpiente se acercan a la salida de la sangre del toro, y también hay un cuervo.

El culto romano se basaba especialmente en la capital y se extendió por todo el imperio, principalmente a través de los militares, desde allí. Los lugares rituales de reunión se llamaban cuevas (*spelaia*). Eran abovedadas como cuevas y tenían bancos de piedra a cada lado, donde los miembros se reclinaban para las ceremonias. Estos lugares subterráneos de reunión (apropiados para la deidad nacida en la roca y el lugar de su victoria sobre el toro) eran usualmente insertados en edificios públicos, no en

---

pan y un vaso de agua son colocados con ciertos encantamientos en los ritos místicos de alguien que está siendo iniciado».

[92] Porfirio, *De Antro Nympharum*.

[93] Un atuendo persa distintivo, un gorro puntiagudo y una capa corta.

[94] Sus portadores de antorchas son Cautes y Cautópates. Junto con el sol y la luna, otras figuras del zodiaco aparecen en los frescos de la comida sagrada.

[95] En los misterios de la Gran Madre en Éfeso, la notable estatua de culto que había allí solía llamarse la «Artemisa de muchos pechos» (*polymammaeal*), proveniente de los racimos como de granadas que tenía por todo el pecho. Ahora los comentaristas piensan que estos no son pechos en absoluto, sino multitudes de testículos de toro (*vires*) de los animales sacrificados a ella. En el culto de Mitra el Escorpio zodiacal comparte el triunfo sobre Tauro. El significado es bastante oscuro (y probablemente haya sido la intención). Una vez, después de enseñar un curso de pregrado sobre las religiones mistéricas, leí un ensayo de examen que relataba los detalles de la *tauroctonía*, culminando con una nota sobre el detalle del escorpión que clavaba los genitales del toro. El estudiante comentó: «Esto, como podemos ver, es muy parecido al bautismo cristiano». Todavía estoy tratando de entender lo que ese comentario significaba.

casas privadas. Era, por lo tanto, un «misterio abierto y cerrado», si podemos llamarlo así, sin tener que esconderse nunca como lo hizo la iglesia. El mitraísmo nunca llegó a ser parte oficial de la religión estatal romana, pero fue un culto personal bien acogido, visto como una construcción de solidaridad.

En la ceremonia de iniciación, el iniciado era presentado por un padrino al celebrante, que estaba vestido como Mitra, con el gorro frigio y una capa corta (de tipo militar). El mistagogo le tiende una especie de vara (probablemente sea una espada). Se arrodilla como un condenado cautivo con las manos atadas a la espalda. La figura del dios lo libera simbólicamente cortando sus ataduras. Hay varios frescos de iniciación en el Mithraeum de Santa Maria Capua Vetere en Italia. En algunos de los paneles parece que la figura del dios está de pie sobre las pantorrillas del cautivo detrás de él. Es difícil reconstruir todo esto—casi imposible si pudiéramos imaginar que la religión cristiana hubiera perdido todos sus textos más antiguos, y unos pocos frescos de las catacumbas eran todo lo que teníamos para seguir adelante: con ancianos cargando ovejas, tres figuras femeninas en un monumento, y una mujer con las manos levantadas, por ejemplo. ¿Cómo sabríamos que estos eran símbolos icónicos cristianos de la vida después de la muerte, la resurrección y la iglesia en oración? Obtenemos las pistas de los textos, por supuesto. No es hasta finales del siglo IV cuando empezamos a ver referencias icónicas explícitas a Jesús y a las narrativas evangélicas en la iconografía cristiana, e incluso entonces las imágenes son deliberadamente ambivalentes: se supone que deben ser reconocibles para los «conocedores» más que para los extraños. Pero trabajando en la forma de un misterio griego—la raíz de la palabra es el verbo «mantener silencio»—, los iniciados de Mitra no revelaron lo que ocurría en sus rituales a los forasteros y prometieron guardar celosamente sus secretos dentro de la comunidad de iniciados.

Pero juntar varias pistas es un esfuerzo de interpretación exegética. La verdadera religión trata de la salvación de este mundo de numerosos males. El divino Mitra es la fuerza de liberar la luz y la bondad. Supera la fuerza primaria de la fuerza bruta, el toro, que es el símbolo de la oscuridad cósmica y la ignorancia. Su poder es probado como liberador, un salvador en el sentido de un conquistador de las tinieblas y la barbarie, más que un perdonador de pecados o un proveedor de revelación (por lo que sabemos). El dios sol, que era un culto genérico popular entre los soldados (y cuyo culto continuaría en la era cristiana temprana como el culto favorecido de Constantino mismo en sus primeras etapas), él mismo llega a reconocer el poder invencible de Mitra el dios y se arrodilla ante él, ya que él mismo podía gobernar sólo en el día y no podía vencer la oscuridad por completo (véase Jn. 1:5). Pero habiendo aceptado el homenaje de Helios, Mitra lo abraza como una divinidad fraternal (los dos cultos podrían combinarse tranquilamente), y comparten una comida sacramental de comunión vinculativa. En numerosos testimonios epigráficos del siglo IV se comprueba la simbiosis de los cultos: Mitra es ahora *sol invictus*. Es ante todo un vencedor, la personificación de la conquista del mal.[96]

La figura alada con cabeza de león es más oscura pero probablemente un daimon ayudante: hostil a todos los enemigos (múltiples espíritus del mal) y se ha demostrado que es divino y benéfico para los devotos del culto por sus alas. Su vaga similitud con las figuras de Mercurio, Asclepio, Aion, e incluso con la Gran Madre (con sus leones, pues aquí hay una considerable cantidad de sincretismo en juego, como sería adecuado para un culto deliberadamente pluralista), significa, tal vez, que él es el intermediario cuasi angélico del dios para el beneficio de sus adoradores. Tiene un cetro que promete exaltación y una participación en la victoria divina para los devotos de Mitra. Las llaves que él tiene también podrían simbolizar la admisión al mundo superlunar de una vida eterna bendita para aquellos que honran la victoria de Mitra sobre la barbarie. Las figuras zodiacales (Escorpio, Can Menor, probablemente la serpiente y el cuervo, así como Helios y Luna) demuestran la soberanía de Mitra sobre las esferas celestiales: liberador de almas que desean escapar de las opresiones sublunares de los espíritus malignos y elevarse a los cielos (como lo hace el propio Mitra despúes de matar al toro, cuando asciende a lo alto en un carruaje).

En las ceremonias de iniciación de otros misterios el creyente se presenta ante la figura del dios y se le hace experimentar un escalofrío del terror divino que él (en mitraísmo era un «él» porque el culto era predominantemente masculino) está compartiendo con el dios, con quien se está fusionando. Así, por ejemplo, los ritos subterráneos de los misterios eleusinos parecen haber hecho que el iniciado sea enterrado bajo tierra (junto con Kore en el Inframundo) y luego liberado a la luz (el símbolo de la espiga de grano que se le muestra al iniciado, que brota una vez más cuando Ceres recupera a su hija perdida del reino de Hades). Por analogía sospecho que el iniciado de Mitra es traído como prisionero de guerra ante el mistagogo que está vestido como el dios. Avanza hacia el iniciado e imita el ritual de la ejecución de un cautivo, el corte de garganta tal vez, pero en el último minuto lo convierte en el corte ritual de todos los lazos y la liberación del cautivo, levantándolo del suelo como hermano del dios. El iniciado valiente (ahora habiendo demostrado ser viril y estar del lado de la iluminación) finalmente le da la mano al dios (como lo hizo Helios) y es conocido como *syndexioi* (un hombre a quien se le puede dar la mano derecha para saludar). La última prueba de valentía (el iniciado podría no haber sido informado de los rituales secretos y, por lo tanto, podría haberse alarmado cuando el mistagogo se acercó a él con una espada) fue la última de una serie de pruebas de carácter que se le hacían al candidato mitraico antes de su iniciación final.[97] La muerte del gran toro, al

---

[96] Así también la iglesia del siglo IV interpretó la cruz de Jesús fundamentalmente como un símbolo de su rotunda victoria sobre la muerte: nunca en la forma (que más tarde surgió) de un motivo de dolor compasivo por el Jesús sufriente. La cruz de la iglesia primitiva siempre fue llamada «trofeo» de la conquista. Para más detalles, véase J. A. McGuckin, "Soter Theos: The Patristic and Byzantine Reappropriation of an Antique Idea," en *Salvation According to the Church Fathers*, ed. D. V. Twomey (Dublin: Four Courts Press, 2010), 33-44.

[97] San Gregorio Nacianceno se refiere a esto en *Oración* 4.70.

ser la victoria de una vez por todas sobre las tinieblas, el dios ya no permite que el mal triunfe y eleva a sus devotos al banquete celestial, en el que sacramentalmente comen la carne de la bestia juntos.[98]

Otros elementos rituales relacionados con el agua (el dios Océano está a menudo presente en los frescos), y el Mitreo se situaba a menudo cerca de ríos o manantiales. El pan con agua se consumía ritualmente. La asamblea regular, donde los hermanos comían juntos, era una característica principal de los misterios mitraicos: un club de banquetes sagrados de hermanos que juraban avanzar en la causa de cada uno y que juntos lucharían contra las fuerzas del mal y de la oscuridad (de nuevo particularmente relevante para los ejércitos imperiales). Allí tenemos un mito de salvación que está siendo prácticamente elaborado en una sociedad de ayuda mutua.[99] No es de extrañar que atrajera a los soldados, que necesitaban saber que estaban dispuestos a protegerse las espaldas unos a otros, y también a los hombres de negocios, que así cooperaban juntos.

También se sabe que el estrecho sentido de comunidad de los cristianos era muy atractivo. La liberación del reino terrenal, donde el mal a menudo parecía triunfar, al reino celestial de Dios, donde el dominio de Dios se manifestaría en majestad y juicio verdadero, también era crítica para el sistema central de creencias de la iglesia. La resurrección y la ascensión celestial de Jesús no fueron un mero triunfo personal, sino un anticipo del botín de victoria que había ganado para sus seguidores, a quienes les prometió los misterios de la vida después de la muerte.

La iglesia tenía muchas diferencias distintivas, por supuesto. Donde el mitraísmo estaba abierto a todos los cultos, siendo la pertenencia múltiple un factor que lo recomendaba a los gobernantes imperiales, el cristianismo era tan hostil a la pertenencia múltiple religiosa (categorizando a todos los dioses extranjeros como demonios malévolos) que se ganaba la hostilidad (a menudo mortal) de la mayoría de las otras religiones de la época. Mientras que, por lo que sabemos, el mitraísmo no se ocupaba mucho de los detalles de la historia y la tradición (sino de los grandes conceptos arquetípicos de los modelos astrológicos y de la liberación cósmica), el cristianismo estaba arraigado desde el principio en el texto sagrado: llevaba en la espalda una herencia ambivalente del Testamento de los judíos y lo interpretaba a través de la lente muy particular de la narrativa de las enseñanzas, las obras y la muerte de su fundador, Jesús. Había, pues, mucha más particularidad en la tradición moral y en la cuestión de la fidelidad a la vida y al ejemplo del fundador en el caso cristiano. Un punto de comparación interesante es el importante lugar que ocupó la estrecha vinculación entre los adoradores en forma de comidas rituales juntos. La

---

[98] Es una reminiscencia de la teología de la victoria en la narrativa fundamental del Nuevo Testamento, en la que el reino de Dios triunfa sobre el gobierno del príncipe malvado de este mundo.

[99] Mitra no se titula predominantemente una figura salvadora en las referencias existentes (ciertamente no una figura salvadora en la forma en que Jesús fue representado), sino la forma de la narrativa de la liberación, el contraste de la oscuridad y la luz, la lucha del heroísmo y el brutalismo; esto le da al mitraísmo claramente todas las formas de un arquetipo de mito de salvación para sus devotos.

prohibición de la presencia de las mujeres en las comidas sagradas mitraicas contrasta con la práctica cristiana de reuniones más amplias entre géneros y entre generaciones. También hay poco que sugiera que el mitraísmo estaba tan abierto a la fluidez de clase como parece haber estado la iglesia.

Isis, reina de la magia. La religión isiaca era otro culto extremadamente popular en los primeros tiempos cristianos.[100] Esta estaba más firmemente arraigado en alguna forma de prehistoria trazable, probablemente remontándose a la Quinta Dinastía (c. 2500 a.C.) en Egipto. Nuestra atención se centrará principalmente en la forma de la religión en el período cristiano temprano, cuando había sufrido muchas mutaciones y, de hecho, había surgido como un fenómeno verdaderamente global en el mundo imperial romano, con evidencia sectaria de la presencia de Isis, desde Portugal hasta Afganistán y desde el norte de Inglaterra hasta el Sudán.[101] Su culto fue uno de los últimos en sobrevivir en una forma practicada popularmente. Su gran templo de culto en Menouthi a lo largo de la Vía Canopa desde Alejandría (cerca del moderno Abukir) todavía era visto como un escandaloso remanente del paganismo por Cirilo de Alejandría en el siglo V, y su otro gran templo en File permaneció activo hasta que el emperador Justiniano lo cerró en el siglo VI.[102] Era difícil encontrar un puerto en el imperio que no tuviese un santuario a Isis en sus puertos, de modo que los marineros pudieran orarle para que ella tuviera un pasaje seguro a medida que se aventuraran a cruzar los mares.

Isis era la diosa madre del amor (más hogareña que la lasciva e inconstante Afrodita). Incluso iba a rivalizar con la Gran Madre y asumir sus atributos en su paradójica aclamación como madre y virgen. Isis era la gran obrera de la magia y la patrona de todos los que deseaban que su magia hiciera el bien y trajera resultados benéficos a sus oraciones. Este enfoque en el amor, el corazón y el hogar la convirtió en una religión particularmente atractiva para las madres y las mujeres jóvenes del imperio tardío. Ella era la diosa real, dadora del *ankh* de la vida, consorte del señor del inframundo, madre del monarca viviente, protectora de las almas en la muerte. Una vez más la narrativa sagrada (*mythos*) de la religión puede ser un punto de partida para interpretar sus contornos teológicos. Isis era la consorte del faraón Osiris. En varios relatos eran una pareja real prehistórica que enseñó las artes de la civilización a su pueblo. El nombre de Isis (*Aset*) significa «trono». Su *mythos* terminó en el período cristiano temprano como resultado de muchas confusiones, particularmente con ella y

---

[100] Posiblemente todavía la mejor visión general es R. E. Witt, *Isis in the Ancient World* (London: Thames and Hudson, 1971).

[101] En la época romana ella había absorbido los atributos culturales de Deméter, Artemisa, Astarté, reina del cielo, Cibeles y Afrodita, así como otras deidades menores.

[102] Para más detalles, véase J. A. McGuckin, "The Influence of the Isis Cult on St. Cyril of Alexandria's Christology," *StPatr* 24 (1992): 191-99. Cirilo la designa como «un demonio en el desierto».

los papeles de la diosa Hathor, y su hijo Horus con Ra. Plutarco dio cuenta del consumo cosmopolita griego que racionalizó las muchas variantes de la historia.[103]

Una forma simplificada del *mythos* es que el gobierno benéfico del Faraón es envidiado por su malvado hermano Seti. Este último es el dios de los lugares salvajes y de todas las cosas salvajes, especialmente de las tierras salvajes fuera del alcance de las inundaciones vivificadoras del Nilo. Engaña a su hermano Osiris en un cofre en forma de ataúd y lo asesina para tomar el dominio. Isis, llorando extravagantemente por su marido perdido, finalmente lo encuentra, pero Seti ha desmembrado el cadáver y ha dispersado las piezas por todas partes. Desesperada, busca y reúne de nuevo las partes de su marido muerto.[104] Ella lo encuentra todo excepto el falo, que ha sido consumido por una bestia salvaje. Entonces por grandes artes mágicas ella revivifica a Osiris, haciendo para él un falo de arcilla, por el cual ella es capaz de concebir un heredero legítimo para él, su hijo Horus, reafirmando así su dominio. Osiris desciende para gobernar el inframundo como su faraón, e Isis sirve como el trono viviente de Horus. El niño es entregado a una nodriza para que lo alimente, pero se marchita y parece estar muriendo. Al darse cuenta de que un dios no puede alimentarse de la mera leche de un mortal, Isis lo alimenta de ella misma, y él revive y se fortalece. Por lo tanto, a menudo se la representa como *Isis lactans*: en posición sentada, amamantando al gobernante divino, de tal manera que ella misma es el trono en el que está instalado.[105] Ella no sólo es la dadora de vida, sino también la fuente constante de curación y renovación.

Los cristianos del siglo III en adelante robaron varios de sus títulos y usaron activamente el culto a María para tratar de subvertir su atractivo popular. Isis, por ejemplo, era conocida como la «madre del dios» (Horus), y los cristianos egipcios aplicaron ese título a María como *Theotokos* (la que dio a luz a Dios).[106] En el Egipto del siglo VI también se hizo común representar a María amamantando a Jesús como un icono de la Eucaristía. Así como la leche ambrosial de Isis dio vida al Horus divino, ahora María muestra que Cristo, carne de su carne, es el dador de vida que da su propia carne divina a la iglesia como la fuente de su vida espiritual en la Eucaristía.[107] María entronizada sosteniendo al niño Cristo en su regazo se convirtió

---

[103] D. S. Richter, "Plutarch on Isis and Osiris: Text, Cult, and Cultural Appropriation," *Transactions of the American Philological Association* 131 (2001): 191-216; C. Froidefond, ed., *Plutarch: Isis et Osiris: texte établi et traduit* (Paris: Belles Lettres, 1988).

[104] Esto se convierte en un ritual central en los rituales de la Semana de la Pasión isíaca, cuando los devotos recorrían las casas simbólicamente desesperados y llorosos, buscando figuras de arcilla de partes del dios, un ritual del que se burlaba el apologeta Minucio Félix, que lo presenció en el norte de África.

[105] Para más detalles, véase V. T. Tinh, trad., *Isis Lactans: Corpus des monuments gréco-romains d'Isis allaitant Harpocrate* (Leiden: Brill, 1973).

[106] Visto por primera vez en el tiempo de Orígenes de Alejandría, pero convirtiéndose en una confesión dogmática (María es la madre de Dios porque su hijo Jesús es Dios encarnado) en el Concilio de Efeso en 431. Para más detalles, véase J. A. McGuckin, *St. Cyril of Alexandria and the Christological Controversy: Its History, Theology, and Texts* (Leiden: Brill, 1994).

[107] Para más detalles, véase L. Langener, *Isis lactans—Maria lactans: Untersuchungen zur koptischen Ikonographie* (Altenberge: D. Rayen, 1996); E. Gebremedhin, *Life-Giving Blessing: Inquiry into the Eucharistic Doctrine of Cyril of Alexandria*, Studia Doctrinae Christianae Upsaliensia (Uppsala: Upsala universitets årsskrift, 1978).

en un icono estándar en tiempos posteriores. Se le conocía entonces como *Platytera* (más ancha que los cielos), lo que significaba (como en el caso de la iconografía original de Isis) que la poderosa intercesión de María con su divino Hijo era parte integrante de su gloria reinante.[108]

Ninguno de estos paralelismos son sustantivos en el sentido de que demuestran que la iglesia fue fuertemente influenciada por el culto a Isis en cualquier período formativo. Son, más bien, ejemplos de la estrategia misionera cristiana posterior en el período patrístico, en la línea estratégica de utilizar los aspectos del sistema alternativo que se desea interrumpir de una manera nueva. Al final del día, hay que decir que María, la madre de Jesús, podría haber recibido un título y una postura iconográfica del ambiente egipcio; pero queda un mundo de diferencia entre la virgen de Nazaret y la reina erótica de la magia. El culto mariano estaba destinado principalmente a interrumpir la devoción isiaca, no a imitarla.

La religión isiaca tenía un sentido litúrgico muy desarrollado. Muchas de las oraciones y letanías dirigidas a ella todavía se conservan.[109] Ella era la «diosa de los mil nombres». Las procesiones en las calles públicas y las ceremonias elaboradas ante una congregación la convirtieron en una religión social muy atractiva, a diferencia de los ritos solitarios de los antiguos templos egipcios, donde el público no era admitido en la mayoría del culto. Un ejemplo vívido de esto se puede encontrar en la novela a menudo obscena y siempre animada: *El asno de oro* o *Las metamorfosis*, escrita por el mago filósofo del siglo V Apuleyo de Madaura. Él escribe sobre un personaje que se transforma en burro por la magia negra y tiene todo tipo de aventuras hasta que, en la culminación de la novela, el burro se come las rosas de la fiesta de Isis en una de sus procesiones y se convierte de nuevo en un ser humano. La moraleja es que la devoción isiaca finalmente «lo transfiguró» en un verdadero hombre.[110]

Los sacerdotes llevaban *sistra* (sonajeros) que todavía se pueden encontrar en los rituales cristianos coptos y etíopes hasta el día de hoy. Se rociaba agua bendita, y los oficiantes llevaban excedentes blancos sobre sus ropas, lanzando nubes de incienso de los incensarios. Para los comentaristas para nada académicos ni eruditos en Internet, esto, por supuesto, «demuestra» un vínculo con el ritual cristiano católico. Pero las conexiones son ciertamente periféricas. Los sacerdotes de Isis se reunían para la celebración semanal de sus ritos, y la pregunta se hacía a la asamblea: «¿Quién ha

---

[108] De la línea en los Salmos que se dirige a Dios como «aquel que no puede ser contenido por los cielos». Puesto que el vientre de María lo contuvo (como Dios encarnado), la iglesia argumentó que ella debía ser «más ancha que los cielos».

[109] Véase H. Kockelmann, *Praising the Goddess: A Comparative and Annotated Re-edition of Six Demotic Hymns and Praises Addressed to Isis* (New York: de Gruyter, 2008).

[110] Isis se le aparece entonces y le entrega la esencia de su credo: «Tú me ves aquí, Lucio, en respuesta a tu oración. Yo soy la naturaleza, la madre universal, señora de todos los elementos, hija primordial del tiempo, soberana de todas las cosas espirituales, reina de los muertos, reina del océano, reina también de los inmortales, la única manifestación de todos los dioses y diosas que son. Mi asentimiento gobierna las brillantes alturas de los cielos, las sanas brisas marinas. Aunque soy adorado en muchos aspectos, y conocido por incontables nombres... los egipcios que sobresalen en el aprendizaje y la adoración antiguos me llaman por mi verdadero nombre, es decir, ... Reina Isis». Apuleyo de Madaura, *El asno de oro* 11.2.

visto a la Señora (*Kyria*)?» Aquellos que habían experimentado visiones de la diosa esa semana serían admitidos como celebrantes principales. Sus templos se usaban a menudo para servicios de curación por incubación (a la manera de la *aesculapia*), donde los enfermos pasaban la noche y eran atendidos por el clero de curación durante el día, pero también esperaban ser visitados por insinuaciones de sueños de la divinidad por la noche. Los emperadores Vespasiano y Tito pasaron la noche en el Iseum de Roma. Domiciano también construyó otro templo para ella allí. En el arco de Trajano en Roma, el emperador se muestra de pie ante Isis y Horus, presentando una ofrenda votiva de vino. A la experiencia visionaria se le dio un alto papel en esta religión, y atrajo a devotos de clase alta junto con los pobres.[111]

Una noche, a finales del siglo IV, un sacerdote isiaco errante que se dirigía a las ceremonias de Alejandría se perdió sin remedio en el desierto al sur de la ciudad.[112] Al encontrar una luz en el desierto, llamó a la puerta de lo que resultó ser una celda en una cueva del Abba Olimpio. Horrorizado al ver que el visitante era un «sacerdote de los ídolos» de Esceta, él y su compañero de celda se vieron obligados por las reglas de la hospitalidad a ofrecerle refugio durante la noche. Observándolos en sus oraciones y admirando su ascética forma de vida, expresó la opinión de que deben «ver a su dios regularmente» debido a sus devociones. Desconcertados, le preguntaron a qué se refería y él les habló de esta práctica de ellos. Abba Olimpio dijo que no recibió ninguna visión cuando oró, y el sacerdote pagano le dijo: «Entonces tu corazón debe ser impuro». Después de haberlos dejado al día siguiente, la historia cuenta cómo Abba Olimpio fue a discutir esto con los ancianos de la región, quienes apoyaron con entusiasmo la conclusión del pagano; y todos estuvieron de acuerdo que debido a que el corazón es impuro, la práctica de la oración se hace más necesaria. Es un relato deliberadamente humorístico, una desviación cristiana de la crítica pagana de la experiencia visionaria no extática, pero que da testimonio de lo que deben haber sido encuentros regulares, especialmente en Alejandría, entre cristianos y devotos de Isis. Muestra que el culto visionario, quizás incluso extático, era común en el segundo y no en el primero. La categoría de visión divina, que tanto se da por sentada entre los sacerdotes isiacos, es un desconcierto para los monjes cristianos y algo que claramente se está representando para los menos experimentados como una trampa que hay que evitar.[113]

En el siglo V, el arzobispo cristiano Cirilo de Alejandría anunció a su congregación que «un demonio femenino ha surgido en el desierto llamado Menouthi». Resultó ser un lenguaje en clave para el gran templo isiaco de Menouthi (un lugar, no el nombre de una persona). El templo, al final de la gran Vía Canopa

---

[111] Witt la llama la «querida de los emperadores»: Witt, *Isis in the Ancient World*, cap. 17.

[112] Este relato se encuentra en B. Ward, trad., *Sayings of the Desert Fathers: The Alphabetical Collection*. *"Omicron"* [Olympios] (Kalamazoo: Cistercian Publications, 1975), 160.

[113] Para más detalles, véase J. Pettis, ed., *Seeing the God: Ways of Envisioning the Divine in Ancient Mediterranean Religion* (Piscataway, NJ: Gorgias Press, 2013); vea especialmente mis dos artículos en ese volumen, "The Ambivalences of Seeing in the Gospel Narratives," 105-27, y "Seeing Divine Things in Byzantine Christianity," 223-38.

procesional que salía de Alejandría, era el centro de curación para los sacerdotes de Isis, donde por un pequeño precio se administraban las curaciones. En las paredes del templo todavía se conservan las inscripciones de las curaciones que allí se efectuaron. En el siglo VII, el Patriarca Sofronio, exiliado de su sede de Jerusalén a causa de la invasión islámica, visitó el lugar, porque entonces había un monasterio dedicado a los santos Ciro y Juan, y suponía que estas curaciones eran todas las efectuadas por los santos cristianos.[114] Lo que había sucedido era que dos siglos antes Cirilo, actuando como etnarca cristiano y sumo sacerdote de la gran ciudad, dijo que había orado debido a su preocupación por el «demonio femenino» que estaba atrayendo a las almas a la destrucción en el desierto. Después de su oración tuvo una visión en la noche, y un santo soldado mártir se le apareció, diciéndole que estaba acostado bajo el altar mayor de la iglesia de Cirilo. Si sus reliquias eran levantadas, el santo dijo que iría al lugar en el desierto y lucharía contra el demonio y la echaría fuera. Se observa aquí la ocasión relativamente rara de coincidir visión por visión en el encuentro interreligioso.[115]

Cuando Cirilo ordenó que se excavara el altar, encontró, para su confusión, no un conjunto de reliquias sino dos, y sin saber cuál era el santo soldado, investigó un poco y descubrió que uno era Ciro, un monje mártir de tiempos anteriores, y el otro era Juan, un soldado mártir. Envolvió ambos conjuntos de reliquias en tela de oro y las llevó por el Camino Canopo (antes utilizado para los rituales ceremoniales de la gran ciudad de Isis y ahora requisado por los cristianos bizantinos) en un carro acompañado por toda la iglesia local. Cuando llegó al templo de Isis, construyó junto a él un *martyrium* (un santuario a los mártires) atendido por monjes e instaló las reliquias para su veneración, dejando que los santos desentrañaran el poder del demonio.

Vemos en un nivel un conflicto teológico específico: visión por visión; santo nuevo versus diosa antigua; monjes versus sacerdotes isiacos; la sanación cristiana reemplazando a la sanación en el templo. En otro nivel vemos el choque de civilizaciones en miniatura, porque el culto a Isis era muy parecido al mitraísmo en muchos aspectos. Se alentó la pertenencia de múltiples religiosos. Uno podía adorar a Isis y a otros dioses, podía ir a sus ritos y asistir a otros sin preocupación. Para Cirilo, sin embargo, la filtración de su congregación cristiana a los festivales de la sinagoga fue algo contra lo que advirtió regularmente en sus sermones pascuales.[116] Aún más ansiedad provocadora (aunque no la mencionará, ya que la prudencia retórica la excluye del discurso abierto) fue la filtración que debió haber tenido lugar en las filas cristianas a los rituales de otras religiones.

El culto a isiaco debe haber sido doblemente atractivo para los antiguos: primero por sus coloridas ceremonias y luego por su oferta de fácil acceso a los servicios de curación (especialmente importante en un momento en que un médico de la ciudad habría cobrado una alta tarifa). El culto isiaco era inmensamente liberal y abierto, pero

---

[114] Sofronio de Jerusalén, *Encomium on Saints Cyrus and John* (PG 87.3).
[115] McGuckin, «Influencia del culto de Isis».
[116] Escribió cada Pascha para la iglesia de Alejandría, cuando claramente muchos cristianos se sintieron atraídos también por las celebraciones de la Pascua en lo que todavía era una ciudad muy judía.

una cosa que prohibía absolutamente, y era el contacto reciente con los muertos, cualquier cosa muerta, que era ritualmente profanadora. Los sacerdotes de Isis incluso tenían que afeitarse el vello corporal (considerado como algo muerto) para no profanar la santidad del santuario sagrado de la diosa. Cirilo ha pensado en esto cuidadosamente. Al instalar los huesos de sus mártires cristianos, se ha asegurado de que los cristianos que vengan a Menouthi a ver el gran templo también presentarán sus respetos al santuario cristiano y besarán las reliquias sagradas. Ahora, cuando se presentaran a los rituales de Isis, serían los mismos sacerdotes de Isis quienes se asegurarían de que a aquellos (cristianos) que habían «besado a los muertos» se les negara estrictamente la entrada a los recintos. Cirilo no ahuyentó a sus creyentes de Isis con una amonestación; usó los puntos vulnerables del propio sistema isiaco para llevar a cabo su estrategia misionera deseada. En siglos posteriores, el santuario cristiano de los santos Ciro y el propio Juan fue conocido como el centro de los «sanadores inmerecidos». El santuario de Isis cayó en ruinas, y el complejo monástico alrededor del santuario se convirtió en un centro de sanación de reemplazo. Hoy en día, el topónimo egipcio (Aboukir) es una reminiscencia copta que se conserva (*Abba Kyros*).

Al igual que con el culto a Mitra, vemos de nuevo al cristianismo en sus primeros siglos algo eclipsado ante los éxitos de este sistema religioso alternativo, en una época en la que los cultos más antiguos se estaban sintetizando claramente para producir nuevos ritos religiosos pluralistas y de final abierto. La iglesia aprendió muchas estrategias para sus procesos de evangelización de este ambiente, pero claramente se interesó en varios temas clave. En primer lugar, clasificó a todos los dioses de otras religiones, excepto al judaísmo, como demonios. Fue a causa de esta actitud que los cristianos cambiaron el significado mismo de la palabra *daimon* del sentido pluralista original de «útil para atender a la divinidad menor» a una palabra clave para demonio oscuro y malévolo, siervo de Satanás, viéndolos como espíritus inquietos por seducir a los seres humanos a cultos falsos, donde estos espíritus podían alimentarse de la reverencia psíquica de los devotos y excitarlos a la inmoralidad, así como mantenerlos alejados de la adoración verdadera del Dios único. El sentido apocalíptico de los primeros cristianos veía en estos cultos al demonio que se escondía detrás de las estatuas del templo, las cuales estaban fomentando la hostilidad hacia los cristianos en todo momento. Tal acercamiento al culto hizo un abismo entre los ritos de las diferentes partes. Los obispos cristianos, sin dudarlo, excluyen de la comunión a todo cristiano que tenga algo que ver con los ritos de los dioses antiguos después del bautismo. Antes del bautismo, los antiguos religionistas eran exorcizados solemnemente antes de poder acercarse a la pila bautismal.

Además, la iglesia era notable (y evocó muchas críticas desfavorables de sus contemporáneos por este punto) por ser una sociedad que buscaba adherentes (por lo tanto, abierta hasta ese punto) pero que estaba culturalmente cerrada en múltiples niveles morales y dogmáticos. Puso una barrera entre sus caminos y demandas y las de la sociedad que la rodeaba. Como resultado, se destacó, no sólo atrayendo la atención de aquellos que encontraban esta forma de vida atractiva porque era exigente, sino también de aquellos que en todas las épocas responden a esta diferencia cultural deseando aplastar y destruir al otro. La fricción que vemos entre el cristianismo y la religión isiaca llevó eventualmente al triunfo del camino de la iglesia, pero para en el período inicial fue ciertamente el otro sistema el que obtuvo la aprobación imperial y el apoyo de la *intelligentsia* romana.

Cibeles. El culto a la diosa madre Cibeles (*Kybele*) nos da otra ventana a través de la cual podemos ver los horizontes religiosos grecorromanos más amplios en el período cristiano temprano. Según los historiadores romanos, la *eidola* de culto de Cibeles fue ordenada para ser llevada (casi como un rehén militar) a Roma durante la crisis de la Segunda guerra púnica (218-201 a.C.), cuando el general africano Aníbal amenazaba la seguridad de Roma. Se consultaron los libros sibilinos (la colección de oráculos ancestrales de Roma que se consideraban el almacén de profecías sobre todos los asuntos relacionados con el destino de la ciudad), y se encontró un oráculo que decía que la seguridad de la ciudad estaría asegurada por una madre de Ida.[117] Esto se tomó como referencia al culto de la Gran Madre en Asia Menor (Frigia). El famoso *eidolon* del templo (del cual los cristianos hacían el concepto de ídolo como un dios falso) que fue adorado en Pesina en Frigia era un gran pedazo de meteorito negro (caído a la tierra desde el cielo como símbolo de la diosa). En el 204, por lo tanto, la roca negra fue llevada a Roma en una procesión triunfante e instalada allí en un santuario. El retiro de Aníbal poco después, para volver a la defensa de Cartago, fue ampliamente visto como un cumplimiento de la esperanza profética y condujo al abrazo del culto a la Gran Madre en virtud de la autoridad sibilina, dándole a su culto un estatus formal en el panteón romano, que de otra manera tal culto oriental (con numerosas cosas que los romanos continuaron encontrando socialmente desagradables en otras importaciones religiosas extranjeras) habría sido difícil de lograr. Un templo más grande y prestigioso fue construido para Cibeles en el importante Monte Palatino de Roma en 191 a.C. Finalmente, el emperador Claudio (41-44 a.C.) reconoció el culto como parte de los ritos religiosos oficiales romanos. En el tiempo de la era cristiana, entonces, este sistema religioso era un lugar común en Roma y considerado como «tradicional». Su lugar en el panteón se consideraba a menudo intercambiable con Rea, Deméter y Artemisa.

Cibeles fue aclamada como la Gran Madre (*Magna Mater*), o madre de los dioses (*Mater Deorum*), protectora de todo lo que tiene que ver con la mujer. Ella era curandera y transmisora de enfermedades. Ella presidía la fertilidad de las cosas, sobre todo los campos y las cosechas. Ella protegía a los ciudadanos en tiempos de guerra. Era dueña de las cimas de las montañas y de las cavernas, y reina de todas las cosas salvajes, especialmente de las abejas y de todas las bestias salvajes. En alguna etapa indeterminada de la historia antigua, su culto había subsumido al del dios frigio masculino de la vegetación, Atis. Se le veía como un paralelo al dios vegetativo griego

---

[117] Se dice que el «hogar» de Cibeles fue el Monte Ida, cerca de Troya.

Adonis, por lo que estos dos se fusionaron. Los cultos relacionados fueron explicados sobre la base de la relación de un amante (algunos tenían a Atis/Adonis como hijo de Cibeles, lo que le dio a todo esto un giro aún más tenso). Cibeles era la diosa divina, la gran madre, que amaba a un mortal. Sin embargo, distraído de esta pasión divina consumidora, Atis se enamoró de una joven mortal y tenía la intención de casarse con ella (algunas versiones dicen que era la hija del rey Midas). Viniendo en inmensa ira a las ceremonias de la boda, Cibeles dispersó a los invitados y expulsó a los aterrorizados Atis al desierto. En una montaña bajo un pino, Atis se puso frenético (las ceremonias cultuales tenían la intención de inducir un frenesí emocional extático en los devotos en memoria de esto), y en este remordimiento de la locura divina se castró y se desangró hasta morir.[118] Cibeles, ahora ella misma sintiendo remordimiento por el pobre amante mortal, le pidió a Zeus, el rey de los dioses, que le diera la vida eterna. Así fue como se le permitió morir, pero volver a la vida anualmente, dando así fuerza y energía al ciclo vegetativo anual como un dios moribundo y resucitado. En sus estatuas de culto se muestra a Atis de joven con el gorro frigio (como Mitra), mientras que el Atis metamorfoseado se muestra reclinado en paz, con el pelo trenzado y vestido de mujer. En iteraciones posteriores del culto a Cibeles, la fuerza vital que la diosa ofrecía no era meramente agrícola, sino que también pasó a ser una promesa de inmortalidad personal para sus devotos, de la cual la resurrección de Atis/Adonis era el símbolo, pasando de ser mortal voluble y sufriente a ser divinizado pacífico: un ejemplo del concepto romano de *apotheosis*, o divinización.

Los sacerdotes de Cibeles eran un espectáculo famoso en las calles de Roma y en otros lugares. Vestidos con túnicas de mujeres de colores brillantes, con cabellos largos y engrasados, y joyas pesadas, y cantando con címbalos y tambores que acompañaban a la estatua de la Gran Madre con danza, rogaban por ofrendas en la calle. Todos ellos tenían que ser varones, y el rito de iniciación implicaba su castración. Eran conocidos como los coribantes, pero en Roma tenían el apodo de *Galli*. Otras devotas compartían este símbolo vivificador de la sangre por automutilación (cortando el cuerpo para que la sangre fluyera profusamente) cuando ellas también habían bailado hasta llegar a un estado frenético. Tal estado de éxtasis era conocido como *enthousiamos*, lo que nos da la palabra *entusiasmo*, por supuesto, pero literalmente significa «estado de estar lleno del dios». La reacción contra esto explica la prolongada sospecha cristiana del frenesí religioso y la preferencia de casi todos los principales teólogos cristianos por una comprensión del estado de la habitación del Espíritu que lo considera como una mejora de la inteligencia, en lugar de entumecer la mente, un estado de calma alegre en lugar de una condición de exaltación agitada.[119] Las ceremonias sectarias se conocían como los *orgiai*, de los que

---

[118] El pino se convirtió en su símbolo sagrado. Las piñas [estróbilos], reales o talladas, se utilizaban en las casas como amuletos contra el mal.

[119] Esto se puede ver muy claramente en la lucha contra el montanismo, un movimiento frigio que varios de los primeros obispos pensaban que había traído elementos de la religiosidad cibelética y el frenesí profético.

derivamos el concepto de «orgías», una vez más, del oprobio que los cristianos ponían a esta forma de adoración de danza extática.

La estatua de la diosa era la de una matrona velada y con una corona, esta última a menudo en forma de muralla. La acompañan leones. A veces los leones tiran del carro en el que ella monta. A menudo lleva un cuenco y un tambor. En Roma, su principal festival fue la Megalesia, celebrado en el equinoccio de primavera: un festival de fertilidad en el que se celebró la resurrección de Atis. Se celebraban juegos, y las principales festividades pasaban de un día de luto a un «día de sangre», en el que se recordaba la pasión de Atis y los devotos se azotaban a sí mismos, a la Hilaria (los días de regocijo), en los que se celebraban procesiones en las calles y cualquiera podía disfrazarse de mascarada. Estos eventos ocurrían anualmente alrededor del 25 de marzo, y los cristianos más tarde elegirían este día para instituir la fiesta de la recepción de María de las buenas nuevas del ángel Gabriel, nuevamente usando el culto a María para dislocar los festivales paganos socialmente arraigados en Roma.

A partir del siglo II en adelante hay cada vez más pruebas de que el ritual de *taurobolium*, una ceremonia significativamente elaborada del sacrificio de un toro, estaba relacionado con el culto de Cibeles.[120] El que hacía la ofrenda estaba debajo del animal, el cual era apuñalado en el corazón, derramando la sangre como una ducha sobre el devoto, de pie en una trinchera enrejada debajo de él. Este bautismo ritual por sangre era un rito muy costoso, manteniéndolo fuera del alcance de la persona común, y se creía que lavaba todos los pecados cometidos durante al menos veinte años. El devoto era ahora renacido *in aeternum*, dado un renacimiento celestial. El poeta cristiano del siglo V Prudencio, siendo deliberadamente irrespetuoso de los misteriosos ritos al hacerlos públicos, dio un famoso (y hostil) relato de un tipo de *taurobolium*, expresando su repugnancia por el concepto de que el sacerdote bañara su cabeza en sangre y abriera la boca para beberlo. Prudencio concluye: «Profanado como está ahora con tanta contaminación, totalmente inmundo con esta sangre asquerosa de la víctima recién asesinada, los feligreses después le dan paso y le dan reverencia y aclamaciones; y todo porque la sangre inútil de un buey muerto se ha derramado sobre él mientras él se escondía en un agujero sucio en la tierra».[121]

En tiempos de Prudencio, el ritual y los ritos de la Gran Madre sirvieron de punto de encuentro para la última reacción aristocrática pagana contra el cristianismo. En este período, por lo menos, las mujeres parecían haber sido capaces de servir en los ritos sacerdotales. Una aristócrata, Aconia Fabia Paulina, en el año 384 d.C. compuso un monumento en memoria de su marido, Vetio Agorio Pretextato, que decía: «Mientras miraba, me inicié en todos los misterios. Tú, que eres mi reverente compañero en la vida, me honras como la sacerdotisa de la diosa del Monte Dindimo y de Atis. Fuiste tú quien me ordenó con la sangre del toro».[122] El ritual también era realizado por la salud y protección de los emperadores. La última vez que un artefacto

---

[120] R. Duthoy, *The Taurobolium: Its Evolution and Terminology* (Leiden: Brill, 1969).
[121] Prudencio, *Peristephanon* 10, líneas 1006-50.
[122] Citado en M. J. Vermaseren, *Cybele and Attis* (London: Thames and Hudson, 1977), 110.

conocido tuvo registro fue cuando fue celebrado por el bienestar de Diocleciano. Los emperadores cristianos prohibieron este ritual como uno de sus primeros actos. El culto continuó en muchos lugares hasta que el emperador occidental cristiano Valentiniano II, del siglo V, prohibió oficialmente toda la religión de Cibeles; después de Teodosio I, fue progresivamente suprimida en el Este.

Es difícil desentrañar todas las señales psicológicas y sociológicas contenidas en este arcaico conjunto de rituales y sistemas de creencias. Cibeles es un desafío para la imaginación moderna. Representa el aspecto profundo, arraigado en la tierra y preracional del culto religioso en la antigüedad. Las «correspondencias» entre ésta y el cristianismo, que odiaba positivamente el culto a la Gran Madre, son predominantemente negativas. El cristianismo tiene varios aspectos que lo contrastan profundamente con este culto: primero, su profundo énfasis en la moralidad bíblica (especialmente la moral sexual) que miraba con hostilidad el *mythos* cibelético; segundo, su negativa a defender una forma frenética de adoración (el cristianismo mantuvo la costumbre judía de leer las Sagradas Escrituras y compartía su comida eucarística con mucha sobriedad, según todos los relatos); tercero, hay un profundo alejamiento en el cristianismo de los sacrificios de animales y de los rituales de derramamiento de sangre, que eran una característica tan prominente del culto cibelético. Por último, observando la popularidad de las fiestas como la de Hilaria, la iglesia, una vez que adquirió un ascenso social después del siglo IV, no buscó en realidad replicarlas sino más bien intercambiarlas fundamentalmente. Como en la fiesta de la Lupercales de mediados de invierno, así también con la Hilaria del equinoccio de primavera: los papas de Roma introdujeron primero la fiesta de la Natividad de Cristo, y luego, retrospectivamente a la primavera, ubicaron la fiesta de su concepción, la anunciación a la virgen, deliberadamente para caer sobre las celebraciones paganas y tratar de eclipsarlas.

Algunos han pensado en descubrir asonancias más profundas, aunque creo que ninguna de ellas puede ser considerada como una dependencia directa en ningún sentido. Más bien, nos ilustran lo que los hombres y mujeres de la antigüedad de este tiempo buscaban como una religión para empezar. Así, por ejemplo, Atis como un dios moribundo y resucitado cuya pasión fue celebrada en la primavera, y cuya resurrección fue marcada por festivales, tiene cierta semejanza con la pasión y resurrección de Cristo en la Pascua (primavera). Las narrativas del *mythos*, por supuesto, no podrían ser más diferentes. Aunque Atis se convirtió en una forma simbólica de *apotheosis* (divinización) en períodos posteriores cuando se aplicó una alegorización extensiva a los ritos antiguos, no está claro que la resurrección de Atis fuera entendida originalmente como un paradigma central de la resurrección individual de los creyentes.

Del mismo modo, el bautismo por agua en la muerte del Cordero (Jesús) puede parecer paralelo a la entrada en la muerte de Atis por el rito del *criobolium* (la ofrenda de un carnero). Pero una vez más, la lógica del *mythos* es radicalmente diferente, ya que el paralelo Cordero-Jesús se nutre enteramente del simbolismo bíblico relacionado con el templo de Jerusalén y no de la cultura helenística. Además, el pensamiento cristiano acerca de Jesús como un cordero sacrificado es en realidad un lenguaje codificado en la iglesia para argumentar que el sacrificio de animales es ahora obsoleto y redundante después de la muerte de Jesús en la cruz como un sacrificio final, de una vez por todas, de expiación por el mundo entero. El cristianismo no ofrece ninguna validez de veinte años para el perdón, sino más bien un cambio generalizado de tales ritos de lustración temporal. Nada en los arquetipos de la Gran Madre corresponde al culto mariano cristiano, excepto que este último fue obviamente usado en un espíritu misionero para desbaratar el primero. Lo que es común, por supuesto, es la noción arquetípica de lo que era el sacrificio, lo que podría significar la expiación: cómo la humanidad sufría de sus limitaciones mortales y cuán universal era la aspiración de ascender a lo divino y elevarse lejos de la inconstancia y el dolor hacia un estado de paz piadosa. Estas preocupaciones religiosas fundamentales pueden, en efecto, ser vistas como elementos comunes. Las respuestas dadas por las dos religiones eran radicalmente diferentes, aunque ambos sistemas religiosos crecen del mismo suelo sociopsicológico.

Maniqueísmo. Como último ejemplo de (los muchos) cultos y sistemas religiosos rivales que operaban al mismo tiempo que la iglesia primitiva, podemos ver brevemente la religión maniquea. Esto es diferente en muchos aspectos de cosas como Isis y Cibeles, que eran religiones antiguas que se reinventaron en el período helenístico posterior, o el mitraísmo, un nuevo renacimiento religioso que se reviste de formas antiguas. Mani era una persona real, alguien cuyas enseñanzas fueron dadas a audiencias reales, recogidas por discípulos devotos, y que fue arrestado por su teología y ejecutado en una forma horriblemente torturada. Su *cultus* surgió después de su muerte y se extendió por todas partes, exigiendo estilos morales severos de obediencia de sus seguidores. Era un maestro moral y metafísico que esperaba que su mensaje influyera en la vida diaria de una manera muy personal. Aunque dos siglos después de Cristo, el patrón de recepción de esta nueva doctrina tiene varios paralelismos con el cristianismo, aunque en su forma doctrinal y en la forma de gobierno que asumió el maniqueísmo toma un camino significativamente diferente al de la iglesia primitiva. Ya en el siglo V era atractivo para intelectuales como el joven Agustín, que pasó muchos años de su vida como maniqueísta antes de convertirse a los cristianos católicos.

En generaciones anteriores se conocía muy poco sobre el movimiento, excepto por la forma en que aparecía en la apologética cristiana, aunque el primer intelectual que se quejó al escribir sobre el maniqueísmo como movimiento fue en realidad el filósofo pagano Alejandro de Licópolis.[123] Entre los apologetas cristianos del siglo IV que escribieron en su contra se encuentran Efrén de Nísibis y Tito de Bostra, ambos en Siria; Serapión de Thmuis en Egipto; Epifanio de Salamina en Chipre; y, en el siglo siguiente, Agustín de Hipona, en el norte de África. Los posteriores intercambios

---

[123] Alejandro de Licópolis, *Contra la enseñanza de Mani*.

apologéticos muestran que el movimiento se mantuvo durante mucho tiempo en el Oriente romano, aunque en las áreas cristianas occidentales se desvaneció más o menos después del siglo VI.[124] En la iglesia oriental, el teólogo sirio Severo de Antioquía del siglo VI está en contra de ellos, y en el siglo VIII también lo está Theodore Bar Konai.[125] A lo largo de los siglos IX al XI, los maniqueos aparecen en las apologías islámicas árabes.[126] En el siglo XII, también aparecen en fuentes budistas.[127]

En 1904, se redescubrió una serie de documentos maniqueos originales, lo que dio inicio a una serie de fuentes documentales posteriores de su propio círculo, que amplificaron y contextualizaron en gran medida la comprensión del movimiento.[128] Como religión dedicada a la fusión religiosa, las fuentes mismas demuestran una gran flexibilidad y variedad intelectual. Todavía existe una subcultura viva que debate la relación precisa del movimiento con el cristianismo, el gnosticismo, la religión persa, la astrología y el budismo. A pesar del hecho obvio de que se trataba de un sistema muy abierto y absorbente por diseño, parece, sin embargo, haber un núcleo de ideas que eran comunes a la mayoría de las formas variantes del maniqueísmo a lo largo de su gran extensión geográfica e histórica.

Mani (que parece haber sido un título de respeto más que un nombre personal) nació el 14 de abril de 216 en Partia, cerca de la ciudad de Seleucia-Ctesifón, que había caído recientemente bajo control militar persa.[129] En los dominios imperiales romanos su movimiento nunca superaría la asociación con Partia, que era el gran enemigo político de Roma. En 220 sus padres, Patik y Maryam, lo llevaron a vivir con una comunidad elcesaíta, los apocalípticos judíos que enseñaban que el mundo había recibido una serie de sabios reveladores para enseñarle sabiduría a través de los tiempos, de los cuales Jesús fue un ejemplo reciente. El primer idioma de Mani fue el persa medio, pero al final produjo la mayoría de sus obras en sirio.[130]

A los doce años recibió una revelación de un gemelo celestial (*syzygos*), que le dio sus ideas sistémicas fundamentales: que el mundo era un campo de batalla para una lucha perenne de los dos principios primigenios, la luz contra la oscuridad. El gemelo lo instó a romper con los elcesaítas. Una segunda epifanía, cuando tenía veinticuatro

---

[124] Se han hecho varias afirmaciones de que los movimientos heréticos dualistas posteriores del período medieval, como el albigenianismo o el bogomilismo, son formas resucitadas del maniqueísmo, pero cualquier conexión directa no es más que tenue.

[125] A. Scher, ed., *Theodor bar Konai: Liber Scholiorum II* (Louvain: Brill, 1960).

[126] Ahmad al-Yaqubi (siglo IX); Ibn al-Nadim (siglo X); Al-Beruni (siglo XI); y Al-Shahrastani (siglo XII).

[127] Las historias de Tsung-Chien y Chich-p'an.

[128] Véase P. Mirecki y J. BeDuhn, eds., *Emerging from Darkness: Studies in the Recovery of Manichean Sources* (Leiden: Brill, 1997); I. Gardner y S. N. C. Lieu, eds., *Manichaean Texts from the Roman Empire* (Cambridge: Cambridge University Press, 2004).

[129] La región moderna de Irak. Su biografía se puede basar ahora de manera más fiable en el Codex Manichaeus Coloniensis de finales del siglo IV, descubierto en 1969 en el Alto Egipto, ahora alojado en Colonia.

[130] Sus escritos clave son una *Epístola fundamental*, que San Agustín comenta de cerca; el *Shabhuragan*, escrito en persa medio, que dedicó al sha; *Un evangelio vivo*; la *Carta a Edesa*, contenida en el Códice de Colonia; y el *Libro de los gigantes*. También se dice que produjo un libro de ilustraciones de la creación llamado *Arzhang*, que le dio el epíteto en fuentes islámicas de «Mani el pintor».

años, le ordenó que se convirtiera en un mensajero de luz y salvación para el mundo. En consecuencia, en el año 241, viajó a la «India» (Afganistán) y allí estudió aspectos del budismo. Cuando Sapor I se convirtió en el sha de Persia (242-273), Mani se presentó en la corte para predicar su misión y tuvo una recepción favorable. Durante treinta años la corte persa fue el centro de su misión. Tomó otros viajes a Egipto y nombró a sus discípulos cercanos Addai, Tomás y Hermas para dirigir sus esfuerzos misioneros.[131]

Sin embargo, la asociación estrecha con los reyes puede ser peligrosa y a la vez útil para un misionero. Después de la muerte de Sapor en 273 se produjo una reacción violenta, con la religión tradicional zoroastriana haciendo un esfuerzo concertado contra Mani y todo su movimiento. El nuevo sha, Bahram I, hizo arrestar y ejecutar a Mani en prisión en el año 274.[132] Su cuerpo fue desollado, para quitarle la piel entera, que luego fue rellenada con paja, teñida y colgada de las paredes de la ciudad de Gundeshapur como una advertencia para todos. Sus seguidores fueron salvajemente perseguidos, lo que causó rápidos movimientos hacia el este (a la India y China) y hacia el oeste a Egipto, África del Norte y Roma, donde ahora entran en el ámbito cristiano. En este mismo período, el gobierno de Diocleciano, que ya perseguía a los cristianos, también los consideraba una religión peligrosa e ilícita.

Mani consideraba su vocación como la causa de un sincretismo religioso universal. Ciertamente se veía a sí mismo (modelándose en Pablo) como «un apóstol de Jesucristo», llamándose también Paráclito y último de los profetas cristianos. Probablemente también se retrató a sí mismo como una forma reencarnada de Zoroastro y Buda: el último de la línea de sabios enviados al mundo por los poderes de la luz para rescatar almas caídas en la oscuridad de la ignorancia. Sus propios seguidores paralelizaron su ejecución con la crucifixión de Jesús, un destino de los muchos sabios de la luz, que fueron perseguidos por los poderes de las tinieblas en este cosmos sublunar.

El maniqueísmo es esencialmente una cosmogonía: una explicación de cómo se originó el mundo y por qué funciona como funciona, especialmente por qué hay tanto mal y sufrimiento en él. En este sentido, muestra marcadas influencias del budismo y de las Cuatro nobles verdades. Según Mani, los cristianos tenían razón en algunas cosas, pero tenían muchas fuentes corruptas. El principal de los errores fue su adherencia al libro del Génesis. Lejos de ser una creación de un Dios bueno, este mundo es realmente un producto pasajero de tres fases de desarrollo primordial: anterior, presente y futuro.

En el primer (tiempo) tenemos la separación primitiva y feliz de espíritu y materia, luz y oscuridad, bien y mal. No hay maldad para lo espiritual, no hay sufrimiento. El buen «Dios de los cuatro rostros» (también el «Padre de la grandeza y de la luz») preside el reino de la luz, que perennemente patrocina todas las buenas energías y

---

[131] Alejandro de Licópolis, *Contra la enseñanza de Mani* 4.20.
[132] Algunas fuentes tienen 277.

logros y está compuesto de cinco elementos de bienaventuranza: la brisa suave, el viento refrescante, la luz radiante, el fuego vivo, el agua límpida. Hay cinco moradas (mansiones) en esta vida beatífica: Inteligencia, Conocimiento, Razón, Pensamiento y Deliberación. El reino de las tinieblas está situado al sur del dominio de la luz, presidido por el monstruo cuya cabeza es un león, cuya grupa es un dragón, cuyas alas son de pájaro y cuya cola es de pez.[133] El «príncipe de las tinieblas» es fundamentalmente malvado, el cual preside todo lo que es negativo y hostil a la vida de espíritu y verdad. Todo aquí es lujuria y conflicto. Su dominio primordial de las tinieblas se caracteriza también por cinco fuerzas elementales.[134]

El segundo es el tiempo del presente del momento medio. Consiste en la dolorosa mezcla de estos dos conjuntos de principios en conflicto en el mundo actual. Las fuerzas espirituales (arcontes) de las tinieblas entran accidentalmente en el dominio de la luz. Ellos codician las energías que ven y tratan de capturarlas. La materialidad es una de las fuerzas características del dominio del mal, que lleva consigo la fuente y la raíz de todo sufrimiento. Al ver la luz en su frontera, el principio del mal invade el mundo espiritual para esclavizar su energía. Para defender el reino pacífico y vulnerable de la bondad del asalto de los arcontes, el Gran Padre crea de la luz un número de Eones guerreros arquetípicos.[135]

En la guerra que sigue, el Gran Espíritu y el Hombre Primordial invaden el dominio de las tinieblas y derrotan a los arcontes, pero desde sus partes del cuerpo el cosmos material presente está formado por el Demiurgo. Él hace diez cielos y ocho tierras. Este cosmos es inestable y comienza el inmenso problema que le sigue (de la mezcla de luz y oscuridad), pero su intención era encarcelar a los malvados arcontes. Para mantener estable el cosmos, el Gran Espíritu evoca de sí mismo a cinco hijos.[136] El primero y el último sostienen el cosmos entre ellos. Cuando finalmente dejen de hacerlo, vendrá la conflagración del fin, que es el tercer y último momento, cuando la luz y las tinieblas se separarán una vez más en sus respectivas esferas (una salvación cosmológica y personal). Los espíritus guerreros tienen mucho éxito en tratar de resolver el gran mal de la mezcla contaminante de bien y mal en el cosmos. Ellos estabilizan una creación inestable y también comienzan a preparar los medios para la futura separación de la luz y las tinieblas. Aun así, a través del cosmos multitudes de partículas de luz permanecen atrapadas dentro de las estructuras de la oscuridad. Al interpretar el mundo, por lo tanto, tanto estética como moralmente, todo lo que encontramos bueno y lleno de gracia en él se debe a las partículas de luz; todo lo que es malo y feo se debe a la oscuridad que aún está presente en él.

El sistema de salvación del Gran Padre funciona por medio de sus agentes espirituales a través de los diversos cielos. Los principios del mal están o bien

---

[133] En tres lados los reinos llegan hasta el infinito: en el cuarto lado, sin embargo, son tangenciales entre sí.
[134] El humo sofocante, el fuego devastador, el fuego destructor, el agua turbulenta, la oscuridad de los abismos.
[135] La madre de la vida, que es también el Gran Espíritu, ella emite al Hombre Primordial y a sus cinco hijos elementales (sus armas de los cinco elementales: aire, viento, luz, agua y fuego).
[136] Splenditenens, el rey de honor, los Adamas de la Luz, el rey de la gloria y Atlas.

clavados en los cielos (si no han sido responsables de atrapar la luz en este mundo) o bien barridos a un lado por las fuerzas espirituales elementales. El objetivo es siempre liberar a la luz y al espíritu de la trampa del mal oscuro. El Espíritu Viviente (el más grande de los Eones guerreros) hace dos importantes movimientos salvíficos. Primero, ella modela el sol y la luna de la luz purificada, para que sirvan como zonas seguras y estaciones de recolección de la luz pura que permanece atrapada.[137] Las luces espirituales (incluyendo las almas) una vez liberadas del cosmos mixto serían salvadas aquí y luego enviadas de regreso al reino de la Luz Pura a través de la Vía Láctea.[138] Segundo, ella envió al hermafrodita «Tercer Mensajero» a combatir a los demonios que aún mantenían la luz espiritual prisionera por la fuerza. El Tercer Mensajero se representaba a sí mismo/misma ante cada uno de ellos bajo la apariencia de una pareja sexual exquisitamente deseable. Si su lujuria los llevaba a abrazarlo/la, se les hacía eyacular la luz espiritual dentro de ellos, y entonces el Tercer Mensajero la enviaba hacia arriba en libertad. Los demonios de las tinieblas, sin embargo, se volvieron sabios a esta estrategia y reaccionaron haciendo una falsificación del Hombre Primordial empleando la energía de la cópula sexual entre ellos. Un gran demonio masculino y femenino fue así formado por el príncipe de las tinieblas, y capturaron todas las partículas de luz que pudieron y luego copularon entre sí para hacer de Adán, el primero de los humanos terrestres. Él es el microcosmos que contiene en sí mismo la luz del alma y las tinieblas del cuerpo material. Los demonios entonces repitieron el proceso para hacer a Eva. Ella era como Adán, pero tenía menos luz atrapada dentro de ella y estaba destinada a mantener la luz del alma repetidamente atrapada dentro de la materia por interminables cópulas entre la humanidad, haciéndoles olvidar que su mayor necesidad es escapar de la trampa material.

Así que la creación de la raza humana, lejos de ser una creación del Dios bueno, fue una obra de maldad demoníaca diseñada para mantener la luz espiritual en perpetua ignorancia y esclavitud. Para compensar este desastre, sin embargo, las fuerzas de la luz envían al gran Jesús el esplendor para ser un revelador para Adán. Él permite a Adán vislumbrar al Gran Padre y su propia obra gloriosa como salvador de la luz, y le hace comer del árbol de la vida, que es como el conocimiento del estado de encarcelamiento amanece entre la humanidad. Para ayudar a esta obra de revelación salvífica, el gran Jesús el esplendor evoca de sus poderes de luz a la Mente Luz (un gran ser cósmicamente benéfico que tiene grandes poderes para liberar la luz de las tinieblas) y luego al apóstol de la luz. Es este último principio espiritual el que se encarna a lo largo de la historia en los grandes sabios religiosos que enseñan benéficamente a la humanidad la *gnosis* de su encarcelamiento espiritual: sabios como Buda, Zoroastro o el Jesús histórico. Las fuerzas de las tinieblas, sin embargo, profanan y corrompen deliberadamente las enseñanzas de cada uno de los sabios, así

---

[137] Las luces espirituales van de la luna al sol, por lo que la luna crece y disminuye en varias ocasiones.

[138] Es por eso que la astrología jugó un papel importante en la religión. La Vía Láctea era la «columna de gloria» de los maniqueos. Las fuerzas zodiacales, sin embargo, eran arcontes encarcelados y por lo tanto signos malignos, teniendo un dominio oscuro sobre la vida sublunar y odiándose unos a otros.

que al final Mani tiene que venir a dar la revelación completa de los caminos de escape. Él es la encarnación histórica de la Mente de Luz superior. La suya, por lo tanto, es la suprema «religión de la luz» y el más grande de todos los caminos hacia la salvación.

El uso de Jesús por parte de Mani como una figura sabia en su sistema, por lo tanto, no siempre se refiere al Jesús histórico. Agustín dice que los maniqueos usaron el título de Jesús para referirse a por lo menos tres entidades que funcionaban como salvadores: una estacionada en el sol y la luna (Jesús el esplendor), otra que resume la luz encarcelada en nuestro universo (Jesús sufriendo, cruz de luz), y otra que vino entre los seres humanos disfrazado de ser humano para enseñar verdades de liberación (Jesús Hijo de Dios).[139] Sin embargo, aun este Jesús el Hijo de Dios, no debe identificarse con el Jesús histórico de Nazaret que fue crucificado. El mismo nacimiento de este último de María (sea virginal o no) demostró que era un ser material y que no podía haber sido un salvador primitivo del Gran Padre, sino sólo un maestro de la verdad. Por esta razón, los diversos himnos de Jesús que se encuentran en los libros de culto maniqueo (aunque a primera vista podrían haber atraído a los cristianos de la gran iglesia como comparables incluso a sus propios himnos cristológicos) pronto les serían explicados de una manera más «exacta» por los catequistas maniqueos. Jesús entre los maniqueos no suele referirse al Jesús que imaginaban los principales cristianos, sino más bien a principios arquetípicos de los que Jesús de Nazaret era sólo un símbolo parcial, nunca una instanciación. Un ejemplo de una de estas invocaciones de Jesús maniqueo se encuentra en la breve lectura más adelante.

Para los últimos maniqueos, Jesús de Nazaret probablemente sólo parecía ser humano. Aquellos que insisten en su materialidad, su nacimiento físico y su muerte, simplemente muestran su ignorancia de los caminos de la luz. En esto, las cristologías gnóstico-docetistas apelaron a los maniqueos considerablemente.[140] Es posible que esta aversión maniquea a la realidad natural de Jesús influyera en el islam primitivo y se abriera camino en el Corán, con su gran aversión a la noción de la realidad de la crucifixión. Cuando Mani se llama a sí mismo «apóstol de Jesucristo», por lo tanto, no pretendía que esto significara que era un discípulo de Jesús de Nazaret, en la forma en que Pablo pudo haberlo hecho. Quiere decir que se refiere a su condición de vehículo del alma del gran ser angélico, Jesús la Mente de Luz, a quien enseñará a los cristianos, presumiblemente, a reemplazar en su devoción, en caso de que se vuelvan a su mayor verdad.

Los verdaderos creyentes tenían que entender que su meta religiosa era ahora separarse lo más posible de las trampas de la materialidad y vivir para la luz, esperando su separación final, cuando el alma pudiera regresar al reino de la luz. Así pues, se prescribió un conjunto descendente de prácticas ascéticas. La organización de

---

[139] Agustín, *Contra Faustum* 20.11.
[140] Para más detalles, véase E. Rose, *Die Manichäische Christologie*, Studies in Oriental Religion 5 (Wiesbaden: O. Harrassowitz, 1979).

la comunidad maniquea parece haber imitado (más o menos) la política primitiva de los cristianos. En la cima de la jerarquía estaba el *archego*, el sucesor de Mani. Luego estaban los elegidos. Primero vinieron doce apóstoles de enseñanza, discípulos mayores y misioneros. Después de ellos se clasificaron setenta y dos obispos. El antiguo mentor de Agustín, Fausto, era uno de ellos. Luego había 260 sacerdotes. Por debajo de ellos se situaban los fieles maniqueos ordinarios. Estos se llamaban los auditores (catecúmenos).

Se exigía una estricta separación ascética de las preocupaciones materiales en la jerarquía, pero se permitía a los auditores seguir estilos de vida ordinarios e incluso casarse, aunque se debía evitar la procreación en sus vidas sexuales, ya que esto simplemente empeoraba aún más el problema de la luz atrapada.[141] Podían matar la vida si era necesario (incluso cosechar granos era una actividad que mataba la vida), pero tenían que alimentar y cuidar a los elegidos, que no podían poseer nada, no podían matar nada por sí mismos, tenían que ser vegetarianos y no podían casarse.[142] Como resultado, los elegidos tendían a vivir estilos de vida nómadas, dependiendo del apoyo y cuidado de las comunidades de auditores.

Sus reuniones tenían días sagrados y días de ayuno regularmente. La muerte de Mani era conmemorada en la Fiesta de Bema, cuando un retrato del fundador era venerado en una plataforma elevada de cinco escalones (*bema*) y se leía su *Evangelio vivo*. Los nuevos miembros elegidos eran iniciados en ese momento por un apretón de manos, un beso de paz y una imposición de manos. Los auditores podían esperar, después de la muerte, reencarnarse como elegidos, pero sólo los elegidos varones podían pasar de la muerte al reino de la luz (similar a la doctrina budista de que sólo los monjes entraban al Nirvana). Este sería el camino de la salvación y perduraría hasta la conflagración final, cuando todo este orden cósmico sería destruido y los dos reinos primitivos volverían a estar separados—después de que se hubiera liberado tanta luz como fuera posible en el ínterin. Jesús el esplendor presidirá como último juez sobre esta conflagración final y gran separación.

El maniqueísmo se traslapaba fácil y extensamente con los círculos gnósticos, con el marcionismo y con los movimientos proféticos extáticos. Era adaptable a muchos sistemas diferentes, cooptándolos, como lo hizo con las doctrinas cristianas, a sus propias preocupaciones generales. Presentándose a sí misma como una forma más pura de la intención original del cristianismo, explicaba los supuestos fracasos de este último por las corrupciones. Para los maniqueos el traer el Antiguo Testamento al canon cristiano fue un grave error, y a Pablo se le debía dar el liderazgo en el recorte de las historias del Evangelio y sus significados (entendidos alegóricamente). El punto

---

[141] Todos los auditores de arriba tenían que controlar sus sentidos, vivir castamente, hacer que el corazón se enfocara sólo en las realidades espirituales llenas de luz, y nunca matar la vida, ya sea animal o vegetativa, para poder vivir. Tenían que orar siete veces al día y observar muchos ayunos (alrededor de un cuarto del año).

[142] Su digestión de vegetales brillantes (que contienen la mayor parte de la luz) fue un acto práctico de la religión, ya que liberaba la luz de la materia de manera altruista. Véase Agustín, *De Moribus Manichaeorum* 13.29– 16.53; *Contra Faustum* 5.10.

focal definitivo de su sistema era la apelación a un dualismo metafísico de orden estricto. Al incluir la materialidad en el dominio del mal y de las tinieblas, ofrecían al mundo de su tiempo un sorprendente imperativo moral y un motivo. Era una que apelaba al pesimismo religioso y político que se extendía en el imperio del siglo III, asolado por la guerra civil y la inflación económica.

El dualismo ha seguido siendo, si no un principio tan crudamente planteado, una tentación para muchos sistemas religiosos desde entonces. Algunos han argumentado que Agustín de Hipona nunca se liberó completamente de su educación maniqueísta, con su intrínseca aversión por la sexualidad y su comprensión del erotismo como una obra de maldad vergonzosa, y que a través de él los matices maniqueístas han sobrevivido en el cristianismo occidental desde entonces. Sin embargo, en general, la iglesia siempre vio al maniqueísmo como un movimiento hostil y pirata, del cual se defendió, en primer lugar, haciendo hincapié en la historicidad de su fundador, un maestro viviente que realmente sufrió y murió; y, en segundo lugar, aferrándose al canon del Antiguo junto con el del Nuevo Testamento y enseñando una continuidad del testimonio profético que se cumplió en la resurrección.

Debido a que el maniqueísmo apareció sólo a mediados del siglo III, la iglesia ya había establecido la mayoría de sus estructuras de gobierno fundacionales y ya había adoptado el sistema de credo que le permitía permanecer en gran medida impermeable a la influencia maniqueísta. Lo que la metafísica dualista permanece en el cristianismo es más atribuible al propio Jesús, que enseñó la coexistencia en la tierra del reino de Dios y el dominio del príncipe de este mundo, que constantemente lucha contra los hijos de la luz y trata de dañarlos. En esta forma moderada de metafísica dualista, sin embargo, el énfasis está puesto firmemente en la unicidad del poder divino, una fuerza última de luz y bondad, directamente relacionada con el orden cósmico (no distantemente mediado por él), que lo considera como fundamentalmente bueno. En la doctrina del Nuevo Testamento (que viene del pensamiento apocalíptico judío, como originalmente hizo Mani en sus préstamos) la victoria final pertenece a Dios, pero el reino de Dios será construido de la estructura misma del uso justo del mundo material.

El sistema cristiano, con todas sus apariencias de dualismo, no comparte en absoluto el pesimismo maniqueo fundamental. Es en el fondo un sistema altamente optimista de un Dios que no es un principio último de bondad, sino un Padre amoroso, que no recoge principios cósmicos dispersos de luz, sino que atrae a su familia hacia sí en virtud del ejercicio de la caridad y la justicia. Es irónico de alguna manera que este sistema religioso históricamente flotante y adaptable no absorbiera tanto la religión cristiana como esperaba, sino que consumiera tanto de las ideas cristianas mismas, aunque finalmente de una manera tangencial. Las sólidas políticas locales de gobierno episcopal del cristianismo y las comunidades de culto estrechamente organizadas se reunieron en torno a la Eucaristía, el Evangelio y el credo, lo que hizo que esta amenaza del tercer siglo a su coherencia no fuera crítica en absoluto. No tiene sentido, en esta etapa, hablar del cristianismo maniqueísta o del maniqueísmo cristiano de una manera que, por ejemplo, un siglo antes podría haberse hecho con el adjetivo *gnóstico* (igualmente adaptable y plástico).

LAS PRIMERAS RELACIONES CRISTIANAS CON LOS JUDÍOS

Esto debería ser, uno podría pensar, una sección importante de cualquier historia cristiana temprana. Y uno probablemente tiene razón en ese supuesto hasta este punto, que las relaciones y el compromiso interreligioso, ya sean positivas o negativas, deben haber sido extensas y cotidianas entre judíos y cristianos. Esto debe haber sido especialmente cierto en la Palestina romana, Roma, Antioquía y Alejandría, donde sabemos definitivamente que grandes comunidades de intelectuales y comerciantes judíos se reunían exactamente al mismo tiempo que el cristianismo se establecía como un fenómeno distinto y urbano. Pero esta no va a ser una gran sección del libro, precisamente por la razón de que los relatos supervivientes son extraordinariamente escasos. ¿Hubo alguna forma de escisión deliberada de los demás a partir de las cuentas? ¿Fue un caso de vergüenza por la relación? Es difícil de decir porque la mayor parte del tiempo uno tiene que trabajar fuera de un contexto de discusión sobre la base del silencio.

Esto no quiere decir que los «judíos» no figuren ampliamente, ni siquiera masivamente, en las referencias de la literatura cristiana primitiva. Pero incluso en la literatura del Nuevo Testamento, que es lo más cercano que uno sospecha que ellos tienen, la figura del judío es un cliché. Los fariseos y escribas son mostrados implacablemente como «oponentes» de Jesús en los Evangelios, estableciendo la impresión de que se enfrentaba a una hostilidad implacable, aunque gran parte de su enseñanza (resurrección de los justos, pureza de corazón como clave para la observancia del pacto, preocupación fundamental por la exégesis de las Escrituras) resonaría tan positivamente con el movimiento farisaico, y sin embargo aprendemos de los Evangelios que varios fariseos estaban claramente dispuestos a proteger a Jesús de daño (Lc. 13:31). La manera recurrente en que los Evangelios presentan a los fariseos como probando a Jesús y contradiciendo sus enseñanzas es tomada por los lectores (gentiles) del Evangelio (de la mayoría de las edades) como describiéndolos tercos y de corazón duro.[143] Pero la realidad de ser un maestro de la Torá del primer siglo en la Palestina romana era que así es exactamente cómo funcionaba un antiguo maestro religioso judío, mediante un debate mutuo con otros maestros en presencia de los respectivos discípulos del maestro. Cada diálogo, por supuesto, era registrado por la respectiva escuela de discípulos como una victoria incuestionable para «su rabino». No era un choque hostil y displicente, sólo la forma en que se comportaban los

---

[143] Una simple búsqueda de la palabra *fariseo* en las narrativas evangélicas presenta esta fachada abrumadoramente negativa, al igual que los resultados de una búsqueda *los judíos* en el Cuarto Evangelio. Este último término probablemente debería traducirse como «los judeanos», no los judíos como tales, sino el partido de líderes religiosos en Judea en la generación inmediatamente posterior a Jesús, que fue hostil a los primeros misioneros, como nos informan Josefo y Hechos.

antiguos rabinos. Los escritores de los Evangelios han sido aislados de este ambiente semítico y se ha presumido, en la segunda generación cristiana, que un diálogo entre escuelas no puede ser otra cosa que un conflicto entre profesores de secundaria, como era el caso cuando los *didaskaloi* helenísticos se enfrentaban en las grandes ciudades—y aprovechaban la ocasión para tratar de robar discípulos de una escuela a otra. Así que el «mito del fariseo de corazón duro» llegó a nacer por falta de comprensión cultural cuando el mensaje cristiano se extendió a una audiencia gentil fuera de las fronteras geográficas e intelectuales de Israel.

Esto no quiere decir, por supuesto, que Jesús no tuviera áreas de conflicto con el partido farisaico, pues su idea de reconciliación era indudablemente más radical que la de hacerlos sentir cómodos. Pero lo que quiero decir aquí es que incluso a mediados del siglo I «el judío» se ha convertido en un estereotipo, una figura bidimensional en la apologética literaria de la iglesia. Y esto marcó la pauta para mucho más adelante. Muchos fariseos estaban seguramente entre los primeros simpatizantes del movimiento de Jesús después del primer Pentecostés, y no sólo Pablo (Hch. 5:34; 15:5; 23:6-9; 26:5).

Al considerar la relación de la iglesia con los judíos a partir de la escasez de textos sobrevivientes, uno siempre debe recordar la dificultad de dibujar un cuadro a gran escala a partir de las indicaciones que poseemos. Es como tener tres puntos distintos de cien puntos que formarían una imagen oculta si uno los uniera. Desde la guerra de 1939-1945, también ha habido un movimiento creciente (largamente esperado) para reevaluar y desenterrar la larga y hostil relación que había crecido entre la iglesia y la sinagoga. El genocidio nazi sacudió la conciencia de Europa e hizo que los cristianos pensaran de nuevo en la naturaleza perniciosa de la retórica interreligiosa hostil. Esto es algo saludable y positivo, pero ha llevado, hasta cierto punto, a una cierta cantidad de búsqueda de «evidencia feliz» en los tratamientos académicos del tema de las relaciones judías-cristianas tempranas, cuya literatura se ha estado expandiendo desde finales de los años setenta del siglo XX.[144]

Hay que hacer una división, en términos de la evidencia de las relaciones entre las dos grandes comunidades, entre el mundo latino, el Este griego y las fronteras extraimperiales. Uno entonces necesita hacer una división en cinco eras o etapas. En primer lugar, están los dos primeros siglos, en los que la literatura del Nuevo Testamento y las primeras cartas de los padres apostólicos nos dan el tono.[145] Esto luego se abre a principios del siglo III, cuando la apologética entre las comunidades muestra una distancia sociológica entre cristianos y judíos, cuando los gentiles ahora constituyen la mayoría de la iglesia, y cuando las batallas sobre la interpretación de las

---

[144] Un excelente y sucinto tratamiento se puede encontrar en A. S. Jacobs, "Jews and Christians," en *The Oxford Handbook of Early Christian Studies*, ed. S. A. Harvey y D. G. Hunter (Oxford: Oxford University Press, 2008), 169-85, con una bibliografía completa.

[145] Para más detalles, véase S. G. Wilson, *Related Strangers: Jews and Christians*, 70–170 C.E. (Minneapolis: Fortress, 1995).

Escrituras (y la propiedad) parecen estar en primer plano.[146] En cierto sentido, es un tiempo en el que las comunidades comienzan a separarse, cubiertas por una nube en la evidencia. Después del 200 no poseemos ningún texto religioso judío significativo en griego. La tradición de los constructores de puentes culturales como Filón pasa exclusivamente a los cristianos, y después de este tiempo hay que buscar pistas sobre las interrelaciones de la literatura rabínica que, precisamente porque tiene otros objetivos que la construcción de puentes, no está tan interesada como la iglesia en justificarse ante otra comunidad extranjera. Hay indicios de que la literatura rabínica de finales del siglo III comienza a notar el fenómeno cristiano con más frecuencia como una de las varias secesiones fraccionales: el *minim* que ellos piensan que ha caducado de la comunidad del pacto.[147]

Tercero viene la última parte del siglo tercero, cuando las grandes ciudades helenísticas se convirtieron en un lugar de conexión donde un gran número de judíos y cristianos entraron en estrecho contacto intelectual, especialmente en Roma, Cesarea y Alejandría. También fue una época en la que las cuestiones cristológicas comenzaron a tomar el protagonismo de la «diferencia»: desde el lado cristiano interpretaron que los judíos se negaban a reconocer la cuestión fundamental del estatus divino de Jesús y, por lo tanto, su papel global como redentor del mundo y único mediador; y desde el lado judío interpretaron que los cristianos aparentemente habían dejado de lado todas las demás cuestiones (observancia de la ley, interpretación del texto históricamente fundamentada) y deificaron a un hombre, traicionando de este modo la esencia del culto monoteísta que estaba en el centro de la identidad judía.

En cuarto lugar, es del siglo IV al V, cuando los escritores patrísticos convierten cada vez más a «los judíos» en un oponente literario bidimensional sin mucha conexión práctica o personal—simplemente sirven como una lámina teológica (un pacto anticuado o a veces incluso extirpado por lo que es nuevo). La manera en que se trata al pueblo judío en los himnos y comentarios del Efrén el Sirio del siglo IV, por ejemplo, muestra una pérdida muy marcada de esa «disputa irénica» que todavía se puede encontrar en su predecesor cristiano sirio de la generación anterior, Afraates. Los sermones de Juan Crisóstomo, arzobispo de Constantinopla en el siglo V, y los comentarios exegéticos de Cirilo de Alejandría en el siglo V muestran un cambio radical que ha ocurrido. Un tono más cáustico y despectivo está en su lugar, junto con la opinión de que el Antiguo Testamento en su conjunto es tan «sombrío» como la causa judía es anticuada. Esta teoría a gran escala de la «colocación» de los judíos en términos de la historia de la salvación claramente no fue compartida por los propios

---

[146] La pregunta principal tal vez sea: «¿Quién es el heredero legítimo del judaísmo antiguo?». ¿Fue el rabinato, quien buscó hacer una nueva religión centrada en el texto, centrada en la sinagoga y racialmente purista a partir de las ruinas del culto del pacto centrado en el templo del antiguo judaísmo; o los cristianos, con su reinterpretación simbólica, desarraigada y centrada en los gentiles, de los rituales del pacto? Ambos herederos estaban alejados de las antiguas prácticas judaicas (como puede verse, por ejemplo, por el deseo de ambas tradiciones de no reinstituir el sacrificio de animales como parte central de la práctica de la santidad), pero ambos lucharon vigorosamente por el derecho a ser vistos como los herederos legítimos del título «Israel de Dios».

[147] J. Neusner, *History of the Jews in Babylonia* (Leiden: Brill, 1968), 3:12-16.

judíos, pero marca una profunda desconexión religiosa entre los dos pueblos, y la retórica del «deicidio» y el supersesionismo inició un largo camino de mutua sospecha y alienación. A partir de finales del siglo IV, la legislación imperial cristiana comenzó a cambiar la tendencia contra los paganos y los judíos en términos de ser ciudadanos iguales.

Quinto, y estableciendo el tono finalmente en lo que respecta al primer milenio, existe el siglo VI y siguientes, cuando la presión imperial justiniana (y de otros tipos) se aplicó cada vez más legalmente contra los habitantes judíos del imperio—un signo de la supervivencia intelectual y cultural judía como si todavía fuera robusta dentro de Bizancio. Esta presión de la discapacidad legal inició un movimiento de las fuerzas culturales y religiosas judías más hacia el este y pone cada vez más a los judíos fuera de la categoría que habían habitado durante los primeros quinientos años de vida cristiana—es decir, como una realidad conocida diariamente. A partir de este momento, los judíos ocuparon cada vez más la categoría de «el otro» para los cristianos. Las fricciones que habían existido en la (disfuncional) familia judeocristiana desde el principio se habían convertido en un verdadero divorcio, y la idea misma de la comunidad judeocristiana no se volvió a hablar durante muchos siglos.

El primero de estos períodos, los dos primeros siglos cristianos, están dominados por los textos del Nuevo Testamento. Las cartas de Pablo proveen una indicación masivamente fuerte de cómo podrían ser las relaciones entre las sinagogas establecidas y los misioneros errantes de Jesús, y este material sugiere claramente que la disputa era el lenguaje común. Es de esperarse. Desde el punto de vista de los misioneros de Jesús, sólo la conversión sincera y completa era significativa. La conversión era una elección apocalíptica: a favor o en contra del Mesías de Dios. Así que el diálogo se presenta desde el principio en los términos más crudos. Los escritores del Evangelio preservan la propia instrucción de Jesús de que quienquiera que no escuche la Palabra de Dios, de parte de los mensajeros del Mesías, ya no debe ser considerado parte de Israel. Este es el significado que se le da al ritual de quitar el polvo de la ropa al salir de un lugar (Mt. 10:5-6, 14-15 y paralelos). Ahora bien, esta era generalmente una costumbre de los judíos que habían viajado al extranjero y regresado a Tierra Santa; antes de entrar en sus fronteras, eliminaban el polvo del paganismo para no pisarlo en tierra santa. Era un símbolo gráfico de pertenencia y no pertenencia. Jesús adhiere esto a su propia enseñanza mediante esta instrucción a sus primeros misioneros para indicar a los aldeanos «dentro» de los límites de Israel que la pertenencia al pacto no se adhiere automáticamente al lugar donde uno reside (o incluso a la forma en que nace), sino que se deriva de «escuchar la palabra del Señor». En otras palabras, se origina en las primeras giras misioneras de Jesús, que se erigen como una de las principales reivindicaciones del estatus profético. Por supuesto que fue recordado en los Evangelios en una segunda generación, cuando el impulso misionero del cristianismo se había trasladado en gran parte fuera de la Tierra Santa propiamente dicha, y entonces la instrucción se cargó más apologéticamente: ¿quién tenía el derecho de ser considerado como Israel de todos modos?

La versión de Mateo de esta historia todavía la relaciona con el ministerio especial de Jesús como profeta hablando sólo a los judíos. En las manos de Marcos, sin embargo, es claro que este evangelista recorre todos los textos fundacionales judíos para encontrar todos y cada uno de los ejemplos de cómo se prefiguraría la ruptura con los judíos. En su caso, no son las actitudes antisemitas las que patrocinan esta *tendenz* literaria, sino la manera en que encuentra el tema del rechazo de Jesús por parte de sus correligionarios como estímulo para que Dios transmita el don de la alianza a los cristianos gentiles. Él ha tomado el liderazgo de Pablo, porque el suyo es un evangelio completamente paulino, y sin embargo lo ha agudizado, olvidando (sin duda para disgusto de Pablo, si hubiera estado vivo para verlo) el sentido de que la elección de los gentiles no era necesariamente, o deseablemente, la deselección de los judíos (Jn. 4:22; Rom. 11:26, 28b-29).

Una de las grandes potencias detrás de la expansión misionera del cristianismo primitivo no era que fuera diferente de Israel en absoluto, sino más bien que era la culminación y el cumplimiento de Israel. Incluso podemos hacer que esa idea sea más precisa: menos teológica, si se quiere. No era tanto que el cristianismo más antiguo decía que representaba una ruptura fundamental con Israel (esto se discutiría más tarde, cuando la iglesia era predominantemente gentil y no comprendía plenamente la matriz de pensamiento profundamente judía que representaban los escritos del Nuevo Testamento), sino que representaba todo lo mejor del judaísmo, pero para un consumo más gentil: una forma universalizada de judaísmo con una aplicación muy restringida de la comida y de las normas rituales.

Al principio, los misioneros cristianos como Pablo trabajaban predominantemente en el contexto de la sinagoga Diáspora. Vemos ejemplos como el mismo Pablo, Apolos, Bernabé y varios otros judíos y judías que predicaban o patrocinaban a predicadores misioneros. La propia carrera de Pablo, tal como se registra en sus cartas y en los Hechos, se centra en los éxitos y problemas (rechazos) con esta brillante lente apocalíptica de reacciones en blanco y negro. Pero la realidad histórica debe haber sido muy diferente, con matices de opinión representados en los círculos judíos de muchas ciudades antiguas sobre cómo Jesús de Nazaret figuraba en los anales del judaísmo. El escritor de Hechos toca el tema de la predicación misionera causando muchos disturbios en los pueblos y en los magnates judíos de las ciudades que buscan la expulsión de los misioneros, como un motivo recurrente. Pero esto es evidencia que puede ser tomada de dos maneras, porque los disturbios que ocurrieron (aparte de los tiempos en que el culto pagano era menospreciado) fueron seguramente argumentos internos judíos y disturbios en las sinagogas de la comunidad y no (como más tarde la imaginación de la iglesia lo haría) fricción entre cristianos y judíos considerados como dos religiones discretas. Pablo puede sentir agudamente un fuerte rechazo en las sinagogas donde predicaba sobre el tema de la inclusión de los gentiles en el Israel ampliado de Dios; pero él ve este rechazo por parte de los judíos como un efecto temporal y local (Rom. 11:11), algo que no podría perdurar en el esquema de las cosas de Dios y ciertamente no como una separación de los caminos en dos religiones.

Flavio Josefo era un contemporáneo más joven de Jesús mismo. Arrestado en la guerra judía, en la que sirvió como general, obtuvo el patrocinio de Vespasiano, que lo empleó como intérprete. Fue traído a Roma y liberado cuando Vespasiano subió al poder imperial, y luego pasó su tiempo componiendo una historia retrospectiva del pueblo judío. Da una visión muy temprana del movimiento de Jesús desde el punto de vista de un observador judío. Antes de que su texto fuera adulterado, la referencia a Jesús en sus *Antigüedades* sugeriría una cierta desaprobación de que este maestro era una figura de mago, un hechicero (siempre una cosa muy mala en la literatura judía y romana) que complacía el anhelo de la gente por las obras y maravillas.[148] Él no piensa que Jesús fue algo bueno en absoluto, más bien como uno más de esas perturbaciones que él relata que llevaron al gran desastre de la guerra judeo-romana del 70 d.C. Sin embargo, por otro lado, los varios grupos judíos-cristianos que sobrevivieron (aunque como una rareza creciente en la perspectiva cristiana) hasta bien entrado el siglo III (*nazoraioi*, elcesaítas, encratitas, ebionitas) demostraron que el modelo blanco y negro de conversión-rechazo del evangelio, o el reduccionismo sarcástico de Josefo, no era uno que correspondía con la realidad más amplia. El movimiento de Jesús resultó ser muy propicio para muchos judíos del primer siglo y fue sin duda el semillero de la expansión del cristianismo a las ciudades helenísticas, donde echó raíces en las sinagogas de la diáspora después de la caída de Jerusalén.

Por lo tanto, en lugar de líneas marcadas entre el judaísmo y el cristianismo, antes del siglo IV hay que esperar que haya zonas permeables. Incluso en el siglo V, los mensajes pascuales regulares de los arzobispos alejandrinos, que decían que los cristianos no debían ir a las celebraciones litúrgicas de los judíos, sugieren que se trataba de un problema pastoral que se abordaba precisamente porque un número significativo de cristianos disfrutaban asistiendo a esta Pascua y a otras liturgias. Hubo puntos de conflicto y fricción, sin duda, cuando la predicación central de los cristianos se centró en cuestiones de interpretación de las Escrituras judías en formas que desafiaban las áreas centrales (circuncisión, observancia legal, expectativas mesiánicas); y el registro de enfrentamientos del siglo II como los registrados en el *Diálogo con Trifón el judío* de Justino, o la forma en que el pagano Celso introduce en su *Discurso verdadero* la figura de un crítico acérrimo judío para hacer sus comentarios más cáusticos sobre la estupidez de los cristianos, todos apoyan esto. También se encuentran algunas referencias (una notable, por ejemplo, en el Martirio de Policarpo) en la literatura de persecución del siglo II que se queja de que los

---

[148] Josefo, *Antigüedades* 18.3.3, publicado en el año 93 d. C. Es el llamado *Testimonium Flavianum*. Yo reconstituiría el texto original (predoctorado) como leído de esta manera: «Por esta época vivía Jesús, un mago, que realizaba actos sorprendentes y se convertía en el líder de gente que se deleitaba con tales trucos. Ganó a muchos judíos y a muchos griegos, afirmando ser el Mesías. Después de la acusación de los principales hombres entre nosotros, Pilato lo condenó a una cruz, pero aun así sus seguidores no se dispersaron. La tribu de cristianos, llamada así por él, perdura hasta el día de hoy».

opositores judíos estaban encantados con el arresto y la ejecución de cristianos. Las figuras judías que se unen a las acusaciones de los paganos son amargamente despreciadas en esta literatura, pero también existe la sensación de que de alguna manera los cristianos esperaban que las cosas fueran diferentes, que no deberían haber sido tratados como enemigos por «los judíos». Pero en todo esto, es importante recordar también el contexto silencioso, precisamente porque es silencioso en comparación con el registro escrito que observa los conflictos: a saber, que los cristianos crecieron en el ambiente de la sinagoga y deben haberlo hecho felizmente hasta bien entrado el siglo II.

El siglo III, como puede ilustrarse en el caso de Orígenes de Alejandría, fue una época en la que las dos comunidades se hicieron un balance de sí mismas bajo una nueva luz perceptiblemente nueva. Eran conscientes el uno del otro ahora como intelectualmente y culturalmente diferentes: sin duda ahora como *scholae* diferentes. Los rabinos vieron el reclamo de los cristianos sobre las Escrituras hebreas de la misma manera que los cristianos consideraban que el reclamo de los gnósticos de que representaban el significado interno de los textos sagrados cristianos: con alarma. Las escuelas rabínicas (Tanaim y luego el rabinismo Amoraim) de principios del siglo III en adelante, que vieron el nacimiento de la Mishná, sacaron al judaísmo de una forma y mentalidad exegéticas basadas en versos (a las que los cristianos todavía se aferraban) hacia un sistema basado en temas de comentarios cercanos. Esto finalmente cortaría su vínculo con la filosofía helenística (aunque tanto los cristianos como los judíos todavía usaban ampliamente el método alegórico helenístico en esta era formativa). Los cristianos mantendrían una estrecha relación con los modos filosóficos de análisis y discurso hasta bien entrado el siglo VII. Esta diferencia también aceleró el distanciamiento entre ellos.

La escuela de Orígenes en Cesarea estaba en estrecho contacto con los sabios Tanaim, pero la relación entre su *schola* en Cesarea y la de Rabí Hoshaya, activa al mismo tiempo, era como dos grupos de eruditos dedicados a la misma biblioteca que utilizaban métodos de análisis muy diferentes y se observaban unos a otros más que cautelosamente con prismáticos del otro lado de la calle.[149] Orígenes era un lector muy cercano de las Escrituras. Su *Preludio* al famoso comentario de Juan es un estudio magistral sobre la naturaleza del llamado a ser un (nuevo) pueblo del pacto; pero mientras que él es profundamente favorable a la religión judía, es decididamente de la opinión de que perdió el tren cuando se le entregó la elección de los gentiles como una posibilidad para un nuevo futuro internacional. Orígenes estudió de cerca al maestro judío Filón, aprendiendo de él una técnica alegórica muy cercana, y es probablemente

---

[149] Para más detalles, véase N. R. M. De Lange, *Origen and the Jews: Studies in Jewish-Christian Relations in Third Century Palestine* (Cambridge: Cambridge University Press, 1976); P. M. Blowers, "Origen, the Rabbis, and the Bible: Toward a Picture of Judaism and Christianity in Third Century Caesarea," en *Origen of Alexandria*, ed. C. Kannengiesser y W. L. Petersen (Notre Dame, IN: University of Notre Dame Press, 1988), 96-116; J. A. McGuckin, "Origen on the Jews," en *Christianity and Judaism*, ed. D. Wood, Studies in Church History 29 (Cambridge, MA: Blackwell, 1992), 1-13.

debido a Orígenes que las obras de Filón fueron preservadas para la posteridad. Aprendió algunos elementos del hebreo por sí mismo y consultó con varios eruditos judíos en Alejandría cuando compiló sus textos bíblicos *Hexapla*.[150] En muchos lugares admite que ha tomado consejos sobre la exégesis de eruditos judíos.[151] Estudió con un profesor judío para avanzar en su conocimiento de la teología hebrea y fue un conocido personal del renombrado rabino Hilel el Joven, el hijo del patriarca judío Gamaliel III.[152]

Aun así, estos encuentros sólo subrayaron la enseñanza recurrente de Orígenes de que es sólo en el cristianismo donde la tradición judía alcanza su fin.[153] Él enseña que la elección especial de los judíos fue dada a la raza debido a la manera en que este pueblo, por encima de todos los demás, levantó sus ojos hacia Dios y lo adoró en el más puro de los cultos. Pero, para Orígenes, la posición especial de los judíos (como primicias de los pueblos) fue quitada debido a sus fracasos morales en los últimos tiempos. Y es un temor que tiene por la iglesia: que su celo se enfríe y que Dios pierda su cuidado especial por ella.[154] Él argumenta que los errores de Israel son ejemplos morales que los cristianos siempre deben recordar y de los que deben aprender.[155] Orígenes es un estudiante muy cercano de San Pablo, y nunca olvida Romanos 11:26, que Dios nunca retirará su promesa de su pueblo elegido.

Pero no todos los que le seguían eran tan cuidadosos exégetas como él. La suya es una manera muy filosófica de moralizar, por supuesto, y muy alejada de una doctrina de que Dios «quita» la elección de un pueblo y la transmite a otro pueblo. Pero uno puede ver los pasos que se pueden tomar para llegar a esa posición posterior. El tema exegético dominante del movimiento de Orígenes (en el advenimiento de la iglesia) «de las sombras a la realidad» fue tomado universalmente en la escritura cristiana después de él.[156] Así que esos peldaños fueron pisados, especialmente en la escritura teológica latina de los siglos III y IV, que vio un florecimiento de tratados titulados «Contra los judíos» (*Contra Judaeos*). Esto mismo, por supuesto, sugiere que la vida teológica judía permaneció fuerte en Italia y se defendió de manera robusta contra un creciente sentido de supersesionismo en la iglesia latina. Las eras del siglo IV hacia el

---

[150] Las versiones de seis columnas del texto de las Escrituras y las traducciones entonces disponibles, que él usó en los diálogos judíos-iglesia sobre la exégesis. Véase Origen, *Comentario a Juan* 6.212; *Comentario a Salmos* 3.8.

[151] *Peri Archon* 4.3.14; *Comentario a Mateo* 11.9; *Homilías sobre Génesis* 2.2; *Homilías sobre Números* 14.1; 27.12; *Homilías sobre Ezequiel* 10.3.

[152] Orígenes, *Homilías sobre Números* 13.5; *Homilías sobre Isaías* 9; vea también *Epístola a Africano* 7; *Praefatio Comentario sobre los Salmos* (PG 12.1056).

[153] Para más detalles, véase la excelente sinopsis de J. S. O'Leary, "Judaism," en *The Westminster Handbook to Origen*, ed. J. A. McGuckin (London: Westminster John Knox, 2004), 135-38.

[154] Orígenes, *Homilías sobre Jeremías* 4.3.

[155] Ibid., 4.5; *Homilías sobre Ezequiel* 7.1; *Homilías sobre Levítico* 13.2; *Homilías sobre los Salmos* 36.3.10.

[156] El «Antiguo Testamento» es entendido como adumbraciones sombrías de cosas que sólo serían reveladas clara y perfectamente en el Nuevo Testamento. Para Orígenes, los cristianos no sólo eran herederos legítimos de las Escrituras hebreas, sino que además fueron los primeros en tener esta antigua revelación plenamente abierta a ellos, los primeros en comprender las Escrituras hebreas, ya que la revelación de Dios no era un misterio cronológico (el primero en llegar tiene legitimidad), sino escatológico (el último en ver la verdad final más puramente). Para más detalles, véase J. Daniélou, *From Shadows to Reality: Studies in the Biblical Typology of the Fathers* (London: Burns and Oates, 1960).

V y VI ven el sentido de la supersesión expandiéndose y reflejándose en la legislación social y económica imperial contra la influencia de las comunidades judías en el imperio. En un dominio político cada vez más incierto, donde los derechos civiles judíos eran protegidos o descuidados según la visibilidad de la comunidad, se produjo un movimiento cada vez más claro de la *intelligentsia* hacia el este. Babilonia, que ya no era Roma ni Constantinopla ni Alejandría, se convirtió en el centro de la vida judía, y las relaciones se congelaron durante muchos siglos en el aspecto del tipo de estancamiento supersesionista visible a finales del siglo III.

LA TRADICIÓN APOLOGÉTICA CRISTIANA

La idea central de los «problemas con los enemigos» a los que se enfrentaba la iglesia, sin embargo, era con la sociedad pagana que la rodeaba, y al evaluar cómo podría hacer frente a esa amenaza, los cristianos aprendieron mucho del judaísmo antiguo. La obra *Contra Apionem* de Filón, en la que dio una respuesta a las críticas filosóficas paganas del judaísmo, fue en cierto modo un modelo a seguir para los cristianos, aunque no fue hasta mediados del siglo II cuando comenzaron a organizarse para armar una defensa literaria contra los ataques de la *intelligentsia* pagana. Antes de ese tiempo, la violencia de las masas y las denuncias políticas eran realmente un tema más apremiante que tratar.

Para muchos intelectuales paganos, los aspectos racialmente específicos y profundamente exclusivistas del judaísmo lo convirtieron en objeto de ataque, si no de burla, en la antigua sociedad grecorromana tardía. Muchas de las primeras actitudes hacia el cristianismo continuaron desde entonces; incluso en el siglo II, muchos comentaristas externos apilaron sobre el cristianismo las mismas críticas antijudías, considerándolo simplemente como una consecuencia del judaísmo que había conservado su mentalidad exclusivista sin añadir mucho a la narrativa de la salvación más allá de las historias escandalosas de un criminal resucitado. Este enfoque se ve claramente en el *Discurso verdadero* de Celso del siglo II, en el que incluso utiliza el carácter literario de un intelectual judío para expresar sus peores críticas al movimiento de Jesús. Otros críticos paganos significativos fueron Luciano de Samósata (quien encontró a los cristianos simplistamente ingenuos) y el filósofo de la corte Marco Cornelio Frontón de Cirta.[157] Sin embargo, el crítico intelectual más significativo de la iglesia fue Porfirio de Gaza en la siguiente generación, cuya mirada se fijó fríamente en Orígenes y sus afirmaciones de que el cristianismo cumplía con las aspiraciones de todas las filosofías del pasado. Era el más intelectual de todos los antiguos enemigos de la iglesia, y sus demandados cristianos sabían que no podían engañar a la metafísica en su compañía. Esto es en parte la razón por la que la teología cristiana del siglo IV se convirtió en una especie de estoque en su exactitud.

---

[157] Luciano de Samósata compuso una novela cómica que relata las aventuras del charlatán Peregrino y ridiculiza a los cristianos por su relato de cómo lo honraron en su (corto) período entre ellos.

En el siglo II, las persecuciones en el tiempo entre Trajano y Marco Aurelio intensificaron el sentido, tanto entre los paganos como entre los propios cristianos, de que habían surgido más claramente a la luz por sí mismos y ahora ya no se les permitía (por ley o por creencia general) el subterfugio de que eran sólo una secta progentil del judaísmo. Las persecuciones legales que comenzaron a venir sobre ellos estimularon así la primera ola de importantes apologetas cristianos. El género de la apología no tiene en sí ningún sentido de nuestra palabra moderna *disculpa*. Por el contrario, significaba «defensa» o «justificación» frente a los cargos. En el siglo III se produciría otra oleada de apologetas cuyo pensamiento sobre el cristianismo muestra desarrollos significativos, más específicamente enraizados en un ambiente eclesial. Luego estaban hombres como el obispo Cipriano, Comodiano y el gran Orígenes, que será considerado más tarde. El siglo IV también mostró una alteración significativa en el estilo y tono de los apologetas que escribían en ese período. Las persecuciones dioclecianas y las amenazas subsecuentes contra la iglesia por parte de Juliano trajeron respuestas cristianas maduras de teólogos y filósofos que habían leído profundamente en la tradición cristiana anterior y que también disfrutaban de una educación significativamente más avanzada que muchos de sus predecesores. Estos apologetas del siglo IV suelen ser también «otras cosas», como historiadores, filósofos y políticos: escritores como Lactancio, Atanasio de Alejandría, Gregorio Nacianceno, Apolinar de Laodicea y Eusebio de Cesarea. Ellos tienen un vivo sentido de que ahora están en el ascenso, tanto social como intelectual. Sus apologías a favor de la iglesia son también una exposición detallada del espíritu del cristianismo para que el forastero educado pueda ser atraído.

Pero los apologetas del siglo II, que serán nuestro enfoque principal aquí, son de un modo ligeramente diferente. Cuadrado fue el primero conocido entre ellos. En la época de Eusebio, en el siglo IV, era casi legendario. Sólo un párrafo (citado por Eusebio) ha sobrevivido de su obra.[158] Tertuliano destaca entre todos ellos como un torbellino intelectual y un escritor feroz. En esos tiempos tan agudos, la iglesia ganó a un intelectual público que usaba su pluma como arma de subversión y era cáustico en su defensa de su comunidad perseguida y de su integridad. Su tono agudo y su estilo puritano de modales le han dejado con muchos menos lectores comprensivos en esta época. Las lectoras feministas, en especial, a menudo se han sentido conmocionadas cuando se enteran de la existencia de Tertuliano. Parte de esto es que él deriva del antiguo contexto romano de las formas sociales entre las clases educadas (su idea de

---

[158] Encontramos su mención en la *Historia eclesiástica* de Eusebio 4.3.1-2. Dirigió su *Apología* a Adriano (emperador 117-138), probablemente en el momento en que Adriano visitó Asia Menor, que sería 123-124 o 129 d.C. San Jerónimo lo confundió (*De Viris Illustribus* 19; *Epístola* 70.4) para el obispo Cuadrado de Atenas, que vivió en el reinado de Marco Aurelio. Podría haber sido aquel «profeta Cuadrado» que fue discípulo de los apóstoles mencionados por Eusebio en la *Historia eclesiástica*. 3.37.1; 5.17.2. El único fragmento sobreviviente dice: «Pero las obras de nuestro Salvador estaban siempre presentes, pues eran verdaderas. Porque los que fueron sanados, y los que resucitaron de entre los muertos, no sólo fueron vistos cuando fueron sanados o resucitados, sino que estaban constantemente presentes entre nosotros. Y esto no sólo cuando nuestro Salvador aún vivía, sino también después de su partida, pues permanecieron vivos durante mucho tiempo; tanto es así que algunos de ellos incluso sobrevivieron a nuestro tiempo».

que los roles sociales están determinados por una gran cantidad del llamado código del hogar romano), pero parte de esto también es que sus ataques muy robustos contra sus enemigos parecen chocantes para los oídos académicos modernos. A los académicos modernos les gusta especialmente imaginar que son equilibrados e irónicos en sus actitudes y opiniones. Es necesario recordar que varios de esos opositores intelectuales en su día habían servido como informantes del estado para asegurarse de que los intelectuales cristianos fueran arrestados. Este fue el caso de Justino Mártir, que fue denunciado a la policía estatal por su colega el filósofo Crescente y ejecutado. Tertuliano no tiene la intención de bajar en silencio y no tiene amor ni respeto por lo que él considera enemigos de la verdad y la decencia.

Su discípulo literario Minucio Félix, también norafricano, comparte esa angularidad. Su apología *Octavio* está llena de ridiculización de ritos paganos, así como de protestas de que el cristianismo no es el culto inmoral que se les ha dicho a los paganos (a partir de su propio bajo nivel de expectativas religiosas) al punto de sospechar. Ni Tertuliano, ni Minucio, ni tampoco ninguno de los otros apologetas del siglo II pueden ser acusados de albergar tiernos pensamientos de accesibilidad pluralista. Desean defenderse; pretenden afirmar que la proscripción legal es injusta e innecesaria; y también quieren hacer un elogio escrito de su religión para atraer a la iglesia a la intelectualidad bien intencionada (la gente que podía leer y que se podía esperar que tuviera influencia social), en primer lugar, para atraerlos lo suficiente como para ganar tolerancia y paz, pero también quizás para convertirlos al evangelio. Mientras que los apologetas usualmente ejercen una gran reserva en ofrecer detalles cercanos de los rituales cristianos, ellos sin embargo proveen algo de la información más temprana que tenemos acerca de la vida interior de la iglesia. Pero siempre es esa vida eclesial como elegida para ser representada a la clase literaria educada. Vemos a esa familia, por así decirlo, posando para una fotografía formal, no bromeando alrededor de la mesa de la cena. Casi todos estos primeros apologetas provienen de un trasfondo intelectual del pensamiento platónico medio (una forma religiosa de platonismo mezclada con ideas pitagóricas y estoicas), y su representación del evangelio es de carácter profundamente moralista.

Justino Mártir (d. c. 165). Uno de esos principales apologetas, que también es una fuente importante para la vida y el culto de la iglesia en el siglo II, fue el filósofo palestino Justino de Naplusa. Nació pagano y pasó sus primeros años de vida haciendo un recorrido dedicado por muchos lugares del imperio, estudiando las diversas escuelas filosóficas que tenía a su disposición. En este viaje educativo, que coincidió con su deseo de encontrar una filosofía por la que vivir, no sólo algo para estudiar con desprendimiento académico, leyó a los estoicos, peripatéticos, pitagóricos y platonistas. Eventualmente, nos dice, como un filósofo profesional maduro (llevando toda su vida el manto que significaba su condición de profesor) alrededor del año 132, descubrió las enseñanzas de los cristianos a través de un encuentro con un viejo sabio en Tierra Santa y después se convirtió fervientemente al evangelio. Le había impresionado profundamente la valentía que había visto manifestada por los cristianos que se aferraban a sus convicciones a pesar de haber sido amenazados con el martirio.

Justino registra cómo su mentor cristiano le mostró el significado de los textos del Antiguo Testamento y su cumplimiento en la vida y enseñanzas de Jesús. Como ya se hizo alusión anteriormente, Justino describe la experiencia con palabras que recuerdan a los discípulos de Emaús (Lc. 24:32): «Inmediatamente se encendió un fuego en mi corazón ... y acepté el cristianismo como la única filosofía segura y sana».[159] Luego comenzó a enseñar el cristianismo como una forma de vida, junto con otros sabios itinerantes que típicamente se encuentran en el ágora de las antiguas ciudades helénicas. Justino se mudó a Éfeso alrededor de los 135 años y entabló allí un debate con un maestro judío llamado Trifón. Uno de sus principales escritos fue publicado después como una forma estilizada del registro de ese intercambio: una apología sobre las objeciones de Trifón al uso cristocéntrico de la iglesia del Tanakh judío.

Luego viajó para abrir una escuela en Roma y estableció allí una escuela cristiana de filosofía, donde Taciano se convirtió en uno de sus alumnos. Enseñó durante el reinado del emperador Antonino Pío (138-161), publicando su *Primera Apología* alrededor del año 155, para defender a los cristianos que, en ese momento, eran perseguidos por leyes injustas. Poco después de que Marco Aurelio asumió el poder, alrededor de 161, Justino emitió una *Segunda Apología*, dirigida al Senado de Roma. El filósofo cínico Crescente, que dirigía una escuela rival en Roma, denunció a Justino ante las autoridades, junto con varios de sus alumnos. Cuando se negaron a ofrecer sacrificios, fueron azotados y decapitados. El registro de su juicio fue retirado por testigos presenciales y aún sobrevive.

Justino es uno de los más interesantes de los apologetas cristianos. Refuta las acusaciones habituales contra los cristianos (inmoralidad, intento sedicioso, exclusivismo que manifiesta odio a la humanidad), pero también se propone mostrar a los oyentes de mente abierta el carácter esencial del nuevo movimiento. Describe a la iglesia como fundamentalmente la comunidad de los devotos del Logos, o razón/Sabiduría de Dios. El Logos creador había puesto una semilla germinativa de verdad (*Logos spermatikos*) en todos los corazones, y en la persona de Jesús el mismo Logos divino se había encarnado en la historia para reconciliar a todos los amantes de la verdad en una sola escuela y comunión de sofistería divina.[160] Para Justino, el cristianismo es la suma y realización de toda búsqueda humana de la verdad. Es la verdad arquetípica traída a la tierra por el que es el camino, la verdad y la vida de Dios. Los cristianos son monoteístas, explica Justino a su audiencia, y creen que el Logos es Dios, como los *deuteros theos* hablan por la tradición filosófica en referencia al creador del mundo demiúrgico. El Logos está en segundo lugar después del Dios Supremo.

---

[159] Justino Mártir, *Diálogo con Trifón* 8.
[160] R. Holte, "Logos Spermatikos: Christianity and Ancient Philosophy According to St. Justin's Apologies," *Studi e Testi* 12 (1958): 109-68.

Para la tradición cristiana posterior, el *Diálogo con Trifón* de Justino fue una fuerza muy importante para establecer una visión de los gentiles cristianos como el nuevo Israel. Al igual que Ireneo, Justino utiliza el Antiguo Testamento de una manera totalmente cristocéntrica. Su *Primera Apología* contiene uno de los primeros y más autorizados relatos de las primitivas liturgias cristianas del bautismo y la Eucaristía. No es una versión completa (y los lectores que piensan que es así, se han engañado al pensar que el ritual era muy simple en este período, cuando bien podría haber sido más litúrgicamente ceremonial) porque sólo desea dar a sus lectores paganos suficiente conocimiento para darse cuenta de que los rumores salvajes que prevalecen sobre sus servicios de iniciación son extremadamente exagerados, y que los ritos bautismales y eucarísticos son profundamente morales, preocupados por la limpieza del corazón y la comunión amorosa: no las orgías desnudas y la magia canibalista. La llamada de Justino de que la teología del Logos será el motivo dominante para unir todos los caminos de la sabiduría humana y la religión a Cristo fue algo que pronto se convirtió en un foco central en todos los teólogos que le siguieron. Él, por supuesto, indudablemente siguió el ejemplo del evangelista Juan en su prólogo, quien, usando el Eclesiástico 24, fusionó la teoría del Logos con las tradiciones sofiánicas (de sabiduría) de la Escritura para proporcionar una narrativa general de la historia de la salvación que culminó en la encarnación de Jesús.

Taciano. Taciano el sirio parece haber sido atraído por la reputación de Justino cuando este último era profesor cristiano de filosofía en Roma. Taciano fue a estudiar con Justino. Cuando el arresto y la ejecución de su maestro dispersaron la escuela, regresó a Oriente, ya que había sido uno de los que el filósofo Crescente había amenazado con destruir después de que lo golpearan en la discusión.[161] Sus principales obras son una apología titulada *Discurso a los griegos* y un compendio de cuatro Evangelios (el *Diatesseron*), en este último de los cuales él dirige las narrativas discretas en uno solo (para hacer un único *evangelium* armonizado). Al igual que Justino, Taciano dice que había estudiado todas las diversas escuelas de pensamiento antes de aventurarse en las Sagradas Escrituras de los cristianos y que estaba fascinado por ellas.[162] Esto fue en algún momento alrededor del año 155 d.C. Los escritores cristianos antihistóricos de épocas posteriores lo consideraban con sospecha como si tuviera demasiadas inclinaciones hacia el pensamiento de tipo gnóstico. Se convirtió en una tradición entre ellos que fue sólo después de la muerte de Justino que su alumno comenzó a extraviarse.[163]

Taciano estructura su apología a los griegos en cuatro secciones principales. El trabajo comienza (capítulos 1-3) con un ataque violento a la cultura helenística por ser falsa, egoísta, y por ser corrupta. A continuación, ofrece unos breves «Primeros principios de la teología cristiana» (caps. 4-28). Sus temas son la naturaleza espiritual de Dios, el papel creativo del Logos divino, el concepto cristiano de la resurrección, la

---

[161] Taciano, *Discurso a los griegos* 19.
[162] Ibid., 29.
[163] Ireneo, *Adversus Haereses* 1.28.1; 3.23.8; Eusebio, *Historia eclesiástica* 4.29.1; Epifanio, *Panarion* 46.

naturaleza de los ángeles y su caída, los humanos originales y su caída en la locura de la idolatría y la astrología, la fuerza penetrante de los demonios, cómo funciona el espíritu, cómo funciona la mente y el alma, y cómo la humanidad encuentra la salvación. Concluye (en los capítulos 17-28) con una denuncia de la vida pagana contemporánea (juegos de gladiadores, drogas, estructuras políticas, inmoralidad sexual) que es fomentada y amplificada por engaños demoníacos. La lógica de todo este currículo sorprende al lector moderno como «extraña» en su secuencia y orden. Pero los temas no estaban muy alejados de una «introducción a la filosofía religiosa» bastante estándar de su época, y las huellas de este esquema (pasando de la divinidad a la cosmogonía, de la demonología a la psicología) todavía pueden verse en la forma en que Orígenes estructura sus propios *Primeros Principios* en el próximo siglo. El resto de su obra (capítulos 31-41, precedido por una breve sección autobiográfica en los capítulos 29-30) gira en torno a dos grandes temas: primero (capítulos 31-35), la clara superioridad moral e intelectual de los cristianos, comparada con el estado disoluto de la cultura helenística; y segundo (capítulos 36-41), la auténtica tradición de la sabiduría demostrada históricamente: a saber, que las tradiciones griegas de la sabiduría son más tardías, secundarias, y, por lo tanto, muestran corrupción de la mente y de la moral. Las primeras tradiciones de sabiduría son las que Dios dio a Moisés, las cuales la iglesia ha heredado. De esta manera la iglesia es mucho más antigua, enraizada en las corrientes originales de la sabiduría divina, que los griegos, que se jactan falsamente de su antigüedad.

Taciano era una persona profundamente ascética, y su enseñanza muestra signos de inclinación hacia la posición de encratita que hemos notado antes. Su odio feroz a la cultura griega en la que creció se explica en parte por el salvajismo que encontró en la persecución, pero también porque es profundamente escatológico y ve los resultados de la corrupción demonológica en todas partes. La práctica ascética es necesaria para soportar la fuerza implacable. Más tarde los escritores de la iglesia lo consideraron cuasignóstico debido a estas tendencias. Clemente de Alejandría leyó su (ahora perdida) obra *Perfección según el Salvador*, que era una larga discusión sobre la vida cristiana. Parece haber continuado su tono altamente pesimista sobre las condiciones de vida y la posibilidad de salvación. Clemente, que ya es un crítico severo, dice que Taciano, interpretó las palabras de Pablo en 1 Corintios 7:5, «No os neguéis el uno al otro, a no ser por algún tiempo de mutuo consentimiento, para ocuparos sosegadamente en la oración» para significar que sólo por la abstención célibe del matrimonio y del sexo se puede encontrar la unión con Dios.[164] La continuación del matrimonio simbolizaba una continuación de la esclavitud al diablo.[165]

---

[164] Clemente definitivamente piensa que Taciano era gnóstico, atribuyéndole una interpretación de Génesis 1:3 («Sea la luz») que se lee como una súplica del Dios Creador para ser el Dios supremo para que así la luz pueda existir. Clemente de Alejandría, *Eclogae ex Scripturis Propheticis* 38.1. Véase también Orígenes, *Contra Celsum* 6.51.

[165] Clemente de Alejandría, *Stromateis* 3.12.81-82.

La doctrina de Taciano resuena con mucho de lo que describiría el cristianismo sirio antes del siglo IV. Para él, Cristo es el modelo de toda perfección porque es un hombre pobre, un virgen célibe, un hombre humilde. En esta forma de vida él invierte (y redime) el orgullo de Adán. Esta es una de las primeras elaboraciones ascéticas de los conceptos básicos «monásticos» de pobreza, castidad y obediencia. Epifanio de Salamina administró el golpe mortal a la reputación póstuma de Taciano en el siglo IV al clasificarle como un hereje que cortó en pedazos el Nuevo Testamento (no sólo el *Diatesseron* sino también las enmiendas que hizo a las cartas paulinas) y que fue tan desviado por las ideas ascéticas encratitas que desterró el vino de la Eucaristía y bebió sólo agua. En su tiempo libre, sin embargo, Taciano ofrece un interesante vistazo de cómo un *didaskalos* cristiano en Roma concibió su tarea. Después de su regreso a su Mesopotamia natal, está claro que su *Diatesseron*, antes del siglo IV, cuando la vida eclesiástica siria se alineó más con las prácticas eclesiásticas latinas y griegas establecidas, fue durante muchas generaciones el evangelio litúrgico oficial de las iglesias sirias.

Atenágoras de Atenas (c. 133–190). Otro filósofo cristiano erudito, Atenágoras de Atenas, en algún momento alrededor de 176 compuso una *presbeia*, o embajada política o petición,[166] a los emperadores Marco Aurelio y su hijo Cómodo. Posiblemente escribió esto con motivo de la visita de los dos gobernantes a Atenas en septiembre de ese año. También existe un tratado *Sobre la Resurrección* (en un manuscrito de la *Embajada*, que por cierto anuncia el tema en el capítulo 36, que lo atribuye «al mismo autor»). Atenágoras tiene un estilo vivo y claro. El propósito principal de su obra escrita era demostrar al emperador literario que los cristianos no eran la burda clase baja en la que podría haber creído por rumores. El preludio de la obra (extracto en la breve lectura a continuación) pide que se escuche el caso de los cristianos, que no sean condenados injustamente por meros rumores, sino que la benignidad filosófica por la que es conocido el emperador se extienda también a ellos como una cuestión de simple justicia. ¿Por qué, se pregunta, cuando toda clase de personas tienen las creencias más ridículas, animales deificantes o incluso criminales, los cristianos son los únicos que se ven marcados en la ley imperial y son cazados hasta la muerte sin siquiera investigar sus verdaderas posiciones? Su apología entonces se propone refutar las acusaciones más comunes de la muchedumbre contra la iglesia: que no son ateos (caps. 4-30) y que no adoran con orgías salvajes y comen bebés (caps. 31-36).

Su tratado sobre la resurrección es una defensa filosófica considerada de la racionalidad de la creencia en un cuerpo resucitado: una parte de la doctrina cristiana que remaba en contra de toda la corriente de sensibilidad platonizadora en la antigüedad tardía. Atenágoras aquí no apela en absoluto a los argumentos bíblicos, sino que se dirige a la idoneidad filosófica de la doctrina bíblica, como filósofo entre los filósofos. Aborda principalmente la fuerza de los argumentos de que esto es

---

[166] Conocida en latín como *legatio*.

«ridículo e improbable», demostrando varios casos que ilustran su tema final del preámbulo de que «nada es imposible para Dios». En la última parte de su argumento presenta su propia teoría de que, puesto que el ser humano es una síntesis de cuerpo y alma, el cuerpo resucitado es el vehículo adecuado y completo del juicio de Dios sobre la vida de ese ser: la resurrección es una parte formal de la justicia divina restitutiva, no una parte integral de un aspecto de la humanidad (como el alma inmortal de la que hablaban los filósofos).

Melitón de Sardes (d. c. 180). Melitón fue uno de los principales filósofos cristianos de Asia Menor en el siglo II. Fue famoso en su vida entre los cristianos como un asceta célibe y profeta-filósofo, una de las «grandes luces de Asia», como se le llamaba.[167] Fue uno de los líderes de Asia Menor que se aferraron a la costumbre local de celebrar la Pascua el día catorce del mes (controversia cuartodecimana). Compuso unas veinte obras diferentes que fueron leídas durante generaciones después de él, pero que en los siglos posteriores se disiparon en gran medida, y la mayoría se han perdido. Eusebio nos da una lista de sus composiciones.[168] También nos transmite algunos fragmentos de la *Apología* que Melitón escribió, dirigida a Marco Aurelio en los años 170.[169] Aparte de esto tenemos, más o menos completo, un sermón que dio *Sobre la Pascua*, que es un ejemplo muy poco común y precioso de predicación litúrgica del segundo siglo. Fue redescubierto en 1936.[170] Su sermón *Sobre la Pascua* muestra una concepción viva de la divinidad de Cristo y se enfoca fuertemente en contra de las objeciones judías al cristianismo, mostrando que en términos religiosos la comunidad judía local seguía siendo su principal interlocutor.[171] La obra es un buen ejemplo de exégesis tipológica: una historia bíblica que se cumple simbólicamente en la vida y obra de Cristo. Este enfoque se convertiría en una forma cristiana de apropiarse de las Escrituras hebreas y de demostrar cómo todo se agota y regresa a la obra redentora de Cristo, el alfa y omega de la historia de la salvación.

La mente de Melitón estaba impregnada de simbolismo bíblico. Muchos fragmentos de sus observaciones sobre la Escritura han sobrevivido en lo que se conoce como la *Catena*, o fragmentos de observaciones exegéticas de los antiguos que fueron recopiladas en épocas posteriores como una guía rápida para los predicadores. Él compuso una discusión específica sobre el libro de Apocalipsis, que por supuesto se refiere a su propia iglesia en la primera generación (Ap. 1:11; 3:1, 4). Melitón peregrinó a los lugares santos de Jerusalén (el primer cristiano que se sabe que lo hizo) para tomar notas y así poder explicar las Escrituras más claramente a su congregación.

---

[167] Era un asceta célibe según el testimonio de Polícrates, citado por Eusebio en su *Historia eclesiástica* 5.24.2-8. Fue llamado un profeta-filósofo por Tertuliano, según Jerónimo en *De Viris Illustribus* 24.

[168] Eusebio, *Historia eclesiástica* 4.26.1-4.

[169] Ibid., 4.26-27. El manuscrito lo titula a Antonino, pero en un momento en que Marco Aurelio estaba administrando el imperio de manera ejecutiva.

[170] C. Bonner, *The Homily on the Passion by Melito Bishop of Sardis* (London: Christophers, 1940); O. Perler, *Sur la Paque et fragments*, Sources Chrétiennes 123 (Paris: Du Cerf, 1966); A. StewartSykes, *The Lamb's High Feast: Melito, Peri Pascha and the Quartodeciman Paschal Liturgy at Sardis*, Supplements to Vigiliae Christianae 42 (Leiden: Brill, 1998).

[171] Basado en el Ex. 12 y escrito entre 160 y 170 d.C.

También es el primer cristiano conocido por usar el término *Antiguo Testamento* para describir las Escrituras Hebreas, un concepto que Orígenes popularizaría después de él en el siglo siguiente.

La *apologia* de Melitón a Marco Aurelio, como la de Atenágoras, expresa un sentimiento de incredulidad de que un emperador tan famoso por su filosofía y moderación, como Marco Aurelio, pueda realmente querer presidir una sangrienta persecución de una comunidad inocente como la cristiana. Atribuye la injusticia a los agentes locales del emperador, pero pide al gobernante que tome nota de lo que se está haciendo en su nombre e intervenga. En la *Apología* Melitón anota cómo el imperio de Augusto y la aparición de Cristo ocurrieron al mismo tiempo y los conecta como colaboradores en la civilización del mundo. Orígenes llevará esta idea mucho más lejos en su *Contra Celsum*, y le dio a la iglesia un sentido creciente de que el imperio bien podría ser el medio providencial que Dios usaría para difundir el evangelio a los rincones más lejanos de la tierra, una esperanza misionera que es al mismo tiempo el amanecer de una teología cristiana de la cultura. El cristianismo, para Melitón, es habitualmente llamado «nuestra filosofía», un término que se usa en los Padres del siglo IV (especialmente San Gregorio Nacianceno) para subrayar no sólo el derecho del cristianismo a tomar su lugar junto a las escuelas filosóficas clásicas, sino incluso a reivindicar una superioridad sobre ellas. En el caso de Melitón, él argumenta que el modo de vida cristiano es una filosofía de vida supremamente práctica, en cuyo enfoque cercano de la moralidad demuestra su superioridad sobre las escuelas clásicas porque puede ser difundida entre todas las clases e inteligencias.

Clemente de Alejandría (c. 150–215).[172] Una vez se pensó que Clemente era presbítero de la iglesia de Alejandría y jefe de su escuela catequística, aunque esta última ya no es generalmente aceptada.[173] Es mucho más probable que fuera maestro de una escuela filosófica privada, en una época en que varios otros filósofos cristianos (muchos de ellos gnósticos) también enseñaban en la ciudad. Clemente comenzó sus estudios en Grecia y viajó a Italia, luego a través de Siria y Palestina, antes de establecerse en Egipto como filósofo. Su encuentro en Alejandría con el filósofo cristiano Panteno fue decisivo para él, y se convirtió aquí a la fe cristiana. Leyó extensamente en fuentes cristianas y helenísticas. El deseo de Clemente era evitar los excesos de la especulación gnóstica, pero aun así relacionar el cristianismo con el flujo de la filosofía helenística. Dedica tiempo a aconsejar a los cristianos ricos sobre el uso correcto de las posesiones y sobre el comportamiento social correcto,[174] un signo quizás del tipo de estudiante que la iglesia cristiana estaba enviando ahora para la educación superior como resultado de su movilidad social y financiera ascendente.[175]

---

[172] Tito Flavio Clemente. Porque primero habla de comenzar los viajes que conformaron su «búsqueda de la sabiduría» en Atenas (*Stromateis* 1.1.11), a menudo se ha pensado que era nativo de esa ciudad.

[173] Se cree que es un presbítero sobre la base de *Pedagogus* 1.37.3; véase Eusebio, *Historia eclesiástica* 6.11.6.

[174] Aconsejándoles que no escupan durante las cenas, y sobre cómo elegir un anillo de sello, y otros asuntos similares adecuados para los aspirantes ricos.

[175] Véase J. A. McGuckin, "The Vine and the Elm Tree: The Patristic Interpretation of Jesus' Teachings on Wealth," en *The Church and Wealth*, ed. W. J. Sheils y D. Wood, Studies in Church History 24 (Oxford: Blackwell, 1987), 1-14.

Sus seminarios de filosofía superior presentaban al cristianismo como la verdadera aspiración de todas las antiguas tradiciones de sabiduría del helenismo, y en este sentido fue uno de los primeros y más originales empleadores cristianos de la teología del Logos de la que se tuvo testimonio en la literatura de la Sabiduría bíblica, en Filón y en el Cuarto Evangelio.

Sus obras principales comprenden una trilogía (de algún tipo): *Una Exhortación a los griegos* (*Protreptikos*), *Un instructor básico* (*Paidagogos*), y *Piezas misceláneas* (*Stromateis*, o *Stromata*). El contenido de los tres volúmenes presenta, de una forma u otra, un currículum ascendente para sus alumnos. La primera atrae a los principiantes a la vida filosófica. El segundo defiende un estándar de comportamiento ético que está en consonancia con la búsqueda de la sabiduría y que encuentra en Jesús la guía suprema para conducir y la matrona de la sabiduría como el Logos encarnado. El volumen final (llamado simbólicamente «alforja») es un conjunto aleatorio de aforismos y enseñanzas, de naturaleza altamente enigmática, que sugieren el plan de estudios que podría ofrecerse a los estudiantes avanzados de Clemente que persiguen los caminos más elevados de la búsqueda esotérica y que ahora están preparados para alimentarse no tanto con materiales didácticos básicos como con preguntas para un debate mutuo (una especie de lista de sugerencias para un simposio o seminario avanzado). Es muy diferente en tono y concepción de los otros dos volúmenes.

En épocas posteriores, comenzando con su gran sucesor, Orígenes, Clemente tuvo una poderosa influencia sobre algunos de los pensadores más místicos de la tradición cristiana posterior; pero su independencia de muchas de las principales preocupaciones de la iglesia en las generaciones siguientes (él es el último gran teólogo cristiano que existe en un ambiente en gran medida incontrolado por el escrutinio episcopal) también lo marginó. En la antigüedad se le llamaba *makarios* (bendito) y *agios* (santo), pero en el Occidente del siglo VI su supuesto papel en la enseñanza de Orígenes hizo que se le viera (anacrónicamente) como un origenista condenado, y en el Oriente del siglo IX, Focio de Constantinopla dañó su reputación en el mundo medieval bizantino al afirmar que su cristología era poco ortodoxa.[176]

La visión de Clemente es una visión del cristianismo que puede usar una formación filosófica juiciosa para absorber incluso algunas de las ideas gnósticas y sintetizarlas con la iglesia principal en su tradición mística (que es donde los aspectos positivos del gnosticismo son finalmente destilados y alojados por sus esfuerzos y los de Orígenes). Es él, en cierto modo, un gnóstico antignóstico. Compuso un tratado titulado *Extractos de Teódoto*, tomando pasajes de las obras de este discípulo alejandrino del maestro gnóstico Valentino y mostrando cómo los problemas planteados por esa escuela debían ser entendidos por una persona inteligente que estaba más en el movimiento cristiano dominante. Utiliza el método del diálogo con tanta seriedad y atención que no se limita a dar una lista de proposiciones para

---

[176] Nuevamente, sobre la base de muchos juicios anacrónicos, esa teología de los siglos II y III no usó los términos de la fe nicena.

condenar, sino más bien ideas para discutir. Afirma el valor del mundo material como terreno de entrenamiento dado por Dios para el bien de la humanidad, y esta visión soteriológica global ve al Padre-Dios atrayendo a toda la humanidad de vuelta a la comunión divina y, en última instancia, a la metamorfosis angélica de la raza, a través de la iniciación en el Logos-Hijo. El Logos es el pedagogo, el pastor, o incluso los «pechos de Dios», dando la leche del alimento psíquico al alma iniciada.

Clemente entiende la salvación como un ascenso cósmico hacia la verdad, y en este sentido su esquema maestro de teología de la salvación desplazó a algunas de las primeras escatologías cristianas a favor de una metafísica trascendentalista de la comunión. Este fue un movimiento que tuvo un efecto más amplio cuando Orígenes lo adoptó de manera más sistemática y extensiva en la próxima generación. Una actitud similar de discusiones abiertas de «sabiduría comparativa», comparable a la de los *Extractos de Teódoto*, se encuentra en su obra bíblica *Eclogae Propheticae*. Aquí Clemente recoge las primeras reflexiones cristianas sobre el Génesis que tiene a su disposición y las relaciona de manera considerada con las cosmogonías filosóficas helenísticas: Génesis, por supuesto, siendo un punto de fricción en las controversias gnóstico-católicas sobre la naturaleza de Dios y el mundo material. Aunque Orígenes poco después de él muestra una imaginación similarmente grande y un espíritu intelectual expansivo, este último atrajo la ira de los obispos principales por instar a los intelectuales cristianos a «ir a donde la razón (*logos*) los llevara».[177]

La libertad intelectual y la curiosidad de Clemente son poco comunes en los anales de la iglesia, y en los siglos posteriores, cuando los obispos (como Ireneo) prefirieron la simplicidad de la enseñanza para las masas en un ambiente litúrgico, en lugar de las clases avanzadas de filosofía teológica para la élite educada, se observa inevitablemente un cierto cierre de mente. La fricción entre el *didaskalos* cristiano, o profesor, y el obispo jerárquico (*episkopos*) es una fricción que ha permanecido cálida hasta el día de hoy, como por supuesto lo ha sido la brecha entre los que reducen la fe cristiana a los niveles morales e históricos más sencillos, y los que la ven, como Clemente ciertamente, como el cumplimiento de todas las aspiraciones del mundo para la sabiduría y la comprensión.

Teófilo de Antioquía. Teófilo fue obispo de Antioquía entre 169 y 183, según Eusebio de Cesarea.[178] Nació cerca de los ríos Tigris y Éufrates, y se hizo cristiano por elección, entrando en lo que él describe como una minoría denigrada después de ser impresionado por la lectura de las Escrituras.[179] De sus cuatro grandes escritos sólo queda uno: una obra de apología titulada *A Autólico*, escrita poco después de la muerte de Marco Aurelio en 180.[180] Poco después, fue fuente de varios otros escritores

---

[177] Su lema era *hopou logos agei*: un juego de palabras (razón/palabra) de que el camino de la razón sería de facto la manera en que el Logos divino llevaría la mente hacia adelante.

[178] Eusebi, *Historia eclesiástica* 4.20, 24; Jerónimo, *Sobre hombres ilustres* 25; *Epístola* 121.6.15.

[179] Teófilo, *Ad Autolycum* 2.24; 1.24; 3.4; 1.4.

[180] Las cuatro obras principales incluyen un tratado que ataca la obra de Hermógenes el sirio (Eusebio, *Historia eclesiástica* 4.24), un filósofo cristiano disidente que enseñó que la materia era eterna y preexistente, que el mal en el mundo era inherente a esta materia (por lo tanto, no atribuible a Dios), y que el alma también derivaba de ella y no de

cristianos, en particular Clemente, Tertuliano e Ireneo, todos los cuales lo estudiaron. Su influencia literaria duró más tiempo en su iglesia siria nativa posterior.

En su tratado *A Autólico*, Teófilo trata de demostrar la superioridad de la religión de Cristo y sus puntos de vista sobre la moralidad y los orígenes del mundo, en contraste con los mitos olímpicos, que él argumenta que sólo enseñaba ejemplos de inmoralidad e idolatría. Dirige su trabajo a un erudito pagano que dijo que no podía entender por qué cualquier persona racional querría convertirse al cristianismo. Teófilo dedica mucha atención a la profunda inmoralidad inherente al culto helenístico y a la religión. También se especializa en la gran cantidad de contradicciones que se encuentran en los enfoques filosóficos griegos sobre la naturaleza del mundo y la participación de Dios en él. Contra esto pone las enseñanzas de los profetas, que tienen la seguridad de la verdad sobre las cosas ocultas porque fueron inspirados por Dios, no simplemente confiando en sus propias especulaciones.

Su libro contiene una extensa exposición del libro del Génesis como teología de la creación. También desarrolló la teología del Logos más de lo que muchos otros pensadores cristianos lo habían hecho antes que él y así ayudó a sentar las bases para que esta escuela se convirtiera en una forma estándar de teologizar en la iglesia del siglo III y después. En referencia a la doctrina de la creación, Teófilo habla de un tiempo en el que el Logos de Dios era inmanente en él de una manera indiferenciada (*Logos endiathetos*), pero luego ve al Logos como extrapolado, precisamente para los propósitos de la creación del cosmos a través del medio de la santa Sabiduría (una sabiduría pronunciada: *Logos prophorikos*). Teófilo es, por lo tanto, un exponente temprano de la teología trinitaria como una manera de concebir la economía de la salvación de Dios del mundo. En sus obras, el término Tríada divina (*trias*) hace su debut teológico al referirse a «Dios, Palabra y Sabiduría».[181]

Tertuliano (c. 155–240). Una vez más nos encontramos con Tertuliano, ya que se erige entre los apologetas y fue sin duda el principal pensador latino que la iglesia occidental produjo en su período creativo inicial, es decir, traslapando el final del segundo siglo hasta el tercero. Como hemos señalado anteriormente, su estilo literario es brillante: conciso, sarcástico y conmovedor a la vez, dependiendo de su intención retórica. Su alcance del intelecto movió el trabajo de los apologetas cristianos fuera del negocio de simplemente dar respuestas a las acusaciones paganas (ya sea de naturaleza política o filosófica) y en el asunto de formular una sistemática comprensiva propia. Como esto ya había sido adumbrado en los grandes apologetas como Teófilo de Antioquía y Clemente de Alejandría, y se perfeccionaría en su oriental contemporáneo Orígenes de Alejandría (en griego), Tertuliano muestra que el

---

Dios directamente. Tertuliano también escribió una refutación de la misma en su *Contra Hermogenem*, usando la obra de Teófilo. Otra obra significativa fue *Sobre la historia*, en la que relató la historia del mundo y argumentó que las tradiciones bíblicas eran más antiguas que cualquier otra, lo que hacía que las reivindicaciones helenísticas sobre la antigüedad fueran menos sustanciales que las de la iglesia. Eusebio, de nuevo en *Historia eclesiástica* 4.24, dice que escribió poderosamente contra Marción.

[181] Teófilo, *Ad Autolycum* 2.15.

mismo desarrollo llega a su máxima expresión en el discurso latino. En esto sin duda le ayudaron su conocimiento de la lengua griega y su amplia lectura. El *Apologeticus* de Tertuliano es una de las más brillantes sumas de la contraofensiva cristiana a los paganos. Pero sus muchas otras obras también muestran el establecimiento de un lenguaje teológico técnico cristiano de una precisión sin paralelo. Su influencia en la posterior tradición cristiana latina ha sido inestimable. Hasta Agustín, en el siglo V, nadie podía desafiarlo.

Tertuliano vino de Cartago, en el norte de África. La suya era una mente legal brillante y pugnaz puesta al servicio de la iglesia en la era de las persecuciones, como ya hemos notado; y a pesar de lo que algunos pensaron como una inclinación posterior hacia el montanismo, su reputación como una de las mentes fundadoras de la teología latina ortodoxa fue mantenida por sus sucesores, incluyendo a Cipriano, Lactancio y Agustín. Era el hijo de un centurión en servicio y cuando era joven siguió una carrera legal en Roma. En la mediana edad se convirtió al cristianismo, probablemente en Cartago. San Jerónimo dice que se convirtió en presbítero en la iglesia. Su estilo apologético es conciso y se basa en la caricatura y el ridículo (un elemento estándar del argumento de la sala de justicia en su día y después, como ya observamos). Por lo general no es seguro deducir las posiciones reales de sus oponentes de la manera en que Tertuliano arrastra sus ideas por la sala, pero cuando no estaba involucrado en una denuncia explícita (de enemigos fuera o dentro de la iglesia) se muestra a sí mismo como un teólogo reflexivo. Tenía un don para la frase reveladora, y muchos de sus aforismos todavía resuenan en las mentes de los cristianos. Hablando del misterio de por qué Dios se revelaría en el Cristo crucificado y resucitado, por ejemplo, argumenta: «Lo creo precisamente porque es absurdo». Rechazando despreciativamente el ridículo de los filósofos contemporáneos para el movimiento cristiano, responde: «¿Qué tiene que ver Atenas con Jerusalén?» Y en su tratado *Sobre el testimonio del alma*, donde argumenta que la vida natural es un testimonio instintivo de la presencia divina, hizo la audaz declaración apologética: «El alma es naturalmente cristiana».

Los lectores modernos encuentran el estilo dramático, su rigorismo cultural (otra vez, no atípico de la actitud general en la iglesia africana) y su frecuente misoginia (la mujer era la «puerta del diablo») como barreras al leerlo hoy. Sin embargo, enriqueció la literatura teológica latina con su conocimiento de las costumbres eclesiásticas y las controversias de Oriente, sobre todo al elevar la teología del Logos a un lugar prominente en su esquema teológico. Poner este esquema en el centro de su trabajo y llevarlo al latín significó un gran impulso para convertirse en la forma teológica estándar de articular la soteriología tanto en la parte oriental como en la occidental del cristianismo en el siglo III, convirtiéndolo así en un trabajo cristiano *koine* internacional.

Como ya se dijo, de alrededor de 205 escritos de Tertuliano muestran un creciente respeto por las ideas montanistas, pero el estilo del montanismo tal como era entonces influyente en el norte de África era una forma muy moderada del movimiento original de Asia Menor, y no hay ninguna indicación clara de que alguna vez rompiera con la comunidad católica, por lo que las aseveraciones repetidas con frecuencia de que «se convirtió en un montanista más tarde en la vida» son engañosas. Sus principales obras incluyen la *Apología* (*Apologeticus*, escrito en el año 197), en la que hace un apasionado llamamiento a la tolerancia legal del cristianismo. En una serie de obras morales dirigidas a los cristianos (*Sobre la asistencia al teatro*, *Sobre el servicio militar*, *Sobre la idolatría*, *Sobre la penitencia*) advierte severamente a los cristianos de los peligros de la asimilación a las normas corruptas de la sociedad romana contemporánea y advierte contra la adopción de una profesión militar (en gran parte debido al requisito regular y estándar de adorar al genio imperial, aunque también con la convicción de que tal vida es contraria al evangelio irénico).[182] Escribió una obra significativa sobre las herejías cristianas que tuvo una gran influencia en la preparación de la iglesia para clasificar posteriormente ciertas sectas que se apartaban doctrinalmente del credo como si se apartaran totalmente de la iglesia. Aplicó el principio de la prescripción legal (argumentos esgrimidos antes de que se iniciara un caso que dejaban claro que un agente no tenía derecho a ser representado en un caso, es decir, una «resolución preliminar fuera de lugar») para argumentar que las herejías no podían ser consideradas parte del mundo cristiano en absoluto (*Sobre la prescripción de herejes*)—no que fueran cristianos legítimamente disidentes, sino precisamente que, habiéndose apartado de la enseñanza de la iglesia de manera sustantiva, también habían perdido el derecho a ser llamados cristianos en primer lugar.

Siguió a Ireneo al establecer el principio de la sucesión apostólica como el asunto decisivo de la autenticidad cristiana, la prueba de dónde residía de facto el cristianismo católico. Esta centralización del argumento de Ireneo tendría el efecto de reforzar masivamente la importancia de la ortodoxia católica en la definición de la iglesia. Compuso una serie de obras que atacaban las ideas de los gnósticos y de Marción (*Contra Marción*, *Contra Hermógenes*, *Sobre la resurrección de los muertos*, *Sobre la carne de Cristo*), tomando como tema central en cada una de estas obras que la encarnación de Cristo era una verdadera realidad material, que reivindicaba el valor espiritual del mundo material y daba la promesa de la verdadera resurrección a los creyentes.

Escribió un ataque importante (*Contra Praxeas*) a los monarquianos dirigido a un tal Praxeas («entrometido»), que probablemente era una forma irónica de ridiculizar al Papa Calixto de Roma, su contemporáneo, a quien Hipólito (un teólogo del Logos que él respetaba) también había acusado de monarquianismo. En esta obra Tertuliano establece importantes fundamentos para lo que sería la doctrina latina de la Trinidad (*trinitas*). El hace un argumento muy cercano mostrando que el modalismo de los teólogos anti-Logos no era escritural y se propuso explicar cómo la Palabra y el

---

[182] Era costumbre reafirmar la lealtad de una tropa al recoger la paga de un soldado poniendo incienso en las brasas que ardían ante la imagen imperial en los cuarteles. Tertuliano dice que esto es idolatría.

Espíritu emanan como personas (*personae*) distintas del Padre, todas poseyendo la misma naturaleza (*natura*). Su terminología llegó a ser constitutiva de la cristología latina después de él. Su propio enfoque de la cristología entendía la naturaleza en el sentido de posesiones legales, lo que puso al pensamiento cristiano occidental en un largo camino: Cristo posee dos naturalezas distintas, pero es una sola persona. Su tratado *Sobre el Bautismo* da una iluminación interesante sobre la práctica litúrgica de principios del siglo III (a él no le gusta el bautismo infantil, que se estaba volviendo más común en su época).

Su obra *Sobre el alma* introduce la idea del traducianismo, el concepto de que el alma fue transmitida junto con todos los demás aspectos de la vida de padres a hijos por una especie de herencia genética. Fue una puerta que llevó al concepto de la transmisión del «pecado original» como una mancha de culpa. Se desarrollaría significativamente en el siglo V por Agustín en su argumento contra Pelagio y llegaría a arrojar una cierta sombra pesimista sobre todo el pensamiento latino posterior. En sus últimos años, el renovado interés por la escatología, la admiración por la estricta moral del movimiento montanista y el creciente rigorismo personal marcaron sus obras de la última etapa (*Sobre la monogamia*, *Exhortación a la castidad*, *Sobre el ayuno*, *Sobre la modestia*). Este último tratado fue escrito alrededor de 200 en cólera por la intención del obispo de Cartago (siguiendo el ejemplo del Papa Calixto en Roma) de permitir el perdón de los pecados sexuales graves a los cristianos no practicante.

(Marco) Minucio Félix (más tarde en el siglo II). Minucio Félix también vino del norte de África, como Tertuliano, y como él era un retórico brillante. No es la máquina que era Tertuliano en el ámbito de su obra; pero su apología, en forma de diálogo, titulada *Octavio*, es una obra literaria brillantemente viva que muestra a una comunidad cristiana que emerge de las sombras y tiene un sólido intercambio con la sociedad pagana que la rodea. La calidad de ese intercambio es a veces burlona. Describe, por ejemplo, la semana de la pasión del culto isiaco, con las devotas de pelo despeinado vagando por las calles buscando trozos de Osiris (amuletos de culto desmembrados y ritualmente escondidos por otros devotos), y observa sarcásticamente lo descuidados que deben ser para seguir perdiendo trozos de su dios año tras año.[183] Uno puede imaginar que comentarios como ese no le ganaron ningún amigo entre sus habitantes y que muchos se habrían alegrado de ver un pogromo anticristiano cuando llegara (y cuando llegaba, era usualmente salvaje en el norte de África).

Su libro es una ventana muy viva a la religiosidad de su tiempo. Describe una conversación entre un cristiano, llamado Octavio, y un encuestado pagano, llamado Cecilio, de la ciudad de Cirta en Numidia. Esta es la ciudad de donde vendría más tarde el gran apologeta latino del siglo IV, Lactancio, y, quizás no por casualidad, la ciudad de origen del gran retórico y político anticristiano Marco Cornelio Fronto (100-

---

[183] Un poco como la piadosa costumbre de buscar Hannukah gelt, o la tradición de los huevos de Pascua escondidos.

160), el consejero religioso de Marco Aurelio.[184] Minucio comienza el libro recordando a su gran amigo cristiano Octavio y cómo, cuando había estado en un viaje por mar con él en compañía de Cecilio, la inclinación de éste ante una imagen del dios Serapis inició una conversación religiosa que terminó en Cecilio viendo la belleza del cristianismo. Al principio es despreciativo: Los cristianos no tienen intelectuales entre ellos; son socialmente despreciados y se aferran obstinadamente a ideas exclusivistas más allá de su capacidad intelectual. Sobre todo, no respetan las costumbres del imperio, aunque ha sido claramente bendecido por los dioses. Octavio responde que Dios ha dado el don universal de la razón a toda la humanidad. La religión romana, sin embargo, celebra ciegamente las costumbres del pasado y no es más que una burda colección de supersticiones irracionales de las que se ríen incluso los romanos cultos. Es la única providencia divina de Dios que gobierna todas las cosas. Roma no ha ganado su imperio por el favor divino sino por sus salvajes opresiones militares. Octavio luego continúa explicando cuánta de la opinión de Cecilio sobre la iglesia se basa en prejuicios defectuosos. Los libros finales terminan con Cecilio admitiendo que ha sido convencido y buscando la admisión a la religión de su amigo.

La obra de Minucio estaba dirigida principalmente a un público amplio, pagano y educado, asumiendo un respeto mutuo por los valores morales estoicos y las aspiraciones espirituales universalistas que pudieran servir de base común a las ideas de la iglesia.[185] Mientras que Minucio evita la mayoría de las referencias a las Escrituras o a la práctica de la iglesia (lo cual uno no esperaría en un tratado dedicado a los lectores paganos), defiende con firmeza la superioridad del cristianismo en términos de su racionalidad. Más tarde, Lactancio tomó del trabajo de Minucio gran parte de sus ataques a los absurdos cultos paganos y los adoptó en su magisterial *Institutos Divinos*. Para Minucio, la integridad moral de la iglesia, su monoteísmo universal, su defensa de la providencia divina y sus enseñanzas sobre la inmortalidad del alma demuestran valores a los que todo pagano inteligente y moral debe aspirar.

Existe una larga disputa académica sobre si Tertuliano usó *Octavio* para algunas de las ideas de su *Apología* o si el propio Minucio tomó prestado de la *Apología* de Tertuliano, pero ciertamente existe una relación de dependencia entre los escritos.[186] Al final de *Octavio*, Cecilio se declara convencido de los argumentos a favor de la iglesia y dice que quiere llegar a ser un cristiano. La obra es una indicación del optimismo floreciente que caracterizó al cristianismo norafricano en este período y una indicación de que la iglesia sentía que estaba lista para hacer una expansión misionera significativa. La persecución de Decio en 249, cuando Cipriano era el líder de la iglesia en Cartago, sacudiría ese optimismo, pero no lo destrozaría. Sería la

---

[184] Se cree que Fronto instó al emperador a adoptar una visión muy hostil del cristianismo como una barbarie digna de ser reprimida. Se le menciona en *Octavio* 9, 21.

[185] Minucio utiliza a Séneca y muestra una lectura cercana de *De Natura Deorum* de Cicerón.

[186] Estoy a favor de la opinión de P. Monceaux de que fue Minucio quien tomó prestadas las ideas de Tertuliano. Véase *Histoire littéraire de l'Afrique chrétienne depuis les origines jusqu'à l'invasion arabe* (Paris: E. Leroux, 1901), 1:316-46. J. Beaujeu, *Minucius Felix: Octavius* (Paris: Belles Lettres, 1964), da una lista de todos los pasajes paralelos.

persecución de Diocleciano, sin embargo, lo que despertara al último de los antiguos apologetas, entre los cuales Lactancio era preeminente. Las condiciones sociales proporcionadas por los emperadores cristianos eliminaron el principal estímulo para este género de trabajo. El siglo IV requería una mayor consolidación de los sistemáticos cristianos a la manera de un Orígenes. La diferencia sería entonces que fueron los *episkopos*, la jerarquía, quienes se adelantaron como los *littérateurs*.

UNA BREVE LECTURA

Cayo Cornelio Tácito (55–117 d.C.), Anales 15.44. Hechas estas diligencias humanas, se acudió a las divinas con deseo de aplacar la ira de los dioses y purgarse del pecado que había sido causa de tan gran desdicha. Viéronse sobre esto los libros Sibilinos, por cuyo consejo se hicieron procesiones a Vulcano, a Ceres y a Proserpina, y las matronas aplacaron con sacrificios a Juno, primero en el Capitolio, y después en el mar cercano a la ciudad, y sacando de él agua, rociaron el templo y el simulacro de la diosa; las mujeres casadas, tendidas por devoción en el suelo del templo, velaron toda la noche. Mas ni con socorros humanos, donativos y liberalidades del príncipe, ni con las diligencias que se hacían para aplacar la ira de los dioses era posible borrar la infamia de la opinión que se tenía de que el incendio había sido voluntario. Y así Nerón, para divertir esta voz y descargarse, dio por culpados de él, y comenzó a castigar con exquisitos géneros de tormentos, a unos hombres aborrecidos del vulgo por sus excesos, llamados comúnmente cristianos. El autor de este nombre fue Cristo, el cual, imperando Tiberio, había sido justiciado por orden de Poncio Pilato, procurador, de la Judea y aunque por entonces se reprimió algún tanto aquella perniciosa superstición tornaba otra vez a reverdecer, no solamente en Judea, origen de este mal, pero también en Roma, donde llegan y se celebran todas las cosas atroces y vergonzosas que hay en las demás partes. Fueron, pues, castigados al principio los que profesaban públicamente esta religión, y después, por indicios de aquéllos, una multitud infinita, no tanto por el delito del incendio que se les imputaba, como por haberles convencido de general aborrecimiento a la humana generación. Añadióse a la justicia que se hizo de éstos, la burla y escarnio con que se les daba la muerte. A unos vestían de pellejos de fieras, para que de esta manera los despedazasen los perros; a otros ponían en cruces; a otros echaban sobre grandes rimeros de leña, a los que, en faltando el día, pegaban fuego, para que ardiendo con ellos sirviesen de alumbrar en las tinieblas de la noche. Había Nerón diputado para este espectáculo sus huertos, y él celebraba las fiestas circenses; y allí, en hábito de cochero, se mezclaba unas veces con el vulgo a mirar el regocijo, otras se ponían a guiar su coche, como acostumbraba. Y así, aunque culpables éstos y merecedores del último suplicio, movían con todo eso a compasión y lástima grande, como personas a quien se quitaba tan miserablemente la vida, no por provecho público, sino para satisfacer a la crueldad de uno solo.

El martirio de Policarpo 9-16 (160 d.C.). Pero cuando Policarpo entró en el estadio le llegó una voz del cielo: «Mantente firme, Policarpo, y sé un hombre.» Y nadie vio al que hablaba, pero los que son de los nuestros que estaban presentes oyeron la voz. Y al final, cuando fue traído, hubo un gran tumulto, porque oyeron que habían capturado a Policarpo. Así pues, cuando lo presentaron delante del procónsul, éste inquirió si él era el hombre. Y al confesar que lo era, intentó persuadirle a que se retractara, diciendo: «Ten respeto a tu edad», y otras cosas apropiadas, como acostumbran decir: «Jura por el genio de César; y retráctate y di: Fuera los ateos». Entonces Policarpo, con mirada solemne, contempló toda la multitud de paganos impíos que había en el estadio, y les hizo señas con la mano; y gimiendo y mirando al cielo, dijo: «Fuera los ateos». Pero cuando el magistrado insistió y le dijo: «Jura, y te soltaré; insulta a Cristo», Policarpo dijo: «Durante ochenta y seis años he sido su siervo, y no me ha hecho mal alguno. ¿Cómo puedo ahora blasfemar de mi Rey que me ha salvado?». Pero cuando el procónsul persistió diciendo: «Jura por el genio del César», él contestó: «Si supones, en vano, que voy a jurar por el genio del César, como dices, y haces ver que no sabes quién soy, te lo diré claramente: soy cristiano. Pero si quieres aprender la doctrina del cristianismo, señala un día y escúchame». El procónsul dijo: «Convence al pueblo». Pero Policarpo contestó: «En cuanto a ti, he considerado que eres digno de hablarte; porque se nos ha enseñado a rendir honor como es debido a los príncipes y autoridades designadas por Dios, salvo que no sea en nuestro perjuicio; pero en cuanto a éstos, no los considero dignos de que tenga que defenderme delante de ellos»...

Ante lo cual el procónsul dijo: «Tengo fieras aquí y te echaré a ellas como no te retractes». Pero él dijo: «Que las traigan; porque el arrepentirse de lo mejor a lo peor es un cambio que no nos es permitido; pero es noble el cambiar de lo perverso a lo justo». Entonces le dijo: «Haré que ardas con fuego si desprecias las fieras, como no te arrepientas». Pero Policarpo dijo: «Tú me amenazas con fuego que arde un rato y después se apaga; pero no sabes nada del fuego del juicio futuro y del castigo eterno, que está reservado a los impíos. ¿Por qué te demoras? Haz lo que quieras». Diciendo estas y otras cosas, iba llenándose de valor y gozo, y su rostro se henchía de gracia, de modo que no sólo no se desmayó ante las cosas que le decían, sino que, al contrario, el procónsul estaba asombrado y envió a su propio heraldo a proclamar tres veces en medio del estadio: «Policarpo ha confesado que es un cristiano.» cuando el heraldo hubo proclamado esto, toda la multitud, tanto de gentiles como de judíos que vivían en Esmirna, clamó con ira incontenible y grandes gritos: «Éste es el maestro de Asia, el padre de los cristianos, el que derriba nuestros dioses y enseña a muchos a no sacrificar ni adorar». Diciendo estas cosas, a grandes gritos pidieron al asiarca Felipe que soltara un león a Policarpo. Pero él dijo que no podía hacerlo legalmente, puesto que ya había dado por terminados los juegos. Entonces ellos decidieron gritar unánimes que Policarpo debía ser quemado vivo. Porque era menester que se cumpliera la visión que se le había mostrado con respecto a su almohada, cuando la vio ardiendo mientras oraba, y volviéndose dijo a los fieles que estaban con él: «Es menester que sea quemado vivo».

Estas cosas sucedieron rápidamente, más aprisa de lo que pueden contar las palabras, y la multitud empezó a recoger en obradores y baños leña y haces, y los judíos en especial ayudaron, según acostumbran. Pero cuando estuvo listo el montón de leía, él mismo se quitó las prendas externas y se soltó la faja, esforzándose también en quitarse los zapatos, aunque no tenía la costumbre de hacerlo antes, porque todos los fieles en todo momento se esforzaban por quién tocaría antes su carne. Porque había sido tratado con todo honor toda su vida, incluso antes de que le salieran canas. Al punto, los instrumentos que estaban preparados para la hoguera fueron colocados a su alrededor; y como iban también a clavarle a la estaca, él dijo: «Dejadme como estoy; puesto que Él me ha concedido que pueda resistir el fuego, también me concederá que pueda permanecer inmóvil en la hoguera, sin tener que ser sujetado por los clavos».

Y ellos no le clavaron, pero le amarraron. Entonces él, colocando las manos detrás y amarrado a la estaca como un noble cordero del gran rebaño para ser como una ofrenda, un holocausto preparado y aceptable a Dios, mirando al cielo dijo: «Oh Señor Dios Todopoderoso, Padre de tu amado y bendito Hijo Jesucristo, por medio del cual hemos recibido conocimiento de Ti, el Dios de ángeles y poderes, y de toda creación y de toda la raza de los justos, que viven en tu presencia; te bendigo porque me has concedido este día y hora para que pueda recibir una porción entre el número de los mártires en la copa de [tu] Cristo en la resurrección de vida eterna, tanto del alma como del cuerpo, en la incorruptibilidad del Espíritu Santo. Que pueda ser recibido con ellos en tu presencia este día, como un sacrificio rico y aceptable, que Tú has preparado y revelado de antemano, y has realizado, Tú que eres el Dios fiel y verdadero. Por esta causa, sí, y por todas las cosas, te alabo, y bendigo, y glorifico, por medio del Sumo Sacerdote eterno y celestial, Jesucristo, tu Hijo amado, por medio del cual, con Él y el Espíritu Santo, sea gloria ahora y [siempre] y por todos los siglos. Amén».

Cuando hubo ofrecido el Amén y terminado su oración, el verdugo encendió el fuego. Y cuando surgió la llama poderosa, todos los que pudimos verlo, contemplamos un portento, sí, y fuimos preservados para que pudiéramos referir al resto lo que había sucedido. El fuego, formando la apariencia de una bóveda, como la vela de un navío llenada por el viento, formé una pared alrededor del cuerpo del mártir; y estaba allí en medio, no como carne quemándose, sino como [un pan en el horno o como] oro y plata refinados en un horno. Porque percibimos un olor fragante, como si desprendiera olor de incienso o de algún bálsamo precioso.

Así que, finalmente, los impíos, viendo que su cuerpo no podía ser consumido por el fuego, ordenaron al verdugo que fuera y le apuñalara con una daga. Y cuando lo hubo hecho, salió [una paloma y] una cantidad de sangre tal que extinguió el fuego; y toda la multitud se maravilló de que hubiera una diferencia tan grande entre los incrédulos y los elegidos. En el número de éstos estaba este hombre, el glorioso mártir Policarpo, que fue un maestro apostólico y profético en nuestros propios días, un obispo de la santa Iglesia que está en Esmirna. Porque cada palabra que pronunció su boca se cumplió o bien se cumplirá.

Celso el filósofo, El discurso verdadero (177 d.C.; fragmento conservado en Orígenes, Contra Celsum 3.44). He aquí algunas de sus máximas: «Lejos de aquí todo el que poseyera alguna cultura, alguna sabiduría, o algún discernimiento; son más recomendables nuestros ojos: pero si alguno fuera ignorante, simple, inculto, pobre de espíritu, que venga a nosotros con valentía». Al reconocer que tales hombres son dignos de su dios, muestran bien claramente que no quieren ni saben conquistar sino a los necios, a las almas viles y sin apoyos, a los esclavos, a las pobres mujeres y a los niños.

Atenágoras de Atenas, Embajada por los cristianos 1 (176 d.C.). A los emperadores Marco Aurelio Antonino y Lucio Aurelio Cómodo, vencedores de los armenios y de los Sármatas y, lo que es máximo título, filósofos.

En el imperio de ustedes, oh grandes entre los reyes, unos usan de unas costumbres y leyes y otros de otras, y a nadie se le prohíbe, ni por ley ni por miedo a castigo, amar sus tradiciones patrias, por ridículas que sean. Así, el troyano llama dios a Héctor y adora a Helena, a la que cree Adrastea; el lacedemonio da culto a Agamenón, como si fuera Zeus, y a Filonoe, hija de Tíndaro, bajo el nombre de Enodia; el ateniense sacrifica a Erecteo Poseidón; y a Agraulo y Pandroso celebran los atenienses iniciaciones y misterios, aquellas a quienes se tuvo por sacrílegos por haber abierto la caja. Y, en una palabra, los hombres, según las naciones y los pueblos, ofrecen los sacrificios y celebran los misterios que les da la gana. En cuanto a los egipcios, tienen por dioses a los gatos, cocodrilos, serpientes, áspides y perros. Todo eso lo toleran ustedes y sus leyes; pues consideran impío y sacrílego no creer en absoluto en Dios; pero necesario, que cada uno tenga los dioses que quiera, a fin de que por el temor de la divinidad se abstenga de cometer impiedades. A nosotros, en cambio, –si bien nos les ofende, como al vulgo, de sólo oírlo–, se nos aborrece por el solo nombre, siendo así que no son los nombres merecedores de odio, sino que la injusticia solamente merece pena y castigo. De ahí que, admirando su suavidad y mansedumbre, su amor a la paz y humanidad en todo, los particulares son regidos por leyes iguales, y las ciudades, según su dignidad, participan también de igual honor, y la tierra entera goza, gracias a la sabiduría de ustedes, de una profunda paz. Nosotros, en cambio, los que somos llamados cristianos, al no tener también providencia de nosotros, permiten que, sin cometer injusticia alguna, antes bien, portándonos, como la continuación de nuestro discurso demostrará, más piadosa y justamente que nadie, no sólo respecto a la divinidad, sino también con relación al imperio de ustedes, permiten, digo, que seamos acosados, maltratados y perseguidos, sin otro motivo para que el vulgo nos combata, sino nuestro solo nombre (cf. Mc. 13:13; Mt. 10:22). Sin embargo, nos atrevemos a manifestarles nuestra vida y doctrina, y por nuestro discurso de comprenderán que sufrimos sin causa y contra toda ley y razón, y les suplicamos que también sobre nosotros pongan alguna atención, para que dejemos de ser víctimas de los delatores. Porque no es pérdida de dinero lo que nos viene de nuestros perseguidores, no es deshonor en el disfrute de nuestros derechos ciudadanos, no es el daño en alguna de las demás cosas menores; pues todo eso lo menospreciamos, por muy importante que al vulgo le parezca, nosotros que hemos aprendido no sólo a no herir al que nos hiere, sino a no perseguir en justicia a quienes nos roban y saquean; más bien, a quien nos abofetea una mejilla, debemos volverle la otra, y a quien nos quita la túnica, darle el manto (cf. Mt. 5:40; Lc. 6:29); contra lo que atentan, al renunciar nosotros a las riquezas, es contra nuestros cuerpos y contra nuestras almas, al esparcir muchedumbre de acusaciones, que a nosotros no nos tocan ni por sospecha; sí a los que la propalan y a los de su casta.

Tertuliano, Exhortación a los Mártires 1-2 (202 d.C.). Por tanto, en primer lugar ¡Oh bendecidos de Dios! no contristéis al Espíritu Santo (Ef. 4:3), que entró en la cárcel con vosotros, pues sin Él nunca la hubieseis podido aguantar. Esforzaos, pues, para que no os abandone y así, desde ahí, os conduzca al Señor. En verdad la cárcel es también casa del demonio, donde encierra a sus familiares y seguidores: pero vosotros habéis entrado en ella para pisotearlo precisamente en su propia casa, después de haberlo maltratado afuera cuando se os perseguía. ¡Atentos! que no vaya ahora a decir: En mi casa están: los tentaré con rencillas y disgustos, provocando entre ellos desavenencias. ¡Que huya de vuestra presencia y escóndase deshecho e inutilizado en el infierno, como serpiente dominada y atontada por el humo! De modo que no le vaya tan bien en su reino que os pueda acometer, sino que os encuentre protegidos y armados de concordia, porque vuestra paz ser su derrota. Esta paz debéis custodiarla, acrecentarla y defenderla entre vosotros, para que podáis dársela a los que no la tienen con la Iglesia y suelen ir a suplicársela a los mártires encarcelados. La cárcel es para el cristiano lo que la soledad para los profetas. El mismo Señor frecuentaba los lugares solitarios para alejarse del mundo y entregarse más libremente a la oración (Lc. 6:12); y finalmente, fue en la soledad donde reveló a sus discípulos el esplendor de su gloria (Mt., 17:1-9). Saquémosle el nombre de cárcel y llamémosle retiro. Puede el cuerpo estar encarcelado y la carne oprimida, pero para el espíritu todo está patente. ¡Sal, pues, con el alma! ¡Paséate con el espíritu, no por las umbrosas avenidas ni por los amplios pórticos, sino por aquella senda que conduce a Dios! ¡Cuántas veces la recorras, tantas menos estarás en la cárcel! ¡El cepo no puede dañar tu pie, cuando tu alma anda en el cielo! El espíritu es el que mueve a todo el hombre y lo conduce a donde más le place, porque «donde está tu corazón, allí está tu tesoro» (Mt. 6:21). Pues bien, que nuestro corazón se halle, donde queramos que esté nuestro tesoro.

Orígenes de Alejandría, Exhortación al martirio 4 (235 d.C.). Por eso os ruego que recordéis en estas pruebas presentes la gran recompensa que está guardada en el cielo para los que son perseguidos y vilipendiados por causa de la justicia. Así, pues, alegraos y salta de gozo a causa del Hijo del Hombre (Mt. 5:10-12; Lc. 6:23), de la misma manera que los apóstoles una vez se regocijaron cuando fueron tenidos por dignos de sufrir ignominia por causa de su nombre (Hch. 5:41). Si alguna vez sientes que tu alma se retira, que esa «mente de Cristo que está dentro de nosotros» (Fil. 2:5) la anime siempre que quiera perturbarla, en la medida de lo posible: «¿Por qué estás abatiendo mi alma? ¿Por qué gemir dentro de mí? Esperad en Dios, porque aun así daré gracias» (Sal. 42:11). Pero rezo para que nuestras almas nunca estén tan turbadas. Más aún, ruego que incluso en los tribunales, o cuando las espadas sean desenvainadas contra nuestros cuellos, nuestras almas se mantengan seguras en «la paz de Dios que sobrepasa todo entendimiento» (Fil. 4:7) y puedan descansar en el pensamiento de que los que son extraños en el cuerpo están todavía en casa con el Señor de todo (2 Co. 5:8). Y aunque no seamos tan fuertes como para mantenernos en paz todo el tiempo, al menos no permitamos que las penas del alma se derramen en presencia de extraños, pues entonces tendremos motivos para disculparnos ante Dios cuando le digamos: «Oh Dios, mi alma está turbada en mí» (Sal. 42:5, 11; Mt. 26:38). La Palabra también nos exhorta a recordar también lo que se dice en Isaías, es decir: «No temáis los oprobios de los hombres, y no os amedrentéis ante su desprecio» (Is. 51:7). Porque Dios es sin duda el dueño de todo lo que se mueve en el cielo y dentro de él, y por su cuidado divino gobierna sobre todo lo que se realiza tanto en la tierra como en los mares: sobre todo lo que nace, toma su origen, come y crece, sobre todas las diferentes clases de animales y plantas. Así que sería una tontería cerrar los ojos y no mirar a Dios (Is. 6:10; Mt. 13:15; Hch. 28:27). Más bien, volvamos nuestros ojos hacia ese miedo que deben tener, que pronto morirán y luego serán entregados al juicio que se ajusta a sus obras.

Liturgia maniquea, Salmo: Himno a Jesús Esplendor (siglos III al IV).

> Llenamos nuestros ojos de alabanza, y abrimos nuestras bocas para invocarte.
> Honor y majestad te ofrecemos...,
> A ti, Jesús el Esplendor, Gobernante Liberado y Nueva Dispensación.
> Tú eres el manto de la bendición, amado hermano.
> Ven para salvación, porque tú eres toda salvación.
> Ven por gracia, porque tú eres toda gracia.
> Ven a traer amor, porque tú eres todo amor.
> Ven como Sanador, porque tú estás sanando todo.
> Ven a traer paz, porque tú eres toda paz.
> Ven como vencedor, porque tú eres toda victoria.
> Ven como Señor, porque tú eres todo señorío.
> Ven para redención, porque tú eres todo redentor....
> Bienvenido, Primero y primitivo Primogénito.
> Bienvenido, buen Mediador....
> Mediando entre nosotros y el Padre.[187]

Eusebio de Cesarea, Sobre los mártires de Palestina 1 (303 d.C.). Sobre la confesión de Procopio: En el primer año [303] de la persecución que apareció en nuestros días [de Diocleciano]. El primero de todos los mártires que aparecieron en Palestina se llamaba Procopio. Era verdaderamente un hombre de Dios, pues incluso antes de su confesión había dedicado su vida a la gran ascesis, y desde que era un niño era conocido por sus hábitos puros y su estricta moral. Por la fuerza de su mente había sometido su cuerpo de tal manera que, incluso antes de su muerte, su alma parecía habitar en un cuerpo que estaba completamente mortificado. Él había fortalecido su alma por la palabra de Dios tanto que incluso su cuerpo fue sostenido por el poder de Dios. Su comida era simple pan, y su bebida sólo agua; y no tomaba nada más aparte de esto. En algunas ocasiones comía sólo cada dos días, y a veces cada tres días. A menudo pasaba una semana entera sin comer. Pero nunca, de día o de noche, se apartaría del estudio de la Palabra de Dios. Siempre fue cuidadoso en sus modales y modestia de conducta, de modo que fue una fuente de edificación en su humildad y fervor hacia su propia comunidad. Aunque su principal foco de atención eran los temas divinos, también aprendió mucho en las ciencias naturales. Su familia vino de Baishan, y él ejerció un triple ministerio en la iglesia. Primero, era un lector de las Escrituras; segundo, traducía del griego al arameo; y tercero (que es aún más excelente que el anterior), se oponía a los poderes del maligno, y los demonios temblaban ante él [como un exorcista]. Y sucedió que fue enviado de Baishan a nuestra ciudad de Cesarea, junto con sus

---

[187] Para más detalles, véase C. R. C. Allberry, ed., *A Manichaean Psalm Book* (Stuttgart: W. Kohlhammer, 1938).

hermanos confesores. Y en el mismo momento en que entró por las puertas de la ciudad, lo llevaron ante el gobernador. Tan pronto como compareció ante el tribunal, el juez, cuyo nombre era Flavio, le dijo: «Se requiere que hagas un sacrificio a los dioses». Pero él respondió a gran voz: «No hay más que un solo Dios, el Hacedor y Creador de todas las cosas». Sintiéndose herido por las palabras del mártir, el juez tomó armas de otro tipo para defenderse de la verdad y, haciendo caso omiso de su primer mandato, le ordenó que se sacrificara a los emperadores, que entonces eran cuatro en número. El santo mártir de Dios se rió aún más de esta observación y repitió las palabras del más grande de los poetas griegos, donde dice que «el gobierno de muchos no es bueno: que haya un solo gobernante y un solo soberano». Fue a causa de esta respuesta, que se consideró insultante para los emperadores, que fue entregado a la muerte (aunque estaba realmente vivo en su comportamiento). La cabeza del hombre bendito fue borrada, y así se le permitió un paso fácil a lo largo del camino al cielo. Todo esto ocurrió el séptimo día del mes de Hezirán, en el primer año de la persecución en nuestros días [303]. Este confesor fue el primero que se perfeccionó en nuestra ciudad de Cesarea.

LECTURAS COMPLEMENTARIAS

Las persecuciones

Barnard, L. W. "Clement of Rome and the Persecution of Domitian." *New Testament Studies* 10 (1963): 251-60.

Barnes, T. D. "Legislation Against the Christians." *Journal of Roman Studies* 58 (1968): 32-50.

Boyarin, D. *Dying for God*. Stanford, CA: Stanford University Press, 1999.

Delvoye, C. *Les Pérsecutions contre les chrétiens dans l'Empire romain*. Brussels: Les Cahiers Rationalistes, 1967.

Frend, W. H. C. *Martyrdom and Persecution in the Early Church*. Oxford: Anchor Books, 1965.

Jannsen, L. F. "Superstitio and the Persecution of the Christians." *VC* 33 (1979): 131-59.

Keresztes, P. "The Jews, the Christians, and the Emperor Domitian." *VC* 27 (1973): 1-28.

_____. "Marcus Aurelius a Persecutor?" *Harvard Theological Review* 61 (1968): 321-41.

Musurillo, H. *The Acts of the Christian Martyrs*. Oxford Early Christian Texts. Oxford: Oxford University Press, 1972.

Pellegrino, M. "Le sens ecclesial du martyre." *Revue de Science religieuse* 35 (1961): 151-75.

Sherwin-White, A. N. "The Early Persecutions and Roman Law—Again." *JTS* 3 (1952): 199-213.

St. Croix, G. E. M. de. "Why Were the Early Christians Persecuted?" *Parola del Passato (Rivista di Studi antichi)* 26 (1963): 6-38.

Workman, B. W. *Persecution in the Early Church*. Oxford: Oxford University Press, 1980.

La iglesia y la ley romana

Barnes, T. D. *Approches de Tertullien*. Paris: Institut d'Études Augustiniennes, 1992.

———. *Tertullian: A Historical and Literary Study*. Oxford: Oxford University Press, 1971. Páginas 57-66, "Christianisme et pouvoir impériale d'après Tertullien."

Fredouille, J. C. *Tertullien et la conversion de la culture antique*. Paris: Etudes Augustiniennes, 1972.

Klein, R. *Tertullian und das romische Reich*. Heidelberg: C. Winter, 1968.

McGuckin, J. A. *The Ascent of Christian Law: Patristic and Byzantine Reformulations of Antique Civilization*. New York: St. Vladimir's Seminary Press, 2012.

Sistemas religiosos rivales

Allberry, C., ed. *A Manichaean Psalm-Book II*. Stuttgart: W. Kohlhammer, 1938.

Beck, R. *The Religion of the Mithras Cult in the Roman Empire*. Oxford: Oxford University Press, 2007.

Clauss, M. *The Roman Cult of Mithras*. Edinburgh: Edinburgh University Press, 2000.

Coyle, J. K. "Mani." En *The Encyclopedia of Ancient Christianity*, ed. A. di Berardino, 2:661-65. Downers Grove, IL: InterVarsity Press, 2014.

Dunand, F. *Isis: Mère des Dieux*. Paris: Errance, 2000.

Lane, E. N., ed. *Cybele, Attis and Related Cults: Essays in Memory of M. J. Vermaseren*. Religions in the Graeco-Roman World 131. Leiden: Brill, 1996.

Neusner, J., ed. *Judaism and Christianity in the First Century*. New York: Garland, 1990.

Ries, J. "Jésus-Christ dans la religion de Mani." *Augustiniana* 14 (1964): 437-54.

Rose, E. *Die Manichäische Christologie*. Studies in Oriental Religion 5. Wiesbaden: O. Harrassowitz, 1979.

Solmsen, F. *Isis Among the Greeks and Romans*. Cambridge, MA: Harvard University Press, 1979.

Takács, S. A. *Isis and Sarapis in the Roman World*. Leiden: Brill, 1995.

Turcan, R. *Mithra et le mithriacisme*. Paris: Presses Universitaires de France, 2000.

Ulansey, D. *The Origins of the Mithraic Mysteries: Cosmology and Salvation in the Ancient World*. Oxford: Oxford University Press, 1989.

Van der Horst, P. W. H*ellenism, Judaism, Christianity: Essays on their Interaction*. Leuven: Brill, 1998.

Vermaseren, M. J. *Cybele and Attis*. London: Thames and Hudson, 1977.

Wilson, S. G. *Related Strangers: Jews and Christians*. 70–170 C.E. Minneapolis: Fortress, 1995.

Witt, R. E. *Isis in the Ancient World*. London: Johns Hopkins University Press, 1971.

Los apologetas

Barnard, L. W. *Athenagoras*. Paris: Beauchesne, 1972.

———. *Justin Martyr: His Life and Thought*. Cambridge: Cambridge University Press, 1967.

Barnes, T. D. *Tertullian: A Historical and Literary Study*. Oxford: Oxford University Press, 1971.

Baylis, H. J. *Minucius Felix and His Place Among the Early Fathers of the Latin Church*. London: SPCK, 1928.

Chadwick, H. *Early Christian Thought and the Classical Tradition*. Oxford: Oxford University Press, 1966.

Clarke, G. W. "The Historical Setting of the Octavius of Minucius Felix." *Journal of Religious History* 4 (1967): 267-86.

———. "The Literary Setting of the Octavius of Minucius Felix." *Journal of Religious History* 3 (1965): 195-211.

Cohick, L. H. *The Peri Pascha Attributed to Melito of Sardis: Setting, Purpose, and Sources*. Providence, RI: Brown Judaic Studies, 2000.

Goodenough, E. R. *The Theology of Justin Martyr*. Jena: Philo, 1923.

Grant, R. M. *Theophilus of Antioch. Ad Autolycum*. Oxford: Oxford University Press, 1970.

Hall, S. G. *Melito of Sardis: On Pascha and Fragments*. Oxford: Oxford University Press, 1979.

Hunt, E. J. *Christianity in the Second Century: The Case of Tatian*. London: Routledge, 2003.

Lilla, S. R. C. *Clement of Alexandria*. Oxford: Oxford University Press, 1971.

Méhat, A. *Études sur les Stromates de Clément d'Alexandrie*. Paris: Editions du Seuil, 1966.

Osborn, E. F. *The Emergence of Christian Theology*. Cambridge: Cambridge University Press, 1993.

———. *Justin Martyr*. Tübingen: Mohr Siebeck, 1973.

———. *The Philosophy of Clement of Alexandria*. Cambridge: Cambridge University Press, 1957.

_____. *Tertullian: First Theologian of the West*. Cambridge: Cambridge University Press, 1977.

Rogers, R. *Theophilus of Antioch: The Life and Thought of a Second-Century Bishop*. Lanham, MD: Lexington Books, 2000.

3

LA MADUREZ

El cristianismo en el siglo III

EL ESTABLECIMIENTO DE LA POLÍTICA CRISTIANA

En el siglo II se produjeron en el mundo cristiano tantos acontecimientos que tuvieron impactos duraderos que es casi como observar la fenomenal tasa de crecimiento de un niño pequeño: desde un pequeño infante hasta un corpulento adolescente en tan poco tiempo que si el crecimiento continuara al mismo ritmo indefinidamente, el niño terminaría siendo un gigante. Pero, por supuesto, el crecimiento no sigue al mismo ritmo que en el primer período. En la historia de la iglesia, a menudo hay, al parecer, eras de inmensa energía fundacional, seguidas de períodos más largos de consolidación y asentamiento: una expansión lateral, si se quiere, donde los movimientos son evaluados y filtrados más cuidadosamente. El siglo III es así: un tiempo de profundización de la reflexión consolidada, cuando las escuelas alternativas han sido nombradas, categorizadas y a menudo rechazadas; pero algunas de sus agendas, y de hecho varias de sus mejores ideas, han tenido tiempo de ser tomadas en cuenta y examinadas.

Lo que, en mi opinión, caracteriza el proceso de desarrollo de la iglesia cristiana en el siglo III no es tanto el uso de conceptos censurables como las agendas determinantes de la autoridad episcopal, o la supresión ortodoxa de la herejía (en todo caso, ¿quién tenía el poder de hacer cumplir tales dictados en esta era? aunque es un concepto que deleita a los teóricos de la conspiración de nuestro tiempo) sino más bien la búsqueda de la buena práctica: el enfoque de sentido común de lo que estaba en conformidad con la «doctrina apostólica», con lo cual me refiero (como la mayoría de los primeros escritores cristianos) a la aceptación y exégesis de la literatura del Nuevo Testamento de las Escrituras hebreas ampliamente entendidas como un tipo de los eventos de Cristo proclamados en los Evangelios. Por supuesto, este proceso hacia la buena práctica acordada fue moldeado y acelerado por el sistema de gobierno, o estructuras de organización de la iglesia, y el sistema de gobierno fue instanciado por los profetas, obispos y presbíteros locales.

También es evidente que, si bien la *intelligentsia* cristiana del siglo II había marcado la pauta, seguía siendo una costumbre pastoral y litúrgica que se utilizaba a la vez como ancla de mar para estabilizar el barco y como una forma de timón para su gobierno. Los obispos del siglo II eran meras formas embrionarias de lo que serían en el siglo IV, cuando, al colaborar en los sínodos de toda la provincia, dándoles peso bajo la ley imperial, asumieron una voz dominante sobre los asuntos de la iglesia; pero ya estaban mostrando un camino a seguir, haciendo una estructura de gobierno en un tiempo que lo necesitaba. Ireneo es un indicador de mucho de lo que estaba por venir. Los sínodos de Asia Menor que se reunieron para adjudicar el montanismo fueron otros. Presbíteros teólogos como Hipólito, Clemente o Tertuliano muestran cómo la reflexión profunda sobre las implicaciones de los Evangelios, cuando se alían con la formación filosófica y retórica básica, puede hacer que la causa cristiana sea misioneramente viable. Las persecuciones que llegaban hasta el corazón mismo de la adoración cristiana enfocaban la mente dramáticamente y servían para agudizar la autoidentidad cristiana en lugar de disiparla en formas de pluralismo más genérico.

Todos estos factores—este inmenso fermento de ideas chocando y reaccionando unas contra otras, siendo rechazadas y aun así influenciando parcialmente incluso a la corriente dominante que las objetó—todo este «programa por resolver» sirvió para hacer del tercer siglo un tiempo de consolidación, cuando los patrones doctrinales y de gobierno se establecieron de manera más amplia, de modo que para el próximo siglo difícilmente se volverían a cuestionar en los siglos venideros.

Nuestro primer lugar para mirar más particularmente sería la cuestión de las órdenes y los oficios cristianos. Este es un aspecto tan revelador y significativo que vale la pena dedicarle especial atención en uno de los capítulos del segundo tomo del libro. Así que aquí trataremos el asunto sólo en la medida en que se relaciona con el episcopado y el presbiterado literario. No es que los teólogos y el clero sean los líderes de la iglesia en un vacío. Lejos de ello, cada uno de estos líderes ha sido iniciado y formado en una cultura tradicional preexistente (dominada por formas de adoración y predicación bíblica) que eventualmente ellos también desean propagar y preservar. El papel de liderazgo no es tan creativo, en la mayoría de los casos, como conservador. Pero en el siglo III se observa un aumento significativo del número de intelectuales entre los dirigentes de la iglesia, muchos de los cuales, en sus primeros siglos, habrían sido elegidos para dirigir las oraciones y profetizar sobre la base de su carisma espiritual y su santidad personal, y no por el tamaño de sus villas o la calidad de su oratoria. Pero las cosas cambian en el siglo III. Se consideraba que la educación era importante a medida que la iglesia ocupaba su lugar en la sociedad helénica.

Así como el nuevo surgimiento de una clase de clero gobernante inteligente y literaria, tenemos en este siglo la aparición del primer genio real que el movimiento cristiano produjo desde los tiempos de Jesús (y posiblemente el apóstol Juan/Evangelista del Cuarto Evangelio): y ese fue Orígenes de Alejandría. Después de él, casi todo lo que tocó se convirtió en constitutivo arquitectónicamente en el pensamiento cristiano, incluso cuando sus puntos de vista fueron dejados de lado con importantes enmiendas por los teólogos de los siglos IV al VI. Su monumental impacto en la iglesia que le siguió exige que su sistema sea tratado con atención.

La manera en que los obispos cristianos instruidos (*episkopoi*) comienzan a asumir la agenda intelectual de la iglesia y a dar forma a un sistema de gobierno cada vez más internacional en el siglo III es bastante notable y establece un patrón para el siglo IV, cuando esto se convierte en una práctica estándar. Entonces la autoridad de los obispos para gobernar las iglesias y disciplinar a las congregaciones fue mucho más significativa, y la elevación de Constantino de los obispos cristianos a la categoría de magistrados locales paralelos también les dio una estatura legal como cabeza de la «corporación eclesiástica» local, que consolidó su autoridad y le dio una fuerza social por primera vez. La manera genérica en que funcionó este desarrollo de las órdenes, desde una variedad de oficios carismáticos en el cristianismo antiguo hacia un conjunto más restringido y autorizado de rangos y gobernancias clericales y de enseñanza, se establece en el capítulo «El ejercicio de autoridad en la iglesia» en el tercer tomo de este libro y se puede ver en resumen allí. Aquí bastará con mirar más de cerca a algunos de esos obispos de vanguardia, ver cómo se comunicaban entre sí, y notar qué agendas estaban en juego principal, recordando que este siglo también, como su predecesor, fue uno en el que ser un cristiano visible era un asunto peligroso. El contexto pastoral de la iglesia, por lo tanto, era problemático para mantener unida a una comunidad traumatizada, pero ya no una simple y celosa secta que sentía que los problemas actuales eran adumbraciones de la era final y un último llamado a mantener la pureza antes de la venida del Mesías. Ahora, más bien, se trataba de un conjunto cada vez más sofisticado y educado de comunidades internacionales vinculadas que, desde los tiempos de Marco Aurelio, estaban mucho más dispuestas a defender su esquina intelectual y política, y querían un liderazgo de sus teólogos que fuera más allá de las meras exhortaciones a perseverar.

ROMA Y ÁFRICA DEL NORTE: REPERCUSIONES DE LA PERSECUCIÓN: CRIPRIANO Y ESTEBAN

Un caso ilustrativo del gobierno episcopal en esta época es la forma en que los líderes de las comunidades trataron la crisis de la persecución en el siglo III y cómo afectó sus ideas de organización política. Las correspondencias de Esteban de Roma (papa 254-257) y el obispo Cipriano de Cartago (c. 200-258) pueden ilustrar esto para nosotros, porque vemos a dos líderes eminentes que eventualmente son atacados y ejecutados por las autoridades romanas, pero que no permiten que las amenazas que se ciernen sobre ellos los desvíen del apremiante deber de mantener las iglesias en buen orden.

Cecilio Cipriano (Tascio) probablemente nació en Cartago alrededor del año 200 d.C. y provenía de una familia rica y muy respetada de la clase alta pagana cartaginesa. Se hizo famoso en su ciudad como uno de los principales retóricos-abogados. Jerónimo nos dice que se sintió atraído por el movimiento cristiano debido a su pureza moral, y que bajo la influencia de un destacado presbítero de la ciudad llamado Cecilio, cuyo nombre tomó en el bautismo, fue iniciado en la comunidad.[1] Da un relato conmovedor de cómo el evangelio lo llevó a un estilo de vida muy diferente al que tenía antes del bautismo:

> Cuando todavía estaba en la esclavitud de la oscuridad y la penumbra de la noche, solía pensar que era casi imposible, excesivamente exigente, hacer lo que la misericordia de Dios me sugería.... Los innumerables errores de mi vida anterior me encadenaron y no creí que pudiera ser liberado de ellos, y por eso estaba dispuesto a aceptar mis obstinados vicios y a complacer mis pecados.... Pero después de eso, con la ayuda de las aguas del nuevo nacimiento, la mancha de mi vida anterior fue lavada, y una luz de arriba, una luz serena y pura, fue infundida en mi corazón reconciliado.... Un segundo nacimiento me devolvió al estado de un hombre nuevo. Cuán maravillosamente, entonces, todas las dudas comenzaron a desvanecerse.... Comprendí claramente que lo que primero había vivido dentro de mí, esclavizado como estaba por los vicios de la carne, era lo terrenal, y que lo que el Espíritu Santo había obrado dentro de mí para reemplazarlo era divino y celestial.[2]

Poco después de su bautismo él fue, inusualmente, elevado al presbiterio, un signo de su elevado rango social y posiblemente un reconocimiento de su gran donación caritativa a la iglesia para el alivio de los pobres. Jerónimo dice que regaló «toda su fortuna». Poco después, alrededor del año 248 o principios del 249, el escaño episcopal quedó vacante, y los miembros laicos de la iglesia gritaron por su elección a la sede, una aclamación popular que tuvo peso en contra de algunos de los votos del consejo presbiteral de la iglesia. Varios de los presbíteros más antiguos, liderados por un Novato, no deseaban que este rápido ascenso continuara. La mayoría laica popular, sin duda sintiendo la constante amenaza de un nuevo estallido de persecuciones contra ellos, seguramente sintió que por primera vez podrían tener un líder político bien situado, un abogado educado y miembro de la *intelligentsia*, que podría hacer mucho para ayudarles en cualquier momento de angustia. Uno se pregunta qué tan bien fue entrenado Cipriano en las prácticas y teología del movimiento cristiano.

Jerónimo nos dice (leyendo la biografía que el secretario de Cipriano, su diácono Poncio, dejó) que cada día el obispo pedía que «el maestro» leyera, lo que era de hecho su copia de las obras de Tertuliano.[3] Su propia escritura muestra una dependencia teológica masiva de ese escritor, pero modera la mayoría de los puntos abrasivos de su maestro y pone toda la prosa en un estilo latino más exquisito y refinado. También ha dejado bajo su propio nombre un libro llamado *Testimonia Ad Quirinum*. Pero no se trata de una obra suya, sino de un antiguo (y muy significativo)

---
[1] Jerónimo, *De Viris Illustribus* 67.
[2] Cipriano, *A Donato* 3-4.
[3] R. E. Wallis, trad., *ANF* 5.

documento cristiano que reúne textos bíblicos en una columna y muestra cómo se «cumplieron» en el Nuevo Testamento en otra. En resumen, es un vademécum para quien quiera predicar a través de las Escrituras (el papel litúrgico fundamental del obispo junto con sus oraciones públicas) y permite que más o menos cualquiera demuestre una habilidad aparentemente avanzada para hacer referencias cruzadas de las Escrituras, aun cuando no conozca bien los textos. Tanto esta dependencia en Tertuliano como el manual de las Escrituras que mantuvo muy cerca de él sugieren que el rápido ascenso de Cipriano lo dejó «poniéndose al día» considerablemente.[4] Por eso no es una voz tan significativa para las ideas teológicas o las percepciones bíblicas; pero sí trae la agudeza de un abogado romano a su papel como administrador de la iglesia, y al casar esta habilidad con la oficina episcopal señala la manera en que se desarrollaría esa oficina en el próximo siglo.

Aún con sus rápidas habilidades de aprendizaje, Cipriano fue sorprendido desprevenido, pues en 250, como acto de apertura de su episcopado, y con un círculo inmediato de presbíteros de alto rango a su alrededor que todavía estaban en conflicto sobre su liderazgo, las autoridades romanas lanzaron la persecución de Decio. El emperador, que había ascendido al trono con ocasión del asesinato del procristiano Felipe a finales del año 249, ordenó en enero del año nuevo una vuelta radical a los dioses tradicionales de Roma. Pensó que esta reforma religiosa tradicional debía detener la serie de alarmantes retrocesos militares que estaba teniendo el imperio. Los cristianos eran el principal objetivo de interés, y después de los sacrificios a gran escala realizados en la colina del Capitolio en Roma, Decio ordenó la ejecución, como traidores, de importantes disidentes cristianos que habían denunciado los sacrificios como inútiles. El Obispo Babil en Antioquía y el Papa Fabián en Roma murieron en ese momento, y la orden de observar los sacrificios patrióticos se extendió a las provincias. Los líderes cristianos debían ser los primeros en ser forzados a cumplir, pero todos los ciudadanos principales tenían que obtener un certificado para dar prueba legal, si era necesario, de que ellos también se habían conformado.

Cipriano decidió esconderse, sospechando que esta política tendría una corta duración y no afectaría a sus laicos. Se mantuvo en contacto regular con la congregación cristiana de Cartago a través de sus amigos en el consejo de presbíteros, pero muchos sintieron que había sido una decepción (tanto al no abogar por ellos como al no demostrar valentía como los obispos de Roma y Antioquía), y sus oponentes en el consejo presbiteral fueron agitados en su contra una vez más. La tradición eclesial norafricana de acoger con alegría la oportunidad de la muerte de un mártir seguía siendo alta en la memoria: además, la solución de Cipriano no era una solución que la mayoría de los creyentes pudieran adoptar en la práctica.

---

[4] Al final dejó un cuerpo muy respetable de tratados cortos: *Sobre el Padrenuestro*; *Apología a Demetriano*, en la que refuta la idea de que calamidades como las plagas y las batallas perdidas son culpa cósmica de los cristianos; *Sobre la mortalidad*; *Sobre las obras y la limosna*; *Sobre el hecho de que los ídolos no son dioses*; *Sobre la ventaja de la paciencia*; y *Sobre los celos y la envidia*, así como sobre numerosas epístolas, varias de las cuales son tratados dogmáticos en esencia.

Cuando la persecución terminó pronto, después de la muerte de Decio en batalla en 251, Cipriano regresó a una iglesia que había sido muy perturbada por la presión de sacrificar a los dioses antiguos. Muchos no habían sido capaces de abrazar el martirio con el mismo afán de sus narrativas heroicas de tiempos anteriores. Algunos habían sacrificado, bajo una fuerte compulsión, o simplemente por miedo al dolor, y fueron designados los *sacrificati*. Los cristianos más ricos y más conectados políticamente habían usado sus redes para sobornar certificados falsos de funcionarios que decían que se habían sacrificado. Los presbíteros determinaron que ambas categorías habían pecado profundamente, habían caducado de sus votos bautismales, estaban ritualmente contaminados, y por lo tanto no podían acercarse a la Eucaristía. La ejecución del Papa Fabián fue anunciada por carta a Cipriano y a la iglesia de Cartago, y el consejo de presbíteros y diáconos de la capital aprovechó la oportunidad para expresar una cierta sorpresa por la noticia que habían escuchado (ciertamente de sus propios colegas disidentes en Cartago) de que la respuesta de Cipriano había sido desaparecer de la vista. En respuesta Cipriano publicó un tratado en defensa del principio de la huida de la persecución (basado en las palabras de Jesús en Mt. 10:23). Y envió a Roma relatos para demostrar que no había huido, sino que se había «retirado tácticamente» para no ser un foco de persecución que arrastrara a otros a su alrededor:

> Creo que es necesario escribirles esta carta a todos ustedes para dar cuenta de lo que he estado haciendo, de mi disciplina y de lo diligente que he sido. De acuerdo con la enseñanza del Señor, tan pronto como se levantó el primer estallido de los disturbios contra nosotros, y la turba me gritaba violenta y repetidamente, no consideré tanto mi propia seguridad como tener un temor vivo por la paz pública de los hermanos. Por eso me retiré por un corto tiempo, para no provocar más el tumulto que ya había comenzado manteniendo un perfil público. Pero, aunque estaba ausente en cuerpo, no era deficiente en espíritu o actividad o consejo y no descuidaba ningún beneficio que pudiera dar a los hermanos a través de mi consejo.[5]

De su correspondencia romana aprendemos mucho sobre este período y vemos en detalle la política de una gran iglesia que «supervisa» a otra: la responsabilidad y los límites de tal relación. El sentido internacional de la conciencia de los cristianos y la disposición del episcopado a sostener las relaciones entre las iglesias está notablemente más avanzado que nunca.

Cipriano todavía tiene que contrarrestar las críticas en su país sobre su derecho a juzgar en el caso de los excomulgados cuando no ha estado personalmente presente en los juicios de tortura. Algunos de los que habían resistido y habían sido atormentados (y sobrevivido) o encarcelados por la fe (y por lo tanto estaban listos para abrazar la ejecución) ganaron gran prestigio en este tiempo y fueron ampliamente considerados como *confessores*, mártires vivientes equivalentes cuyas oraciones tenían gran peso con Cristo y los ángeles en el cielo. Su intercesión fue vista como especialmente

---

[5] Cipriano, *Epístola* 20.

poderosa.⁶ Muchos creyentes ordinarios entre los caducados acudieron a ellos y les rogaron su intercesión, y de hecho varios de los confesores ejercieron un cuidado pastoral carismático para asegurarles que sus pecados habían sido perdonados. Cipriano tomó esto como una intrusión ilegítima en los derechos del obispo y de los presbíteros para determinar quién se comunicaría y quién sería castigado como excomulgado hasta la hora de la muerte. Cuando los confesores instruyeron a los penitentes para que volvieran a practicar su fe, el obispo se interpuso en su camino, insistiendo en que esta caducidad de pureza bautismal los separaba de la comunión eucarística.

Uno de los diáconos de Cipriano, Felicisimo, reunió a un grupo de confesores y los llevó a romper con el obispo. Pronto los cinco presbíteros que se habían opuesto más a la elección de Cipriano también se unieron a ellos. El presbítero Novato se convirtió en su líder y se fue a Roma en busca de apoyo. El nuevo aristócrata electo, el Papa Cornelio, no lo animó, por lo que se vinculó con su partido como partidario del rival obispo disidente de Roma, el teólogo Novaciano, que había estado administrando la iglesia romana en su interregno después de Fabián.⁷ De esta manera, la cuestión de la posible readmisión de los caducados por parte de la iglesia africana se relacionó inmediatamente con la cuestión de cuáles son los principios de unidad y autoridad dentro de la iglesia universal. Aquí se manifestaron los indudables dones de Cipriano como defensor legal, y dejó una influencia dominante en el concepto a largo plazo de la «unidad de la iglesia católica».⁸ Dos de sus cartas se convirtieron en inmensamente autorizadas, la primera *De Lapsis* (*Sobre los que han caducado*), sobre la cuestión de cómo administrar la reconciliación, y la otra *De Ecclesiae Unitate* (*Sobre la unidad de la Iglesia*), sobre la cuestión del cisma en su propia iglesia y en otras iglesias.⁹ Mientras tanto, el partido disidente de Cartago se las arregló para que un obispo africano rival, Fortunato, los dirigiera. Esta secesión, que se basaba principalmente en una cuestión de disciplina eclesiástica (más que en un punto de diferencia doctrinal significativa), fue clasificada como un cisma.¹⁰

Cipriano estaba dispuesto a mantener, sobre una base legal que había aprendido de la obra *De Praescriptione* de Tertuliano, que aquellos que se habían apartado de la comunión de la iglesia ya no tenían ningún derecho a los bienes de la iglesia. Puesto que la función corporativa de la iglesia era administrar la gracia de la salvación, para él esto significaba que los cismáticos ya no tenían acceso a la gracia. Su adagio llegó a ser «fuera de la iglesia, no hay salvación».¹¹ Otro famoso dicho suyo fue: «Quien no

---

⁶ Para más detalles, véase J. A. McGuckin, "Martyr Devotion in the Alexandrian School (Origen to Athanasius)," en *Martyrs & Martyrologies*, ed. D. Wood, Studies in Church History 30 (Oxford: Blackwell, 1993), 35-45.

⁷ Cipriano, *Epístola* 55.8-9.

⁸ Para más detalles, véase P. Hinchcliff, *Cyprian of Carthage and the Unity of the Christian Church* (London: Geoffrey Chapman, 1974).

⁹ Texto en M. Bevenot, ed., *Cyprian: De Lapsis and De Ecclesiae Catholicae Unitate* (Oxford: Clarendon, 1971).

¹⁰ El término es del griego para «dividir», como en el desgarro de una tela. La imagen derivaba de la noción de la «túnica sin costuras» de Cristo, que era su iglesia. Véase Cipriano, *De Unitate Ecclesiae* 7.

¹¹ *Extra ecclesiam nulla salus*. También puede traducirse (menos drásticamente) como «Fuera de la iglesia no hay seguridad (en la propia seguridad de salvación)».

tiene a la iglesia como su madre no puede tener a Dios como su Padre».[12] Su pensamiento marca un movimiento significativo hacia la definición de pertenencia o no pertenencia a la comunidad cristiana. También abrió una manera importante de pensar acerca de las posibilidades de salvación de aquellos que no estaban en la congregación cristiana. Varios puntos clave de la teología de la iglesia de Cipriano (su «eclesiología») se relajaron más tarde, en la época de Agustín. Pero las enseñanzas de Cipriano también impresionaron a las iglesias orientales, y la posterior adaptación más liberal del argumento de Agustín en sus propios conflictos con los cismáticos disidentes del siglo V en Cartago (los donatistas) no fue entonces observada por la iglesia oriental. Esto ha llevado a una serie de estrictos planteamientos dentro del cristianismo, existentes hasta el día de hoy (y en gran medida responsables del hecho de que los movimientos internos divergentes del cristianismo han sido muy difíciles de resolver a lo largo de los siglos) frente a la pregunta básica: si los miembros de la comunidad cristiana rompen la comunión con el obispo local, ¿pueden mantener la comunión en la gracia de los sacramentos con un concepto más amplio de la comunión cristiana? Es decir: ¿qué significa «iglesia», teológicamente hablando?[13]

La visión básica de Cipriano de que los secesionistas no sólo abandonan una comunión local sino que se alejan de toda comunión cristiana (puesto que la comunión cristiana universal está instanciada en la asamblea local) se basa en su lectura de 1 Juan 2:19, aliada con su lectura de la promesa de Cristo al apóstol Pedro (que está en su mente como paradigma de todos los apóstoles) de que él sería la roca sobre la que se construiría la iglesia y sobre la que se sustentaría (Mt. 16:18-19).[14] Su argumento pone el broche final al concepto, visto en los primeros escritores episcopales como Ignacio de Antioquía o Ireneo de Lyon, de que el obispo es el equivalente eclesiástico actual del apóstol y en su propia persona es el signo y la garantía de la unidad eclesiástica.

Sabiendo que su problema local con sus propios disidentes se había extendido a un compromiso inevitable con las autoridades romanas, Cipriano se vio obligado a aclarar

---

[12] Cipriano, *De Unitate Ecclesiae* 6. «La esposa de Cristo no puede cometer adulterio. Ella es incorrupta y pura. Ella conoce un solo hogar; guarda la santidad de una cama con casta modestia. Ella nos guarda para Dios. Ella prepara a los niños que ha nacido para el reino. El que se separa de la iglesia y se une con una adúltera, se separa de las promesas de la iglesia. Nadie que abandona la iglesia de Cristo puede recibir las recompensas de Cristo. Tal es un extraño; tal es un profano; tal es un enemigo. Nadie puede tener a Dios por su Padre si no tiene la iglesia por su madre».

[13] La iglesia romana tomaría este argumento y lo extendería con especial referencia al papel del obispo de Roma como garante personal de la comunión sacramental (hasta el punto de que, si uno no estaba en comunión con el obispo de Roma, no podía reclamar la plena pertenencia a la iglesia de Cristo). Esto eventualmente se convertiría en una teoría papal a gran escala. Incluso en la época de Cipriano, por supuesto, el argumento que había esbozado sobre el papel episcopal como paradigma de la comunión eclesial fue utilizado en su contra por el Papa Cornelio para presionarlo a que se conformara con la política internacional de Roma en otros asuntos. Maurice Bevenot, en su edición de *De Unitate* de Cipriano, ha notado las dos versiones de su texto disponibles en la antigüedad y ha planteado que el propio Cipriano hizo estos cambios editoriales para reducir ese aspecto de su argumento que parecía exaltar el papel «petrino» en la unidad de la iglesia, ya que el Papa Cornelio lo estaba usando en su contra en una disputa sobre las prácticas bautismales que diferían entre Roma y Cartago, y sugiriendo que en cuestiones de diferencia la obediencia a Pedro era lo que más importaba.

[14] Cipriano, *De Unitate Ecclesiae* 9.

su mente. Novaciano en Roma se había enfrentado con el Papa Cornelio sobre la cuestión de la eficacia perdurable del bautismo, argumentando que los caducados que habían negado a Cristo también habían anulado su bautismo. Varios otros obispos en este momento (sínodos en España, obispos provinciales en el norte de África, y el obispo de Antioquía, entre ellos el principal) también sostuvieron la posición «novaciana» de que la reconciliación sólo podía darse a los caducados por Dios solamente, y probablemente no hasta el último juicio. Cornelio, Cipriano y Dionisio de Alejandría, sin embargo, sostuvieron la posición de que el bautismo era un evento único e irrepetible. La reconciliación tendría que llevarse a cabo únicamente mediante el arrepentimiento, reconocido y administrado por las autoridades eclesiásticas.

Una vez restaurada la paz, Cipriano adoptó una posición más moderada con respecto a la cuestión de los caducados, una que reflejaba la postura pastoral preferida del Papa Cornelio.[15] La negación de la fe después del bautismo era tradicionalmente vista como un pecado «imperdonable». Cipriano sostiene que nadie en la iglesia, ni siquiera los confesores, tenían el derecho de declarar tal pecado simplemente «perdonado y olvidado». Todos aquellos que habían sacrificado u obtenido certificados por mentir (*libellatici*) tuvieron que ser colocados, insistió, bajo una prohibición formal (temporal) de la comunión para poder permanecer como penitentes en los pórticos de la iglesia y escuchar la liturgia desde los márgenes de la comunidad a la que habían renunciado. Dependiendo de la gravedad de la caída, de si se había aplicado la tortura, o de si los cristianos han corrido hacia la conformidad voluntaria sobre la base de una mera amenaza o simplemente para proteger sus bienes, el plazo de la penitencia se asignaría, más largo o más corto. En el momento de la muerte se podía reconciliar a cualquiera que mostrara un dolor sincero. En 251, las señales de que el emperador Galo estaba considerando una nueva ronda de persecuciones cambiaron de opinión a Cipriano. Entonces decidió acelerar la reconciliación para todos los que estaban arrepentidos. En la primavera de ese año Cipriano consolidó su posición por adelantado al convocar un sínodo de obispos africanos locales que apoyaron colectivamente este sistema de gobierno y también excomulgaron formalmente al obispo rival Fortunato, al presbítero Novaciano y a sus disidentes asociados.

Habiendo establecido su posición en África (ya que Cartago era la principal ciudad-iglesia de la región), Cipriano pudo ahora centrar su atención en las «mayores implicaciones» de la experiencia. En su obra *Sobre la unidad de la Iglesia* (*De Unitate*) Cipriano miró más allá, hacia el cisma de Novaciano en Roma, paralelamente al de Fortunato en su propia iglesia de Cartago. Este texto se convirtió en una exposición clásica de la eclesiología cristiana durante siglos, tanto en el Oriente ortodoxo como en el Occidente latino. Es la única área en la que Cipriano va teológicamente más allá de su maestro Tertuliano. Apoyándose fuertemente en el

---

[15] El papa rival de Cornelio, Novaciano, representaba una posición más dura, de la que los disidentes africanos se habían quejado al principio cuando Cipriano la adoptó, pero ahora se habían alineado para asegurar el apoyo romano.

concepto legal de Tertuliano de un movimiento que invalida legalmente el derecho de un reclamante a ser escuchado en la corte (una «prescripción»),[16] Cipriano invoca la cuádruple definición central de «iglesia» que se encuentra en el antiguo credo bautismal: que es una, santa, católica y apostólica. Donde el énfasis de Ireneo había sido en el aspecto católico y apostólico, en su lucha con los disidentes gnósticos, Cipriano recurre al tema de la unidad de la iglesia. ¿Cómo puede alguien que «no está en unidad» con la iglesia local decir que sigue siendo miembro de ella, si la esencia de la iglesia es tanto la unidad como la apostolicidad? Mientras que Tertuliano había estado usando ese argumento de prescripción contra los herejes, Cipriano ahora cambia su énfasis hacia los «cismáticos», es decir, disidentes cuya razón de ser no es tanto un desacuerdo doctrinal sobre cualquier asunto central como una grieta que ha surgido sobre un asunto de disciplina eclesiástica (moral o litúrgica o cuestiones de autoridad). Tal se convirtió en la clásica distinción, siempre después, entre herejía y cisma.

Su argumento es doble: primero, que los obispos son, en esta época, lo que eran los apóstoles en la generación primitiva de la iglesia. En este sentido, manifiesta el mismo argumento que Ireneo: el de la sucesión apostólica de los obispos. Su papel como maestros primarios de las iglesias continúa la función de los apóstoles, que dieron testimonio de las enseñanzas auténticas de Jesús en los Evangelios. Por lo tanto, ellos mismos son los árbitros y garantes clave de la apostolicidad de la doctrina cristiana—no presbíteros, profesores, teólogos o cualquier otro cristiano, que pueden (por supuesto) manifestar el carisma de la verdad en su enseñanza cristiana; pero sólo los obispos tienen este deber como el aspecto central de su oficio ordenado. La armonía del cuerpo de obispos manifiesta y defiende así el depósito de la fe a través de los siglos.[17] Esto es una extensión de su papel litúrgico de enseñar la fe a catecúmenos y neófitos, literalmente «enseñando a la iglesia su credo».

En segundo lugar, Cipriano argumenta que, al ser un bastión de la fe personificada, el carisma episcopal también emerge principalmente para manifestar la unidad de la iglesia en su realización local. Este es el aspecto del argumento que Cipriano ahora saca a relucir de manera más dramática. El obispo lo hará presidiendo la Eucaristía. Si no es el único celebrante (una iglesia con una sola catedral), entonces lo hará presidiendo sobre todos los demás presbíteros que celebran bajo su liderazgo. Siguiendo el ejemplo de Ignacio de Antioquía, que había insistido tanto en la necesidad de la obediencia al obispo como símbolo litúrgico de la unidad de Cristo, Cipriano hace avanzar la idea en términos legales: que la desobediencia al obispo se convierte en un crimen contra la unidad de la iglesia, un lapso pecaminoso de la

---

[16] Sobre esa base, Tertuliano había argumentado que los herejes no tenían derecho a hablar en nombre de la iglesia cristiana, ya que su divergencia fundamental con respecto a sus normas en las doctrinas fundamentales había invalidado su afirmación de pertenencia.

[17] Cipriano, *De Unitate Ecclesiae* 5. «No se puede separar un rayo de luz del sol, porque su unidad no permite la división. Puedes romper una rama de un árbol, pero cuando se rompe, no puede brotar. Corta un arroyo de su fuente, y se seca».

doctrina central del credo de que la iglesia debe manifestar unidad en Cristo. Y así, para Cipriano, el acto de cisma ya no es «un asunto doctrinal», sino más bien una caducidad eclesiológica que pone al disidente fuera de la comunión de la iglesia.[18] El cisma puede ser fácilmente evaluado: ¿está la persona dentro o fuera de la comunión de la iglesia local, garantizada por el obispo? En otras palabras, ¿está el individuo en comunión con el obispo o no?

Este es un momento dramático del enfoque ultra agudo de las reivindicaciones de autoridad de los *episkopos* locales. Más tarde será templado (y probablemente ya lo era en tiempos de Cipriano) por la insistencia del siglo IV de que el obispo local no es un monarca absoluto, sino que él mismo es evaluado, supervisado y guiado por su propia necesidad de estar en armonía con los otros obispos locales que le rodean, quienes formarán un sínodo y trabajarán con un fuerte grado de colegialidad hacia un consenso común de fe y práctica. Pero esta teología estructural será más plenamente explicada en el desarrollo de la teología conciliar de los siglos IV y V.

En el argumento de Cipriano, Cristo quería tanto que la unidad fuera conocida como el carisma de su iglesia que simbólicamente fijó la noción de coherencia eclesial a la persona singular de Pedro, y sólo entonces extendió los derechos y deberes de Pedro a todos los apóstoles. Todos los demás apóstoles tenían lo que Pedro tenía, pero Cristo deliberadamente escogió darle a Pedro la promesa de la coherencia de la iglesia para indicar el significado de la unanimidad (Mt. 16:18-19). Esto demostró, para Cipriano, que la unanimidad colegial está en el corazón de lo que es ser un obispo apostólico. Para el Papa Cornelio (m. 253) y el Papa Esteban (254-257), que le sucedieron, que estaban trabajando en otro concepto de lo que representaba «Pedro», uno que lo veía como el fundador apostólico de la gran iglesia de Roma y mártir cuya tumba en la ciudad significaba que todavía tenía una presencia mística entre los romanos, la promesa del Señor a Pedro significaba otra cosa: no un símbolo de la unidad colegial del cuerpo episcopal, sino más bien la preeminencia especial de la sede de Roma.[19] Hasta el día de hoy, la visión cipriana y la visión romana de la oficina petrina siguen chocando en las concepciones católicas del papado. Cuando Esteban se enfrentó con Cipriano por puntos del orden litúrgico, sus diferentes ideas sobre la autoridad episcopal salieron a la luz.

Entre 255 y 257 Cipriano estuvo involucrado en una guerra de cartas con el Papa Esteban sobre la cuestión de si los sacramentos administrados por el clero herético y cismático eran válidos o no. Cipriano adoptó el punto de vista conservador (consistente con su noción de que alguien que se aleja de la iglesia ya no tiene derecho a ninguno de sus «bienes» y, por lo tanto, que no hay gracia en ninguno de los sacramentos de los disidentes) de que no eran válidos o potentes. Siendo este el caso, Cipriano insistió en que se rebautizara a cualquiera que viniera a la iglesia de un

---

[18] Cipriano, *De Unitate Ecclesiae* 4. «¿Cómo es posible que alguien piense que mantiene la fe si rompe la unidad de la iglesia?»

[19] Durante mucho tiempo los pontífices romanos se describieron a sí mismos como los «vicarios de San Pedro». Más tarde cambiaron el título (y la afirmación papal) a «vicarios de Cristo».

cuerpo cismático o herético. De hecho, sería más exacto decir que él insistió en que fueran bautizados antes de acercarse a la Eucaristía (ya que no aceptó su bautismo previo en la secta como válido en absoluto). En este punto, sin embargo, Roma había adoptado un punto de vista más liberal, según el cual la gracia permanecía en los sacramentos de la Iglesia incluso cuando eran administrados por los cismáticos, en virtud de una forma de «memoria eclesial» (cuanto más se acercaban los administradores a la tradición eclesial, tanto más aún coinherían en cierta medida la energía de la vida sacramental de la Iglesia).[20]

La posición romana era que los sacramentos de los cismáticos eran ilícitos, pero no inválidos. Cipriano los consideraba ilícitos e inválidos: no contenían ninguna gracia y no tenían ningún efecto salvífico cuando se administraban fuera de la comunión de la iglesia católica. El clero romano, que todavía se resistía al rigorismo novaciano en su país, censuró a Cipriano por mantener esta posición de línea dura, pero sintiendo que las costumbres tradicionales, mantenidas inmemorialmente en África, estaban siendo revocadas, Cipriano se indignó, defendiendo su causa con firmeza contra la desaprobación romana. Fue en ese momento cuando probablemente revisó el texto de su *De Unitate Ecclesiae* para atenuar sus alabanzas de que Pedro era el símbolo y el punto focal de la unidad episcopal.[21] Esteban se apoyaba en la teoría de la oficina petrina para avanzar en sus afirmaciones de que la iglesia romana no sólo tenía un papel simbólico en la defensa de la unidad de la iglesia, sino que incluso gozaba de una función jurídica en la garantía de la unidad de la iglesia, por lo que esperaba que los obispos provinciales obedecieran su consejo. Cipriano quería dejar claro que no se había referido a una teoría de la supremacía papal por su elevación del símbolo de Pedro como jefe de la banda apostólica (el primado papal no incluía necesariamente la autoridad jurídica). Para él, todos los obispos eran igualmente apóstoles, tenían la misma autoridad, aunque algunos tenían además un papel simbólico.

Este conflicto ha permanecido vivo hasta el día de hoy dentro del cristianismo católico de la misma manera que las iglesias ortodoxas y los episcopales interpretan el primado petrino de una manera significativamente diferente (no jurídica) en comparación con el catolicismo romano. La cuestión de si los cristianos que llegan a la iglesia católica desde otros cuerpos eclesiales requieren (re)bautismo o una simple confesión de fe y conversión también ha permanecido en conflicto. La tradición romana después de la época de Agustín siguió el ejemplo universal de Esteban. Las iglesias ortodoxas de Oriente representan ambas posiciones y algunos compromisos intermedios. Sin embargo, aquellos que bautizan a tales convertidos cristianos son universalmente de la posición estricta de que el bautismo cristiano nunca puede ser repetido, y por lo tanto niegan la validez de cualquier ceremonia bautismal previa, negando efectivamente que otros movimientos cristianos sean realmente cristianos en absoluto (aunque puedan expresarlo como «plenamente cristianos»). El argumento del

---

[20] Algo que Basilio el Grande expondría en una epístola canónica para las iglesias orientales un siglo después.
[21] Existen dos antiguas tradiciones textuales para la obra, siendo la última claramente menos un encomio de la oficina petrina. Cf. Bevenot, *Cyprian: De Lapsis and De Ecclesiae Catholicae Unitate*.

siglo III, en otras palabras, nunca ha desaparecido realmente de la escena ecuménica actual. Hoy algunos ven a la iglesia como el único lugar de gracia, lo que Cipriano llamó el «arca de la salvación». En este sentido, estar «fuera de la iglesia, donde no hay salvación», significa estar fuera del arca de Noé, donde no había alternativa al ahogamiento; o fuera del cuerpo místico de Cristo, por lo tanto, separado de él, desprovisto de su Espíritu. Otros ven a la iglesia como un medio de gracia menos abarcador. Cipriano claramente le dio a su eclesiología un profundo significado escatológico. Muchas eclesiologías contemporáneas existen ahora con poca o ninguna dimensión escatológica.

En 257 el emperador Valeriano emitió un nuevo edicto exigiendo el sacrificio público de ciudadanos eminentes. Las iglesias sabían que la persecución sería renovada vigorosamente, y Cipriano expresó a sus seguidores que tenía una premonición de muerte. Esta vez fue buscado por las autoridades y enviado al exilio. Fue un gesto que reconoció su alta posición social como caballero romano y fue diseñado para darle tiempo para retractarse. Un año después fue llevado de nuevo a Cartago y confesó que no aceptaría ninguno de los términos de las nuevas leyes religiosas. Fue juzgado en Cartago en el año 258 y, confesando su fe, fue decapitado públicamente bajo el procónsul Galerio Máximo. Su santidad personal, unida a la muerte de su mártir, dejó una gran reputación. Sus cartas eran animadas y siguen siendo una fuente de información detallada sobre el estado de desarrollo de la iglesia del siglo III, y sobre la importancia del papel de los *episkopos* educados de la clase alta en ese proceso.

LAS ESCUELAS CRISTIANAS DE ALEJANDRÍA Y CESAREA

La escuela catequística de Alejandría. Alejandría en el siglo III nos muestra otro aspecto del desarrollo teológico y organizativo cristiano en este momento, pues aquí notamos el surgimiento de una fuerte escuela catequística episcopal. El antiguo proceso de preparar a los candidatos para el bautismo ya ha sido organizado en muchas iglesias diferentes. Vemos ejemplos de ello en Alejandría, Roma y Jerusalén. El aspecto plenamente desarrollado se puede ver muy claramente en las *Homilías catequísticas* del Obispo Cirilo de Jerusalén en el siglo IV, en las que se dirige a sus candidatos al bautismo en el curso de la Cuaresma, y nos enteramos de que han recibido varios ritos y ceremonias de manos de presbíteros que, junto con los diáconos de la iglesia, les han estado enseñando. Estos preparativos se llevaban a cabo a lo largo de su período de catecumenado, un espacio de evaluación donde se puso a prueba su fidelidad a las viejas costumbres y prácticas morales del paganismo para dar paso a nuevas costumbres y hábitos como cristianos. Se excluyeron estrictamente varias categorías de personas: actores (entonces sinónimos de prostitutas a tiempo parcial), trabajadoras sexuales, soldados y, obviamente, devotos activos de los ritos de los dioses. Había que hacer renuncias para llegar a ser catecúmeno.

Una vez admitido para prepararse para el bautismo, el nombre del «convertido» era escrito en las listas de los miembros de la iglesia, y eran firmados en la frente con aceite de oliva en forma de cruz, y se les imponían las manos (del obispo o de los presbíteros) para significar que se volvían hacia el Señor.[22] A lo largo de este período de preparación, los candidatos eran sometidos a «escrutinios», en los que el clero les preguntaba sobre sus actitudes y prácticas morales, invitándoles a un conocimiento más profundo de sí mismos y a un arrepentimiento continuo.[23] Se les practicaban exorcismos. Como hemos visto, la iglesia primitiva consideraba el culto a los dioses no como algo vacuo y vacío sino más bien como un culto espiritualmente energizado, orientado a la adoración de entidades malvadas y poderosas que habían buscado la disolución moral de sus devotos para alejarlos de Dios. Para prepararse para el bautismo, por lo tanto, los presbíteros de la iglesia exorcizaban a los candidatos varias veces de la posesión demoníaca. Los restos de estas largas oraciones de exorcismo aún perduran hasta el día de hoy en el ritual bautismal de la iglesia oriental.

Hacia el final de la Cuaresma, que precede a la Pascua, en la que se inician, el obispo de la iglesia asumirá un papel más comprometido en la preparación de los catecúmenos.[24] A él se le instruirán los niveles más altos de la iniciación-enseñanza: asuntos relacionados con la teología de la iglesia, su simbolismo litúrgico, el significado más elevado de las Escrituras (más allá de su pedagogía moral), la importancia de los sacramentos, los caminos de la oración, y la doctrina del Espíritu Santo. Estas cosas eran consideradas como *arcana*, misterios ocultos de los que no se debe hablar libremente entre los paganos.[25] Hasta el día de hoy, los que comulgan en las iglesias orientales tienen que decir una oración de promesa antes de acercarse al altar: «No hablaré de tus misterios a tus enemigos». Los candidatos debían mantener todo esto oculto a los paganos y a los catecúmenos no bautizados y reflexionar sobre ello en sus corazones, ya que el núcleo interior del compromiso de la Iglesia no era una mera pertenencia externa, sino más bien un proceso de «pertenencia al Señor» que estaba ligado al espíritu interno, que el Espíritu Santo hizo uno en Cristo por medio de la acción de los sacramentos.

En esta etapa superior de la catequesis episcopal, la vida continua del creyente «en Cristo» era el centro de atención. La enseñanza enfatizaba que el vínculo con el Señor debía ser profundizado a través de la Eucaristía, de la reflexión sobre las Escrituras y

---

[22] Se llama *conversión* por la *conversio morum*, o «conversión de la moral», que se les exigía.

[23] Eran nombrados *candidatos* porque los catecúmenos debían vestirse de blanco con ocasión de su iniciación, es decir, ser *candidatus*, como símbolo de su resurrección por medio del sacramento del bautismo.

[24] El cristianismo primitivo siempre llamaba *Easter* [en inglés] a la *Pascha*. No fue hasta el encuentro con las naciones sajonas que llegó el término *Easter* para reemplazarlo entre las naciones de habla inglesa (de *Yeostre*, la diosa de la primavera, cuyo nombre también estaba asociado a la estación). Los bautismos en la antigua iglesia también se llevaban a cabo el día de Pentecostés. Eran de carácter colegial (números admitidos en la misma ceremonia) e implicaban el triple elemento de la iniciación como bautismo de agua para la limpieza del pecado, unción con crisma para la iniciación en los dones del Espíritu, introducción a la comunión (en la Eucaristía) para la plena unión con el cuerpo del Señor.

[25] La palabra *misterio* deriva del griego *muein*, «guardar silencio». A los devotos de las antiguas religiones mistéricas se les prohibía, por voto, contarles a los de afuera acerca de sus rituales.

de la oración asidua. Por eso se prestaba atención en primer lugar a la exégesis bíblica. En las antiguas celebraciones eucarísticas, se daba un lugar masivamente importante a la lectura y exposición de las Escrituras—no por ninguna razón histórica, pero siempre principalmente por lo que estos escritos sagrados tenían que decir sobre el misterio de Cristo que se estaba celebrando actualmente en la vida sacramental de la iglesia. El obispo o un presbítero mayor que él hubiera designado sería el único agente de esta instrucción. Se la consideraba una de las funciones principales del episcopado: partir el pan de la Escritura se consideraba una tarea sacerdotal sagrada.

En Alejandría esa tarea había llevado a un desarrollo específico de la política en el siglo III. Vemos en esta gran iglesia una serie de obispos altamente educados. Incluso en Roma, donde tenemos otros líderes sociales significativamente elevados para esta época (como el aristócrata Cornelio), no siempre tienen una educación tan alta. En Alejandría, sin embargo, parece que tenemos una preferencia por elegir para el oficio episcopal a teólogos educados: un sentido de que el obispo es el jefe de la escuela de catequesis de los cristianos y que esta no es una tarea pequeña, sino la esencia de todo lo que los cristianos representan. Otros teólogos importantes han aparecido en este período, como Novaciano en Roma o Tertuliano en Cartago, pero es en Alejandría donde la tradición de teólogos-obispos comienza a convertirse en paradigmática para un gran centro metropolitano. No es casualidad, entonces, que en este momento y en esta ciudad universitaria veamos los primeros signos de enfrentamiento entre teólogos-presbíteros y obispos en cuanto a quién tiene la vocación más elevada en virtud del cargo: en otras palabras, ¿quién tiene el carisma oficial de enseñar más alto que los demás: el obispo como predicador y organizador eclesial, o el teólogo-*didaskalos* como profesor inspirador? Es otra forma de la tensión anterior entre profeta y *episkopos* que se resolvió a favor de los *episkopos*. Esta vez la iglesia en general no entrega su papel de enseñanza tan fácilmente a un oficial carismático. El mayor ejemplo de ello es el teólogo Orígenes de Alejandría.

En los libros más antiguos se ha supuesto a menudo que la escuela catequística de Alejandría era algo así como una institución, con edificios y empleados. Panteno, el renombrado presbítero teólogo, fue uno de los primeros líderes de la «escuela», y Dionisio, más tarde obispo de Alejandría, fue otro. También sabemos que Panteno introdujo a Clemente de Alejandría en la iglesia, y sus enseñanzas estaban dirigidas principalmente a los laicos convertidos, por lo que fue una de las luminarias de esta «escuela». Orígenes comenzó su vida enseñando doctrina y práctica en nombre del obispo Demetrio antes de terminar como el intelectual más grande del mundo cristiano. El colega de Orígenes, Heraclas, otro teólogo, sucedió a su puesto cuando lo dejó para dedicarse más plenamente a la enseñanza filosófica y también sucedería a Demetrio como obispo. Dos de los alumnos de Orígenes en Alejandría se convirtieron en obispos en Cesarea Palestina y Jerusalén (y más tarde invitarían a Orígenes a enseñar allí como presbítero). Pero en lugar de reunir toda esta evidencia para imaginar una sola «escuela» en la ciudad, para rivalizar con las escuelas alternativas de los estoicos, o platonistas, o los académicos de la Gran Biblioteca, por ejemplo, es quizás mejor imaginar que esta gran ciudad cristiana ya había acumulado una tradición intelectual y una sucesión de líderes que habían establecido un estilo de teología que fue leído y desarrollado a través de varias generaciones. La «escuela de Alejandría», por lo tanto, es algo bastante real, pero más en forma de una tradición teológica que de un edificio discreto. También es algo que está en parte bajo el control directo del obispo (en términos de catequesis temprana de los candidatos bautismales), pero no del todo (en términos de enseñanzas filosóficas de nivel superior dadas a los alumnos particulares que pagan—como las escuelas establecidas por Clemente y Orígenes).

En la primera generación de la iglesia, el choque entre las enseñanzas catequísticas dadas por los *episkopoi* para convertir a los candidatos al bautismo y el tipo de instrucciones religioso-cosmológicas especulativas dadas por los *didaskaloi* en los establecimientos privados de educación superior (las antiguas escuelas) fue presenciado en la llamada crisis gnóstica. Como resultado de ese primer choque, los obispos de la iglesia principal establecieron una línea de doctrina caracterizada por los puntos básicos de la historia de la salvación narrados en el credo (una oración litúrgica en origen para los bautizados, para hacer un juramento de lealtad a lo que creían) y por una sencilla exégesis de «sentido común» de las narraciones bíblicas. A mediados del siglo III ese contexto todavía está presente, pero hay un mayor sentido de distancia entre los maestros del «credo» principal y las visiones cosmológicamente amplias de los gnósticos—pero también una creciente aceptación entre algunos de los intelectuales cristianos de que las preguntas especulativas que los gnósticos habían planteado, acerca de un barrido cósmico de la salvación y sus implicaciones, eran serias y que la tradición de la iglesia necesitaba abrazar.

De ahí la creciente aceptación de los principios de la interpretación alegórica: la lectura de la Escritura que permitía a un intérprete acercarse a un acontecimiento no en un sentido literalista directo, sino de una manera simbólica que podía argumentar que «esto realmente significa lo otro». Los intérpretes gnósticos habían utilizado en gran medida técnicas de lectura alegórica, hasta el punto de que muchos de los obispos de la generación anterior se habían desviado de ella como una tendencia herética. Pero la técnica no pertenecía tanto a los gnósticos como tal, sino más bien a la academia helenística en un sentido más amplio. Alejandría fue el centro mundial de tal enfoque. En la Gran Biblioteca, en tiempos de Orígenes, se intentaba deliberadamente acumular un ejemplo de cada texto existente y cotejar los comentarios sobre él.[26] Si alguna vez llegaba un barco o una caravana a la ciudad o a los muelles, la ley exigía que se registrara y que se entregara cada libro hasta que fuera copiado en la biblioteca. Entonces sólo se devolvía la copia y el original se conservaba en los archivos.

Las escuelas de Alejandría estaban, por lo tanto, a la vanguardia de la empresa académica. Varios cristianos de este período vieron la necesidad de que la iglesia se comprometiera fuertemente en este proyecto para el éxito de la misión social de la

---

[26] Para más detalles, véase J. A. McGuckin, "Origen as Literary Critic in the Alexandrian Tradition," en *Origeniana Octava*, ed. L. Perrone (Leuven: Peeters, 2003), 121-35.

iglesia. Esto representó un alejamiento de las mentalidades excluyentes anteriores, tal vez alentado por períodos de persecución regular en momentos en que la intelectualidad literaria no figuraba en los números cristianos, y manifestó en cambio el amanecer del sentido de la teología social de la iglesia, que no representaba tanto el deber de perdurar en este mundo hasta el fin de los tiempos, sino más bien el destino de crear una sociedad alternativa, de crear una cultura cristiana y de bautizar al propio helenismo. Orígenes representa esta conciencia más que nadie, y es a él a quien podemos dirigirnos ahora. Él fue, sin duda, la primera inteligencia verdaderamente internacional que la iglesia había producido, y sigue siendo posiblemente el teólogo más importante de la iglesia cristiana después del evangelista Juan y el apóstol Pablo. Incluso aquellos que rechazaban conscientemente sus conclusiones a menudo seguían su agenda.

Orígenes de Alejandría: Maestro teólogo y filósofo. La fama de Orígenes en el mundo cristiano, ya notable en su propia vida, aseguró que su historia personal estuviera muy bien trazada en la antigüedad, incluso si la naturaleza de las fuentes de esa vida ha traído algún grado de confusión en la interpretación—o más bien, en la secuencia—de algunos de los eventos.[27] Sus propios escritos proporcionan información importante y primaria, y otras fuentes importantes incluyen una *Carta de Acción de Gracias* o *Panegírica* dedicada a Orígenes por Teodoro, uno de sus estudiantes en la escuela de Cesarea, de quien Eusebio, el historiador de la iglesia, nos dice que más tarde se convirtió en un gran lumbrera en la iglesia de Capadocia, nada más y nada menos que de San Gregorio Taumaturgo.[28] El *Panegírico* nos da información invaluable acerca de Orígenes, el erudito, y acerca del currículo que él ofrecía en esta avanzada *schola* cristiana, de su propia fundación y su propia idea.[29]

La fuente secundaria más importante sobre él es el historiador eclesiástico del siglo IV Eusebio, que dedicó gran parte de su sexto libro de *Historia eclesiástica* específicamente a su héroe, Orígenes. Eusebio exige mucha atención, incluso cuando se sospecha de sus versiones de los acontecimientos, pues él mismo (como obispo de Cesarea) fue el sucesor de su maestro Pánfilo, que fue uno de los más dedicados «discípulos de Orígenes» de su época. Como el *protégé* de Pánfilo, Eusebio fue el

---

[27] Cf. P. Nautin, *Origene: Sa Vie et son Oeuvre* (Paris: Beauchesne, 1977), que hizo un extenso estudio de fuente-redacción de los materiales y tiene una sospecha justificada de la capacidad de Eusebio, en su *Church History* bk. 6, de haber sintetizado correctamente todas las fuentes dispares que utiliza para construir una vida de Orígenes. No todas las teorías de Nautin han obtenido el mismo grado de audición entre los eruditos, pero él demostró con éxito la dificultad de tomar toda la evidencia literaria «sin rodeos», y esto ciertamente explica las divergencias modernas en los detalles de la secuenciación de la *vita* de Orígenes. Hay una presentación clara y convincente de todos los datos históricos recopilados de todas las fuentes antiguas en H. Crouzel (*Origen* [Edinburgh: T&T Clark, 1989]), aunque este último procede con tanta confianza en su narración cronológica sólo en virtud de haber desestimado muchos de los problemas críticos de la fuente (p. 2).

[28] O «hacedor de maravillas»: así llamado por la tradición de sus muchas maravillas milagrosas realizadas en el curso de su ministerio de predicación. Fue guía espiritual de la abuela de Basilio el Grande y fue muy influyente en la formación de la teología patrística capadocia, que a su vez llevó el trabajo de Orígenes a una audiencia internacional más amplia a través de la *Filocalia de Orígenes*, recopilada por Basilio y Gregorio Nacianceno.

[29] Para ver cómo Orígenes concibió esto como un esfuerzo misionero, vea J. A. McGuckin, "Caesarea Maritima as Origen Knew It," en *Origeniana Quinta*, ed. R. J. Daly (Leuven: Peeters, 1992), 3-25.

guardián de segunda generación de los archivos de la biblioteca de la iglesia de Cesarea que Orígenes había fundado. Así que tuvo un acceso sin igual a los libros y correspondencia de Orígenes, que ahora están perdidos.[30] Eusebio construyó su pequeña *Vida de Orígenes* a partir de sus propias lecturas del texto primario, así como de la dependencia de un tratado ahora fragmentario compuesto por Pánfilo.[31] Su *Vida de Orígenes* es una de las primeras hagiografías que tenemos de alguien que no fue un mártir-santo.

Eusebio también tuvo acceso al texto completo de una importante carta que Orígenes escribió para defenderse de las acusaciones episcopales (formuladas contra él por los obispos de Alejandría y Roma) de irregularidad poco después de haberse trasladado a Cesarea. Este texto perdido, conocido como la *Carta autobiográfica*, está incrustado ahora en el texto de Eusebio, irrecuperable, por supuesto, excepto por el uso redaccional que de él hacen tanto Pánfilo como Eusebio a su vez—ambos de los cuales tienen razones urgentes para defender a Orígenes de cualquier acusación de no ortodoxia, porque al hacerlo también defendían sus propias reputaciones como eclesiásticos y teólogos dedicados a su memoria y a su escuela.[32] Otras listas de los escritos de Orígenes, o notas sobre su vida, pueden ser encontradas en varios *litterateurs*, como Epifanio de Salamina del siglo IV, así como en Jerónimo y Rufino, quienes conservaron secciones de su *Carta a los amigos en Alejandría*, en parte autobiográfica, pero que estaban en guerra sobre su perdurable importancia.[33] Otros testigos fueron el historiador del siglo V Sócrates el Escolástico y el testimonio tardío pero muy importante del erudito patriarca de Constantinopla del siglo IX, Focio, quien fue jefe de un círculo de lectores de libros académicos de amigos íntimos antes de su acceso al patriarcado y que publicó sus notas sobre los diversos libros que estudiaron.[34] Esta obra, titulada *Bibliotheca* (*La Biblioteca*), tiene un capítulo (118) que se refiere a Orígenes y sus escritos.

Eusebio nos dice que Orígenes «todavía no tenía diecisiete años» cuando la persecución del emperador Septimio Severo estalló en 202 y golpeó duramente a la iglesia egipcia.[35] Esto da su fecha de nacimiento en 185/6. Eusebio también da la información de que Orígenes murió, «habiendo completado setenta años menos uno», sobre el momento en que Galo se convirtió en emperador después del asesinato de

---

[30] Eusebio nos dice (*Historia eclesiástica* 6.36) que había reunido más de cien cartas de Orígenes, ahora todas dispersas.

[31] Pánfilo, *Apología de Orígenes*. Texto en PG 17.521-616. Eusebio fue el asistente de investigación en la redacción de este trabajo.

[32] Cf. Eusebio, *Historia eclesiástica* 6.19.12-14. Esta es posiblemente la misma carta que Orígenes escribió al Papa Ponciano de Roma para defenderse de las acusaciones (de Demetrio de Alejandría) de irregularidad en la ordenación y falta de ortodoxia en la doctrina. Es mencionado por Jerónimo en *Epístola* 84.9, *A Pamaquio y Oceano*.

[33] Epifanio, *Panarion* (*Adversus Haereses*), c. 64. Rufino, *De Adulteratione librorum Origenis* 8; Jerónimo, *Apologia Contra Rufinum* 2.18-19; también *Epístolas* 33, 84. Algunas de las obras de Orígenes se han perdido no sólo por los estragos del tiempo, sino también porque hubo una campaña concertada para quemar sus libros, especialmente después de su condena póstuma por parte de las autoridades eclesiásticas en los siglos V y VI.

[34] Sócrates, *Historia eclesiástica* 5.

[35] Eusebio, *Historia eclesiástica* 6.2.12.

Decio.³⁶ Estos dos detalles entran en conflicto históricamente, y se debe dar preferencia a la nota de Eusebio sobre su edad de sesenta y nueve años en el momento de la muerte.³⁷ Así, si Orígenes nació en 186, murió en el reinado de Valeriano, en 255, víctima de las persecuciones anticristianas iniciadas bajo el emperador Decio, que lo había visto gravemente torturado.

Cuando Orígenes era un joven en Alejandría, el teólogo Clemente trabajaba como un destacado profesor cristiano. El padre de Orígenes, Leónidas, fue su colega y también activo como profesor cristiano de literatura y retórica. El nombre de Orígenes (un nombre totalmente populista egipcio, derivado del griego para «hijo de Horus»³⁸) sugiere que era hijo de un matrimonio mixto entre uno de los *honestiores* y una mujer de la clase de los *humiliores*.³⁹ En ese período no todos en el imperio tenían el derecho universal a la ciudadanía, y los hijos de tales matrimonios de clase mixta estaban excluidos de los derechos y privilegios políticos de sus padres. Esta suposición se ve confirmada por su capacidad de asistir, sin sufrir daño alguno, a las ejecuciones de sus discípulos que habían sido condenados por su profesión de cristianismo.⁴⁰ Lo hacía para animarlos a perseverar hasta el final, a pesar de la furia de la multitud que esta práctica suscitó en su contra. Es una indicación de que no tenía derechos de ciudadanía. La persecución de Severo se dirigió únicamente contra ciudadanos que habían adoptado la religión cristiana.⁴¹ Sin embargo, el padre de Orígenes, Léonidas, era un hombre marcado y fue decapitado como un mártir.⁴² El impacto sobre su familia fue devastador financieramente, ya que todo el patrimonio de los ejecutados fue confiscado al tesoro. Como Orígenes era el mayor de siete hijos, el apoyo de la familia cayó sobre sus hombros.⁴³

Probablemente para ayudar económicamente a su familia después de la ejecución, el obispo local Demetrio nombró a Orígenes cuando tenía dieciocho años para la tarea de dar dirección catequética a la iglesia de Alejandría, no para que dirigiera una

---

[36] Ibid., 7.1.

[37] El conflicto crea una divergencia de dos años en la cronología que el propio Eusebio ha preparado para el lector. Se trata de un conflicto interno que no es en absoluto infrecuente a lo largo de la historia de Eusebio. Crouzel nota la preferencia (*Origen*, 2).

[38] Horus era el hijo de la diosa Isis y de Osiris. El movimiento de Isis fue la más poderosa de las religiones paganas de Egipto en la época de Orígenes.

[39] Cf. A Rousselle, "The Persecution of the Christians at Alexandria in the Third Century," *Revue historique de Droit français et étranger* 2 (1974): 222-51 (esp. 231-33). La madre de Orígenes, según Jerónimo (*Epístola* 39.22), era judía o cristiana. Él nos dice que ella enseñó al niño pequeño a recitar los Salmos desde una edad temprana.

[40] Eusebio, *Historia eclesiástica* 6.3.4-5; 6.4-5.

[41] La *Historia Augusta* (*Severus* 17.1) dice que esta persecución estaba dirigida a aquellos que hacían proselitismo del cristianismo. Crouzel (*Origen*, 5) lo toma como una indicación de que Leónidas pudo haber sido una figura importante en la escuela catequística de la iglesia (en la que parece que Orígenes se instaló más tarde). Puede ser, pero las suposiciones sobre la escuela episcopal de catequesis de Alejandría a menudo eluden la importante diferencia entre una *schola* perteneciente a un filósofo-*didaskalos* privado (como Orígenes) y un maestro de catequesis bajo la dirección del obispo (como parece que Orígenes también lo ha sido durante algún tiempo). Que Orígenes no era simplemente un catequista de Demetrio, sino un poderoso y famoso *didaskalos* por derecho propio, es la verdadera fuente de toda la fricción entre ellos.

[42] La ejecución por decapitación de Leónidas denota su rango de clase como ciudadano.

[43] Eusebio, *Historia eclesiástica* 6.2.12.

prestigiosa escuela oficial de teología, sino para que se ocupara de la preparación básica para los catecúmenos.[44] Orígenes fue aquí, básicamente, inducido por el obispo a las órdenes inferiores de los ministros pagados de la iglesia. Simultáneamente también extendió su enseñanza privada y se dedicó cada vez más a la autodesignación de un retórico-filósofo en lugar de un gramático. Adoptó el característico «estilo de vida sencillo» y el comportamiento del sofista. Eusebio describe esto de una manera que resalta su carácter ascético cristiano, y se convirtió en una imagen icónica del estudiante insomne de las Sagradas Escrituras que abrazó la pobreza, el celibato y las disciplinas de la oración y el ayuno de tal manera que más o menos cooptó a Orígenes en el papel de padre fundador de los monjes, que se estaban convirtiendo cada vez más en un rasgo de la vida en la iglesia del siglo IV cuando Eusebio estaba escribiendo.

A principios de sus veinte, encontró a ricos mecenas que estaban dispuestos a ayudarle en su carrera.[45] Uno de ellos fue un rico gnóstico valentiniano llamado Ambrosio, a quien Orígenes trajo de vuelta a la comunión de la gran iglesia y que pronto encargaría varias obras importantes de la pluma de Orígenes, tales como el *Tratado sobre la oración* y el magnífico *Comentario sobre el Evangelio de Juan*.[46] En ese momento Orígenes vendió la extensa biblioteca de su padre por una pequeña pensión que le permitió convertirse en un filósofo a tiempo completo.[47] Ambrosio también suministró taquígrafos para que hicieran múltiples copias mientras Orígenes hablaba. Otro de sus desconocidos seguidores era la mujer adinerada que lo llevó a su casa como erudito y tutor. Fue una *patrona* también del renombrado teólogo gnóstico Pablo de Antioquía, quien utilizó su casa como base para sus conferencias y tuvo mucho éxito como maestro en Alejandría.[48] Eusebio se esfuerza por decirle a sus lectores del siglo IV que, aunque Orígenes estudió en la misma casa, nunca «oró en común» con un gnóstico.[49] Sin embargo, la estrecha asociación comenzó a levantar sospechas del obispo alejandrino Demetrio contra su precoz catequista. Mientras Orígenes tomaba clases avanzadas en las escuelas de Alejandría, sus propios maestros incluían al famoso platonista Amonio Saccas, quien también fue (unos años más tarde) el maestro de Plotino. Este último, ahora considerado como el fundador de la escuela neoplatónica, fue el pupilo de Orígenes durante veinte años. Este influyente movimiento de pensamiento marcó una nueva época de forjar una asociación muy estrecha entre las búsquedas filosóficas y religiosas. El mismo Orígenes, aunque técnicamente más ecléctico en su propia tradición filosófica y teniendo estrechas

---

[44] Ibid., 6.3.3.

[45] La cantidad de dinero que recibía (cuatro óbolos) era menor que el salario regular de un trabajador pobre. Señala, creo, no su incapacidad para exigir un buen precio, sino más bien su determinación de vivir en la pobreza voluntaria bajo el «subsidio» de un *patronus* o mecena.

[46] Eusebio, *Historia eclesiástica* 6.23.2.

[47] La biblioteca fue la única parte del patrimonio que parece no haber sido confiscado por el estado después de la ejecución de Leónidas. Cf. Eusebio, *Historia eclesiástica* 6.2.13.

[48] Pablo de Antioquía es un maestro del que no se sabe nada más. Es típico de los *didaskalos* cristianos independientes de Alejandría en el siglo III, que atrajeron la hostilidad de los obispos alejandrinos, que luego se alzaron en su poder y en su control sobre todos los asuntos cristianos de la ciudad.

[49] Eusebio, *Historia eclesiástica* 6.2.13-14.

relaciones con los platonistas medios que Amonio le había presentado, también puede pretender tener en el centro de su obra de vida el mismo tejido de los imperativos filosóficos y místicos que el neoplatonismo también demostró.[50] Sin embargo, no es un «cristiano platonizado», ya que siempre mantiene un ojo crítico sobre todo lo que adopta para explicar el pensamiento cristiano a los helenistas. El mismo conflicto entre la escuela plotiniana y los herederos cristianos de Orígenes es un signo de la cercanía de las agendas de los principales intelectuales helenistas y cristianos de la época.[51]

La afirmación de Eusebio de que Orígenes había sido enseñado por Clemente de Alejandría es probablemente inexacta (él piensa que la escuela catequística de Alejandría del siglo III era como la de Cesarea en el IV).[52] El propio Orígenes no muestra signos de una relación estrecha con Clemente, y aunque se refiere a las ideas de Clemente en algunas ocasiones, es tanto para corregirlo como seguirlo.[53] Su asociado en la enseñanza cristiana de la época, y posiblemente también asistente en su propia escuela de filosofía, fue Heraclas, hermano de su discípulo Plutarco, que había sido martirizado recientemente.[54] Heraclas también era un ávido discípulo de los filósofos alejandrinos. Fue ordenado sacerdote en Alejandría y finalmente llegó a ser obispo allí. En años posteriores, cuando Demetrio, obispo de Alejandría, lo procesaba por ordenación irregular, Orígenes señaló con tristeza la manera en que Heraclas todavía llevaba el manto de un filósofo, incluso como presbítero alejandrino, y reflexionó sobre por qué sólo él parecía atraer críticas a causa de su trabajo filosófico.[55]

Eusebio cuenta a sus lectores que el joven filósofo vivió una vida altamente ascética, ayunando y absteniéndose del vino, así como eligiendo vivir en la pobreza.[56] También informa que Orígenes dio un paso extremo para asegurar su reputación y respetabilidad como instructor privado de hombres y mujeres jóvenes. Supuestamente pagó para ser castrado por un médico. Eusebio explica esto como evidencia de su

---

[50] Él es técnicamente un platonista medio cristiano: muy influenciado por Platón, Numenio, Albino, y otros. Pero igualmente marcada en él está la influencia de Aristóteles y Pitágoras. En la rica sopa de este tipo de eclecticismo no podemos olvidar que fue impulsado, quizás por encima de todo, por su estrecha lectura de las Escrituras y su fiel adhesión a la tradición eclesial mediada por él en su tiempo, no sólo a través de patrones teológicos previos, sino a través de la liturgia y de su creencia en la inspiración continua del predicador/maestro en la asamblea de la iglesia. Cf. J. A. McGuckin, "Origen's Doctrine of the Priesthood," *Clergy Review* 70, no. 8 (agosto 1985): 277-86; *Clergy Review* 70, no. 9 (septiembre 1985): 318-25.

[51] Porfirio, discípulo principal de Plotino, atacó a Orígenes por traicionar la causa neoplatónica con su agenda «cristianizadora» (cf. *Historia eclesiástica* 6.19.4-8), lo cual fue para indignación de Eusebio. En este pasaje Eusebio parece confundir a Amonio Saccas con Amonio de Thmuis, un autor cristiano cuyas obras conoce.

[52] Eusebio, *Historia eclesiástica* 6.6.

[53] En el *Comentario a Mateo* 14.2. Orígenes se refiere a la exégesis de Mt. 18:19-20, la cual Clemente ofrece en su obra *Stromateis* 3.10.68.1.

[54] Eusebio, *Historia eclesiástica* 6.3.2, 15.

[55] Ibid., 6.19.12-14.

[56] Ibid., 6.3.9-13. Si bien se trata de un dibujo realizado por Eusebio para relacionar a Orígenes del siglo III con los ascetas de finales del siglo IV, para quienes escribía, no hay razón para dudar de la exactitud de sus observaciones. El ascetismo del que habla era comúnmente visto como un carisma de la vida filosófica—*sophrosyne*—la sobriedad y la sencillez que demuestra la voluntad del maestro de vivir las implicaciones de su doctrina. Orígenes, aunque no un monje, fue de hecho influyente en los patrones de desarrollo del monaquismo cristiano.

inmadurez, porque él había tomado las palabras de Jesús en Mateo 19:12 (siendo un eunuco por el reino) de una manera literal. Eusebio lo alaba por su celo, si no por su sabiduría. La historia aparece en *Historia eclesiástica* como la explicación principal (junto con los celos episcopales implícitos) de por qué su obispo quiso procesar a Orígenes en las cortes episcopales de Roma, Palestina, y su propia diócesis de Egipto. Eusebio cuenta a sus lectores que Demetrio fue informado en secreto de la castración de Orígenes y la aprobó, pero que más tarde la hizo pública cuando se había peleado con Orígenes y la usó para atacar la validez de su ordenación.

La historia, aunque lo suficientemente escabrosa como para asegurar que es la única cosa que la mayoría de la gente recuerda de Orígenes, no es creíble.[57] No tenemos ninguna indicación de que el motivo de la castración para la respetabilidad haya sido alguna vez considerado como estándar por un maestro de clases de género mixto en la antigüedad. Las discípulas (de las cuales Eusebio conoce y se sorprende lo suficiente como para enumerar algunos de sus nombres) en Alejandría en los días de Orígenes ciertamente habrían sido miembros de la clase más alta y, naturalmente, habrían tenido varios asistentes. Más aún, cuando Orígenes vuelve su atención a Mateo 19:12, él mismo se burla de la interpretación literalista de la perícopa eunuca, diciendo que era algo que sólo un idiota pondría en efecto literal.[58] El propio texto de Orígenes siempre debe ser preferido como una fuente histórica por encima de Eusebio, cuyo motivo en esta coyuntura era evidentemente cubrir (con un celo ascético que atraería a los lectores monásticos del siglo IV) la razón indudablemente real por la que Orígenes se metió en problemas con el obispo, y esa era doctrinal: una razón de la que a los monjes del siglo IV no les gustaría oír hablar. La causa de la disensión fue seguramente la publicación de su tratado *De Principiis*, que contenía muchos elementos especulativos que alarmaron a Demetrio por su carácter «gnóstico» superficial. El interés de Orígenes en la vida célibe, entonces, no vino a él de Mateo 19:12 sino de su preferencia por Pablo (1 Co. 7:5-9). Como Pablo, el celibato de Orígenes fue una dirección de sus energías dramáticamente hacia el servicio de la Palabra. Varias otras historias claramente falsas, como la historia de que había ofrecido incienso a los dioses en tiempos de persecución, se difundieron sobre Orígenes en épocas posteriores. Tales calumnias fueron diseñadas para dañar una reputación que estaba creciendo, alarmantemente para muchos jerarcas del siglo IV. Epifanio es un buen ejemplo de tal recolector (y creador) de cuentos dudosos en su *Panarion*.[59]

A medida que Orígenes se alejaba cada vez más de la identidad de un gramático para pasar a la de un retórico-filósofo, parece haber transmitido sus deberes

---

[57] Crouzel (*Origen*, 9n32), dice que Orígenes escribe con un conocimiento «aparente» de primera mano sobre el eunucismo, no se da cuenta de que está sacando todo esto del tratado médico de Galeno. Ya en el siglo XIX, F. Boehringer (*Kirkengeschichte* [Zurich: 1869], 28) dudó sobre el cuento de la castración. Se ha vuelto cada vez más sospechoso en la historiografía moderna y ahora debería dejarse de lado. La castración postinfantil debilita masivamente, y Orígenes fue un individuo muy robusto y enérgico toda su vida hasta su tortura final.

[58] *Comentario a Mateo* 15.1-5.

[59] Epifanio, *Panarion*, c. 64.

catequísticos eclesiásticos a su colega más joven, Heraclas, mientras él mismo comenzaba a establecerse más públicamente como profesor cristiano (*didaskalos*). Esto también lo separó más independientemente del obispo (el antiguo plan de estudios no sólo se refería a la religión, sino también a la astronomía, la cosmología y las matemáticas,—y ¿qué sabría necesariamente un clérigo de esas cosas?) Así comenzó su curso de colisión con el Obispo Demetrio. Este último fue uno de los administradores eclesiásticos más enérgicos del siglo III y responsable de elevar el cargo episcopal a una nueva primacía institucional en Egipto. Esto no fue sólo porque era una personalidad dominante; más bien, fue un aspecto de su instinto pastoral mantener a la iglesia bajo un gobierno estricto a través de una de las más amargas y sangrientas persecuciones que jamás habían caído sobre una congregación cristiana. Hasta el día de hoy, los presbíteros de la iglesia alejandrina parecen haber elegido a uno de ellos para que los represente, pero después de la época de Demetrio se impone la estricta separación de las «identidades» presbiterales y episcopales. Egipto era también único en términos de organización del sistema de gobierno cristiano en el sentido de que su única gran ciudad en todo el país (Alejandría) dominaba de tal manera el proceso de nombramiento de todos los demás obispos egipcios que durante muchos siglos casi funcionaron colectivamente como obispos sufragáneos de la jerarquía metropolitana, en lugar de como líderes de la iglesia independiente en un sínodo nacional.

El surgimiento de Orígenes como jefe profesional y casi independiente de su propia escuela «cristiana» de metafísica significó que estaba obligado a chocar con este obispo de mentalidad monárquica, que instintivamente se veía a sí mismo como el único jefe de la escuela cristiana de la ciudad. Aprendemos que Orígenes comenzó a viajar para escuchar a otros maestros en otras ciudades y reunir libros (en Atenas y Roma), así como para dirigir algunos tutoriales de mando real.[60] También sacó a la luz su primera obra importante, una introducción al pensamiento cristiano, unos «Primeros Principios» sistemáticos llamados *De Principiis* o *Peri Archon*.[61] Este manual de instrucción filosófica cristiana era algo radicalmente nuevo en la escritura cristiana. No sólo fue un intento coherente de comenzar desde el principio y conectar todos los aspectos del pensamiento cristiano desde la creación, la cosmología y la antropología en adelante (la naturaleza de Dios, y los orígenes y el destino de los

---

[60] Según Eusebio (*Historia eclesiástica* 6.14.10), el gobernador romano de Arabia envió cartas al prefecto de Egipto pidiéndole que enviara a Orígenes, acompañado de guardaespaldas oficiales, para que pudiera escuchar más sobre el movimiento cristiano de uno de sus principales intelectuales. Esto fue probablemente en el reinado de Antonino (Caracalla) en lugar de Septimio Severo. Eusebio también nos dice (*Historia eclesiástica* 6.14.10) que Orígenes visitó Roma en la época en que Ceferino era Papa (198-217), probablemente en 212. Una de las aulas a las que asistió en aquella época fue la del teólogo del Logos Hipólito, quien, como informa Jerónimo (*De Viris Illustribus* 61), llamó la atención de su audiencia sobre la presencia del ilustre Orígenes entre ellos. Más tarde en su vida recibiría una citación imperial para dar una conferencia ante Julia Mamea (Eusebio, *Historia eclesiástica* 6.21.3-4).

[61] En latín el título dice *Acerca de las primeras cosas*, que es un juego de palabras que significa «cuestiones introductorias» y «guía elemental»; pero en griego también tiene la dudosa resonancia cuasignóstica de *Sobre los Arcontes*.

ángeles, los planetas y la humanidad), sino que también demuestra una visión interior impulsora y coherente.

Toda la obra (y todo lo demás que escribió después) gira en torno a uno de los principios básicos de Orígenes, que la búsqueda de la razón (*Logos*) es una tarea inherentemente divina. Para él, toda reflexión humana, conducida en pureza de mente y corazón, es una búsqueda santa y sagrada, inspirada por Dios, y que conduce a un ascenso del espíritu de la criatura de regreso a la unión con el Dios que lo hizo tal buscador. Para Orígenes, las pisadas y huellas dactilares del Creador están imprentas en abundancia en el cosmos y especialmente en las capacidades mentales de los humanos. En consecuencia, el profesor es el sumo sacerdote de los misterios cristianos: el nuevo profeta que escudriña los escritos sagrados y reflexiona profundamente sobre ellos para ofrecer tesoros de misterios más profundos a los fieles que están dispuestos a recibirlos. Su libro representaba un proyecto ambicioso y de gran alcance, pero su novedad y algunas de las ideas que enseñaba sobre el origen pretemporal de las almas sonaron como una señal de alarma en muchos círculos cristianos. Su doctrina de los cuerpos incorpóreos de resurrección y las otras especulaciones que deben haber sido contenidas en su *Stromata* (libro de notas de conferencia), así como muchos de los puntos inusuales de doctrina que aún existen en el *De Principiis*, habrían sido suficientes para que Demetrio tuviera motivos para quejarse.

Volviendo a Alejandría, Orígenes se topó con los disturbios que rodearon la desafortunada ocasión de la visita de estado del emperador Caracalla a Alejandría.[62] Fue este roce con el peligro, junto con las crecientes tensiones con Demetrio, lo que probablemente lo indujo a abandonar la ciudad y establecerse en Palestina, donde dos de sus estudiantes eran los principales obispos, en Cesarea y Jerusalén.[63] Ellos también querían establecer una iglesia que fuera reconocida por sus instituciones eruditas y, como Orígenes, estaban dispuestos a construir una biblioteca y una academia en el centro de todas las empresas cristianas. Esta nueva visión de la naturaleza de la iglesia cristiana fue la que Orígenes llegó a construir en Cesarea (la primera universidad cristiana de la historia), y seguramente fue comisionado para ello por los jerarcas de Palestina, quienes también le pidieron que diera algunos discursos preparatorios en las iglesias.

Esta preferencia despertó la furia de su obispo Demetrio, quien se quejó de que no se había permitido a los laicos enseñar doctrina en la iglesia en presencia de los obispos.[64] Orígenes regresó a Alejandría por un corto tiempo después de esto, pero

---

[62] En el invierno de 215-216, cuando Caracalla hizo una visita de estado a Alejandría, los estudiantes se burlaron públicamente de él con el título de «Getico» (implicando que obtuvo su trono por el asesinato de su hermano Geta), y ordenó a sus tropas que asolaran la ciudad, ejecutaran al gobernador imperial, mataran a todos los manifestantes y exiliaran a los profesores que enseñaban en las escuelas.

[63] Teoctista de Cesarea y Alejandro de Jerusalén. Otro obispo destacado, Firmiliano de Capadocia, fue uno de los apasionados partidarios de Orígenes (Eusebio, *Historia eclesiástica* 6.26-27).

[64] «Nunca se ha oído hablar de que los no ordenados prediquen en presencia de los obispos, y nunca sucede, ni siquiera en estos días».

pronto se mudó permanentemente a Cesarea, donde fue ordenado al sacerdocio. Demetrio se quejó constantemente de él después, pero su oposición fue ignorada en gran medida, excepto en Roma, donde los jerarcas tenían razones para no querer a los teólogos del Logos, como puede verse por la hostilidad que despertó Hipólito. La sospecha de los obispos de Roma y Alejandría, sin embargo, no es simplemente una cuestión de «celos», como dirá más tarde Eusebio. El rápido ascenso y desarrollo de la teología del Logos en el siglo III, acompañado del gran florecimiento de la exégesis alegórica, que aceleró ese ascenso, fueron, por supuesto, dos de los signos más distintivos de la carrera de Orígenes como pensador. Muchos obispos conservadores todavía asociaban la exégesis alegórica con la creación de mitos de los paganos helenistas o con el antihistoricismo de los gnósticos, y pocos pudieron ver entonces que significaba un nuevo futuro para la exégesis cristiana, como decía Orígenes.

La devoción de Orígenes a las Escrituras fue de por vida. En una época anterior a las búsquedas de palabras en la computadora o a las concordancias, era capaz de hacer coincidir versículo por versículo de acuerdo con los pares de palabras y las asociaciones de ideas. Aquellos que lo acusan de no tener mucho respeto por el significado literal del texto nunca le han leído cuidadosamente. Sabía el texto hacia atrás y hacia adelante. Estaba inmerso en él, textualmente, históricamente y sobre todo místicamente. Es la carta de navegación secreta de todo su pensamiento: sobre el mundo y sus orígenes, así como sobre la naturaleza y el destino de la humanidad. Él considera la Escritura como un mapa místico de cómo ser conformado a Cristo. Al acercarse a las Escrituras, Orígenes comienza con estudios gramaticales e históricos de su significado. Pero no cree que su significado termine ahí. Como texto divinamente inspirado, para Orígenes, la Escritura contiene muchos niveles ocultos de significado, opacos para los espiritualmente incultos o para los moralmente toscos, pero que se abren, como niveles cerrados que dan paso a la percepción, de acuerdo con el crecimiento espiritual y la fidelidad del discípulo.

En Alejandría y Cesarea estudió con sabios judíos[65] y trató de aprender al menos suficiente hebreo para reconocer palabras—aunque su sentido es que el texto griego de la Septuaginta (LXX) es la versión cristiana «real» para ser usada en las iglesias.[66] Puso este conocimiento a trabajar en la compaginación de la *Hexapla*, un conjunto de seis columnas de versiones de la Biblia, comenzando con el hebreo y continuando con las traducciones griegas disponibles. Esto fue seguramente preparado para correlacionar la exégesis bíblica entre las escuelas judías y cristianas, pero también fue diseñado desde la perspectiva del proyecto de la Gran Biblioteca de una compilación

---

[65] *De Principiis* 1.3.4 (*Hebraeus magister*); 4.3.14 (*Hebraeus doctor*). El maestro hebreo de Orígenes en Alejandría bien podría haber sido judeocristiano, porque la interpretación que dio del grito seráfico de tres veces santo, en Is. 6:3, está muy en línea con la tradición trinitaria cristiana primitiva. Cuando Orígenes residía en Palestina, consultó en varias ocasiones con rabinos famosos. Nos dice en el prefacio de su *Comentario a los Salmos* que algunas de sus ideas surgieron de una consulta con el patriarca rabínico Ioullos. Los textos talmúdicos también describen a Orígenes en una discusión con el erudito judío Hoschaia Rabba.

[66] Las iglesias orientales mantienen este punto de vista hasta el presente. Sólo la Reforma protestante devolvió el texto hebreo a su lugar litúrgico en las iglesias y en la academia.

académica universal de textos literarios. Puede decirse que es el primer trabajo metodológico crítico de la iglesia sobre la erudición bíblica.

El conocimiento de Orígenes del Nuevo Testamento traiciona una profunda preferencia por Pablo y el Evangelio de Juan, pero toda la literatura ha sido estudiada muy de cerca por él. Es uno de los primeros y más grandes teólogos paulinos de la iglesia. Pablo era más que un mero sistematizador de la tradición cristiana; en cuanto a Orígenes, él era sobre todo aquel teólogo trasladado en éxtasis al tercer cielo (2 Co. 12:2), cuya revelación especial le permitía una visión mística profunda del misterio de Jesús, que a menudo escapaba a los demás discípulos, con la excepción del gran apóstol Juan. Una y otra vez la fuente de las interpretaciones bíblicas particularmente matizadas de Orígenes del texto del Antiguo Testamento puede explicarse a partir del texto paulino o juanino a través del cual lee las antiguas narrativas.

Todo su acercamiento a la interpretación bíblica es leer lo más pequeño y oscuro a través de la lente de resolución de lo más grande y más radiantemente claro. Esto significa en la práctica que él elabora una lista de aquellos textos que contienen más del mensaje profético de la Palabra divina al mundo (a diferencia de un mensaje moral o ceremonial destinado a un pueblo en un momento determinado de la historia) y los pone en orden: una taxonomía de importancia de carácter revelador, en resumen. Primero vienen Pablo y Juan, luego los Salmos (vistos como la comunicación directa de la Palabra de Dios), luego los Evangelios Sinópticos, luego los Profetas más grandes y el Cantar de los Cantares, y luego otros escritos «apostólicos» del Nuevo Testamento y otras Escrituras. Todo el significado de un texto bíblico debe situarse en su contexto más amplio de revelación (no considerado atomísticamente de una manera que los comentarios modernos a menudo lo abordan), es decir, en términos de lo que tiene que decir en la armonía de la consideración de todas las otras Escrituras.

Los libros de la Biblia, entonces, no son simplemente creaciones históricas separadas de autores dispares, para Orígenes, sino que en la medida en que son «Sagrada Escritura», forman parte de un «manto sin costuras», como el manto de Cristo, el manto de la eterna Palabra de Dios, que habla de su descendencia a la tierra con fines de salvación. La Escritura como un todo se inclina hacia el misterio de Cristo encarnado, y sus propósitos están plenamente explicados en ella: como un fruto que crece hacia la consumación en la plenitud de los tiempos. Los libros y su mensaje no son en última instancia históricos, sino escatológicos, transhistóricos, llegando a un misterio que se revela más plenamente en el acontecimiento de la encarnación, pero que sigue avanzando hacia esa poshistoria atemporal, cuando todas las almas humanas serán restauradas a la unidad arquetípica con Dios. Ese vasto alcance de la visión transhistórica de Orígenes no desprecia tanto el mensaje histórico de cada uno de los libros (arraigado en su propio tiempo, por así decirlo) sino que continúa procesando ese mensaje en términos de su significado eterno y metahistórico.

En una analogía famosa en su *De Principiis*, y que determinaría el método exegético de la iglesia para los próximos dos milenios, Orígenes describe las Escrituras como también caracterizadas por tres niveles diferentes de significado, comparables a cuando Cristo da algunas de sus enseñanzas en los valles, algunas en las llanuras, y algunas en las cimas de las montañas. Algunos textos de los valles, dice, están destinados a la simple instrucción moral de aquellos que no están muy avanzados. Algunos (las llanuras) están destinados a discípulos más avanzados que desean ir más allá de la simple moral y ver misterios espirituales más profundos. Algunas (simbolizadas por las instrucciones de élite dadas a los apóstoles especialmente escogidos en las cimas de las montañas) son revelaciones místicas fuera de lo común de verdades profundas sólo para discípulos espiritualmente avanzados, que ya han recibido iniciaciones previas del Espíritu de Dios y cuyas almas han sido asiduamente preparadas por el ascetismo y el estudio para llegar a ser lo suficientemente puras como para reconocer la voz de la Palabra de Dios cuando ésta habla, silenciosa e íntimamente, al alma receptiva.

Eusebio enumera las principales obras de Orígenes compuestas cuando aún residía en Alejandría como *De Principiis*, los primeros cinco libros del *Comentario de Juan*, los primeros ocho libros de su *Comentario de Génesis*, un *Comentario de los Salmos 1-25*, un *Comentario de Lamentaciones*, *Dos Libros de la Resurrección*, y *Diez Libros de Stromata* (*Notas Misceláneas*). Después de establecerse en Cesarea, completó su *Comentario de Juan* (una de sus obras maestras más grandes) y su *Comentario al Cantar de los Cantares* (uno de los libros de espiritualidad cristiana más influyentes jamás escritos). Escribirá una conmovedora *Exhortación al martirio* más tarde en su vida, cuando su propia reputación lo haya convertido en uno de los cristianos más buscados del mundo, cuando los emperadores reintroduzcan la persecución. Sus carceleros prolongarían entonces su tortura durante muchos meses para tratar, en vano, de forzar su apostasía. Al final de su vida había hecho comentarios detallados y homilías litúrgicas sobre casi todos los libros del canon cristiano de la Escritura.[67] Fue un logro inigualable que captó la imaginación de la iglesia y estableció un estándar para las edades venideras. San Gregorio el Teólogo desafió al siglo IV a admitir que Orígenes seguía siendo «la piedra afiladora que nos afila a todos».

Los primeros deberes de Orígenes como presbítero en Cesarea iban de la mano con su otra tarea vocacional, que era la de establecer la iglesia de esa ciudad como un centro importante de actividad intelectual. El establecimiento de una «escuela de Cesarea» cristiana en este período es paralelo a lo que sabemos de Cesarea como centro de actividad filosófica helenística, y más particularmente un centro del movimiento rabínico que iba a producir ese cuerpo de filosofía y comentario de la Torá que más tarde sería conocido como la Mishná. La comisión de Orígenes fue fundar una *schola* cristiana que giraría en torno a él como su profesor principal y presidente de un nuevo e importante archivo y biblioteca. Fue diseñado desde el principio como un esfuerzo misionero: establecer a los cristianos como una fuerza cultural en la ciudad para rivalizar con los paganos y los judíos. El sitio parece haber

---

[67] Una lista de las obras completas de Orígenes junto con numerosos artículos que interpretan los diversos libros con mayor detalle se puede encontrar en J. A. McGuckin, ed., *The Westminster Handbook to Origen of Alexandria* (Louisville: Westminster John Knox, 2004).

estado cerca del puerto de la ciudad, adyacente al Templo de Augusto.[68] Sólo pequeñas ruinas sobreviven hoy en día, pero su trabajo en vida estableció con éxito una importante biblioteca, rival de los archivos de la iglesia de Alejandría, y este experimento universitario es el primer ejemplo de cómo la iglesia debe invertirse en la educación como parte de su «misión» esencial para el mundo. La biblioteca de Cesarea atrajo a una serie de sabios obispos hasta el siglo V. Incluso después de las invasiones del siglo VII en Tierra Santa, cuando la importancia de Cesarea como centro del aprendizaje cristiano era sólo un recuerdo lejano, el logro de Orígenes no se perdió, ya que el principio había sido establecido en toda la cristiandad bizantina—que el liderazgo de la iglesia debía basar su misión cultural en un nexo de servicios de educación superior. Es en gran medida a Orígenes y a sus discípulos posteriores que el cristianismo debe esta perspicacia y su práctica durante los siglos siguientes.

Su transición a Palestina fue, por lo tanto, tempestuosa y marca un tiempo en el que tuvo que comprometerse en una seria autojustificación ante la corte eclesiástica de Roma, así como en su Alejandría natal (para sus amigos, si no para el obispo), y podemos presumir que para sus nuevos patrones en Palestina. La fuerza de la oposición levantada contra él por Alejandría, en sus primeros años en Palestina, se puede ver en su prefacio al sexto libro del *Comentario de Juan*. Aquí se compara con un israelita que ha escapado de la perversa persecución de los egipcios. Pero pronto parece haberse establecido en Cesarea, apoyado por jerarcas alentadores, y éste se convirtió en un período de su mayor actividad literaria. Sus jerarcas lo utilizaron cada vez más como experto teológico en varios sínodos de iglesias palestinas y árabes. Cualesquiera que fueran los cargos que se le imputaran, fracasaron más o menos con la muerte de Demetrio, que tuvo lugar unos años después de que se marchara de Alejandría.

Como presbítero, Orígenes fue llamado a realizar una serie de servicios y oraciones que lo involucraban en el trabajo con una gama más amplia de habilidades educativas de lo que hasta entonces había sido su costumbre como maestro profesional. Una de las maneras en que esto afectó su producción fue el género de la homilía predicada en la iglesia. Todos los miércoles y viernes, así como los domingos, la iglesia se reunía para predicar y orar, a veces en el contexto de una ofrenda eucarística y a veces no.[69] Algunas de sus oraciones sobre la Escritura eran pronunciadas de forma improvisada. Su *Homilía sobre la bruja de Endor* muestra que no siempre sabía qué lectura sería necesaria para comentar el día.[70] La *Homilía sobre la bruja* comienza con una petición al obispo Teoctista para que elija cuál de las cuatro lecturas él hablará. Orígenes entonces evidentemente hablaba de manera improvisada. Eusebio nos dice que Orígenes se negó a permitir que alguien transcribiera estos

---

[68] Para más detalles, véase McGuckin, "Caesarea Maritima as Origen Knew It."
[69] Sócrates, *Historia eclesiástica* 5.22, dice que Orígenes predicaba todos los miércoles y viernes.
[70] 1 Sam. 28:3-25. Es una de las pocas homilías que han sobrevivido en el griego original. Algunas traducciones de las *Homilías* se pueden encontrar en R. B. Tollinton, *Selections from the Commentaries and Homilies of Origen* (London: SPCK, 1929).

sermones de la iglesia hasta que tuviera más de sesenta años—una moraleja para todos los predicadores que la alta inspiración nunca excusa la tarea de preparación.[71]

Como Crouzel señala, esto significa que sus *Homilías* sobrevivientes generalmente representan la predicación de su última década de vida. Una excepción a esto es la serie de *Homilías sobre Lucas*, que fueron pronunciadas al principio de su tiempo en Cesarea y que muestran signos de haber sido escritas antes de ser pronunciadas.[72] En términos generales, las *Homilías* sobrevivientes de Orígenes—a diferencia, por ejemplo, de sus *Comentarios* o *Tratados*—son más sencillas y más directas en cuanto a resaltar un mensaje moral o espiritual para una congregación general. Una de sus obras importantes de Cesarea muestra la influencia de su nuevo estatus presbiteral: el *Tratado sobre la oración*. Era una obra solicitada por su antiguo mecenas Ambrosio, que ahora era diácono en Nicomedia. Orígenes comienza el trabajo con una consideración sistemática de las formas de oración y de súplica, tal como se enumeran en la Biblia, y considera la cuestión de si la oración interrumpe o no el plan de la providencia divina. Hasta ahora es clásicamente originaria en su intención sistemática. Pero en el centro del libro hay una sección dedicada a la exégesis del Padrenuestro.[73] Esto parece haber sido parte de la serie de conferencias que ofreció a los candidatos bautismales de su propia iglesia que se preparaban para la iniciación al final de la gran Cuaresma, a principios de los años treinta del siglo III. Como tal, es un ejemplo importante y temprano de predicación litúrgica, con un estilo pastoral directo y contundente.

Uno de los alumnos que atrajo poco después de su llegada a Cesarea fue un joven rico que se dirigía con su hermano a estudiar derecho en Beirut. Estaban entregando a su hermana a la custodia de un miembro de la familia que estaba en la administración imperial de Cesarea cuando se detuvieron a escuchar la conferencia de Orígenes. Abandonaron la idea de ir a Beirut y se convirtieron en sus dedicados alumnos. El estudiante, Teodoro, describe vívidamente el impacto que Orígenes hizo:[74]

> Era como una chispa que caía en lo más profundo de nuestra alma, prendiéndole fuego, haciéndola estallar en llamas dentro de nosotros. Era, al mismo tiempo, un amor por la Santa Palabra, el objeto más bello de todos que, por su belleza inefable, atrae todas las cosas a sí mismo con una fuerza irresistible, y era también amor por este hombre, el amigo y abogado de la Santa Palabra. Me persuadieron de que renunciara a todos los demás objetivos.... Sólo me quedaba un objeto que valoraba y anhelaba: la filosofía, y ese hombre divino, que era mi maestro de filosofía.[75]

---

[71] Eusebio, *Historia eclesiástica* 6.36.1.

[72] Crouzel, *Origen*, 30.

[73] *Tratado sobre la oración*, cc. 18-30.

[74] Teodoro probablemente asumió el nombre de Gregorio en su bautismo, lo cual, se puede suponer, que Orígenes arregló en Cesarea. Llegó a ser conocido en la tradición cristiana posterior como San Gregorio el hacedor de maravillas (Taumaturgo), uno de los más importantes teólogos-jerarcas de Capadocia. Cf. Eusebio, *Historia eclesiástica* 7.14. El hermano de Teodoro, Atenodoro, también se convirtió en líder de las comunidades cristianas de su región.

[75] Gregorio Taumaturgo, *Panegyric on Origen* 6.

Teodoro publicó su discurso de graduación, un panegírico en alabanza a Orígenes, y es un vistazo revelador al currículo de la escuela de Orígenes. Los estudios comenzaban con ejercicios de lógica y dialéctica al estilo socrático.[76] Le seguía la cosmología y la historia natural.[77] Teodoro demuestra cómo Orígenes hizo del estudio del orden natural un ejercicio fundamental para la contemplación del designio de Dios para y la providencia en el mundo.[78] Después de eso venía la ética, y finalmente la teología propiamente dicha, que Orígenes enseñaba como la cima de la sabiduría filosófica, la cuarta de sus principales divisiones de la filosofía cristiana.[79] Teodoro quedó muy impresionado por la actitud abierta y ecléctica de Orígenes hacia su enseñanza.

A diferencia de muchos otros sofistas de la época, Orígenes parece haber fomentado una amplia lectura curricular de diferentes tradiciones filosóficas.[80] Porfirio, el filósofo neoplatónico que una vez había ido a escuchar a este maestro de los cristianos más renombrado, lo levanta en su contra cuando acusa a Orígenes de haber traicionado las ideas filosóficas sometiéndolas a la exégesis de las Escrituras cristianas de mal gusto.[81] Pero lo que para Porfirio era un defecto era, para Orígenes, la gloria de la filosofía cristiana: que la revelación divina, tal como se da en los textos sagrados, debía armonizarse con la búsqueda filosófica, a través de la exégesis espiritualizadora.

Porfirio nos cuenta algunos de los autores que Orígenes estudió, además de su evidente dependencia de los escritos de Platón, Aristóteles y Pitágoras. Entre ellos se encuentran los principales pensadores académicos de su época: Numenio, Cronio, Apolófanes, Longinos, Moderato, Nicómaco, Queremón, y Cornuto—una lista de los principales intelectuales platónicos, pitagóricos, y estoicos de la antigüedad. Lo que hizo que el eclecticismo de Orígenes específicamente centrado, por supuesto, fue su fuerte defensa de la tradición cristiana tal como la había recibido. La tradición de la fe fue algo que Orígenes se propuso mantener y defender. Para él esto significaba no sólo un completo enfoque cristocéntrico, o soteriológico, en todo su pensamiento, sino más precisamente que el plan de significado cósmico se daba al comentarista inspirado principalmente en el texto y subtexto de los libros sagrados.[82]

Para Orígenes, así como las Escrituras del Antiguo y Nuevo Testamento hablaban en primer nivel sobre los patrones de salvación histórica, así también en un nivel más

---

[76] Ibid., 7.
[77] Es decir, física, geometría y astronomía. Un buen ejemplo de este estilo de especulación cosmológico-teológica ha sido proporcionado por el reciente estudio de A. Scott, *Origen and the Life of the Stars* (Oxford: Clarendon, 1991).
[78] Gregorio, *Panegyric on Origen* 8.
[79] Ibid., 9-12, 13.
[80] Ibid., 14.
[81] Eusebio, *Historia eclesiástica* 6.19.1-11.
[82] El concepto de que toda la historia del mundo, y todo su significado, anhelo y sentido de dirección, era resumido en el rescate del colapso en ignorancia y alienación que el Logos de Dios proveyó. La principal de las instancias de la determinación del Logos de recordar a las almas errantes a sí mismo fue la encarnación de Jesús. Este recuerdo, o visión cósmica de la salvación (conocida como soteriología), es muy típica de todo el pensamiento de Orígenes y sirve como principio organizador para él.

profundo dibujaron el patrón de una vasta iluminación cósmica a la que las almas eran llamadas y que las almas iluminadas podían reconocer como su llamado a la divinización. La exégesis de las Escrituras era importante para él e hizo que toda la posición filosófica ecléctica de Orígenes, por mucho que pudiera estar en deuda con los helenistas, total e indiscutiblemente cristianos, y una empresa biblicista, como veremos más adelante.

Poco después de que Orígenes se asentara en Palestina, el emperador Alejandro Severo, cuya corte había demostrado ser tan hospitalaria con los filósofos cristianos y otros filósofos religiosos, fue asesinado, y su comandante militar, Maximino el Tracio, tomó el trono e instigó una amplia purga del viejo partido y de sus partidarios. Esta revuelta ocurrió en el año 235 y duraría tres años. Durante este tiempo el pogromo se amplió para incluir a líderes cristianos bien conocidos. En Roma, el Papa Poncio y el teólogo Hipólito fueron enviados al exilio en el año 235, y Orígenes debe haber sabido que estaba en considerable peligro. Parece que se escondió mientras continuaba escribiendo.[83] Su patrón, Ambrosio, fue arrestado en Nicomedia, y Protocteto, el arcipreste de Cesarea, también fue arrestado. Este fue el tiempo en que Orígenes compuso para ellos una *Exhortación al martirio*, que ha sido recibida como una de las piezas más importantes de la literatura de resistencia de la iglesia. También se sabe que Orígenes viajó extensamente por Tierra Santa, buscando especialmente los lugares asociados con el ministerio de Jesús.[84]

El historiador Paladio, al pasar por Cesárea a finales del siglo IV, encontró en la biblioteca un libro con una nota marginal en su interior, escrita por mano propia de Orígenes. Dice: «Encontré este volumen en la casa de la virgen Juliana, en Cesarea, cuando estaba escondido allí. Ella dijo que lo había obtenido del propio Símaco, el comentarista judío».[85] Teoctista, el obispo de Cesarea que era un devoto seguidor de las enseñanzas de Orígenes, también evitó el encarcelamiento durante la persecución de 235 y continuó gobernando la iglesia durante otros veinticinco años. Teoctista tomó a Orígenes con él en numerosas ocasiones sinodales y así lo trajo a la atención de otro teólogo principal de ese período, Firmilian, obispo de Cesarea en Capadocia. Firmiliano «urgió a Orígenes a venir a su propio país (Capadocia) para el beneficio de las iglesias de allí».[86] Sobre la base de esto, muchos comentaristas han presumido una visita de Orígenes a Capadocia, pero no lo sabemos con certeza.

Las conferencias episcopales conciliares se habían establecido ya en el siglo II como la forma preferida de establecer una norma internacional de ortodoxia. Cuando

---

[83] Paladio cree que esto fue en la Cesarea de Capadocia (él mismo era de Capadocia), pero es igual de probable que Orígenes se escondiera en su propia ciudad de Cesarea Palestina.

[84] Epifanio nos cuenta cómo predicó en Jerusalén el Salmo 50:16 y tuvo a la congregación llorando. Es un texto particularmente apropiado para un tiempo de persecución (cf. Epifanio, *Panarion* 64.2). También fue a Jericó (Orígenes, *Comentario sobre el Evangelio de Juan* 6.24) y a Sidón, donde permaneció algún tiempo (Orígenes, *Homilías sobre Josué* 16.2).

[85] Eusebio, *Historia eclesiástica* 6.17.1. Símaco fue uno de los principales teólogos judíos-cristianos ebionitas de Palestina. Orígenes lo conocía principalmente como uno de los famosos primeros traductores de la Biblia y uno de los primeros escritores cristianos de comentarios exegéticos.

[86] Ibid., 6.27.1.

las noticias del famoso Obispo Berilo de Bostra llegaron a oídos de los jerarcas palestinos, ellos sabían que se requería una acción sensible.[87] Berilo era uno de los obispos más enérgicos y destacados de Arabia, pero su pensamiento sobre muchos aspectos de la teología bíblica no estaba en armonía con el estándar cada vez más internacional de la teología del Logos. Orígenes fue llamado por sus jerarcas para convencer a Berilio del error de su conducta en una disputa pública en Arabia. Berilio parece haber negado la preexistencia del Señor (presumiblemente indicando que no era un teólogo del Logos) y continuó argumentando que la divinidad atribuida a Jesús era simple y únicamente una morada de la deidad que pertenecía propiamente al Padre. En otras palabras, sonaba como un típico teólogo monarquiano anticuado.[88] Después de que sus ideas ganaron notoriedad entre los jerarcas locales, el metropolita de Cesarea fue convocado para juzgar. Pidió a Orígenes que liderara una disputa pública. Según Eusebio, esto se resolvió tan exitosamente que Berilio aceptó acatar las interpretaciones de Orígenes de la teología del Logos de ahora en adelante.[89]

Eusebio también habla de otro sínodo en Arabia que se refería a la refutación de las ideas locales sobre la muerte del alma con el cuerpo perecedero. Orígenes fue invitado nuevamente a la iglesia local para dirigir las disputas en un sínodo local. Sus argumentos sobre la inmortalidad del alma fueron tan exitosos que Eusebio dice, una vez más, que «las opiniones de los que antes habían caído volvieron a cambiar».[90] La disputa era probablemente la misma que el registro de un debate sinodal sobre Orígenes que se descubrió en los hallazgos de papiros de Toura de 1941; sinónimo, es decir, con el tratado de Orígenes *Diálogo con Heráclides*. Este último era un obispo árabe que mantenía una antigua actitud judeocristiana de que el alma era sinónimo de la sangre del ser vivo. Como tal, de acuerdo con las reglas del antiguo resumen del debate, podría ser designado «un negador de la inmortalidad del alma». En un lienzo más amplio también se puede pensar que esto fue un ejemplo de una ocasión formal cuando las actitudes monarquianas eran puestas a un lado en la predicación de la iglesia a favor de los términos de la teología del Logos. Los dos sínodos mencionados anteriormente parecen haber tenido lugar durante el reinado del emperador Felipe el Árabe (244-249), quien, si no era cristiano, era ciertamente un protector de los cristianos de Palestina y un mecenas de Orígenes como retórico significativo.[91]

En algún momento entre 238 y 244 Orígenes viajó de nuevo a Atenas, y su estancia duró algún tiempo, ya que Eusebio nos cuenta que completó en esa ciudad el *Comentario sobre Ezequiel* en el que estaba trabajando y comenzó su gran

---

[87] Jerónimo, no fácilmente impresionable, lo describió como un obispo que «gobernaba su iglesia de manera gloriosa». *De Viris Illustribus* 60. Eusebio nos dice que dejó muchos tratados elegantes (pero no los detalla) en *Historia eclesiástica* 6.20.

[88] Eusebio, *Historia eclesiástica* 6.33.1.

[89] Ibid., 6.33.2-3. «Orígenes fue invitado a discutir y fue a una conferencia para descubrir sus verdaderas opiniones. Cuando comprendió los puntos de vista de Berilio y vio que eran erróneos, lo persuadió con argumentos y lo convenció con demostraciones, y así lo trajo de vuelta a la profesión de la verdadera doctrina y lo devolvió a su antigua solidez mental».

[90] Ibid., 6.37.

[91] Eusebio cree que era cristiano. Cf. ibid., 6.34.

Comentario al Cantar de los Cantares.[92] De nuevo, poco antes de 244, según la cronología de Eusebio,[93] Orígenes recibió una carta de un erudito cristiano, Julio Africano,[94] que había ido a estudiar con Heracles a Alejandría y enviado a Orígenes puntos críticos de la exégesis bíblica.[95] Orígenes respondió a esta carta, señalando que estaba en Nicomedia con Ambrosio. Si (y me inclino de esa manera)[96] «Orígenes el filósofo» mencionado por Porfirio es uno y el mismo que nuestro Orígenes cristiano, entonces también hizo una visita (a Antioquía o a Roma) para ver al único otro filósofo de esa época que podría rivalizar con él en importancia, otro antiguo alumno de Amonio Saccas en Alejandría, el más grande de los neoplatónicos, a saber, Plotino.[97]

Después del asesinato del emperador Felipe, todos los que estaban asociados con él corrían un doble peligro, y el siguiente emperador, Decio, comenzó otro pogromo contra los cristianos, durante el cual los principales obispos y teólogos de Palestina sufrieron considerablemente. El Papa Fabián fue martirizado en Roma, y el patrón de Orígenes, Alejandro de Jerusalén, fue arrestado y encarcelado en Cesarea, donde murió como confesor. Un destino similar le sucedió a Babil, el gran mártir-obispo de Antioquía. Orígenes era un hombre marcado. Había evitado las persecuciones anteriores escondiéndose en las villas de sus amigos y feligreses. Esta vez fue buscado deliberadamente como el intelectual cristiano más importante de la época, y su arresto fue especialmente diseñado para llevarlo a una retractación pública de la fe. Fue torturado con especial cuidado, para que no muriera bajo el estrés de su dolor. Estaba encadenado, colocado en el infame collar de hierro, y estirado en la estantería—cuatro espacios no menos—como Eusebio dice a sus lectores que sabían exactamente el grado de dolor que implicaba y cuántas dislocaciones de huesos y desgarros de tendones traía consigo.[98] Aquel que había animado a otros en su tiempo, recibió un aliento de gracia en forma de una «exhortación al martirio» escrita por su admirador

---

[92] Ibid., 6.32.2, establece la visita sólo dentro del reinado del emperador Gordiano III.

[93] Ibid., 6.31.1-3, cuenta la historia de la *Carta a Africano* antes de anunciar el final del reinado de Gordiano en 244.

[94] Julio fue uno de los críticos textuales más eruditos de su época, un cristiano que ocupó el puesto de archivero bibliotecario patrocinado por el imperio en el panteón de Roma.

[95] Africano argumentó que la historia de Susana tenía una clara evidencia sintáctica que indicaba que no pertenecía al libro de Daniel en su totalidad. Orígenes no aceptaría su opinión, que ahora es universalmente aceptada por los críticos de textos modernos.

[96] Las opiniones académicas siguen estando divididas. La creencia anterior de que «Orígenes» era el mismo que el maestro cristiano, ha sido últimamente calificada de manera considerable.

[97] Porfirio, *Vita Plotini* 14. La cuestión de la identificación es conflictiva, ya que Porfirio, en su propia *Vita Plotini*, habla de Orígenes como si fuera enteramente un filósofo helenista con una serie de obras aparentemente diferentes de su conocido corpus «cristiano», mientras que el Porfirio del texto de Eusebio apunta inequívocamente al escritor cristiano, pero en un pasaje en el que el historiador cristiano confunde la identidad de Amonio Saccas. La existencia de dos Orígenes famosos, ambos con intereses similares a los de Plotino y no distinguidos por Porfirio, parece contradecir el principio básico de la navaja de Occam.

[98] Eusebio, *Historia eclesiástica* 6.39.6. Algunas traducciones dicen erróneamente que tiene las piernas estiradas «a cuatro pasos», lo cual es ridículo. Los cuatro espacios se refieren a las divisiones de trinquete de la máquina de trasiego del torturador romano y es una cantidad casi fatal que deja a la víctima permanentemente lisiada, si no paralizada.

Dionisio, que había ascendido al episcopado en Alejandría y había rehabilitado allí la memoria de Orígenes.[99]

Eusebio reconoce claramente el heroísmo del mártir en la resistencia de Orígenes. Fue salvado una y otra vez, sólo porque el gobernador de Cesarea le había ordenado que no muriera bajo la tortura antes de haber negado públicamente la fe. Por eso sufrió durante los dos años de persecución y sólo fue liberado con la muerte del perseguidor Decio, asesinado junto con sus hijos en el año 252. Sin embargo, la salud de Orígenes había sido quebrantada por sus pruebas. Era, según los estándares de su edad, un hombre extremadamente viejo ya a sus sesenta y nueve años y murió de los sufrimientos acumulados de su martirio poco después. El hecho de que muriera como confesor, no como mártir bajo el potro, fue decisivo para la pérdida de gran parte de su obra en siglos posteriores, cuando fue censurado por sus opiniones poco ortodoxas y un estatus de santo mártir no podía servir para proteger su reputación.

Murió, probablemente, un año después de Galo, es decir, a principios del reinado de Valeriana (253-260), y muy probablemente en el año 254. Jerónimo nos cuenta que fue enterrado (y por lo tanto presumiblemente también era residente en el momento de su muerte) en la ciudad palestina de Tiro.[100]

Así fue como el más grande cristiano de la época se nos pasó por alto silenciosamente y sin alboroto. Incluso desde su lecho de muerte se preocupaba por consolar a aquellos que habían quedado marcados, tanto psicológica como físicamente, por la última época de tortura. Es un signo de avanzada grandeza espiritual que el deseo de su corazón, incluso en su insoportable contexto postraumático, era ofrecer «dulces palabras de consuelo» a los fieles que estaban afligidos por haber sobrevivido a la cruel tiranía contra ellos, como describe Eusebio la última obra que compuso, dedicada a consolar a los confesores de su iglesia. Es lamentable que este texto no haya sobrevivido.

Teología bíblica de la salvación de Orígenes. El pensamiento de Orígenes, incluso en sus más amplios niveles metafísicos y especulativos, está dominado por su lectura de la Biblia. Era su creencia fundamental que el don de la revelación divina y la búsqueda humana innata de la iluminación se encontrarían, armonizados en ese momento (*kairos*) del don de la salvación, que era el encuentro del alma con Dios en el Logos divino. Este matrimonio teórico del cielo y la tierra que él veía como místico, pero concretamente, atestiguado en la encarnación del Cristo-Logos dentro de la historia. La Palabra [o Verbo] eterna asumió aquí una manifestación encarnada precisamente con el propósito de iluminar a la humanidad, como su pedagogo, pero la Palabra también dejó un monumento perdurable a la energía de esta revelación de una vez por todas en la forma del «cuerpo extendido» de la Palabra, que es el corpus de la Escritura: la «palabra» de la Palabra, por decirlo de algún modo, o en otros términos,

---

[99] Ibid., 6.46.2. Eusebio reivindica específicamente a Dionisio como alumno de Orígenes, aunque la asociación ha sido cuestionada en los tiempos modernos. Dionisio es, sin embargo, el primer teólogo claro del Logos «origeniano» de Alejandría.

[100] Jerónimo, *De Viris Illustribus* 54.

la Escritura como sacramento de la obra creadora de la Palabra como creadora y redentora del mundo. Vemos, pues, desde el principio, no sólo la amplitud de su horizonte, sino también que todo el biblicismo de Orígenes está impulsado por su cristología, y todo ello elaborado con una intención soteriológica: es decir, toda la historia (como él ve la Biblia y la tarea interpretativa de la teología) es una de las incansables búsquedas de la Palabra en busca de las almas que se le perdieron en la tierra.

Orígenes cuenta esa historia con un vasto pincel, en el que intenta reconciliar el pensamiento escatológico semítico (dominante en los registros bíblicos) con los patrones del pensamiento metafísico griego (que determinan su cultura contemporánea). Para Orígenes, la historia de la salvación comienza pretemporal y eternamente, con Dios el Logos (*deuteros theos*) creando, en nombre del Dios Padre supremo (*autotheos*), el conjunto de seres espirituales (*noes*), que será su coro de alabanza. Esta es la creación espiritual (que precede por mucho tiempo a la creación material, como veremos). Todos los seres dentro de ella son perfectos, inmortales y de espíritu puro. Cada uno es *nous*, intelecto espiritual, sin tener nada material en ellos. No sería incorrecto llamarlos los seres arcangélicos. Ellos son la creación primitiva, intencionada de belleza sin aleación y armonía con el Logos-Creador. Cada uno de ellos se relaciona, preeternamente, con Dios el Padre a través del resplandor del Logos divino. Forman un círculo alrededor del Logos, contemplando juntos su belleza, y al hacerlo forman la iglesia celestial (*ekklesia*) en toda su unidad y santa perfección.

Pero algo comienza a interrumpir esa perfección durante incontables eones. Orígenes lo llama una apariencia inexplicable de voluntariedad y pecado: un alejamiento de la belleza de Dios como fuente de vida y felicidad a la contemplación del yo creado, que no contiene en sí mismo la fuente del ser. En cualquier caso, algunos *noes* comienzan a distraerse de la eterna contemplación de Dios en el Logos, y Orígenes llama a esto un proceso de «enfriamiento» ontológico. Encuentran que están inmediatamente distanciados de Dios debido a esta pérdida de contemplación. Su contemplación de Dios, enseña él, fue lo que los mantuvo en el ser. Orígenes arraiga así la metafísica epistemológica de Platón (la conciencia es ontología) en un marco cristiano. Perdiendo la contemplación del Logos, pierden progresivamente su estabilidad de ser y su belleza. Ahora, con las variedades de cercanía al Logos inherentes a él, se rompe el círculo puro de la unión ontológica de la primera creación con Dios. Algunos de los *noes* permanecen cerca del Logos, como sus grandes ángeles, pero otros se han alejado, en grados relativos. Algunos incluso se han rebelado contra él y han sido exiliados del cielo como espíritus malignos.

Aquellos *noes* que han caído, pero no totalmente, son incapaces, en su ya dañada condición, de recibir con claridad la *paideia* espiritual del Logos, que todavía se acerca a ellos para traerlos de vuelta a la comunión, pero que ahora encuentra que su receptividad espiritual a su presencia y mensaje es drásticamente limitada. Este es un problema grave, ya que esta *paideia* es, en sí misma, la revelación de Dios que da vida. Por consiguiente, como parte de su rehabilitación (no de su castigo), enseña

Orígenes, el Logos cambia los términos de su existencia: hace de estas criaturas *noéticas* un ambiente material para servir como una nueva escuela de entrenamiento, arrepentimiento, retorno y ascenso. Esta es la creación del mundo material que ahora llamamos la creación. Se entiende como un ambiente para los espíritus noéticos que han declinado de la pureza ontológica para asumir el estado de almas (*psychai*) que ahora pueden ser mejor ayudadas a ascender a Dios una vez más a través de un medio parcialmente material de enseñanza salvífica. La historia de la humanidad en este ambiente material es una historia de la larga lucha de nuestra raza para volver a aprender la pureza del corazón y la perspicacia espiritual: el «ascenso del hombre» a la capacidad original espiritual y angélica del ser de nuestras almas.

Para Orígenes es este motivo salvífico por parte del Logos lo que explica por qué tenemos el presente orden de salvación, esa condición peculiar de las almas encarnadas. Esta yuxtaposición íntima de alma (*psique*) y cuerpo (*soma*) no es una condición natural, ciertamente no es la condición que Dios quiso para nosotros. Nuestro lugar en la tierra no es otra cosa que un ambiente de sufrimiento, un campo de pruebas. Él desea que aquellos *noes* o espíritus que han sido colocados en este estado se den cuenta de esto y desean más fervientemente ascender fuera de él y regresar a la comunión espiritual con Dios (y con los otros *noes* que esperan nuestro regreso), una comunión que eventualmente marcará una reversión a la belleza primitiva de la intención de la creación de Dios, cuando todo se realice espiritualmente en el *escatón*.

Sabiendo que las almas (*psychai*) de la tierra están ahora sordas y ciegas a la pedagogía espiritual, la Palabra divina se basa en el hecho de que sigue habiendo muchos *logos* que prevalecen en la conciencia del ser humano, en los instintos del alma y en sus aspiraciones morales. Así que a través de largas edades envía santos profetas y ángeles para enseñar a la humanidad. Él eleva al pueblo judío a ser los líderes del ascenso espiritual del mundo. En la plenitud de los tiempos el Logos prepara su propio descenso a la tierra como pedagogo supremo y deja tras de sí un registro oculto y abierto de enseñanzas salvíficas: doctrinas claras de mejoramiento moral para los menos perceptivos (los que más han caído) y misterios ocultos de sabiduría espiritual avanzada para los más agudos espiritualmente (los que no han caído tan bajo y todavía pueden recordar su antigua grandeza espiritual).

El acercamiento de Orígenes a esta *paideia* salvífica del Logos, que él operaba en innumerables miríadas de aspectos (*epinoiai*), estaba regido por la noción de que la Escritura era una sola realidad, un corpus coherente que emanaba de una sola mente, la del propio Logos divino.[101] Sus aparentes multiplicidades no eran más que el enmascaramiento de la revelación eterna bajo las apariencias ilusorias de la historia y

---

[101] Los *epinoiai* (aspectos) del Logos eran múltiples—las diversas maneras en que él mismo cambiaba (hacía metamorfosis), como un buen maestro que bajaba al nivel de un alumno recalcitrante para llevar su mensaje de reconciliación a las almas de todas las condiciones y capacidades. Se le apareció a su creación, por lo tanto, en términos de estructuras profundas de existencia (matemáticas, orden mundial), sabiduría, belleza, moralidad y otras energías elevadoras. Sus revelaciones directas están contenidas en la conciencia de la *ekklesia* y en la Escritura, y en la razón humana (*logos*), donde aún reside la imagen principal del Logos divino.

las condiciones relativas. Un texto bíblico, por lo tanto, tenía varias capas de significado. Tenía un significado histórico (como que Israel tomara posesión de la tierra prometida), un significado moral (la historia de la lucha por la tierra prometida «más significativamente» connotaba la constante batalla del individuo por el control de su propia *psyque* frente a los deseos de las pasiones), y un significado místico (el «significado real» o el significado más elevado de la entrada a la tierra prometida sería la comunión del alma con Dios en el reino que ha de venir después de que este cosmos terrenal desaparezca). Para Orígenes, los que se quedaban sólo con el significado literal del texto bíblico eran almas no iluminadas que no se habían dado cuenta de que Jesús dio algunas de sus enseñanzas en los valles y otras en las cimas de las montañas. Sólo a los últimos discípulos, los que podían subir a las montañas, Jesús se reveló transfigurado (cf. Mc. 9:1-8).

Para Orígenes, la Escritura es un todo coherente. Tiene un solo autor revelador, no tanto los escritores históricos como el Espíritu metahistórico de Dios enseñando sobre el Logos, usando los medios de los santos (históricamente localizados) que son iluminados por la Palabra y que comunican la verdad de acuerdo a su nivel y capacidad para recibir (y así retransmitir) la revelación a través del vehículo de los símbolos materiales.[102] Esto implica desde el principio que el método histórico no puede captar toda la realidad del medio bíblico, ya que sólo está parcialmente arraigado allí en primer lugar, y su abrumador «ethos» es más bien el *afflatus* (aliento) del Espíritu que conecta el Logos con el intérprete inspirado.[103] Esta capacidad reveladora (cómo el Logos es mediado en diferentes grados por aquellos que lo buscan) es igualada, entonces, con la correspondiente necesidad, en el otro extremo de la línea hermenéutica, de tener un intérprete capaz de recibir—es decir, de ver—la iluminación del Logos. El Logos emite el Espíritu, por así decirlo, pero los medios de comunicación en ambos extremos también requieren una sintonía correcta para transmitir y recibir; y, como Orígenes entiende la materia, esto está profundamente correlacionado con el grado de iluminación de su alma, que a su vez depende del grado de pureza y claridad previas del alma.[104]

De esto se deduce (puesto que toda la Escritura proviene del único autor divino, que tiene una singular *skopos*, o intencionalidad general, que él desea que el texto sagrado cumpla) que todas las partes de la Escritura tienen autoreferencia mutua. Cualquiera que sea su tiempo de composición o su aparente disparidad como una gran biblioteca de obras, para Orígenes todos ellos acuñan aquí un mensaje colectivo y conectado. Para entender una parte oscura, por lo tanto, uno podría legítimamente recurrir a una parte más clara en otra parte para elucidar, incluso un libro diferente.

---

[102] *Peri Archon* 1, praef.4; 1.3.1; 4.1.6; 4.2.2; 4.2.7; 4.3.14; *Contra Celso* 3.3; 5.60; *Comentario sobre Mateo* 14.4; *Homilías sobre Génesis* 7.1; *Homilías sobre Éxodo* 2.1; *Homilías sobre Números* 1.1; 2.1; *Homilías sobre Josué* 8.6; *Homilías sobre 1 Reyes* 5.4.

[103] *Ethos* significa el propósito más amplio y la intención de un texto.

[104] El lector atento de Orígenes, San Gregorio el Teólogo, lo expone claramente, para beneficio de la ortodoxia posterior, en su *Primera oración teológica* (27).

Aquí es donde Orígenes subraya un principio semítico fundamental y antiguo de la teología de la revelación: sólo la Escritura interpreta la Escritura. Esto va en contra de la mayoría de la hermenéutica bíblica del siglo XVIII, pero está en total acuerdo con muchos de los principios fundamentales de la interpretación de los textos griegos y rabínicos antiguos. Por primera vez, podría decirse que un intelectual cristiano había dado a la iglesia una macroteoría de interpretación bíblica cristológica.

En las manos de Orígenes, la única *skopos*, o intención autoral divina, que permite esta referencia cruzada interna y la coherencia de los sentidos a lo largo de grandes distancias de tiempo y ediciones—entre Crónicas y Apocalipsis, o Malaquías a Mateo—es esencialmente *soteria*, una salvación que debe ser efectuada por la iluminación divina, lo que lleva a nuestra creciente comprensión (iluminación) sobre el único hecho fundamental de la existencia. Es decir, este hecho es que el alma ha sido alienada de Dios a través del tiempo y el espacio y debe volverse de nuevo (*metanoia*, arrepentimiento) para poder ascender de nuevo a la unión con Dios (el *status quo ante* prelapsariano). La Escritura contiene una fuerza soteriológica viva. A este respecto, Orígenes compara la Escritura con el cuerpo del Logos; está cargada sacramentalmente, similar a la Eucaristía.[105] Todos los libros son diseñados por Dios como actos de revelación a criaturas caídas y sujetas a un tiempo, creados específicamente para su rescate, primero impresionándolas con el escape a tiempo completo de su situación como almas caídas, luego elevándolas moralmente con ejemplos y mandamientos, y luego dándoles el amanecer de una iniciación más profunda que el Logos desea que recuerden, un concepto de una posible comunión con el Logos como fuente y significado de su ser. Esta es la raíz ideológica del triple sentido de la exégesis ascendente de Orígenes: significados literales-históricos, significados morales y sentidos místicos.

Aunque todos los textos bíblicos son sagrados e iluminadores, Orígenes piensa que actúan soteriológicamente de manera diferente. Básicamente: el Antiguo Testamento bosqueja al Nuevo. El Nuevo Testamento explica e interpreta el Antiguo Testamento. El significado no aclara ni progresa según la cronología, es decir, la secuenciación o el desarrollo histórico, sino más bien mediante prioridades escatológicas radicalmente discontinuas. Los textos bíblicos son mapas metafísicos para dar un giro pedagógico a la mente de los iniciados con una conciencia más plena, siempre una cuestión de arrepentimiento. Estas nociones centrales de arrepentimiento (*metanoia*) y revelación (*apokalypsis*) son fundamentales para todo el pensamiento de Orígenes, en todos los casos. Su hermenéutica es, pues, fundamentalmente una soteriología metafísica, y podríamos clasificarla legítimamente como una forma profunda de metafísica escatológica. La Escritura, por lo tanto, existe como uno de los principales medios o *epinoiai* que el Logos utiliza para salvar su mundo caído, como pedagogo e iluminador. La ubicación contextual de un texto bíblico «en su propio tiempo», que se

---

[105] De hecho, él consideraba que la Escritura estaba más cargada soteriológicamente de gracia que la Eucaristía, una posición que la iglesia posterior invirtió.

ha convertido en una exigencia primordial dentro de todos los enfoques «críticos» modernos de la Biblia en nuestro tiempo, parecería, por lo tanto, que Orígenes es un método disparejo: si un texto es fundamentalmente escatológico, requiere un método escatológico para abordarlo, no uno histórico. Para él, la historia sólo puede ser una herramienta metodológica hacia el análisis escatológico, donde se aloja la intención soteriológica más plena del Logos. No se trata de una mera cuestión de método hermenéutico, como si se tratara de un espectáculo secundario a otra cosa. Es la base fundamental de todo su sistema filosófico. Dicho de otro modo: la iluminación divina, y la comunión que confiere, no son para Orígenes meramente refinamientos morales o místicos del orden creado; son más bien su ontología central.

Podríamos llamar a este aspecto de la psicología soteriológica ascendente el primer plano de un doble eje de la teoría hermenéutica fundamental de Orígenes. El reciente libro de Ben Blosser sobre la psicología de Orígenes expone esto de manera elegante y persuasiva.[106] Cuando Orígenes habla de un sentido psíquico o moral de un texto, no se refiere simplemente a encontrar un mensaje moralmente edificante en las Escrituras; más que esto, pretende que sus lectores busquen la llave de navegación de regreso a Dios, de quien han alejado a través del tiempo y el espacio. El sentido psíquico o moral es principalmente, en manos de Orígenes, lo que deberíamos llamar propiamente una lectura simbólica, es decir, una exposición literal más elevada que el valor facial, y está explícitamente relacionada con los misterios de la fe. Una y otra vez se acerca al texto de esta manera «icónica»: como si se tratara de un icono sacramental, pintado, que no regala todos sus misterios ocultos al observador casual, sino que prefiere mantener su simbolismo más pleno reservado a aquellos que ya conocen el lenguaje místico del icono. Los misterios son, después de todo, lo que él implica, destinados a los iniciados.

Pero hay otro eje macroestructural en juego en cómo Orígenes concibe la Escritura, traslapando y desarrollando este eje primario de ascenso metafísico. Porque dentro de su visión general de la nueva revelación que invierte el flujo del tiempo escatológicamente para interpretar lo viejo (la narración es históricamente retrógrada; la llave de Cristo desbloquea el sentido antiguo y verdadero del antiguo pacto), hay a través de todo esto ese importante hecho de que no todos los libros sagrados son igualmente ponderados.[107] Los no iniciados que piensan que sí lo son, serán radicalmente confundidos por su error. Algunos de los textos del Antiguo Testamento tienen mayor poder revelador que algunos del Nuevo Testamento. Algunas partes de los textos del Antiguo Testamento que generalmente no son tan significativas como los libros del Nuevo Testamento tienen episodios parciales que son más simbólicamente reveladores que varias secciones del Nuevo Testamento. Si

---

[106] B. P. Blosser, *Become Like the Angels: Origen's Doctrine of the Soul* (Washington, DC: Catholic University of America Press, 2012).

[107] Sólo por ese principio, Orígenes (que inventa los términos Antiguo y Nuevo Testamento) diferencia radicalmente el Tanakh y la Torá de los judíos del Antiguo Testamento de los cristianos. No son lo mismo en virtud de la «clave del significado» que se les niega a aquellos que el Logos aún no ha iniciado.

intentáramos hacer una lista de textos priorizados (los que contienen más del poder revelador del Logos, que deja sus revelaciones simbólicas ocultas en los símbolos bíblicos), entonces tendríamos que hacerlo en referencia a cómo Orígenes compone regularmente sus propias listas de «autoridades» en varios argumentos deducidos de la Escritura. Definitivamente podemos percibir un patrón de sus pesos relativos, como se mencionó anteriormente: primero Juan, luego Pablo, luego los Salmos, luego los Evangelios restantes, luego los profetas mayores, luego los escritos apostólicos restantes, y luego los libros históricos y legales de la Ley—pero recordando al mismo tiempo que para él ciertos episodios logocéntricos dentro de diferentes libros contienen símbolos «montañosos» que individualmente pueden tener más peso que el resto de esos libros. Así, por ejemplo, la narración del Sinaí, o el relato del santuario del templo, puede tener más peso en sí mismos que el resto de los libros en los que aparecen por primera vez. Orígenes no argumenta esto como una teoría específica. Así es como aborda las cosas en su propio proceso exegético: la teoría que surge de la *praxis*. Los Evangelios sinópticos pueden caer por debajo del nivel de la autoridad juanina y paulina (la que se inicia al apoyarse en el seno del Logos, y la otra que se eleva al tercer cielo), ya que sus autores apostólicos, en general, aparecen bastante más abajo en la escala de la iluminación, y a menudo en los relatos aparecen como espiritualmente torpes.

Si tratamos de imaginar el modelo de este sistema hermenéutico que elabora el gran alejandrino, necesitamos imaginar este doble eje operativo en su pensamiento. Es casi como un astrolabio tridimensional. Un plano de su eje de acercamiento es atemporal, vertical, desde el Logos hasta el alma iluminada (en diferentes grados de los cuales los intérpretes históricos pueden reclamar más brillo de iluminación de Dios). Y el otro plano lo proporcionan las complejidades de un eje histórico en el que el pasado se abre sólo al futuro, y la historia tiene que dar paso a la escatología en cualquier intento de comprender lo que está en juego en las relaciones narrativas.

No es fácil tener esto en mente, y la mayoría de los críticos origenianos de generaciones anteriores no reconocieron su presencia constante en la imaginación teológica de Orígenes. Pero sí resuelve una teoría de base relativamente simple: todo es coherente y unificado en la intención pedagógica soteriológica. Toda la Escritura es un sacramento de las iluminaciones del Logos para recordar a las almas caídas su estado anterior de unión (pre y poscósmica) con la Palabra. La unión trae la iluminación. La iluminación trae ascenso. Este doble eje de su hermenéutica, psico-soteriológica y metafísico-escatológica, está fuertemente unido como dos aspectos de una única teología de la *energeia* divina: el Logos busca reconstituir la totalidad de la creación restaurando la integridad psíquica de su mundo de almas caídas.

A lo largo de los siglos, la exégesis de Orígenes ha sido objeto de muchas críticas por ser excesivamente simbólica, por no estar suficientemente ligada al texto, o por ser alegóricamente imaginativa. Pero una lectura de los textos primarios muestra de cerca en cada caso cómo Orígenes fue una gramática seria y exigente y está siempre, sin excepción, profundamente consciente del texto primario: su gramática, sintaxis y contexto.[108] Sin embargo, es, más que eso, un poeta simbolista: simplemente cree que el texto primario rara vez, si es que alguna vez, se agota con su significado literal inmediato, y tampoco es de la opinión de que la historia es el nivel más alto de significado.

Las críticas de que es «imaginativo» también han ignorado en general los grandes ejes de su teoría, como hemos señalado anteriormente. ¿Por qué hay tres niveles en un texto? Porque hay tres niveles dentro de la ontología psíquica del individuo: sea que llamemos a eso cuerpo, alma y espíritu, con Pablo; o alma inferior, alma superior y *nous* junto con los origenistas (desarrollando la epistemología del platonismo tardío en una dirección claramente cristiana). O, para tomar un ángulo ligeramente diferente, porque también hay tres niveles simbólicos de iniciación dentro de la iglesia, a la cual se le da el texto como un sacramento de salvación. Como dijo Pablo, la leche es necesaria para los bebés, el alimento sólido para los más grandes: y el Logos es, en última instancia, el sustento suficiente para los perfeccionados.

Estas son, pues, las grandes estructuras de su teología bíblica. Hay otras reglas y procesos que él da a sus estudiantes en el curso de sus muchos escritos. Algunas de ellas son imágenes diseñadas para ayudar en la aplicación de la teoría, como la noción de que la Escritura debe ser imaginada como una serie de puertas cerradas con llave en una torre, con llaves afuera de cada puerta, pero que no son necesariamente las llaves de esa puerta en particular. El intérprete sabio tiene que tomar la llave y encontrar la cerradura correcta que coincida. El único camino para una sabia interpretación es un regalo de luz del Logos. El sentido no es simplemente dado; tiene que ser buscado ascéticamente e intelectualmente. Otra regla es su famoso axioma *opou logos agei*, a saber: «Debemos ir a donde nos lleve el Logos». Es, por supuesto, un juego de palabras deliberado sobre el nivel triádico de los significados semánticos contenidos en la palabra griega *logos*, como Palabra divina, racionalidad y método sistemático. Así que su axioma significa que la exégesis es siempre un encuentro con la Palabra, y por lo tanto el discernimiento intelectual, la agudeza y la profundidad espiritual de la hermenéutica son una parte integral de la sacramentalidad misma de estar en tierra santa. ¡Qué visión tan avanzada y osada de la civilización cristiana!

Otro axioma de Orígenes es el del *defectus litterae*, esos lugares donde el sentido literal de un pasaje bíblico conduce a cosas extrañas o escandalosas, o simplemente a los detalles geográficos imposibles que podemos encontrar allí. Estos son «tropiezos», dice Orígenes, dejados allí para nosotros por el Logos. No son pruebas de que el texto es poco fiable o burdo, sino que se dejan como marcadores de bandera roja en un mapa de Google—señales para los agudos, para darse cuenta de que todo esto también es un símbolo, y para ponernos a prueba y descubrir cuál es la teología «adecuada»

---

[108] Recordamos que este fue su primer oficio profesional, siendo el *grammatikos* un cuidadoso y sistemáticamente entrenado pedagogo en los significados de un texto específico (usualmente Homero). Después del martirio de su padre en la persecución severa, Orígenes vendió sus libros de gramática y se lanzó como filósofo-retórico: pero su formación temprana sigue siendo muy presente, como puede verse, por ejemplo, en su cuidadoso (y exhaustivo) trabajo textual sobre el *Hexapla*.

que hay detrás de ellos.[109] La prueba es asegurarnos de que nunca interpretaremos las cosas extrañas como si tuvieran autoridad literal. Por ejemplo, la frase «Dichoso es el hombre que tomare a tus hijos y les aplastara el cerebro contra una roca» (Sal. 137:9) no es una excusa yihadista. El texto del salmo que aboga por el asesinato de bebés, argumenta, es una referencia simbólica a otras cosas: en este caso los niños son lo que las Escrituras especifican en otra parte como los «hijos de Amalec», es decir, el símbolo tipológico de Satanás y del mal, y ellos (es decir, los vicios) son las cosas que necesitan ser salvajemente arrojadas del alma de cada uno que desea ascender por el camino de la purificación psíquica.[110]

¿Demasiado imaginativo para nosotros hoy? Bueno, en este énfasis en la exégesis simbólica, Orígenes hizo un servicio inestimable para la iglesia. El cortó a través del báculo de la doctrina de la guerra santa que continuaría, posiblemente, anclando profundamente la teología canónica del judaísmo y del islamismo. Más tarde, el fundamentalismo bíblico cristiano nadaría, sin prudencia, para recuperar su peso de plomo una vez más, e incluso en nuestro tiempo todavía oímos voces que utilizan la Biblia para justificar la violencia en nombre de la religión: un texto de la Edad de Bronce que apuntala la mentalidad de la Edad de Piedra. La lectura simbólica de Orígenes dio un sistema para poner los textos antiguos en un proceso de iluminación ascendente que protegió a la iglesia (de hecho, la inoculó) contra el fundamentalismo rígido.

Su noción de «ajuste» en toda exégesis (*lasoprepes*) exige que el texto de enseñanza nunca se corrompa, y si parece inculcar una visión tonta (*alogon*) o imposible (*adynaton*) de Dios, el verdadero exégeta debe mostrar cómo esto no puede ser así por referencia a otros pasajes más claros. Esta visión de la navegación de los textos antiguos fue expuesta por primera vez en la literatura helénica por Jenófanes y fue muy utilizada en la relectura filosófica de Homero antes de que fuera recogida por Filón para reelaborar la consistencia de las narrativas del Antiguo Testamento, utilizando una macroteoría de la teología del Logos. Este principio, según el cual toda exégesis bíblica debe reflejar la bondad misericordiosa y el honor de Dios, junto con el recordatorio de Orígenes de que debemos leer el Antiguo Testamento a través de la lente resolutiva del Nuevo, es uno de los aspectos más característicos de lo que fue ampliamente aceptado después de su vida como el enfoque general de la iglesia al proceso bíblico, y ha perdurado hasta el día de hoy.

Otro de sus principios menores era que Orígenes esperaba que sus alumnos «completaran la acción» al leer un texto. Esta fue otra técnica común en la *scholae* helénica. Los *magistros* presentaban las premisas y principios generales en una exposición, y luego se esperaba que los estudiantes (para demostrar que habían comprendido el punto) pudieran añadir la conclusión por sí mismos. Esto explica por qué muchas de las exégesis de Orígenes son dejadas incompletas o parecen tentativas

---

[109] *Peri Archon* 4.2.9.
[110] Un ejemplo de cómo la Escritura misma debe ser usada para revelar la Escritura (por asociación de palabras y asonancia en este caso de la similitud del término *niños*).

en su naturaleza, y a menudo por qué deja libros incompletos, como el magistral *Comentario sobre el Evangelio de Juan*, que termina en la Última Cena. Muchas de estas reglas originales de exégesis habrían sido ampliamente reconocidas en las escuelas de la antigüedad.[111] Pero él fue el primero en ponerlas sistemáticamente a disposición de los cristianos, y su arquitectura se convirtió así en constitutiva de la iglesia para los siglos venideros, incluso si (después del siglo IV) se le impusieran muchas adaptaciones a su arquitectura particular.

Orígenes dejó tras de sí una fuerza de marea de energía teológica continua que siguió en la escuela alejandrina y a través de ella hacia el mundo cristiano en general, una escuela que era, más exactamente, el legado intelectual de Orígenes, ya que más o menos todos los argumentos doctrinales significativos que surgieron durante los siguientes trescientos años en el mundo cristiano de habla griega y latina eran una elaboración, a menudo muy conflictiva, de los principios que Orígenes había establecido cuando estableció su gran arquitectura sistemática de la soteriología cristiana.

La herencia de Orígenes: Dionisio de Alejandría. Uno de los sucesores notables de Orígenes en Alejandría fue Dionisio, quien se convirtió en obispo en el año 248, muriendo alrededor del año 265. Dionisio era un funcionario muy intelectual y bien situado en Alejandría antes de entrar en su carrera eclesiástica.[112] Eusebio nos da la información de que fue discípulo de Orígenes (creo que esto significa que probablemente era uno de los que había estudiado con él) y trabajó con Heraclas (colega de Orígenes en la escuela catequística de Alejandría, antes de que el primero se convirtiera en obispo de la ciudad después de la muerte de Demetrio). Dionisio sucedió a Heraclas. Casi tan pronto como se convirtió en obispo, estalló una persecución contra los cristianos de Alejandría. Dionisio permaneció en la ciudad, escondiéndose de las autoridades, que dictaron una orden de detención. Al año siguiente estalló una guerra civil en la que finalmente Decio, un emperador que odiaba a los cristianos, asumió el poder en otoño de 249. En Alejandría, la guerra se vio exacerbada por una plaga que asoló la ciudad a principios de ese año. Estos problemas se reflejan en las cartas de Dionisio.

Como en el caso de Cipriano, su gobierno de una iglesia bajo tal crisis se vio dificultado no sólo por las presiones de extraños hostiles, sino aún más desde adentro. Cuando Decio emitió su decreto imperial que obligaba a los líderes cristianos a sacrificarse a los dioses de Roma, Dionisio abandonó Alejandría y se escondió en los pantanos alrededor del lago Mariout, en las regiones salvajes fuera de la ciudad. Esto provocó que una parte de los cristianos de su congregación lo acusaran de cobardía y

---

[111] Cf. K. J. Torjesen, *Hermeneutical Procedure and Theological Method in Origen's Exegesis* (Berlin: De Gruyter, 1986), 23-26, 124-29; K. J. Torjesen, "Influence of Rhetoric on Origen's OT Homilies," en *Origeniana Sexta*, ed. G. Dorival y A. Le Boulluec, Bibliotheca Ephemeridum Theologicarum Lovaniensium CXVIII (Leuven: Peeters, 1995), 13-25; J. A. McGuckin, "Origen as Literary Critic in the Alexandrian Tradition," en *Origeniana Octava*, ed. L. Perrone (Leuven: Peeters, 2003), 121-35.

[112] Véase Eusebio, *Historia eclesiástica* 7.11.18.

de negarse a aceptar el llamado al martirio. Como Cipriano, tomó la postura de que la huida en tiempos de persecución era defendida por el mismo Jesús (Mt. 10:23), y rechazó el argumento de los más celosos de que los cristianos devotos deberían estar dispuestos a entregarse a sí mismos.

Se escondía activamente, con cartas e instrucciones regulares a la iglesia, y las persecuciones en Roma le llamaron la atención, y así se vio envuelto en el conflicto entre Novaciano y Cornelio. La elección de este último al episcopado fue atacada en Roma con el argumento de que había comprado un certificado que atestiguaba su conformidad con el decreto de Decio (una forma de evitar el edicto deciano que habían utilizado varios cristianos ricos). Novaciano estaba predicando una actitud estricta a todos los que habían «caducado» en la persecución, ya sea por apostasía real o por este subterfugio de sobornar el camino de uno hacia la seguridad. Dionisio inmediatamente puso su apoyo detrás de Cornelio y argumentó que la severidad de Novaciano era peligrosa y excesiva. El sucesor de Cornelio, el Papa Esteban, se vio envuelto más tarde en una controversia con la iglesia africana bajo Cipriano, en relación con la cuestión de cómo admitir a los «novacianistas» de nuevo en la comunión de la gran iglesia. Como hemos visto anteriormente, Cipriano tomó la posición de línea dura de que, como cismáticos, el bautismo que estos novacianistas habían recibido era uno que estaba desprovisto de gracia, inválido en todos los aspectos. Necesitaban, por lo tanto, ser bautizados (no rebautizados) para unirse a la comunión de la iglesia. El Papa Esteban (254-257) se sintió perturbado por esta visión rigurosa y argumentó (con éxito, porque más tarde se convirtió en la posición más amplia de la iglesia) que los cismáticos podían reconciliarse en cambio con una simple «imposición de manos» presbiteral. Fue, en efecto, un reconocimiento por parte de la iglesia romana de que la gracia del Espíritu todavía operaba en los sacramentos de un movimiento cismático. Cipriano apeló personalmente a Dionisio y obtuvo su apoyo: una posición que adoptó en sus varias cartas sobrevivientes al Papa Esteban y a su sucesor Sixto II (257–258).

Dionisio no tuvo éxito en cambiar la posición romana, aunque no sería una posición común en la iglesia occidental hasta que Agustín definitivamente alejara la teología africana de la teología de la gracia de Cipriano en los sacramentos, en el siglo V, y adoptara la posición romana, que después se convirtió en el punto de vista estándar para admitir los movimientos cismáticos a la comunión (calificada por la posición de que «otros» sacramentos significativos de los cismáticos se consideraban generalmente de validez cuestionable, a saber, la Eucaristía y la ordenación). Las iglesias orientales permanecieron mucho más tiempo en conflicto sobre la cuestión de si una ruptura cismática con la comunión de la iglesia requería una pérdida inmediata de la validez de todos sus sacramentos, incluido el bautismo (la raíz que, de ser defectuosa, sin duda invalidaría a todas las demás). Los movimientos heréticos significativos, que involucran conflictos de doctrina y moral, fueron ampliamente sostenidos, tanto en el Este como en el Oeste, para involucrar una pérdida catastrófica de la gracia y de la potencia sacramental, y requerían el bautismo para admita a los exsecesionistas en una comunión más amplia. Las cartas disciplinarias (cánones) de Dionisio y Cipriano permanecieron autoritativas e influyentes durante mucho tiempo. Todavía se les cita como autoridades en asuntos de teología y práctica eclesiástica en los círculos cristianos orientales hasta el día de hoy.

Hacia el final de su vida Dionisio fue arrastrado a otra controversia teológica, que preparó el camino (una generación más tarde) para la clarificación de la teología cristiana de la Trinidad. Dionisio había leído de cerca el concepto de Orígenes de las relaciones trinitarias, como se evidencia en el *De Principiis* y otros escritos de su maestro. El concepto de Orígenes de la relación de las tres personas (hipóstasis), Padre, Hijo y Espíritu Santo, fue uno que privilegió la teología del Logos en el sentido de que el Padre fue concebido como habiendo «emitido» (generado, dado a luz, enviado, o varias otras ideas relacionadas) el Hijo- Logos al mundo para la causa de la salvación. En las relaciones trinitarias, Orígenes había subrayado la naturaleza jerárquica descendente de esta economía de salvación (*oikonomia*). Llamó al Padre «Dios mismo» (*autotheos*) y llamó al Logos «deidad subsidiaria» (*deuteros theos*). Estos eran términos técnicos usados por algunos de los neoplatónicos de la época para designar el alcance de Dios al mundo como un proceso que no involucraba su trascendencia interior esencial (por lo tanto, el alcance de la salvación a la creación material era un acto de la energía de Dios, no una alteración de su ser), pero no tenían ningún fundamento en los textos del Nuevo Testamento y eran considerados por muchos cristianos no filosóficos de la época de Origen como altamente especulativos e inquietantes. Como vimos anteriormente en nuestra discusión de la escuela del Logos y de los monarquianos en el capítulo uno, cada lado usó una terminología tan diferente para connotar el misterio del ser de Dios que tendían a escucharse unos a otros con profunda alarma, como si estuvieran enseñando sin sentido o, peor aún, blasfemando.

Los teólogos del Logos enfatizaron la distinción personal de las tres personas en la Divina Tríada. Usaron el concepto de hipóstasis para insistir en la distinción real de la condición de persona. Para los monarquianos, esto sonaba como una confesión de tres dioses y una traición al monoteísmo. Este último no podía comprender del todo la relación de los teólogos del Logos de la naturaleza triple de la entidad hipostática (Padre, Hijo y Espíritu) con la idea de representaciones específicas de la misma sustancia. Así, pues, la Deidad no era tres, ni una, sino más bien tri-unidad, o Trinidad. Los monarquianos, por otra parte, insistieron tanto en la unicidad de Dios (el Padre) que toda diferenciación de las personas se reducía a un significado fenomenal o temporal. Tendían a ser monistas en su acercamiento al ser divino y no podían asumir el «problema» de atribuir la estatura divina al Hijo de Dios (o al Espíritu, al que tendían a ignorar), excepto considerando términos tales como *Hijo*, *Logos*, *Espíritu* como sinónimos de Dios Padre, diferentes «modos» de su revelación de sí mismo en la historia. Por esta razón, a menudo se les llama modalistas.

Dionisio de Alejandría estaba en medio de este problema semántico. Tertuliano, como hemos visto, fue un robusto defensor de la teología del Logos y capaz de denuncias sarcásticas pero memorables del modalismo monarquiano como insostenible e infiel a la evidencia cristológica del Nuevo Testamento. Pero fue la participación de Dionisio en la controversia trinitaria lo que sirvió de referencia para el Oriente griego posterior, y que estableció un lenguaje técnico trinitario común de tres subsistencias (*hipóstasis*) y un ser (*ousia*) en la tríada divina. Después de la controversia con Dionisio, que se trataba más o menos de una semántica mal entendida en las iglesias griega y latina, la iglesia occidental aceptó la terminología de Oriente como equivalente a su propio esquema trinitario de una naturaleza (*natura*) y tres personas (*personae*).[113]

El conflicto había sido ocasionado porque en el propio territorio eclesial de Dionisio, como arzobispo supervisor, el obispo de la pequeña ciudad libia de Ptolomeo había causado un gran escándalo por su predicación teológica. Sus colegas episcopales locales en el litoral sur del Mediterráneo lo acusaron de monarquianismo, reviviendo la herejía de Sabelio, que ya había sido desacreditada. Su sínodo local apeló a Dionisio, quien apoyó su análisis y censuró tan severamente la enseñanza sabeliana que sus enemigos en casa en Alejandría aprovecharon la ocasión para acusarlo ante el Papa Dionisio de Roma (259-268) de sostener el error opuesta del triteísmo. La traducción literal al latín del término griego clave *hipóstasis* de Dionisio era *substantia*. Obviamente, con la retrospectiva de la visión humana y estándar que el tiempo y el espacio nos ofrecen, está perfectamente claro que Dionisio de Alejandría usó el término *hipóstasis* en referencia a las personas de la Trinidad, para significar «algo que subsiste en» otro. Pero sus enemigos habían inclinado la lectura de sus cartas para darle una interpretación rígida en latín como la hiperliteral «sub-estancia» (la *sub-stantia* es una clave semántica para *hypo-stasis*). Así pues, Dionisio de Roma, teniendo ante sí un resumen en latín del trabajo de sus colegas, lo escuchó como una enseñanza de tres sustancias divinas y una naturaleza divina. Esto no es sólo contradictorio (ya que la teología trinitaria usó *naturaleza* como una equivalencia de *sustancia*) sino fundamentalmente herético en el sentido de que da más que un servicio de labios a tres principios divinos discretos, y así cae el monoteísmo. Dionisio de Roma escribió una carta de censura a su homónimo en Alejandría, y éste respondió con un estudio serio y seminal del trinitarismo cristiano en cuatro libros muy contundentes.[114]

Cuando los dos obispos mayores dejaron de reprenderse, y estaba claro que Dionisio de Alejandría era alguien que conocía muy bien su teología, se llegó a un

---

[113] No era lo mismo, filosóficamente hablando, por supuesto; pues los griegos querían decir que el ser de Dios era uno y lo mismo en el sentido de que era el ser del Padre que él había dado eternamente al Hijo y al Espíritu, mientras que los latinos querían decir que la naturaleza divina era un sustrato común compartido por tres personas que lo habitaban. Pero este no es el momento de desenterrar esa complejidad aquí. Puede esperar hasta que el gran teólogo trinitario del siglo IV, San Gregorio el Teólogo (Nacianceno), se dé cuenta de que tiene que aclarar más el asunto en la crisis arriana del siglo IV, de la que tratamos en el capítulo siguiente.

[114] Dionisio de Alejandría, *Refutación y apología*. Fragmentos de la obra son citados, como autoridades importantes, por el arzobispo del siglo IV, Atanasio de Alejandría, en su obra *De sentential Dionysii* y así entró en el debate trinitario clásico en la crisis arriana.

acuerdo general de que los formularios latinos y griegos de la Trinidad eran «sustancialmente» iguales, y que cada parte podía reconocer la buena fe de la otra. A partir de ese momento, aunque siguieron existiendo diferencias sutiles en el trinitarismo de cada grupo de iglesias (que siguen siendo significativas hasta el día de hoy), se llegó a un acuerdo generalizado de que las iglesias podían expresar la misma fe en un lenguaje ligeramente diferente.[115] Este sería un principio importante establecido, ya que en los siglos IV y V se hizo cada vez más evidente, a medida que las iglesias de todo el mundo se iban conectando literalmente, que las diferentes tradiciones locales (sirias, coptas, armenias, etíopes, latinas, irlandesas, etc.) tenían acentos muy distintos y diferentes analogías favoritas en la forma en que elegían articular el evangelio y sus implicaciones filosóficas. En el caso Dionisio (muy público en el que se produjo uno de los primeros grandes enfrentamientos entre dos importantes escuelas teológicas, que también eran iglesias líderes de la comunión cristiana internacional), la iglesia, como factor global, había dado un gran paso público para avanzar hacia un conjunto de normas lingüísticas acordadas internacionalmente sobre su doctrina fundamental de la paternidad de Dios, el estado divino de Cristo, y la naturaleza de la Trinidad como el alcance salvífico de Dios al mundo—y ese movimiento a partir de su propio ser hipostático (como el Logos inhominado), no simplemente como un acto «externo» de condescendencia a través de la gracia.

En su vejez Dionisio era considerado como uno de los obispos teólogos más cultos del mundo cristiano. Esto también indicaba que el siglo siguiente esperaría que más de sus obispos fueran hombres sabios, al menos si gobernaban las iglesias de importantes ciudades imperiales. A principios del siglo III, la mayoría de los obispos habían sido probablemente hombres sencillos, relativamente ignorantes, gente común que dirigía en la piedad y en los rituales una congregación común. A finales del siglo III se esperaba que el obispo fuera socialmente importante, altamente educado y un apologeta elocuente de las tradiciones del cristianismo, como lo demuestra la iglesia local a la que representaba. En este período esto significaba sobre todo las superiglesias de Roma, Antioquía y Alejandría, cuyos teólogos episcopales llegan a dominar el paisaje del pensamiento cristiano del siglo IV. En este tiempo, alrededor del año 264 o 265, Dionisio recibió una invitación para ir a Antioquía para ser el juez principal del juicio eclesiástico de Pablo de Samosata, uno de los últimos filósofos-obispos modalistas significativos. Declinó la invitación por problemas de salud. Entre sus otras obras, ahora principalmente perdidas, están un canon pascual que compuso y algunos comentarios bíblicos.[116] Su juicio perspicaz y analítico es aparente, aunque la obra ya no existe, en la opinión (Eusebio registra) que en su tratado *Sobre las promesas* Dionisio argumentó que el libro del Apocalipsis claramente no era de la misma mano que el apóstol y evangelista Juan.

---

[115] El pensamiento latino temprano generalmente tiende a enfatizar la unicidad de Dios; el pensamiento griego tiende a enfatizar la diferenciación del uno.

[116] Eusebio, *Historia eclesiástica* 7.20.

La escuela de Cesarea. Aunque Orígenes se había retirado de Alejandría para buscar una base más pacífica de acciones en la Cesarea palestina, su reputación pronto fue restaurada en su ciudad natal después de la muerte del hostil obispo Demetrio, y sus discípulos a menudo formaron el grupo de élite del clero del que fueron elegidos los futuros obispos de la ciudad. Dionisio es un buen ejemplo, pero también lo fueron los doctos obispos alejandrinos a lo largo de los siglos III, IV y V: Teognostos, Alejandro, Atanasio, Pedro, Teófilo y Cirilo. Aun cuando estos obispos protestaron a veces, se habían distanciado de los «errores de Orígenes», sus escritos teológicos y sus exégesis muestran claramente que su dependencia continuada se eleva a partir de un conocimiento práctico y cercano del maestro antiguo, por lo que su legado perduró allí con bastante fuerza.

Pero después del traslado real de Orígenes a Cesarea Marítima, estableció una nueva escuela y construyó una considerable biblioteca en esa capital eclesiástica de la Palestina romana. En su propio tiempo ha pretendido ser la primera universidad cristiana (o instituto de enseñanza superior). En los siglos siguientes esta escuela fue dirigida por una serie de obispos muy eruditos. Su prestigio como centro de aprendizaje cristiano atrajo a muchos intelectuales cristianos a estudiar allí y confirmó a los obispos en una política de presentar su ciudad como una especie de faro intelectual para el desarrollo de la tradición cristiana. Surgió cierta tensión, especialmente en el siglo IV, sobre las diversas interpretaciones de la agenda intelectual de Orígenes, especialmente en relación con la cristología y la Trinidad, y en qué medida sus enseñanzas originales debían ser moderadas. Esta fricción estaría en el centro de lo que surgió como la gran crisis arriana del siglo IV, como veremos.

Cesarea durante e inmediatamente después de Orígenes se convirtió sin embargo en un gran centro intelectual: una considerable biblioteca reunida que se convirtió en uno de los primeros archivos cristianos (junto con las iglesias de Alejandría y Roma) que se utilizaron para documentar el pasado y utilizar los precedentes y acuerdos como elementos básicos para construir una política eclesiástica internacional acordada. Los dos discípulos teológicos de Orígenes lo habían invitado primero a trabajar con ellos en Palestina, a saber, el obispo Alejandro de Jerusalén y el teólogo de Cesarea (216-258). No sólo alentaron su trabajo misionero (ya que la empresa de construir allí una escuela cristiana que rivalizara con la academia pagana alejandrina y la escuela rabínica tanaítica con sede en Cesarea fue ciertamente concebida por ellos como una estrategia misionera destinada a convertir a los paganos y judíos a la iglesia), sino que también lo involucraron estrechamente en su trabajo episcopal en los sínodos locales.[117] Él aparece en varios de ellos en Arabia y Palestina con el pretexto de ser un experto en teología sacerdotal.

Después de ellos, otros obispos cesareanos mantuvieron la biblioteca y el archivo al día, convirtiéndolo en un lugar de renombre para el aprendizaje cristiano hasta

---

[117] La escuela rabínica tanaítica basada en Cesarea estaba trabajando en el texto que finalmente surgió como la Mishná.

mediados del siglo IV. Algunas de esas luces principales de Orígenes en la escuela de Cesarea fueron Acacio el Tuerto (340-366) y Gelasio (367-372, y de nuevo 380-395). El presbítero y mártir Pánfilo fue un famoso y muy dedicado seguidor de Orígenes. Fue el mentor del Obispo Eusebio de Cesarea (260-340), el gran historiador eclesiástico que utilizó los archivos de la iglesia para producir uno de los primeros (ciertamente más prestigiosos) relatos de la historia cristiana escrita desde los días de los Hechos de los Apóstoles.

La escuela que Orígenes fundó estaba situada junto al templo de Augusto en el centro de los muelles de Cesarea. Tuvo una reputación prestigiosa hasta la crisis arriana del siglo IV. En ese momento muchos de sus obispos lucharon tan enérgicamente contra la tradición alejandrina de Alejandro y Atanasio, y la de las iglesias romana y española[118]—es decir, contra la tradición nicena de *homoousion*— que se convirtieron en simpatizantes de los arrianos.[119] Después de la ascensión de Nicea como norma de la fe católica, a finales del siglo IV, la reputación de Cesarea como una de las principales escuelas de la ciencia cristiana se vio fatalmente dañada. Por tanto, fue más o menos arruinada como centro de influencia, mucho antes de que la invasión persa del siglo VII de Palestina la destruyera físicamente.

EL CRISTIANISMO Y LOS FILÓSOFOS

Los obispos de la iglesia del segundo siglo no parecen ser, en general, muy inteligentes. Uno supone que sus iglesias estaban llenas de gente muy parecida a ellos: de las clases más pobres en general, esperando piedad y enseñanza bíblica cuando llegaban a la iglesia, no discursos aprendidos sobre metafísica. Los obispos del siglo III, sin embargo, están empezando a ser claramente un orden diferente de criaturas. Las escuelas gnósticas habían desafiado la complacencia de las iglesias. Gran parte del ridículo provenía de estas escuelas gnósticas con respecto al carácter fideísta de muchas comunidades cristianas: su renuencia a especular y la forma en que querían una simple narración de la fe ligada a los significados literales de las Escrituras. La primera ola de respuestas antignósticas de la iglesia, con excepción de Ireneo, tendió a provenir de presbíteros eruditos. Pero para el siglo III esto había establecido un patrón. En las iglesias significativas se consideró necesario tener un líder episcopal que fuera una persona bien educada, muy capaz en la apologética, que defendiera la fe cristiana en un mundo lleno de críticos –paganos, judíos y filosóficos—y sobre todo alguien

---

[118] Obispo Osio de Córdoba (c. 256-237), el agente imperial de Nicea, y el Papa Silvestre (314–345).

[119] *Homoousion* aquí es la abreviatura de la doctrina en el credo de Nicea (325) de que el divino logos era *homoousion* o consustancial (lo mismo en el ser) con el Padre. Eusebio de Cesarea no negó la fuerza esencial del concepto (a saber, que el Logos era divino y que Dios era Dios de Dios), sino que más bien resistió la importación de la palabra *homoousion* a un lenguaje dogmático acordado centralmente (es decir, como un estándar internacional) porque (1) no estaba justificado en las Escrituras y (2) Orígenes había criticado el término como una concepción materialista (cosas y composiciones), la cual no encajaba en su aplicación a Dios como ser inmaterial. Sus sutilezas filosóficas fueron invadidas en Nicea, y el mismo Eusebio se vio obligado a retractarse de su oposición a que la palabra se insertara en un momento crítico en el credo.

que tuviera un fuerte sentido de la política y que pudiera abogar por la iglesia retóricamente en tiempos de problemas. Estos factores conspiraron a lo largo del siglo III con el fenómeno del nacimiento del retórico-obispo, un fenómeno que sólo se aceleraría en el siglo IV bajo la paz constantiniana.

Pero ahora que los presbíteros y obispos eruditos se volvían mucho más comunes en las iglesias, y que los cristianos comunes eran vistos más regularmente desde las clases medias, ansiosos por una educación retórica que los hiciera aptos para el ascenso social en la sociedad grecorromana, se seguía que tanto los líderes de la iglesia como los fieles de la iglesia se enfrentaban cara a cara con mucha más frecuencia que antes con asuntos filosóficos. Comenzó lo que duraría dos milenios como la historia del largo y profundo compromiso de la iglesia con (y a veces ineficazmente «dando la espalda a») la filosofía. En esta era de la antigüedad, la retórica era la base del currículo educativo y era vista como una extensión de la política, el derecho y la filosofía, todo ello a través de la lente resolutiva de la poesía y la apreciación literaria. Lo que esto significaba para los líderes cristianos, todos educados como estaban bajo los términos de antiguas formas retóricas, era que comenzaron a ver las cosas en estereoscopio: tanto como cristianos mirando al mundo a través de una lente de promesa bíblica y cumplimiento tipológico, como a través de la lente de las filosofías clásicas dominantes de la época—aristotelismo, platonismo y estoicismo. Existían muchas otras escuelas, por supuesto, pero fueron estas tres las que dominaron la imaginación cristiana en la antigüedad y fueron todas influencias formativas sobre la forma del pensamiento doctrinal en el período posapostólico.[120]

Del platonismo la iglesia obtuvo un gran vocabulario sobre metafísica. El intelectual cristiano tendía a considerar a Platón como el más inclinado religiosamente de los antiguos pensadores. En algunas iglesias griegas hasta el día de hoy, a veces se encuentra la representación iconográfica de Platón en el pórtico de entrada de la iglesia, como una especie de antepasado profético del evangelio (similar a la forma en que la sibila es considerada a veces en el Occidente cristiano).

Platón (428-346 a.C.) fue un aristócrata griego y estudiante de Sócrates. La declaración de suicidio de su maestro y mentor lo estimuló a abandonar una carrera política y dedicarse a la vida de la filosofía, especialmente en lo que se refiere a la creación de una sociedad ideal, un nuevo orden de estado. Entre 389 y 367 a.C. organizó su propia escuela en la arboleda de Academus cerca de Atenas, lo que dio al platonismo su nombre alternativo de «la Academia». Las empresas «académicas» siguen tomando su nombre de esto. Sus tratados se sitúan a menudo en forma de *Diálogos*, donde Sócrates aparece como un personaje principal, haciendo preguntas al lector, que mira por encima de los hombros de los participantes. Estas preguntas sobre el significado básico de conceptos como la piedad, la amistad o el amor tienen el

---

[120] El tema es muy amplio. Lecturas adicionales recomendadas son H. A. Wolfson, *The Philosophy of the Church Fathers* (New Haven, CT: Yale University Press, 1956); J. Pelikan, *Christianity and Classical Culture* (New Haven, CT: Yale University Press, 1993); F. C. Copleston, *A History of Philosophy*, vol. 1, *Greece and Rome: From the Pre-Socratics to Plotinus* (London: Search Press, 1946).

propósito de sondear la comprensión individual de los valores fundamentales y eliminar la gran cantidad de clichés no pensados que acompañan a gran parte de nuestras actitudes intelectuales. Sócrates en estos diálogos refuta con éxito la mayoría de las definiciones ofrecidas por los distintos personajes hasta que el desconcierto (*aporia*) se establece entre ellos (y el lector). Se trata de un método pedagógico deliberado, destinado a llevar al lector a un estado de ignorancia clarificada, siendo el objetivo de este ser que la verdad sólo puede comenzar a ser abordada una vez que las falsedades han sido eliminadas del pensamiento.

Una conclusión común de estos diálogos a menudo «no concluyentes» es que el individuo necesita embarcarse en una vida de estudio y reflexión más seria, dado que muchas de nuestras actitudes comunes se basan en opiniones débiles e insostenibles. Este método educativo que Platón llamó la *mayéutica* (partería), ya que era fundamental para la tarea filosófica permitir que el agente individual «diera a luz», no que fuera dominado por opiniones impuestas. Sus primeros diálogos (como *Eutifrón* o *Lisis*) están particularmente preocupados por establecer una base moral para la reflexión humana. El bien es visto como lo que es verdaderamente beneficioso; el mal es definido como ignorancia; la virtud es conocimiento. El movimiento gnóstico estuvo muy influenciado por esta metafísica básica de la epistemología y la ecuación de la virtud con la conciencia del conocimiento (*gnosis*), que se considera liberadora. Para Platón, la búsqueda del ideal es lo que dirigirá una vida ética.

En sus diálogos de mitad de período (*Fedón, Simposio, República*) Platón expone con mayor detalle el carácter de la sociedad ideal y especula sobre la naturaleza de la verdadera realidad como tal. Su pensamiento se centró en panoramas más metafísicos y grandilocuentes. Estos lienzos metafísicos eran muy atractivos para los intelectuales cristianos de los siglos III y IV, quienes trataban de conciliar de diversas maneras su gran alcance con los esquemas más «folclóricos» de la Biblia hebrea. En estas obras intermedias Platón postuló que los ideales como la Belleza, la Verdad o la Justicia existen como entidades reales, en sí mismas, subsistiendo fuera de todas las condiciones materiales o relativas, y no son susceptibles a las variaciones impuestas por el tiempo, el contexto o la cultura. Son estándares absolutos, siempre los mismos. A estos ideales los llamó Ideas, o Formas Ideales, y los vio como los prototipos que causan sus manifestaciones individuales en el mundo de la materialidad. La Belleza Absoluta (Belleza Ideal) es por lo tanto el ejemplo y la raíz, o factor común, de lo que es bello aquí en nuestra experiencia humana, terrenal y multivariada de «cosas bellas».

Platón enseñó que los seres humanos aprehenden los Ideales a través de la percepción intelectual (el *nous* como el órgano de percepción espiritual). Esta última idea fue tomada muy en serio en el movimiento ascético cristiano. Es la base de gran parte del sentido cristiano de la oración como el ascenso del intelecto espiritual a Dios, el *nous* humano elevándose a la comunión con el Logos Divino, que lo emana en el mundo material para empezar. Los más grandes de los primeros escritores espirituales, como Orígenes, Evagrio, Macario, Gregorio Nacianceno, Gregorio de Nisa, Doroteo de Gaza y Dionisio el Areopagita, todos forman una escuela de misticismo de larga duración que tomó esa visión de Platón y se adelantó a ella, añadiendo a sus esquemas genéricos el sentido bíblico de la comunión personal con el principio divino.

Para Platón, la comprensión proviene del hecho de que en una existencia prematerial (antes de que el alma fuera encarcelada en una forma corporal) el intelecto reconocía directamente las Formas Ideales, e incluso ahora la mente humana tiene algún «recuerdo» de ellas a través de reminiscencias y evocaciones (*anamnesis*) proporcionadas por copias materiales (mímesis) de los diversos absolutos. La teoría de las Ideas no fue tan enfatizada en los escritos posteriores de Platón, lo que llevó a algunos historiadores a especular que se alejó de la noción, ya que atrajo más y más críticas de su discípulo Aristóteles y su escuela. El concepto de Formas Ideales fue tomado por muchos escritores cristianos y fue inclinado hacia una concepción más bíblica de la metafísica al personalizarlo en la teoría del Logos divino, quien creó el mundo de las formas materiales al colocar en ellas evocaciones de su propia semejanza. Los pensadores cristianos unieron la doctrina bíblica de la humanidad como la imagen de Dios (del Génesis) con esta idea vagamente adaptada de las Formas Ideales incrustadas en el mundo como señales en la mano del Creador.

Algunos teólogos cristianos significativos, como Orígenes y Evagrio, también quedaron impresionados por la teoría de un conocimiento de la verdad que se extendía en los seres humanos desde una vida desencarnada anterior (Wordsworth volvió a esta idea en su propia poesía mística). Pero la condena póstuma de Orígenes y Evagrio por sostener tales ideas bíblicamente no autorizadas más o menos alejó a la iglesia de la especulación de la preexistencia. Los sucesores posteriores de Platón como jefes de la Academia, especialmente Albino a mediados del siglo II d.C., también desarrollaron la noción antigua de nuevas maneras y la sintetizaron parcialmente con aspectos del pensamiento aristotélico posterior. Albino, por ejemplo, dando origen al movimiento del Medioplatonismo o Platonismo Medio, argumentaba que las Ideas eran pensamientos en la mente de un bien supremo, o Dios. Fue particularmente esta forma de teoría platónica tardía la que afectó e influenció a los cristianos después de los tiempos de Orígenes.

Platón mismo desarrolló su teoría de las Ideas con un énfasis creciente en la manera en que la realidad material engañaba a la mente desde la percepción verdadera, ofreciendo sólo un reflejo (frecuentemente ilusorio) de la realidad. En la *República*, utilizó lo que se convirtió en una famosa imagen de un fuego que los prisioneros de una cueva podían ver, en la medida en que proyectaba sombras de sus formas sobre la pared que tenían ante ellos mientras estaban sentados frente a la parte posterior de la cueva. Estaban tan distanciados del «mundo verdadero», el mundo de la realidad fuera de la cueva, que finalmente llegaron a pensar que las sombras eran cosas reales e hicieron sus deducciones sobre la realidad a partir de estas ilusiones insustanciales. Así, Platón hizo un fuerte contraste entre la inestabilidad material y la permanencia del «mundo verdadero e ideal». Los pensadores cristianos se sintieron muy atraídos por esta idea, especialmente los filósofos ascéticos del primer movimiento monástico. Sustituyeron el *ideal* por lo *espiritual* e hicieron una aguda distinción entre las realidades espirituales que uno no podía ver y las realidades materiales que con demasiada frecuencia llevaban a los creyentes por mal camino hacia la sensualidad física. Esto iba a causar un cambio marcado en el tenor del pensamiento espiritual cristiano a partir de las antiguas actitudes espirituales judías y paganas, que celebraban el cuerpo más abiertamente. Sin embargo, no era simplemente una influencia filosófica griega, sino también algo que había llegado al cristianismo a través de su dependencia de aspectos del pensamiento apocalíptico judío, que enfatizaba el aspecto de impermanencia y sufrimiento de la dimensión material.

Varios de los diálogos importantes de Platón (*Fedón*, *Fedro*, *República*, *Timeo*) hablan del alma en su relación con el cuerpo. El alma era concebida como parcialmente separable del cuerpo en su dimensión racional (*To Logistikon*, *Nous*) e intrínsecamente inmortal, mientras que el cuerpo estaba arraigado en el cosmos material y sometido al flujo y a la ilusión. En la *República*, Platón describe un alma tripartita que consiste en una parte superior de la razón, un aspecto «animado», que está motivado para el bien y la creatividad, y luego la parte «deseosa», que está motivada por la adquisición. La última requiere la guía de la razón y la disciplina del alma «animada», de lo contrario cae en la disipación. La filosofía, según Platón, puede dar el orden correcto al alma, orientándola lejos de las ilusiones terrenales y hacia la verdad intelectual (noética). Tal orientación es nada menos que un ascenso hacia el bien (*To Kalon*), o el mundo espiritual de las Ideas. En el tratado *Gorgias*, Platón habló de un esquema salvífico (soteriológico) y cuasirreligioso (o ciertamente metafísico) en el que el alma justa asciende a través de un ciclo de reencarnaciones a través de una vida virtuosa para un eventual escape de la subyugación material en una existencia bendita.

No todo esto equivalía a un sistema, propiamente dicho, pero sí a una visión coherente de la realidad que las generaciones posteriores de platonistas desarrollaron ampliamente. Los teólogos cristianos también estaban altamente influenciados por la teoría platónica del alma. La adaptaron a los conceptos paulinos del alma y de la psique, de los que Pablo habla sólo ocasionalmente en sus cartas, y en su adaptación se hizo para el nacimiento de una auténtica psicología cristiana (teoría del alma) que enseñaba una triple conciencia ascendente del ser humano como criatura de un Dios trascendente. El nivel más bajo era la conciencia física (*sarx*, *soma*); el siguiente nivel (relacionado con él y que se eleva fuera de él) era la conciencia psíquica o del alma (*psyque*); y el nivel más alto era la conciencia noética (*nous*), que era la inteligencia espiritual de un ser humano que era capaz de sentir la comunión con el Logos divino que había colocado su propia imagen divina en el corazón del ser mortal, dándole el don de la trascendencia inmortal. La teoría del alma, el concepto de creador divino usando el Demiurgo (segundo dios, *deuteros theos*) para hacer realidad material, y el concepto de un ascenso epistemológico a Dios conducido por una vida de virtud fueron influencias formativas que el platonismo dio a la iglesia, ayudándola a llevar su cosmovisión bíblica al mercado más amplio de la cultura del mundo antiguo.

Aristóteles, que había sido uno de los alumnos más brillantes de Platón durante un tiempo, hizo extensas revisiones al esquema platónico, pero finalmente no desvió a la Academia de sus objetivos. El platonismo era quizás la forma más dominante de la filosofía antigua, mientras que el aristotelismo era la más ampliamente «absorbida» por muchas otras escuelas, principalmente porque sus métodos estaban muy bien pensados. Ambas formas tendrían un gran impacto en el cristianismo en la era patrística. La metodología aristotélica sería de gran importancia en la lógica y antropología cristiana, pero las ideas de Platón sobre el ascenso moral al bien habían capturado dramáticamente la imaginación de algunos de los primeros y más importantes intelectuales cristianos, que pensaban que podían encontrar aquí un «amigo» de su religión.

A lo largo de todos los períodos en los que el cristianismo estuvo activamente en diálogo con el platonismo, especialmente del siglo II al VI (después de ese punto el platonismo se convirtió en una mera realidad textual), ninguno de los platonistas estaba contento con la manera en que su escuela había sido absorbida y representada por los cristianos. Sentían que sus ideas centrales habían sido secuestradas y mezcladas con suposiciones no probadas y cuentos despreciables (lo que los cristianos llamarían revelación divina, la encarnación de Cristo, y las historias de las Escrituras). El gran maestro neoplatónico del siglo III, Plotino, luchó amargamente con los gnósticos, castigándolos en sus *Enéadas*. Porfirio, su discípulo, atacó a Orígenes y escribió una amarga denuncia de la religión cristiana. Proclo (el último líder de la Academia en el siglo V) lamentó la manera en que el cristianismo había ensombrecido tanto a la escuela que la cultura griega había sido derrocada (él había sido testigo del cierre final de la Academia por orden de un emperador cristiano).

Los intelectuales cristianos, sin embargo, demostraron estar más que dispuestos a tomar materiales de construcción de cualquier lugar que consideraran útil, y gran parte del mundo del pensamiento platónico se adaptó para su uso en teología. Casi nada de la arquitectura original de Platón quedó intacta, por lo que los pensadores cristianos la subordinaron a las prescripciones generales de su religión inspirada bíblicamente y a su sentido de la presencia personal del Salvador como Señor perdurable de la iglesia, pero ciertamente es posible ver el gran impacto que el «platonismo cristiano» tuvo en la historia de la teología en el período antiguo. Algunos apologetas afirmaron que Platón era un cristiano antes de tiempo. Ese enfoque fue llevado a un punto culminante en la *Preparación para el Evangelio* de Eusebio, en la cual él argumenta que la filosofía antigua (especialmente el platonismo) había servido como una catequesis evangélica para el mundo de los paganos (de una manera comparable al Antiguo Testamento sirviendo como una *propaideusis* del evangelio para los judíos), y ahora las aspiraciones intelectuales y espirituales tanto del mundo griego como del mundo judío podían cumplirse en el advenimiento del cristianismo, que era su síntesis armoniosa bajo el mandato de Dios para unir al mundo en un monoteísmo universal.

La comprensión de Platón de la naturaleza trascendente de la divinidad, que se resuelve en una unicidad más allá de las formas materiales, fue ciertamente una fuerte influencia sobre los cristianos, ya que ellos también comenzaron a describir la existencia de Dios en términos que no dependían meramente de los antropomorfismos del relato bíblico. Orígenes ha sido descrito a menudo como el «platonizador» más flagrante de la era patrística, pero un estudio minucioso de sus obras muestra que era un sintetizador cuidadoso y crítico. Algunos aspectos de la obra de Platón eran importantes para él (enfatiza particularmente el «mapa» metafísico del alma que asciende al bien supremo como una *katharsis* moral), pero en otros casos se aparta radicalmente de Platón cuando considera que el maestro no es compatible con las Escrituras. Así, por ejemplo, Orígenes insiste en una cosmovisión que implica una creación de la nada (*ex nihilo*) para reforzar la comprensión bíblica de la supremacía de Dios, por encima y en contra de la visión platónica de la divinidad como una agencia dentro de un cosmos más determinista y eternamente preexistente.

La idea platónica de la filosofía como entrenamiento del alma para ascender al bien también fue muy utilizada por otros cristianos, a través de la teoría de las Ideas. El sentido de Platón de la inmortalidad natural del alma también fue muy mencionado, aunque los cristianos generalmente no defendían este concepto de una inmortalidad natural del alma en el período inicial. Teólogos más reflexivos enseñaron en cambio que el alma era condicionalmente inmortal, es decir, que a los seres humanos se les había dado un destino trascendente que podían aceptar o rechazar. Si lo aceptaban, se levantaban de su naturaleza mortal esclavizados a la muerte y entraban en la vida resurreccional de Cristo. Si lo rechazaban, se quedaban encerrados en una naturaleza cargada de muerte y decadencia.

En el mundo latino, Mario Victorino y Agustín eran entusiastas defensores del efecto beneficioso que el neoplatonismo podía tener en la autoexpresión cristiana. Para Oriente, Orígenes, Gregorio de Nisa, Pseudo-Dionisio y Máximo el Confesor representan especialmente el nuevo platonismo cristiano de Bizancio. La visión de Platón de la filosofía como una disciplina moral, por la cual el alma podía elevarse a la verdadera percepción, fue altamente influyente en el movimiento monástico cristiano primitivo, que se consideraba a sí mismo como «verdaderos filósofos», usando técnicas ascéticas para distanciarse de las ilusiones materiales en la causa del avance del discernimiento noético. Como hemos notado, en los siglos IV al VI el platonismo mismo adquirió un carácter religioso más profundo en forma de neoplatonismo, pero en muchos sentidos el movimiento monástico cristiano representado por sus defensores originales (como Evagrio y Máximo) fue un auténtico heredero del movimiento platónico anterior. El platonismo en su conjunto, en su profunda y nativa sospecha de la realidad material, nunca fue capaz de ser digerido en los esquemas cristianos genéricos, los cuales, a través del medio fundacional de las Escrituras y la primacía dada a la encarnación del Logos, en realidad elevaron la materialidad a un estado sacramental de una manera que era, y seguía siendo, totalmente ajena a los valores platónicos centrales.

Del aristotelismo, la iglesia obtuvo un conjunto igualmente grande de conocimientos sobre antropología. También ofrecía un método de pensamiento, términos de análisis y proceso que muchos intelectuales cristianos valoraban (y siguen valorando). Aristóteles (384-322 a.C.) desafió a Platón por la dominación de las tradiciones filosóficas griega y helenística. Desde el primer siglo (comenzando con el maestro platonista medio Albino), la filosofía helenística combinó eclécticamente elementos del sistema aristotélico dentro de una amplia matriz de pensamiento platónico, produciendo el contexto intelectual sintético en el que nació el cristianismo. El aristotelismo siempre había enfatizado el método empírico. Su principal procedimiento metodológico fue la clasificación: la identificación taxonómica de la variedad de especies y sus respectivos *teloi* inherentes (u objetivos ontológicos) basados en la observación cercana del orden natural y sus fenómenos relacionados. La idea de que las naturalezas contienen los principios de sus destinos, que posteriormente se desarrollaron en el patrón y la dinámica de sus cursos de vida, era importante para el sistema. También lo fue la reflexión ética (comenzando con la propia *Ética nicomáquea* de Aristóteles en el siglo IV a.C.). El sistema también se identificó con estructuras de razonamiento silogístico y le dio un lugar primordial de importancia al método deductivo correcto.

En los padres de la iglesia, Platón era generalmente considerado como más propicio para la reflexión sobre el misterio divino, y Aristóteles como un empirista más preocupado por el orden material, pero esto contradecía la enorme cantidad de aristotelismo que fue adoptado silenciosamente por los primeros apologetas en sus meditaciones sobre el orden del mundo creado y cómo éste manifestaba la mano de Dios dentro de él. Los argumentos en la iglesia acerca de cómo el orden natural manifestaba la obra de Dios son muy a menudo no muy alejados de la literatura aristotélica, añadiendo un sentido mucho más explícito de la participación de un creador personal. Entre las ideas aristotélicas asimiladas por la iglesia destacan los conceptos de forma y materia, la preeminencia metafísica del bien, la idea de la primera causa y la noción de la ética equilibrada como la posición mediana y razonable a partir de un conjunto de posibilidades alternativas. Orígenes de Alejandría fue uno de los primeros cristianos en hacer una síntesis dramática entre aristotelismo y platonismo en su propia teología sistemática. Comenzó la rigurosa clasificación de varios tipos de literatura y métodos literarios, dando así origen a la primera (más o menos) exégesis cristiana «científica». El sistema de Orígenes tenía muchas características platónicas en sus aspectos metafísicos, por supuesto, pero su subestructura racional fue proporcionada por la exégesis bíblica en primer lugar, y que a su vez se sentó sobre los principios interpretativos aristotélicos que aprendió del ejemplo de la Academia Alejandrina y la Gran Biblioteca.

El discípulo de Orígenes, Gregorio Nacianceno, en el siglo IV, estaba aún más explícitamente en deuda con Aristóteles. Él y otros amigos capadocios como Basilio el Grande y Gregorio de Nisa prepararon un asalto general a los maestros neoarrianos Eunomio y Aecio, que habían elevado el silogismo aristotélico al centro del escenario de su método teológico (argumentando así la no divinidad del Hijo, ya que la categoría de «Hijo» es inherentemente diferente a la de «Padre»). Gregorio utilizó cuidadosamente el método aristotélico en sus *Cinco discursos teológicos* (27-31) para demostrar las fortalezas y límites de las diversas formas silogísticas de razonamiento y para argumentar a favor de la doctrina nicena de la deidad plena del Hijo (basado en la premisa de que títulos como *Padre* e *Hijo* eran accidentales, o relacionales, no categorías sustantivas). Después del ejemplo autoritativo de Gregorio del valor del silogismo aristotélico al servicio de la teología, el uso del método aristotélico explícito fue «bendecido» por la alta autoridad patrística.

Después del siglo V, muchas de las obras de Aristóteles fueron traducidas al sirio y ejercerían una fuerte influencia en la filosofía cristiana siria. Entre los latinos, la obra fundacional de Tertuliano estaba muy consciente de Aristóteles y mezcló parte de su trabajo con actitudes estoicas hacia la ética. La mayoría de los grandes intelectuales latinos después de él tuvieron un buen conocimiento de los principios aristotélicos, algo que dio al pensamiento cristiano latino, en general, un carácter claramente empírico y realista. En Bizancio, la idea de Aristóteles de los telos de la humanidad, el impulso natural inherente que se desarrolló de una manera antropológicamente definitoria, se refinó en una filosofía espiritual cristiana que veía la asimilación a la imagen divina (comunión con Dios) como el telos humano fundamental, y en este sentido las ideas aristotélicas se convirtieron en constitutivas de los escritores místicos y teológicos bizantinos, especialmente Máximo el Confesor, Leoncio de Bizancio y Juan Damasceno. A través de este último, especialmente su «manual» teológico (*Sobre la fe ortodoxa*), la influencia de Aristóteles regresó (aunque principalmente en el período medieval) a la iglesia occidental. Aquino usó a Juan como una fuente importante para formar su influyente *Summa theologiae*.

Del estoicismo, la iglesia tomó prestado gran parte del marco intelectual de sus primeras formas éticas de análisis, en aquellos momentos en que no estaba siendo dirigido específicamente por la Biblia. El estoicismo era una escuela de filosofía griega antigua que derivaba de Zenón (c. 333-262 a.C.). Tomó su nombre de la «columnata pintada» (*stoa poikile*) en Atenas, donde Zenón enseñó por primera vez. Sus principales figuras, además de su fundador, fueron Crisipo, Panecio, Posidonio y Séneca (el tutor romano de Nerón). El estoicismo evolucionó considerablemente a lo largo de su larga existencia, pero fue una de las influencias dinámicas en los primeros pensadores cristianos; fue uno de los sistemas filosóficos más respetados en el momento de la aparición de la iglesia. La visión estoica metafísica de que el mundo estaba infundido de chispas divinas del Logos último, el principio inmanente del orden y la razón divinos que habitaban en las almas de los seres humanos racionales, era una idea que casi todos los teólogos del Logos cristiano adaptaron con entusiasmo a sus propios fines. También lo fue el extenso sistema de ética estoica. Los estoicos enseñaron que el orden y la conformidad con las leyes de la naturaleza eran imperativos éticos primarios. La teoría de la ley natural (también adaptada a las prescripciones bíblicas) se convirtió en un valor inmenso para los pensadores cristianos. La omnipresencia del Logos como vínculo común (un principio divino) que marcaba nuestra «humanidad común» fue una marca distintiva de la escuela estoica, que fue, por lo tanto, uno de los pocos movimientos filosóficos de la antigüedad que habló abiertamente sobre la igualdad de todos los seres humanos racionales y la inconsistencia de las distinciones sociales (no menos importante, la esclavitud). La amistad fue enfatizada entre los estoicos como el vínculo de caridad que sostenía a la sociedad. Tales ideas también encontraron una fuerte resonancia entre los cristianos, que habían elevado la noción de amor (*caritas*, *agape*), sobre la autoridad de Jesús, como jefe de las virtudes.

La escuela estoica estaba profundamente interesada en la lógica y el argumento silogístico, como los aristotélicos. En el siglo IV muchos de los teólogos cristianos utilizaban reglas lógicas estoicas y aristotélicas para desarrollar un enfoque sistemático de las principales doctrinas como la Trinidad y la cristología. Tertuliano y Lactancio se encuentran entre los padres latinos que demuestran la influencia más manifiesta del estoicismo en sus obras. Las comparaciones entre los valores cristianos y los ideales éticos estoicos fueron tan marcadas que más tarde los cristianos forjaron una serie de cartas que pretendían ser una correspondencia entre San Pablo y su contemporáneo el filósofo estoico Séneca.

La cosmología estoica, que consideraba que el mundo procedía de una gran conflagración de fuego a otra, con chispas divinas del Logos esparciéndose después de cada conflagración en las almas y finalmente volviéndose a juntar, es realmente como un vasto sistema panenteísta. En su totalidad se oponía totalmente al cristianismo, y ninguno de los Padres adoptó elementos estoicos sin revisarlos sustancialmente. Sin embargo, en este sistema filosófico, como en gran parte del platonismo, varios de los pensadores patrísticos (especialmente Justino Mártir, Clemente de Alejandría, Orígenes y Eusebio de Cesarea) encontraron aquí una forma de propedéutica del mensaje evangélico—si no una anticipación, al menos un elemento amigable en la sociedad helénica que podría ser adaptado positivamente para los propósitos de la misión evangelística cristiana. Combinaron «resonancias» de la visión ampliamente difundida del orden del fin del mundo con sus propias enseñanzas de las Escrituras sobre el juicio apocalíptico y utilizaron el substrato estoico como herramienta misionera para acercar a los intelectuales al mensaje cristiano.

En su acercamiento a las principales escuelas de la filosofía grecorromana encontramos este denominador común: los intelectuales cristianos son muy eclécticos. Toman, mezclan y combinan. Rara vez se asombran de un filósofo «pagano», por muy elevada que sea su reputación ante ellos. Para los cristianos, la autoridad bíblica y las tradiciones de la iglesia siguen siendo predominantemente importantes. Pero los pensadores cristianos siempre están dispuestos a utilizar la filosofía como una herramienta para comunicar sus ideas, esperando así una audiencia más amplia de su mensaje y un contexto más accesible de comprensión de su teología. Lactancio usa mucho del estoicismo, Aristóteles y Platón, pero cuando recurre al valor general de los filósofos como guías de la verdad y la moralidad, es bastante mordaz.[121] Platón es a quien más critica, por no cumplir con su propia promesa.

En un apotegma brillantemente memorable, Lactancio muestra la diferencia de mentalidad entre un teólogo cristiano que sabe que está basado en la revelación casada con la razón y un pensador especulativo humano, ya sea trascendentalista o materialista, que pone toda su fe en la razón. Dice: «Platón, es verdad, habló muchas cosas sobre el único Dios, por quien dijo que el mundo estaba enmarcado. Pero con respecto a la verdadera religión no hablaba nada, pues sólo tenía sueños de Dios; nunca lo había conocido» (*non cognovit deum solum somniavit de eo*).[122] Lactancio era un teólogo laico. Se veía a sí mismo como un retórico-filósofo-teólogo, ante todo. Se encuentra en el puente entre los siglos III y IV, víctima de la persecución de los emperadores y, sin embargo, también es el tutor y eventual asesor político de Constantino el Grande. Él es simbólico en muchas maneras de lo mucho que la iglesia había aprendido en sus primeros trescientos años entre los filósofos y eruditos. Había abastecido sus bibliotecas, solidificado sus tradiciones y apreciado (principalmente) a sus intelectuales. Ahora estaba preparado para las grandes aventuras que le aguardaban en el siglo IV: quizás el tiempo más dramático y formativo que había conocido desde la época de los mismos apóstoles. A esto nos referimos ahora.

UNA BREVE LECTURA

Cipriano de Cartago, **Sobre la mortalidad** *20, 24, 26 (252 d.C.)*. Nuestros hermanos que han sido liberados de este mundo por la llamada especial del Señor no deben ser llorados, porque sabemos que no están perdidos, sino que han sido enviados delante de nosotros.... Demostremos a otros que esta es nuestra verdadera creencia y no lloremos ni siquiera la muerte de nuestros seres queridos. Cuando llegue el día de nuestra propia citación, vengamos alegremente, y sin vacilar, al Señor, escuchando su invitación.... Reflexionemos, queridos hermanos, que hemos renunciado a este mundo y sólo vivimos aquí mientras tanto como huéspedes y extraños. Cuando llegue ese día que nos arrebata de aquí y nos reasigna a nuestro propio hogar, saludémoslo con alegría porque nos libera de las trampas de este mundo y nos devuelve al paraíso y al reino celestial. ¿Quién hay que, habiendo sido exiliado en tierras extranjeras, no se apresuraría a regresar a su propia patria? ¿Quién, apresurándose a volver con sus amigos, no acogería con gusto un vendaval próspero, para poder abrazar más rápidamente a sus seres queridos? Puesto que consideramos el paraíso como nuestra patria y ya podemos mirar a los patriarcas como nuestros padres, entonces ¿por qué no correr y darnos prisa para poder mirar a nuestra patria y allí saludar a nuestros padres? Ya hay un gran

---

[121] Lactancio, *Divine Institutes*, libro 3.
[122] Ibid., 5.15.

número de seres queridos que esperan nuestra llegada: una densa multitud de padres, hermanos, hijos, todos anhelando que estemos allí, ya seguros de su propia seguridad, pero ansiosos de nuestra salvación. ¡Qué alegría para ellos y para nosotros venir a su presencia y abrazarlos una vez más! Qué deleite hay en ese reino celestial, más allá del miedo a la muerte. Cuán exaltada e infinita es su felicidad en la vida eterna.

Cipriano de Cartago, **Sobre la unidad de la Iglesia** *4 (c. 258 d.C.).* No hay necesidad de largos argumentos sobre este [asunto de la unidad de la iglesia], ya que la verdad es obvia, como verán en esta sinopsis. El Señor dice a Pedro: «Tú eres Pedro, y sobre esta roca edificaré mi iglesia, y las puertas del infierno no la vencerán. Te daré las llaves del reino de los cielos; y todo lo que atares en la tierra será atado en los cielos, y todo lo que desatares en la tierra será desatado en los cielos» (Mt. 16:18-19). Luego, después de su resurrección, dice: «Apacienta mis ovejas» (Jn. 21:15). Luego da igual poder a todos los apóstoles: «Como el Padre me envió, así os envío yo. Reciban el Espíritu Santo. Si perdonareis los pecados de alguno, le serán perdonados; y si retuviereis los pecados de alguno, le serán retenidos» (Jn. 20:21). Pero, para demostrar cuán importante era la unidad, Cristo ordenó que comenzara con un solo apóstol. El resto de los apóstoles eran iguales a Pedro, evidentemente, compañeros suyos en dignidad y poder, pero la fuente de las cosas estaba en la unidad. En Cantar de los Cantares, el Espíritu Santo describe esta misma iglesia en la persona de nuestro Señor: «Mi paloma, mi paloma impecable, no es más que una. Ella es la única de su madre, la preferida de la que la dio a luz» (Cant. 6:9). Entonces, ¿cómo es posible que alguien piense que mantiene la fe si rompe la unidad de la iglesia? El apóstol Pablo enseña este mismo sacramento de unidad cuando dice: «Hay un solo cuerpo y un solo espíritu, una sola esperanza, un solo Señor, una sola fe, un solo bautismo, un solo Dios» (Ef. 4:4). Aquellos que luchan y resisten a la iglesia, ¿creen realmente que todavía permanecen dentro de ella?

Cipriano de Cartago, **Epístola 17.** Yo también sufro y lamento por nuestros hermanos que han caducado y han caído bajo la violencia de la persecución. Arrancaron parte de nuestro propio corazón con ellos, y sus heridas nos han infligido un dolor similar. Pero esto es algo que la misericordia divina puede reparar. Pero creo que no debemos apresurarnos demasiado, o hacer algo inadvertidamente apresurado, en caso de que un apresurado intento de reconciliación provoque aún más el desagrado divino. Los beatos mártires confesores me han escrito sobre ciertas personas, pidiendo que se consideren sus deseos. Cuando el Señor nos devuelva finalmente la paz a todos nosotros y podamos volver a la iglesia, entonces cada caso será examinado en su presencia y con la ayuda de su consejo. Sin embargo, ha llegado a mis oídos que algunos de los presbíteros, sin tener en cuenta el evangelio, ni considerando lo que los mártires me han escrito, ni siquiera reservando al obispo el honor debido a su sacerdocio y a su cátedra, ya han comenzado a restaurar los caducados a la comunión, a ofrecerles la oblación y a darles la santa Eucaristía. Pero deberían haber regresado a esto con el debido proceso. Porque aun en las ofensas menores, las que no son blasfemias graves, se hace penitencia por un tiempo determinado, y se hace confesión, con una indagación instituida en la vida del que está haciendo penitencia; y ninguno de ellos puede comulgar hasta que el obispo y el clero hayan impuesto las manos sobre ellos. Siendo esto así, cuánto más, en el caso de estos pecados extremos y más graves, todo proceso debe ser observado con cautela y reserva, de acuerdo a la disciplina del Señor. Nuestros presbíteros y diáconos seguramente deberían haberle aconsejado sobre estos asuntos, como parte de su deber de atender a las ovejas que se les habían confiado, y de instruirlos en el camino de alcanzar la salvación en las formas que Dios ha establecido.

***Orígenes de Alejandría,* Sobre los primeros principios,** *prefacio 2.* Sin embargo, debido a que hay muchos creyentes en Cristo que hoy difieren entre sí, no sólo en asuntos pequeños y triviales, sino también en temas de mayor importancia, tales como las cuestiones relativas a Dios, o al Señor Jesucristo, o al Espíritu Santo; y no sólo sobre estos asuntos, sino también en relación con otras existencias creadas, tales como los poderes celestiales y las santas virtudes; por estas razones me pareció necesario, en primer lugar, fijar definiciones precisas y establecer una regla clara con respecto a cada uno de estos asuntos antes de pasar a la investigación de otros puntos. Por mi parte, después de que llegué a creer que Cristo era el Hijo de Dios, dejé de buscar la verdad entre los que afirmaban que sus opiniones falsas la consagran, por lo que hice caso omiso de las muchas afirmaciones de griegos y bárbaros para darla a conocer. Porque estaba convencido de que debemos aprender la verdad sólo del Señor mismo. Y, sin embargo, hay muchos que piensan que tienen las opiniones de Cristo, aunque algunos de ellos piensan muy diferente a sus predecesores. Pero la enseñanza de la iglesia es transmitida en sucesión ordenada desde los apóstoles y perdura en las iglesias hasta el día de hoy. Por eso sólo eso debe ser aceptado como una verdad que no difiere en nada de la tradición eclesiástica y apostólica.

***Orígenes de Alejandría,* Sobre los primeros principios,** *prefacio 4, 8.* Los puntos particulares que han sido claramente entregados en la enseñanza apostólica incluyen la unidad de Dios ... y, finalmente, el hecho de que las Escrituras fueron escritas por el Espíritu de Dios, y tienen tal significado, no sólo lo que es aparente a primera vista, sino también otro, que escapa a la atención de la mayoría de la gente. Porque las palabras de la Escritura están escritas como las formas de ciertos misterios e iconos de las cosas divinas. En relación con esto, hay una opinión que prevalece en toda la iglesia, a saber, que toda la ley es verdaderamente espiritual; pero que el significado espiritual que la ley transmite no es conocido por todos, sino sólo por aquellos de quienes la gracia del Espíritu Santo ha sido dotada en la palabra de sabiduría y conocimiento.

Orígenes de Alejandría, **Sobre los primeros principios 2.7.** Así como un acto de la voluntad procede del entendimiento, pero no lo divide, ni se separa o aísla de él, así también, de alguna manera, debemos imaginar que el Padre ha engendrado al Hijo, que es su propia imagen. Así como el Padre mismo es invisible por naturaleza, así también dio a luz una imagen que era invisible. Porque el Hijo es la Palabra, y así debemos entender que no hay nada en él que pueda ser captado por los sentidos. Él es la Sabiduría, y en la sabiduría no puede haber sospecha de nada corpóreo. Él es la «luz verdadera que ilumina a todo hombre que viene a este mundo», pero no tiene nada en común con la luz de este sol presente. Nuestro Salvador, por lo tanto, es la imagen del Dios invisible. Y cuando se le considera en relación con el Padre mismo, él es la verdad; y cuando se le considera en relación con nosotros, a quienes revela al Padre, entonces él es esa imagen por la cual nosotros mismos llegamos al conocimiento del Padre, a quien nadie conoce excepto el Hijo y a quien el Hijo se ha complacido en dar esa revelación. Y su método de esta revelación de Dios es a través del entendimiento. Porque todo aquel que entiende al Hijo, por consiguiente, también entiende al Padre, como él mismo nos ha dicho: «Quien me ha visto a mí, también ha visto al Padre».

Orígenes de Alejandría, **Sobre los primeros principios 8.4.** No es por falta de discriminación, o por cualquier otra causa accidental, que los principados tengan su dominio y las demás órdenes de espíritus celestiales hayan obtenido sus respectivos oficios. Más bien, es por el hecho de que han recibido su rango a causa de sus méritos, aunque no hemos tenido el privilegio de saber o deducir cuáles fueron esos actos meritorios por los cuales se ganaron su lugar en cualquier orden espiritual particular. Basta con que sólo sepamos esto para que podamos demostrar la imparcialidad y la justicia de Dios, que (como nos dice San Pablo) no hay favoritismo en él. Más bien, él dispone todo según los méritos y el progreso moral de cada individuo. Por eso no existe el oficio angélico sino como consecuencia de los méritos de estos poderes. Y los poderes mismos no ejercen el poder sino en virtud de su progreso moral individual. Aquellos que son llamados tronos en la Escritura, que tienen el poder de juzgar y gobernar, igualmente administran sus poderes sólo en virtud de sus méritos. Los dominios también ejercen su regla por mérito. En efecto, todo ese gran y distinguido orden de criaturas racionales que comprenden las existencias celestiales está expuesto en una gloriosa variedad de oficios. La misma opinión debe ser sostenida con respecto a aquellas influencias oscuras opuestas que se han entregado a lugares y oficios apropiados para ellos; es decir, que derivan la propiedad por la cual son convertidos en principados, o poderes, o gobernantes de las tinieblas del mundo, o espíritus de maldad, o espíritus malignos, o demonios inmundos, no como resultado de ninguna naturaleza esencial, ni de su creación en esa forma, sino más bien de que han terminado en estos grados de maldad en proporción a su conducta individual y su propia declinación en el mal. Así que han formado un segundo orden de criaturas racionales, aquellos que se han dedicado a la maldad de una manera tan precipitada que no están dispuestos, en lugar de ser incapaces, de retirarse de ella por su propia cuenta. Con ellos la sed de maldad ya se ha convertido en una pasión y les da placer. Pero también hay un tercer orden de criaturas racionales, es decir, aquellas que han sido juzgadas aptas por Dios para reponer la raza humana, es decir, las almas de los hombres. Estos también pueden ser asumidos en el orden de los ángeles en virtud de su ascenso moral. Así, por ejemplo, podemos ver a algunos de ellos que han sido hechos hijos de Dios, o hijos de la resurrección, aquellos que han abandonado las tinieblas, y han amado la luz, y han sido hechos hijos de la luz. Y hay quienes han salido victoriosos en toda lucha que, convirtiéndose en hombres de paz, se han convertido en hijos de la paz y en hijos de Dios. También hay quienes, habiendo mortificado a sus miembros en la tierra y habiendo resucitado por encima de su naturaleza corpórea, e incluso por encima de los movimientos vacilantes de sus propias almas, han encontrado la unión con el Señor y se han hecho totalmente espirituales. Estos serán un solo espíritu con él para siempre, discerniendo todas las cosas en él hasta que lleguen a una condición de espiritualidad perfecta, cuando discernirán todas las cosas por la luz de su perfecta iluminación, en toda santidad por medio de la palabra y sabiduría de Dios, y llegarán a ser completamente indistinguibles (de él) por cualquier otro.

LECTURAS COMPLEMENTARIAS

Cipriano de Cartago

Bevenot, M., ed. *Cyprian: De Lapsis & De Ecclesiae Catholicae Unitate*. Oxford: Clarendon, 1971.

Brent, A. *Cyprian and Roman Carthage*. Cambridge: Cambridge University Press, 2010.

Burns, Patout J. *Cyprian the Bishop*. London: Routledge, 2002.

Fahey, M. A. *Cyprian and the Bible: A Study in Third Century Exegesis*. Tübingen: Mohr Siebeck, 1971.

Hinchcliff, P. *Cyprian of Carthage and the Unity of the Christian Church.* London: Geoffrey Chapman, 1974.

Sage, M. M. *Cyprian.* Cambridge, MA: Philadelphia Patristics Foundation, 1975.

Orígenes de Alejandría

Bertrand, P. *Mystique de Jésus chez Origène.* Paris: Aubier, 1951.

Crouzel, H. *Origen.* Edinburgh: T&T Clark, 1989.

Daniélou, J. *From Shadows to Reality.* London: Burns and Oates, 1960.

Dively-Lauro, E. *The Soul and Spirit of Scripture Within Origen's Exegesis.* Leiden: Brill, 2005.

Hanson, R. P. C. *Allegory and Event.* 2da ed. Louisville: Westminster John Knox, 2002.

Knauber, A. "Das Anliegen der Schule des Origenes zu Casarea." *Munchener Theologische Zeitschrift* 19 (1968): 182-203.

Lewis, G., trad. *The Philocalia of Origen.* Edinburgh: T&T Clark, 1911.

McGuckin, J. A. "Origen as Literary Critic in the Alexandrian Tradition." En *Origeniana Octava*, ed. L. Perrone, 121-35. Leuven: Peeters, 2003.

_____. "Structural Design and Apologetic Intent in Origen's *Commentary on John.*" En *Origeniana Sexta: Origen and the Bible*, ed. G. Dorival y A. Le Boulluec, 441-57. Bibliotheca Ephemeridum Theologicarum Lovaniensium CXVIII. Leuven: Peeters, 1995.

_____. ed. *The Westminster Handbook to Origen of Alexandria.* Louisville: Westminster John Knox, 2008.

Orígenes. *Commentary on the Gospel According to John: Books 1-10.* Traducido por R. E. Heine. Fathers of the Church 80. Washington, DC: Catholic University of America Press, 1989.

_____. *Contra Celso.* Madrid: Biblioteca Autores Cristianos, 2001.

_____. *Sobre los principios.* Madrid: Editorial Ciudad Nueva, 2015.

Rahner, K. "The Spiritual Senses in Origen." En Karl Rahner, *Theological Investigations*, vol. 16, *Experience of the Spirit*, 82-103. New York: Crossroad, 1979.

Shin, D. "Some Light from Origen; Scripture as Sacrament." *Worship* 73, no. 5 (1999): 399-425.

Torjesen, K. *Hermeneutical Procedure and Theological Method in Origen's Exegesis.* Berlin: de Gruyter, 1986.

Trigg, J. W. *Origen: The Bible and Philosophy in the Third Century Church.* London: Routledge, 1983.

La cultura y el pensamiento cristiano del tercer siglo en general

Griggs, C. W. *Early Egyptian Christianity: From Its Origins to 451 CE.* Leiden: Brill, 1989.

Kelly, J. N. D. *Early Christian Doctrines*. London: A&C Black, 1980.

McMullen, R. *Christianizing the Roman Empire AD 100–400*. New Haven, CT: Yale University Press, 1984.

Pelikan, J. *The Christian Tradition*. Vol. 1, *The Emergence of the Catholic Tradition (100–600)*. Chicago: University of Chicago Press, 1975. Páginas 27-120.

Prestige, G. L. *God in Patristic Thought*. London: SPCK, 1975. Páginas 1-176.

Quasten, J. *Patrología. II: La edad de oro de la literatura patrística griega*. Madrid: Biblioteca Autores Cristianos, 2001.

Cristianismo y los filósofos

Arnou, R. "Platonisme des Pères." En *Dictionnaire de théologie catholique*, 12:2294-2392. Paris: Letouzey et Ané, 1903.

Gerson, L., ed. *The Cambridge History of Philosophy in Late Antiquity*. 2 vols. Cambridge: Cambridge University Press, 2010.

Ghellinck, J de. "Quelques appréciations de la dialectique d'Aristote durant les conflits trinitaires du IV-ième siècle." *Revue d'histoire écclesiastique* 25 (1930): 5-42.

Lilla, S. "Platonism and the Fathers." En *Encyclopedia of the Early Church*, ed. A. di Berardino, 2:689-98. Cambridge: Clarke, 1992.

Norris, F. W. *Faith Gives Fullness to Reason: The Five Theological Orations of Gregory of Nazianzus*. Leiden: Brill, 1991. Páginas 17-39.

Ricken, F. *Philosophy of the Ancients*. London: University of Notre Dame Press, 1991. Páginas 123-81.

Rist, J. M. *Platonism and Its Christian Heritage*. London: Variorum, 1986.

_____. *The Stoics*. Berkeley: University of California Press, 1978.

Ross, W. D. *Plato's Theory of Ideas*. Oxford: Clarendon, 1951.

Runia, D. T. "Festugière revisited: Aristotle in the Church Fathers." *VC* 43 (1989): 1-34.

Spanneut, M. *Le Stoicisme des pères de l'église: de Clément de Rome à Clément d'Alexandrie*. Paris: Editions du Seul, 1957.

Tatakis, B. *La Philosophie Byzantine*. Paris: F. Alcan, 1949.

Wenley, R. M. *Stoicism and Its Influence*. New York: Cooper Square, 1963.

4

EL EVANGELIO EN EL TRONO

Cristianos en el Oriente del siglo IV

DIOCLECIANO Y LA REVOLUCIÓN CONSTANTINIANA

Si nos fijamos en las fechas de reinados de los emperadores romanos del siglo III, pronto queda claro que algo estaba terriblemente mal en el imperio.[1] Los generales que luchaban por asumir que el púrpura sumergía al mundo romano en una serie de guerras civiles desastrosas que debilitaban a un imperio que ya estaba gravemente enfermo de problemas económicos y que veía la inflación galopando a un ritmo desenfrenado y aparentemente incontrolable.[2] Después del asesinato de Alejandro Severo por sus propias tropas en el año 235, siguió un período de cincuenta años que vio no menos de veintiséis senatoriamente reconocidos reclamantes al trono. La peste siguió los pasos de las legiones.[3] La moneda con que les pagaban se desplomó en valor, robándoles el «futuro de la jubilación» por el que habían comprometido sus largos años de servicio militar. Los propietarios de tierras y los pequeños agricultores se quedaban con cosechas que les ganaban menos que sus costos, incluso antes de que los impuestos fueran exigidos por una administración hostil. Incluso los honores y cargos cívicos fueron resistidos por las clases más ricas por llevar demasiada carga como para compensar el honor tradicional; pues incluso su riqueza, por supuesto, estaba en la tierra. La muy alabada unidad política de Roma se dividió en esta época en tres zonas romanas fracturadas: la gaulo-británica, la palmira y la italiana. Sólo Aureliano (270-275) logró reunirlos antes de su propio asesinato. Su obra preparó el

---

[1] Véase el apéndice 3 para una lista de emperadores.
[2] Para más detalles, véase O. Hekster, *Rome and Its Empire, AD 193–284* (Edinburgh: Edinburgh University Press, 2008); A. H. M. Jones, *The Later Roman Empire*, vols. 1-2 (Oxford: Blackwell, 1964); A. Bowman, P. Garnsey, y A. Cameron, eds., *The Cambridge Ancient History*, vol. 12, *The Crisis of Empire, AD 193–337* (Cambridge: Cambridge University Press, 2008).
[3] La peste antonina o galénica de 165-180 (probablemente viruela) diezmó la población del imperio. Fue llevada de vuelta a Roma por tropas que servían en el Oriente Próximo.

camino para Diocleciano y el gran movimiento de reforma que puso a la administración imperial romana en una base más segura para el futuro.

Diocleciano fue uno de los más grandes administradores prácticos que el imperio había visto jamás. En asuntos de gobierno y militares reemplazó los sistemas (supuestamente) democráticos republicanos del emperador, consultando con un senado, de cuyas filas se seleccionaban las gobernaciones principales, por una estructura más abiertamente autocrática de un único gobernante imperial que centralizaba consigo mismo y con un consistorio consultivo la mayoría de las formas importantes de control y dirección de la política. Se dio cuenta de que gran parte de la inestabilidad de las generaciones anteriores se debía a la falta de un sistema regulado de transición de poder en el imperio. En consecuencia, instituyó el sistema de la tetrarquía para asegurar que se efectuara un traspaso regular y pacífico del poder de un emperador a otro. Esta era su esperanza, en cualquier caso. No se materializó, como veremos.

Diocleciano tuvo la visión de ver que la extensión territorial de los dominios romanos hacía casi imposible gobernar desde un solo centro. Pero si el poder se delegaba demasiado, los límites también se volvían ingobernables. Por lo tanto, instituyó el concepto de los imperios de Oriente y Occidente, con un colegio de gobernantes. Hizo las antiguas gobernaciones más pequeñas, pero más numerosas, reduciendo el riesgo de utilizarlas como plataforma de lanzamiento para la guerra civil. Duplicó el antiguo sistema de provincias administrativas de cincuenta a cien. Quitó las funciones militares a los gobernadores, creando una nueva clase de duques que tenían a su cargo las fuerzas armadas bajo la supervisión imperial. En las dos partes respectivas del nuevo imperio reinaría un emperador de alto rango, llamado Augusto, y tendría como su asociado a un emperador menor llamado César.

Diocleciano eligió como su colega occidental a su antiguo compañero militar Maximiano, convirtiéndolo en césar en 285 y promoviéndolo a augusto a cargo de Occidente al año siguiente. Su propia carga de trabajo legal era tan pesada (los emperadores anteriores habían descuidado el papel legislativo) que consultó con Maximiano, y acordaron que el sistema de nombramiento de césares tanto para Oriente como para Occidente sería beneficioso. Galerio fue nombrado para ayudar a Diocleciano en el Este, y Constancio Cloro, otro viejo compañero de armas y padre de Constantino, fue nombrado para ayudar en los territorios occidentales de Maximiano. Diocleciano tenía su sede en la capital en Nicomedia, Galerio en Sirmio, Maximiano en Milán y Constancio Cloro en Tréveris. Este sistema de cuatro gobernantes ha dado lugar al nombre de la tetrarquía. La presunción de Diocleciano era que al llegar a una edad adecuada de jubilación (veinte años de servicio en estado de gestación), los dos *augusti* mayores abdicarían voluntariamente y los césares asumirían el título de augusto y nombrarían sus propios césares. Se esperaba que este sistema pacífico de renovación evitara el problema recurrente de la guerra civil. Diocleciano fue lo suficientemente feliz como para retirarse a su palacio fortificado en Split, en el año 305. Maximiano tuvo que ser persuadido, pero se mantuvo inquieto e inseguro.

Constancio y Galerio fueron así promovidos. Severo II fue entonces nombrado César del Oeste, y Maximino Daya en el Este.

Pero mientras esto ocurría, Constancio Cloro estaba muriendo, estacionado en York, en Britania, en el año 305. Su hijo Constantino, que entonces estaba retenido como «rehén» de alto rango en Nicomedia, escuchó la noticia y huyó de la capital oriental al mismo tiempo que Galerio, con la aprobación de Diocleciano, instigaba una persecución a gran escala contra los cristianos y una purga de su partido en la corte. Podría indicar ya que las simpatías de Constantino estaban con la iglesia (su tutor durante varios años en Nicomedia fue el filósofo y retórico cristiano Lactancio, quien lo siguió hacia Occidente y durante algunos años se convirtió en consejero). Pero en su huida a Britania sabía lo tanto que cuando llegó a York el desafío ya estaba iniciado. Fue en efecto una rebelión e instigó la última gran guerra civil romana.

Las tropas de Constancio Cloro rechazaron la imposición de Severo sobre ellos y aclamaron a Constantino, hijo de su general, como nuevo augusto de Occidente. El propio hijo de Maximiano, Majencio, viendo la maniobra de Constantino, también decidió actuar. Derrotó y poco después mató a Severo II y se proclamó coaugusto con su padre, a quien había «persuadido» para que detuviera su jubilación. Galerio exigió una reunión con Maximiano en Carnuntum en el Danubio en el año 308. Aquí establecieron un nuevo arreglo. Licinio iba a ser nombrado augusto de Occidente; Constantino podía mantener el cargo de César, ayudándole; Maximiano debía retirarse permanentemente una vez más; y Majencio sería declarado criminal si no renunciaba a sus pretensiones. Todo lo que esto hizo fue poner a todos los protagonistas en el camino de la guerra civil. Los «césares» Maximino Daya y Constantino se negaron a aceptar a Licinio como su señor. Majencio, mientras tanto, conquistó militarmente Italia y África y se instaló en su base de Roma. En el año 309, Galerio se vio obligado a reconocer a Constantino y a Maximino Daya como sus compañeros *augusti*. Ahora había cuatro de ellos, cuando Maximiano, liberado de la coacción, reapareció para apoyar las afirmaciones de su hijo. La idea diocleciánica estaba evidentemente hecha pedazos. A partir de ese momento tuvo que ser resuelta por la fuerza de las armas.

Constantino hizo una fuerte campaña hacia el sur, dirigida a Roma. Necesitó el suicidio de Maximiano en el 310. Galerio murió de una enfermedad en Nicomedia en el año 311, en su lecho de muerte, expresando remordimiento por su persecución de los cristianos y revirtiendo su política de represión. En el año 312 Constantino llegó a Roma y en un combate decisivo fuera de sus puertas (la batalla del Puente Milvio) derrotó y entró en pánico al ejército de Majencio, que corrió como una turba a través del anteriormente debilitado puente sobre el Tíber.[4] El aplastamiento de las tropas despojó a Majencio de sus caballos, y los soportes del puente cedieron, derribando a las multitudes en el río y ahogando al emperador. Constantino entró en la ciudad como

---

[4] Famoso en la historia cristiana por ser el lugar de la época en que Constantino reclamaba una visión de la cruz en el cielo (alternativamente un sueño de la voz de Cristo que le instruía a pintar la señal de la cruz en los escudos de sus tropas, según variantes en Eusebio de Cesarea o Lactancio). Los zapadores de Majencio habían minado el puente en caso de que necesitara ser destruido en el caso de un avance de las tropas de asalto.

su amo. Los cristianos siempre atribuyeron la sorprendente «fácil» conquista de Roma al «nuevo dios» que había ordenado a Constantino que dibujara la cruz como el nuevo paladio de Roma.

El Augusto Maximino se suicidó en el año 313 en Tarso, en Siria, tras ser derrotado por Licinio. Esto dejó a Licinio en el Este y a Constantino en el Oeste. En el año 313 Constantino organizó una reunión, y ambos emitieron desde Milán el famoso edicto del año 313 que concedía la tolerancia a los súbditos cristianos en ambas partes del imperio. La hermana de Constantino, Constancia, se casó con Licinio en una muestra de fraternidad, pero las relaciones no eran lo que parecían, y la guerra civil finalmente progresó a su inexorable resultado cuando en el año 324 Constantino derrotó a Licinio, y después de haberle perdonado la vida, lo obligó a suicidarse, convirtiéndose así en el indiscutible gobernante monárquico de un solo imperio.

La razón para instigar su último acto de armas contra Licinio fue la asunción de políticas punitivas contra los cristianos de sus dominios orientales. Licinio tenía buenas razones para sospechar que los soldados cristianos de su ejército oriental consideraban a Constantino como su protector natural. Las persecuciones esporádicas de Licinio contra la iglesia resultaron ser las últimas de las violentas maniobras imperiales romanas contra la facción cristiana. Con Constantino se elevarían a una gran ascendencia en ambas partes del imperio. Sin duda, Constantino ya lo había previsto. Las leyendas del sueño/visión antes de la batalla del Puente Milvio fueron un reconocimiento del significado de la facción cristiana en su ejército. Su causa había favorecido a los cristianos desde los primeros días; ellos habían respondido en especie con apoyo político. Su madre, Helena, fue probablemente cristiana desde su juventud y había abierto a Constantino la vida interior de las comunidades, a las que admiraba por su monoteísmo y su sentido práctico de la moral. Como rehén imperial en Nicomedia, había estudiado de cerca con los intelectuales cristianos y a lo largo de su carrera ofrecería un alto patrocinio a los intelectuales cristianos y, con el tiempo, elevaría a los obispos cristianos a la categoría de magistrados locales, una de las formas más significativas en que la iglesia del siglo IV amplió su misión.

Después de derrotar a Licinio, decidió trasladarse hacia el este y establecer su base en un nuevo campamento que llamó Ciudad Victoria (Nicea), donde hizo construir una gran villa palaciega con una gran sala de reuniones junto a un hermoso lago (hoy Iznik en Turquía). Comenzó a planificar la estabilización de las provincias orientales: la elaboración de grandes planes para una nueva capital en la desembocadura del Mar Negro, en el sitio de una pequeña colonia en el Bósforo llamada Bizancio. La renombraría, cuando finalmente se terminó de construir en el año 337, como la ciudad de Constantino, Constantinopla.

Sin embargo, no todo iba bien en el frente administrativo. Se le presentaron informes inquietantes de que el episcopado cristiano en el Este podría no ser tan útil como él esperaba: estaban en gran desorden por asuntos internos de creencia. Fue algo que llamó su atención inmediatamente. Se convirtió en algo así como un momento inmenso en la historia de la iglesia y está asociado para siempre con el pequeño campamento a orillas del lago que él había establecido como una marca temporal de su victoria sobre Licinio: Nicea.

LA CRISIS ARRIANA Y SU RESOLUCIÓN

Arrio y Alejandro en conflicto. La disputa, en la que Constantino se vio envuelto en una etapa muy temprana, fue la llamada crisis arriana. Arrio (c. 256-336) era un sacerdote cristiano de la ciudad de Alejandría. Su nombre, Areios, deriva de Ares, el dios griego de la guerra. Tenía a su cargo el distrito portuario de Baucalis en la ciudad, y por lo que podemos discernir, era popular allí como líder cristiano de una congregación, teólogo y predicador con un vivo don para la poesía y la retórica. Pudo poner su doctrina en forma de verso, la *Thalia* que él llamaba, e incluso enseñársela a los trabajadores portuarios cuando sentía que necesitaba el apoyo de la gente para su causa. Además, gozaba de una gran reputación local por su estilo de vida ascética. Sus oponentes en el movimiento de Nicea, de quienes aprendemos la mayor parte de lo que sabemos de lo que él enseñó, nunca tuvieron una buena palabra que decir sobre él. Tan amarga fue esta polémica y tan larga que cuando finalmente terminó, y el «arrianismo» fue generalmente admitido en las principales iglesias internacionales como un «ismo» herético que derivaba de sus enseñanzas (y por lo tanto como prohibido), el oprobio moral del «heresiarca» se apoderó de él. Este fue un tema dogmático: derivado de las cartas tardías del Nuevo Testamento como Judas y Juan, donde la disidencia en la doctrina fue puesta como la puerta de los impulsos satánicos en los herejes que las manifestaban (1 Jn. 2:18-19; 2 Jn. 7, 9-11; Jud. 4, 19).

Seguir este precedente bíblico permitió a los apologetas que luchaban contra Arrio y su escuela, hacer nivel de todo tipo de juicios duros contra él. Esto es desafortunado, tal vez, para el lector moderno, que podría esperar que el clero cristiano en desacuerdo entre sí tenga algún grado de moderación irénica. Pero esta era la naturaleza del debate general en la antigüedad. Los ataques ad hominem formaban parte de cómo se caracterizaban los diferentes bandos. En los casos de los gnósticos y los monarquianos de los siglos II y III se pueden ver juicios similares de agudeza en la forma en que se trataba a los opositores disidentes. Los conflictos teológicos de carácter grave se consideraban, en la antigua iglesia, de importancia monumental: difíciles de imaginar en una época moderna acostumbrada al pluralismo y al relativismo en la mayoría de las cuestiones filosóficas y de estilo de vida moral y, ciertamente, al posicionamiento doctrinal. No era así en la antigüedad. Entonces, la disputa seria sobre la religión era (si no un asunto sangriento de lucha fatal) al menos una guerra total de palabras en la que los ladrillos eran lanzados sin pensarlo dos veces, de acuerdo con las reglas de la diatriba retórica establecida muchos siglos antes en la tradición literaria griega. Los escritores de la iglesia, en general, usan los estilos de la retórica griega, incluida la diatriba. Por esta razón, y también porque muchos de los juicios registrados contra Arrio provienen de un período posterior de retrospectiva, a menudo es difícil llegar a una imagen histórica clara. Sabemos poco de él, pero lo poco que sabemos más o menos está asegurado y confirmado desde varios ángulos, entre ellos sus propios fragmentos sobrevivientes.

Lo que lo puso en el foco fue una pelea que tuvo con su jerarquía local. Era costumbre de Alejandro, una vez que había sucedido al arzobispo de esta importante ciudad, mostrar su liderazgo de la escuela teológica, por la cual la ciudad también era reconocida, ofreciendo un seminario avanzado sobre teología en ocasiones regulares, esperando que su clero e intelectuales locales (abogados, filósofos, retóricos, etc.) formaran parte de ella y compartieran su hospitalidad en un foro similar a un simposio. Era una casa a medio camino, se imagina, entre el sermón episcopal y la conferencia filosófica, donde el arzobispo se erguía como un teórico que se dirigía a los demás. Es un momento interesante que sucede con Arrio, porque ese modelo más antiguo y más amplio del obispo de una «escuela» líder que actúa como profesor (*didaskalos*), y que tal vez plantea desarrollos especulativos del pensamiento cristiano o aclaraciones novedosas de problemas percibidos, se derrumba por completo. Arrio se había formado en retórica y teología en la escuela de Antioquía bajo el renombrado pensador Luciano.[5] Las obras de este último no han sobrevivido. Fue víctima de las persecuciones, por lo que su reputación era alta como mártir, pero su estilo de pensamiento era crítico con muchas de las suposiciones y aproximaciones de Orígenes de Alejandría, que permaneció como el fantasma detrás de las escenas de todo esto en la ciudad de sus orígenes.

Arrio contradijo a Alejandro en un punto importante: un principio crítico de la metafísica, sobre el cual los dos no podían ver ningún acercamiento posible. Después de esa instancia claramente ya no era posible decir que todos los cristianos tenían lo mismo en asuntos básicos de fe aquí en esta iglesia local. Y puesto que Arrio pensaba que Alejandro estaba drásticamente equivocado en un asunto sustancial de fe, y Alejandro pensaba de manera similar sobre Arrio, los dos se separaron, rehusando la comunión del otro. En efecto, Alejandro suspendió a Arrio del servicio sacerdotal por lo que él juzgó que era un error de la fe tradicional de la iglesia. Arrio sintió que había sido tratado injustamente, que Alejandro lo había condenado por defender las teologías tradicionales y disentir de las novedades que él mismo quería enseñar. Una vez que se produjo esta suspensión sacerdotal, el derecho eclesiástico (derecho canónico) se aceleró hasta el punto de que Arrio pudo apelar a otro tribunal episcopal para que lo juzgara, y lo hizo a su conocido, el obispo Eusebio de Nicomedia, que también era un retórico erudito que había valorado la escuela y las enseñanzas de Luciano. Eusebio no encontró nada malo en el enfoque de Arrio y criticó el juicio y la doctrina de Alejandro. Ahora, de repente, el asunto se había vuelto viral, involucrando a obispos políticos de alto rango, áreas geográficas más grandes y escuelas cristianas establecidas desde hace mucho tiempo, todos afirmando que representaban la fe esencial de la iglesia.

---

[5] Para más detalles, véase G. Bardy, *Recherches sur Saint Lucien d'Antioche et son école* (Paris: Beauchesne, 1936); H. C. Brennecke, "Lukian von Antiochien in der Geschichte arianischen Streites," en *Logos: Festschrift für Luise Abramowski* (Berlin: De Gruyter, 1993), 170-92.

Lo que estaba en juego en el asunto de Arrio, sin embargo, parecía chocante para la mayoría de los implicados, porque al final se reducía a dos simples cuestiones de la mayor magnitud: ¿Era el Logos divino, a quien la iglesia reverenciaba como el Hijo de Dios, realmente divino o sólo teóricamente «divino»? ¿Era el Logos Dios? ¿O era este término *Dios* algo que sólo debía ser usado, en toda rigurosidad, sobre el único Padre? La otra pregunta surgió de allí como su «ejemplo», por así decirlo: ¿Era el Logos eterno o limitado en el tiempo? Es decir, ¿era increado (como es Dios y debe ser, simplemente para ser Dios) o creado (hecho por el Padre) y por lo tanto una criatura (y por lo tanto no Dios, propiamente hablando)?

Estas eran preguntas que nunca antes se habían planteado en los salones más grandes de la iglesia. Pero también parecía muy tardío, ni más ni menos que en el siglo IV, que los cristianos estuvieran explicando cuestiones tan básicas como la divinidad del Hijo, a quien habían adorado como divino por tantas generaciones anteriores. Un forastero (uno con el beneficio de la retrospectiva) podría haber comentado, viendo el furor que este debate causó, que tal vez los cristianos todavía no habían aclarado los términos básicos de su metafísica de lo divino. ¿En cuántos dioses creían? ¿Tenían una visión semimítica de Cristo, atribuyéndole una «especie de divinidad» y una divinidad plena al Padre?

Las preguntas sólo parecían profundizarse y se volvían más problemáticas cuanto más se elegían los temas: Por ejemplo, ¿cuáles fueron las implicaciones de este punto de vista en relación con Jesús de Nazaret? ¿Era Dios caminando en la tierra para nuestra salvación? O era un signo de la presencia del Logos entre nosotros, un Logos que era «como un ángel» más que una deidad exactamente: porque ¿cómo podía Dios convertirse en un ser humano? Y si todo esto provocó una problemática cada vez más densa: ¿Cuál era el estado de las Escrituras de la iglesia? ¿Daban alguna solución clara al problema de la deidad del Logos? ¿Podríamos encontrar allí evidencias claras a favor o en contra de alguna posición doctrinal en particular?

La mayoría de estas preguntas habían sido la base del conflicto entre monarquianos y teólogos del Logos en los dos siglos anteriores. Dado que la escuela del Logos había gozado de la indiscutible victoria en ese desarrollo, la disputa arriana también puede ser vista como una presión sobre las implicaciones de la teología del Logos: forzándola a clarificar el alcance de su aplicabilidad, especialmente cómo concebía la eterna relación del Logos con el Padre y cómo el Logos entró en relación con la humanidad de Jesús en la encarnación (¿podríamos decir, por ejemplo, que el «Logos» y «Jesús» eran dos sujetos personales sinónimos?)

En referencia al Logos divino, la iglesia había equiparado hace mucho tiempo títulos como *Palabra*, *Hijo* y *Sabiduría* con el del Hijo eterno de Dios, haciendo del *Logos* un sinónimo del Hijo. Los alejandrinos se apresuraron a señalar que los credos de los primeros tiempos (especialmente el Credo niceno, alrededor del cual se reunían) todos comenzaban hablando del Hijo eterno de Dios, pero continuaban hablando sin reservas sobre la encarnación, el nacimiento virginal, la crucifixión y la resurrección de este mismo Hijo. Pero los problemas seguían sin aclararse: a saber, que el Logos existía antes del tiempo, y que Jesús de Nazaret tenía definitivamente un comienzo en el tiempo. No tendría sentido hablar de Jesús presente en la Edad de Piedra, por ejemplo. Entonces, ¿cuál era la relación precisa entre el Logos como sujeto personal y Jesús como sujeto personal? Muy poco existía en ninguno de los escritores anteriores para aclarar esto, por lo que se convirtió en un punto clave de contención en la disputa arriana.

Sin embargo, aunque la lectura general de la iglesia de los títulos del Antiguo Testamento, tales como *Sabiduría* y *Palabra*, se había armonizado para referirse al mismo Hijo, sin embargo, una mirada superficial a los textos clave mostraba problema tras problema aún sin aclarar. Arrio recurría con frecuencia a un texto favorito de Proverbios (Prov. 8:22), donde la Sabiduría (*Sophia*) describe su posición con respecto a la deidad de la siguiente manera: «El Señor me creó al principio de su obra, el primero de sus actos antiguos». Arrio aplicó una teoría que afirmaba que toda la Escritura habla directamente sobre las realidades divinas y usó esta (más bien simple) estrategia exegética para concluir que la Escritura enseñaba con suficiente claridad que el Logos era una criatura de Dios. Podría ser un ser exaltado («primero de toda la creación») y uno que se utilizaba como medio de salvación para el resto de la creación, sin embargo, el Logos era una criatura, no era Dios en el sentido más estricto de ser increado, y era «llamado divino» en la oración y la adoración cristianas sólo en un sentido atribuido y honorífico. Pero mientras Arrio deducía todo esto de su texto, al mismo tiempo sus oponentes (quienes encontraban todo esto blasfemo y se aferraban a la idea de que la tradición cristiana había atribuido claramente los honores divinos a Jesús, el Logos inhominado desde el principio) se volvieron al preludio del Nuevo Testamento de Juan y encontraron esto escrito: «En el principio era el Logos, y el Logos estaba con Dios, y el Logos era Dios». Estos textos parecían indicar direcciones opuestas en la misma cosa.

No sólo la metafísica había llegado a un punto muerto para los teólogos cristianos internacionalmente (pues las noticias de esta controversia electrificaron a la iglesia desde Britania hasta África), sino también su sentido de confianza en las Escrituras para la claridad de la predicación, y ambas cosas plantearon inmensos desafíos para lo que la iglesia había erigido tan laboriosamente durante los siglos precedentes en sus conflictos con los gnósticos y otros sectarios como un sentido creciente de sus tradiciones fundamentales. En los albores de una nueva era de tolerancia, con la paz constantiniana prometiendo tanto a la vuelta de la esquina, parecía que los cristianos no podían ni siquiera decidir sobre la única pregunta que cualquier pagano que pidiera la admisión al bautismo les haría: ¿Creo que Jesús es Dios, o es un hombre piadoso? ¿Tengo que creer que el Logos es Dios (¿y entonces en cuántos dioses creo?), o sostengo que el Logos es uno de los grandes poderes angélicos de Dios?

Una vez abierto, este debate no podía ser echado bajo la alfombra. El arrianismo ha sido llamado con razón el conflicto de la línea divisoria de aguas que determinaría la forma de la tradición cristiana central en los siglos venideros. Durante muchas generaciones también ha sido descrita como la «archiherejía» de la religión cristiana.

Si el choque con los gnósticos y los pluralistas en el siglo II condicionó definitivamente la forma en que la iglesia se vinculaba a la autoridad bíblica, fue el arrianismo el que determinó decisivamente la actitud del cristianismo hacia la filosofía y la metafísica: en última instancia, exigiendo claridad en la doctrina incluso cuando los teólogos apelaban a la noción de misterio. Para el cristianismo, en adelante, el misterio nunca más podría ser una mistificación exaltada por la simple autoridad sobre la ignorancia piadosa. En la disputa arriana la iglesia se comprometió decisivamente con una fe racional, por mucha tensión que la yuxtaposición de esas dos palabras generara (y aún genera).

El obispo Alejandro se había propuesto enseñar en su seminario un aspecto de la teología que Orígenes había dejado como «consulta» para sus estudiantes avanzados. Por supuesto, ahora, Alejandro era un obispo del siglo IV, no un filósofo del siglo III, por lo que las implicaciones de su enseñanza, sea lo que sea, fueron mucho más públicas y autorizadas que nunca lo fueron las declaraciones de los seminarios universitarios de Orígenes. Pero en esta etapa Orígenes se había transmutado en un maestro teológico significativo de la antigüedad. Alejandría quería reclamarlo. Pero también lo hicieron la escuela de Cesarea Marítima y su erudito obispo Eusebio de Cesarea, quien no estaba de acuerdo con varias de las presuposiciones de Alejandro. Otras tradiciones cristianas, como la escuela de Antioquía (Luciano y otros), tenían divisiones más profundas. Arrio y Eusebio de Nicomedia se convierten en figuras disidentes clave para nosotros en este sentido.

El punto de Alejandro era que Orígenes había dejado a sus estudiantes con un acertijo: ¿Era el Logos eterno o temporal? Que el Logos estuviera «dentro del ser divino» nunca fue cuestionado en la teología de Orígenes. Había enseñado la igualdad de la divinidad entre el Hijo y el Padre.[6] Incluso había defendido (parcialmente, para estar seguros) la aplicabilidad de la palabra *homoousion* mientras no se entendiera como una subdivisión materialista del Espíritu indivisible de Dios.[7] Lo que estaba en juego con el teólogo antiguo era más bien la manera de «¿cómo era posible?» De acuerdo con otros de su tiempo, Orígenes había tendido a inclinarse hacia una teoría de la declinación divina. Dicho en forma cruda, esto sería que el Padre era el Dios supremo, el Hijo-Logos era el dios de este Dios, pero ontológicamente dependiente o derivado, y para connotar esto usó resonancias platónicas de los demiurgos, el principio divino usado en la creación del orden mundial material. Para los platonistas la distinción clave que había que hacer en metafísica era ésta: la diferenciación del Uno del (mundo de) los muchos (es decir, las manifestaciones diferenciadas del orden cósmico, incluyendo la materialidad). El sublime Trascendente (ser divino absoluto y fuente de todo orden) no podía estar involucrado de ninguna manera con el dominio

---

[6] Él enseña que el Hijo y el Padre comparten una unidad indisoluble y que es esta unidad de ser la que hace del Logos lo que él es: Dios de Dios, fuera y sobre toda la creación. Cf. *De Principiis* 1.2.1. Orígenes enseñó que nunca hubo un «cuando» cuando el Logos no existía (*Comentario sobre Hebreos* 1.8).

[7] Cf. M. J. Edwards, "Did Origen Apply the Word Homoousios to the Son?" *JTS* 49, no. 2 (1998): 658-70.

material creado. Si hubiera alguna implicación, la primera dejaría obviamente de ser de facto absolutamente Trascendente.

Orígenes pensó que usar términos como *deuteros theos*—ser divino secundario, un título del Demiurgo en el pensamiento platónico—podría ayudar a clarificar las complejas relaciones de la Trinidad.[8] Pero, uno recuerda, la terminología cristiana precisa para la doctrina de la Trinidad estaba todavía muy alejada. De hecho, fue sólo como resultado de la crisis de arriana que tal cosa se puso rápidamente en primer plano de la agenda teológica. La doctrina del Logos divino, aclarada y explicada en relación con la Deidad suprema, y la doctrina de la Trinidad son una misma cosa descrita de dos maneras diferentes. Así que cuando muchos eruditos dicen que el arrianismo fue esencialmente la clarificación de la cristología, no están del todo en lo cierto. El arrianismo se trata de la doctrina de la Trinidad. Pero cuando Arrio no estuvo de acuerdo por primera vez con Alejandro, la iglesia en general todavía no tenía una semántica comúnmente acordada a la que apelar y no estaría en esa posición hasta finales del siglo IV, que es exactamente la razón por la que la controversia arriana se alargó tanto y confundió a todos sus participantes.

Alejandro quería aportar algo de esa claridad a la metafísica cristiana para hacer avanzar el legado de Orígenes en cristología. Su punto de partida fue que el Logos es verdaderamente Dios—no un ser «honorario» que tiene un título de estado divino que en realidad no posee en sí mismo. Porque, para que no quede en duda, adorar a una criatura como a un Dios que no es Dios equivale a idolatría. Presionó además los puntos de la aporía o problemática: si el Logos no era eterno, como Dios el Padre, entonces no puede ser Dios, como Dios es esencialmente (ineludiblemente, podríamos decir, como parte de la definición de los términos) eterno. Él no nace ni sale del ser, como lo haría una criatura. Pero si es eterno, ¿cómo puede decirse que viene «del Padre»? Esta afirmación de prioridad y subsidiariedad (el Hijo es «del» Padre) no implica dos cosas ineludibles—a saber, que el Hijo tuvo un tiempo en que nació, cuando antes no estaba en existencia, y que el Hijo es inferior al Padre porque es «de él». Esto es una aporía, un rompecabezas metafísico que Alejandro pensó que merecía un seminario porque si uno afirma cualquiera de esas conclusiones (había un tiempo en que el Hijo-Logos no existía, o en que el Hijo es cualitativamente inferior al Padre), entonces, por supuesto, el Hijo-Logos no puede ser Dios en el mismo sentido en que uno podría aplicar esa palabra al Padre. En resumen, el Hijo sería lógicamente inferior, y por lo tanto no Dios absoluto, y de ninguna manera igual al Padre.

Tales problemas que buscaban una solución eran la base del antiguo razonamiento escolástico y servían para estimular la discusión filosófica del grupo. Pero este es el punto en el que el seminario de filosofía de Alejandro y su papel como maestro episcopal de la tradición de fe transmitida entraron en conflicto. La conclusión de Alejandro, siguiendo otras pistas que Orígenes dio en su trabajo, fue que el Hijo-

---

[8] Fue el teólogo que estableció el lenguaje de las tres hipóstasis distintas en la Trinidad en la única *ousia* del Padre no nacido. *Comentario sobre el Evangelio de Juan* 2.10.75.

Logos derivó del Padre «antes de que todos los tiempos comenzaran». Por lo tanto, la cuestión del Hijo del Padre no fue un acontecimiento temporal, es decir, «creador», en absoluto. Precedía a toda la creación y tenía su contexto en el propio ser eterno de Dios. Era, pues, un acto interno del único ser divino del Padre eterno, una parte ontológica de la autoexistencia de Dios.

Así, el Hijo que procedió (nació, engendró, emitió o cualquier otro verbo que se usara) del propio ser del Padre, poseía todos los mismos atributos que el Padre, que lo engendró por su propia singularidad interior de ser (pues no hay dos instancias de estar entre el Padre y el Hijo). El uso habitual (tradicional) de la iglesia del verbo *engendrado*, que significa relacionalidad familiar íntima, fue tomado como la indicación de que tal engendramiento eterno era algo muy diferente de una creación o de una fabricación. El Hijo del propio ser del Padre tenía así la propia gloria del Padre, la eternidad, la omnipotencia, y así sucesivamente. Todo lo que se puede atribuir al Padre como Dios supremo también se puede atribuir al Logos, que no tiene otro ser que el del Padre, con todas las cualidades de ese único ser, excepto ahora como instanciado en una forma hipostática (subsistente) diferente: a saber, la persona del Hijo-Logos, que fue enviado por el Padre con el propósito de hacer el mundo y salvarlo.[9] Alejandro lo resumió aforísticamente: «Dios es eternamente un Padre. El Hijo, así, es eternamente Hijo». Los teólogos alejandrinos tomaron aquí todas las imágenes cristológicas anteriores: luz de luz, corriente de la fuente, resplandor del sol, y las presionaron a todas para insistir en la igualdad del ser y la diferenciación de la instanciación personal de ese ser (como Padre, Hijo y Espíritu en la única Divinidad: una *ousia*, tres *hypóstasis*).

Los arrianos rechazaron el concepto de la igualdad del ser, compartido mutuamente (siendo incapaces de imaginar cómo Dios el Padre podía compartir su propio ser, ya que veían la unicidad divina como un estado monádico intransferible). Alejandro y Atanasio (y especialmente los capadocios nicenos de finales de siglo) entendieron que el Dios cristiano no era la mónada del judaísmo ni la pluralidad politeísta del paganismo, sino una Trinidad de mutualidad compuesta por el don del único ser completo del Padre a su Hijo y Espíritu. Aquellos que no pueden entender la lógica de la Trinidad, por lo tanto, no pueden empezar a desentrañar la controversia arriana. Como Orígenes había indicado hace mucho tiempo, la afirmación de la unicidad del ser divino, y la unidad íntima del Hijo dentro del ser del Padre, tenía que ser también equilibrada por la profesión de las tres hipóstasis de las personas divinas: Padre, Hijo y Espíritu. Fue la tendencia de Arrio a insistir sólo en el primer aspecto y a convertir la compleja idea de Orígenes de unidad en relacionalidad en una unicidad indiferenciada. Esta negativa genérica de los arrianos a desarrollar un lenguaje trinitario se manifiesta abiertamente en la forma en que la escuela arriana tiene una doctrina masivamente poco desarrollada de la persona del Espíritu (pneumatología).

---

[9] Para las instanciaciones clásicas de esta cristología del Logos en el Nuevo Testamento vea Jn. 1:1-3; Col. 1:15-16, 19-20.

Para ellos, si la divinidad completa del Hijo fue un paso demasiado lejos, la del Espíritu de Dios fue un error construido sobre un error. Para la iglesia más grande, el esclarecimiento de la lógica trinitaria fue el último paso hacia la luz y la profesión de que el Dios de los cristianos era en realidad una nueva revelación: una teología radicalmente nueva que se acercaba al ser divino, no simplemente a la economía divina, a través de la vida y el ministerio de Jesús tomado como nada menos que un sacramento de Dios y mucho más que un testimonio de una vida piadosa y obediente.

En la teología de Alejandro, entonces, el Hijo era ciertamente el agente del Padre, obediente a él en todas las cosas, pero igual a él en gloria y todos los atributos de su ser, puesto que su ser era el del Padre. En el punto medio de la larga controversia que seguiría, después de los acontecimientos del Concilio de Nicea, la escuela alejandrina se aferraría a una palabra fuertemente herida que expresaría esto sucintamente como una insignia de solapa: *homoousion*, el estado de posesión «del mismo ser, o sustancia, o naturaleza, como algo más». Así, la confesión de que el Logos era *homoousios*, consustancial, con el Padre se convirtió en una piedra angular de la teología alejandrina. Veremos cómo se desarrolló esto en el Concilio de Nicea en el año 325. Pero en los primeros momentos de la controversia, Alejandro y su joven asistente, el diácono Atanasio, ciertamente no prefirieron esta palabra ni la proyectaron como un término cardinal de su argumento. Tenía malos precedentes. Había sido usada por el teólogo monarquiano Pablo de Samosata de una manera que sugería torpemente que el Padre era simplemente el Hijo en otra forma.[10] Tampoco tenía ningún precedente bíblico detrás. Además, ya había sido criticado como un término teológico potencialmente engañoso por el propio Orígenes, que había tenido que justificarse a sí mismo de parecer que aplicaba el lenguaje de la «misma sustancia» para hablar del Dios de todas las cosas que está más allá de toda sustancia (material) y que no se veía obstaculizado por la noción misma de ella. Algunos de sus hostiles contemporáneos habían tomado su teología del Hijo compartiendo el mismo ser del Padre como equivalente a resucitar ideas maniqueístas que preveían «partes de divinidad» ubicadas en las órdenes creadas. Fue la lectura de Orígenes de esta idea lo que hizo que sus discípulos más cercanos en tiempos posteriores, como Pánfilo y Eusebio de Cesarea, siempre fueran hostiles a la palabra *homoousios*, a pesar de que personas como Eusebio no eran contrarias a las afirmaciones esenciales del partido de Nicea, de que Cristo era Dios de Dios.[11]

Por muchas razones, entonces, los alejandrinos prefirieron al principio usar la frase *tautotes tes ousias* (el Logos-Hijo es de la *misma esencia* o ser que el Padre) para connotar la relación ontológica del Padre-Logos. Aun así, cuando les quedó claro (después del Concilio de 325) que sus oponentes estaban reescribiendo su guion en varias ocasiones y atribuyendo diferentes definiciones a términos clave, se decidieron

---

[10] Cuyo pensamiento había sido traído a la atención de los Alejandrinos en el siglo III cuando se le pidió a Dionisio de Alejandría que sirviera como su juez de primera instancia.

[11] Este conflicto interno entre las diversas formas de origenistas de los partidos antiarrianos de Nicea condujo a un gran conflicto interno entre los opositores de Arrio hasta finales del siglo IV.

por la frase *homoousion* (consustancial) como constitutiva de su posición, un término que tenía la ventaja de ser algo que el partido arriano despreciaba por completo, lo que servía, por lo tanto, para ser un marcador de espacio claro entre ellos, y uno que la iglesia latina estaba dispuesta a respaldar junto a ellos.

Arrio respondió al argumento de Alejandro con la afirmación de que la tradición cristiana anterior no llamaba al Hijo-Logos igual al Padre y sólo lo aclamaba con honores divinos debido a su exaltación por el Padre por su fiel servicio. El Logos era inferior al Padre. Como «deidad» subsidiaria, dependía del Padre para su propia existencia y, por lo tanto, claramente no es «Dios» en el sentido propio de esa palabra. La iglesia le «dice» que es divino en términos de reconocer que es elevado a la gloria de Dios por el Padre debido a su fidelidad y buen servicio. Pero es mejor considerarlo como uno de los más grandes agentes angélicos de Dios: un sumo sacerdote de su obra creadora y salvadora. Las Escrituras deben ser leídas de una manera que aclare esta dependencia. Filosóficamente se debe aclarar insistiendo en que el Logos-Hijo no existía eternamente, como sólo el Padre puede decirse que existe eternamente. Esto significa que tuvo un comienzo de su existencia. Puede que no haya sido un comienzo en la secuencia temporal cósmica y material que conocemos, pero fue un comienzo de existencia, y por lo tanto había un estado concebible cuando él no existía y Dios lo era todo en todo. Esto significa que Dios el Padre es el único absoluto autooriginado, y el Hijo-Logos, por lo tanto, está dentro de la creación (incluso si está antes de ella temporalmente) como el «primogénito de todas las criaturas», pero en sí una criatura, porque no emana del propio ser de Dios, sino de la elección de Dios (voluntad y energía) para hacerlo de la nada que la energía de su divino Creador se convierte en ser para toda la creación.

Cuando Arrio escribió para apelar al Obispo Eusebio de Nicomedia, resumió los puntos de la doctrina de Alejandro con los que no estaba de acuerdo, presentándolos a Eusebio como proposiciones claramente irrazonables:[12]

> El obispo [Alejandro] nos está asolando y persiguiendo terriblemente, y se está moviendo contra nosotros de todas las maneras posibles.[13] En resumen, nos expulsa de toda ciudad como si fuéramos hombres impíos, todo porque no estamos de acuerdo con sus enseñanzas públicamente afirmadas de que «Siempre hubo un Dios, y siempre un Hijo», o que «Tan pronto como el Padre fue, así fue el Hijo fue», o que «el Hijo coexiste con el Padre: no engendrado, siempre engendrado, siempre engendrado sin engendrar»,[14] o «Dios no precede al Hijo, ni en el aspecto ni en el tiempo», o «Hay siempre Dios, así siempre un Hijo, puesto que el Hijo es de Dios mismo».

---

[12] La *Carta de Arrio a Eusebio de Nicomedia* sobrevive. Se puede encontrar en Teodoreto, *Historia eclesiástica* 1.5.
[13] Él había privado a Arrio de su derecho a funcionar como presbítero en la ciudad.
[14] Aquí intenta deliberadamente hacer que Alejandro suene ilógicamente estúpido al presentarlo. Pero sus presentaciones del resto de los argumentos son claras y precisas. Aquí Alejandro quería decir sobre el Logos que el «nacer» del Padre no era de ninguna manera lo mismo que «ser hecho» por el Padre (aunque el verbo griego *engendrado* pudiera tener esos significados).

Él no escuchará tales impetuosidades, le dice Arrio a Eusebio, a quien busca ansiosamente para convertirse en su nuevo protector episcopal. Su propia enseñanza es, en forma resumida, que

> el Hijo no es un ser no engendrado, ni parte de una entidad no engendrada de ninguna manera, ni de nada en existencia, sino que subsiste en voluntad e intención antes del tiempo y antes de los siglos, lleno de gracia y verdad, Dios, el unigénito engendrado, inmutable. Antes de que fuera engendrado, o creado, o definido, o establecido, no existía, porque no era no engendrado. Aun así, somos perseguidos porque hemos dicho que el Hijo tiene un principio, mientras que Dios no tiene principio. Somos perseguidos por eso, y también por decir que él vino del no-ser. Pero lo dijimos porque no es una porción de Dios, ni de nada de lo que existe. Es por eso que somos perseguidos. Ya conoces el resto de la historia.[15]

Un aspecto notable de la enseñanza de Arrio que se puede ver claramente en este resumen que presenta es su naturaleza escolástica. Comienza una tradición que prevalece en el siglo IV (y que ha llegado a caracterizar gran parte de la teología cristiana después) de abordar los asuntos metafísicos de manera silogística.

Arrio ha destilado así muchas páginas del complejo esquema soteriológico de Orígenes en unas pocas proposiciones ajustadas, las cuales quiere hacer más afiladas y que sirvan como árbitros de la fe. Su principal argumento es este: (1) El Logos no es no engendrado (*agenetos*), por lo tanto, es engendrado (*gennetos*), y puesto que ser no engendrado (*agenetos*) es definitivamente constitutivo de la deidad, el Logos no es Dios en el sentido de que Dios (el Padre) es Dios.[16] (2) El Logos es engendrado del Padre: de ello se deduce que debe haber existido un estado «antes de engendrar» cuando el Logos no existía y Dios era solitario. Pronto iba a ser destilado en el famoso silogismo arriano «hubo un tiempo cuando él (el Logos) no lo era» (*een pote hote ouk een*). Todo esto martillado en este silogismo podría ser, y fue, enseñado a sus feligreses y pintado en las paredes de la ciudad como parte de su protesta contra su tratamiento. Tenía la intención de mostrar que Alejandro era incapaz de entender la lógica—si mantenía que el Logos había sido engendrado y no afirmaba su no ser en algún momento.

(3) El Logos subsiste (tiene su existencia de) la voluntad y elección de Dios el Padre. Esto contrasta fuertemente con la escuela de Alejandro, que argumentaba que tiene su ser desde el mismo ser del Padre. No, Arrio argumenta, el Logos deriva (como todas las cosas creadas) de la elección (y poder o energía) del Padre para traer las

---

[15] Arrio envió esta carta de apelación a Eusebio de la mano del clérigo Amonio, y también nombra al partido más amplio de seguidores suyos en las provincias orientales que, según él, también buscan apoyo en Eusebio (de Nicomedia) en contra de Alejandro. Él nombra a Eusebio de Cesarea, Teodoto, Paulino, Atanasio (no de Alejandría), Gregorio y Aecio. El primero de esa lista renunciaría a cualquier lealtad a la posición arriana. El último de la lista se convirtió en el defensor más radical de la condición de criatura del Hijo de Dios activo en la próxima generación como jefe del partido radical y heterodoxo de los arrianos.

[16] En su *Thalia* Arrio dice, «El Padre en su esencia (*ousia*) es un extraño para el Hijo, porque existe sin principio». Cf. Atanasio, *De Synodis* 15. Atanasio enumera sus posiciones como «las blasfemias de Arrio».

cosas a la existencia desde la nada. El Logos es, pues, una criatura—una criatura perfecta (*ktisma*), es cierto, pero una criatura como todas las demás criaturas. (4) A diferencia de otras criaturas, Arrio afirma su naturaleza especial en algunos aspectos. El Logos es «incambiable» (*atreptos*). Esto significa que no es falible como otras criaturas, no es capaz de pecar o desobedecer. Afirma la santidad suprema del Logos, su proximidad a Dios y su gran poder como agente de salvación. Todo esto se acumula para permitir que la iglesia afirme que el Logos es divino—un título de honor. Pero esto nunca debe ser entendido como afirmar que su deidad es la misma que la del Padre o igual a la del Padre. Ciertamente él no puede entender o comprender al Padre (algo que los nicenos tomaron como una de las grandes blasfemias de sus oponentes).[17] Más bien, el Logos es un gran espíritu, el más alto poder angélico del Padre. El culto de la iglesia a él como divino afirma eso y nada más. Decir más sería negar el monoteísmo. El sentido arriano del monoteísmo dependía en última instancia de la idea de que Dios era una «mónada».

Arrio y sus compañeros que habían sido depuestos por Alejandro escribieron una carta al obispo exponiendo públicamente su teología.[18] En ella repitieron que el Logos era una criatura (*ktisma*), aunque perfecta e inmutable moralmente, y se comprometieron (en cierto modo) a permitir que fuera «creado por voluntad de Dios, antes de los tiempos y antes de los siglos, y que cobrara vida y fuera del Padre, y que las glorias que coexisten en él fueran del Padre». En esto permitieron parcialmente el punto de Alejandro de que «no hubo tiempo en que no existiera», ya que fue engendrado antes de que el tiempo comenzara. Pero su insistencia en su condición de criatura negaba fundamentalmente el argumento de Alejandro de que la divinidad del Logos era esencial para él (conatural), puesto que derivaba de su ser engendrado «del ser del Padre» (*ek tes ousias tou Patros*), no de la voluntad o del poder creador del Padre, y por lo tanto su divinidad era coequivalente y coeterna con la del Padre.

Para los arrianos la lógica lineal de prioridad y subsidiariedad, de antes y después, de superior e inferior, dejaba claro que el Logos era inferior a Dios y que el monoteísmo cristiano debía defender la unicidad divina.[19] Alejandro y Atanasio (que llevarían este argumento al futuro) encontraron que esa lógica estaba totalmente ligada a las presuposiciones materialistas: el orden temporal, los sentidos terrenales de poder y autoridad, y totalmente incapaces de comprender que la generación divina del Hijo

---

[17] En su *Thalia* él dice, «En resumen, Dios es inexpresable para el Hijo. Porque él es en sí mismo lo que es, es decir, indescriptible, de modo que el Hijo no comprende ninguna de estas cosas ni tiene el entendimiento para explicarlas. Porque es imposible para él comprender al Padre, que está solo. Porque el Hijo mismo ni siquiera comprende su propia esencia (*ousia*), porque, siendo Hijo, su existencia está ciertamente a la voluntad del Padre. ¿Qué lógica permitiría que el que es del Padre comprendiera o conociera a su propio padre? No, claramente lo que tiene un principio es incapaz de concebir o captar la existencia de lo que no tiene principio». Texto en Atanasio, *De Synodis* 15.

[18] El texto se conserva en Atanasio, *De Synodis* 16. Arrio la encabezó, consignado por los sacerdotes Aetales, Aquiles, Carpones, Sarmatas, y otro Arrio; también los diáconos Euzoios, Lucio, Julio, Menas, Heladio, y Cayo. Los obispos Secundas de Pentapolis, Teonas de Libia y Pisto también fueron incluidos como partidarios. Este último fue finalmente establecido por el partido arriano como obispo rival en Alejandría.

[19] En la *Thalia* Arrio escribe, «Así que hay una tríada, pero no de igual gloria. Sus hipóstasis no se mezclan entre sí, y en cuanto a sus glorias se refiere, una es infinitamente más gloriosa que la otra».

desde el corazón mismo del ser incomprensible del Padre era un misterio que no podía ser presionado en formas materiales. Era, decían, la tradición de la iglesia, manifestada en la clara atribución de los honores divinos que siempre había dado a Jesús, que el Hijo tenía el propio ser del Padre y por lo tanto era todo lo que era el Padre, excepto que él era la hipóstasis del Padre de la creación y la salvación: distinto en su hipóstasis como Hijo, totalmente igual en su ser como Dios, puesto que su ser era el mismo ser del Padre, ningún otro ser, que era exactamente por lo que la Trinidad salvaguardaba, y no comprometía, el monoteísmo.

¿Por qué importaba todo esto? ¿No fue un debate muy afinado sobre la metafísica pretemporal, algo parecido a esa argumentación medieval entre teólogos escolásticos que supuestamente debatían cuántos ángeles podían bailar sobre la cabeza de un alfiler? Los sofistas de la Ilustración se rieron de ello, y el historiador Gibbon se burló de que apenas había una pizca de diferencia entre los *homoousianos* y los *homoiousianos*. Bueno, sí y no. Es mucho lo que cuelga a veces incluso sobre una iota al igual que en los pequeños signos + o -. Pensar de otra manera relativiza toda la filosofía divina al estado de opinión privada. Todo esto es sin duda un debate complejo y requiere cierto seguimiento incluso hoy, cuando tenemos un acceso mucho mejor a las pruebas de texto primario. Debe haber sido muy difícil para la mayoría de los obispos a principios del siglo IV (no para los pocos teólogos especializados que aprovechan al máximo la gestión del Concilio de Nicea y sus secuelas) haber estado al día con los términos de lo que estaba sucediendo, haber juzgado lo que estaba en armonía con las tradiciones eclesiales más antiguas y lo que, en todo caso, era innovación y disonancia.

Muchos obispos relativamente incultos que pronto se reunirían en Nicea para adjudicar este asunto, sin duda se alegrarían de no tener que tomar la palabra y exponer todo el asunto ellos mismos. Y, sin embargo, por otro lado, más allá de todas las complejidades y detalles, esta disputa teológica parecía girar en torno a un conjunto muy simple de cuestiones: ¿Era el Logos, propiamente hablando, Dios? ¿Era uno en el propio ser del Padre, o era una criatura ajena (aunque exaltada) de Dios, enviada para el servicio y la santificación del mundo? Muchos creyentes comunes estaban desconcertados y confundidos por las complejidades de la metafísica de los alejandrinos, que hablaban de lo mismo que se compartía entre el Padre Hijo y el Espíritu. Podían apreciar la idea, pero no necesariamente reconciliarla con el concepto de las distintas hipóstasis en la Trinidad. Hasta el día de hoy, como dijo el teólogo del siglo XX Karl Rahner, la mayoría de los que profesan la doctrina de la Trinidad ortodoxa siguen actuando como si fueran, prácticamente hablando, triteístas en sus creencias comunes. La doctrina de Arrio era mucho más simple de asimilar. Fue una súplica especial, sin embargo, seguir llamando «divino» al Logos. Y aquí fue donde la fe tradicional de las comunidades anteriores entró en juego.

¿No fue el caso, según muchos, que desde los Evangelios en adelante, la comunión del Hijo-Logos con el Padre significó que siempre había sido visto como íntimamente uno con la divinidad del Padre, no simplemente como un hombre bendito o santo?

Aquellos que antes lo habían confesado como un hombre santo habían sido decisivamente rechazados como herejes. El último ejemplo famoso había sido Pablo de Samosata, y no había recibido ninguna audiencia en absoluto. Entonces, si el Hijo-Verbo no era simplemente un hombre, y no era posible concebir una casa a medio camino entre la Divinidad y la criatura (si uno quería salir de los mitos politeístas), entonces, ¿no era cierto que el enfoque altamente lógico de Arrio chocaba con las piedades tradicionales de las comunidades cristianas? Una cosa estaba bastante clara, que cuando sus principales proposiciones fueron sacadas y sostenidas como silogismos (algo a lo que se había expuesto) sonaban muy «extrañas» a los oídos de los cristianos: el Logos no es igual al Padre, el Logos es ajeno a Dios y no puede comprenderlo, es en última instancia una criatura exaltada. Los teólogos alejandrinos tenían mucho peso a nivel internacional cuando enumeraban estas cosas como «las blasfemias de Arrio».

Sin embargo, más que un simple tradicionalismo, ambas partes en el debate sabían que el argumento importaba de una manera muy precisa. Ambos lados estuvieron de acuerdo en que el Logos fue enviado por Dios para salvar al mundo. La salvación estaba en juego en esta controversia. Para Arrio, si el Logos era totalmente divino y tenía las características no diluidas de Dios mismo, entonces ¿cómo podría entrar en la vida humana y actuar como el sujeto personal de Jesús de Nazaret y seguir siendo llamado Dios? Para Arrio, era obvio que Jesús era un hombre de conocimiento y experiencia limitados, de tiempo limitado, y capaz de sufrir y cambiar. Los términos de la teología antigua (desde los filósofos griegos en adelante) significaban que era imposible atribuir el sufrimiento y el cambio a la Divinidad. Puesto que Jesús evidentemente sufrió, ¿cómo podría ser el Logos inmutable? Arrio pensó que si uno equiparaba los títulos personales de *Logos-Hijo* y *Jesucristo*, sólo podía ser en detrimento de la teología: uno estaría profanando la noción de Dios, arrastrando a la divinidad a la suciedad del tiempo y del espacio.

Para Alejandro, Atanasio y los teólogos nicenos posteriores, este era el objetivo de la teología de la encarnación. Si el Hijo-Logos no fuera divino, entonces su elevación de la humanidad a su propio ámbito de vida no tendría más valor para la salvación que el de un buen hombre que se erige como un ejemplo de vida piadosa. Si el Logos no fuera Dios, sus actos en la carne no tendrían valor salvífico universal. Si no fuera Dios, no se debería hablar de una encarnación de lo divino en la tierra, sino que sería una especie de morada temporal, una epifanía entre la humanidad. En el mejor de los casos esto sería como una visita angélica, como se describe en el Antiguo Testamento, y en el peor de los casos sería una recaída en las ideas politeístas de los paganos, con dioses visitando el mundo en ocasiones. El pensamiento cristiano encarnacional, en cambio, representaba la Palabra misma de Dios, asumiendo la naturaleza humana, en forma de cuerpo humano, para realizar obras de salvación en ese cuerpo sufriente, obras que impactarían a todo el género humano, precisamente porque el sujeto que sufría en el cuerpo terrenal era el eterno Hijo y Palabra de Dios. Sólo si el Logos fuera Dios podría dar a la carne un valor sacramental y divinizado. Atanasio expresó esto con un silogismo brillante (reutilizando términos de Ireneo): «Él (el Logos) se hizo hombre, para que el hombre se hiciera divino».[20]

Para aquellos que defendían el estado divino del Logos asumiendo directamente la vida humana (contrariamente a los arrianos, que mantenían la divinidad a distancia de tal implicación en la historia), el pensamiento encarnacional se convirtió en el mecanismo mismo de la salvación. La salvación no surgió, así como un simple perdón sacrificial de los pecados de la raza, como se ejemplifica en la fiel obediencia de Jesús, sino que se convirtió en el compromiso directo del Logos con la vida humana en persona, remodelando una vida humana para que pudiera estar íntimamente unida con la divinidad, haciendo que la carne ascendiera a la presencia divina. Lo que él estableció en su propio cuerpo fue visto como una gracia otorgada a la iglesia. Fue este aspecto del pensamiento soteriológico el que llegó a dominar la controversia arriana-nicena en su segunda etapa. Si el argumento con el propio Arrio había sido en gran parte metafísico, el argumento que evolucionó después de Nicea en 325 fue predominantemente soteriológico. El Concilio de Nicea comenzó ese proceso.

El Concilio de Nicea 325. Una vez que Arrio y sus colegas apelaron su declaración y afirmaron que su obispo estaba equivocado en su exposición de la fe, no ellos, era inevitable que alguna forma de sínodo más grande tuviera que ser reunido para adjudicar este asunto más internacionalmente. No estaba del todo claro cómo podía suceder esto, pues la iglesia estaba sufriendo en sus provincias orientales durante la última guerra civil romana, que había sido inaugurada cuando la tetrarquía de Diocleciano había sido dejada de lado y Constantino había sido aclamado como emperador en Britania en el año 305, iniciando una larga campaña militar que lo había llevado a la victoria en Roma y a un dominio compartido con el emperador oriental Licinio. Pero la alianza era incómoda. Cuando la crisis de arriana estaba en curso, Licinio ya se estaba armando contra Constantino y estaba aplicando presión política y penalizaciones a los cristianos de Oriente, de los que sospechaba que eran simpatizantes de Constantino. En el último acto de la guerra civil que siguió, Licinio fue vencido decisivamente en el año 323 de una manera que dejó a Constantino como único monarca de todo el imperio, Oriente y Occidente.

Constantino había reconocido a lo largo de su larga marcha hacia la monarquía que la religión cristiana podía ser de gran ayuda para él. Sus objetivos teológicos se traslapaban a ella de muchas maneras: quería abolir los sacrificios de animales y reunir a todos los pueblos del imperio en torno a la noción de un solo Dios en el cielo y un solo gobernante bendecido por Dios en la tierra. En términos prácticos, también vio una gran ventaja en el uso del sistema que los cristianos ya habían instituido de obispos locales con el respeto y la confianza de las comunidades locales. Uno de los grandes avances en su política fue dotar a estos obispos de un rango casi magisterial y asignar a sus cortes episcopales una validez paralela a las cortes civiles. Esto significaba que las personas más pobres podían por primera vez sentirse seguras de

---

[20] Atanasio, *Contra Arrianos* 1.39; 3.34; *De Incarnatione* 54.3; Ireneo, *Adversus Haereses*, libro 5, prefacio.

tener acceso a la ley romana, con la oportunidad de recibir equidad y justicia de alguien que posiblemente los conocía a ellos y a su familia y que estaba comprometido con el cuidado pastoral y los valores morales, sin el deseo de obtener un beneficio corrupto. La llegada de Constantino al Este desplazó el centro imperial de Nicomedia. No tenía la intención de ocuparlo, sospechando (como lo había hecho en Roma) que estaba demasiado lleno de partidarios de su enemigo. Así que estableció una base a orillas de un lago en Bitinia, llamándola «Ciudad Victoria» (*Nikaia*), mientras planeaba un sueño a gran escala de tener una nueva Roma construida sobre el Bósforo (Constantinopla).

La iglesia oriental sintió inmediatamente su alivio de las opresiones bajo Constantino y tenía expectativas del nuevo gobernante, que fueron confirmadas por informes del clero romano, que había demostrado ser un amigo. Sin embargo, pronto se hizo evidente para el emperador que sus esperanzas de usar el sistema de cancillería episcopal como una nueva forma de impartir justicia democratizada, parte de la *Pax Constantiniana*, iba a ser difícil, porque la iglesia misma estaba llena de divisiones y sospechas después de muchos años de persecución regular y amarga bajo los sucesores de Diocleciano. La vida interna de las iglesias se había roto. También descubrió que la aguda disputa intelectual de la crisis arriana le estaba quitando el oxígeno. Esto le trajo a la mente un problema comparable de la unidad de la iglesia en Occidente que había marcado su debut en los asuntos internos de los cristianos. Había ocupado el norte de África en el invierno de 311, y el asunto le fue presentado inmediatamente. Pensó que lo había manejado bastante bien; le había ganado una reputación a gran escala de justicia entre los obispos occidentales, y seguramente tenía su punto de vista sobre cómo tratar la resolución de la disputa arriana que ahora se avecinaba ante él. El problema occidental había sido la forma primitiva del cisma donatista, y valdría la pena dar un pequeño rodeo para ver cómo actuó aquí Constantino, pues seguramente fue un precedente para establecer el protocolo de su dinastía en el trato con la iglesia. Vemos aquí un cuidadoso conjunto de decisiones para dar seguimiento a una amplia apelación al sentimiento cristiano internacional, con sanciones legales.

La perturbación en África se originó inmediatamente después de la Gran Persecución de Diocleciano (303-305) y dividió la iglesia africana, de vez en cuando, durante los siguientes cuatro siglos. El cisma surgió primero porque muchos clérigos durante la persecución entregaron libros sagrados a las autoridades. Estos *traditores* (o «traspasadores»—la palabra es el origen del *traidor*) fueron denunciados por un grupo de confesores encarcelados que declararon (con la gran autoridad espiritual entonces concedida a los confesores en la iglesia africana) que sólo aquellos que actuaron valientemente en la persecución recibirían una recompensa celestial.[21] Sin embargo, su actitud celosa fue censurada por el archidiácono de Cartago, Ceciliano, quien (más tarde) se dijo que los castigó con la reducción de su derramamiento de comida de la prisión pagada por la iglesia. Lo hizo principalmente para contrarrestar la moción de

---

[21] *Acts of Saturninus* 18.

los fanáticos de que todos los cristianos se ofrecieran como voluntarios para el martirio, pero después le costó mucho quejarse en la comunidad eclesiástica. En el año 311, Ceciliano fue elegido obispo de Cartago en una consagración impugnada, y al año siguiente el primado de Numidia celebró un consejo de setenta obispos en Cartago, que depuso al Ceciliano y eligió a otro. Ceciliano se negó a ceder.

Ese mismo invierno, los ejércitos de Constantino ocuparon el norte de África, y Ceciliano fue aceptado en la administración de Constantino como obispo y capellán, sirviendo como representante del emperador en África. Constantino dio peso moral y un gran ingreso al Ceciliano, y amenazó a sus rivales con penas legales si no llegaban a su comunión. Después de muchas protestas continuas, cuando se enteró de las sutilezas del proceso sinodal cristiano, Constantino remitió la disputa entre los obispos cecilianos y los numidianos a la audiencia del Papa Milciades en Roma, quien una vez más se decidió a favor de los cecilianos. El partido rival estaba ahora dirigido por el Obispo Donato, quien arregló otra apelación al emperador, alegando que uno de los consagradores de cecilianos era un *traditor* y por lo tanto toda la ordenación de cecilianos era inválida, ya que había sido realizada por un apóstata que carecía de gracia sacramental.

Constantino decidió remitir el asunto una vez más a un sínodo episcopal más amplio, constituido internacionalmente, para que lo juzgara, el cual tomó evidencia de las circunstancias de la consagración original de Ceciliano. El consejo se reunió en Arles en el 314. La decisión fue de nuevo en contra de Donato, y esta decisión eclesial fue reafirmada en la ley secular por decreto imperial en 316. En 320 un juicio separado ante el gobernador imperial de Numidia reveló que muchos de los opositores de los cecilianos en la jerarquía numidiana habían sido ellos mismos *traditores* en la persecución. Incluso con esta revelación de hipocresía masiva, el movimiento no perdió impulso. La protesta donatista ganó su mayor lealtad en las provincias del norte de África menos romanizadas (Numidia y Mauritania Sitifense), lo que sugiere que su popularidad estaba estrechamente relacionada con las protestas anticoloniales. Uno de los comentarios más célebres de Donato fue «¿Qué tiene que ver el emperador con la iglesia?»[22] Las comunidades donatistas eran generalmente rurales, radicales en sus actitudes anticoloniales y consideradas revolucionarias en sus intentos, a menudo violentos, de destruir las estructuras de la esclavitud colonial que les afectaban.

En la segunda mitad del siglo IV, el donatismo probablemente representaba la mayoría de las iglesias rurales del norte de África, pero siempre fue considerado como un cisma muy «local», con puntos de vista muy provinciales sobre la teología y una concepción muy cerrada y estrecha de la iglesia como el cuerpo de élite de los puros. El resto del mundo cristiano consideraba al Ceciliano como el verdadero obispo. Después de su muerte, el «Partido ceciliano» desapareció, y el tema fue visto como un cisma entre los «católicos» y los donatistas. En el siglo V, Agustín y sus compañeros obispos persuadieron al emperador Honorio para que les presionara más para que les

---

[22] Optato de Milevi, *Contra los donatistas* 3.3.

privara de sus derechos, pero continuaron siendo una presencia disidente en el cristianismo africano hasta la invasión árabe, siempre desconfiando de las actitudes de los emperadores, independientemente de que éstos se declararan o no cristianos.[23]

En relación con la disputa arriana, este episodio donatista, diez años antes, aunque no fue del todo exitoso, le había mostrado a Constantino una manera de proceder. En primer lugar, intentaría una intervención personal, exigiendo el cese del problema.[24] Seguiría el consejo de un obispo de confianza de la corte. Involucraría a las principales autoridades de las grandes ciudades cristianas, que eran hombres educados, lo que significaba especialmente Roma y Alejandría. Convocaría a un grupo internacional ampliamente representativo de obispos para debatir y resolver el conflicto, y luego añadiría el sello de apoyo legal a las decisiones conciliares. Habría algunos problemas en la aplicación de este patrón de un protocolo, por supuesto, y estos conspiraron para hacer del proceso de Nicea algo aún más difícil de conseguir que sus decisiones donatistas. Su elección de un obispo de la corte estaba en conflicto entre el obispo español Osio de Córdoba, a quien había traído con él desde Occidente como consejero, y un favorito de la corte, Eusebio de Nicomedia, a quien había confirmado como obispo de la capital imperial oriental.[25] Osio era un ardiente partidario de la cristología del obispo alejandrino, mientras que Eusebio, como hemos señalado, era uno de los principales enemigos de Alejandro. Asimismo, Constantino tendía a inclinarse por defecto hacia la aceptación de los puntos de vista de los obispos de las grandes ciudades. Pero en este caso la disputa involucraba al líder de una de las sedes primarias de la iglesia oriental, no sólo en un enfrentamiento con un sacerdote local, sino ahora en un enfrentamiento con el obispo de la antigua capital imperial.

A finales de 324, sin embargo, Constantino ya se había decidido. Se encargaría de la gran celebración de su vigésimo aniversario desde que fue aclamado como emperador en York en el año 305, su *vicennalia*; y como parte de las festividades del jubileo que este evento implicaría, también después de su indiscutible victoria sobre Licinio en el Este y de su incuestionable reputación como protector de los cristianos en todo el mundo, confiaba en que podría lograr la paz en las provincias cristianas orientales y luego, sobre la base de esta armonía, seguir adelante con sus planes de hacer avanzar a los obispos para que se conviertan en magistrados locales y, de esta manera, llevar a cabo su proyecto más amplio de cambiar el rostro de la

---

[23] Para más información sobre el donatismo, véase W. H. C. Frend, *The Donatist Church: A Movement of Protest in Roman North Africa* (Oxford: Clarendon, 1952); R. A. Markus, *Saeculum: History and Society in the Theology of St. Augustine* (Cambridge: Cambridge University Press, 1970); M. Tilley, *Donatist Martyr Stories: The Church in Conflict in North Africa* (Liverpool: Liverpool University Press, 1996).

[24] De hecho, Constantino envió una carta a Alejandro y a Arrio en el año 324 exigiendo que dejaran de lado las «disputas tontas» que eran periféricas a los asuntos cristianos. Censuró a Alejandro por plantear tales objeciones sobre la metafísica tonta en primer lugar y reprendió a Arrio por ser desobediente a su superior. La carta, por supuesto, reveló que no tenía idea de lo que estaba hablando teológicamente, y básicamente no tuvo ningún efecto. La disputa ya se había extendido a las iglesias más grandes y necesitaba una solución sinódica. Sus cortesanos pronto pudieron aconsejarle sobre esta necesidad, siendo Osio de Córdoba el protagonista de los arreglos preconciliares.

[25] Para más detalles, véase V. C. De Clerq, *Ossius of Cordova: A Contribution to the History of the Constantinian Period* (Washington, DC: Catholic University of America Press, 1954).

administración imperial. Llevaría a los obispos cristianos a una concordia pacífica, aunque tuviera que arrastrarlos hasta allí. La fecha sería 325, su aniversario actual, haciendo de Nicea una parte integral de sus celebraciones oficiales de la victoria. El lugar para convocar a un gran grupo de obispos sería su propio palacio de verano en Nicea (hoy Iznik en Turquía). Desde el principio, el consejo fue investido con el aire de un legislativo cuasisenatorial. A todos los obispos se les permitió el uso gratuito de las estaciones imperiales de correos para su viaje (aunque muy pocas sedes occidentales estaban representadas: sólo ocho delegados en total), y se les concedieron otros privilegios y regalos que marcaron dramáticamente su surgimiento de la era de las persecuciones.

Osio llegó a Antioquía en el año 324 y celebró allí una reunión sinodal preliminar para investigar la causa de los desacuerdos en el Este. Como resultado de esto, varios clérigos importantes, entre ellos Eusebio de Cesarea, fueron suspendidos hasta que se pudiera celebrar una reunión más completa. Este sínodo de 324 determinó en gran parte que cuando Nicea abrió sus sesiones al año siguiente, Osio y Alejandro serían los protagonistas principales. Todo esto, se sospecha, se hizo seguramente con el acuerdo de la corte imperial y después de consultar con la sede papal, que había expresado una clara confianza en Alejandro. El consejo se abrió, por lo tanto, en Nicea el 19 de junio de 325, después de varias semanas de simposios en la ciudad, cuando el suelo estaba preparado, por así decirlo, para las presentaciones retóricas de varios oradores, filósofos, retóricos, y clérigos, todos ellos exponiendo las reivindicaciones específicas de sus diferentes partidos. La tradición posterior, siguiendo a Atanasio de Alejandría, dice que trescientos o 318 obispos asistieron a la sesión formal del sínodo, pero esta cifra es probablemente exagerada debido a la retórica bíblico-tipológica.[26] Doscientos cincuenta es probablemente una cifra más verdadera.

Al comienzo de la reunión, Constantino tomó su lugar en el trono imperial y saludó a sus invitados.[27] Durante la sesión de apertura estuvo aceptando pergaminos (peticiones secretas de favores y compensación) de los muchos obispos presentes, y luego los sorprendió al día siguiente trayendo un gran brasero y quemando toda la pila de pergaminos ante ellos—con las enigmáticas palabras de que de esta manera se habían cancelado las deudas de todos. Con esto insinuó que la mayoría de las peticiones de los obispos se dirigían unos a otros, y que, en lugar de juzgar a muchos, había dado una amnistía común.

Pero un caso clamaba por atención, y ese era el llamado que Eusebio de Cesarea había hecho en contra de su declaración en el año 324. Constantino dejó muy claro que esperaba que Eusebio fuera exonerado como parte de la amnistía (siempre tendió a

---

[26] Atanasio, *Epistle Ad Afros* 2. Probablemente está pensando en el símbolo del 318 en Génesis 14:14. El número 318 en la simbología griega es la letra tau (que es también la cifra de la cruz) seguida de *I* y *H* (que es la abreviatura del nombre Jesús).

[27] Para un análisis más completo de las preocupaciones intelectuales del Sínodo, vea J. A. McGuckin, "The Council of Nicaea," en *The Seven Oecumenical Councils*, ed. S. Trostyanskiy (Piscataway, NJ: Gorgias Press, 2016). Los decretos y cartas conciliares se presentan en la breve lectura al final de este capítulo.

apoyar y alentar a los obispos eruditos, posiblemente en memoria de su propio tutor de la infancia, el teólogo cristiano Lactancio). Así que, cuando Eusebio ofreció el credo bautismal de su iglesia como ejemplo de la fe, lo consideró suficiente y fue rehabilitado. El concilio se apresuró a anticipar y rechazar sin mucho debate un credo abiertamente proarriano que luego fue ofrecido por Eusebio de Nicomedia. El credo de Eusebio de Cesarea también fue rechazado por ser el que el concilio adoptaría como su *ekthesis*, o declaración oficial. La declaración en la que finalmente se decidieron fue probablemente una construida con una matriz de la confesión de fe de la iglesia de Jerusalén (su credo bautismal) sin las glosas origenianas que Eusebio de Cesarea deseaba adjuntar. Pero a este marco, los padres conciliares se cuidaron de añadir sus propios brillos específicos. Éstas pueden verse en forma de varias repeticiones enfáticas de cláusulas e inserciones de aclaraciones enfatizadas, todo ello en el sentido de que la divinidad del Hijo no era nominal, sino que derivaba de su relación sustantiva con el Padre, así como no era compartida por nada en el orden creado. El concilio se mostró firme en la cuestión de que no rehabilitaría a los que se resistían a su credo: principalmente a Arrio y a sus partidarios episcopales libios, así como a Eusebio de Nicomedia, quien ofreció una resistencia fuerte e inquebrantable. Sólo su alto rango salvó a Eusebio de Nicomedia del castigo infligido a los obispos libios menores, Theonas y Secundo, que fueron depuestos y condenados a trabajos forzados en las minas de sal de Cerdeña.[28] Eusebio fue expulsado en desgracia, pero pronto se recuperó y regresó al favor imperial.

A insistencia de Constantino, siguiendo la influencia de Osio, el Credo niceno contenía el término técnico *consustancial* (*homoousios*) en una coyuntura crítica, para describir la relación del Hijo de Dios con el Padre y, por lo tanto, su plena condición divina. Fue un término que reivindicó decisivamente la doctrina de Alejandro de que el Hijo nació «del ser/esencia del Padre» (*ek tes ousias tou Patros*) y que, por lo tanto, era «Dios de Dios» en todo sentido de lo que significaba ese concepto. En la estructura básica del credo que había existido durante varios siglos antes, los obispos insertaron varias anotaciones antiarrianas específicas y añadieron cinco anatemas (o denuncias) específicas para proscribir todos los puntos principales de la enseñanza arriana.

De este modo, el concilio afirmó una hermenéutica realista de la analogía bíblica de la filiación y la paternidad. Aclaró que la frase tradicional «engendrado del Padre» significaba «de la esencia (*ousia*) del Padre». También se volvió a hacer aclaraciones específicas de declaraciones antiguas y tradicionales sobre la manera de la procesión del Hijo de Dios. Para evitar cualquier hermenéutica subordinacionista de «un dios (secundario) de un Dios (superior)», o «una luz (más pequeña) de la (gran) Luz», añadió la fuerza de reforzar los sinónimos: «Dios de Dios, luz de luz, Dios verdadero de Dios verdadero», las repeticiones sirviendo como acentuación y énfasis. Para no dejar espacio a ningún revisionismo arriano o retraducción de su intención, también se

---

[28] Más, se sospecha, por negarse obstinadamente al mando de Constantino por *concordia* y acercamiento a su *vicennalia* que por las sutilezas de la teología que representaban. Esta fue una sentencia secular impuesta contra ellos. La sentencia eclesial fue simplemente una deposición del ministerio activo.

anexaron cinco frases específicas de condena (*anathemata*) de los puntos cardinales de la teología arriana. De esta manera se pensó que la disputa arriana podría ser definitivamente resuelta.

Esto, por supuesto, resultó ser una posición desesperadamente optimista. En parte fue culpa de Constantino. El emperador (como ya se puede ver en su *Carta a Alejandría* en el año 324) desalentó positivamente cualquier debate aclaratorio sobre el significado de los términos clave.[29] Incluso el término decisivo, *consustancialidad*, que acordó introducir como el énfasis principal de la reunión sinodal, deseaba dejar lo suficientemente vago como para que pudiera servir como un punto de encuentro genérico para la mayoría. Muchos oyeron la palabra en diferentes resonancias. Algunos pensaban que era como confesar que el Hijo y el Padre compartían el mismo ser. Algunos lo interpretaron en el sentido de que el Hijo y el Padre tenían el mismo tipo de naturaleza, lo cual era una noción mucho más laxa y que creció, en los años posteriores a Nicea, cuando el concilio parecía ser una fuente de controversia continua, hasta convertirse en la posición eclesiástica muy amplia de que el Padre y el Hijo eran «semejantes el uno al otro» (homoianismo) o incluso «sustancialmente semejantes el uno al otro» (homoiousianismo).[30] En la era posnicena, el grupo de Alejandro, que pronto sería dirigido por su discípulo Atanasio, consideraba a los homoianos como reincidentes arrianos absolutos. Por otra parte, finalmente sintieron que podían tratar con el partido de los homoiousianistas, con los que llegarían a algún tipo de acuerdo ecuménico después de un sínodo de reconciliación celebrado en Alejandría en el año 362.

Constantino mismo sólo tenía un deseo en el concilio, conseguir la mayor armonía posible, y al encontrar que sólo un grupo de partidarios de línea dura del concepto arriano se negaría a apoyar la inserción homoousiana, siguió adelante con ella. Por consiguiente, varios obispos presentes allí ese día firmaron con diferentes interpretaciones de los asuntos centrales de detalle cristológico, un factor que contribuyó a las confusiones doctrinales que seguirían a las secuelas de Nicea durante los próximos cincuenta años. En los años posteriores a Nicea está claro que Constantino se apartó de Osio de Córdoba como consejero religioso y dio su oído a Eusebio de Nicomedia, quien finalmente lo bautizaría mientras yacía muriendo poco más de una década después. Su dinastía, que la siguió y sostuvo una política que duró hasta la muerte de Valente en el año 378, apoyó más o menos una posición «arriana suave» que permitía mucha vaguedad en lo que se entendía por la divinidad de Jesús o del Logos.

Después de que concluyeron las sesiones formales de Nicea, las celebraciones de *vicennalia* para el emperador comenzaron en serio. Los obispos recibieron regalos de oro para acompañarles a casa y fueron invitados de honor a los banquetes festivos. Algunos regresaron como héroes locales. Alejandro y su diácono Atanasio regresaron

---

[29] Citada en la breve lectura más adelante.
[30] *Homos* siendo el griego para «igual» y *homoios* el griego para «como» [comparativo; semejanza].

triunfantes a su ciudad. Otros colerizaban en el exilio (Eusebio de Nicomedia) y planeaban su venganza (que no tardaría mucho en llegar). Eusebio de Cesarea se preocupó y se inquietó cuando su carruaje regresó a Palestina, pues le había dicho a su iglesia local que preferiría morir antes que acceder a cualquier compromiso que el partido de Alejandro le impusiera, y ahora tenía que dar algunas explicaciones por haber firmado el credo con la *homoousion* en él.

En todo el Oriente cristiano en general, el sustento de los términos exactos del Credo Niceno se convirtió en un asunto de dura resistencia, a menudo ante la desaprobación imperial, la supresión de las sedes y el exilio forzado de los partidarios de Nicea. La asamblea de los principales teólogos nicenos fue Atanasio (sucesor de Alejandro) de Alejandría, Augusto de Antioquía, Eusebio de Samosata, Apolinar de Laodicea; y (un grupo más joven) Basilio de Cesarea en Capadocia, Gregorio de Nacianceno, y Gregorio de Nisa. En Occidente, los infatigables defensores del nicenismo estuvieron representados por los sucesivos papas y por teólogos apologetas como Lucifer de Cagliari, Hilario de Poitiers, y (el grupo más joven) Jerónimo y Ambrosio de Milán.

Algún tiempo después, después de la adhesión de Teodosio I, el Credo Niceno fue reafirmado en el Concilio de Constantinopla en el año 381, y luego el apoyo estatal a las alternativas arrianas fue retirado abruptamente, y el Credo Niceno se convirtió en la base para el acercamiento de las iglesias occidentales y orientales en una declaración común de fe. Entonces se prefirió recordar a Constantino el Grande como el arquitecto y proponente de Nicea, no el emperador que eligió ser bautizado por un simpatizante arriano. Fue entonces elevado como el partidario de la verdadera fe, y sólo sus hijos y sucesores fueron denunciados como traidores de la causa de Nicea.

A pesar de la importancia del Concilio de Nicea, un registro detallado de los procedimientos (si alguna vez hubo uno) no sobrevive. Los historiadores ahora tienen sólo una colección aleatoria de cartas, testimonios indirectos y relatos posteriores de lo que sucedió. Sobrevive una *Carta sinodal* (en la que se anuncian las decisiones del consejo en Alejandría a las partes interesadas), y también se le atribuyen veinte «cánones» o leyes.[31] Su tema común es el de elevar los estándares entre el clero y volver a poner orden en la práctica de la iglesia después de los tiempos de persecución.[32] Algunos testigos oculares escribieron sobre el consejo muchos años después, pero varias de nuestras historias provienen de períodos aún más tardíos. Las versiones de Atanasio y Rufino de los eventos del concilio se enfocan en el sínodo como una asamblea general de obispos que buscan consenso en la fe. El relato de Eusebio de Cesarea lo describe como si fuera dirigido de cerca por Constantino el Grande, y a menudo es un cuadro detallado y vívido que presenta, pero que también tiene cuidado de omitir detalles en los que no le gustaba detenerse. El historiador más reciente, Filostorgio, en su propia historia de eventos escritos desde un punto de vista

---

[31] La carta sinodal se encuentra en la breve lectura, más abajo.
[32] Para una discusión más detallada de la legislación de Nicea, vea J. A. McGuckin, *The Ascent of Christian Law* (Crestwood, NY: St. Vladimir's Seminary Press, 2012), 193-203.

arriano radical (eunomiano), describe la agenda conciliar como sobredeterminada por Osio y Alejandro de Alejandría. Por lo tanto, la «neutralidad» de estos relatos de diversas fuentes es un problema. Evidentemente, la historia de un acontecimiento tan trascendental y divisivo todavía era tendenciosa muchos años después.

Por supuesto, después de que Nicea fue elevada por la iglesia católica más grande como el gran «concilio de todos los concilios», la norma misma de la fe y la definición de catolicidad de aquí en adelante. Así que no es de extrañar que atraiga leyendas y amplificaciones. En su contexto histórico es más que probable que muchos obispos que asistieron no le pusieran el mismo significado «trascendental» que asumió en retrospectiva. Esto fue algo por lo que la escuela alejandrina de Atanasio luchó arduamente, y que lo hizo fue testimonio del apoyo a menudo tácito pero sólido de la iglesia latina, especialmente de la sede de Roma, que se negó a apartarse del estandarte de Nicea a pesar de las vacilaciones de la posterior dinastía constantiniana sobre la cuestión de la *homoousion*, la consubstancialidad del Hijo con el Padre.

Búsqueda de puntos en común y consenso. Atanasio había sido un joven diácono que había asistido a Alejandro, y tan enterado de los preliminares del Concilio Niceno, así como, según la tradición, uno de los asistentes al Concilio mismo, aunque no uno que participó activamente en ninguna presentación allí. En el año 328, Atanasio sucedió a Alejandro en una elección muy disputada. Durante muchos años tuvo dificultades para mantener un frente unido en los asuntos eclesiales de su propia iglesia y atrajo a un número creciente de «enemigos» internacionales a su persona y a sus doctrinas, sobre todo a Eusebio de Nicomedia, que estaba decidido a orquestar la caída política de Atanasio de cualquier manera posible. Su elevación a la sede de Alejandría coincidió con el período en que Constantino y sus hijos estaban abandonando cada vez más la política antiarriana que la doctrina nicena de la *homoousion* del Logos debía representar. Debido a que se negó a permitir que el asentamiento de Nicea cayera en la oscuridad, Atanasio pronto se convirtió en un símbolo prominente de oposición a la teología de consenso patrocinada imperialmente en el Este y fue depuesto por enemigos eclesiásticos en el concilio de Tiro en el año 335. Regresó del exilio y retomó sus reivindicaciones sobre el gobierno de la iglesia de Alejandría a la muerte de Constantino en el año 337, pero pronto se vio obligado a huir de nuevo y se refugió en Roma, donde fue recibido como un campeón de la ortodoxia.

Sínodo de Sárdica 343. A partir de ese momento, Atanasio obtuvo el apoyo constante de las iglesias occidentales, que alentaron su resistencia como un renombrado «confesor». Esto se expresó dramáticamente en un sínodo celebrado en Sárdica en el año 343.[33] Atanasio había llevado su caso a la adjudicación de Osio, a quien había conocido por primera vez en Nicea 325, y Osio a su vez organizó una gran reunión de obispos occidentales para juzgar públicamente su caso (ya que había sido depuesto por los sínodos arrianizantes en la iglesia oriental) con el fin de rehabilitarlo.

---

[33] Sárdica es ahora Sofía, la capital de Bulgaria.

El Papa Julio I presionó con éxito tanto a los emperadores (Constante en el Oeste y Constancio II en el Este) para que celebraran este concilio para intentar una reconciliación general de todas las partes divididas en torno a la cuestión arriana. Se centró en gran medida en la cuestión de si el propio Atanasio, y todo lo que él representaba teológicamente, podía volver a entrar en comunión con los obispos orientales que le habían anatemizado varias veces (y por lo tanto la doctrina Nicea que él defendía) en los años anteriores, mientras que al mismo tiempo también había sido exonerado y alabado por los líderes de la iglesia occidental. Los emperadores (vagamente) esperaban que se pudiera llegar a Sárdica con una fórmula que, de una vez por todas, resolviera las divisiones doctrinales que se habían mantenido durante tanto tiempo después de Nicea 325. Lo que realmente se quería era una reconciliación entre Oriente y Occidente. Se consideró importante, por lo tanto, asegurar la numerosa asistencia de muchos obispos griegos.[34] Estos llegaron, sin embargo, y viejas enemistades resurgieron rápidamente.

Muchos de los orientales estaban decididos a no rehabilitar a Atanasio por ningún motivo y protestaron apasionadamente contra la decisión de Osio de permitir que Atanasio se sentara en el concilio. Su posición era que no podía asistir a ninguna reunión episcopal como clérigo depuesto, ciertamente no uno que considerara su caso. También hubo fuertes tensiones entre Atanasio y su antiguo amigo Marcelo de Ancyra.[35] Osio trató de hacer negociaciones entre bastidores, intentando alejar la animosidad de la figura de Atanasio y acercarla al gran plan de la unidad Este-Oeste, pero sus esfuerzos fueron en vano. Temiendo que la mayoría latina los derrotara, los orientales vetaron el procedimiento conciliar con el argumento de que un concilio de la iglesia no podía contradecir a otro (aunque esto es exactamente lo que había estado sucediendo en relación con los varios sínodos celebrados en el Este, empeñados en revertir a Nicea y arruinar las carreras de sus defensores). Por lo tanto, dejaron el consejo y se fueron a la ciudad de Filipópolis (en la Bulgaria moderna), donde sacaron su propia declaración de credo. Los obispos latinos estaban más decididos a proceder cuando vieron esto y rápidamente pidieron la exoneración de Atanasio y de otros dos obispos que habían sido depuestos y que ahora presentaban sus defensas. A Atanasio no se le pidió una defensa: todos los cargos en su contra fueron declarados nulos. Los

---

[34] Osio presidía los asuntos, y el Papa Julio I estaba representado por los sacerdotes Arquidamo y Filoxeno y el diácono Leo. Según Atanasio, los obispos asistieron de Italia, España, Galia, África, Britania, Egipto, Siria, Tracia y Panonia. Asistieron noventa y seis obispos occidentales, con un número menor de orientales.

[35] Para más detalles, véase J. T. Lienhard, *Contra Marcellum: Marcellus of Ancyra and Fourth Century Theology* (Washington, DC: Catholic University of America Press, 1999). Tanto él como Atanasio habían sido declarados defensores ortodoxos de la fe en el Sínodo de Roma en el año 340. Estaban siendo presentados para su rehabilitación en Sárdica juntos. Pero Atanasio se había dado cuenta de que Marcelo era todo lo que los antinicenos sospechaban. Su «igualdad de ser» entre el Padre y el Hijo se basaba en un modo de pensar monarquiano arcaico; es decir, tendía a pensar que el término afirmaba una mónada divina. Atanasio se dio cuenta de que, a menos que se distanciara de Marcelo, no podía explicar a los muchos teólogos ortodoxos (que estaban de acuerdo con el empuje antiarriano pero no se sentían contentos con la semántica nicena) que la *homoousion* no significaba necesariamente las implicaciones que se veían en Marcelo.

obispos orientales fueron censurados por su actitud, y algunos de sus líderes fueron declarados excomulgados.

El resultado final, por lo tanto, fue un intento significativamente fallido de reconciliación, pero el sínodo sardicano hizo una declaración significativa al negarse a publicar su propio credo o cualquier otra enmienda al de Nicea. Esto fue un subrayado decisivo del significado perdurable del Credo Niceno de 325 y una fuerte indicación al Este de que sería sólo en estos términos de fe que la reconciliación podría ser efectuada en el futuro.

El acto final del concilio sardicano fue hacer varios cambios en la legislación de la iglesia (por lo tanto, estatal) concerniente a los obispos. El objetivo era poner fin a la confusión causada en las décadas anteriores por sínodos conflictivos y obispos antagónicos que predicaban a través de diferentes puntos de vista, actividades que estaban causando más confusión que asentamiento. Los principales cánones sardicanos, o leyes, prohibían los obispos errantes, los llamamientos del clero directamente al emperador (proceso sinodal de cortocircuito), los teólogos que eran promovidos a obispados en pequeños pueblos (otra vez una tapadera para los obispos teólogos nómadas) o los profesores o personas ricas que eran promovidos al episcopado sin muchos años de servicio previo en la iglesia para que su fe pudiera ser evaluada primero. El concilio concluyó su trabajo enviando dos cartas, una a la ciudad de Alejandría y la otra a los obispos de Libia y Egipto, anunciando en los términos más claros que Atanasio y la fe que él representaba habían sido exonerados. El emperador oriental, Constancio II, respondió negativamente confirmando la orden del gobernador de Egipto de que, si Atanasio se atrevía a aparecer una vez más en la ciudad, para tratar de tomar posesión de su sede, los soldados debían matarlo a la vista.

A la luz de este estancamiento, el emperador occidental Constante, que había acordado apoyar el respaldo general de la iglesia occidental a la doctrina de Nicea, exigió en 346 la rehabilitación de Atanasio de su colega imperial oriental. A regañadientes, el emperador Constancio permitió que Atanasio volviera a Alejandría, pero después de que Atanasio mostró una gran energía en la reconstitución de la oposición nicena (después de una serie de obispos proarrianos nombrados imperialmente allí), Constancio perdió la paciencia con él después de sólo unos pocos meses y se le ordenó una vez más el exilio, donde pudo ser vigilado de cerca. Para evitar estas restricciones, desobedeció el decreto imperial (convirtiéndose de nuevo en un forajido en el Este) y huyó para esconderse en el desierto egipcio. Este fue un tiempo en el que promovió sus relaciones con el creciente movimiento monástico, cuyo héroe publicitó en su ampliamente leído texto *La vida de Antonio*.

También comenzó a esbozar una obra muy influyente que explicaba por qué una cristología del divino Señor Jesús era importante como pilar central de la evangelización de los paganos por parte de la iglesia. Aquí piensa a través de la lógica central que, si el Verbo es verdaderamente Dios y asumió personalmente la vida humana en la encarnación, es principalmente porque desea, como el Logos que primero hizo a la humanidad para la vida, transmitir a la humanidad moribunda (mortal) el don divino y reparador de la inmortalidad. Atanasio ve el Verbo gráficamente queriendo hacer esto primero en su propio cuerpo humano, pero luego usando esto como paradigma para trabajarla a través del resto de la raza humana. La divinización del Logos de su propia carne (haciéndola resucitar de entre los muertos, por ejemplo, o haciéndola una fuente energizada de milagros) era «natural» para él, argumenta Atanasio, porque esa carne sólo podía ser energizada por una presencia tan cercana de la divinidad dentro de ella. Pero en el caso del resto de la raza humana, continúa argumentando que lo que el Logos encarnado es «por naturaleza», lo ofrece al mundo «por gracia». En otras palabras, su unión inmortal personal de Dios y la humanidad se convierte en la fuente paradigmática de la gracia de cómo los humanos pueden ser reconciliados con Dios y en esa comunión restaurada encontrar la vida celestial.

Esta es esencialmente la gran perspicacia que Atanasio añadió al debate de Nicea sobre metafísica. Él lo hace más cercano a los mecanismos de trabajo de la teología de la salvación, y lo conecta más precisamente a los sacramentos. Por ejemplo, señala que si el Verbo no es verdaderamente Dios y no se identifica totalmente con una vida humana en la encarnación (como muchos arrianos habían argumentado), entonces los sacramentos de la Eucaristía o del bautismo serían simplemente actos conmemorativos de recuerdo. Pero tradicionalmente, contraargumenta Atanasio, los cristianos nunca los han mirado bajo esa luz, sino que los han visto como poderosas gracias que divinizan a sus destinatarios. Sólo si el Logos es verdaderamente Dios y asume personalmente la humanidad, la Eucaristía puede ser la carne de Dios. Si los arrianos estuvieran en lo cierto, tal sacramento no sería digno de adoración como la presencia permanente de Dios en la tierra. De nuevo, Atanasio saca la teología de lo abstracto y la conecta con la actualidad de la vida sacramental y litúrgica en las iglesias. Su mensaje tenía un gran atractivo. En su tiempo en el exilio interno egipcio redactó dos tratados que describen esta teología soteriológica de manera muy sencilla y persuasiva. Durante siglos permanecieron populares como los primeros «clásicos» de la espiritualidad cristiana. Los tratados son la *Contra Gentes* (*Contra los paganos*) y la *De Encarnatione* (*Sobre la encarnación del Verbo de Dios*).

Sínodo de Alejandría 362. Al enterarse de la muerte del implacable Constancio II, en el año 362, Atanasio salió de su escondite y una vez más regresó públicamente a Alejandría. Poco después, sin embargo, fue exiliado una vez más por el emperador Juliano, quien no quería que una figura tan poderosa se convirtiera en un punto de encuentro cristiano cuando trataba de marginar a la iglesia en un nuevo retorno a las prácticas paganas. Pero Juliano no vivió lo suficiente para que su política anticristiana se arraigara. En la muerte repentina de ese emperador en Persia en 363, Atanasio pudo volver a sus seguidores en Alejandría al año siguiente bajo el dominio más tolerante del emperador cristiano Joviano. Con la excepción de otro corto exilio en 365-366, esta vez Atanasio fue capaz de estabilizar su administración eclesiástica de su iglesia y así empezar a utilizar la gran ciudad de Alejandría como una palanca en armonía con

Roma y como el punto de difusión de un esfuerzo masivo para rehabilitar la doctrina de Nicea en ambas partes del imperio.

El partido niceno había estado tan dividido en las provincias romanas orientales durante los últimos cuarenta años después del concilio (había costado mucho mantenerse fiel a Nicea) que la necesidad más apremiante de que alguien le diera al nicenismo una segunda oportunidad era la de reconciliar a los teólogos que desconfiaban profundamente los unos de los otros. En sus últimos años, y utilizando su reputación como confesor de la fe nicena, que había soportado muchas dificultades personales por la causa, Atanasio trabajó arduamente para reunir un grupo internacional coherente de teólogos «nicenos» orientales que finalmente comenzarían a trabajar unos con otros. En un concilio en Alejandría en el año 362 hizo un movimiento sorprendente para armonizar los diferentes partidos de la alianza antiarriana más grande (especialmente el partido *homoiousiano*) al acordar que el vocabulario preciso (¿estabas a favor o en contra de la *homoousion*?) no era tan importante como la realidad del consenso en una cristología organizada alrededor de la idea de la deidad plena del Logos como el tema personal de Jesús. Si los teólogos confesaran estos dos principios fundamentales—que el Logos era Dios de Dios en todo sentido (Hijo eterno del Padre eterno, igual en gloria a su Padre) y que este Logos divino era el sujeto directo y personal del Señor Jesús, que era Dios encarnado entre la humanidad para su salvación—entonces la forma precisa de expresar eso no importaba tanto como la unidad de fe que manifestaba.

Esta actividad de reconciliación fue un gran paso adelante para asegurar que la fe nicena se afianzara en el Este tanto como ya lo había hecho en el Oeste. Lo que estaba en juego era que un grupo de teólogos más jóvenes ya estaban dando grandes pasos en el desarrollo de todas las implicaciones de la cristología nicena y el pensamiento trinitario en tratados poderosamente concebidos. Algunos de los líderes de este movimiento vinieron de Capadocia. Han sido conocidos desde entonces colectivamente como los padres capadocios, Basilio el Grande, Gregorio de Nacianceno, y Gregorio de Nisa jefe entre ellos. Pero toda esa área capadocia de la iglesia también se había comprometido a honrar la memoria de San Gregorio Taumaturgo, uno de los primeros fundadores del cristianismo allí, y que había sido discípulo de Orígenes cuando estaba vivo. De modo que la tradición de toda la iglesia tendía a tener aversión por el lenguaje de la «sustancia» para describir la divinidad espiritual, viéndola como un término hipermaterialista que no se ajustaba bien a una realidad espiritual e inmaterial. Fue por tales razones que no les había gustado la *homoousion* nicena cuando la escucharon por primera vez, y en las décadas posteriores Nicea había preferido en todos los territorios de Capadocia hablar de que el Logos era «substancialmente como el Padre» (*homoiousios*).

Al principio, Atanasio los había considerado como un tipo más de «deudor» de Nicea y tenía poco tiempo para ellos. Los libros de texto más antiguos relacionados con este período tendían (erróneamente) a llamarlos «semiarrianos», pero ciertamente no estaban tan enamorados del lenguaje niceno como lo estaban los latinos y los partidos de Atanasio y Eustacio de Antioquía, hasta que se dieron cuenta de que las décadas de división y disputa por las que habían pasado en realidad sólo podían ser puestas a descansar mediante una afirmación común de lo que Nicea había representado por quintaesencia.[36] En su etapa más antigua y tranquila de su vida, Atanasio también se dio cuenta de que era hora de dejar de lado su sospecha de los teólogos que no eran sus aliados más cercanos: hombres como Eustacio de Antioquía y los capadocios más jóvenes. Se dio cuenta de que, si se añadía «como el Padre en todas las cosas», como muchos de ellos ya lo habían hecho, estos otros estaban más o menos confesando exactamente lo que él quería defender en la teología nicena. Así que se comprometió y convocó a una gran reunión de teólogos en Alejandría en el año 362, y allí establecieron los términos de un nuevo nicenismo que afirmaría lo básico sin preocuparse por los términos precisos que se usaban.

Paradójicamente, esto tuvo el efecto de reunir a su alrededor a una escuela mucho más grande de teólogos orientales que finalmente estuvieron de acuerdo en que su comprensión de la *homoousion* era el término técnico mejor y más sencillo de reunirse, además de ser una interpretación refinada de Nicea y su credo que respondía a todas las objeciones que «los de la misma fe» habían planteado contra ella. Además, era útil, como seguía señalando Atanasio, porque era un término que hacía desaparecer a todos los arrianos de todo tipo. Aquellos que no quisieron confesar la fe central de que el Logos era Dios y que también era el sujeto personal de Cristo, el Dios-Hombre, fueron todos notables por negarse a admitir la legitimidad de la *homoousion*. Así que el término y el credo niceno en el que estaba incrustado ganaron una nueva vida después del sínodo de 362. El camino estaba preparado para un empujón final para poner el arrianismo al margen de las confesiones de fe centrales del imperio oriental, aunque esto llevaría otros veinte años. El empujón final vendría cuando el último de los emperadores unidos a la dinastía constantiniana falleciera. Esto ocurrió con la muerte de Valente en el año 378.

Las tardías *Cartas a Serapión* de Atanasio también fueron de gran importancia en el desarrollo de la doctrina de la Trinidad, una sistemática que fue la elaboración final de la fe nicena. Su trabajo en la creación de un «partido niceno» de base más amplia fue llevado a su campo por los teólogos capadocios que vinieron después de él, especialmente la tríada mencionada anteriormente, que serán examinados más de cerca a su debido tiempo. La política de reconciliación de Atanasio se materializó con la adhesión del general español Teodosio como emperador en Oriente; convocó al Concilio de Constantinopla en el año 381 y estableció la ortodoxia nicena como la norma posterior para las iglesias del imperio romano oriental y occidental. Atanasio había pasado su vida en esta causa, pero entregó su alma ocho años antes de poder ver los frutos finales de sus labores. Murió en Alejandría el 3 de mayo de 373.

---

[36] Aquellos que sólo estaban dispuestos a llamar *homoios* al Logos (como Dios) eran, propiamente hablando, arrianos. Así también el partido más radical que usa el término *anhomoios* (el Logos es diferente al Padre).

Los oponentes de Atanasio. *Eusebio de Nicomedia.* Si Atanasio era visto como la cara pública del nicenismo, era Eusebio de Nicomedia (m. 342) quien era la personificación de la oposición primitiva (y amarga).[37] Había compartido un maestro común con Arrio en la persona de Luciano de Antioquía. Fue un obispo aristocrático de alto rango, primero de Beirut, pero luego fue transferido por invitación del emperador Licinio para presidir la nueva metrópolis imperial de Nicomedia en Bitinia. Tenía muchos amigos en la nueva corte de Constantino y en la administración en general debido a su duradera amistad con Constancia, la hermana de Constantino y ex esposa de Licinio. Cuando Constantino llegó a Oriente, Eusebio ganó su oído muy rápidamente y pronto suplantó a Osio como su consejero más cercano para asuntos religiosos y filosóficos. Cuando el emperador estaba muriendo, en un campamento durante los ejercicios de campo del ejército, fue a Eusebio a quien eligió finalmente para bautizarlo en la fe cristiana. En el año 339 Constantino lo invitó a trasladarse de nuevo para ser el primer obispo de la nueva capital en Constantinopla, y se aseguró de que la ciudad imperial, con pocas excepciones, fuera gobernada por obispos antinicenos durante muchos años.

Cuando se le informó por primera vez del juicio y la declaración de Arrio, Eusebio supo inmediatamente que, si Arrio iba a ser condenado por tal teología, él mismo se enfrentaría a problemas muy pronto, por lo que pasó a la ofensiva. Dejó claro, incluso antes de que Nicea comenzara, que no estaba en el negocio de dar lealtad a las opiniones personales de un presbítero (aunque seguía siendo un firme y leal partidario de Arrio, defendiéndolo hasta el final de su vida). Lo que estaba en juego era toda una forma de concebir el ser divino. El cristianismo tuvo que aplicar la lógica a su concepción de la Divinidad y limitar los «excesos», tal como él los veía, tanto de las tendencias monarquianas que aún prevalecen en la iglesia como de la tendencia de la escuela del Logos a hablar de coigualdad o «deidad plena» en referencia a la Palabra de Dios, que él veía como un código bíblico para la agencia subordinada de Dios que trabaja en la creación.

En el Concilio de Nicea, Eusebio aceptó a regañadientes el credo *homoousiano*, pero se negó a suscribir la condena del propio Arrio, por lo que Constantino lo depuso y lo desterró. Sin embargo, Fue retirado en dos años y siempre estuvo tras el confidente íntimo del emperador. Constantino deseaba pasar a una teología de consenso que pudiera establecerse en el Este, y Eusebio argumentó fuertemente que la mejor oportunidad que tenía de esto sería abandonar la estricta dependencia de la *homoousion* nicena (que Occidente mantenía) y pasar en cambio a un tipo más vago de teología del Logos que estuviera más abierta a una cristología subordinacionista.

---

[37] Los otros «grandes defensores» de Nicea eran menos notorios, quizás: Osio de Córdoba e Hilario de Poitiers por el oeste, así como una sucesión de papas romanos. Por el Este: Eustacio de Antioquía y Eusebio de Samosata, que fue el mentor de los padres capadocios más jóvenes. Durante muchos años el enérgico obispo ascético Eustacio de Sebaste fue también un defensor clave del nicenismo y entrenó al joven Basilio de Cesarea en esa causa. Pero Basilio rompió decisivamente con él por su renuencia a explicar la teología de la Trinidad, que los nicenos más jóvenes veían como la lógica última de la fe de Nicea.

Dándose cuenta de que Eusebio fue el primer impulsor en el desentrañamiento de Nicea y que estaba utilizando el proceso sinodal para que sus principales oponentes fueran juzgados por enseñanza defectuosa o incompetencia en la administración y destituidos de su cargo, el partido niceno se volvió contra él como su principal enemigo. Eusebio consiguió una victoria al conseguir la declaración de Atanasio en el Sínodo arrianizante de Tiro en el año 335.[38] También consiguió la declaración de otros destacados oponentes de Nicea, incluyendo a Eustacio de Antioquía y Marcelo de Ancyra.

En el año 341, el año anterior a su muerte, Eusebio presidió el Consejo de Dedicación (*In Encainiis*) en Antioquía, un evento que marcó el ascenso del arrianismo oficial para la próxima generación en el Este.[39] El concilio emitió un credo que censuraba explícitamente algunos de los principios más «extremos» del pensamiento de Arrio (aspectos en los que sus seguidores más radicales, Aecio y Eunomio, insisten actualmente), en el sentido de que el Hijo de Dios «no venía de la nada» o «venía de una esencia distinta a la de Dios» (*heteras ousias*) o que «había cuando no lo era». Estos aspectos clásicos del subordinacionismo arriano fueron condenados. De modo que, si bien parecía que se trataba de un cierto tipo de ecumenismo antiarriano, no había que mirar demasiado para ver la mano de Eusebio de Nicomedia presente. Porque la declaración de fe saca cuidadosamente del credo toda referencia a la *homoousion* y a la idea de la verdadera, o plena, divinidad del Hijo, dejándola en títulos bíblicos más vagos para dar un sentido de honor, sin explicar el punto central que representaba Nicea. Llama al Hijo «primogénito de toda criatura» en lugar del significado muy diferente del término bíblico «primogénito de toda la creación». El Hijo es aquí una «imagen exacta» (*eikon*) de la Divinidad. En cuanto a la calidad del ser y la divinidad del Espíritu, este credo es deliberadamente vago. Pero la vaguedad antes de una discusión es una cosa; la vaguedad después de haberla aclarado abundantemente es otra cosa y equivale al rechazo de una discusión.

El Credo de la Dedicación, entonces, fue fuertemente censurado por Atanasio, quien lo consideraba no más que una versión suave del arrianismo para un consumo más amplio. La perspicacia política de Eusebio orquestó este compromiso para dar a la «vaguedad teológica» favorecida por el imperio la oportunidad de extenderse ampliamente por el Este. Caracterizar al partido de Nicea, por un lado, y al partido

---

[38] Constantino estaba furioso con Atanasio por negarse a admitir a Arrio a la comunión en Alejandría, que había ocupado como obispo desde 338. En el año 338, Atanasio fue llamado a juicio (por cargos engañosos de magia negra y asesinato) en un sínodo en Cesarea, donde Eusebio de Cesarea y Eusebio de Nicomedia estarían presentes. Se negó a asistir. El emperador le dejó claro que, si no asistía al sínodo que se celebraría en Tiro, sería llevado a la fuerza. Atanasio trajo consigo a cuarenta y ocho obispos egipcios en apoyo, pero el sínodo de 310 miembros lo condenó por los cargos y ordenó su declaración. Una apelación personal al emperador en Constantinopla le ganó más justicia. Fue absuelto de todas las acusaciones eclesiásticas, pero el emperador lo condenó (a través de su sistema de espionaje) por haber amenazado precipitadamente con cortar el suministro de grano a la capital de África si era expulsado de su ciudad. Sobre la base de esta acusación, que no pudo negar, fue exiliado a Tréveris en Occidente y no pudo regresar a Egipto hasta la muerte de Constantino en el año 337.

[39] *In Encainiis* fue llamado así porque fue convocado para la ceremonia de dedicación de la nueva basílica de oro en Antioquía. El emperador Constancio estuvo presente, con cien obispos de Oriente.

radical arriano, por otro, como extremos inaceptables, le dio una coherencia al movimiento arriano, más de lo que el propio Arrio jamás proporcionó a través de gran parte de su desarrollo inicial. El movimiento que Eusebio puso en marcha perduraría después de su muerte durante otros cuarenta años. Conociendo su importancia central para establecer el tono de la política religiosa de Constancio, sus seguidores póstumos eran llamados a menudo los «eusebianos» por sus oponentes nicenos.

Aecio y Eunomio de Cízico. Aecio (c. 300-370) fue uno de los teólogos arrianos más radicales. Originalmente era metalúrgico en Antioquía (sus oponentes lo llamaban «artesano»), quien a través de su habilidad nativa ascendió de sus humildes orígenes a la posición de renombrado sofista y lógico en Alejandría. Atrajo el patrocinio imperial como erudito y educador, y sirvió como tutor y mentor de César Galo (más tarde ejecutado por Constancio en 354), quien le dio los ingresos de la isla de Lesbos en reconocimiento a sus dones oratorios. Aecio fue ordenado diácono en el año 345, pero fue implicado en la caída de Galo y exiliado en el año 354. Los concilios de Ancyra (358) y Constantinopla (360) condenaron sus enseñanzas, pero gracias al patrocinio de César Juliano (hermano de Galo fue recompensado con rango episcopal como «obispo errante». Su devoto secretario, Eunomio, se convirtió en el portavoz más enérgico de la escuela y cuidó de Aecio en su vejez en Constantinopla. Después de su muerte, Eunomio escribió una hagiografía en la que atribuía milagros a su mentor y alentaba a la parte nicena a equilibrar esto con las reivindicaciones de santidad de su propio partido.[40]

Aecio presionó las implicaciones de las declaraciones doctrinales cristianas hasta sus límites semánticos. Era el líder de la escuela que afirmaba la ingeneración (*theos agenetos*), o autooriginación, como definición fundamental de la divinidad y argumentaba que mientras que el partido niceno que afirmaba la identidad esencial del Padre y del Hijo-Logos (*homousianos*) estaba equivocado, también lo estaba la mayoría antinicena, que había caído en dos campos, uno afirmando la semejanza esencial del Padre y el Logos (*homoiousianos*), y la escuela más grande, que prohibía el lenguaje esencialista y defendía la idea más vaga de la semejanza de los dos hipóstasis (*homoians*). Como resultado, estos arrianos radicales, que se llamaban a sí mismos *heterousianos* (porque profesaban que el Hijo-Logos era de una esencia totalmente diferente (no divina) a la del Padre divino), fueron aborrecidos positivamente por las facciones arriana y nicena por igual.

Aecio era, entonces, un filósofo que se especializaba en semántica lógica (recuerda en cierto modo a los primeros Wittgenstein). Su principal y única obra superviviente es la *Syntagmation* (*Tractatus*), que demuestra muy fuertemente este método lógico silogístico de progreso teológico. Breves extractos de la misma se encuentran en la breve lectura de abajo. Si autooriginación (*autogenes*) es sinónimo de deidad, dijo (como la mayoría de las escuelas filosóficas helenísticas de su tiempo habrían estado

---

[40] Gregorio Nacianceno compuso el *Discurso* 18 en 379, en honor al beato Atanasio, básicamente como una primera gran hagiografía teológica para solemnizar la figura del famoso, pero a menudo tormentoso niceno incondicional de la primera generación. En la siguiente generación todos los teólogos nicenos fueron canonizados como santos.

de acuerdo), entonces que el Logos-Hijo no es autooriginado, sino que «se origina del Padre» significa que él no es Dios. Su manera osada de expresar silogismos lógicos y de dotarlos de un carácter absoluto de verdad le llevó a la famosa afirmación de su escuela: que se podía decir todo lo que había que decir sobre Dios, sin necesidad de misterio. Defendió el axioma de que las palabras (especialmente las escriturales) revelaban esencias, no relaciones. Sobre esta base, continuó argumentando que la relación del Hijo con el Padre era una relación de completa disimilitud (*an-homoios*). Si el Padre era esencialmente el Ingenerado, entonces el Hijo, siendo generador, era radicalmente distinto de la Divinidad suprema. El Padre era «esencialmente» la Paternidad, argumentó Aecio. El Hijo era «esencialmente» filiación. Eran dos cosas diferentes. Dios era Dios en sí mismo. El Logos-Hijo era una criatura, un siervo de la salvación honrado por Dios.

El partido de Aecio llamó a la furia de todos los bandos en su contra y fue clasificado por sus oponentes como los anomoianos (los «diferentes»: también *anhomoianos*, *anomoyanos*), aunque su propia autodenominación preferida era la de los *heterousiastas* («esenciadores diferentes»). El partido arriano moderado, como el que se manifestó en el Sínodo de Tiro, estaba molesto porque Aecio había resucitado los aspectos más objetables de la posición original de Arrio, con un fuerte énfasis en la condición de criatura del Verbo. Los nicenos, por otra parte, encontraron su posición tan polar opuesta a la suya que, al refutarla, fueron capaces de reunir todo un conjunto de reflexiones que los condujo a la finalización de su propio sistema. Es en el diálogo (a menudo hostil y tumultuoso) con estos arrianos radicales que los padres capadocios perfeccionaron su teología trinitaria. La obra de Aecio (y la de su discípulo cercano Eunomio) estimuló a Basilio de Cesarea a componer su importante defensa de la deidad del Espíritu Santo (*De Spiritu Sancto*) e impulsó a Gregorio Nacianceno a componer su monumental defensa de la teología nicena en sus *Cinco discursos teológicos*.[41]

En esa refutación de los aspectos centrales de la agenda neoarriana, Gregorio argumenta que las palabras bíblicas no revelan esencias, sólo relacionalidades, y esto fue una influencia importante en el desarrollo capadocio de la doctrina trinitaria: tomar la paternidad, la filiación y la procesión (del Espíritu, según Jn. 15:26) como descriptiva de la relacionalidad hipostática dentro de un solo ser esencial (*ousia*) de la propia Divinidad del Padre. Así pues, el Hijo se originó del Padre: por lo tanto, no es Inoriginado (*agenetos*), sino que ciertamente sigue siendo plenamente Dios, porque la falta de inoriginación no es definitiva del ser de Dios (*ousia*), sino sólo de la persona del Padre (hipóstasis). Del mismo modo con el Espíritu: el Espíritu y el Hijo no poseen ninguna otra esencia divina más que la única esencia divina que pertenecía al Padre (como hipóstasis inoriginada), pero que fue donada libremente tanto al Hijo

---

[41] *Discursos* 27-31. Véase el texto y comentario en F. W. Norris, *Faith Gives Fullness to Reasoning: The Five Theological Orations of Gregory Nazianzen* (Leiden: Brill, 1991). Véase también J. A. McGuckin, *St. Gregory of Nazianzus: An Intellectual Biography* (Crestwood, NY: St. Vladimir's Seminary Press, 2001). Para la obra completa en español, véase Gregorio Nacianceno, *Discursos I-XV* (Madrid: Editorial Ciudad Nueva, 2015).

como al Espíritu para que la tuvieran como su ser. Así que las tres hipóstasis eran coiguales y singulares en todos los aspectos del ser: enteramente uno y el mismo en esencia (*ousia*) y honor (*time*) y poderes (*energeia*), y tres en su comunión distintiva de relaciones hipostáticas. Esto explica los diferentes roles en la economía de la salvación, el Hijo y el Espíritu trayendo toda la creación en expiación y santificación a la unidad de Dios Padre. Gregorio describió el proceso, o economía de la salvación trinitaria, en cuanto al Padre, a través del Hijo, en el Espíritu Santo. Es discutible que sin el impulso del reduccionismo radical de Aecio en la teo-lógica (Gregorio ciertamente prefirió el lenguaje de la mística poética para oponerse a su escuela), la posición clásica del neonicena podría no haber sido elaborada tan concisamente o tan bien.

Fue Eunomio quien más o menos aseguró que esto sucediera; cuando supo que Gregorio Nacianceno se había mudado a Constantinopla al enterarse de la muerte de Valente, él también contrató un edificio en la ciudad, y ambos teólogos iniciaron una campaña de predicación dirigida a ofrecer sus versiones de la fe al público de la capital. Gregorio usó la villa de su primo cerca del Hipódromo, consagrándola como una pequeña iglesia porque el obispo antiniceno de la ciudad se negó a permitirle celebrar en cualquiera de las iglesias de allí. Eunomio se aseguró de que las conferencias de Gregorio estuvieran llenas de interruptores (hasta que Gregorio se hizo sabio y contrató a marineros egipcios como porteros). Sabiendo que era probable que un emperador proniceno fuera nombrado en breve (como en efecto lo fue Teodosio I) y que eliminaría la opresión estatal del nicenismo, Gregorio fue estimulado, por los muchos intentos de Eunomio de condenarlo por ofuscación, a proporcionar una fuerte defensa de la necesidad de usar algo más que el silogismo lógico para abordar el gran misterio de Dios: usar la idea del misterio como un punto de partida para maravillarse, pero seguir la lógica de manera adecuada y con una reverencia atenta al sentido más profundo de la Escritura (no simplemente elevando una serie de textos de prueba dislocados). La *Apología* de Eunomio sobrevive, al igual que su *Confesión de Fe* y numerosas secciones de su *Apología de la apología*, que son citadas en la defensa que hace Gregorio de Nisa de Basilio a partir de los muy amargos ataques personales y póstumos de Eunomio. Teodosio exilió a Eunomio a la campiña capadocia después del concilio proniceno del año 381.

LA SÍNTESIS TEOLÓGICA CAPADOCIA

En muchos sentidos, este concilio de 381 puede ser visto como la victoria final del antiguo partido niceno, puesto en marcha por la generación más joven de teólogos capadocios, que proporcionó su texto teológico. La tradición cristiana posterior, que reconoce retrospectivamente a Nicea 325 como el primero de los grandes concilios «ecuménicos», llama al Concilio de Constantinopla 381 el segundo de esa línea.[42] De este modo, la tradición católica deja de lado todos los falsos comienzos y los callejones sin salida de los muchos sínodos que llenaron el siglo IV entre Nicea y Constantinopla. En línea recta redibuja la topografía del siglo IV—no de manera histórica o lineal, sino teológica: de este concilio a este concilio solamente. Esta es la línea de desarrollo de la fe cristiana clásica católica y ortodoxa.

A este punto, entonces, los presentes en Constantinopla en el año 381 tenían un claro sentido de saber que se trataba de reconciliar las partes occidental y oriental de la cristiandad sobre la base del Credo niceno. Las adiciones que el concilio posterior hace a la declaración original son pocas, pero significativas, porque subrayan cómo es la doctrina trinitaria de una *ousia* y tres hipóstasis la que finalmente da coherencia lógica a la comprensión de cómo se puede concebir la relación del Hijo Logos con el Padre. Esta entrega de un hogar trinitario a la doctrina cristológica, que la fundamenta como un proceso fundamentalmente soteriológico, fue el logro del Concilio de 381. Pero llegar hasta allí requirió mucho esfuerzo, que los padres capadocios demuestran en sus trabajos teológicos.

Basilio de Cesarea (330–379). Conocido incluso en su vida como «Basilio el Grande», fue el más dinámico y políticamente activo de los padres capadocios, si no el pensador más original entre ellos. Era hijo de un retórico, de una familia cristiana rica. Estudió en Capadocia (donde conoció a Gregorio Nacianceno, uno de los hombres más eruditos de su edad, igualmente dedicado a la defensa de la fe nicena), luego en Constantinopla, y finalmente durante seis años en Atenas, donde su amistad con Gregorio Nacianceno se profundizó en una alianza de por vida. En el año 355 regresó a Capadocia y enseñó retórica durante un año antes de emprender su camino (probablemente en compañía de Eustacio de Sebaste, uno de los primeros mentores) para recorrer las comunidades ascéticas de Siria, Mesopotamia, Palestina y Egipto. Basilio fue bautizado a su regreso a Capadocia y abrazó la vida ascética bajo la influencia de Eustacio y su propia hermana Macrina, quienes ya habían adaptado su finca en Annesoi, Ponto como un retiro monástico. Aquí invitó a Gregorio Nacianceno, aunque éste encontró que el estilo monástico igualitario organizado no era de su gusto, prefiriendo una reclusión más erudita en sus propias tierras.

Gregorio y Basilio colaboraron en la producción de la *Filocalia* (una primera edición de pasajes seleccionados de Orígenes), así como de escritos sobre la vida monástica. Este primer trabajo de escribir manuales para los ascetas reunidos a su alrededor (especialmente el *Asketikon* de Basilio, aunque algunos lo ven como una obra de Eustacio) tuvo un impacto histórico en la forma de las «reglas monásticas» que más tarde le dieron a Basilio el título de «padre de los monjes orientales». La *Moralia* fue el primero en el año 358 (en gran medida las máximas ascéticas

---

[42] La palabra *ecuménico* proviene del griego *oikoumene*, que significa «mundial» o «universal»: es decir, con importancia y autoridad internacional para la gran tradición eclesiástica. No tiene ninguna relación con el uso moderno del término *ecuménico* para connotar las relaciones caritativas entre las iglesias.

tradicionales adjuntas a sus textos bíblicos de prueba) y fue seguido por el *Asketikon* hacia el año 363 (que es lo que la mayoría denomina la «regla de Basilio»).

Aunque Basilio ha sido tradicionalmente asociado con el retiro monástico, de hecho, era un eclesiástico, político y apologeta muy enérgico. Viajó extensamente con Eustacio de Sebaste en giras destinadas a contrarrestar la creciente influencia del arrianismo en el Este, y fue el orador principal en varios eventos vinculados a las asambleas sinodales y otras grandes asambleas eclesiásticas. En esta temprana actividad se ganó la reputación de ser uno de los principales contendientes antiarrianos de la época. La creciente insatisfacción con la posición teológica de Eustacio puso una distancia entre Basilio y su mentor, y a partir de ese momento comienza a ver que su desarraigada vida de viaje ascética podría ser menos útil, si quería influir en los asuntos de la iglesia, más que una base sólida en alguna parte. La sede metropolitana principal de Capadocia en Cesarea era la opción obvia.

Ordenado lector en 360, la primera aparición pública de Basilio fue como diácono recién ordenado, atacando la *Syntagmation* del teólogo neoarriano Aecio en un debate público celebrado entre los dos en Constantinopla en 360. Su muy fría recepción en la capital le animó a volver a Cesarea, y fue ordenado sacerdote para la iglesia catedral en el año 362. Su encuentro con Aecio y Eunomio en 360 le hizo darse cuenta de que eran los sistemáticos del arrianismo que más quería deconstruir. Su firme insistencia en que la doctrina de la *homoousion* era blasfema había llevado en ese concilio a una política imperialmente ayudada para deponer a los obispos homoiousianistas (aquellos que eran cercanos en la fe al partido niceno) en muchas ciudades clave del Este.

Esta infeliz experiencia en Constantinopla en 360 llevó a Basilio a centrar gran parte de sus argumentos antiarrianos en la escuela heterousiastas. En su madura obra *Contra Eunomium*, comienza su ataque a los heterousiastas con una negación de su principal premisa: que Dios es definido como el Ingenerado (*agenetos*). Si el Hijo es generado como Hijo del Padre, habían argumentado, entonces no puede ser Dios de Dios, sino que en términos de lógica debe derivar de la deidad como ser generado y por lo tanto ser una criatura del único Dios-Padre. Basilio aplica las categorías aristotélicas contra Aecio y Eunomio (que se enorgullecían de sus métodos lógicos aristotélicos) para argumentar que la ingeneración es un aspecto de una concepción de Dios (una *epinoia*), no una definición sustantiva de deidad.[43] La ingeneración (*agennesia*), explica él, describe el «cómo» del ser de Dios, no el «qué» de él.[44] Podríamos saber «que» Dios es, pero saber «qué» es Dios queda más allá de nuestra limitada concepción humana. En otras palabras, es fundamental para Basilio que podamos conocer a Dios sólo por sus revelaciones hacia nosotros, y este conocimiento

---

[43] *Contra Eunomium* 1.7.

[44] Ibid., 1.11: «Nuestro razonamiento nos muestra que el concepto de no engendrado no se da en relación con el "qué" de la naturaleza divina (*en te tou ti estin anereunesei*) sino más bien, como me estoy esforzando por decir, en el "cómo es" (*en te tou opos estin*). En resumen, para San Basilio: «La esencia de Dios es no engendrada, pero el no-engendramiento no es su esencia». Véase también 1.15.

se encuentra a lo largo del camino de sus energías o actividades externas en el mundo (*ek men ton energeion*), no de su esencia inaccesible e inefable.[45]

Al principio de su *Contra Eunomium* Basilio se ocupa directamente del rechazo arriano de la *homoousion*. No pueden aceptarlo, dice él, por la engañosa razón de que huele a sabelianismo, es decir, como si contuviera necesaria e inevitablemente que el Padre y el Hijo eran una misma realidad, una esencia indistinguible considerada como una «cosa», una *res materialis*. Una comprensión más refinada de la filosofía y la lógica (de nuevo los acusa deliberadamente de ser inconsistentes en su razonamiento), insiste él, les habría permitido ver que los términos que se refieren a la esencia divina no le confieren de facto limitaciones materiales.[46] El punto central de Basilio es que *homoousion* significa principalmente que todo lo que se refiere apropiadamente a la esencia divina del Padre es referible también a la esencia divina del Hijo, siendo la esencia una esencia común y compartida (*al tes ousiasmo koinon*).

Concluye que el Padre y el Hijo están relacionados tanto sustancial como hipostáticamente, dando a la vez unidad y diferenciación: «Porque la divinidad es una», dice él, «y podemos ver claramente que la unidad es según el principio de la esencia. Lo que significa que la diferencia está en el número y en las propiedades que caracterizan a cada uno; mientras que, en el principio de la divinidad, vemos la unidad».[47] Esto es claramente una referencia a la doctrina completa de *homoousion* sin nombrarla, sin afirmarla como el todo y el fin de la ortodoxia nicena, la cual, según él, puede ser sostenida de manera paralela a la iglesia sirio-capadocia más amplia.

En su casa en Capadocia, sirviendo como el sacerdote consejero teológico de su obispo más tranquilo, Eusebio, Basilio estuvo activamente involucrado en resistir las invasiones en su arquidiócesis de los partidos arrianos heterodoxos y homoianos.[48] A través de su trabajo literario ganó el renombre más amplio de los simpatizantes de Nicea, pero también la enemistad de muchos clérigos en las partes periféricas de esta gran sede eclesial. Al principio vinculado al partido homoiousiano, que era la posición dominante en Capadocia, se alineó cada vez más con la defensa del credo niceno (y del partido homoousiano). Fue uno de los primeros defensores de la posición de que el hecho de que el Hijo fuera «sustancialmente como el Padre en todas las cosas» era un (mejor) sinónimo de la *homoousion* de Nicea que había causado tanta disensión. Pronto, sin embargo, cayó (una mezcla de conflictos filosóficos y de personalidad) con su obispo local y se retiró a sus dominios hasta que, en 364, la amenaza de la instalación de un obispo arriano del séquito del emperador visitante Valente, con la

---

[45] «Podemos decir que conocemos la grandeza de Dios, su poder, su sabiduría, su bondad, su providencia sobre nosotros y la justicia de sus juicios; pero no conocemos su esencia.... Decimos más bien que conocemos a nuestro Dios por sus actividades (*ek men ton energeion*) pero no presumimos de acercarnos a su esencia. Sus actividades (*energeiai*) descienden hacia nosotros, pero su esencia (*ousia*) permanece inaccesible». Ibid., 1.12.

[46] La *Syntagmation* había sido publicada al estilo de un tratado sobre lógica, y Eunomio hizo que el ataque a Basilio fuera muy personal al caricaturizarlo como incapaz de pensar lógicamente: «un mero granjero provincial».

[47] *Contra Eunomium* 1.19.

[48] Eusebio aquí siendo el titular de la Cesarea capadocia, no debe ser confundido con el sabio obispo Eusebio de Cesarea (palestina).

intención de extender la política proarriana expulsando a los jerarcas locales no apegados a la causa, aterrorizó a Eusebio lo suficiente como para pedirle a Basilio que regresara a su personal clerical. Gregorio Nacianceno mediaba en ese regreso, y la amenaza de Valente fue desviada, aunque el nuevo ascenso de Basilio le valió varios enemigos más entre el clero local de Cesarea.

En el año 368 Basilio administró el esfuerzo de socorro de la iglesia para una gran hambruna en la región y se ganó el apoyo vivo de la gente común. En el año 370 fue elegido obispo de su ciudad, a pesar de la oposición de la curia municipal y de muchos obispos regionales. Poco después, su gran diócesis metropolitana de Capadocia fue dividida en dos por decretos imperiales (Basilio la denunció como una estratagema proarriana destinada a debilitar su influencia), y para contrarrestar la creciente influencia del paralelo metropolitano, Antimo de Tiana, Basilio trató desesperadamente de llenar pequeños pueblos con nuevas ordenaciones episcopales extraídas de su círculo de amigos. Elevó a Gregorio de Nisa y Gregorio Nacianceno al estatus episcopal (en pueblos insignificantes), pero también causó divisiones incluso entre su círculo inmediato, que sintió que sus maquinaciones eran principalmente disputas sobre los ingresos disfrazados de conflictos teológicos. A medida que se movía más y más para convertirse en la cara pública del partido de Nicea, Basilio se alió con Melecio de Antioquía, uno de los antiguos asiduos de Nicea. Esta alianza (que le llevó a entrar en conflicto con Atanasio y el Papa Dámaso, que desconfiaba profundamente de Melecio) le pareció fundamental para la causa de Nicea en Oriente, y fue fiel a ella, aunque enajenó definitivamente a su viejo amigo y mentor Eustacio de Sebasto, quien cada vez más abiertamente abrazó la doctrina pneumatómaca, negando la deidad del Espíritu Santo.[49] La brecha pública con Eustacio se caracterizó por la publicación de una obra altamente influyente de Basilio: *Sobre el Espíritu Santo* (libros 1-3), en el que Basilio afirma la deidad del Hijo y del Espíritu y allana el camino para la confesión neonicena completa de la Trinidad, que Gregorio Nacianceno elaboraría en el Concilio de Constantinopla en el año 381.

Basilio murió, agotado con su trabajo, en el 379. Sus cartas son fuentes importantes de información sobre la vida de la iglesia en el siglo IV. Su *Hexameron*, o interpretación de la creación a través del relato del Génesis, es una obra maestra de la teología bíblica cristiana primitiva y lo muestra como un origenista moderado, con un fino sentido del poder moral de las Escrituras. Su tratado *Contra Eunomio* fue una fuerza importante que revitalizó la resistencia nicena, y en su tiempo hizo mucho para persuadir a los homoiousianos de que su posición era en esencia reconciliable con la de los homoousianos, un elemento clave para el éxito a largo plazo de la causa nicena. Su trabajo en su iglesia como maestro y defensor público de su ciudad (instituyó la construcción de uno de los primeros grandes hospitales con monjes cristianos, una innovación por la que supeditó el impulso monástico a la soledad a las necesidades

---

[49] La palabra *pneumatómaca* fue inventada por los nicenos capadocios y significa «luchadores contra el Espíritu de Dios» (porque negaban la distinción hipostática, como Dios, del Espíritu Santo).

misioneras de la iglesia) convirtió a Basilio en un modelo para todos los futuros obispos orientales, y en la época bizantina fue designado, junto con Gregorio Nacianceno y Juan Crisóstomo, como uno de los «tres jerarcas sagrados», los obispos-teólogos más importantes de la época antigua. Su corpus de obras se convirtió en la fuente fundamental para todos los teólogos en formación en el mundo cristiano oriental.

Gregorio Nacianceno (329–390). Gregorio era el hijo de un rico obispo terrateniente en Nacianzo, Capadocia (también llamado Gregorio). Recibió la mejor educación local y luego (con su hermano Cesáreo) fue enviado a Alejandría, y finalmente a Atenas, donde pasó diez años perfeccionando su estilo retórico y su educación literaria. Fue, sin duda, el mejor retórico cristiano de su época y es ciertamente el obispo más erudito de la Iglesia primitiva.[50] Su viaje por mar a Atenas en el año 348 fue interrumpido por una violenta tormenta y, temiendo por su vida, Gregorio parece haberse prometido a sí mismo al servicio de Dios, un voto que cumplió al aceptar el bautismo en Atenas y comenzar su compromiso de por vida con la vida ascética. Era una dedicación que él veía como totalmente acorde con el compromiso con el celibato que se le exigía al filósofo serio (*sophrosyne* era la virtud de un académico en la tradición antigua antes de que fuera apropiada por los monásticos). Gregorio hizo mucho para avanzar la teoría de la ascética cristiana primitiva, pero siempre con el énfasis en la reclusión al servicio de la reflexión académica.

Describe regularmente el cristianismo como «nuestra filosofía». En Atenas compartió alojamiento con su amigo Basilio de Cesarea. Al regresar a Capadocia en el año 358, los planes de Gregorio de vivir en un retiro académico en su propiedad familiar fueron interrumpidos bruscamente por su padre, quien lo ordenó a la fuerza al sacerdocio en el año 361, con la intención de utilizar sus talentos en la administración diaria de la iglesia naciancena. Sin tener en cuenta ese estilo de vida, Gregorio huyó en protesta a las fincas monásticas de Basilio en Annesoi, donde editó la *Filocalia de Orígenes*, una edición de las obras del gran alejandrino que abstrajo «lo mejor de lo mejor de» como guía para los predicadores que querían lecciones de teoría exegética y método.[51]

Pronto regresó para ayudar en la administración de su iglesia local, y en el año 363 Gregorio dirigió el ataque literario contra la política imperial de Juliano de prohibir a todos los profesores cristianos que ocuparan puestos educativos en el imperio (*Invectivas contra Juliano*) con el argumento de que, si los profesores no creían en los dioses que la literatura celebraba, se les debía prohibir enseñar esa materia. En las *Invectivas* se inspira en la *Philippics* de Demóstenes y castiga al emperador como uno

---

[50] Para un tratamiento mucho más completo, véase McGuckin, *St. Gregory of Nazianzus*.

[51] Las especulaciones metafísicas de Orígenes ya estaban causando algún daño a su reputación póstuma. La edición de Gregorio, para la cual llamó a Basilio en su ayuda, protegió y difundió los principios de exégesis alegórica de Orígenes durante los siglos venideros. La *Filocalia* es más o menos una antología de la obra de Orígenes, centrada en la interpretación bíblica y en la eliminación de algunos de sus elementos especulativos más salvajes.

de los hombres más estúpidos que jamás haya ocupado un alto cargo. En 364 negoció la reconciliación de Basilio con su obispo y finalmente, en 370, le ayudó a alcanzar el trono episcopal en Cesarea. A partir de entonces comenzaron su larga alienación. Basilio lo acusó de pusilanimidad, y Gregorio consideró que Basilio se había vuelto demasiado alto y poderoso.

En el año 372 Basilio y el padre de Gregorio conspiraron, en contra de su voluntad inicial, para nombrarlo obispo de Sasima en un proyecto diseñado para reducir la influencia del rival de Basilio, Antimo de Tiana. Por consiguiente, Gregorio se encontró caído en una miserable ciudad fronteriza en el centro de una discusión sobre la política de la iglesia local, y, al decidir que no tenía nada que ver con la sustancia doctrinal, se negó a ocupar la sede. En cambio, asistió a su padre como obispo sufragáneo de Nacianzo y comenzó su serie de homilías episcopales, todas ellas escritas por escribas y editadas al final de su vida para su publicación como un dossier básico de «sermones en toda ocasión» para un obispo cristiano. Bajo esta apariencia, disfrutaron de una inmensa influencia a lo largo de los últimos siglos bizantinos.

Desde el principio Gregorio defendió la causa nicena de la *homoousion* y la promovió a la posición neonicena clásica de exigir que la *homoousion* del Espíritu Santo (es decir, que el Espíritu es consustancial con el Padre tal como lo es el Hijo) también debe ser reconocida. Su famosa defensa de esto, en el *Discurso* 31, se presenta en extracto en la breve lectura al final de este capítulo.[52] En esto se convirtió así en el arquitecto principal de la doctrina clásica de la Trinidad coigual, en la que el Hijo y el Espíritu recibieron cada uno del Padre el don del único y mismo ser del Padre y por lo tanto eran uno en esencia, aunque tres en persona.[53] Su teología de la encarnación es igualmente impresionante. Contra Apolinar de Laodicea defendió la tesis de que «lo que no se asume no se salva», para insistir en que el Logos encarnado en Cristo era verdaderamente humano en todos los aspectos, excepto en el pecado (que no era, en su libro, parte integrante de la humanidad, sino un lapsus de ella).[54]

Gregorio también tomó la idea de la humildad misericordiosa de Dios y el vaciamiento de sí mismo (*kenosis*) como la razón principal para una teología de la encarnación. Describe la encarnación como la humillación de Dios ante el altar del amor sacrificial.[55] Su argumento con los teólogos heterousianos Eunomio y Aecio es muy particular en este punto: que encuentran la atribución del sufrimiento y la muerte a Cristo, si es considerado como divino y consustancial con el Padre, una terrible «lesión» a la dignidad de la Divinidad. Para Gregorio esta supuesta «causa de

---

[52] Para una traducción al inglés (con comentarios) del texto completo de la obra maestra de Gregorio, el *Five Theological Orations* (*Discursos* 27-31), véase F. W. Norris, *Faith Gives Fullness to Reasoning* (Leiden: Brill, 1991). Para el texto completo en español, véase Gregorio Nacianceno, *Discursos I-XV* (Madrid: Editorial Ciudad Nueva, 2015).

[53] Para más detalles, véase J. A. McGuckin, "Perceiving Light, from Light, in Light: The Trinitarian Theology of St. Gregory the Theologian," *Greek Orthodox Theological Review* 39, nos. 1-2 (1994): 7-32.

[54] «Lo que el Logos no ha asumido que no ha salvado». Gregorio tomó la frase del *Diálogo con Heráclides* de Orígenes y la extendió para enseñar que implicaba que el Logos encarnado debía tener un alma humana ya que era esto lo que, principalmente, él vino a sanar y santificar.

[55] *Discurso* 37.3 (PG 36.285B).

deshonor» es en realidad la causa del mayor asombro y alabanza a Dios. La humillación de Dios no es una vergüenza, sino una fuente de gloria y salvación divina, para que el Señor mismo se rebaje tan misericordiosamente y repare los dolores de la muerte que prevalecen en una naturaleza humana corrupta.[56] El mismo Gregorio expresa su asombro de cómo los arrianos pueden haber pasado por alto el misterio central de la salvación, de acuerdo con la enseñanza del apóstol en Filipenses, de que la causa de su exaltación a la gloria es la *kenosis* misma de Cristo.[57] Basándose en el texto apostólico de que la cruz sigue siendo «un escándalo para los judíos y una mera locura para los gentiles» (1 Co. 1:23-24), Gregorio añade en una tercera parte de la ofensa, añadiendo: «Y que los herejes [arrianos] también hablen hasta que les duelan las mandíbulas; pero aun así», insiste, es la pasión del Cristo la que «nos justifica, y hace que volvamos a Dios» (Ef. 2:16; Rom. 4:24-5,1).

A lo largo de los años fueron colegas clérigos juntos en Capadocia, Gregorio presionó constantemente a Basilio para que aclarara su propia posición sobre la divinidad del Espíritu Santo y lo condujo, eventualmente, a romper con Eustacio de Sebasto y declarar abiertamente por la deidad del Espíritu de Dios. A la muerte de su padre en el año 374 Gregorio se retiró a la reclusión monástica, poniendo la iglesia local bajo el cuidado de un presbítero cuidador, Cledonio, pero fue convocado para salir de su retiro en Seleucia, después de que la muerte de Valente diera nueva esperanza para un renacimiento niceno, por los líderes del Concilio de Antioquía (379).[58] Este grupo de poder clave de Nicea le dirigió a asumir la tarea de apologeta misionero en Constantinopla, donde tenía una familia de alto rango en residencia. Comenzó, en 379, una serie de conferencias en Constantinopla sobre la fe nicena (*Los cinco discursos teológicos*) y fue reconocido por los principales teólogos nicenos—Melecio de Antioquía, Eusebio de Samosata, y (inicialmente) Pedro de Alejandría (aunque no por el Papa Dámaso)—como el verdadero obispo niceno de la ciudad. Cuando Teodosio tomó la capital en 380, su nombramiento fue confirmado cuando el obispo Demófilo fue exiliado.

En el año 381 se celebró en la ciudad el Concilio de Constantinopla para establecer la fe nicena como norma en el imperio oriental, y cuando su primer presidente, Melecio, murió repentinamente, Gregorio fue elegido formalmente en su lugar, anunciando públicamente su derecho a gobernar la capital como arzobispo. Su liderazgo suave y razonado (y también probablemente su enjuiciamiento de la doctrina de la *homoousion* del Espíritu) pronto puso en crisis al concilio, y concluyó que la

---

[56] *Discurso* 37.4 (PG 36.285C).
[57] *Discurso* 38.14 (PG 36.328B).
[58] Especialmente Melecio de Antioquía y Eusebio de Samosata, que querían que Gregorio «suavizara» la capital con una campaña de predicación ya que, desde su fundación, había sido notoriamente proarriano en sentimiento, y ninguna de sus iglesias profesaba una doctrina nicena.

resignación era su única salida (aunque le sorprendió que el emperador accediera a ella, sintió que Teodosio debería haber tenido más fuerza y lo apoyó).[59]

Gregorio se retiró a sus propiedades en Capadocia y compuso un gran cuerpo de poesía apologética, que da información crucial sobre las controversias de la época. En los últimos años de su vida publicó grandes cantidades de poesía (algunas de ellas muy buenas) y preparó sus *Discursos* para su publicación. En la era bizantina, Gregorio fue el más estudiado de todos los primeros escritores cristianos. Sus obras teológicas contra Apolinar fueron citadas como autoridades en el Concilio de Calcedonia (451), donde se le otorgó póstumamente el título de «Gregorio el Teólogo».[60] Su escritura sobre la Trinidad nunca fue rival en cuanto a concisión y profundidad, y es el arquitecto indiscutible de la comprensión de la iglesia de cómo la unidad divina coexiste en tres hipóstasis coiguales como dinámica esencial de la salvación del mundo. Es una posición que examinaremos en breve, cuando consideremos la doctrina del Concilio de Constantinopla.

Gregorio de Nisa (c. 331–395). Este Gregorio era el hermano menor de Basilio de Cesarea y amigo y partidario de Gregorio Nacianceno, su contemporáneo mayor. Había estudiado retórica en la villa de Gregorio Nacianceno y había trabajado junto al hombre mayor en muchos episodios importantes, sobre todo en el Concilio de Constantinopla en el año 381, cuando primero envió al anciano Gregorio a su propio diácono Evagrio de Ponto para que le ayudara en la escritura y luego vino a la capital en el año 381 para ofrecer su apoyo a la predicación de Gregorio de la fe nicena. El más joven Gregorio estaba ante el consejo de 381 algo ensombrecido por el trabajo de su hermano mayor, y el de Gregorio Nacianceno, pero después de 381 emergió como el principal defensor de los nicenos en el Este. Tuvo una alta reputación como teólogo y orador en su vida, pero después de su muerte su estilo muy filosófico de escritura (y algunos de sus puntos de vista origenianos, que estaban menos diluidos que los de su mentor Gregorio Nacianceno) hizo que su trabajo se dejara de lado silenciosamente a favor de los «tres santos jerarcas».

En las últimas décadas, esa negligencia ha sido revertida, y la verdadera brillantez de la mente de Gregorio de Nisa ha surgido más claramente del análisis erudito de la misma. Su teología de la persona, por ejemplo, fue tan desarrollada que lo llevó a ser uno de los únicos teólogos patrísticos de este período que exigió el fin de la esclavitud sobre la base de que era un sacrilegio indefendible (la mayoría de los demás de su tiempo sólo abogaban por que la caridad cristiana profunda moviera a los dueños cristianos temerosos de Dios a emancipar a sus esclavos voluntariamente).[61] Ha

---

[59] Gregorio se negó a presionar para que se presentaran cargos penales civiles contra aquellos que habían diferido en la fe, queriendo en cambio dejar que todas las viejas cuentas fueran olvidadas con la esperanza de que esto acelerara una reconciliación general.

[60] Especialmente *Cartas* 101-2 *A Cledonio*, y *Discruso* 22.

[61] Especialmente véase *Fourth Homily on Ecclesiastes* de Gregorio, trad. S. G. Hall y R. Moriarty, en *Gregory of Nyssa: Homilies on Ecclesiastes: An English Version with Supporting Studies*, ed. S. G. Hall (Berlin: De Gruyter, 1993), 72-84. Véase también D. F. Stramara, "Gregory of Nyssa: An Ardent Abolitionist?," *St. Vladimir's Theological Quarterly* 41, no. 1 (1997): 37-60.

intrigado a una nueva generación debido a su interés en la teología mística apofática como, por ejemplo, en su *Vida de Moisés*, donde describe el logro de la comunión divina a la manera de entrar en una oscura nube de desconocimiento. Su exégesis, particularmente vista en obras como *Comentario sobre el Cantar de los Cantares*, *Sobre la manera cristiana de la vida* y *Sobre la virginidad*, está profundamente influenciada por el sentido de Orígenes de que el alma humana está siempre innatamente impulsada a buscar la comunión con el Logos. Es el más abiertamente «origeniano» de todos los capadocios, enseñando que las almas preexistían y que incluso las almas en el infierno regresarían a Dios.[62] Su discípulo y diácono, Evagrio de Ponto, más tarde hizo mucho para difundir la influencia de Orígenes en la teoría cristiana de la oración y el ascetismo.

Gregorio fue criado y educado por su hermana Macrina, que trató en vano de inscribirlo como ascético en el monasterio que ella había fundado en sus fincas familiares en Ponto. Macrina tuvo más éxito en su influencia sobre su hermano Basilio, quien se comprometió decisivamente con la vida ascética. Aunque Basilio nunca admitió su influencia, Gregorio el hermano menor siempre miró a Macrina con deferencia y finalmente compuso una *Vida de Macrina*, representándola a la manera del Sócrates moribundo, que habla en su lecho de muerte sobre el tema de la inmortalidad del alma.

Gregorio fue arrastrado a la política de la iglesia por Basilio, quien lo ordenó en el año 371 a la recién creada y diminuta sede episcopal de Nisa (ahora Nevşehir en Capadocia). En el año 376, la facción arriana de Capadocia lo atacó por su predicación nicena y orquestó su despido de su sede por motivos de mala administración financiera. Recuperó el control de Nisa tras la muerte de Valente en el año 378, cuando el titular arriano, apoyado por el Estado, se vio obligado a huir. Después de la muerte de Basilio en 379, Gregorio asumió la causa literaria contra el movimiento arriano con renovada fuerza, especialmente en sus ataques a Eunomio, que continuó, con bazo particular, denigrando póstumamente a Basilio. Sus propias obras *Contra Eunomios* están junto a los *Discursos teológicos* de Gregorio Nacianceno como una exposición clásica del pensamiento niceno avanzado sobre la sofisticada doctrina de la *homoousion*: a saber, que no significa que el Padre y el Hijo (y el Espíritu) tengan «el mismo tipo de composición» entre sí (tres miembros de la misma clase o género, por ejemplo), sino más bien que el Padre les regala su propio ser, único y mismo ser, para que sea su propio ser, instanciado en sus hipóstasis respectivos como Hijo y Espíritu.

Después del Concilio de Constantinopla en el año 381, fue Gregorio de Nisa quien fue comisionado por el emperador Teodosio para ser el árbitro principal de la ortodoxia nicena para los obispos de la región del Ponto. Su papel era asegurar que el arrianismo ya no fuera profesado por ningún obispo activo allí. Favorecido por la corte imperial, se le pidió especialmente que pronunciara las oraciones estatales para los funerales de la princesa Pulcheria y la emperatriz Flacilla. Aparte de sus trabajos sobre

---

[62] Aquí siguió el concepto de Orígenes de la final *apokatastasis*.

el ascetismo y la apologética antiarriana, Gregorio también escribió sobre la humanidad plena de Jesús. Atacó la opinión de Apolinar de que no había necesidad de una mente o alma humana en Jesucristo, ya que el Logos divino lo habitó desde su nacimiento y más o menos reemplazó sus facultades mentales humanas. Rechazó esta teoría como algo que destruía el sentido mismo del Logos al asumir una vida humana real, y que también dejaba sin sentido la teología de la salvación, que entendía que el Verbo había entrado en todos los aspectos de la vida humana (especialmente el mental y el moral) para purificarlos y santificarlos por su encarnada habitación.

Gregorio se convirtió en uno de los más grandes expositores de la Iglesia primitiva del poder místico de la encarnación entendido como una regeneración de la ontología humana. La encarnación divina, y especialmente la transacción del poder ontológico que ésta manifiesta en el tejido del ser humano, es para él el lugar central y focal de la redención humana. Gregorio habla del acto de la encarnación como casi una presencia magnética masiva de Dios en Cristo que «atrae hacia sí» a toda la humanidad. Dice en un tratado,

> La humanidad fue conducida de vuelta al Dios verdadero y viviente, y aquellos que a través de la adopción siguieron al Hijo no fueron expulsados o desterrados de su herencia paterna. Así, pues, el que se había hecho primogénito de la buena creación entre muchos hermanos (Col. 1.15) atrajo hacia sí toda la naturaleza que había compartido a través de la carne que se mezclaba con Él.[63]

Para él, la encarnación fue un lugar singularmente brillante de la abrumadora presencia genérica de Dios en el orden creado:

> Porque ¿quién, cuando observa el universo, puede ser tan ingenuo e inculto como para no creer que hay Divinidad en todo, penetrándolo, abrazándolo y sentándose en él? Y esto es porque todas las cosas dependen de Él Quien Es, y no puede haber nada en absoluto que no posea su ser en Él Quien Es.[64]

Este punto más brillante de todos, sin embargo, es efectivamente la luz radiante de la restauración de una perfecta unión divino-humana, que es recreada por el Logos divino en su encarnación como el Cristo:

> ¿Por qué, entonces, la gente se escandaliza al escuchar el plan de revelación de Dios cuando enseña que Dios nació entre la humanidad? ¿Este mismo Dios, del que estamos seguros incluso ahora, no está fuera de la humanidad? Porque aunque esta última forma de la presencia (encarnada) de Dios entre nosotros no es la misma que la anterior, su existencia entre nosotros se manifiesta igualmente en ambas; excepto que ahora Aquel que se mantiene unido en su ser toda la naturaleza se transfunde dentro de nuestra naturaleza, así como en los primeros tiempos se transfundió a través de nuestra

---

[63] *On the Three Days' Interval*, en *Gregorii Nysseni Opera*, ed. E. Geberhardt (Leiden: Brill, 1967), 9:305.
[64] *Discurso catequético*, c. 25.

naturaleza, y esto con el fin de que por esta misma transfusión de lo divino nuestra naturaleza se vuelva divina: siendo rescatado de la muerte de esta manera y puesto más allá del capricho del antagonista. Porque su regreso de la muerte [en la resurrección] se convirtió para nuestra raza mortal en el comienzo de nuestro propio retorno a la vida inmortal.[65]

Gregorio se acerca a la teología encarnada de la redención como misterio cósmico. Su imagen favorita es la cruz cosmológica que el Logos dibuja sobre el mundo entero en la figura de su ser crucificado: la figura de una cruz abrazando la parte superior (cielos), la baja (las profundidades del infierno) y los amplios horizontes del mundo medio (Oriente y Occidente). En esta figura de la cruz cósmica, Gregorio argumenta que la encarnación en la historia se efectuó como un acto de poder, no como una demostración de debilidad (como habían argumentado los arrianos), ya que esta humildad divina estaba destinada a regenerar una naturaleza moribunda dándole el poder de la vida (el principio de la resurrección). Aquí Gregorio exalta la teología paulina del cuerpo místico de Cristo:

> Puesto que, entonces, lo que toda nuestra naturaleza necesitaba era un levantamiento de la muerte, él extiende una mano, por así decirlo, a la humanidad, que yace postrada, y agachándose a nuestro cadáver caído, llegó tan lejos dentro del alcance de la muerte que tocó un estado de muerte en sí mismo, y luego en su propio cuerpo para conferir a nuestra naturaleza el principio de la resurrección, levantando junto con él a toda la humanidad, como lo hizo con su poder. Pero su propia carne, que era el receptáculo de la Divinidad, no había venido de otra fuente que la masa física de nuestra naturaleza, y fue esto lo que fue levantado en la resurrección junto con la Divinidad. A partir de esto, entonces, podemos ver cómo, así como en el caso de nuestros cuerpos el funcionamiento de uno de los órganos de nuestros sentidos se siente inmediatamente a través de todo el sistema corporal, el cual está así unido con ese miembro, así también el principio de la resurrección de este único miembro de la humanidad [Cristo] pasa a través de toda la raza humana, como si toda la humanidad fuera una sola entidad viviente, y se transmite de este único miembro a todo el cuerpo en virtud de la continuidad y la unicidad de la naturaleza.[66]

Gregorio dejó atrás muchas otras obras que exponían la lógica interna de la fe nicena, pero este tratado anterior, su *Gran discurso catequético*, fue diseñado para servir de guía a los diáconos que instruían a los candidatos bautismales. Es una introducción fascinante a la teología sacramental y a los temas doctrinales básicos desde la perspectiva de Nicea del siglo IV y desde su época ha servido a muchas generaciones de cristianos como un resumen accesible de la fe nicena.

---

[65] Ibid.
[66] Ibid., c. 32.

LOS CONCILIOS DE CONSTANTINOPLA 381 Y 382

El asentamiento doctrinal que la dinastía constantiniana prefería era uno que chocaba con las preferencias de las iglesias occidentales y la de la iglesia de Alejandría. Este último deseaba aferrarse firmemente a los términos de Nicea 325, donde el arrianismo era visto como la archiherejía que negaba la plena divinidad de Cristo, y la *homoousion* era vista como la única esperanza para preservar la fe de la iglesia. Pero en las provincias orientales, no todas las iglesias estaban convencidas de que la *homoousion* nicena fuera un buen camino a seguir. Debido a los arrianos radicales, que continuaban propagandizando (dirigidos por Aecio y Eunomio en la escuela heterousiasta), y su enseñanza absoluta de que Cristo y el Logos no debían ser considerados de ninguna manera como divinos, siendo total y substancialmente «distintos de Dios» (*heteras ousias*), la mayoría de los obispos orientales se habían alejado definitivamente de las tajantes posturas del arrianismo primitivo que querían llamar al Logos un siervo creado de Dios. Los términos tradicionales de la reverencia litúrgica también los movieron a ellos y a sus congregaciones de esta manera.

Pero en ese cuerpo más grande de obispos orientales había una amplia gama de corrientes teológicas. Algunos, como el llamado partido homoiousiano, tenían una fe muy similar a la del partido niceno. Creían que Cristo y el Logos eran «sustancialmente» análogo a Dios. Como diría Basilio el Grande, si se añade «en todas las cosas» a esa confesión, es sin duda un sinónimo de la alta confesión nicena de fe en la divinidad del Logos, y del Logos como sujeto personal de Cristo encarnado. Pero un gran número de otros obispos, tipificados quizás por el difunto Eusebio de Nicomedia y su asentamiento en el Concilio de la Dedicación de Antioquía en 341,[67] se contentaron con una cristología más vaga de subordinación que abandonaba cada vez más la posición directa de que «el Logos no es Dios» por un conjunto de declaraciones reverenciales acerca de Cristo que tenían por objeto expresar su alto honor. El Credo de la Dedicación, sin embargo, insistía en que el Logos era el «primogénito de las criaturas», aplicando esto para denotar su estado pretemporal qua Logos, no (como argumentaban los nicenos) denota su posición primaria de honor como Cristo encarnado dentro de la historia y la creación en su economía de salvación. El Credo de la Dedicación trató de comprometerse, diciendo: «Si alguno dice que el Hijo de Dios es una criatura como cualquiera de las criaturas... que sea anatema». Pero sólo a oídos descuidados se podía entender que esto implicaba algo más que él era una criatura y, por lo tanto, no era divino.

En los años siguientes, después de la muerte de Eusebio, se hizo un conjunto de variaciones de esta amplia confesión arriana básica para tratar de hacerla más aceptable en términos de honrar al Cristo-Logos. En el año 345 otro sínodo de Antioquía publicó una nueva edición de la misma, con una serie más larga de notas de comentario, tratando de reconciliar la opinión occidental. Se ganó el apodo en el oeste

---

[67] El sínodo *In Encainiis*. Texto del *De Synodis* 23 de Athanasius. La versión en inglés en H. Bettenson, *Documents of the Christian Church* (Oxford: Oxford University Press, 1974), 41-42.

de «El credo largo» (*makrostitch*). Proyectaba el eslogan de que el «Logos es como el Padre» (*homoios to patri*) con la esperanza de que esta amplia iglesia pudiera albergar tanto a los nicenos como a los antinicenos. Fue en vano. Occidente, y el partido atanasiano-niceno oriental, comenzaron a darse cuenta de lo mucho que les interesaba a los clérigos arrianos en general enmascarar sus austeros silogismos con un lenguaje vago. Cuanto más lo sentían, más obstinados insistían en que no podía haber un reemplazo para el Credo niceno. Obispos como Ursacio, Valente y Germinio querían mantener el énfasis en un tipo más radical de arrianismo, pero no tan severo como el de Aecio. Dirigieron un sínodo en Sirmio en el año 357, que fue sancionado por el teólogo niceno latino Hilario como «la blasfemia de Sirmio», un apodo que permaneció.[68] En su sínodo Ursacio y sus colegas trataron de vetar toda mención a la «sustancia», ya sea la misma sustancia (*homoousion*) o una sustancia similar (*homoiousion*), y luego trabajaron para aplicar sanciones estatales contra cualquier obispo que insistiera en usar estos términos.

Otro compromiso fue hecho por el obispo de la Cesarea palestina, Acacio, quien reunió un segundo sínodo en Sirmio dos años más tarde, en 359. Su intención era suavizar la posición de Ursacio y presentar un credo que pudiera tener una mayor aceptación incluso en Occidente.[69] Este fue un producto del partido *homoiano* (el Hijo es «como el Padre»). Esto siguió el ejemplo de Osacio en algunos sentidos, eliminando toda referencia a la sustancia porque todos los asuntos concernientes a la generación del Hijo «están más allá del entendimiento de la humanidad, y nadie puede explicar el nacimiento del Hijo». El credo acaciano comenzó señalando que se veía a sí mismo como una declaración universal de la fe católica. Su prefacio comenzaba: «La fe católica se publicó... el 22 de mayo». Atanasio se burló de esta apertura: como si pudiera afirmar que era la única fe católica y derivada del siglo IV, en lugar de haber sido desde el principio de la vida de la iglesia y haber sido investida de sus Escrituras, su liturgia y el consenso del pueblo creyente. Por esta razón lo apodó «el credo anticuado». Acacio describió al Hijo de Dios engendrado «antes de toda sustancia», y prosiguió: «Y decidimos eliminar toda referencia al término sustancia, y en el futuro no se debe hacer uso de ella como descriptor de Dios porque las divinas escrituras no la usan en ninguna parte en referencia al Padre y al Hijo.[70] Pero decimos que el Hijo es como el Padre (*homoios*) en todas las cosas, como dicen y enseñan las santas escrituras».[71]

Un sínodo en Constantinopla propagó esto como la fe de la iglesia. Cuando este credo fue publicado en Occidente, en traducción latina, los editores quitaron cuidadosamente la frase «en todas las cosas» y volvieron a la posición *homoiana* de Osacio y Valente (el Hijo es como el Padre). Fue esta versión la que el teólogo niceno

---

[68] El sínodo se describe en Sócrates el Escolástico, *Historia eclesiástica* 2.30.
[69] Descrito en ibid., 2.37; Atanasio de Alejandría, *De Synodis* 8.
[70] Argumentó que esto se debía a que había sido malentendido en gran medida, no estaba en las Escrituras, y «había sido ofensivo».
[71] Versión en inglés en Bettenson, *Documents of the Christian Church*, 43-44.

Jerónimo describió en los siguientes términos: «El mundo gimió, y se despertó, maravillado, para encontrarse a sí mismo como Arrio».[72]

A fuerza de una política de eliminar la referencia a términos de «sustancias», los diversos partidos arrianizantes utilizaron la legislación imperial para que muchos altos clérigos pronicenos fueran destituidos de sus cargos y reemplazados por adherentes de sus propios partidos. Los nicenos intentaron algunas tácticas de nombrar a un obispo «niceno» que, si bien querían expulsar a los arrianos, no podían mantenerlo como una política seria, ya que los obispos arrianos contaban con el apoyo del estado. Apolinar de Laodicea instruyó a varios de sus más jóvenes seguidores ascéticos para que vigilaran las elecciones episcopales y se aseguraran de que un candidato de Nicea se levantara para el puesto. El Papa apoyó a un candidato rival de Nicea en Antioquía para contrarrestar a Melecio (quien también era partidario de Nicea, pero no amigo de Atanasio), y esto causó años de rivalidades internas entre el partido niceno de Oriente. Estos exiliados iniciados por el Sínodo de Sirmio, sin embargo, fueron decisivos para reunir en una solidaridad más estrecha al partido niceno y a los más grandes partidarios *homoiousianos* en el Este. Y esto se convirtió en un gran grupo que se tomó su tiempo, esperando mejores climas políticos, cuando pudo expulsar al arrianismo apoyado por el estado y a sus seguidores en el episcopado.

Ese momento ocurrió cuando los emperadores de la familia inmediata de Constantino habían muerto y Valente ocupó el trono en el Este. Siguió enérgicamente la política proarriana. Su obispo en la capital era Demófilo. Los movimientos demográficos a gran escala que comenzaron en el Lejano Oriente habían ejercido una presión nómada de extraordinaria gravedad sobre las orillas del Rin, la frontera septentrional del Imperio. A medida que las tribus emigraban hacia el Oeste, desde el Lejano Oriente, otras se veían obligadas a acercarse cada vez más a las fronteras romanas. Al final, los godos se amontonaron a orillas del río, y en el invierno particularmente severo de 378, hambrientos y congelados, cruzaron al territorio imperial de Tracia (la moderna Bulgaria) con la intención de marchar a Constantinopla para pedir el derecho de asentamiento.

Valente decidió que un grupo de refugiados harapientos no representaba un problema serio, pero estaba decidido a dispersarlos de la capital y castigar a sus líderes. Sacó a sus ejércitos de la capital para lo que pensó que sería una campaña corta y sin incidentes. Pero se tomó las cosas demasiado a la ligera. Al mando de una granja, él y su alto mando militar se establecieron una noche para comer y beber mucho y no se dieron cuenta de que sus guardias de campo habían sido asesinados por un grupo avanzado de guerreros godos. Reconociendo quién estaba en el edificio, apilaron silenciosamente toneladas de matorral contra él, encendiendo una gran hoguera que incineró a todo el personal superior junto con el emperador.

Los ejércitos de Roma se encontraban en gran desorden al descubrir lo que había sucedido y volvieron a la capital para defenderla. El emperador de Occidente,

---

[72] Jerónimo, *Diálogo contra los luciferinos* 19.

Valentiniano, ordenó el envío inmediato de un ejército punitivo y defensivo desde Occidente, y elevó al general español Teodosio a la púrpura imperial, ordenándole que reuniera a los godos, que ya se habían diseminado a través de Tracia y en Grecia, para luego asegurar la capital en Constantinopla. Teodosio comenzó como la mayoría de los emperadores cristianos, teniendo cuidado de no confundir su carrera militar con las leyes y requisitos eclesiásticos. Por esta razón, aunque era un devoto católico niceno cuando partió, aún no había sido bautizado. La vida política y militar, que requería muchas acciones violentas, se sentía mejor que se dejara de lado en la vejez avanzada, cuando un bautismo haría que el alma fuera lo suficientemente inocente como para prepararse para su final. En resumen, era un catecúmeno. Pero al pasar por Grecia, se enfermó gravemente de tifus, y al enterarse de que se estaba muriendo, buscó y recibió el bautismo a manos de un obispo católico niceno. Se recuperó poco después. Pero a partir de ese momento, la comprensión de que era un emperador cristiano bautizado no se le escapó. Su política religiosa cambió. Ahora estaba decidido a establecer la fe nicena como credo católico en todas partes, y en los términos más sencillos anunció que esperaba que sus súbditos leales en Oriente adoptaran esa fe representada por los obispos de Roma y Alejandría y todos los que estaban en comunión con ellos.

Le llevaría dos años, hasta el año 380, llegar a su capital. En esos dos años, los partidos arrianos de Oriente sospechaban que vivían en tiempo prestado mientras el nuevo emperador se dirigía hacia Constantinopla. En el año 379, el partido niceno de Oriente envió un mensaje al obispo Gregorio Nacianceno, que vivía jubilado en Seleucia y conocido por su elocuencia, para que fuera rápidamente a la capital e iniciara una campaña de predicación pronicena. Cuando llegó allí, se le prohibieron todas las iglesias. Su familia, sin embargo, era aristócrata de alto rango, la cual poseía propiedades cerca del palacio imperial y el Hipódromo.[73] La gran villa fue puesta a su disposición, y él la tomó, consagrándola como una iglesia llamada Anastasia, la «Capilla de la Resurrección», desde donde predicó su serie de conferencias vespertinas sobre el verdadero significado de la fe nicena. Estas han pasado a la historia como los *Cinco discursos teológicos*, y en el posterior Concilio de Calcedonia, en el año 451, fueron reconocidas como exposición suficiente de la fe nicena, convirtiéndolas, a lo largo de la Edad Media de la cristiandad oriental y occidental, en la lectura teológica primaria de toda la formación para la ordenación.

Durante su entrega de esos discursos, la villa de Gregorio fue invadida varias veces por «camaradas» enviados desde Eunomio, que se alojaba cerca y organizaba su propia campaña de predicación para la posición heterousiasta. Demófilo, el obispo en ejercicio, deseaba una plaga en ambas casas. Después de que Gregorio fue interrumpido y le lanzaron piedras («el único banquete que me ofreció un obispo fue de piedrecillas», recordó más tarde), se apoderó de un cuerpo de marineros egipcios de los muelles de Constantinopla para que actuaran como guardaespaldas, y las cosas se desarrollaron más suavemente. En presencia de ellos pronunció el *Discurso* 18, una

---

[73] Posiblemente el sitio de la actual mezquita Sokollu Mehmet Paşa en Estambul.

alabanza a la vida y virtudes de Atanasio de Alejandría que señalaba ampliamente que él era el único y verdadero defensor de la fe nicena. Aseguró la aceptación inicial de Pedro, arzobispo de Alejandría, pero el papa romano sospechaba de él debido a sus conocidas conexiones con Melecio de Antioquía, cuya reputación Atanasio había ennegrecido (innecesariamente) en Roma. El trabajo de Gregorio fue muy importante en la preparación de lo que ahora todos sabían que tendría que ser un nuevo «gran concilio» que se celebraría en la capital poco después de la llegada de Teodosio.

Los preparativos para ello se dinamizaron. Nicenos comenzaron a regresar de los exilios que Valente les impuso. En preparación para el concilio (que se celebrará en el año 381), Gregorio pidió ayuda a Gregorio de Nisa y recibió de él a Evagrio de Ponto, un joven teólogo brillante, para servir como su diácono temporal y escriba. En la guardia avanzada del concilio asistieron Jerónimo y Cirilo de Jerusalén, al igual que el joven protegido de Melecio de Antioquía, Diodoro de Tarso, que estaba allí para asegurar que se salvaguardaran los derechos de Melecio a retomar su sede en Antioquía, como el titular legítimo de Nicea.[74] Gregorio de Nisa en sus cartas de este período dice que cuando llegó a la capital y pidió una hogaza de pan, de todo lo que el panadero podía hablar era de la generación del Hijo. Esto se ha tomado a veces como evidencia de que el bizantino ordinario estaba extraordinariamente bien versado en teología, pero en realidad se trata de un comentario melancólico sobre lo acalorada que estaba la población ante la idea de tener que cambiar la política religiosa oficial. Después de todo, la capital tuvo como fundador episcopal nada menos que a Eusebio de Nicomedia, y casi todos sus sucesivos obispos habían sido arrianos hasta ese momento.

Gregorio Nacianceno insistía ahora en que no sólo se confirmara a Nicea, con la *homoousion* del Hijo y del Padre claramente expresada como elementos esenciales de la fe, sino que también había que tener en cuenta los últimos sesenta años de reflexión, y que se proclamara la doctrina de la Santísima Trinidad como el único contexto lógico para comprender la generación del Hijo del Padre. Su solución para un asentamiento «niceno» permanente en Constantinopla en el año 381, por lo tanto, fue una declaración sofisticada y avanzada que fue más allá del credo del año 325. En particular, Gregorio exigió que el concilio declarara la divinidad personal (hipostática) del Espíritu Santo de Dios y que no dejara esto tan vago y nebuloso como las partes arrianas habían querido dejar la doctrina del Hijo. Para Gregorio el Hijo era Dios de Dios; el Espíritu también era Dios de Dios. «¿Es el Espíritu *homoousion*?», pregunta abiertamente, y responde: «Si es Dios, es ciertamente *homoousion*».[75]

Lo que Gregorio enseñó fue la doctrina clásica de la Trinidad. Dios Padre dona su propio ser al Hijo. El Hijo lo recibe por generación (*gennesis*), como lo llama la Escritura, es decir, por filiación de la paternidad del Padre. La imagen de «generación», insiste Gregorio, no tiene nada que ver con la procreación material (la

---

[74] La iglesia occidental había establecido allí a un rival, Paulino, para que fuera su jerarca niceno reconocido.
[75] *Discurso* 31 (extracto en la breve lectura abajo).

sustancia se está usando de manera análoga, no literalmente con referencia a la generación eterna y totalmente espiritual del Hijo, repite él muchas veces), pero sí connota que la relación del Hijo y el Padre no es accidental o periférica. Es como la relación del Padre con su propia carne y sangre. En el caso de Dios significa que el Hijo sale del ser mismo del Padre (*ek tes ousias*). Pero el Padre es el único *arche*, es decir, el principal y la causa de la Divinidad. En este papel es el único Dios (*monos theos*) que «causa» a su Hijo. Esta causalidad no hace al Hijo inferior, ni secundario, ni más tarde en el tiempo, sin embargo, porque la causa es eternamente actuada desde el propio ser de Dios y no es otra cosa que el don del ser del Padre a través de su Hijo, para ser también el propio ser poseído por el Hijo. En otras palabras, el Hijo es Dios de Dios porque tiene el ser de su Padre, no su propio ser (separado). Y el ser del Hijo es, pues, coigual, cognoscible al del Padre. Todas las cosas que se pueden decir del Padre se pueden decir del Hijo, con esta excepción: uno causa (engendra), y el otro es causado (engendrado), y esta causa o engendramiento es para la economía de la salvación; porque el Hijo será el Señor del mundo, lo traerá a la existencia, y trabajará para su restauración después de que caiga en la alienación y por lo tanto en la mortalidad.

En cuanto al Espíritu, Gregorio enseña también que el Espíritu recibe el mismo ser del Padre, pero no por generación filial, sino, como dice la Escritura (Jn. 15:26), por «procesión» (*ekporeusis*). Así que el Padre «engendra» al Hijo y «procesa» al Espíritu Santo de su propio ser, eterna y enteramente, lo que significa que todos sus caracteres y glorias divinas son igualmente dados al Hijo y al Espíritu. El Hijo es Dios de Dios, Dios verdadero de Dios verdadero, y también lo es el Espíritu. El Hijo y el Espíritu están unidos porque el Padre es la única fuente de sus respectivos seres, y su relación con el Padre es su vínculo común. De hecho, la relación mutua de las tres hipóstasis divinas (personas) se basa en el movimiento constante dentro del único ser divino: al Padre, a través del Hijo, en el Espíritu Santo. Este movimiento es el fundamento del propio ser eterno (incomprensible) de Dios. Pero también está impreso como la razón de ser de todo el orden creado. Todas las cosas, especialmente los ángeles y los seres humanos, están destinadas a moverse hacia el Padre, a través del Hijo, en el Espíritu Santo. Para los seres mortales, la Trinidad es idéntica a la energía de la salvación: es el proceso de deificación (*theosis*), dice Gregorio, que se hace semejante a Dios y así se salva. En cuanto a lo que es la vida de la Trinidad desde el punto de vista de Dios, eternamente no se puede decir; excepto que está constituida por una gran generosidad, misericordia y amor que lo abarca todo.

¿Dónde se había enseñado esto antes? preguntaron sus críticos. Dios lo ha revelado con toda claridad en esta última generación, respondió Gregorio, porque sólo quien es inspirado por la gracia del Espíritu Santo puede predicar las cosas del Espíritu. Dios sólo revela los secretos de la teología a aquellos cuyas vidas han sido ascéticamente purificadas y manifiestan refinadas virtudes. Gregorio se proclama audazmente, en el *Discurso* 31, como el heraldo brillante (*kerux*) del Espíritu para esta última era de revelación. Sus oponentes se enfurecieron.

Cuando el emperador llegó a la capital, nombró a Gregorio como administrador de la sede, con la expectativa de confirmar su nombramiento como arzobispo cuando se pudiera convocar el gran consejo. Y así Gregorio comenzó a instruir a los candidatos al bautismo, esa Pascua del 380, sobre el misterio de la Santísima Trinidad, en el que el don del Espíritu los iniciaría. Sin embargo, sus diáconos que le ayudaban murmuraban tanto que Gregorio tuvo que despedirlos. Eran todo lo que quedaba del clero arriano que se había instalado en la catedral, pues el obispo Demófilo había huido (llevándose con él todos los libros de contabilidad, como Gregorio señaló irónicamente). Los diáconos se escandalizaron de que Gregorio interpretara el bautismo de esta manera trinitaria. Como arrianos estaban acostumbrados a una forma de bautismo «sólo en el nombre de Jesús», no en el triple nombre divino de Padre, Hijo y Espíritu.

Las notables homilías de Gregorio *Sobre las luces* representan esta teología monumental en forma de práctica sacramental. Muchos otros discursos que dio después de su ocupación de la Catedral de la Santa Sabiduría comenzaron a exponer esta doctrina clásica en formas simples que la gente podía apreciar. En definitiva, su doctrina deja claramente atrás las arcaicas sospechas del homoousianismo niceno. Mostró que la «sustancia» involucrada aquí no era una especie de sustrato material que todas las personas divinas compartían, como si fueran miembros del mismo género especial de la sustancia-dios. Para Gregorio lo que importaba era la singularidad del ser del Padre, que las tres personas de la Tríada instanciaban (hipostatizaban) en una energía diferente del ser que sacaba la presencia divina trascendente al mundo de las realidades inmanentes.

Uno tenía que ser bastante inteligente, sin embargo, para entender lo que Gregorio quería decir. No todos los obispos que comenzaron a venir al concilio de 381 estaban cualificados en este sentido. Muchos de ellos sintieron que era el momento de vengarse de generaciones de opresores arrianos. Querían que muchos nombres fueran borrados del registro de obispos y enviados al exilio. Gregorio quería la reconciliación, para dar al concilio una oportunidad real de arraigarse como una declaración común de fe acordada. El partido de Antioquía quería que Melecio volviera a ser nombrado a cargo de Antioquía. Fue el último «gran anciano» sobreviviente del anterior movimiento niceno.[76] Cuando llegó a Constantinopla, Gregorio le cedió la presidencia del concilio. Pero con la muerte repentina de Melecio en medio de los procedimientos, el mismo Gregorio asumió el liderazgo del sínodo. El emperador subrayó que quería que el resultado fuera «la reconciliación de todas las partes», una esperanza bastante optimista. Quería especialmente que Gregorio se aliara con el partido de una treintena de obispos que se habían negado firmemente a añadir algo en el credo sobre la divinidad del Espíritu Santo.

---

[76] Osio había muerto en 359, Atanasio en 373, y Eusebio de Samosata, un infatigable exiliado que había viajado por el imperio incluso en el exilio vestido de oficial del ejército para ordenar a los obispos de Nicea desafiando la política imperial, había sido fatalmente golpeado en la cabeza por una teja que le arrojó un simpatizante arriano en 379 en la ciudad de Dolikha.

Atanasio, mucho antes que Gregorio, ya había apodado a este partido los «pneumatómacas» (aquellos que atacaron al Espíritu), y los nicenos sabían que su reconciliación era poco probable. Gregorio simplemente presionó, entonces, para que se admitiera la *homoousion* del Espíritu, así como la del Hijo, en el credo sinodal final; y esto hizo que la casa se derrumbara alrededor de sus oídos. Los obispos, incluso los que estaban cerca de él, pensaron que había sobre pasado los límites: un uso más delicado del lenguaje podría ser mejor, creían. Para Gregorio esto era exactamente lo que había estado sucediendo durante demasiado tiempo en los credos arrianizantes vagamente redactados: ahora era el momento de la claridad. El emperador también quería saber qué pensaba que estaba haciendo: ¿qué había pasado con la reconciliación del partido del obispo Macedonio (los pneumatómacas)? Todos amenazaban con marcharse (lo que finalmente hicieron de todos modos).

Gregorio también había presionado a favor de un «olvido» general de los problemas y quejas del pasado, especialmente en Antioquía. El concilio podría comenzar su trabajo de reconciliación dejando de lado todas las estrategias de venganza y desplazamientos. Ahora que Melecio había fallecido tristemente, ¿por qué las facciones rivales de Nicea no podían reconocer al titular alternativo (prolatino) actual Paulino? Esto provocó los rugidos de cólera de la gran facción siria de Nicea en el consejo dirigido por Diodoro de Tarso. Todos los puntos parecían estar concentrados contra el liderazgo de Gregorio. Así que se acercó al emperador y le ofreció su renuncia si pensaba que podría ayudar a rescatar este consejo de reconciliación. Probablemente esperaba que el emperador viera lo que intentaba hacer y le pidiera que se quedara, que le diera su apoyo más obvio, pues en sus relatos posteriores de estos acontecimientos expresa cierta sorpresa de que Teodosio «pareciera estar de acuerdo demasiado rápido para aceptar mi dimisión».[77] Gregorio no lo tuvo en muy alta estima después de ese punto. Así que regresó a Capadocia cuando se jubiló. Pero estaba decidido a escribir un relato detallado de lo que había sucedido en el concilio. Para él eso significaba una cosa: ¿qué hizo esencialmente que profesara la fe nicena? Registró esta teología con gran detalle, y es este registro lo que llegó a la posteridad, porque aparte del credo que el concilio finalmente promulgó en el año 382, había pocos otros registros aparentemente guardados. Es la versión de Gregorio de los acontecimientos y de los significados teológicos, por lo tanto, lo que se ha convertido en la interpretación ampliamente aceptada del significado del concilio. Y aquí es la teología de Gregorio la que Gregorio registra, no necesariamente que su teología fue discutida en contra.

El concilio terminó en la oscuridad. Parecía como si todo hubiera sido un petardo húmedo, no unos grandes fuegos artificiales de reconciliación. Pero un año después de los acontecimientos, el emperador instruyó a Gregorio de Nisa para que asistiera a una segunda reunión sinodal en Constantinopla en la que se emitiera un credo que sería la

---

[77] Especialmente en su largo poema autobiográfico *De Vita Sua*, trad. C. White, *Gregory of Nazianzus: Autobiographical Poems* (Cambridge: Cambridge University Press, 1996).

norma en lo sucesivo en todo el imperio oriental. Como era de esperar, esto reafirmó la primacía del credo de Nicea en el año 325. Pero hubo algunas adiciones, en la línea que Gregorio Nacianceno había indicado que eran necesarias. La *homoousion* del Hijo fue colocada centralmente una vez más como la declaración cristológica básica, pero en el credo de reiteración del año 382, las cláusulas sobre el Espíritu Santo se expandieron significativamente del credo del año 325. Entonces sólo se había dicho «Y creemos en el Espíritu Santo»; ahora en el año 382 se añadió una serie de cláusulas: «El Espíritu Santo, Señor y Dador de Vida, que procede del Padre, que con el Padre y el Hijo es juntamente adorado y glorificado, que habló por los profetas». Si uno lee esto a través de la lente de Gregorio Nacianceno, es claro que esto enseña la plena divinidad del Espíritu. Occidente ciertamente lo leyó de esta manera y estaba contento con él. La mayor parte del Este lo tomó de la misma manera, y eventualmente llegó a tener el significado que Gregorio le asignó. A nadie le importaba ya que «juntamente adorado» y «glorificado» habían sido, hasta entonces, los términos clave que los arrianos suaves habían usado para intentar describir la relación entre el Logos (no divino) y el Padre. La timidez de la teología había causado que el concilio se retirara de un sincero respaldo a la enseñanza de Gregorio sobre la *homoousion* del Espíritu de Dios. Eso no lo convirtió, al menos verbalmente, en el credo.

El hecho de que la iglesia universalmente, después del siglo IV, haya interpretado el credo constantinopolitano exactamente como si proclamara la *homoousion* del Espíritu de Dios es un testimonio del poder perdurable de la obra de enseñanza e interpretación de Gregorio Nacianceno, incluso después de haber sido removido más o menos por la fuerza del concilio que estaba tratando de dirigir. Como fue el caso de Atanasio en su vida, Gregorio mismo ejemplifica personalmente la catolicidad de la fe que el sistema conciliar trata de articular por comité. El Concilio de Calcedonia, reconociendo esto, le dio póstumamente el título de «Gregorio el Teólogo».

EL ASCENSO DEL CRISTIANISMO EN EL SIGLO IV Y SUS OPOSITORES

Se ha estimado que, desde una pequeña secta judía en el primer siglo, el cristianismo creció lenta pero constantemente en las ciudades portuarias de todo el imperio hasta situarse en el tercer siglo en (como una dura aproximación) algo entre el 7 y el 10 por ciento de la población imperial. Este es un crecimiento notable en sí mismo. Los cristianos fueron notados como un factor social en el tercer siglo. Entonces se les vio por primera vez subiendo en los registros sociales, y este es, por supuesto, el período en el que los cristianos entran en el sistema de educación superior y, por lo tanto, dejan restos literarios más extensos, por no hablar de su absorción en los ejércitos de Roma, un factor que provocó mucha alarma entre los estadistas del siglo III y explica los intentos bastante despiadados de purgarlos. También es un factor que se puede ver que se aplica, aún más, en la persecución de Diocleciano a principios del siglo IV.

Pero el siglo IV ve un crecimiento aún más notable. Es en este siglo (en el que también asistimos a un nuevo paso adelante en la sofisticación de la literatura cristiana y en la ampliación de su teología) que podemos empezar a hablar de la «ascensión» de la iglesia como factor social dominante. Era un siglo en el que las viejas religiones y las antiguas formas de estructurar el orden social todavía tenían gran influencia, pero el movimiento cristiano estaba empezando a hacer sentir su voz, sus actitudes y su cultura más amplia en el tejido de la sociedad romana. Esto está, sin duda, relacionado con el advenimiento de Constantino y su adopción del cristianismo como un amplio ejemplo de lo que él consideraba como «buena práctica religiosa y moral» para el nuevo imperio que estaba modelando. También tenía relación particular con su decisión de elevar el episcopado cristiano, especialmente en las ciudades más pequeñas y en el interior del imperio, como una magistratura paralela, una que democratizaba cada vez más el sistema legal de apelación y que tenía el resultado inevitable de hacer que la aplicación de la justicia fuera más equitativa entre las clases más pobres, así, por tanto, encontraba en la iglesia un protector útil de sus intereses.

Los historiadores modernos han explicado el crecimiento de la iglesia primitiva de varias maneras, especialmente considerando los fenómenos sociales que la iglesia alentaba (por ejemplo, fuertes lazos entre pequeñas comunidades locales y una ética de misericordia).[78] Los teólogos, entonces y ahora, han usado tradicionalmente otros argumentos (doctrinas de la providencia de Dios y la superioridad moral del mensaje cristiano). No es un gran «avance» sugerir que los enfoques puedan ser complementarios en lugar de excluirse mutuamente. La doctrina cristiana de la fraternidad y la misericordia debe haber tenido un fuerte atractivo social entre los desposeídos. Igualmente, la base teológica de esa antropología (que toda la humanidad era hermano y hermana debido a la elevación del ser humano a la condición icónica de tener un alma inmortal y de estar entre las criaturas de la tierra como los íconos únicos de Dios) dio credibilidad y peso a un concepto funcional de democratización sobre la base del principio de subsidiariedad.

Como mínimo, esta antropología divina socavó profundamente la creencia generalizada de los gobernantes de la época en el derecho divino de las clases altas a ejercer el dominio. Todas las estructuras internas de poder de la iglesia enfatizaban la conciliaridad más que la monarquía, y aunque cristianos como Eusebio de Cesarea se apresuraron a señalar a personas como el propio Constantino que la teología cristiana de un solo Dios correspondía a la elección divina de un gobernante justo como él

---

[78] El historiador Rodney Stark (*The Rise of Christianity: How the Obscure, Marginal Jesus Movement Became the Dominant Religious Force in the Western World in a Few Centuries* [Princeton, NJ: Princeton University Press, 1996]), por ejemplo, argumenta que si, en tiempos de plaga, en lugar de correr hacia la puerta, como era una costumbre común en la antigüedad –por lo tanto llevar la plaga con ustedes a los sistemas de transporte abarrotados para causar el mayor caos posible– uno se quedaba en casa y limpiaba y alimentaba a los enfermos de su hogar (como lo defendía la caridad cristiana), incluso usando estos sencillos rituales higiénicos, las tasas de supervivencia de los cristianos en tiempos de plaga deben haber sido más altas que las de los paganos. Él encuentra en tales ejemplos una correspondencia sociológica para los argumentos teológicos (basados en la providencia) y morales que los apologetas de la iglesia usaron para explicar su difusión.

mismo, la enseñanza clara de la iglesia incluso en relación con los emperadores era que ninguna persona estaba por encima de la ley. Esto contradecía directamente lo que la teoría política romana había enseñado explícitamente sobre el emperador, que él mismo era los *fons et origo* de toda ley. Los cristianos nunca cederían ese papel a un hombre mortal, por muy elevado que fuera. Destruyendo la antigua teoría tardía de la realeza y ofreciendo una antropología más profundamente enfatizada del valor infinito de cada alma inmortal, los cristianos, de hecho, desde un punto de partida simple y religioso, habían revolucionado radicalmente las premisas básicas de la sociedad antigua.

Era sólo cuestión de tiempo que estas actitudes rompieran la superficie social. Esto parece haber sido decisivo en el siglo IV. Las primeras señales públicas de ello son en abril de 311, cuando Galerio detuvo su persecución y emitió en su nombre, junto con los de Licinio y Constantino, un edicto de tolerancia. Después de su muerte, Licinio y Constantino hicieron una especie de alianza, emitiendo el famoso Edicto de Milán en el año 313, que finalmente dio al cristianismo estatus legal y derechos en el imperio universal de Roma.[79] Los sucesivos emperadores cristianos dieron más que tolerancia. Comenzando con Constantino, se hicieron restituciones de dinero y edificios para compensar a la iglesia por lo que había sufrido en el pasado. Esto ha sido visto a menudo como un favoritismo excesivo, pero es poco probable que las restituciones ascendieran a más de una fracción de lo que había sido secuestrado en los tiempos de la persecución. Pero Constantino cedió edificios muy públicos y visibles para el servicio de la iglesia, sobre todo la Basílica de Letrán en Roma, que desde entonces ha sido la sede oficial de los papas. También construyó algunas iglesias prestigiosas a lo largo del Este de novo e hizo encargos especiales para ellas de digestos de la Biblia.[80] De estas iglesias sólo la basílica de Belén permanece intacta, aunque los cimientos de la iglesia en la colina del Vaticano todavía se pueden ver en la cripta de San Pedro en Roma, y las secciones extrañamente formadas de la iglesia del Santo Sepulcro se deben a los constructores de Constantino. Los veinte digestos bíblicos, hechos del *scriptorium* de Eusebio de Cesarea, podrían tener ejemplares sobrevivientes en los códices Sinaítico y Vaticano.

Incluso en la ascendencia cristiana, por supuesto, la cultura y las actitudes paganas prosperaron, junto e incluso dentro de la iglesia en muchos aspectos. Las costumbres y actitudes antiguas, e incluso arcaicas, tendían a morir con dificultad. Nosotros, los herederos anglófonos de los sajones, podemos atestiguar esto a través de la lente de la cristianización de las tribus sajonas, que todavía (y hasta el día de hoy) querían mantener los nombres antiguos para los días de la semana en lugar de la nueva terminología cristiana (*Dominica* para el Día del Señor, y luego enumerando cada siguiente día a partir de esto). Así es como el mundo cristiano angloparlante todavía

---

[79] Recuento en *Sobre las muertes de los perseguidores* del comentarista político cristiano Lactancio y en *Historia eclesiástica* 10.2. de Eusebio de Cesarea.

[80] Éstas eran copias totales del Antiguo y Nuevo Testamento: una tarea (y un gasto) masivo en términos de esfuerzo de escribanía y de pieles de animales utilizadas en la fabricación.

llama a sus días a partir de los «viejos dioses».[81] A la cultura no se le permitió marchitarse, no sólo porque todavía tenía muchos seguidores apasionados, sino también porque el estado subsidiaba muchos aspectos religiosos y culturales significativos del antiguo sistema religioso.

El Occidente latino era generalmente visto como más dispuesto que las provincias orientales a aferrarse a las viejas ideas y valores paganos. Esto fue especialmente cierto en las clases altas, que se aferraron a su antigua tradición literaria, consagrando las historias de los dioses en un elevado corpus poético y literario que custodiaban con un celo casi religioso. Constantino había decidido trasladar su capital a Bizancio ya en su victoria en la batalla del Puente Milvio (312) porque se dio cuenta de lo atascados que estaban los senadores y las familias que dirigían Roma a la antigua usanza. Estableció la planificación de Constantinopla desde sus primeros cimientos como una «nueva ciudad» donde prosperaría el cristianismo, y el mismo arte que estableció en las calles de la ciudad fue, deliberadamente, una secularización masiva de las antiguas estatuas de culto e iconos culturales, que «liberó» de los templos clásicos y recintos sagrados más importantes del mundo romano e instaló en las esquinas de sus calles: un puro desarraigo de modo que hasta el limpiador de calles más pobre se diera cuenta de ello.

En el año 341 los cristianos volvieron la ley punitivamente en contra de los ritos de sacrificio paganos. El mismo Constantino había tratado de desterrar el sacrificio de animales del imperio como un todo a principios de su reinado, tratando de convertir el ritual pagano en una forma más intelectual, moral y simbólica de religión—haciendo uso de su propio culto favorito al dios sol. Juliano había intentado ineficazmente volver atrás el reloj y ofreció muchos subsidios financieros para aquellos que reabrirían los templos y ofrecerían sacrificios a los dioses. Sin embargo, la decadencia que se había instalado en los antiguos cultos no era reversible. La historia cuenta que cuando fue a Antioquía, el sacerdote de Apolo sólo pudo reunir un ganso para ofrecerlo como sacrificio cuando el emperador llamó para una ocasión estatal.

Juliano no quiso actuar punitivamente contra los cristianos (aunque los padres de la iglesia registraron varias hostilidades que él inició), pero esperaba que la «superstición cristiana» se desvaneciera una vez que se retirara el patrocinio imperial. Cuando esto no sucedió como él esperaba, emitió su Edicto sobre los Profesores en el año 362, el cual prohibía la presencia de maestros cristianos en academias de aprendizaje apoyadas por el estado.[82] Su razón de ser era que aquellos que despreciaban la creencia en los dioses no debían enseñar la literatura que echaba raíces en las alabanzas de esos dioses. Fue un duro golpe para los intelectuales cristianos, más bien un desprecio que un verdadero desafío para la iglesia, aunque alarmaba a

---

[81] Día de luna, día de Tyr, día de Odín, día de Thor, día de Frega, día de Saturno y día del Sol. Los cristianos occidentales aún llaman a la Santa Pascua "*Easter*", en honor a la diosa druida de la primavera, Ostara.

[82] No salió con la fuerza de la ley punitiva, sino más bien en forma de un «estímulo» para despedir a tales profesores. Para más detalles, véase N. McLynn, "Julian and the Christian Professors," en *Being Christian in Late Antiquity*, ed. C. Harrison (Oxford: Oxford University Press, 2014).

muchos intelectuales cristianos sentir que podían ser exiliados de los institutos de enseñanza superior. En respuesta a ello, Gregorio Nacianceno compuso sus filípicas contra Juliano (*Contra Julianum*), declarando osadamente que el emperador debe ser un tonto si alguna vez pensó que podía privar a los cristianos de sus logos.[83]

El apologeta cristiano Fírmico Materno muestra el sentimiento a mediados de siglo entre los cristianos, cuán amargos eran sus recuerdos de la supremacía pagana y cuán profundamente habían llegado a odiar los viejos rituales. Fírmico, por supuesto, no era un cristiano de cuna, sino un convertido a la iglesia de las clases altas paganas (fue un astrólogo notable en su vida anterior y probablemente un augur de la corte practicante). Su tratado, escrito en 346 y dedicado a los emperadores Constante y Constancio II, *Sobre los errores de las religiones profanas*, es un ataque fulminante contra la inmoralidad y la necedad de las viejas religiones.[84] No hay un terreno ecuménico común aquí, y poco sugiere que a nivel de calle fuera diferente en los estratos más bajos de la sociedad, tampoco.

Sin embargo, incluso en el año 381, la religión romana estatal, con sus rituales de veneración de los dioses históricos de Roma, recibió subsidio estatal (cristiano) para su sacerdocio. No fue hasta que Graciano, emperador de Occidente en el año 382, que las tierras pertenecientes a los templos paganos fueron confiscadas al estado y todos los privilegios sociales para los sacerdotes paganos y las vírgenes vestales fueron finalmente retirados.[85] Alarico, que saqueó Roma en el año 410, recibió quejas fulminantes de los muchos senadores paganos que aún estaban activos en Roma, quienes públicamente culparon por la decadencia de Roma a los valores cristianos, los cuales habían socavado el vigor militar imperial. Es una acusación que Edward Gibbon seguía repitiendo en el siglo XVIII, con sus recurrentes (y exagerados) contrastes de hombres romanos «viriles» en armas con ascetas y obispos cristianos «afeminados e histéricos». Sin embargo, el establecimiento de piedras de dedicación a Júpiter y a otros dioses oficiales romanos, así como los cultos orientales, como Cibeles e Isis, desaparecieron radicalmente en la última parte del siglo III.[86] Esto demuestra que algunas cosas estaban enfermando y muriendo en las actitudes de la clase alta hacia los antiguos cultos.

Sin embargo, uno se imagina que, a un nivel más simple, los viejos rituales, que tenían una base más doméstica (ya que los antiguos templos no reunían congregaciones rituales dentro de ellos, como las iglesias cristianas y las sinagogas judías), deben haber continuado por más tiempo. Es precisamente por esta razón que los cristianos inventaron el término peyorativo de *paganismo*. *Pagano* significaba un campesino y el tipo de viejos rituales religiosos a los que estaban acostumbrados

---

[83] Un juego de palabras, ya que la palabra significa tres conceptos por igual: Logos divino (Cristo), racionalidad y discurso literario.

[84] Traducción al inglés: C. A. Forbes, *The Error of the Pagan Religions* (New York: Newman Press, 1970).

[85] Códice Teodosiano 16.10, 20.

[86] Véase C. H. Moore, "The Pagan Reaction in the Late Fourth Century Author(s)," *Transactions and Proceedings of the American Philological Association* 50 (1919): 122-34.

(ahora vistos por los cristianos como «supersticiones»). Es irónico en muchos sentidos que este punto de vista peyorativo de las viejas religiones como cultos torpes estuviera colgado en todos los que aún estaban apegados a las viejas religiones, desde los simples campesinos en los campos hasta los sofisticados filósofos y senadores como Símaco en el siglo IV, el mismo líder del partido senatorial (pagano) que acusaba a los cristianos de haber perdido el ethos de los valores imperiales romanos al abandonar el culto a los dioses de Roma.

La apasionada petición de Símaco a Graciano para que contrarrestara su orden en el año 382 se centró en impedir que la nueva mayoría cristiana de allí arrojara el altar de la victoria que había estado en el Senado desde tiempos inmemoriales. Repitió el memorial en el año 384, dirigido a Valentiniano II. Su discurso estuvo dedicado a la idea de la tolerancia religiosa múltiple. Cayó en oídos sordos. Los senadores cristianos presentaron una contrapetición en apoyo de la acción del emperador y exigieron que se les quitara el famoso altar del incienso como una visión ofensiva.[87] Ellos, que recordaban tantas persecuciones recientes por parte del estado, no estaban impresionados entonces por las súplicas de tolerancia y, por el contrario, deseaban expresar la «nueva ola» de manera bastante desafiante. El obispo Ambrosio de Milán escribió en términos inequívocos a Valentiniano II para recordarle que tenía el deber como emperador cristiano de impedir que estos hipócritas tuvieran éxito.[88] Sin embargo, el partido senatorial pagano no olvidó su queja, y fue una repetición de las afirmaciones de Símaco tras el saqueo de Roma por parte de Alarico lo que hizo que los senadores cristianos solicitaran a Agustín de Hipona que escribiera una larga refutación de la acusación de que la iglesia había destruido el imperio. Fue una llamada que resultó en el monumental trabajo de apología de Agustín, la *Ciudad de Dios*. Es digno de mención, sin embargo, que Agustín guarda silencio (si es que lo sabía en primer lugar) sobre el hecho de que Alarico era un caudillo cristiano.[89]

La discusión entre paganos y cristianos en el siglo IV llegó a su fin simbólico cuando Teodosio, el primer emperador que fue bautizado desde el comienzo de su reinado, actuó para prohibir el ceremonial público de los ritos paganos. Desde el momento en que tomó su capital en Constantinopla en el año 381, prohibió los rituales paganos, que habían formado parte de la vida de la ciudad incluso bajo los antiguos

---

[87] Constancio ordenó su remoción en el año 356 cuando visitó Roma, pero Juliano la había restaurado deliberadamente.

[88] Ambrosio, *Epístola* 17.3-4: «Así pues, emperador cristiano, puesto que el verdadero Dios espera de ti lo que le corresponde en términos de fe y celo, cuidado y devoción por la fe, me pregunto cómo ha surgido en algunos corazones la esperanza de que sientas que es tu deber restaurar por mandato imperial los altares a los dioses de los paganos e incluso proporcionar los fondos necesarios para los sacrificios profanos; porque seguramente con respecto a tales cosas que han sido secuestradas hace mucho tiempo por los tesoros imperiales o de la ciudad, usted se estaría ofreciendo voluntariamente con sus propios fondos, en lugar de restaurar nada de lo que les pertenece por derecho. Pero se quejan de sus pérdidas, las mismas que nunca perdonaron nuestra sangre y que destruyeron los mismos edificios de nuestras iglesias. Y le piden que le conceda privilegios, los mismos que por la última ley juliana nos negaron el derecho común de hablar y enseñar». La *Epístola* 18 de Ambrosio responde a la petición de Símaco al Emperador Valentiniano y argumenta en contra de la afirmación de este último de que las recientes hambrunas han sido causadas por permitir que los ritos y honores de los dioses antiguos caduquen.

[89] Era un jefe godo de la tribu arriana.

gobernantes cristianos. Reiteró la prohibición de Constantino sobre el sacrificio de animales e hizo de la toma de augurios de entrañas de animales un crimen castigado con la muerte. Entre 389 y 391 se dedicó a consagrar esta proscripción en la ley, y una serie de edictos en el Código Teodosiano equivalían a una prohibición total del estilo de vida pagano.[90] Los magistrados paganos que trataban de proteger el ritual pagano de la fuerza de las leyes fueron procesados activamente. Los templos fueron cerrados y demolidos. El fuego vestal «eterno» en el foro romano se extinguió por la fuerza, y la hermandad virginal vestal fue terminada y dispersada. En el año 391 en Alejandría, una turba cristiana, sintiendo que la marea había cambiado, aprovechó la legislación y saqueó la ciudad en busca de bustos de Serapis, aplastándolos y pintando la cruz sobre los dinteles de los edificios en su lugar. El gran Serapeum fue derribado hasta sus cimientos.

Después de 392, cuando Teodosio se convirtió en emperador de las provincias occidentales, su supresión de los santuarios paganos también se extendió más ampliamente. Aunque las provincias occidentales permanecieron más activamente paganas en muchas partes durante más tiempo que las orientales, fue el reinado de Teodosio el que significó efectivamente la muerte del paganismo clásico mediterráneo en las provincias romanas. Era otro asunto, por supuesto, con las tribus eslavas y germánicas de las tierras bárbaras del norte. El cristianismo continuaría encontrando el culto politeísta innumerables veces después. Rara vez, o nunca, mostraría tolerancia al instinto politeísta, adoptando de su lectura de los últimos profetas una sospecha perdurable y una hostilidad directa al culto no monoteísta.[91]

Sin embargo, los libros de texto más antiguos, que tendían a hablar en épocas más sencillas sobre una cristianización definitiva de la sociedad en cualquier momento dado (ya sea en el siglo IV o en el XIV), deben ser tomados en consideración. La transición a los valores cristianos a través de una escala social más amplia que nunca antes, ciertamente ocurrió a partir del siglo IV en adelante. ¿Hasta qué punto fue la cristianización de la sociedad general? Bueno, ese es un asunto más discutible. El paganismo formal permaneció activo a lo largo de este siglo, y en Bizancio y la Edad Media en muchas actitudes diversas, si no tanto en las prácticas cultuales. La transición a la dominación de la iglesia fue un asunto mucho más desordenado en la antigüedad tardía de lo que se ha pensado hasta ahora. Bautizar la cultura local ha sido siempre el objetivo social de la iglesia. Seguramente todavía está intentando poner en práctica esa aspiración.

UNA BREBE LECTURA

***Arrio de Alejandría, citado por Atanasio de Alejandría,* Contra Arrianos 1.5-6.**
Y así, Dios mismo, como realmente es, es inexpresable para todos. Él solo no tiene

---

[90] Código Teodosiano 16.10.11.
[91] Cf. Is. 45:20; Sal. 115:4-8.

igual, nadie similar (*homoios*), y nadie de la misma gloria. Lo llamamos no engendrado (*agenetos*), en contraste con el que por naturaleza es engendrado (*gennetos*). Lo alabamos como sin principio, en contraste con aquel que tiene un principio. Lo adoramos como atemporal, en contraste con aquel que en el tiempo ha llegado a existir. El que no tiene principio, hizo del Hijo un principio de las cosas creadas. Lo produjo como un Hijo para sí mismo al engendrarlo. Él [el Hijo] no tiene ninguna de las características distintivas del propio ser de Dios (*kath'[h]ypostasin*), porque no es igual a él, ni es del mismo ser (*homoousios*) que él. Dios es sabio, porque él mismo es el maestro de la Sabiduría. Prueba suficiente de que Dios es invisible para todos: es invisible tanto para las cosas hechas por el Hijo como para el Hijo mismo.

***Arrio de Alejandría*, Carta de Arrio y clero con él al Obispo Alejandro, *en Atanasio*, De Synodis 15.2-5.** Nuestra fe de nuestros antepasados, que también aprendimos de ti, bendito Padre [Alejandro], es ésta: Reconocemos a un solo Dios, único no nacido, único eterno, único sin principio, único verdadero, único con inmortalidad, único sabio, único bueno, único soberano, juez, gobernador, y proveedor de todo, inalterable e inmutable, Dios de la Ley y de los Profetas y del Nuevo Testamento; que engendró a un Hijo unigénito antes de los tiempos y a través de las edades, a través de las cuales hizo las dos edades (Heb. 1:2) Y todo lo que fue hecho, el cual no le engendró en apariencia, sino en realidad, y que le hizo subsistir por su propia voluntad, inalterable e inmutable, la criatura perfecta (*ktisma*) de Dios, mas no como una de las criaturas; pero no como una de las otras cosas engendradas; ni como Valentín pronunció que la descendencia del Padre era una emanación (*probole*); ni como enseñaron los maniqueos, que la descendencia era una porción una en esencia (*meros homoousion*) del Padre; ni como Sabelio, dividiendo la mónada, habla de un Hijo/Padre (*uiopator*); ni como Hieracas habla de una antorcha tomada de otra, ni como una llama de lámpara dividida en dos; ni que el que existió antes fuera generado o creado de nuevo en un Hijo, como tú mismo, oh bendito padre Alejandro, has condenado a menudo tanto en los servicios de la iglesia como en las reuniones del consejo; pero, como decimos, fue creado por la voluntad de Dios, antes de tiempo y antes de los siglos, y cobró vida y es del Padre, y las glorias que coexisten en él son del Padre. Porque al dar [al Hijo] la herencia de todas las cosas (Heb. 1:2), el Padre no se privó a sí mismo de lo que tiene sin haber comenzado en sí mismo; porque él es la fuente de todas las cosas. Así que hay tres realidades subsistentes (hipóstasis). Y Dios, siendo la causa de todo lo que sucede, es absolutamente único sin principio; pero el Hijo, engendrado aparte del tiempo por el Padre, y creado (*ktistheis*) y fundado antes de los siglos, no existía antes de su generación, sino que fue engendrado aparte del tiempo antes de todas las cosas, y él solo vino a la existencia (*hypeste*) del Padre.

Porque él no es ni eterno ni coeterno ni co-noengendrado con el Padre, ni tiene su ser junto con el Padre, como algunos hablan de relaciones, introduciendo dos comienzos no engendrados. Pero Dios es ante todas las cosas como mónada y principio de todo. Por lo tanto, él también está delante del Hijo, como hemos aprendido también de su propia predicación pública en la iglesia. Así que, pues, él tiene su ser de Dios, y las glorias, y la vida, y todas las cosas le han sido dadas; de esta manera Dios es su principio. Porque él está por encima de él, como su Dios y ser delante de él. Pero si las expresiones de él [Rom. 11:36] y del seno [Sal. 109:3 LXX, i.e., Sal. 110:3 RVR1960] y yo venimos del Padre, y yo he venido (Jn. 16:28), son entendidas por algunos como que él es parte de él [el Padre], uno en esencia o como una emanación, entonces el Padre es, según ellos, compuesto y divisible y alterable y material, y, en la medida en que su creencia lo sea, el Dios incorpóreo soportará un cuerpo.

***El Credo del Concilio de Nicea* 325, Proemio *de las* Actas del Concilio de Éfeso 431.** El sínodo de Nicea expuso este credo. Creemos en (*pistevomen*) un solo Dios, el Padre, el todopoderoso Maestro (*Pantokrator*), el Creador de las cosas visibles e invisibles; y en un solo Señor Jesucristo (Mt. 23.10; cf. Jn. 10.30; Rom. 5.17-21; Rom. 10.8-13; 1 Co. 8.6), el Unigénito (*Monogene*) Hijo de Dios, engendrado del Padre, es decir, del ser (*ousia*) del Padre; Dios de Dios, Luz de Luz, Dios Verdadero de Dios Verdadero, engendrado/nacido (*gennethenta*) no hecho/creado (*poiethenta*), el mismo en ser/consubstancial (*homoousios*) que el Padre; y por medio de él todas las cosas fueron hechas (*egeneto*) (1 Co. 8.6; Jn. 1.2; Col. 1.15), las cosas en el Cielo, y las cosas en la tierra. Por nosotros los humanos (*antropous*) y para nuestra salvación (*soterian*) descendió (*katelthonta*) y se encarnó (*sarkothenta*). Siendo hecho hombre (*enanthropesanta*), Él sufrió, y al tercer día resucitó (*anastanta*), y ascendió (*anelthonta*) al cielo. Él viene a juzgar (*krinai*) tanto a los vivos como a los muertos. Y [creemos] en el Espíritu Santo. El que diga que «hubo un tiempo en que él no era» (*en pote oti ouk en*); y que «antes de que fuera engendrado, no era» (*prin gennethenta ouk en*); y que «fue hecho de cosas que antes no eran» (*ex ouk onton egeneto*); o que es de una hipóstasis o esencia diferente (*heteras hypostaseos e ousias*); diciendo que el Hijo de Dios está sujeto a cambio o alteración (*trepton e alloioton*); tales personas son anatematizadas por la Iglesia Católica y Apostólica.[92]

***Eusebio de Cesarea*, Vida del emperador Constantino 3.10-13.** Tras determinarse la fecha para la apertura del sínodo, en el que se debía afrontar una solución a los puntos controvertidos, una vez que hizo cada uno, en posesión de su

---

[92] Texto y traducción en N. P. Tanner, *Decrees of the Ecumenical Councils* (London: Sheed and Ward, 1990), 5.

personal fórmula resolutoria, acto de presencia, efectuaron los convocados sus ingresos en la sala central del palacio imperial, que en amplitud aventajaba netamente a las demás, y habiéndose instalado por orden unos bancos a ambos costados de la sala, todos fueron ocupando sus asientos según jerarquía. Cuando se hubo sentado toda la asamblea en decente concierto, el silencio se apoderó de la concurrencia, a la espera de que apareciera el emperador: hizo su entrada un primero de su escolta, después un segundo, y un tercero. Precedieron su llegada otros que no eran los soldados y lanceros de rigor, sino sólo los amigos fieles. Poniéndose todos en pie a una señal, que indicaba la entrada del emperador, avanzó éste al fin por en medio, cual celeste mensajero de Dios, reluciendo en una coruscante veste como con centelleos de luz, relumbrando con los fúlgidos rayos de la púrpura, y adornado con el lustre límpido del oro y las piedras preciosas. Esto, en cuanto a su cuerpo. En cuanto a su alma, era patente que estaba engalanado con el temor a Dios y la fe. Dejaban esto entrever los ojos dirigidos hacia abajo, el rubor de su semblante, el compás de sus andares y el tenor en general de su porte, la estatura que se sobreponía a la de todos cuantos le daban escolta y por la belleza de la flor de su edad, y por el vigor magnífico que emanaba de su prestancia física y de su indomable energía, lo cual, combinado con lo ponderado de su modo de ser y la suavidad de su regia sensibilidad, ponía de manifiesto la incomparable rareza de su alma mejor que cualquier paráfrasis. Cuando llegó al lugar principal donde comenzaban las ringleras de asientos, mantúvose en medio de pie; puesto a su disposición un pequeño sitial fabricado de oro macizo, se sentó, no sin antes haber hecho una señal a los obispos. Con el emperador, todos hicieron lo mismo. Levantóse entonces de entre los obispos el que figuraba primero en la ringlera derecha,[93] y pronunció un ajustado discurso, dirigiéndolo al emperador y componiendo por medio de él un himno de agradecimiento al Dios soberano. Cuando se sentó, se hizo el silencio, y todos clavaron fijamente la mirada en el emperador; él, con ojos radiantes, miró serenamente a todos, y concentrándose, con voz tranquila y suave, pronunció el discurso que sigue: Ha constituido el fin de mi súplica, oh carísimos, gozar de vuestra presencia, y al haberlo conseguido, sé de veras que debo rendir gracias al rey universal, porque para colmo de otros dones me ha otorgado el ver ése, que es superior con creces a todo bien, esto es, acogeros a todos aquí juntos y contemplar el sentir común y concorde de todos. Que no dañe, pues, una pérfida envidia los bienes que disfrutamos, y que el maligno demonio, una vez terminada con el poder del Divino Salvador la guerra antidivina suscitada por los tiranos,[94] no cubra de insultantes calumnias, por otras vías, la ley divina. A mi manera de ver, tengo la perturbación interna de la Iglesia de Dios por más dura que cualquiera guerra y

---

[93] Lo más probable es que sea Osio de Córdoba.
[94] Los emperadores perseguidores Diocleciano, Galerio, Maximiano y Licinio, que le han precedido.

que cualquier combate, y este asunto está tomando un cariz mucho más nocivo que los asuntos del exterior. Cuando me levanté con la victoria sobre los enemigos, por la aquiescencia y concurso del Omnipotente, pensé que no quedaba otra cosa que rendir gracias a Dios, y exultar de mancomún con todos los liberados por él, a través de mí. Pero cuando fui informado de vuestra disensión más allá de lo que cabía esperar, no relegué a un segundo plano lo que se me estaba refiriendo, al contrario, sin vacilación mandé llamar a todos, emitiendo votos, para que este asunto adquiriera un remedio mediante mis servicios. Y me gozo de ver vuestro comicio, mas sólo entonces juzgaré que he actuado eficazmente conforme a mis oraciones cuando vea a todos anímicamente fundidos en un único y comunal espíritu de identidad y de paz; y sería muy propio de vosotros, gente consagrada a Dios, el pregonar ese espíritu a los demás. Así pues, carísimos sacerdotes de Dios y fieles ministros de nuestro común señor y salvador de todos, no dudéis en dar comienzo desde ahora mismo al planteamiento franco de los motivos de la disputa entre vosotros, ni en desatar toda la compleja madeja de controversias, según las leyes de la paz. Pues de este modo habríais realizado lo más grato a Dios omnipotente, y a mí, vuestro consiervo, me rendiríais un favor sobremanera grande. Después de pronunciar estas palabras en lengua latina, y tras haberlas traducido un intérprete al griego, dio la palabra a los presidentes del sínodo. Nada más dársela, unos empezaron a esgrimir acusaciones contra los que estaban al lado; éstos, a su vez, se disculpaban y arremetían en reproches. Muchísimas cosas eran las que se planteaban por cada contrincante y formidable la contienda que se produjo desde el principio.[95] El emperador escuchaba resignadamente a todos y recibía las propuestas con diligente atención; aceptando parcialmente la tesis de cada bando, iba sin sentir reconciliando a los arriscados contendientes. Como quiera que conversara afablemente con cada uno y usara la lengua griega, porque tampoco de ella era ignorante, revelóse en él un tipo de hombre dulce y agradable, ya cuando a unos, ya cuando doblegaba a otros con su palabra, ya cuando alababa a otros por felices intervenciones, ya encauzando a todos hasta posiciones de unanimidad, hasta que, por fin, los puso de acuerdo y conformes en todos los temas sujetos a examen, de manera que prevaleciera una fe concorde.

Sacro [rescripto imperial] del emperador Constantino, anunciando Nicea (325).
Creo que debería ser obvio para todos que no hay nada más honorable a mis ojos que el temor de Dios. Aunque antes se había acordado que el Sínodo de los Obispos se reuniera en Ancyra, en Galacia, por muchas razones nos pareció que sería mejor que el Sínodo se reuniera en Nicea, ciudad de Bitinia; y esto porque los Obispos de Italia y del resto de las tierras europeas están viniendo, también por el

---

[95] Incluyendo los cargos presentados contra el propio Eusebio, los cuales él pasa por alto.

excelente clima que hay allí, y para que yo mismo pueda estar presente como espectador y partícipe de lo que se va a realizar. Y por eso les anuncio, mis amados hermanos, que todos ustedes deben reunirse prontamente en dicha ciudad, es decir, en Nicea. Que cada uno de ustedes, por lo tanto, como he dicho anteriormente, tenga presente el bien mayor y sea diligente, sin demora en nada, para llegar rápidamente, de modo que cada uno pueda estar físicamente presente como espectador de las cosas que se van a realizar. Que Dios los guarde, mis amados hermanos.

Carta sinodal del Concilio de Nicea anunciando sus decretos (325). [Texto conservado en Gelasio, *Historia del Concilio de Nicea* 2.33; Sócrates Escolástico, *Historia eclesiástica* 1.6; Teodoreto, *Historia eclesiástica* 1.9.] A la iglesia de Alejandría, por la gracia de Dios, santo y grande; y a nuestros bienamados hermanos, el clero ortodoxo y los laicos de todo Egipto y Pentapolis, y Libia, y de hecho de todas las naciones bajo el cielo. El santo y gran sínodo de los obispos reunidos en Nicea, envía sus deseos de salud en el Señor. En la medida en que el santo y gran sínodo, reunido en Nicea por la bondad de Cristo, y el de nuestro muy reverente señor Constantino, que nos ha reunido desde nuestras diversas provincias y ciudades, ha considerado asuntos que conciernen a la fe de la iglesia, nos pareció necesario que ciertas cosas le fueran comunicadas de nosotros, a usted, por escrito, a fin de que pueda tener los medios de saber lo que ha sido discutido y escudriñado, así como lo que ha sido decretado y establecido. Primero que nada, entonces: En presencia de nuestro muy reverente señor Constantino, se investigaron asuntos relacionados con la impiedad y las transgresiones de Arrio y su partido. Y fue decretado unánimemente que él y su opinión irreverente debían ser anatematizados, junto con las palabras blasfemas y especulaciones en las que se entregó, como cuando blasfemó al Hijo de Dios, diciendo:

> que él es de cosas que no son,
> y que antes de que fuera engendrado no era,
> y que hubo un tiempo en que no era,
> y que el Hijo de Dios es por su propia voluntad capaz de hacer el mal o el bien;[96]
> y diciendo que es una criatura.

Todas estas cosas las ha anatematizado el santo sínodo. Ni siquiera queremos escuchar esta doctrina irreverente de sus palabras blasfemas o su manía. Ya han escuchado todos los detalles de los cargos que se formularon contra él, y los

---

[96] Arrio negó esto explícitamente en sus enseñanzas.

resultados de esos cargos. Si no, pronto oirán todo acerca de ellos—porque no queremos parecer que hemos sido opresores de un hombre que, de hecho, ha recibido una recompensa adecuada por su propio pecado. Su irreverencia se ha extendido hasta tal punto que incluso ha destruido [a los obispos] Theonas de Marmárica y Secundo de Ptolomeo, pues ellos también han recibido la misma sentencia que el resto.[97] Sin embargo, cuando Dios liberó a Egipto de esa herejía y blasfemia, y de las personas que se habían atrevido a hacer disturbios y divisiones entre un pueblo que previamente había estado en paz, todavía quedaba el asunto de la insolencia de Melecio y de aquellos que habían sido ordenados por él.[98] Y ahora, amados, en cuanto a esa parte de nuestro trabajo también queremos informarles de los decretos del sínodo. El sínodo estaba dispuesto a tratar a Melecio con indulgencia (en estricta justicia, no merecía gentileza), y por eso decretó que debía permanecer en su propia ciudad, pero que no tenía autoridad ni para ordenar o administrar asuntos ni para hacer nombramientos. No debe aparecer en el campo ni en ninguna otra ciudad (que no sea Alejandría) para este propósito, pero debe gozar del simple título de su rango (como obispo). Los que han sido puestos en posición por él deben, después de haber sido confirmados por una imposición de manos más sagrada, ser admitidos a la comunión sólo con esta condición. Entonces tendrán su rango y el derecho de oficiar, pero serán los subordinados de aquellos que han sido inscritos en cualquier iglesia o parroquia y fueron nombrados por nuestro muy honorable colega Alejandro. Esto es para que estos hombres no tengan autoridad para hacer nombramientos de personas que les agraden, ni para hacer nominaciones; de hecho, para no hacer nada más que el consentimiento de aquellos obispos de la iglesia católica y apostólica que están sirviendo bajo la dirección de nuestro santísimo colega Alejandro. Por otra parte, aquellos que por la gracia de Dios y a través de sus oraciones no se encuentran en ningún cisma, y por el contrario son de posición inmaculada en la iglesia católica y apostólica, deben tener autoridad para hacer nombramientos y nominaciones de personas dignas entre el clero y, en resumen, para hacer todas las cosas de acuerdo con las leyes y reglamentos de la iglesia. Ahora bien, si sucediera que cualquiera de esos clérigos que actualmente están sobre las iglesias muriera, entonces los que han sido recibidos recientemente deben suceder al oficio de los difuntos, siempre y cuando parezcan ser dignos, y que el pueblo los aclame, y que el obispo de Alejandría esté de acuerdo en la elección y la ratifique.[99] Esta concesión, por lo

---

[97] Theonas y Secundo fueron obispos depuestos en Nicea y sometidos a sentencias estatales. Eusebio de Nicomedia también fue censurado, pero su rango imperial lo salvó de la pena, y pronto recuperó la iniciativa para finalmente desentrañar toda la postura de la corte pronicena.

[98] Melecio de Licópolis era un obispo rival conservador en Alejandría que había afirmado que tenía la verdadera sucesión episcopal, no Alejandro.

[99] Es decir, el clero nombrado por Melecio en varias ciudades de Egipto como contrarrepresentantes y obispos que están dispuestos a ser reordenados bajo la obediencia de Alejandro.

tanto, se ha hecho a todos los demás; pero debido a su conducta desordenada desde el principio y a la naturaleza precipitada de su carácter, el mismo establecimiento no fue concedido para el propio Melecio. Puesto que es un hombre capaz de cometer estos mismos desórdenes de nuevo, no se le debe permitir ninguna autoridad o privilegio.

Estos son los decretos particulares que son de especial interés para Egipto y para la santísima iglesia de Alejandría; y si en presencia de nuestro muy honrado señor, nuestro colega y hermano Alejandro, algo más ha sido promulgado por canon o decreto, él mismo se lo comunicará con mayor detalle, ya que fue a la vez guía y colaborador en lo que se hizo aquí. Además, les anunciamos la buena noticia del acuerdo sobre la Santa Pascua, de que esto también se ha resuelto debidamente gracias a sus oraciones, y ahora todos nuestros hermanos en Oriente que antes seguían el modelo judío celebrarán de ahora en adelante esta fiesta sagrada de la Pascua al mismo tiempo que los romanos, y como ustedes mismos, y que todos los que han celebrado la Pascua desde el principio.[100] Y tan contentos por estos felices resultados, y en nuestra paz y armonía común y en la eliminación de todas las herejías, deseamos que recibas con mayor honor y mayor amor, a nuestro colega tu obispo Alejandro, que nos ha alegrado con su presencia, y que a una edad tan grande ha sufrido un cansancio tan inmenso para que la paz pueda ser establecida entre ustedes y entre todos nosotros. Oren también por nosotros, para que las cosas que han parecido correctas en su realización puedan mantenerse firmes. Estas cosas han sido hechas, como es nuestra creencia, que son agradables a los ojos de Dios Todopoderoso, y de su Hijo unigénito, nuestro Señor Jesucristo, y del Espíritu Santo; a quien sea la gloria por los siglos. Amén.

Atanasio de Alejandría, **Contra los arrianos 1.15-16.** Cuando ustedes, los arrianos, afirman que «el Hijo fue hecho de la nada» y que «no existía antes de ser engendrado», implican que los títulos de Hijo, Dios, Sabiduría, etc., le son dados en virtud de la participación (*methexis*).... Pero, ¿participación en qué? ¿En el Espíritu? Ciertamente no, porque el Espíritu «toma de lo que es del Hijo» (Jn. 16:14).... Por lo tanto, es del Padre que él «participa», pues es la única posibilidad que le queda. ¿Pero de qué es exactamente de lo que participa? ¿De dónde viene? Si es algo externo, ofrecido por el Padre, ya no participa del Padre. Ya no puede ser llamado Hijo del Padre. Y así lo que participa tiene que ser «de la sustancia del Padre» (*ek tes ousias tou Patros*), porque si se trata de algo distinto del propio ser del Padre... algo intermedio se habría planteado entre esto que es del Padre y el ser

---

[100] Poner la Pascua de Resurrección al mismo tiempo que la Pascua judía, en el mismo calendario: esto significaba que los antiguos grupos de cuartodecimanos observaban la Pascua de Resurrección el día catorce de Nisán sin importar el día.

(lo que sea que sea entonces) del Hijo.... Así, pues, nos vemos obligados a concluir que el Hijo es enteramente lo que es «de la sustancia del Padre».

***Actas del Sínodo de Sárdica (343), en Teodoreto*, Historia eclesiástica 2.8.42-43.** Si el Logos hubiera tenido un principio, no habría podido existir siempre. Pero el Logos siempre existente no tiene principio. Dios nunca tendrá un final. No decimos que el Padre sea el Hijo o que el Hijo sea el Padre, sino que el Padre es el Padre, y el Hijo es el Hijo del Padre. Confesamos que el Hijo es el Logos de Dios Padre y que junto a él no hay otro. Creemos que el Logos es el verdadero Dios, la Sabiduría y el Poder. Afirmamos que él es verdaderamente Hijo, pero no de la manera en que se dice que las personas son hijos, pues se les llama «hijos de Dios» por su regeneración o por sus méritos, pero no por ser hipóstasis con el Padre, como es el caso del Hijo.[101]

***Actas del Sínodo de Alejandría 362, en Atanasio,* De Synodis 7.** Puesto que algunas personas parecían estar en desacuerdo en cuanto a la economía del Salvador en la carne, preguntamos a ambas partes y encontramos que lo que el otro confesaba, los otros también estaban de acuerdo; es decir, que el Verbo no moraba en un hombre santo, como lo hizo en los profetas, sino que, en la consumación de los siglos, el Verbo mismo se hizo carne, y «aunque era en la forma de Dios, tomó la forma de un siervo» (Fil 2:7). De María, según la carne, se hizo hombre por nosotros. Por consiguiente, en él la raza humana fue perfecta y enteramente liberada del pecado, y resucitada de su muerte, y llevada al reino de los cielos. Y también confesaron que el Salvador no poseía un cuerpo sin alma, o uno que estuviera desprovisto de sentido e inteligencia. Porque no era posible, cuando el Señor se hizo hombre por nosotros, que su cuerpo no tuviera inteligencia. Ni tampoco fue esa salvación alcanzada en la misma Palabra una salvación del cuerpo solamente, sino también del alma. Siendo Hijo de Dios en verdad, también se convirtió en Hijo del Hombre. Siendo el Hijo unigénito de Dios, se convirtió al mismo tiempo en «primogénito entre muchos hermanos» (Rom. 8:29). Así pues, no hubo un Hijo de Dios «antes de Abraham» (Jn. 8:58) y otro después de Abraham. No hubo uno que levantara a Lázaro y otro que hiciera averiguaciones sobre su estado. Sino que fue el mismo que dijo, como hombre «¿Dónde yace Lázaro?» (Jn. 11:34) que, como Dios, lo resucitó. El que era hombre corporal escupió en la tierra, pero fue de una manera divina, como Hijo de Dios, que entonces abrió los ojos del hombre nacido ciego (Mc. 8:22). Como dice Pedro (1 Pe. 4:1), en la carne sufrió, y como Dios abrió los sepulcros y resucitó a los muertos. Por estas razones, entendiendo todo lo que se dice en el evangelio de

---

[101] El sínodo aquí usa el término *hipóstasis* en un sentido antiguo como sinónimo de *ousia* o ser.

esta manera, pudieron asegurarnos que tenían la misma verdad acerca de la encarnación del Verbo y de su hacerse hombre, como nosotros.

***Basilio de Cesarea*, Epístola 9.3 (360).** Si puedo expresar mi opinión personal, estaría dispuesto a aceptar la frase [el Logos es] «igual en sustancia» (*homoiousios*), siempre que se le añada el calificativo «sin ninguna diferencia». Entonces aceptaría que esto es lo mismo que el consustancial (*homoousios*), de acuerdo con la buena interpretación de ese término. Esta era la opinión de los padres de Nicea cuando dieron al unigénito, títulos como «Luz de la luz» y «Dios verdadero de Dios verdadero» y luego añadieron consustancial como resultado.

***Aecio, Extractos del* Syntagmation 1-41 (370).** Tomo como punto de partida el problema de la deidad ingenerada. ¿Puede la deidad ingenerada hacer que la generación sea ingenerada? Si la deidad ingenerada es superior a toda causa, debe por esa razón ser superior a la originación. Ser superior a toda causa incluye claramente ser superior a la originación, pues no recibió la existencia de otro ni se la confirió a sí mismo. ¿Cómo podría alguien sostener que la naturaleza que se establece (Hijo) podría ser exactamente la misma que la que establece (Padre) si no se confiriera la existencia a sí mismo, siendo completamente trascendente de toda causa y de una naturaleza tal que no admite ningún origen? Si la deidad permanece eternamente como naturaleza ingenerada, y la descendencia permanece como descendencia eterna, las doctrinas perversas de *homoousion* y *homoiousion* son demolidas. Cada naturaleza permanece siempre en el rango propio de su naturaleza, y cada una es completamente diferente (heterousiasta).

***Gregorio Nacianceno*, Poemas (Sobre el Hijo) 1.2.18-35 (380).** Si el tiempo ciertamente precede a mi existencia humana, el tiempo no es anterior al Logos, cuyo creador es atemporal. Cuando existió el Padre, que es sin principio (ese Padre que no dejó nada más allá de su propia Divinidad), entonces también existió el Hijo del Padre, teniendo a ese Padre como su principio eterno, así como la luz emana de ese bello orbe del sol (aunque todas las imágenes se quedan cortas aquí de la grandeza de Dios), porque no debemos interponer nada entre el Padre y el Hijo, ambos seres eternos, en caso de que separemos al Hijo real del padre real. Porque todo lo que es anterior a Dios, ya sea que lo conciban como tiempo o voluntad, para mí equivale a una división de Dios. Como Dios, como progenitor, es un progenitor poderoso en verdad. Así que, si es algo grande para el Padre no tener ningún punto de origen para su propia y noble deidad, no es menos gloria para la venerada descendencia de ese gran Padre venir de esa raíz. Por lo tanto, no separen a Dios de Dios. No puedes discernir al Hijo fuera del Padre. Las expresiones «ingenerado» (*agenetos*) y «generación del Padre» (*gennetos*) no definen dos formas diferentes de deidad (¿a quién se le ocurrió tal idea?). Más bien, ambas cosas son externas alrededor de la Deidad.[102] Para mí, la naturaleza de la Deidad es indivisible.

***Gregorio Nacianceno*, Quinto discurso teológico *(Discurso 31.2-4)*, Sobre el Espíritu Santo.** Ahora bien, el tema del Espíritu Santo presenta una dificultad especial, no sólo porque cuando estos [arrianos] se han cansado de sus disputas sobre el Hijo, luchan con mayor ardor contra el Espíritu (pues parece absolutamente necesario que tengan algún objeto sobre el que expresar su impiedad, ¡o la vida les parecerá que ya no vale la pena vivir!), pero más aún porque nosotros mismos, que estamos desgastados por la plétora de sus objeciones, estamos en el mismo estado que los hombres que han perdido todo apetito, que, habiendo sentido aversión por algún tipo particular de alimento, nos apartamos de todo alimento. Así es, he llegado a tener aversión a toda la argumentación teológica. Sin embargo, que el Espíritu nos lo conceda, y entonces el discurso procederá, y Dios será glorificado. Pues bien, otros han trabajado en este tema para nosotros (así como para ellos mismos, como nosotros lo hemos hecho para ellos), y les dejaré la tarea de examinar cuidadosamente y analizar cuántos sentidos se usan y entienden en la Sagrada Escritura la palabra *Espíritu* o la palabra *santa*, aportando esa evidencia que es adecuada para tal indagación.[103] Y les dejo a ellos que muestren cómo, además de esa evidencia, esas dos palabras, quiero decir, por supuesto, *Espíritu Santo*, se usan en un sentido bastante específico. Por lo tanto, me aplicaré al resto del tema. Ahora, aquellos que están enojados con nosotros con el argumento de que estamos introduciendo un Dios extraño o interpolado, el Espíritu Santo, y que luchan tan arduamente para mantenerse al pie de la letra, deberían saber que están siendo tímidos cuando no hay necesidad de temer. Pero quiero que entiendan claramente que su amor por la letra no es más que un manto para su impiedad, como demostraré en breve cuando refute sus objeciones con la mayor fuerza que pueda reunir. Pero tenemos tanta confianza en la divinidad del Espíritu, a quien adoramos, que comenzaremos nuestra enseñanza sobre su divinidad atribuyéndole los nombres que pertenecen a la Trinidad, aunque algunas personas puedan pensar que somos demasiado osados. El Padre era la verdadera Luz que ilumina a todo hombre que viene al mundo. El Hijo fue la verdadera Luz que ilumina a todo hombre que viene al mundo. El otro Paráclito (Jn. 14:26) era la verdadera Luz que ilumina a todo hombre que viene al

---

[102] Gregory argumentó que eran modos de ser, categorías relacionales (hipostáticas), no sustantivas. No argumentaban que la naturaleza del Hijo fuera cuantitativa y cualitativamente diferente de la del Padre, como concluyeron los arrianos, simplemente que el Hijo se relacionaba con el Padre de manera diferente de la manera en que el Padre se relacionaba con él, que era la dinámica de las tres hipóstasis de la Trinidad divina.

[103] «Ellos», refiriéndose a San Basilio de Cesarea y a San Gregorio de Nisa, con cuyas obras en defensa del Espíritu estaba estrechamente involucrado.

mundo (Jn. 1:9). Verás: era y era y era, pero era una cosa. La luz se repite tres veces; pero es una sola Luz y un solo Dios. Esto fue lo que David se señaló a sí mismo cuando dijo: «En tu luz veremos la luz» (Sal. 36:9). Y ahora hemos visto y proclamado concisa y sencillamente la doctrina de Dios Trinidad, comprendiendo la Luz (el Hijo), fuera de la Luz (el Padre), en la Luz (el Espíritu Santo). El que rechaza esto, que lo rechace; porque todo aquel que quiera cometer iniquidad puede hacerlo. Por nuestra parte, proclamaremos lo que hemos comprendido. Subiremos a un monte alto (Is. 40:9) y lo gritaremos, y aunque no seamos escuchados abajo, todavía exaltaremos al Espíritu. No tendremos miedo, o si tenemos miedo, será de guardar silencio, no de proclamar la noticia. Si alguna vez hubo un tiempo en que el Padre no era, entonces hubo un tiempo en que el Hijo no era. Si alguna vez hubo un tiempo en que el Hijo no era, entonces hubo un tiempo en que el Espíritu no era. Si el Uno fue desde el principio, entonces los Tres también lo fueron. Si tiras el Uno, me atrevo a afirmar que no estableces los otros Dos. ¿Para qué sirve una Divinidad imperfecta? O, mejor dicho, ¿qué divinidad puede haber si no es perfecta? ¿Y cómo puede ser eso perfecto que carece de algo de perfección? Y seguramente hay algo que falta si la Deidad no posee al Santo, y ¿cómo lo haría si no tuviera el Espíritu? Porque o bien la santidad es algo diferente de él, y si es así, que alguien me diga para qué debe ser concebida; o bien, si es lo mismo, ¿cómo es que no lo es desde el principio, como si fuera mejor que Dios sea imperfecto en un momento dado y esté separado del Espíritu? Si el Espíritu no es desde el principio, debe estar en el mismo rango (de criatura) que yo, aunque sea un poco antes que yo, pues ambos estamos separados de la Divinidad por el tiempo. Y si él está en el mismo rango que yo, ¿cómo puede él divinizarme o unirse a mí con Dios?

LECTURAS COMPLEMENTARIAS

Arrianismo y Nicea

Anatolios, K. *Retrieving Nicaea*. Grand Rapids: Eerdmans, 2011.

Bardy, G. "L'héritage littéraire d'Aétius." *Revue d'Histoire Ecclésiastique* 24 (1928): 809-27.

_____. *Recherches sur S. Lucien d'Antioche et son école*. Paris: Beauchesne, 1936.

Barnes, T. D. *Athanasius and Constantius*. London: Harvard University Press, 1993.

Beeley, Christopher A. *Gregory of Nazianzus on the Trinity and the Knowledge of God: In Your Light We Shall See Light*. Oxford: Oxford University Press, 2008.

Behr, J. *The Nicene Faith*. 2 vols. Crestwood, NY: St. Vladimir's Seminary Press, 2004.

Gavrilyuk, P. L. *The Suffering of the Impassible God: The Dialectics of Patristic Thought*. Oxford: Oxford University Press, 2006.

Gregg, R. C., y D. Groh. *Early Arianism: A View of Salvation*. Philadelphia: Fortress, 1981.

Hanson, R. P. C. *The Search for the Christian Doctrine of God: The Arian Controversy 318–381*. Edinburgh: T&T Clark, 1988.

Kelly, J. N. D. Early *Christian Creeds*. 3ra ed. London: Longmans, 1972.

Kopecek, T. A. *A History of Neo-Arianism*. 2 vols. Cambridge, MA: Philadelphia Patristic Foundation, 1979.

Lonergan, B. *The Way to Nicaea*. London: Darton, Longman, and Todd, 1976.

Luibheid, C. "The Arianism of Eusebius of Nicomedia." *Irish Theological Quarterly* 43 (1976): 3-23.

_____. *The Council of Nicaea*. Galway: Galway University Press, 1982.

Lyman, J. R. "Arius and Arianism." En T*he Oxford Handbook of Early Christian Studies*, ed. S. A. Harvey y D. G. Hunter, 237-57. Oxford: Oxford University Press, 2008.

McGuckin, J. A. "The Council of Nicaea." En *The Seven Oikoumenical Councils*, ed. S. Trostyanskiy, 9-46. Piscataway, NJ: Gorgias Press, 2016.

_____. "St. Basil the Great's Exposition of Nicene Orthodoxy." En *Cappadocian Legacy: A Critical Appraisal*, ed. D. Costache, 49-62. Sydney: St. Andrew's Orthodox Press, 2013.

Norris, F. W. *Faith Gives Fullness to Reasoning: The Five Theological Orations of Gregory Nazianzen*. Leiden: Brill, 1991.

Stead, C. G. "Arius in Modern Research." *Theological Studies* 45 (1994): 24-36.

_____. *Divine Substance*. Oxford: Clarendon, 1977. Páginas 223-66.

Vaggione, R. P. *Eunomius of Cyzicus and the Nicene Revolution*. Oxford: Oxford University Press, 2001.

_____. *Eunomius: The Extant Works*. Oxford: Clarendon, 1987.

Wickham, L. "Aetius and the Doctrine of Divine Ingeneracy." *StPatr* 11 (1972): 259-63.

_____. "The Date of Eunomius' Apology. A Reconsideration." *JTS* 20 (1969): 231-40.

_____. "The Syntagmation of Aetius the Anomoean." *JTS* 19 (1968): 532-69.

Williams, R. *Arius: Heresy and Tradition*. London: Darton, Longman, and Todd, 1987.

Young, F. *From Nicaea to Chalcedon*. London: SCM Press, 1983. Páginas 65-83, 339-41, 362-67.

Los Padres capadocios

Balas, D. F. *Metousia Theou: Man's Participation in God's Perfections According to St. Gregory of Nyssa.* Rome: Libreria Herder, 1966.

Balthasar, H. U. von. *Presence and Thought: An Essay on the Religious Philosophy of Gregory of Nyssa.* San Francisco: Ignatius, 1995.

Clarke, W. K. L. *St. Basil the Great: A Study in Monasticism.* Cambridge: Cambridge University Press, 1913.

Conway-Jones, Ann. *Gregory of Nyssa's Tabernacle Imagery in Its Jewish and Christian Contexts.* Oxford: Oxford University Press, 2014.

Costache, D., ed. *Cappadocian Legacy: A Critical Appraisal.* Sydney: St. Andrew's Orthodox Press, 2013.

Dumitrascu, N., ed. *Cappadocian Theology.* Basingstoke: Palgrave Macmillan, 2015.

Fedwick, P. J. *Basil of Caesarea, Christian, Humanist, Ascetic.* Toronto: Pontifical Institute of Medieval Studies, 1981.

Harrison, V. E. F. *Grace and Human Freedom According to St. Gregory of Nyssa.* Lewiston, NY: Edwin Mellen, 1992.

Holman, S. R. *The Hungry Are Dying: Beggars and Bishops in Roman Cappadocia.* Oxford: Oxford University Press, 2001.

Jackson, B. *St. Basil: Letters and Select Works. NPNF* second series 8. Reimpresión, Grand Rapids: Eerdmans, 1989.

McGuckin, J. A. "St. Basil the Great's Exposition of Nicene Orthodoxy." En *Cappadocian Legacy: A Critical Appraisal*, ed. D. Costache, 49-62. Sydney: St. Andrew's Orthodox Press, 2013.

_____. "St. Gregory Nazianzen: On the Love of the Poor (Oration 14)." En *Cappadocian Theology*, ed. N. Dumitrascu, 139-58. Basinstoke: Palgrave Macmillan, 2015.

_____. *St. Gregory of Nazianzus: An Intellectual Biography.* Crestwood, NY: St. Vladimir's Seminary Press, 2001.

Meredith, A. *The Cappadocians.* London: Geoffrey Chapman, 1995.

_____. *Gregory of Nyssa: Writings with Commentary.* London: Routledge, 1999.

Musurillo, H., ed. *From Glory to Glory: Texts from Gregory of Nyssa's Mystical Writings.* New York: Scribner, 1961.

Rousseau, P. *Basil of Caesarea.* Berkeley: University of California Press, 1994.

Ruether, R. *Gregory of Nazianzus: Rhetor and Philosopher.* Oxford: Clarendon, 1969.

Winslow, D. F. *The Dynamics of Salvation: A Study in Gregory of Nazianzus.* Philadelphia: Philadelphia Patristics Foundation, 1979.

La Iglesia en la sociedad transicional del siglo IV

Fletcher, R. *The Barbarian Conversion: From Paganism to Christianity*. New York: Holt, 1999.

McMullen, R. *Christianity and Paganism in the Fourth to Eighth Centuries*. New Haven, CT: Yale University Press, 1999.

_____. *Christianizing the Roman Empire: AD 100–400*. New Haven, CT: Yale University Press, 1984.

Stark, R. *The Rise of Christianity: How the Obscure, Marginal Jesus Movement Became the Dominant Religious Force in the Western World in a Few Centuries*. Princeton, NJ: Princeton University Press, 1996.

Wilken, R. A. *The Christians as the Romans Saw Them*. New Haven, CT: Yale University Press, 1984.

5

RECONCILIANDO EL MUNDO

Ascética cristiana e imperativos penitenciales

ARREPENTIMIENTO Y RECONCILIACIÓN EN LA TEORÍA Y LA ACCIÓN CRISTIANA TEMPRANA

Los escritos del apóstol Pablo demuestran dos aspectos principales del pensamiento cristiano primitivo sobre la reconciliación. La primera es el aspecto global o metafísico: la manera en que Dios ha trabajado la reconciliación de un mundo caído o alienado. El otro es el aspecto personal, enfocado en el tema del pecado (o redención) de los miembros individuales de las comunidades eclesiásticas. El primero podría llamarse el aspecto cristológico de la reconciliación. Técnicamente se llama *soteriología* en el pensamiento cristiano: la doctrina de la salvación obrada por Dios en el cosmos. El segundo aspecto de la doctrina de la salvación, más centrado personalmente, puede describirse como la forma en que el individuo busca el perdón: el arrepentimiento y la purificación del pecado; cuáles son los protocolos de reconciliación que un individuo puede encontrar entre el yo y lo divino, y entre el yo y la comunidad.

Pablo habla del primer aspecto de la reconciliación a través de su trabajo.[1] Él es el más distintivo (e influyente sobre las generaciones posteriores) en su estilo teológico, introduciendo el concepto específico *katallasso/katallage* para transmitir su significado.[2] El ejemplo más claro de su amplio sentido cósmico de reconciliación se da en su provocadora declaración «Dios estaba en Cristo reconciliando consigo al

---

[1] Para más detalles, véase R. Martin, *Reconciliation: A Study of Paul's Theology* (Atlanta: John Knox, 1981); J. Fitzmyer, "Reconciliation in Pauline Theology," en *No Famine in the Land: Studies in Honor of John L. McKenzie*, ed. J. W. Flanagan y A. W. Robinson (Missoula, MT: Scholars Press, 1975), 155-77. Los pasajes clave son 2 Co. 5; Rom 5:6-11; Ef. 2; Col 1:11–4:6.

[2] *Apokatallasso*: Ef. 2:16; Col 1:20, 22; *katallage*: Rom 5:11; 11:15; 2 Co. 5:19; y *katallasso*: Rom. 5:10; 2 Co. 5:18, 19, 20.

mundo» (2 Co. 5:19).[3] En Colosenses la teología paulina se mueve explícitamente de una visión cósmica de la obra reconciliadora de Cristo a la forma específica en que ésta se desarrolla en un cambio moral demostrable en la vida del creyente. Pablo, por ejemplo, enseña que así como el Señor sufriente ha logrado la victoria sobre las fuerzas del mal, a través de la ofrenda sacrificial de su propio cuerpo, y ha ganado la misericordia de Dios Padre para su nuevo pueblo (la iglesia, que es su cuerpo extendido), así también la comunidad de fieles que está «en Cristo» (místicamente asociada con él en sus sufrimientos y glorificación) es llamada de la vieja manera de vivir no regenerada (pecaminosa y egoísta) a una nueva vida de libertad espiritual y de comunión con Dios y con las otras partes del cuerpo místico de Cristo. Esta enseñanza antropológica y social se enmarca en un horizonte metafísico muy amplio.

Pero Pablo puede ser muy preciso en el mismo asunto también. Puede hablar también del aspecto más individual y moral de la reconciliación, como cuando (regularmente) ofrece consejos y amonestaciones específicos a las iglesias que considera que están bajo su mandato de supervisión. Estos mandamientos morales son o bien exhortativos en sus cartas (material parenético) o bien vienen en forma de represiones, órdenes o insistencias, en las que establece la ley (material apodíctico) para las primeras comunidades cristianas. Algunos ejemplos podrían bastar para iluminar el estilo de la ética de reconciliación pastoral de Pablo para nosotros. En 1 Corintios 11:18-22, por ejemplo, nos alerta de los problemas de orden en la iglesia de Corinto. En lugar de celebrar una «comida común» en las celebraciones eucarísticas, la comunidad parece haberse dividido en facciones (distinciones de clase, parece entenderse) y subgrupos que traen su propia comida sin querer compartirla y comer por separado de los demás.[4] «¿Debo elogiarlos por ello?» dice Pablo. «No, no lo haré». Cuando tales prácticas degradan lo común de la comida, dice él: «Ya no se come la cena del Señor» (1 Co. 11:20). Es, por otra parte, un acto que «desprecia a la Iglesia de Dios y humilla a los que no tienen nada» (1 Co. 11:22). Así que quien come y bebe de esta manera indigna y egoísta «profana el cuerpo y la sangre del Señor» (1 Co. 11:27). Él sigue adelante: «Por lo cual hay muchos enfermos y debilitados entre vosotros, y muchos duermen» (1 Co. 11:30).

Aquí, la reconciliación con los miembros de la comunidad (horizontalmente, por así decirlo) tiene un efecto directo sobre la posibilidad de reconciliación con Dios (verticalmente). El sacramento de la Eucaristía es la expresión social de la reconciliación anticipada con lo divino, a través del cuerpo del Señor sufriente y glorificado. Los ejes horizontal y vertical no son de ninguna manera los mismos (uno

---

[3] En su *Torch Bible Commentary* sobre 2 Corintios (London: SCM Press, 1961), R. P. C. Hanson llama a este pasaje «uno de los estatutos del ministerio cristiano en el Nuevo Testamento». Para más detalles, véase D. L. Turner, "Paul and the Ministry of Reconciliation in 2 Cor. 5.11-6:2," *Criswell Theological Review* 4, no. 1 (1989): 77-95; C. Constantineanu, *The Social Significance of Reconciliation in Paul's Theology: Narrative Readings in Romans* (London: T&T Clark, 2010).

[4] Las primeras celebraciones eucarísticas de la Comunión en el cuerpo y la sangre de Jesús se desarrollaron en el contexto de una comida comunitaria más amplia (*agape*), donde los miembros de la iglesia traían comida y también se suponía que eran conscientes de las necesidades de los miembros más pobres.

una ética social, el otro una esperanza escatológico-teológica de la comunión divina), pero para Pablo transectan dentro de la praxis de la vida sacramental de la iglesia. La caridad es el núcleo. Como lo ha dicho el filósofo Cornel West, «la justicia es la cara pública del amor».[5] Los fracasos de una ética de la caridad entre los corintios, para Pablo, en realidad hacen ineficaz el mismo sacramento de la reconciliación, que es la Eucaristía.

Otro ejemplo de su enfoque de la reconciliación es el juicio (algo «ocasional») que se le pide que pronuncie sobre un hombre de la comunidad cristiana de Corinto que ha transgredido las leyes que rodean al matrimonio: «En efecto, se oye que entre vosotros hay inmoralidad, y una inmoralidad tal como no existe ni siquiera entre los paganos, al extremo de que alguno tiene la mujer de su padre.... el que dé entre vosotros ha cometido esta acción fuera expulsado de en medio de vosotros» (1 Co. 5:1-2). El hombre parece haberse casado con su madrastra: posible bajo la ley romana pero contrario a la regulación del culto judío. Pablo aquí llama a la expulsión forzada del hombre culpable (aunque sea por un tiempo específico hasta que cumpla con el requisito de dejar a su esposa a un lado). Lo que opera en su mente aquí es que el culpable de un grave error moral pone en peligro el derecho de toda la comunidad a reclamar la reconciliación con Dios y la paz de comunión que se deriva de ello (la seguridad de la salvación). Para Pablo, al albergar al pecador, toda la comunidad de los elegidos puros corre el riesgo de ser profanada radicalmente.[6]

Una vez más, el pequeño aspecto del acto individual (la praxis de un hombre que pensaba que podía observar las costumbres matrimoniales romanas ya que era [presumiblemente] un cristiano gentil, no uno judío) tiene implicaciones comunitarias y cósmicas a gran escala. No es simplemente «aislarlo deliberadamente», sino que es, más precisamente, solemne y culturalmente «entregarlo a Satanás» (considerado en adelante como un pagano excluido de la protección del arca de la salvación de la Iglesia). Pablo añade una nota que espera que esta condenación cause el arrepentimiento del hombre y (presumiblemente) la reconciliación con la comunidad después. En la práctica esto significaría que el individuo es excluido de la asamblea eucarística (excomunión) y no es readmitido hasta que su cambio de comportamiento demuestre una nueva mente (*metanoia*, arrepentimiento). Esta sanción pronto llega a ser responsabilidad específica del presidente de las asambleas eucarísticas locales, es decir, del obispo; y desde los primeros tiempos podemos notar un fuerte vínculo entre la supervisión moral y el instinto de proteger la santidad del altar y sus sacramentos.

De nuevo, en Colosenses 1:20-23, Pablo (o su discípulo paulino) expresa el mismo sentido que los ejes de la reconciliación vertical y horizontal transectan en Cristo cuando dice: «[Cristo] ha reconciliado ahora en su cuerpo de carne por su muerte, para presentarlos santos e irreprensibles e irreprochables delante de él, a condición de que permanezcan en la fe, estables y firmes, sin apartarse de la esperanza del

---

[5] Parte de un discurso de Cornel West en un homenaje a John Coltrane en Nueva York, 6 de octubre, 2013.
[6] 1 Co. 5:6: «un poco de levadura fermenta toda la masa», dice él, aquí levadura como un símbolo de la corrupción que se extiende.

evangelio que oíste, que ha sido predicado a todas las criaturas bajo el cielo, y del que yo, Pablo, me convertí en ministro». La obra cósmica de Cristo, conquistando los demonios celestes y terrestres y estableciendo la paz en la tierra y permitiendo que la comunión con Dios sea restablecida «en Cristo», se muestra una vez más aquí como algo que no es meramente un acto cósmico del Señor, sino algo que también es sostenido, incluso desarrollado, por los continuos esfuerzos de la comunidad cristiana para vivir establemente, con constancia y de acuerdo con la «esperanza del evangelio que ustedes escucharon».

En las generaciones posteriores a Pablo, su consejo moral es cada vez más investido de alta autoridad «apostólica» para las iglesias que se extienden internacionalmente. El corpus de cartas de Pablo era ampliamente conocido a finales del siglo II, y estableció los términos de referencia para la manera en que la moralidad está profundamente conectada con la proclamación teológica (*kerygma*) en la mentalidad cristiana primitiva. La comunidad eclesiástica que se ve a sí misma como redimida, comprada de los poderes malignos por el precio de la sangre del Mesías, como Pablo les instruyó, también se ve a sí misma como el cuerpo puro, la novia no manchada.[7]

La carta paulina a Tito (especialmente Tito 1:4-2:13) nos da una idea de cómo las comunidades cristianas de mediados y finales del siglo I están rompiendo con el «partido de la circuncisión» (que parece resistirse al mensaje paulinista) y estableciendo lo que se ha llegado a conocer como el código del hogar romano-cristiano como su carta de conducta ética. En esto, el «procedimiento respetable» es predicado como una meta alta. La amonestación de Tito, por ejemplo, argumenta que para mantener la paz (un aspecto importante para una comunidad que tenía derecho a temer la persecución si era notada), incluso los esclavos cristianos deben ser animados a obedecer a sus amos (la idea de resistencia a la opresión injusta ni siquiera se discute con respecto a la institución). Las mujeres no deben emborracharse en público. La moderación es la media de oro de un comportamiento respetable. Esto se acumula a un conjunto de mandatos éticos que no estarían realmente fuera de lugar en muchos grupos sociales comparables, judíos o sofistas.[8]

El código de hogar también se puede ver en los escritos de los padres apostólicos, que se remontan más o menos al mismo tiempo que las epístolas paulinas tardías. Los mandamientos morales de Clemente de Roma, por ejemplo, podrían fácilmente confundirse con la escritura moral genérica del período antiguo tardío, y es en otros detalles que tenemos que buscar marcadores «cristianos» significativos. El catálogo de Tito de buenas conductas (Tito 2:1-10) es, sin embargo, un cuadro masivamente idealizado. Las comunidades cristianas primitivas, sin duda, se imponen a sí mismas altos estándares de desempeño moral, pero las evidencias sobre las problemáticas relaciones sociales internas, incluso en la era del Nuevo Testamento, sugieren que

---

[7] 2 Co. 11:2; Ef. 5:5; Fil. 1:10. Otras indicaciones del Nuevo Testamento sobre esta búsqueda de pureza son numerosas: Stg. 1:27; 1 Pe. 2:9-11; 1 Jn. 3:3-8; Ap. 19:7-8.

[8] Las asociaciones estoicas también eran famosas por ofrecer este tipo de encomios morales a sus adherentes.

existían problemas para cumplir con la visión de una «comunidad pura» en la realidad cotidiana.[9] Las cartas juaninas se ejercitan con las cuestiones de cómo los pecadores pueden todavía reclamar ser los elegidos puros. Ellos llegan a la solución (claramente pensada durante mucho tiempo): que los creyentes son redimidos en Cristo y tienen expiación de pecados en su sangre; sin embargo, todavía necesitan confesar su pecado y arrepentirse con toda humildad (1 Jn. 1:6-2:17) para permanecer fieles al camino. Es este realismo moral el que viene a ser más y más distintivo de los procedimientos estándar en la iglesia a medida que avanza el segundo siglo. Podemos ver la evidencia de ello en el número de «cánones» o regulaciones que el clero cristiano emite, especialmente cuando los obispos de varias provincias eclesiásticas se reúnen en sínodos.

Cánones penitenciales orientales. Los cánones están vinculados al proceso sinodal episcopal desde una fecha muy temprana.[10] Son una marca de una iglesia que se encuentra en el camino de establecer un sistema de gobierno estándar organizado en torno al liderazgo clerical de los presbíteros y obispos, los cuales se reúnen en consultas provinciales para establecer procesos disciplinarios comunes y normas de buenas prácticas en un amplio dominio de las comunidades eclesiales.[11] Lo que estimuló la formación de este proceso fue la cuestión de la pureza litúrgica: un ímpetu teológico y psicológico que tal vez se relacionaba muy estrechamente con el origen del cristianismo en los círculos judíos, donde las leyes de pureza dominaban el pensamiento ético de una manera sorprendente. Cuando los cristianos abandonan tantos (no todos) aspectos de las normas de pureza externa de la Torá, tienden a no abandonar el sentido de la primacía de las normas de culto. Las restricciones impuestas a las leyes del culto en el Antiguo Testamento se transfieren simbólicamente en la forma en que las iglesias llegan a considerar sus rituales cultuales del bautismo y la Eucaristía. La pureza de corazón y de estilo de vida tiene tal relevancia que incluso hoy en día los rituales cristianos de comulgar están precedidos por ritos de penitencia y confesión (incluso en aquellas iglesias donde se ha dejado de lado el sacramento formal de la confesión de los pecados).

Lo que empujó particularmente este desarrollo fue la repetida incidencia de las persecuciones anticristianas. Estas opresiones aplicadas externamente no sólo produjeron un cuerpo de mártires heroicos y confesores de la fe; también produjeron un número considerable de aquellos que huyeron, falsificaron asuntos sobornando a funcionarios locales, o simplemente acordaron involucrarse una vez más en los cultos

---

[9] Las disensiones internas son evidentes desde el principio entre los «judaizantes» y Pablo. Las cartas de Pablo expresan conmoción sobre los informes de hombres cristianos que visitaban prostitutas en Corinto (1 Co. 6:15-18), junto con muchos otros ejemplos de aliento para mantenerse alejados de los estilos de vida decadentes: una retórica parenética que difícilmente se sentiría necesaria si todos hubieran vivido estilos de vida ejemplares en el primer siglo. El realismo moral de Pablo se resume en sus consejos: «Por tanto, el que cree que está firme, tenga cuidado, no sea que caiga» (1 Co. 10:12).

[10] El nombre *canon* deriva del griego para «regla» o «medida»: en este caso una medida de disciplina y buen orden, o simplemente, de las leyes eclesiásticas.

[11] Para más detalles véase el capítulo 19, en el volumen 3 de esta obra.

de los dioses romanos y el *genius* imperial (incluso si lo racionalizaban para sí mismos sobre la base de que estos ídolos «no eran realmente dioses»).[12] Después de las sangrientas persecuciones, cuando las comunidades cristianas podían contar a los miembros de sus familias inmediatas que habían pagado el precio final por su fe, no siempre era fácil hablar de reconciliación con respecto a los que habían «caducado» o habían pagado para salir de los problemas.

Las primeras actitudes habían establecido una regla empírica de que el bautismo nunca podría repetirse. Era un evento único en la vida de un creyente: una asunción personal para uno mismo del poder limpiador de la muerte y resurrección de Cristo transmitido en el lavado y la unción sacramental. Para los primeros cristianos no tenía sentido preguntar: «¿Y qué pasa si peco después del bautismo? ¿Cómo se perdonan esos pecados?» Pero las últimas Cartas Pastorales ya muestran que esta cuestión se estaba convirtiendo en una cuestión común. Más o menos al mismo tiempo que las últimas Pastorales, el Pastor de Hermas había dado una palabra profética de que una segunda reconciliación posbautismal «podría ser posible», pero sólo una vez en la vida de una persona.[13] La ligereza pastoral había hecho caer sobre la cabeza del autor las denuncias de Tertuliano, que calificó el libro de «Pastor de los adúlteros». A pesar de esto, siguió la recomendación general de Hermas y argumentó en su propio tratado *Sobre la penitencia* de que una ocasión de perdón posbautismal podría ser buscada, nunca dos.[14] El proceso penitencial de su propia iglesia en Cartago en el siglo II fue uno que involucró la más dura de las mortificaciones impuestas punitivamente a los pecadores públicos. Consistía en ayunos severos y postraciones rituales ante los presbíteros de la iglesia, lo que finalmente llevó a la imposición de manos en oraciones que llamaban a la comunidad a suplicar el perdón de Dios sobre el individuo caído. Este era un sistema de penitencia que marcaba a una persona definitiva y permanentemente, según parece, por el resto de su vida cristiana. Su papel en la iglesia de ahora en adelante era el de ser «penitentes» que buscaban un «perdón muy difícil» de parte de Dios porque había sido teológicamente definido como un «perdón imposible». Esta entrada dramática en el estado penitente difícilmente se haría voluntariamente. Se trataba de abordar las fallas a gran escala y de carácter público.

Pero para defender el principio del bautismo de una vez por todas como un perdón de pecados, la iglesia primitiva también adoptó la estrategia de que había que hacer dos distinciones de penitencia. Había, por un lado, una serie de pecados menores del tipo ordinario que podrían llamarse faltas domésticas regulares. Eventualmente estos fueron designados como pecados *veniales*. Orígenes se refirió, a principios del siglo III, a cómo un cristiano podría asumir un esfuerzo más centrado en la rehabilitación moral a fuerza de oración, ayuno y limosna. Esta práctica espiritual de arrepentimiento

---

[12] El título de *mártir* (testigo) era dado a los que morían; el título de *confesor* ra dado a los que sufrían por la fe, pero sobrevivían.

[13] Pastor de Hermas, Mandamiento 4.1.8.

[14] Tertuliano, *De Paenitentia* 7.9.10.

sería el cumplimiento tipológico de los ritos de purificación más externalizados de los que se habla en la antigua ley.[15]

Pero también hay fallas morales de mucho mayor peso. Estos serían más tarde llamados pecados *mortales*, en la medida en que se sintió que tenían el potencial de terminar definitivamente la presencia residente del Espíritu Santo dentro del alma. Tres de estos graves pecados también fueron vistos como imperdonables. El comprometerse con ellos eliminaría de manera efectiva y permanente a la persona de la comunidad de la iglesia elegida. Estos eran la apostasía (la negación flagrante de Cristo en tiempos de estrés, o la asunción de la adoración idólatra después del bautismo) junto con el asesinato y el adulterio. El principio cristiano primitivo de que la novia pura de Cristo simplemente no cometía pecado fue sostenido en teoría por esta «reserva» de tres pecados imperdonables.

La instalación de estos como cobertura servía para enfatizar la economía de la penitencia, una especie de relajación pastoral de las reglas, que podría servir para trabajar al revés para disciplinar y reconciliar a los que habían cometido faltas menores. Era una forma «económica» o comprometedora de que los líderes de la iglesia tenían que ser más realistas sobre el alcance del comportamiento pecaminoso en sus comunidades.[16] Tuvieron que manejar esta realidad a diario, y así centraron su atención, especialmente, sobre quién –y cuándo– se le permitía tener acceso a la Eucaristía. En este proceso ellos en un mismo momento reconocieron las realidades morales de la vida diaria de los creyentes, pero actuaron para proteger el viejo principio de que la iglesia era solamente la novia pura de Cristo, protegiendo efectivamente la pureza sacral del altar. Esto debía hacerse no sólo estableciendo un conjunto cada vez mayor de reglas para gobernar cuando se pudiera tomar la Comunión (después de ayunar, etc.), sino también haciendo más explícitas las reglas disciplinarias de las órdenes clericales.

Fueron las persecuciones, por supuesto, las que comenzaron a erosionar incluso la posición simbólica de proyectar tres pecados imperdonables, y también el principio teológico de que el pecado grave posbautismal era imperdonable. El ambiente posterior a la persecución, cuando muchos cristianos sobrevivieron, fue lo que atenuó el rigorismo anterior. Para el siglo III, los confesores, es decir, aquellos que habían sido torturados y mutilados pero que no habían negado su fe, se creía ampliamente que estaban investidos de poderes espirituales especialmente elevados por Cristo el Señor de los mártires.[17] Uno de esos poderes espirituales era la capacidad de interceder por los pecadores terrenales y pedir desde el cielo el perdón de los pecados. Las persecuciones produjeron no sólo un cúmulo de tumbas martiriales como focos de peregrinación, sino también un vivo apego en las iglesias locales a los confesores a los

---

[15] Orígenes, *Homilías sobre Levítico* 2.4.

[16] *Económica* (*kat' oikonomian*) se utiliza en la literatura cristiana para designar una dispensación de las reglas, menos que estrictamente apropiada pero ofrecida para acomodar la debilidad humana.

[17] Para más detalles, véase J. A. McGuckin, "Martyr Devotion in the Alexandrian School: Origen to Athanasius," en *Recent Studies in Church History* 5, ed. E. Ferguson (Hamden, CT: Garland, 1999).

que acudían los fieles menos heroicos, buscando la imposición de manos en la oración para que pudieran encontrar una «especie de» segundo bautismo de reconciliación. Como ya hemos visto, en el Cartago del siglo III esta fricción entre el papel de los confesores para asegurar el perdón fiel de los pecados posbautismales y los derechos del obispo para determinar a quién admitiría a los sacramentos (excluidos los pecadores) entró en un conflicto agudo.[18] Esta fue la razón por la que los obispos se habían preocupado durante mucho tiempo por establecer reglas comunes para la guía. Estos cánones disciplinarios de la iglesia oriental, por lo tanto, son ciertamente un lugar donde la reflexión moral se mueve después de la era del Nuevo Testamento, pero los orígenes del desarrollo están enraizados en motivos litúrgicos y cultuales.

Una mirada más de cerca a algunos sínodos selectos de la iglesia oriental primitiva puede servir como ejemplos cortos de cómo los cánones crecieron en importancia en los albores del siglo IV, cuando los registros comenzaban a ser guardados en serio. El Sínodo preniceno de Ancyra puede ser nuestro principal ejemplo.

El Sínodo de Ancyra 314. Ancyra era la capital de Galacia Romana (hoy en día Angora en Turquía). La reunión episcopal aquí fue convocada muy poco después de que el perseguidor emperador Maximino fuera asesinado, y Licinio (entonces socio de Constantino) había declarado la paz para la iglesia. Los obispos pensaron que esta paz sería definitiva, pero Licinio poco después se volvió contra ellos, como parte de su lucha por el poder con Constantino, y la verdadera *Pax Christiana* no se establecería hasta que Constantino terminara la guerra civil en 324 y llamara al Concilio de Nicea para marcarla. Pero en el año 314 los obispos aprovecharon la oportunidad del fin de las hostilidades para abordar el caos que se había producido en los asuntos cristianos en los tiempos en que tenían que funcionar como disidentes ocultos. La introducción de un orden coherente y visible en las comunidades cristianas no era sólo un deseo de los obispos, por supuesto, sino también un requisito legal civil para que la religión cristiana pudiera constituirse formalmente como una corporación legal romana, lo que se derivó de su reconocimiento como *religio licita*: una religión formalmente reconocida dentro de la protección del imperio.

El sínodo necesitaba hacer muchas reparaciones. En la última ola de persecuciones, se ha atacado a cristianos adinerados, así como a líderes clericales superiores. Estos últimos habían sido señalados por castigos ejemplares destinados a quebrantar el espíritu de los demás. Muchos de los laicos habían sobornado a funcionarios para que les dieran certificados falsos que indicaban que habían cumplido con el requisito imperial de ofrecer incienso a los dioses de Roma. Estos eran conocidos entre los escandalizados fieles de la iglesia como *libellatici*. Aunque no era lo mismo que ofrecer sacrificios a los dioses, se consideraba en general como una cuestión de mentir públicamente en el centro mismo de la propia confesión bautismal y, como tal, merecía la exclusión de los sacramentos. El clero que había sufrido un ataque particularmente fuerte también había ganado su parte de mártires y su parte de

---

[18] En este caso el obispo era Cipriano de Cartago.

mártires. Algunos habían caído porque no podían soportar las sofisticadas y sostenidas torturas por las que Roma era conocida. Al principio habían resistido y luego se habían quebrado. Algunos otros se habían asustado y se habían quebrado rápidamente. Otros todavía habían huido a las autoridades, asustados hasta el cansancio, y se habían conformado con sus demandas incluso antes de que se iniciara la primera tortura. Los cánones del concilio trataron claramente de establecer un proceso considerado de reconciliación gradual, en el que se pudiera señalar que algunos «lo hicieron mejor que otros» en los tiempos de estrés, en los que se podía subrayar la necesidad de arrepentimiento, pero también en los que se podía establecer un sistema de grados de penitencia para preservar dignidad, de modo que todos pudieran sentir que la iglesia estaba avanzando de nuevo y que no continuaba con la malvada obra de los opresores, ya sea por medio de autorecriminaciones destructivas, ya sea por medio de un olvido indiferente de los sacrificios que se habían hecho.

Los cánones de Ancyra, por lo tanto, están entre las primeras regulaciones cristianas formales que tratan sobre cómo la penitencia puede ser prácticamente regulada. La primera regla establece (dándole una clara señal de importancia) que los presbíteros que han caducado pueden conservar sus lugares de honor en la iglesia, pero nunca más pueden ofrecer la oblación (presidir la Eucaristía) o predicar, que eran sus funciones litúrgicas fundamentales. Esto suena como un non sequitur, pero en el contexto litúrgico estándar del día era una solución genuina para preservar reputación y dignidad, porque los presbíteros generalmente se sentaban en el ábside alrededor del obispo, y este último siempre ofrecía la oblación como único presidente, en cualquier caso. Con discreción uno no notaría que el presbítero caducado «se destacaba» domingo tras domingo, y el fallo permitía que el ministro continuara sirviendo a la iglesia en otras capacidades (enseñanza, administración, canto, etc.). Aquellos que se habían quebrado sólo después de extensas torturas eran tratados aún más compasivamente. A los diáconos que habían pasado bajo tortura también se les permitía conservar su rango, pero no sus funciones en la iglesia. En este caso, se les permitía a los obispos individualmente tener libertad de acción en los casos en que esta exclusión del servicio litúrgico «causara angustia». No puede ser más claro: el honorable que irrumpía en las salas de tortura debía ser rehabilitado. El deshonroso (que cedía sin presión) debía ser relegado. Los obispos deben tener discreción para probar el carácter y el calibre del liderazgo clerical a la luz de la cesación de las persecuciones para ver quién debe continuar desempeñando una función de liderazgo espiritual en las oraciones.

El segundo canon sinodal permite a los laicos que habían sido literalmente llevados a los altares de los sacrificios paganos y físicamente obligados a ofrecer incienso a los dioses (hubo muchos casos en que los paganos tenían una idea de los mismos cristianos de que el sacrificio a los dioses «lavaba» la iniciación bautismal) la restitución a la comunión inmediatamente. Se observó que, aunque se hubieran visto obligados a hacer ofrendas paganas, los dignos entre estos laicos podrían ser ordenados en el futuro, ya que tal adoración forzada no podía considerarse como «sacrificados a los dioses de Roma», lo cual sería una inhabilitación permanente de las órdenes. Esta regulación parece marcar una nueva clase de aquellos de los que podría venir un liderazgo sustituto. Otros cánones de Ancyra regulan el proceso de penitencia y readmisión en diferentes grados de severidad para los laicos en diferentes circunstancias: si se habían ofrecido voluntariamente a las autoridades para traicionar su fe o si sólo habían sido intimidados por la tortura o las amenazas graves. En cada caso se les daba a los obispos la discreción de mirar hacia el «carácter general de sus vidas», no sólo su actuación en tiempos de estrés (canon 7).

Al obispo se le daba una gran discreción, aparte de que los ministros del altar no debían volver a ofrecer la ofrenda si habían sacrificado a los ídolos. Sólo los laicos debían ser admitidos a los grados de penitencia, que parecen estar iniciados o al menos muy desarrollados en este momento. Los clérigos nunca pueden ser formalmente inscritos como penitentes. Los dos papeles son incompatibles. Si un clérigo es un pecador notorio, debe ser destituido de su cargo. En cuanto a los laicos que entran en el sistema de penitencia, vemos en estos cánones las clases diferenciadas de pecadores, oyentes, arrodillados, de pie y comulgantes. Más tarde, cuando los edificios de la iglesia tenían pórticos, los «pecadores» tenían que permanecer en el vestíbulo cuando la Eucaristía estaba en proceso. Todavía formaban parte de la comunidad, pero no eran admitidos en su círculo íntimo de misterios sacramentales. Habían sido simbólicamente devueltos a la condición de paganos inquisitivos como penitencia, aunque se les ofrecía alguna esperanza de restauración final (a menudo después de siete años de soportar esta pérdida de la condición pública).

Los oyentes eran creyentes que habían caducado y habían sido simbólicamente restaurados a la condición de catecúmenos prebautismales. A estos últimos se les permitía permanecer en el culto hasta que se hubiera leído el Evangelio, y luego, antes de que comenzara la anáfora eucarística, los diáconos los sacaban de la sala para permanecer en el pórtico hasta que la Comunión hubiera sido administrada a los fieles. Así que una vez más vemos un «rango degradado» como castigo por ofensas menores que ofrecer sacrificios paganos. Los arrodillados eran aquellos que eran readmitidos al cuerpo de la iglesia para todo el servicio, pero no se les permitía comulgar todavía. Los cristianos del siglo IV (y antes) no se arrodillaban para orar los domingos. Arrodillarse era tomado como un signo de dolor del penitente, apropiado sólo para los momentos en que uno confiesa sus pecados a Dios. Los cánones de Nicea 325 prohíben explícitamente a cualquiera arrodillarse en domingo (declarando así un jubileo). Hacer que un creyente se arrodillara cuando la mayor parte de la comunidad estaba orando era también una señal de que tenía que hacer algún tiempo para buscar el perdón de sus errores, aunque la siguiente etapa después de arrodillarse debía ser la readmisión a la plena comunión con la asamblea. Dependiendo de la severidad de la falla, el tiempo que se pasaba en este proceso penitencial, regresando lentamente al interior del edificio de la iglesia y su comunidad, podría tomar dos, tres, incluso siete años.

Se sospecha que la legislación era más dura en el papel que en la práctica. Se le dio tal discreción al episcopado que si la paz de la comunidad se restablecía con éxito (aunque tal sistema podría ser útil para aliviar las heridas y los resentimientos inmediatamente después de las sangrientas persecuciones en las que los miembros de la comunidad perdieron a sus seres queridos), uno sospecha que el obispo podría haber dispensado de todos sus rigores. Ciertamente, el reglamento de Nicea que rechaza la práctica de arrodillarse en las Eucaristías dominicales es una señal clara de que deseaba alejarse sustancialmente de este sistema. El proceso completo de pasar de pecador a comulgante a través de los diversos grados fue definitivamente abandonado a finales del siglo IV, cuando el arreglo de la penitencia fue puesto más o menos bajo la discreción episcopal y celebrado por el pecador confesando las fallas a los presbíteros y siendo reconciliado con la imposición de manos e instrucciones sobre cómo realizar la penitencia privada antes de la readmisión a la Comunión, un sistema que ha perdurado hasta el día de hoy en las iglesias católica y ortodoxa.

Influencias monásticas en la penitencia. Los círculos monásticos desarrollaron especialmente esta etapa intermedia del sistema de penitencia, para hacer de ella un encuentro del monje más joven con su maestro espiritual o anciano (*geron*, *starets*). En tal reunión se esperaba que el monje más joven revelara todos los secretos del corazón: no sólo los pecados mayores sino también las faltas y distracciones menores. Es este contexto monástico de dirección espiritual el que transformó el sistema cristiano de penitencia de un asunto legislativo punitivo a una cuestión de orientación psicológica y emocional. Los líderes monásticos posteriores, al escribir fuera de este contexto de autoexamen y autorrevelación, darían origen a una nueva forma de literatura: la búsqueda del alma. La literatura mística cristiana es una de las formas más avanzadas de escritura antigua sobre la autoconciencia como base para percibir la presencia y la obra de Dios en el mundo. Algunos de estos notables escritores ascéticos, como Evagrio de Pontos, Doroteo de Gaza y Casiano de Marsella, son en realidad los verdaderos inventores de la literatura psicológica introspectiva como medio de la metafísica.

Sin embargo, los cánones de Ancyra no sólo se ocupan de las secuelas de la participación en rituales paganos. Como también se puede ver claramente, las costumbres sexuales de la comunidad cristiana comenzaron a convertirse en un asunto de preocupación episcopal explícita. Uno puede contrastar esto con el silencio casi total de los líderes de la iglesia en los textos del Nuevo Testamento. Aunque las Cartas Pastorales tardías hablan mucho sobre la decencia, el buen orden y la respetabilidad, pasan por alto en silencio las realidades del culto cristiano del primer siglo con respecto a los asuntos sexuales. Muchos de esos adoradores, que eran admitidos libremente a la Eucaristía, se presume, eran esclavos, tanto hombres como mujeres. En este período, los esclavos romanos eran utilizados rutinariamente por sus amos o amantes, si así lo deseaban, como objetos sexuales. Se pasa por alto a discreción. No es una exclusión de ser miembro de la novia pura de la iglesia, y seguramente esta era una poderosa apelación de la iglesia primitiva en un sistema social de opresiones endémicas. Pero a finales del siglo III, las circunstancias sexuales se estaban legislando cada vez más.

El canon 11 de Ancyra es un interesante reflejo del desorden social que ocurre después de la guerra. Representa un movimiento compasivo para hacer valer los derechos de las mujeres, que fueron (y son) tan regularmente víctimas en tiempos de disturbios civiles. Los obispos de Ancyra legislaron que, en lo que respecta a la iglesia, una virgen que ya estaba prometida a un cristiano permanecía contractualmente unida a su prometido, incluso si había sido secuestrada en tiempos de guerra y sufría violación antes de que pudiera casarse. La iglesia afirmó, por lo tanto, la permanencia de los esponsales como vínculo sacramental (una regla que todavía se aplica al rito de los esponsales de las iglesias orientales). Esto sugiere fuertemente que los obispos estaban preocupados en su legislación para proteger el honor de las mujeres que regresaban de la cautividad de la guerra en un ambiente social donde, presumiblemente, muchos novios estaban tratando de romper el compromiso con el pretexto de su propio honor porque sus exnovias ya no eran vírgenes.

Más tarde, los abogados y comentaristas de la iglesia comenzaron, en tiempos bizantinos, a debilitar la fuerza de este canon. Entonces el contexto ya no era la guerra (en vez de eso deberíamos imaginar los secuestros medievales tempranos en una escena de pueblo, disputas familiares, etc.), y los canonistas posteriores comenzaron a añadir la advertencia «siempre y cuando el novio estuviera dispuesto a recibirla». Pero el borrador original y la intención de esta legislación aquí en Ancyra fue una señal de defensa del honor de las mujeres, de acuerdo con los términos del establecimiento de «normas de honor de acuerdo con la intención del corazón», no las circunstancias forzadas de deshonor que recaen sobre los inocentes. Esto, uno recuerda, era una legislación emitida en una sociedad griega que estaba fuertemente condicionada por principios de honor y vergüenza (*time kai aischyne*). La legislación seguramente estaba muy en contra de la corriente social, como se puede ver en su progresiva «relajación», donde el honor del hombre se le da más valor que el honor de la mujer.

Pero muchos otros de estos primeros cánones griegos están claramente enfocados en asuntos más personales y domésticos de sexualidad.[19] Los cánones del casi contemporáneo Sínodo de Neocesarea están aún más obsesionados con ellos.[20] Lo mismo puede verse en los cánones del Sínodo de Gangra del año 340, y particularmente en los de Elvira en España (306).[21] Todas estas regulaciones están

---

[19] Cánones 16, 17, 19, 20, 21, y 25 de Ancyra. Texto en H. R. Percival, *The Seven Ecumenical Councils of the Undivided Church: Their Canons and Dogmatic Decrees*, NPNF 14 (Oxford: James Parker, 1900), 63-75.

[20] Celebrado sin duda antes de Nicea, probablemente alrededor del año 315, en el Ponto, junto al Mar Negro. Textos en Percival, *Seven Ecumenical Councils of the Undivided Church*, 79-86.

[21] Gangra fue convocado por los obispos alarmados por la propagación de bandas ascéticas radicales de hombres y mujeres, bajo el liderazgo de Eustacio de Sebaste, que habían exigido un estándar apocalíptico de castidad, casi esperando el celibato como un estándar de vida cristiana normal. Aunque las regulaciones sexuales episcopales de Gangra parecen estrictas, están preocupadas por afirmar la legitimidad de los matrimonios sexualmente activos dentro de la comunidad cristiana, algo que la iglesia siria tendió a desalentar activamente en los dos siglos anteriores. Para llegar a la censura de Eustacio, los padres sinodales hicieron una sinopsis bastante extrema de sus «tendencias» (más

aparentemente orientadas a establecer un código moral sexual dentro de la iglesia que es claramente más alto que el que prevalece en la sociedad externa. Algunos comentaristas se han enfocado en esto como una revelación del creciente intento de los obispos de extender el mandato de su poder más y más al dominio de los laicos. Pero es algo que se ve como una característica de todo el nuevo acuerdo del imperio de Constantino. Él (independientemente de la iglesia, al parecer, pero contento de afirmar sus esfuerzos) estaba decidido a establecer normas más altas y mejores de ética sexual en todo el imperio en general, creyendo que tal cosa llamaría a la protección del cielo en su reinado. Como Diocleciano antes que él, Constantino era un puritano, no un insensible despótico.

Los estudiosos que ven el desarrollo de estas regulaciones canónicas de la sexualidad en términos bastante simples de poder episcopal, se pierden este momento histórico en el que el imperio (que emerge de generaciones de caos civil y guerra) estaba cambiando su ethos. Roma siempre tuvo una dimensión social puritana, pero una que se consideraba «apropiada» para las clases medias más que para la clase de obreros o los súper ricos. La decadencia de algunas de las clases altas romanas era, por supuesto, un asunto de mucha reflexión, incluso en la antigüedad.[22] Se ha convertido en un cliché de los tratamientos fílmicos modernos del pasado imperial romano, desde De Mille hasta Fellini. Lo que Constantino deseaba hacer, sin embargo, era muy tradicional en términos antiguos. Quería volver a la sociedad en general, a su época más sencilla, rural y dorada, y quería utilizar la iglesia cristiana como vehículo para realizar esa restauración tan precisa de *Romanitas* que tenía en mente. El ascenso del cristianismo en sí mismo es también un signo de este «cambio de los tiempos». Sin embargo, los rituales de purificación más externalizados que se llevaban a cabo antes de participar en las ceremonias religiosas romanas se consideraban más interiorizados en el enfoque cristiano de la moralidad. La sexualidad se ha enfocado aquí como una actividad moral y religiosa a la vez: algo apegado al alma, no sólo al cuerpo. Esto resultó ser un cambio trascendental de actitud en términos de la historia humana.

Lo que reflejan los crecientes mandatos morales de sínodos como el de Ancyra, por lo tanto, no es simplemente una cuestión de profesar estándares morales más altos que la norma social prevaleciente: tal vez también se rige por el sentido, en los albores de la victoria constantiniana, de que el mayor número de personas que comenzaron a llenar las iglesias en tiempos de paz tenía que recordar las antiguas costumbres morales judeocristianas, que eran significativamente diferentes de las actitudes de la

---

que un resumen exacto de sus puntos de vista). Condenan la opinión de que los sexos son iguales; que el matrimonio debe ser despreciado (canon 1); que la virginidad debe ser el único camino espiritual verdadero; y que la autoridad familiar y conyugal puede ser burlada en el nombre de Cristo. El extraordinario ataque a las mujeres que visten ropa de hombre en estos cánones resulta ser sólo una desaprobación de las mujeres que adoptan vestimentas monásticas neutrales en cuanto al género bajo la dirección de Eustacio y, por lo tanto, reclaman el derecho a la vida itinerante de la comunidad sofista que él dirigía. Textos en ibid., 91-101. Sobre Elvira, véase S. Laeuchli, *Sexuality and Power: The Emergence of Canon Law at the Synod of Elvira* (Philadelphia: Temple University Press, 1972).

[22] La *Vida de los césares* de Suetonio, como una especie de revista *People* antigua, no va a perder ninguna oportunidad de dejar que el lector se entere.

clase baja romana (en las que más o menos todos los bares de los rincones vendían a las camareras junto con la cerveza). Los cánones tratan de dar una respuesta compasiva a los que han derramado sangre (muy conscientes de los muchos que han sido culpables de matar en tiempos de guerra). Se los clasifica como capaces de rehabilitarse con arrepentimiento. Los hechiceros cristianos, adivinos y similares también son castigados en Ancyra con una prohibición de la Comunión durante tres años. Esto se entiende claramente como un intento de trazar una línea más clara entre la iglesia y la sociedad secular, donde tales prácticas formaban parte del tejido estándar de la vida diaria. Uno recuerda a Fírmico Materno, un notable converso a la iglesia que había sido un augur romano de antemano y que continuaba escribiendo obras sobre astrología. Pero eso fue en una época anterior. Ahora los obispos se dirigían deliberadamente a los adivinos profesionales (cristianos) más que al (presumiblemente) círculo más amplio de laicos que recurrían a ellos. El canon trata de mostrar que tal profesión es incompatible con la vida en la iglesia. En efecto, la noción tardaría mucho tiempo en tener un peso general. Incluso Agustín, en el siglo V, admite (como un obispo mayor) que como un cristiano recién bautizado todavía era popular entre sus amigos del *collegium* lanzar buenos horóscopos.[23]

En Oriente (muy distinto de las iglesias occidentales, donde los antiguos sistemas penitenciales tenían una duración mucho más larga) el sistema formal de penitencia reflejado en los cánones sinodales tenía una duración relativamente corta de poco más de dos siglos. Fue principalmente una reacción a las fallas masivas en tiempos de persecución. Después de las persecuciones se hizo cada vez más redundante, aunque algunos de los principios para establecer la *epitimia* penitencial (una penitencia o respuesta correctiva apropiada para los diversos niveles de pecados) quedaron establecidos permanentemente a través de los decretos sinodales y las llamadas epístolas canónicas de los Padres (especialmente las de Dionisio de Alejandría y Basilio de la Cesárea capadocia).[24] En el siglo VII las prácticas penitenciales de confesión en Oriente se habían vuelto privadas, principalmente administradas por los presbíteros, y más preocupadas por reconciliar a los pecadores que por castigarlos.[25] Nectario de Constantinopla, el arzobispo que sucedió a Gregorio Nacianceno en la capital, abolió públicamente la oficina clerical de la gran penitenciaría, la persona que había supervisado los sistemas de penitencia de la iglesia. Ya en esa etapa, a finales del siglo IV, todo el enfoque formal debe haber parecido obsoleto.

Los penitenciales occidentales y el sistema de confesión. Los cánones eclesiásticos occidentales de los sínodos del siglo IV, especialmente los españoles, son

---

[23] *Confesiones* 4.3.4; 7.6.8. Véase, L. Ferrari, "Augustine and Astrology," *Laval théologique et philosophique* 33 (1977): 241-51.

[24] Para más detalles, véase J. A. McGuckin, *The Ascent of Christian Law: Patristic and Byzantine Reformulations of Antique Civilization* (Crestwood, NY: St. Vladimir's Seminary Press, 2012), esp. caps. 4-5, 7.

[25] Para más detalles, véase I. Hausherr, *Penthos: La Doctrine de la Componction dans l'Orient Chrétien* (Rome: Pont. Institutum Orientalium Studiorum, 1944); L. Ligier, "Dimension personnelle et dimension communitaire de la pénitence en Orient," *La Maison Dieu* 90 (1967): 155-88; F. van de Pavel, "La penitence dans le rite byzantine," *Questions Liturgiques* 54 (1973): 191-203.

notablemente más estrictos, por no decir más duros, que los de Oriente. Esta es una actitud hacia la práctica penitencial que puede ser rastreada desde el principio de las prácticas eclesiásticas occidentales, como se manifiesta en los escritos de Tertuliano, quien continuó teniendo influencia en el Occidente latino (nunca en el Oriente griego). El sistema occidental es descrito en sus últimas etapas (casi en un momento en que los antiguos procedimientos están quedando obsoletos) por Agustín de Hipona y César de Arles, y también por los actos sinodales de los sínodos de los obispos del sur de la Galia. Las fuentes sugieren una forma común de tres momentos del proceso: la entrada en la penitencia (*accipere paenitentiam*), la permanencia durante varios años de este estatuto (*ordo paenitentium*), y la readmisión solemne al estatuto de los comulgantes, que tenía lugar a través de la imposición de manos por parte del obispo el Jueves Santo de la Semana Santa (*reconciliatio*).[26]

Los requisitos para observar la continencia perfecta en este proceso lo convirtieron en una «orden» que muchos cristianos laicos decidieron postergar hasta el final de su vida. De hecho, desde finales del siglo III en adelante, el bautismo en sí mismo se aplazaba cada vez más hasta el final de la vida debido a la ansiedad de mantener todo el código moral frente a tales castigos. A veces, entre los siglos III y V, una gran mayoría de las comunidades cristianas podían estar formadas por catecúmenos que no se comunicaban o asistían a todo el servicio eucarístico. El ritual sigue presente en la anáfora de las liturgias ortodoxas orientales, donde el diácono sale para dirigirse a la congregación y exigir que todos los catecúmenos abandonen el edificio mientras los misterios están a punto de ser celebrados.

En Occidente, el alto estatus de este antiguo sistema de penitencia, que perduró algún tiempo después de su desaparición en Oriente, lo convirtió en un modelo de normas rigurosas. También cayó cada vez más en manos de los obispos individuales, que podían aplicar la discreción a la manera en que se aplicaba en varias iglesias provinciales. Así fue como emigró (cuando finalmente fue abandonado en su forma primitiva) para convertirse en un símbolo espiritual más que en un verdadero proceso canónico reconocido universalmente. La práctica formal de la penitencia, en otras palabras, evolucionó hasta convertirse en un sistema confesional de penitencia espiritual, practicado en privado, sin la necesidad de la dramática excomunión social que había caracterizado los antiguos procedimientos. Esto, al principio, lo hizo también mucho más popular entre los fieles en general.

Este movimiento fue retomado por los monásticos occidentales a partir del siglo VII, que impulsaron el sistema penitencial aún más profundamente en el foro psicológico personal. Comenzando por las devociones privadas de las comunidades monásticas (misioneras), donde los ascetas desnudaban sus estados espirituales a sus mayores, se popularizó un sistema paralelo al de las iglesias públicas en la causa de buscar el perdón de los pecados cometidos regularmente. El enfoque teológico cambió

---

[26] Para más detalles, véase C. Vogel, *Le pecheur et la penitence dans l'Église ancienne* (Paris: Editions du Cerf, 1966); A. Fitzgerald, *Conversion Through Penance in the Italian Church of the Fourth and Fifth Centuries* (Lewiston, NY: Edwin Mellen, 1988).

de ser una iglesia de los elegidos puros (los «santos» del Nuevo Testamento) a ser una comunidad de pecadores que buscaban la reconciliación en lágrimas y lamentos. Estas dos trayectorias siguen marcando las divisiones internas dentro de la práctica eclesial cristiana hasta el día de hoy. Pero las comunidades ascéticas occidentales, de carácter muy penitencial y también muy riguroso, inclinaron la balanza. Los monjes latinos estaban también, mucho más que nunca en el Este, a la vanguardia de la expansión de la iglesia en los territorios tribales paganos del Oeste. En consecuencia, utilizaron su sistema de penitencia como instrumento misionero y así lo introdujeron en los nuevos territorios que se estaban evangelizando, que habitualmente se habían utilizado para aplicar leyes tribales severas y normas morales bastante bajas. El sistema monástico llegó a ser conocido como «penitencia tarifada» y tuvo una influencia duradera hasta el siglo XII en Occidente. Es la invención, al parecer, de los monjes irlandeses y de las comunidades eclesiásticas anglosajonas.

La penitencia tarifada se titulaba por el principio de aplicar un ejercicio penitencial específico, para expresar el remordimiento, a cada tipo de pecado. Desde el punto de vista del clero, esto se convirtió en una herramienta pastoral para regular la disciplina moral de las congregaciones. Ya no había necesidad de una refinada discreción espiritual: uno podía simplemente buscar en un libro lo que era una penitencia punitiva apropiada para cualquier pecado que se confesara. Tales libros fueron escritos y llegaron a ser llamados los penitenciales. Desde el punto de vista de la gente, el pecado se clasificaba junto con los crímenes cívicos. Así como estos últimos ofendían a la sociedad y recibían castigos inmediatos y sistemáticos, también se podía entender que Dios aplicaba castigos razonables en el ámbito espiritual por los pecados cometidos contra él. Se convirtió en una especie de súper señor de la sociedad feudal. De una manera extraña, parecía reconfortar a los cristianos del Oeste de la Edad Media como para domesticar a Dios.

El sistema penitencial también pasó la administración y supervisión de todo el asunto a manos de los presbíteros de las parroquias. De este modo, adquirió un impulso aún mayor al localizarse en las sociedades de pueblos más pequeños de la Europa medieval. Si un pecador confesaba pecados realmente graves (como el asesinato), la pena eclesiástica podría ser el exilio (la pena civil podría ser la muerte, por supuesto). Pero la mayor cantidad de pecados menores ahora se trataban imponiendo un acto de penitencia a la persona que confesaba al sacerdote: un cierto número de días para pasar en ayunos de diversa severidad. Una vez cumplido el período prescrito de ayuno, el penitente regresaba al sacerdote y recibía una bendición que le permitía volver a la Comunión.

Después del siglo IX se empieza a ver que las oraciones formales de absolución entran en el rito de la confesión; y a partir de este momento la práctica confesional se convierte en un rito sacramental más comúnmente celebrado en las parroquias. Esta nueva combinación del antiguo ritual de recibir la imposición de manos como significado de reconciliación, con esta nueva forma extendida de ayuno de arrepentimiento, ganó mucha popularidad; tanto que incluso el clero comenzó a pedirlo. Fue en este período medieval temprano que las matemáticas del sistema comenzaron a ser realizadas.

Por supuesto, si uno sigue repitiendo varios pecados que tienen un número fijo de días (o meses) de ayuno unido a ellos como una tarifa, entonces podría no tomar mucho tiempo para que una persona no sea capaz de cumplir con los requisitos de ayuno, incluso en el curso de toda una vida. Para compensar esto, se aplicaron dispensaciones. Estos ganaron el nombre de rescates o redenciones. Pronto llegarían a llamarse «misericordias», aunque las conocemos más comúnmente por su nombre latino de indulgencias. Éstas funcionaban por negociación con el confesor. Un ayuno largo de proporciones moderadas podría ser cambiado, por ejemplo, por un ayuno más corto de gran severidad. Los irlandeses consideraban que el exilio autoimpuesto de su pueblo natal era una de las mayores penitencias posibles. A un ayuno se le podría dar mayor poder con elementos adicionales de ascetismo, como la flagelación. Se tiene constancia de que algunos penitentes fueron obligados a pasar la noche en el cementerio local (algo que los antiguos odiaban con gran temor y repugnancia), lo que debe haber servido como un ridículo público y como una eficaz medida preventiva. Algunas de las flagelaciones eran autoimpuestas, pero a menudo se componían de una paliza administrada por el confesor. Un tercero podría ser inducido a realizar el ayuno en su nombre: los monjes, por ejemplo, podrían hacer esto a cambio de regalos de tierra o algo así dados al monasterio. Las misas, celebradas de nuevo por monjes que eran confesores de sacerdotes, podían borrar mucha más pecaminosidad de la que el ayuno podía esperar. Así que hacer una ofrenda de Misa (otra vez tierra, ganado o dinero a la iglesia) se convirtió en el corazón del sistema de penitencia.

Para nosotros, los modernos, la idea de que los sacerdotes golpeen a los miembros de su congregación disidente puede sonar muy dudosa, pero las golpizas físicas eran una parte muy común de la administración cívica de justicia en esta época, y los castigos corporales tales como las golpizas por los pecados cometidos habían sido establecidos hace mucho tiempo como parte de la práctica monástica interna regular. A los contemporáneos de la primera Edad Media les debió parecer que el «nuevo» sistema de penitencia de la iglesia se había adaptado por fin a las prácticas sociales modernas. Es, sin embargo, un momento histórico en la historia de la iglesia cuando pasó al dominio de supervisar el castigo de sus miembros y a la tarea de vigilar el progreso moral por medio de una estricta restricción social, en lugar de una retirada episcopal del acceso al cáliz en casos de fechorías notorias.

No todos en este momento pensaron que el cambio era para bien. En la corte carolingia, por ejemplo, teólogos más instruidos y entrenados clásicamente protestaron por la forma en que tal sistema tribal había desplazado a los antiguos formularios urbano-episcopales de la iglesia bajo el Imperio Romano. Pero a pesar de sus intentos de volver atrás al sistema antiguo, estaba claro que nunca recuperaría la posición que tenía en tiempos más clásicos. Sin embargo, como resultado de su trabajo, el sistema celta-sajón fue significativamente controlado y mitigado; y en la adopción más amplia del sistema penitencial bajo la égida de Roma (lo que significa, en esa etapa temprana, el gran poder de Roma como diseminador central de prácticas litúrgicas y opiniones teológicas en el mundo cristiano occidental), finalmente se adoptó un enfoque tarifado para los pecados privados graves, y una penitencia pública sobre el viejo sistema (excluyente) para las ofensas graves y públicas.[27] Este fue el origen de la distinción penitencial occidental (y eventualmente moral) de «foro privado» y «foro público»: se consideraba que un pecado era más significativo si salía a la luz que si permanecía en la esfera privada (debido a los motivos de escándalo que podía inducir). Este compromiso se mantuvo hasta principios del siglo XIII en Occidente.[28]

En 1204, el IV Concilio de Letrán estableció como requisito canónico que todos los cristianos occidentales asistieran a la confesión sacramental al menos una vez al año y recibieran la absolución de un sacerdote antes de tomar la comunión pascual. Para entonces, el antiguo sistema formal de exclusión sólo se utilizaba en Occidente para eventos poco comunes y escandalosos (infanticidio, incesto, incendios a gran escala, etc.). Incluso esto eventualmente dio paso a los pecados reservados para su absolución al papado. Para los clérigos que cometían graves pecados públicos, se impuso una penitencia de peregrinaje, lo que llevó a varios casos de estudiantes-clérigos errantes de la Edad Media. Fue una dificultad impuesta como disciplina, pero también como una forma de sacar a ese clero del cuidado pastoral regular de las iglesias locales. La práctica de la peregrinación como ejercicio penitencial se hizo común en la Edad Media, incluso para los laicos. En las iglesias orientales, el motivo penitencial para la peregrinación fue significativamente menor. Para los casos de delitos graves ocultos (foro privado), el sistema de tarifas se mantuvo en Occidente, y finalmente se convirtió en el sistema de confesión auricular regular administrado por el clero que duró hasta los tiempos modernos en las iglesias católica y ortodoxa. Fue un blanco particular de los teólogos de la Reforma, que se sintieron especialmente atraídos a su destrucción debido a toda la maquinaria de conmutaciones, desplazamientos e indulgencias, que había abierto el sistema, durante tantos siglos antes, a innumerables abusos.

Ideas feudales de restitución y expiación. El surgimiento del sistema de indulgencia en las ideas penitenciales del cristianismo occidental estuvo claramente influenciado por conceptos que ya prevalecían en la ley tribal de los pueblos recién evangelizados, y los más alejados de la influencia de la civilización romana mediterránea. Era un eco de la vieja idea de «ojo por ojo, diente por diente» (Ex. 21:24). A pesar del hecho de que tal aplicación de la ley dejaría al mundo desdentado y ciego, tenía un atractivo para la iglesia occidental al expandirse en las áreas tribales y enfrentarse a un conjunto de pueblos cada vez más rudos a los que tenía que enseñar el evangelio con autoridad. Una tarifa para esto y una tarifa para aquello era un

---

[27] Véase P. Saint-Roch, *La pénitence. Dans les conciles et les lettres des Papes des origines à la mort de Grégoire le Grand* (Vatican City: Pontificio Istituto di archeologia cristiana, 1991).

[28] Para más detalles, véase C. Vogel, *Le pecheur et la penitence au moyen age* (Paris: Editions du Cerf, 1969); G. Picasso, G. Piana, y G. Motta, eds., *A pane ed acqua. Peccati e penitenza nel Medioevo* (Novara: Europia, 1986).

consuelo para los misioneros monásticos que se embarcaban en la a menudo solitaria tarea de plantar iglesias.

En el mismo período la ley del Antiguo Testamento estaba ganando un estatus más alto en la teología latina. El enfoque alegórico de Orígenes hacia la ley antigua (cómo había sido eclipsada por la luz de la nueva) no era tan apreciado como en las iglesias de habla griega. El renombrado teólogo latino Jerónimo había atacado constantemente la gran reputación de Alejandría a principios del siglo V y la había dañado severamente en la iglesia occidental.[29] Agustín tenía poco o ningún conocimiento de Orígenes, por lo que la tradición exegética latina, aunque no ignoraba su trabajo, definitivamente lo había marginado más que a Oriente. La opinión de Orígenes, por lo tanto, de que los textos de la Biblia tenían que ser interpretados en un orden jerárquico estrictamente ascendente, con aquellos del Nuevo Testamento que tenían mucho mayor significado y peso que casi todo lo que se encontraba en el Antiguo Testamento, no fue tan bien observada en la iglesia occidental. Aquí, por el contrario, había una tendencia a considerar un texto de cualquier parte de la Biblia como «autoritativo» y aplicable a la vida ordinaria de la iglesia—si no a los aspectos ceremoniales de la ley, entonces ciertamente a sus mandatos morales.

Así fue como la cristiandad occidental elevó muchas de las regulaciones morales (y prescripciones) del Antiguo Testamento mucho más que los teólogos del mundo bizantino, que tendían a alegorizarlos más libremente y a subordinarlos siempre a las ideas de los Evangelios, a las tradiciones más amplias de los sabios patrísticos y a los dictados de la ley romana.[30] Ambos contextos de pensamiento, el trasfondo tribal de muchas de las nuevas misiones germánicas y el renovado énfasis en la religión como «ley forense» en Occidente, propiciaron desarrollos en este período patrístico tardío, desde el siglo VII hasta el X, que fueron distintivos de las iglesias latinas y que, en cierta medida, formaron una acumulación de varias de las tensiones medievales posteriores que, al final, dieron lugar a las disputas doctrinales del período de la Reforma. Dos ejemplos serán tomados como ilustrativos del caso aquí: la doctrina de la vida eterna purgatorial como se evidencia en el Papa Gregorio Magno en el siglo VII y en adelante, y el concepto de redención expiatoria como se encuentra en las obras de Anselmo de Bec, el arzobispo de Canterbury a finales del primer milenio. Ninguna de estas posiciones obtuvo aceptación universal en la cristiandad. Por lo

---

[29] A pesar de estar tan fuertemente endeudado con el gran alejandrino que varias de sus propias obras bíblicas son representaciones parafraseadas del escritor más antiguo.

[30] La legislación matrimonial es un ejemplo típico de ello. En la iglesia latina el divorcio estaba estrictamente prohibido (y sigue siéndolo en la práctica católica). Se hizo alguna ofuscación en torno a los matrimonios reales que necesitaban ser dejados de lado, con una declaración papal que generalmente se invocaba que el matrimonio anterior era «inválido». Pero en el Oriente cristiano, el derecho romano (civil) era respetado dentro del derecho canónico, que permitía la posible disolución de un matrimonio por adjudicación episcopal y hasta dos matrimonios más celebrados en la iglesia (con marcas crecientes de censura litúrgica). Para más detalles, véase J. A. McGuckin, *The Orthodox Church* (Oxford: Wiley Blackwell, 2008), cap. 5, 309-23; McGuckin, *St. Gregory of Nazianzus: An Intellectual Biography* (Crestwood, NY: St. Vladimir's Seminary Press, 2001), 332-36, para una consideración de cómo se trató por primera vez este asunto cuando fue traído a la atención del arzobispo de Constantinopla en 380 por el emperador (español) Teodosio, perplejo por la disparidad de la ley matrimonial en las dos mitades de la iglesia.

general, Oriente se opuso a ellas, haciéndolas emerger como *theologoumena* especial de la tradición latina; pero tuvieron una influencia muy definida y generalizada sobre todas las iglesias occidentales de la última parte del primer milenio.[31]

Purgatorio como expiación póstuma. La palabra (*purgatorium*) es el término latino cristiano para un lugar de limpieza (de la raíz *purgo*) y se refiere al concepto de un supuesto «estado intermedio» entre el cielo y el infierno, reservado para aquellas almas que en el momento de la muerte son juzgadas no merecedoras de la condenación final en los dolores del infierno, pero cuyos pecados son tales que no son considerados aptos para entrar inmediatamente en las alegrías del paraíso. Así pues, el purgatorio se concibió como un lugar de purificación penitencial posterior a la muerte. Los habitantes del purgatorio un día, cuando sus pecados hubieran sido suficientemente purificados (a menudo se pensaba que el purgatorio estaba compuesto de llamas limpiadoras análogas a las llamas punitivas del infierno), serían liberados y admitidos a la alegría paradisíaca. La doctrina esbozada anteriormente, y especialmente con la imaginación de que el purgatorio era una especie de geografía metafísica intermedia entre el cielo y el infierno, no adquirió una forma clara en la iglesia occidental hasta el siglo XI (en las obras de Hildebert de Tours), aunque la idea de que sea necesaria algún tipo de purificación después de la muerte para el alma hace una aparición embrionaria temprana incluso en las obras de Tertuliano del siglo II.[32] Dedujo, en un influyente tratado sobre la naturaleza del alma, que cualquier espíritu del difunto que necesitara purificación debía permanecer por un corto tiempo en el «Seol».[33] Para él esto parecería aplicarse a todas las almas, excepto a aquellas que podían volar directamente hacia Dios a causa de sus martirios, ya que la aceptación voluntaria de los dolores del martirio se veía ampliamente en la antigua iglesia como una admisión inmediata de la persona a las alegrías del paraíso.

Varios otros escritores patrísticos significativos, entre ellos Orígenes, Cipriano, Gregorio Nacianceno y Ambrosio, también especularon que el alma del creyente ordinario después de la muerte probablemente necesitaría ser limpiada por alguna forma de fuego purgante.[34] La forma en que se concibió este fuego iba desde una concepción más materialista hasta un símbolo puramente espiritual de limpieza por medio de una reeducación psíquica avanzada a manos de ángeles. Esta teoría de la purificación del alma después de la muerte probablemente se desarrolló entre los teólogos sobre la base de las palabras de San Pablo (1 Co. 3:11-15) de que «el fuego pondrá a prueba la obra de cada persona»; él continúa diciendo que aquellos que han

---

[31] *Theologoumena* se refiere a tradiciones doctrinales que se mantienen localmente como significativas en algunos lugares pero que no se imponen como de importancia central en la iglesia universal. En estos dos casos, la tradición occidental reivindicó un significado universal para ellas hasta bien entrado el siglo XX, lo que fue causa de conflicto con las iglesias de tradición bizantina a lo largo de la Edad Media.

[32] Hildebert de Tours era también conocido como Hildebert de Lavardin (o incluso Gildebert, o Adelbert), circa 1055–1133. Su trabajo sobre este tema se encuentra en PL 171, col. 741. Para más detalles, véase J. Le Goff, *The Birth of Purgatory* (Chicago: University of Chicago Press, 1986).

[33] Tertuliano, *De Anima* 58.

[34] Cf. Orígenes, *Homilía sobre Números* 15; Cipriaon, *Epístola* 55.22; Ambrosio, *Sobre Salmos* 36.26.

edificado sobre cimientos de mala calidad «serán salvos, pero serán salvos por el fuego». Esta doctrina de algún tipo de período de purificación posterior a la muerte era ciertamente conocida por otras partes del movimiento rabínico primitivo (cf. 2 Mac. 12:38-45). La tendencia a poblar el más allá de esta manera no estaba motivada tanto por el deseo de representar un mapa más completo de la geografía del cielo como por el cuidado pastoral de los muertos. En otras palabras, desde el comienzo de su existencia organizada, tanto la sinagoga como la iglesia cristiana primitiva oraron extensamente por sus muertos, y muchas de las oraciones más antiguas a este efecto se encuentran todavía en las liturgias de las iglesias griega y latina.

El purgatorio fue una idea que en Occidente recibió un impulso masivo gracias al apoyo de Agustín.[35] Sin embargo, fue el Papa Gregorio Magno en el siglo VII quien elevó lo que él llamó la «opinión» de los pensadores anteriores a una doctrina más o menos formulada con el prestigio del papado detrás de ella. En una obra muy popular e influyente enseñó que «el fuego purgatorial limpiará cada alma electa antes de que llegue al juicio final».[36] Después de ese momento, la iglesia latina tomó la idea más y más en su predicación oficial, mientras que las iglesias orientales continuaron considerándola como una especulación, un *theologoumenon* que no formaba parte de la tradición doctrinal central. El mundo cristiano oriental generalmente conservaba una doctrina más sencilla de la vida después de la muerte, en la que las almas de los elegidos, incluso las de aquellos que no eran particularmente santos, se conservaban en «un lugar de luz, un lugar de refrigerio, un lugar desde el cual se han desterrado todas las penas y todos los suspiros».[37] Este punto de vista reflejaba la afirmación en Apocalipsis 14:13 de que «los que mueren en el Señor descansan de sus labores». En resumen, el estado de la vida después de la muerte, tal como se preveía en la iglesia oriental primitiva, era generalmente una condición de felicidad y descanso (que se desarrollaba a partir de 1 Ts. 4:13, que hablaba de un estado de descanso) en el que las almas de los fieles que se habían ido no estaban divorciadas de Dios, sino que esperaban el juicio final con una anticipación esperanzada, como el tiempo en el que serían admitidas a una condición transfigurada y paradisíaca en la cercanía con respecto a Dios.

Algunas tradiciones del Egipto precristiano (el pesaje de las almas en varios «peajes») formaban parte de las especulaciones populares bizantinas sobre el estado del alma en las etapas inmediatamente posteriores a la muerte, y litúrgicamente esto se reflejaba en parte en los rituales funerarios de Oriente, en los que los memoriales celebrados en la iglesia durante el primer, octavo y cuadragésimo día después de la muerte se consideraban particularmente beneficiosos para ayudar a la transición del

---

[35] *De Civitate Dei* 21.26; *Enchiridion* 68-69; *Ennarratio in Psalm* 37.3. Véase R. R. Attwell, "From Augustine to Gregory the Great: An Evaluation of the Emergence of the Doctrine of Purgatory," *JEH* 38 (1987): 173-86.

[36] Gregorio el Grande, *Diálogo* 4.41.[39].

[37] Letanía para los muertos de la liturgia ortodoxa oriental de los funerales.

alma.[38] Después de cuarenta días se pensaba popularmente que el alma dejaría de visitar sus lugares terrenales y abandonaría definitivamente las regiones sublunares. Pero la influencia teológica de Orígenes impidió que tales especulaciones formaran parte de la tradición oriental. Había argumentado enérgicamente que el descenso de Cristo al infierno (parte de los primeros credos) era una liberación definitiva de las almas de los justos, y su gloria de resurrección extendida en la iglesia explicaba la idea paulina de que los santos estaban «con el Señor». Fue este punto de vista el que comenzó a dar cuenta de la opinión cristiana oriental que se movía hacia la creencia de que las almas de los justos entraban, poco después de la muerte, en la presencia misma de Cristo, mientras que los malvados eran definitivamente arrojados fuera de su presencia en un sombrío Hades.

A partir del siglo VII en adelante, por lo tanto, la doctrina del purgatorio sólo continuó como un *proprium* del mundo católico latino. Pero ambas iglesias, en el período antiguo, mantuvieron la posición de que la contemplación de las almas en su condición de vida después de la muerte era, ante todo, para animar a sus parientes terrenales a orar por su feliz estado. Tanto en Oriente como en Occidente, el lugar principal para asegurar que tales oraciones eran escuchadas, incluso en el tribunal de Dios, era el servicio eucarístico, y dípticos especiales, memoriales que nombraban específicamente a los muertos, formaban parte de los ritos litúrgicos en latín y griego desde los primeros tiempos. Debido al prestigio del nombre del Papa Gregorio unido a la doctrina del purgatorio (y a Agustín detrás de él), el estatus de la doctrina se convirtió en una causa de controversia cuando el mundo cristiano latino y bizantino se separaron a principios del segundo milenio. Para el mundo latino, los concilios de Florencia (1438+) y Trento (1545+) aprobaron el concepto como parte del dogma oficial de la iglesia.[39] La insistencia de Oriente de que tal enseñanza era meramente un *theologoumenon* de los latinos, sin ninguna autoridad universal, ya sea que el papa o un concilio occidental la apoyaran, causó mucha molestia y permaneció para los teólogos latinos como una acusación de «alejamiento de la tradición», que luego nivelaron en contra de los teólogos bizantinos (y a cambio la pusieron en contra de ellos).

Teoría de la expiación feudal en Occidente: ¿El Cur deus homo *de Anselmo?* Otro ejemplo de cómo varios *theologoumena* crecieron y asumieron el estatus de marcas duraderas de división entre partes de la cristiandad puede ser tomado del caso de la teología de expiación latina medieval temprana. Anselmo de Bec, arzobispo de Canterbury del rey normando Guillermo II, podría servirnos para ilustrarlo. Entre 1097 y 1098 Anselmo compuso un tratado que fue diseñado para refutar una teoría que había sido propuesta por primera vez por Gregorio de Nisa en el siglo IV y que tenía

---

[38] En estas casas de peaje, había que pagar derechos (impuestos) cuando los ángeles exigían un recuento de cómo le había ido al alma con respecto a la virtud específica representada por cada casa de peaje. Esto muestra la influencia de la religión egipcia muy notablemente.

[39] Véase el párrafo 1030 del *Catecismo de la Iglesia Católica* (2015).

alguna aceptación amplia en su época.⁴⁰ La terminó en el mismo año en que asistió al Concilio de Bari, donde fue uno de los hábiles teólogos latinos llamados por el Papa para refutar las afirmaciones teológicas bizantinas de que la doctrina occidental de la doble procesión del Espíritu (otro importante *theologoumenon* occidental) era una corrupción fundamental de la doctrina de la Trinidad.⁴¹ Tituló su tratado sobre la redención *¿Cur Deus Homo?* o «¿Por qué Dios se hizo hombre?»

La intención general de Anselmo era demostrar que la iglesia no debía dar crédito a las ideas escabrosas de que el diablo tenía derechos sobre Dios, de tal manera que el Verbo divino «tenía que» sufrir y morir en la carne para poder pagar un precio fijo de rescate por las almas de la humanidad. En cambio, quiso poner el énfasis, en las teorías de la redención encarnada, en las nociones de justicia y misericordia de Dios. Sin embargo, su contexto de argumento para acercarse a esas ideas de justicia y misericordia era decididamente feudal y, por lo tanto, significativamente constreñido. Anselmo pensó que como comentarista sobre el proceso redentor simplemente estaba reflejando un significado clarificado de términos clave como *expiación*, *sacrificio*, *justicia* y *misericordia*, tal como está registrado en los textos escriturales. Pero ya en su tiempo, los matices de los conceptos litúrgicos hebraicos como el sacrificio, la expiación y la expiación, que Pablo y otros escritores del Nuevo Testamento estaban usando análogamente de la muerte de Cristo en la cruz, se habían alejado de la resonancia de vida inmóvil que tenían para los primeros autores apostólicos y habían llegado a significar algo más en la conciencia de la mente medieval.⁴² Así que cuando Anselmo elevó el concepto de «satisfacción» como clave para explicar las razones de la pasión y muerte de Jesús, fue un significado muy diferente del sentido más alegre que tenía el culto basado en el sacrificio (y la comida común) de los animales en la antigua adoración del templo.

La idea de Anselmo de la teoría de la satisfacción funcionaba de esta manera. Si en la sociedad feudal contemporánea era muy evidente que un acto de falta de respeto o una ofensa más grave entre personas del mismo rango exigía algún tipo de satisfacción igualmente ponderada antes de que el honor pudiera ser restaurado (deshonor apaciguado) y, por lo tanto, se pudiera llevar a cabo la reconciliación, entonces lo mismo ocurría con los asuntos espirituales. Por ejemplo, si un siervo insultó a otro campesino en una disputa de una aldea local, seguramente se podrían hacer arreglos para la mediación sin recurrir a la violencia, pero una disculpa de un peso acorde con el insulto original bastaría por sí sola para dar satisfacción. Sólo así se podrá lograr la reconciliación. Y, sin embargo, si un siervo robó el cerdo de otro siervo, la satisfacción no podía consistir sólo en una disculpa, pues además la

---

⁴⁰ En el *Gran discurso catequético* de Gregorio, en el que desarrolla una idea planteada por Orígenes de Alejandría en el siglo III. Para más detalles, véase J. A. McGuckin, "St. Gregory of Nyssa on the Dynamics of Salvation," en *The T&T Clark Companion to Atonement*, ed. A. Johnson (Cambridge: T&T Clark, 2016).

⁴¹ Es decir, que «el Espíritu de Dios procede del Padre y del Hijo» (*filioque*).

⁴² Para más detalles, véase J. A. McGuckin, "Sacrifice and Atonement: An Investigation into the Attitude of Jesus of Nazareth Towards Cultic Sacrifice," en *Remembering for the Future* (Oxford: Pergamon Press, 1988), 1:648-61.

restitución del cerdo (u otro cerdo igual) sería esencial. Y así sucesivamente en cada caso, teniendo en cuenta las respectivas filas de los que habían llegado necesitados de reconciliación. Un perdón unilateral ofrecido de una parte a la otra no era suficiente por sí solo: para entonces no se cumplirían los requisitos de la justicia (el siervo ofensor u otro miembro de la sociedad de alto rango no habría tenido en cuenta su maldad). Lo que se requería, teorizó Anselmo, era que la misericordia (el perdón) debía equilibrarse con la justicia.

Pero consideremos el caso de un siervo que insulta e hiere a un miembro de la alta sociedad aristocrática y feudal, o incluso al propio rey. En tal caso, seguramente no hay nada que el siervo pueda hacer para «expiar» su crimen. Pagaría por ello con sangre. La diferenciación de rango hacía que tal crimen fuera inaudito para el campesino. Si hubiera cazado un ciervo furtivamente, no podría pagarlo. Y aunque pudiera, nunca podría devolver el deshonor que había cometido, como un mero siervo, faltando el respeto a su señor como para robarle en primer lugar. El deshonor al rango (dignidad innata) del rey era aún mayor que el robo del venado. Y, Anselmo implica, si las cosas están así entre un siervo y un rey terrenal, entonces «cuánto más» era tal brecha entre un ser humano y Dios.

El pecado, argumenta Anselmo, aunque pudiera parecer de relativa pequeñez, o incluso de mayores ofensas, era una pieza cuando se consideraba a la luz de su naturaleza esencial: los esclavos humanos ofendiendo la infinita dignidad y majestad de Dios, el más alto Rey de los reyes. Incluso la más pequeña ofensa llevaba una carga infinita (lesa majestad) cuando se la consideraba, en su naturaleza esencial, como ingratitud y blasfemia sin límites. En resumen, para Anselmo, no había manera de que la humanidad pudiera esperar expiar sus pecados. Caía, por lo tanto, en la misericordia de Dios el iniciar una reconciliación que de otra manera no tendría esperanza. Esta misericordia se extendía desde el corazón de la Trinidad en compasión hacia la raza humana. Era, y tenía que ser, una iniciativa de Dios. No podía ser un simple acto de perdón por parte de Dios, ya que tal acto de limpieza misericordiosa de todas las ofensas estropearía la gran justicia y dignidad de Dios, sería en sí mismo una ofensa contra la justicia divina. El callejón sin salida sólo podría resolverse si Dios mismo decidiera hacer la expiación en nombre de la raza humana y proporcionar su propia satisfacción.

Así fue, argumentó Anselmo, que el Logos divino, segunda persona de la Trinidad, descendió a la tierra, asumió carne, y sufrió en la carne por el bien de la humanidad, para ofrecer su vida como una expiación. Que el Hijo ofrezca esta expiación del sufrimiento profundamente punitivo (la cruz) en su carne humana, como representante constituyente de la humanidad, y lo ofrezca gratuitamente a su Padre, en expiación de los pecados de la humanidad contra la dignidad divina: esto hace posible que Dios Padre (el alto Rey) se incline con piedad ante el sufrimiento del Hijo y acepte su misericordia amorosa por el género humano, tomándolo como propio. Así se satisface, se permite la expiación y se restablece la reconciliación en y a través de Jesús, que así actúa como mediador. Ahora bien, este es un esquema muy ingenioso y ciertamente le habló a la mente medieval, que entendía que la sociedad trabajaba de esta manera: con satisfacciones de honor integrales a la manera en que la paz de la tierra podía ser mantenida. Pero está claro que ya no funciona bien. Si realmente captura la esencia de (la mucho más alegre) antigua teología del sacrificio hebreo es discutible. Pero lo que está bastante claro es que la tradición patrística oriental no se acercó a la teología de la redención de esta manera.

Anselmo representa con precisión (y aquí encarna simbólicamente) una antigua tendencia cristiana latina de volverse cada vez más forense en su imaginación. Tal tendencia estaba presente en el pensamiento latino desde la época de Tertuliano y fue subrayada por Cipriano y Lactancio (en los siglos III y IV) que eran, como él, abogados forenses, mucho antes de la época de Agustín. Los teólogos griegos, en marcada distinción, abordaron el tema de la acción redentora de Cristo con una gama mucho mayor de analogías. No presionaron la teoría forense de la expiación sacrificial tan directa o enfáticamente como Occidente. Los Padres del siglo IV adaptaron y aclararon muchos de los enfoques de Orígenes de Alejandría a esta cuestión teológica, y concibieron la entrada del Logos en la carne en el momento de la encarnación como una energía mayor de «recreación» de la raza humana (no sólo su reparación). Atanasio, siguiendo a Ireneo desde el siglo II, trajo a las teorías clásicas de la redención del Oriente del siglo IV la idea central de que la encarnación del Logos divino (la enhominización o *enanthropesis*, como él la llamaba) era una transacción divina por la cual las dos naturalezas (divinidad y humanidad) entraban en una síntesis nueva y dinámica, forjada por la energía divina y creadora.[43]

En su ampliamente leído tratado *De Incarnatione*, Atanasio resumió este enfoque en un memorable aforismo que dominaba la teología de la redención cristiana oriental: «Porque el Hijo de Dios se hizo hombre para que nosotros pudiéramos llegar a ser Dios».[44] Esta teología fue retomada por los grandes Padres de los siglos IV y V después de él, especialmente por los capadocios, Gregorio Nacianceno y Gregorio de Nisa, y Cirilo, el arzobispo del siglo V de Alejandría, para convertirse en una manera muy central de concebir la encarnación de Dios como la deificación (*theopoiesis*) de la raza humana.[45] Significaba, en todos los escritores cristianos griegos, una teología profundamente fuerte de la gracia transformadora (no un renacimiento de la teoría

---

[43] Ireneo, *Adversus Haereses*, libro 5, prefacio: «[Dios] se convirtió en lo que somos para convertirnos en lo que él es». Y otra vez: «Si la Palabra se hizo hombre, fue para que los hombres se conviertan en dioses». En *Adversus Haereses* dice (4.11.2), «Porque el hombre recibe la progresión y el crecimiento hacia Dios. Pero, así como Dios es siempre el mismo, así también el hombre, cuando se encuentra en Dios, siempre progresará hacia Dios».

[44] Atanasio de Alejandría, *De Incarnatione* 54.3. Su concepto aquí era la *theopoiesis*: ser divinizado. Véase también *Contra Arianos* 1.39; 3.34. Para más detalles, véase J. A. McGuckin, "Deification," en *The Oxford Companion to Christian Thought*, ed. A. Hastings et al. (Oxford: Oxford University Press, 2000).

[45] Gregorio Nacianceno, *Discurso* 29.19; 30.14; Gregorio de Nisa, *Gran discurso catequético* 37. Para más detalles, véase J. A. McGuckin, "Deification in Greek Patristic Thought: The Cappadocian Fathers' Strategic Adaptation of a Tradition," en *Partakers of the Divine Nature: The History and Development of Deification in the Christian Tradition*, ed. M. Christensen y J. Wittung (Teaneck, NJ: Farleigh Dickinson University Press, 2006), 95-114; J. A. McGuckin, *St. Cyril of Alexandria and the Christological Controversy: Its History, Theology, and Texts* (Leiden: Brill, 1994); *St. Cyril of Alexandria: On the Unity of Christ (That the Christ Is One)* (Crestwood, NY: St. Vladimir's Seminary Press, 1995).

pagana de la apoteosis romana como en la deificación de los emperadores o semidioses). Lo que él (el Logos) era por naturaleza (es decir, Dios), su raza es hecha por gracia, como parte de esa misma transacción por la cual atrajo a la humanidad hacia sí: para darle las cualidades de su naturaleza divina (purificación, inmortalidad) que tanto necesitaba para restaurar su estabilidad ontológica. Los sacramentos de la iglesia, especialmente la continua influencia formativa de la comunión eucarística, fueron vistos en esta tradición patrística griega como el lugar principal de esta transacción energizada del proceso de salvación, el «principio de deificación» encarnado en la vida de la iglesia y en la vida de cada individuo dentro de ella.[46] En este macroconcepto de la encarnación de Dios como deificación de la humanidad, por lo tanto, todas las demás analogías (expiación, sacrificio, redención, rescate) fueron subsumidas.

La teoría de la deificación tenía poco tiempo para el análisis de la satisfacción y la expiación en términos forenses, tal como lo tenía Occidente. Era, incluso en los últimos tiempos de la antigüedad, cantar una melodía muy diferente de la de las iglesias latinas, haciendo hincapié en los gloriosos misterios de la transfiguración y el poder vivificante de la resurrección, más que en la sangre y la cruz como motores primarios de la expiación sacrificial. Podría decirse que las «tendencias» teológicas de las cristianidades del Este y del Oeste, hasta el día de hoy, demuestran la misma «línea de fractura» en términos de enfoque teológico de la teoría de la «redención». Así que, una vez más, una línea de pensamiento importante que la iglesia occidental extrapoló como una manera básica de concebir una profesión de fe fundamental fue vista, más bien, como un *theologoumenon* por el Este: un énfasis particular (incluso peculiar) por parte de una parte de la iglesia que no tenía suficiente peso para ordenarse a sí misma como el único camino autoritativo de la teología para la iglesia universal.

En la época de Anselmo, es más, durante algunos siglos antes que él, el Occidente latino y el Oriente griego se habían vuelto incómodamente conscientes de lo mucho que habían divergido en patrones de pensamiento e instintos espirituales desde finales del siglo V, cuando los teólogos de las dos grandes tradiciones y zonas lingüísticas ya no estaban dispuestos (de hecho, en la mayoría de los casos ya no eran capaces) a leer las obras de los demás. Anselmo ya había sido atraído por el Papa como teólogo de peso pesado para refutar muchas de las afirmaciones de los apologetas bizantinos. A partir del segundo milenio, la negativa a reconocer los elementos clave de las percepciones de los demás entorpeció las relaciones entre latinos y griegos. Los bizantinos pusieron en la categoría de *theologoumena* peculiar la teoría occidental de la primacía papal y la distintividad petrina, la existencia permanente del carácter ordenado (incluso después de la deposición), y muchos otros asuntos. Sin querer ver sus tradiciones especiales marginadas de esta manera, Occidente llegó a atribuir cada vez más a la disidencia griega como una causa para que surgiera un cisma serio en la

---

[46] Para más detalles, véase el tratamiento de la teología sacramental de deificación de Cirilo de Alejandría en E. Gebremedhin, *Life-Giving Blessing: Inquiry into the Eucharistic Doctrine of Cyril of Alexandria*, Studia Doctrinae Christianae Upsaliensia (Uppsala: University of Stockholm, 1978).

unidad de la cristiandad. Preparó la gran brecha que se produciría al final del primer milenio entre las tradiciones orientales y occidentales de la iglesia: una fractura que aún no se ha resuelto.

LOS MOVIMIENTOS MONÁSTICOS CRISTIANOS

El surgimiento de variedades de monaquismo cristiano. Ambas iglesias, sin embargo, desde finales del siglo III en adelante, mostraron una similitud muy marcada en sus actitudes hacia el imperativo ascético que estaba marcando cada vez más la vida comunitaria cristiana en esta época. Pronto se convertiría en instituciones particulares observables que ahora llamamos por el descriptor común de *monacato* o *monasticismo* o *monaquismo*. La Reforma, especialmente en sus territorios del norte, se esforzaría con mucho éxito, por razones ideológicas y sociales, por destruir este aspecto de la política cristiana. Sin embargo, desde que el monaquismo apareció como una fuerza dinámica en la vida de las iglesias de la antigüedad tardía, incluso en los períodos modernos, está claro que ha sido un factor importante en la formación de la cultura de la religión cristiana, hasta el punto de que, sin una comprensión del fenómeno, la religión cristiana tiene poco sentido. Los monjes transmitieron más o menos toda su cultura a través de los siglos: copiando las Escrituras, anotándolas y haciendo exégesis de ellas, formando y reformulando las reglas de conducta en las iglesias, estableciendo normas de celosa observancia de la disciplina moral cristiana, y produciendo casi toda la vasta (¡y todavía en gran parte no leída!) literatura de la iglesia sobre la oración y el misticismo.

El término *monje* (*monachos*) significa esencialmente y semánticamente el «solitario» (*monos*). En el corazón de la experiencia monástica siempre ha habido tal gravitación hacia la soledad y la quietud (*hesychia*), o concentración interna, que se puede fomentar. Esto es así, aunque (paradójicamente) el monaquismo pronto llegó a tener un aspecto predominantemente comunitario. Toda la espiritualidad del mundo cristiano en el primer milenio y medio ha sido moldeada y guiada por la experiencia monástica, que una y otra vez ha provisto a la iglesia (especialmente en períodos de coacción y persecución) de centros de permanencia, resistencia y renovación espiritual a través de siglos de condiciones políticas fluctuantes. El monaquismo ha dado a la iglesia innumerables escritores y maestros y a muchos de sus más grandes misioneros y líderes.

En un primer momento, es decir, entre los siglos II y III, el imperativo ascético de la vida cristiana no se canalizó hacia el estilo de vida monástico más comunitario como tal, sino más bien hacia el sistema de educación superior de élite, en el que los cristianos comenzaban a entrar en mayor número a partir del siglo III. En este sistema la sobriedad filosófica (*sophrosyne*) fue inculcada como un ideal ascético primario. El monaquismo, técnicamente hablando, sólo se derivaría de esto, por extensión, después de finales del siglo III. El imperativo ascético en la antigua educación sofística era una parte fundamental de la pre*paedia* de las escuelas. Askesis era, al principio, simplemente la palabra precristiana para «ejercicio»: el tipo de ejercicio que se realizaba de forma regular (obligatoria) en la *gymnasia* griega, donde los jóvenes de la sociedad antigua eran entrenados en las artes de la guerra junto con sus otras actividades más culturales. El asceta (*askete* o atleta), en este contexto, se sometió a los rigores del ejercicio físico y el entrenamiento (como un moderno sufriendo los dolores de una visita al gimnasio) para que el objetivo de la excelencia (*arete*) pudiera lograrse (las artes de la guerra griega, como la jabalina o el lanzamiento de disco finalmente se transmutan simbólicamente en el deporte).

Los teóricos estoicos de la época precristiana, siguiendo el ejemplo de Aristóteles, utilizaron este motivo de «sufrimiento por el refinamiento del arte» de una manera moralmente análoga para denotar la forma en que los justos tenían que ejercitarse para adquirir la virtud. Vivir la vida moral, en otras palabras, era un hábito que no era fácil. Uno tenía que probar y refinar el cuerpo, la mente y el alma para hacer que instintivamente deseara seguir el bien a pesar de las muchas tentaciones de seguir el camino fácil hacia el hedonismo y el egoísmo. La tradición filosófica de la cultura griega, en la época de la iglesia primitiva, era muy consciente de la importancia de los guías del alma, mentores en este camino.[47] Tomaron la forma de viejos maestros sabios (*didaskaloi*) que guiaban a un pequeño cuerpo de discípulos elegidos (una pequeña *schola*, por así decirlo).[48] En esta cultura escolar filosófica, el sabio-mentor indujo al estudiante-discípulo a un modo de vida, no simplemente a un cuerpo de conocimiento filosófico o textual. Como Hadot lo describiría, esta forma de antigua filosofía ascética se consideraba en primer lugar como una forma de vida (*manière de vivre*), no como un conjunto de ejercicios educativos académicamente separados.[49]

La relación entre el guía del alma y el discípulo se trataba de formación, no sólo de información. La meta (*telos*) del sabio era enseñar a sus seguidores cómo mantener una actitud estable hacia la existencia (el cultivo del yo) por medio de la comprensión de la humanidad y su lugar dentro de la estructura cosmológica. Este cultivo del alma exigía un entrenamiento práctico para toda la *schola* en las artes de combatir las pasiones que distraían y extraviaban el alma y la mente debido a la inestabilidad de las vitalidades del cuerpo. La famosa imagen de Platón de la formación del alma como los problemas de un conductor en una carroza conducida por caballos gemelos refleja este ideal filosófico genérico.[50] Cuando el alma era entrenada para no ser llevada a ninguna parte donde las pasiones corporales deseaban (o nuestros hábitos mentales ilusorios acostumbrados dictaban), entonces el individuo podía llegar a ser un verdadero filósofo: adquiriendo *sophrosyne*, es decir, la sobriedad del estilo de vida, y la más

---

[47] Cf. J. A. Francis, *Subversive Virtue: Asceticism and Authority in the Second Century Pagan World* (University Park: Pennsylvania State University Press, 1995); P. Brown, *Society and the Holy in Late Antiquity* (Berkeley: University of California Press, 1982), esp. 103-52, "The Rise and Function of the Holy Man in Late Antiquity"; G. Fowden, "The Pagan Holy Man in Late Antique Society," *Journal of Hellenic Studies* 102 (1982): 33-59.

[48] Un libro clásico sobre este tema es P. Hadot, *Philosophy as a Way of Life* (Oxford: Blackwell, 1995).

[49] Véase D. Arnold, "Spiritual Exercises and Ancient Philosophy: An Introduction to Pierre Hadot," *Critical Inquiry* 16 (primavera 1990): 475-82; y R. Valantasis, *Spiritual Guides of the Third Century* (Minneapolis: Fortress, 1961).

[50] Platón, *Phaedrus* 246a-254e.

aguda consciencia mental que fluía de ella. Sólo tal persona (purificada y santificada) podía «ascender a los reinos de los dioses» en el pensamiento helenístico tardío. Esta clase de filosofía religiosa antigua tardía fue el semillero intelectual para los orígenes de la teoría ascética cristiana y el sistema de gobierno del monaquismo que se desarrolló a partir de ella. De hecho, el monaquismo se apoderó de la búsqueda filosófica griega anterior y la democratizaría a partir del siglo IV en adelante.

El ascetismo, entonces, era una cultura intelectual antigua más amplia que la iglesia entendió y se sintió feliz de aplicar en sus propias reflexiones morales, como se puede ver desde el principio. La idea de la askesis como una forma de ejercicio atlético espiritual es usada por primera vez por Pablo en 2 Timoteo 4:7, para significar la necesidad de los verdaderos cristianos de entrenarse por medio de observancias rigurosas (renuncia sexual, ayuno y privaciones) para observar los mandamientos con un celo excepcional. Otras partes de la literatura del Nuevo Testamento desarrollan temas apocalípticos al contrastar la vida sobria vivida de acuerdo con los valores del reino con la (peligrosa) facilidad de una existencia mundana.[51] El tema bíblico de los «dos caminos» es otro ejemplo de esto.[52] El mensaje ascético resonaba bien con las ideas filosóficas helénicas sobre la «vida sobria» del hombre o la mujer sabios (*sophrosyne*), y gran parte de la literatura cristiana de los últimos siglos I y II, como la Didaché, las cartas clementinas o el Pastor de Hermas, comenzaron a subrayar la necesidad de la sobriedad ascética como un carácter fundamental del discipulado cristiano.

El estímulo a la vida ascética es un poderoso impulso en los escritos del segundo siglo de Tertuliano, quien ya informa que había un gran número de hombres y mujeres ascetas laicos en la iglesia cartaginesa de su tiempo.[53] Los círculos cristianos sirios desde el segundo siglo en adelante también pusieron gran énfasis en el estilo de vida ascético como apropiado para todos los cristianos, no sólo para una sección de fanáticos. Las tradiciones sirias de Tomás se encuentran entre los primeros textos que elevan retóricamente la virginidad y el celibato libremente adoptado como una de las virtudes cristianas preeminentes. Pero es Orígenes de Alejandría quien estableció la teoría del ascetismo sobre sus fundamentos sistemáticos cristianos más fuertes en el siglo III. En su tratado *Sobre los primeros principios*, escrito en Alejandría entre los años 220 y 230, Orígenes esboza un relato dramático de por qué ocupamos un espacio ambivalente entre el espíritu y la materia en la pequeña brújula de nuestros cuerpos terrenales. Dios el Logos, según Orígenes, creó el plan original del cosmos como una realidad enteramente espiritual. Sólo después de la caída (considerada como una declinación pretemporal de los espíritus puros de Dios en un estado cuasiangélico) el plan divino se extendió hacia un aspecto salvífico en la creación del mundo material.[54]

---

[51] La parábola del sembrador y de la semilla en Mc. 4:1-20 es un ejemplo (especialmente en la exégesis del relato que el evangelista da en Mt 4:15-20), o los dos caminos en Mt. 7:13-14.

[52] 2 Sam. 2:22-24; 2 Re. 17:13; 21:21-22; Sal. 1:1-2, 6; Prov. 15:19; 21:8; Didaché 1-6.

[53] Tertuliano, *Sobre la vestimenta de la mujer* 2.9; *A su esposa* 1.6; *Sobre la resurrección de la carne* 61.

[54] Orígenes, *De Principiis*, libro 2.

Los cuerpos terrenales de los que los espíritus (*noes*) caídos fueron dotados para obrar su salvación a través del sufrimiento y el arrepentimiento se convirtieron así en los medios de comunicación del camino salvífico del arrepentimiento. En el cuerpo y a través de él, el creyente debe ahora luchar para resistir los engaños de los espíritus malignos, que tratan de impedir el ascenso del alma de vuelta a Dios, y las ilusiones y distracciones causadas cuando las preocupaciones materiales del cuerpo tratan de establecer un dominio (*hegemonikon*) superior sobre los asuntos del alma: invirtiendo así el orden soteriológico pretendido, en el que el cuerpo se hace subordinado a las exigencias del alma y del espíritu.[55]

A principios del siglo III la vida intelectual grecorromana estaba dominada por la fusión de la metafísica platónica y la piedad ascética pitagórica. Para los círculos cristianos, Orígenes había reenfocado esto para que fuera la cuestión de cómo el destino del alma era nada menos que la unión mística con el Logos de Dios. El sometimiento del cuerpo, en aras del arrepentimiento y de la atención obediente a Dios, es el principal fundamento cristiano de Orígenes para el imperativo ascético. La tarea espiritual dada a los discípulos ahora en la condición terrenal es «ver a Dios en el corazón ... y conocerlo con la mente», que está en una tensión viva contra la torpeza y el estado de muerte de la existencia material encarnada, que está sujeta al colapso físico a cada paso.[56] Orígenes consideraba sus labores mentales y académicas como un motor del ascetismo. Él modeló para sus propios discípulos cómo el cristiano celoso debe elegir libremente traer orden y disciplina a su propia existencia corporal para cooperar con la salvación espiritual que el Logos está trabajando dentro de él para alcanzar su perfección.[57] La teoría ascética es un punto que el historiador Eusebio de Cesarea recoge en su hagiografía del siglo IV de su héroe, en la que claramente intenta trazar una línea de conexión entre Orígenes, entendido como el filósofo ascético que busca la purificación moral y la claridad mental a través de su estilo de vida contemplativo, y Orígenes reclasificado como un destacado presbítero-teólogo que es también un modelo protomonástico.[58] Después de Orígenes, la noción propiamente cristiana de la pregunta estaba esencialmente aliada con la idea de que el alma se esforzaba por la unión con lo divino.

Esta redefinición teológica de la pregunta como camino de arrepentimiento, que abrió el alma purificada a la posibilidad de la visión divina, fue ampliamente aceptada en la iglesia después del siglo III, y se expone clásicamente en el *Primer discurso teológico* de Gregorio Nacianceno, compuesta en 380.[59] Para entonces muchos de los principales obispos de la época, como Gregorio, habían abrazado el estilo de vida ascético único y se autoidentificaban explícitamente como «monásticos». Pero el monaquismo en su primer impulso parece haber sido más bien un movimiento entre el

---

[55] Ibid., libro 3.
[56] Ibid., 1.1.8; 3.4.2.
[57] Ibid., 1.5.5-7.
[58] Eusebio, *Historia eclesiástica* 6.3.
[59] Gregorio Nacianceno, *Discurso* 27.

nivel más común de los creyentes. La Siria cristiana y Egipto son dos crisoles de las primeras formaciones monásticas. Palestina entre los siglos V y VII se convirtió en un lugar de nuevas síntesis. Las iglesias occidentales eran un poco más lentas para entrar en la raza monástica, pero una vez en ellas se produjo un florecimiento de los estilos de vida monástica que perduró con notable éxito a lo largo de muchos siglos.

Las tierras de origen del movimiento monástico cristiano oriental fueron los desiertos del imperio romano (Egipto, Siria y Palestina), pero pronto se agudizaron los problemas de defensa de las comunidades contra las incursiones tribales de los bárbaros, y comenzaron a aparecer monasterios en los suburbios exteriores de grandes ciudades como Roma y Constantinopla. A medida que estas ciudades se extendían, los suburbios pronto se convirtieron en parte integral del paisaje de la ciudad; y así nació y floreció la noción bizantina de monasterio de la ciudad, particularmente en el imperio oriental desde el siglo VI hasta el final de la larga existencia política de Bizancio.

Al describirse a sí mismos como «viviendo la vida de los ángeles», los primeros monjes cristianos evocaron su sentido de que estaban anticipando la era venidera. De esta manera, el impulso apocalíptico fue reapropiado para la iglesia del siglo IV por el movimiento ascético, y es notable que esto coincida con la era constantiniana, cuando la persecución es en gran parte pasada y la iglesia ha entrado en un mayor favor social. Varios comentaristas han interpretado el monaquismo como un intento de recrear una nueva era de «martirio espiritual» para una iglesia en peligro de perder su fervor.[60] Aunque los monjes se describían a sí mismos como sufriendo un «martirio blanco», esta explicación de los orígenes del movimiento es demasiado simplista en términos sociológicos. También había varias razones políticas fuertes por las que el vuelo al desierto sería atractivo para muchos en este período. El colapso general de la economía del Imperio Romano, presenciado en el siglo III, y las obligaciones paralizantes impuestas a muchos pequeños propietarios, así como las demandas financieras punitivas que recaen sobre los miembros más intelectuales de la clase curial, todo ello conspiró para hacer más atractiva la perspectiva de estilos de vida privados o comunitarios de subsistencia. Había, para algunos, un genuino sentido de libertad que se ganaba viviendo al margen de la sociedad imperial, lejos de las excesivas demandas de mantener la vida en la ciudad a finales de la antigüedad. En muy poco tiempo se demostró ampliamente el potencial económico de estas nuevas comunidades cristianas que trabajaban juntas por un fin común y con un estilo de vida sencillo, y aunque más tarde muchos monasterios fueron fundados por generosos beneficios aristocráticos o imperiales, desde sus primeros orígenes el monaquismo demostró ser más que capaz de ganarse la vida y de generar un excedente de riqueza.

Para las ascetas, particularmente las de origen aristocrático como Macrina la Grande en Capadocia o las dos Melanías en Roma y Palestina, la vida monástica podría ofrecer posibilidades de autodeterminación, liderazgo y desarrollo intelectual

---

[60] Eusebio, *Historia eclesiástica* 6.42.

que de otra manera no estarían disponibles en la sociedad contemporánea.[61] Esta paradoja de la búsqueda de una vida sencilla y pobre dedicada a Dios, aliada a la capacidad de expansión social y económica, fue la que persiguió los talones del monaquismo a lo largo de su historia, amenazando su autenticidad tanto en Oriente como en Occidente cuando los monasterios llegaron a poseer extensas posesiones en nombre de la santa pobreza.

Monaquismo sirio. En la vida cristiana siria existían desde el principio asociaciones ascéticas de carácter más organizado que los simples individuos atraídos por los estilos de vida ascéticos. Este es uno de los primeros lugares donde las órdenes de vírgenes (hombres y mujeres) parecían haberse congregado alrededor del edificio de la iglesia local (más tarde construyendo sus propios edificios) para rezar regularmente y llevar una vida más celosa de pobreza.[62] En la tradición siria primitiva, antes del siglo IV, que vio una mayor asimilación de las costumbres eclesiásticas sirias con las del Imperio Romano en general, se alentó especialmente la vida ascética del celibato para todos aquellos que deseaban aceptar el desafío del bautismo.[63] Estos ascetas bautizados (protomonásticos) fueron llamados «hijos e hijas del pacto» (*bnay qyama* siriacos) y se les dio alta autoridad local por su reputación, ya que estaban dispuestos a adoptar la vida soltera y célibe como solitarios.[64] *Ihidaya* es un juego de palabras siriaco sobre un solo/único engendrado. En el primer sentido es comparable al término griego para una sola persona, *monos*, que nos da el término *monasticismo*. En el segundo sentido, traza la línea más estrecha posible entre el testimonio del estilo de vida de los célibes y el del Hijo unigénito de Dios, que era él mismo un «virgen, nacido de la Virgen». El primer contexto de este fuerte énfasis que la iglesia siria puso en el ascetismo como un prerrequisito para acercarse a la consagración bautismal se puede ver en otras partes, en la literatura de Tomás y en el movimiento encratita.[65] Debido a la gran importancia que se le dio al compromiso célibe en el cristianismo sirio, se desarrolló desde el principio como una iglesia en la que la mayoría de los líderes clericales eran monásticos.

Afraates el sabio. Uno de los primeros escritores ascéticos en Siria fue Afraates el sabio, de principios del siglo IV. También se le llama Afrahat, y a veces se le conoce como el «sabio persa», aunque es uno de los primeros escritores más importantes en sirio. Él mismo era ascético y escribió obras espirituales de exhortación para sus colegas en la vida ascética. Ciertamente era un clérigo y posiblemente un obispo

---

[61] Véase E. A. Clark, *Ascetic Piety and Women's Faith* (New York: Edwin Mellen, 1986).

[62] C. Stewart, "The Ascetic Taxonomy of Antioch and Edessa at the Emergence of Monasticism," *Adamantius* 19 (2013): 207-21; S. Ashbrook Harvey, "Revisiting the Daughters of the Covenant: Women's Choirs and Sacred Song in Ancient Syriac Christianity," *Hugoye: Journal of Syriac Studies* 8, no. 2 (2005): 125-49.

[63] W. S. McCullough, *A Short History of Syriac Christianity to the Rise of Islam* (Chico, CA: Scholars Press, 1982); R. Murray, *Symbols of Church and Kingdom: A Study in Early Syriac Tradition* (London: Cambridge University Press, 1975); W. Wright, *A Short History of Syriac Literature* (London: A&C Black, 1894).

[64] Cf. G. Nedungatt, "The Covenanters of the Early Syriac-Speaking Church," *Orientalia Christiana Periodica* 39 (1973): 191-215, 419-44; H. M. Hunt, *Clothed in the Body: Asceticism, the Body, and the Spiritual in the Late Antique Era*, Ashgate Studies in Philosophy & Theology in Late Antiquity (Farnham, UK: Ashgate, 2012).

[65] E.g., Hechos de Tomás.

(escribió una carta sinodal al clero de toda la región), cuya comunidad «monástica» reunida a su alrededor también se superponía al liderazgo eclesiástico sirocristiano.

Su obra más importante son sus *Veintitrés demostraciones*.[66] Las diez primeras se compusieron en el año 337 como un conjunto de diálogos para la orientación de los ascetas, las doce siguientes en el año 344 se ocuparon principalmente de facilitar las relaciones cristiano-judías locales a través del diálogo, y el último en el año 345, que es un extenso ensayo sobre la historia bíblica y el fin de los tiempos basado en la idea del «racimo» (Is. 65:8). Las *Demostraciones* muestran una iglesia que todavía estaba en comunicación regular con la sinagoga, intercambiando diferentes perspectivas sin ese clima de hostilidad que más tarde caracterizó gran parte de la interacción entre la sinagoga y la iglesia.[67] Como es típico de los escritores ascéticos, Afraates tiene profundas percepciones que ofrecer sobre la práctica de la oración. La *Demostración* 4 es particularmente famosa en este sentido. Habla de la oración a una audiencia de ascetas que han hecho de la oración la razón *d'être* de su apostolado y de su vocación. Él caracteriza la vida mística como un sacerdocio del corazón interior, donde el creyente celoso puede ofrecer el incienso de la oración a la divinidad. Las ideas de paz y el perdón amoroso son centrales en su pensamiento. Más tarde sus escritos influyeron mucho en el desarrollo de la escuela cristiana oriental de la «oración del corazón».[68]

En el siglo V, Teodoreto, el erudito obispo de Cyrrh, compuso una *Historia de los monjes de Siria*, en la que catalogó hasta qué punto las comunidades ascéticas habían acumulado un registro casi legendario de heroísmo y santidad en su iglesia.[69] Debido a que el propio Teodoreto causó mucha controversia en el siglo V (uno de los grandes opositores de Cirilo de Alejandría) y como resultado su reputación póstuma fue eclipsada hasta cierto punto, este registro nunca tuvo tanto impacto en las iglesias posteriores como el de la iglesia egipcia, debido a obras tan ampliamente difundidas como el *Apophthegmata Patrum*. Sólo en los últimos decenios se ha recordado más plenamente la importancia del papel fundamental del ascetismo sirio en los primeros orígenes del monaquismo. La geografía de la iglesia siria también causó parcialmente esta sombra. Era un patriarcado en expansión reunido en torno a Antioquía. Pero la fortuna de Antioquía cayó después de mediados del siglo V, cuando los cismas monofisitas y nestorianos hundieron las relaciones eclesiásticas tanto dentro del país montañoso y desértico en sí como también fuera de él, es decir, entre Siria y las

---

[66] Disponible en inglés: J. Gwynn, *Selections Translated into English from the Hymns and Homilies of Ephraim the Syrian and from the Demonstrations of Aphrahat the Persian Sage*, NPNF (segunda serie) 13.2 (New York: James Parker, 1898). Para algunos extractos y referencias en español: Hubertus R. Drobner, *Manual de patrologia* 2da Ed. (Barcelona: Herder, 2013).

[67] J. Neusner, *Aphrahat and Judaism* (Leiden: Brill, 1971).

[68] Para más detalles, véase J. A. McGuckin, "The Prayer of the Heart in Patristic and Early Byzantine Tradition," en *Prayer and Spirituality in the Early Church*, ed. P. Allen, W. Mayer, y L. Cross (Queensland: Australian Catholic University, Centre for Early Christian Studies, 1999), 2:69-108.

[69] R. M. Price, trad., *A History of the Monks of Syria by Theodoret of Cyrrhus* (Kalamazoo: Cistercian Publications, 1985).

iglesias internacionales más amplias, especialmente Egipto, Roma y Constantinopla, que estaban cada vez más separadas de él.

Los avances islámicos, así como el uso continuado del siríaco como lengua eclesiástica, sirvieron para aislar las tradiciones sirias, pero las prácticas monásticas vivieron en una nueva forma en la síntesis hecha de ellas (y otras ideas egipcias) en el crisol de la nueva arquidiócesis de Constantinopla. A medida que la importancia internacional de esta última capital fue creciendo a partir de finales del siglo IV, las ideas siro-constantinopolitanas de la vida monástica tuvieron una gran difusión. Aun así, es paradójico que, en la época actual, las traducciones hechas de la literatura ascética siria (sobre la oración y la vida monástica) estén ganando para esa tradición quizás la mayor audiencia que haya tenido en la historia. Grandes maestros espirituales están siendo revelados al mundo cristiano en general, casi como si fuera la primera vez. Dos de los más grandes de ellos son el autor del siglo IV de las *Cincuenta homilías espirituales* y la *Gran carta*, Pseudo-Macario, y Mar Isaac de Nínive (obispo del siglo VII de Qatar).[70]

Macario el Grande. Macario el Grande es el nombre seudónimo de este importante escritor monástico sirio. Es una triste ironía que sólo se le pudiera seguir leyendo cuando la iglesia más amplia lo aceptó como maestro egipcio. Era un importante líder monástico de un círculo que antes había sido criticado por ciertos excesos en su teología espiritual. Algunos lo han identificado como Simeón de Mesopotamia (nombrado como el líder del grupo por Teodoreto), y ahora es conocido a menudo como Macario-Simeón o Pseudo-Macario.

La crítica de su herencia monástica comienza a ser perceptible a partir del año 370 en adelante. Las fuentes llaman al movimiento mesalianos (una corrupción y un malentendido de la palabra siria para «gente de oración»—*MshLni*). En algunas fuentes griegas se les conocía como los euquites, pero más tarde los heresiólogos añaden a la confusión al pensar que fueron fundados por una cierta persona llamada Mesalio (que nunca existió). Incluso el elemento censurable del movimiento no fue comprendido claramente por los que lo criticaban, y Epifanio de Salamina, que atacó a los mesalianos en su *Refutación de las herejías* en el año 377, sólo puede encontrar su «falta de disciplina» como motivo de censura. Otros críticos afirmaban que el bautismo no era suficiente para una vida cristiana y que tenía que ser constantemente complementado y sostenido por una oración interior profunda, una doctrina que podía ser herética o no, dependiendo de cómo fuera recibida, por el enemigo o amigo. El movimiento «mesaliano» más amplio fue condenado en una sesión del Concilio de Éfeso 431, que cita pasajes de una obra clave llamada *Asceticon*. Está claro que los elementos de este texto fueron tomados de las homilías de Pseudo-Macario.

---

[70] G. A. Maloney, trad., *Pseudo Macarius: The Fifty Spiritual Homilies and the Great Letter*, Classics of Western Spirituality (Mahwah, NJ: Paulist, 1992); cf. P. Hagman, *The Asceticism of Isaac of Nineveh* (Oxford: Oxford University Press, 2010); D. Miller, trad., *The Ascetical Homilies of St. Isaac the Syrian* (Boston: Holy Transfiguration Monastery, 1984); S. P. Brock, "St Isaac of Nineveh and Syriac Spirituality," *Sobornost* 7, no. 2 (1975): 79-89; *The Syriac Writers of Qatar in the Seventh Century*, ed. M. Kozah (Piscataway, NJ: Gorgias Press, 2014).

Hay, sin embargo, ciertos temas que, sean o no «mesalianos» (y la relación de Pseudo-Macario con cualquier movimiento mesaliano preciso sigue siendo un argumento dudoso), parecen ser constitutivos del círculo de ascetas sirios para los que escribía.[71] Entre ellos se incluye la idea de que el pecado habita en el corazón humano como una serpiente y que el ser humano tiene una tendencia a la disolución espiritual que necesita ser compensada por la oración constante y la examinación interior. La escuela también abogó por el abandono de las ideas monásticas tradicionales de trabajos forzados como una forma de askesis, abogando en cambio por un estilo de vida errante que se centraba más en el retiro y el recogimiento espiritual (que es probablemente la razón por la que los obispos locales sedentarios no les gustaban). Otro tema típico de la escritura parece ser el fuerte énfasis en la necesaria conciencia sensible (*aesthesis*) de la obra del Espíritu Santo en el corazón más profundo. Esta familia monástica enseñó que, si una persona no estaba profundamente consciente de la presencia del Espíritu, entonces la persona era claramente no regenerada. Los poseídos por el Espíritu expresaban cómo sentían esa presencia como una visión de luz o una sensación de calor consolador.[72]

El mismo Pseudo-Macario muestra signos de todos estos elementos; en efecto, la espiritualidad del corazón atento y la constante invocación del *penthos* («luto gozoso») son contribuciones importantes que él hace al desarrollo de una espiritualidad monástica cristiana internacional. Hay pocos indicios de que él lleve cualquiera de estas ideas a un extremo objetable. Su obra, principalmente la *Gran carta* y las *Cincuenta homilías espirituales*, influyó en la teología ascética de Gregorio de Nisa y, más tarde, en Bizancio, se convirtió en una fuente importante de la renovación hesicástica a partir del siglo XI.

Isaac de Nínive. Mar Isaac era un monje de la iglesia caldea de Beit Quatraye en el Golfo Pérsico y tenía un alto renombre como solitario.[73] Fue nombrado obispo de Nínive en algún momento antes de 680, pero después de unos meses en el puesto renunció a su cargo y volvió a la vida solitaria. Más tarde se quedó ciego a causa de sus labores académicas. Su autoridad espiritual y la belleza de sus escritos sobre la oración y la experiencia mística hicieron que sus obras fueran apreciadas tanto por las facciones rivales monofisitas como por las nestorianas de la iglesia persa de su tiempo. En el siglo IX fueron traducidos del sirio a las versiones griega y árabe y llegaron a Bizancio poco después, donde tuvieron un gran impacto en el desarrollo de la teología espiritual hesicasta de principios de la Edad Media. Isaac pone gran énfasis en la sensibilidad de la gracia de Dios en el corazón (siguiendo a Pseudo-Macario) y desea enseñar a sus lectores ascéticos las habilidades necesarias para discernir los

---

[71] J. Meyendorff, "Messalianism or Anti-Messalianism: A Fresh Look at the 'Macarian' Problem," en *Kyriakon: Festschrift J. Quasten II* (Munster: Aschendorf, 1971), 585.

[72] Los textos tuvieron una profunda influencia en el joven John Wesley cuando los encontró en la Universidad de Oxford.

[73] La palabra siria *mar* significa «Señor» originalmente (como en *Mar anatha*: «¡Señor, ven!»). Más tarde fue utilizada por los cristianos sirios para designar a un santo.

movimientos del corazón y del espíritu por medio de la introspección: habilidades que él consideraba elementos de discernimiento absolutamente necesarios para aquellos que querían avanzar en la vida de oración. De todos los antiguos, Isaac es uno de los autores más maduros y gentiles que ofrece consejos sobre la vida espiritual y ascética. En los últimos años se han redescubierto sus obras perdidas, y en virtud de las nuevas traducciones al inglés se está volviendo a conocer como uno de los grandes maestros de la espiritualidad cristiana primitiva.[74]

Simeón el Estilita. Uno de los más dramáticos de todos los monjes sirios, sin embargo, no escribió ni una palabra. Era un icono visible desde muy lejos. Simeón el Estilita (390-459) toma su nombre del pilar arquitectónico (*stylos*) sobre el que se sentó, en cualquier clima, la mayor parte de su vida. Simeón fue el primero y el más famoso de una serie de ascetas sirios, que vivían expuestos a los elementos en una vida de penitencia ascética en la cima de las columnas. Fueron atendidos por discípulos, quienes enviaron comida para los reclusos y controlaban a la gente que venía a buscar sus consejos y oraciones. Simeón comenzó como monje sirio en monasterios cerca de Antioquía y finalmente, después de los últimos diez años viviendo allí como un ermitaño encerrado, adoptó una forma de vida eremítica al aire libre. Después de 423, ocupó un tambor de columna y se sentó allí en una meditación fija. Estaba a un metro del suelo. Pero pronto la fue levantando progresivamente, añadiendo más y más tambores caídos del sitio en ruinas de un templo romano para evitar la presión de las multitudes que acudían a él por intercesión espiritual. Pasó más de treinta años sin dejar este espacio restringido, abierto a todos los elementos. Su gran fama, incluso en su propia vida, ejemplifica clásicamente el surgimiento del culto al hombre santo en el Oriente Próximo.[75] Los autores y monásticos occidentales (especialmente Benito) tendían a desaprobar el sensacionalismo de estas formas sirias de askesis dramáticamente ostentosas; pero se favorecieron en Constantinopla y, por lo tanto, se convirtieron en parte de la memoria monástica general en el Bizancio posterior.

Simeón ciertamente impresionó su ejemplo a la iglesia y a las autoridades imperiales de su tiempo. Sus objeciones impidieron que Teodosio II restaurara sus sinagogas a los judíos de Antioquía, e influyó en el emperador León I para que apoyara la causa calcedonia en cristología. Se dice que él convirtió, en una sola visita, a las tribus masivas de Arabia, cuando acamparon alrededor de su columna, haciendo que tuvieran una quema masiva de sus ídolos tribales. Extensas ruinas de su pilar y del monasterio circundante (de más discípulos terrenales) aún sobreviven, incluyendo la base de su pilar, en Qal'at Sim'an. El alumno de Simeón, Daniel el Estilita (m. 493),

---

[74] Un número significativo de homilías fueron recuperadas tan sólo recientemente en 1983: cf. S. Brock, *Isaac of Nineveh (Isaac the Syrian): The Second Part, Chapters 4-41*, Corpus Scriptorum Christianorum Orientalium 555 (Louvain: Peeters, 1995). Véase en español Isaac de Nínive, *El don de la humildad: itinerario para la vida espiritual* (Salamanca: Sígueme, 2007).

[75] Véase P. Brown, "The Rise and Function of the Holy Man in Late Antiquity," *Journal of Roman Studies* 61 (1971): 80-101.

estableció su propia columna en Constantinopla y ejerció allí un ministerio igualmente influyente. Más tarde hubo otro asceta llamado Simeón el Estilita («Simeón Estilitas el Joven», d. c. 596), quien estableció su columna al oeste de Antioquía y se convirtió en una figura de culto para la hagiografía bizantina posterior. Estas cifras son muy significativas como modelos icónicos más que como profesores. Sus biografías hagiográficas se centran más en sus hechos que en su tradición apotemática como tal.[76]

Monaquismo egipcio. Relatos de Antonio Abad. Antonio se ha elevado como el simbólico «padre de los monjes» en la tradición cristiana. Vivió entre 251 y 356 años. Su vida, escrita por Atanasio de Alejandría poco después de la muerte de Antonio, se convirtió en uno de los textos cristianos más populares de la antigüedad y fue responsable de hacerlo paradigmático para la teoría monástica posterior, tanto en lo que respecta a la vida solitaria como a la de la pequeña comunidad. Pertenecía a una familia de comerciantes coptos en Alejandría. A la edad de veinte años heredó la riqueza de su padre y se convirtió en el jefe de su familia. Él experimentó una conversión dramática mientras escuchaba el Evangelio leído en la iglesia: «Véndelo todo y sígueme» (Mt. 19:21), y tomándolo personalmente en serio, se despojó de sí mismo para beneficio de los pobres, rompió sus lazos familiares y abandonó Alejandría para una vida de reclusión ascética en las tierras semidesérticas alrededor del Nilo, cerca de Fayún.[77] Comenzó su vida ascética cerca de los pequeños poblados de la aldea (y de este período provienen las famosas historias de Antonio «luchando con los demonios» que son tan populares en la pintura del Quattrocento).

Para el año 285 se adentró más en el desierto egipcio, buscando un estilo de vida más solitario en un lugar llamado Montaña Exterior (Pispir). El estilo monástico de vida solitaria tomó de esto el título de *eremita* (más tarde «ermitaño»), que se basa en el término griego para «desierto» (*eremos*). En Pispir, Antonio organizó una colonia de discípulos bajo una forma suelta de gobierno comunal temprano. Esto a su vez llegó a llamarse monaquismo «cenobítico», del término griego para «estilo de vida compartido», o «vida común» (*koinos bios*). En el año 305, deseando una mayor soledad en su estilo de vida, se trasladó aún más lejos en el desierto, a un lugar llamado Montaña Interna (ahora Deir Mar Antonios: Monasterio de San Antonio) junto al Mar Rojo. Aquí presidió una asociación de monjes de más edad que vivían en un colectivo informal como ermitaños.

Así fue como tradicionalmente llegó a ser asociado con la fundación de los tres tipos básicos de la estructura monástica cristiana posterior: (1) comunas (*koinobia*) bajo la dirección de un monje mayor (*abba* o padre); (2) *lavras*, de la palabra griega «carril trasero», o camino que conectaba las cuevas separadas de un valle con la iglesia común, donde grupos dispersos de ermitaños individuales se reunían para la

---

[76] R. Doran, trad., *Symeon Stylites: The Biographies* (Kalamazoo: Cistercian Publications, 1988); S. Ashbrook Harvey, "The Sense of a Stylite: Perspectives on Simeon the Elder," *VC* 42 (1988): 376-94.

[77] Él fue apenas el primer «inventor" del monaquismo cristiano, como lo describe la leyenda posterior. Se nos dice que al salir de la ciudad hacia el desierto puso a su hermana al cuidado de una comunidad ascética femenina cristiana ya establecida en Alejandría.

adoración semanal bajo la autoridad espiritual de un anciano (*geron*); y (3) la vida eremítica propiamente dicha, donde un monje viviría más o menos en completa reclusión o viviría aislado con uno o dos asistentes menores (*synkelloi*), a quienes dirigiría. Los escritos de Antonio, no muy extensos (ya que era y seguía siendo analfabeto), se centraban en la necesidad de adquirir libertad en la vida interior para que la visión de Dios pudiera ser buscada con un corazón centrado. Su reputación de hombre santo, consejero, exorcista y taumaturgo, incluso en su propia vida, fue tal que el obispo de Alejandría del siglo IV, San Atanasio, recurrió a su ayuda y utilizó el poder de su reputación para combatir el movimiento arriano.

La *Vida de Antonio* recicla para los lectores cristianos muchos temas que reflejan cómo los antiguos egipcios consideraban el desierto como el hogar de los demonios. Se sitúa entre la representación de Antonio, por un lado, como un hombre que ordena a los demonios y que sale victorioso después de terribles luchas que casi lo dejan muerto, y, por otro lado, como un filósofo cuya mayor lucha es contra las pasiones de su propio corazón falible. En Fayún, en las primeras etapas de su carrera, Antonio se retiró a una antigua tumba (que desafiaba públicamente el temor pagano de los muertos) y encontró allí a los demonios ascendentes en toda clase de formas animales. Podemos leer esto, por supuesto, como su osadía como cristiano de habitar una tumba que llevaba en sus paredes las representaciones de los antiguos dioses de Egipto—que para los cristianos eran ahora equiparadas con fuerzas demoníacas. Este modelo del triunfo de Antonio se basa también en la tentación de Jesús en el desierto. En esta arena apocalíptica se manifiesta la fuerza de la cruz.

La *Vida de Antonio* de Atanasio es, por tanto, un documento apologético muy claro destinado a mostrar cómo la nueva fe hace dos cosas por encima de todo: en primer lugar, da al discípulo un poder de protección contra todas las fuerzas demoníacas y, por lo tanto, una prueba viviente de que la iglesia venera al verdadero Dios; y, en segundo lugar, da al creyente un poder interior del Espíritu, que purifica y fortalece la vida interior. En los pocos textos epistolares que el propio Antonio dejó atrás se elabora el aspecto purificatorio. Uno de sus refranes atribuidos más famosos es: «Quien está sentado en soledad y callado ha escapado de tres guerras: las guerras de oír, de hablar y de ver; y entonces sólo queda una guerra en la que luchar, y esa es la batalla por tu propio corazón».[78] Otro famoso aforismo es éste: «Ya no temo a Dios. He llegado a amarlo, porque el amor perfecto echa fuera el temor».[79]

Las diferentes exenciones de Antonio en la *Vida* y los dichos que se le atribuyen en manuales monásticos posteriores enseñaron a los monjes cristianos a equilibrar sus vidas en el desierto con un patrón de oración y salmos a través de la noche y el amanecer, luego descansar en la mañana comiendo y trabajando, luego dormir en la tarde, luego estudiar, orar y cenar al atardecer, y orar de nuevo en la frescura de la noche. Se decía que esta fórmula de la variedad diaria entre la oración oral y mental, el

---

[78] *Dichos de los ancianos* (PL 73.858).
[79] Basado en 1 Jn. 4:18. *Apophthegmata Patrum. Abba Antony* (PG 65.85).

trabajo físico y el descanso, le había sido revelada por la visita de un ángel, ya que no tenía a nadie más que le mostrara las normas de la «política del desierto».

Relatos del desierto: El fayún cristiano. Después de la época de Antonio, el establecimiento de asentamientos ascéticos cristianos en las tierras desérticas adyacentes a Alejandría se hizo más extenso. Al discípulo de Antonio Amón se le acredita especialmente la primera organización de los asentamientos en crecimiento en el Fayún. Esta es el área del desierto interior asociada con la primera etapa de monaquismo de Antonio. También es conocido como el Desierto de Nitria, que está cerca de Alejandría al oeste de la desembocadura del Nilo. Hay tres sitios centrales que llegaron a ser importantes aquí: Nitria, Kellia y Scetis. Cada uno de ellos desarrolló una forma de espiritualidad monástica propia del lugar y del espíritu de sus respectivos fundadores locales.

Nitria (el moderno El Barnugi) fue el lugar donde los futuros monjes fueron introducidos en el desierto, viviendo en pequeñas comunidades diseñadas para supervisarles y poner a prueba sus vocaciones. Creció en la segunda generación, en la década del 390, hasta convertirse en el centro intelectual de casi todas las comunidades monásticas de Egipto. Habiendo comenzado como la «primera base» de la vida monástica del desierto, más cercana a la ciudad, y modelando un estilo de vida muy sencillo, cambió su carácter hacia finales del siglo IV, ya que la afluencia de monjes altamente educados lo convirtió en un lugar de intensa reflexión sobre la teología y la espiritualidad. Nitria se asoció por primera vez con Antonio y Amón, pero, como hemos visto, Antonio siguió moviéndose hacia una soledad más profunda hacia la zona del Mar Rojo, y pronto el propio Amón despegaría para fundar Kellia, que se especializó en un estilo de vida monástica aún más simple, más riguroso y más solitario.

Así fue como Nitria se hizo más tarde especialmente famosa por su «fundador de segunda generación», Amonio, uno de los llamados hermanos altos. Se trataba de un grupo de destacados intelectuales que destacaron la vida monástica como una peregrinación filosófica hacia la integridad de la visión. Fueron profundamente influenciados por los escritos de Orígenes de Alejandría. Amonio también llegó a ejercer el liderazgo sobre los asentamientos cercanos en Kellia. El gran erudito ascético y místico Evagrio del Ponto entró en la vida monástica bajo la guía de Amonio, viviendo primero en Nitria, de 383 a 385, y luego asentándose permanentemente en Kellia. Evagrio es quizás el representante más grande de esta escuela espiritual intelectual monástica, que siguió directamente la gran tradición bizantina. Sus escritos, y los de Orígenes, sufrieron una condena póstuma en el Segundo Concilio de Constantinopla en 553. Ese acontecimiento fue la culminación de más de dos siglos de conflicto anterior en las comunidades del desierto, desde Egipto hasta Siria, ya que las prácticas *fellahin* más sencillas de los apotegmas (relatos sencillos destinados a un público más campesino) generaron fricciones contra la más compleja tradición mística evagriana. Sin embargo, en muchos casos ambas tradiciones de ascesis monástica podrían estar presentes en la misma gente, en los mismos lugares y a veces en las mismas casas; sin embargo, rara vez cohabitan fácilmente.

Kellia fue la segunda de esta trinidad de los asentamientos monásticos del desierto interior.[80] El nombre del lugar es una forma griega de la palabra latina para «choza pobre» (*cella*) o «cueva de almacenamiento». Era una asociación informal de asentamientos monásticos que cubría muchos kilómetros cuadrados del desierto, fundada por Amón en el año 338. La palabra para el lugar, *celdas*, dio a la lengua europea el término básico para una vivienda monástica y, por cierto, cualquier lugar penitencial, como una «celda» de prisión. Se originó porque Amón y algunos de los monjes más avanzados comenzaron a encontrar la presión de los recién llegados demasiado irritante y querían volver a los días más tranquilos y severos de la primera fundación. Amón y el propio Antonio, según se dice, después de cenar una noche ambos caminaron hacia el desierto hasta la puesta del sol, momento en el que plantaron una cruz y fundaron el nuevo asentamiento en esa mayor soledad. Estaba a 19 kilómetros de Nitria. Esta fundación lavriótica contaba con unos seiscientos monjes en la década de 390, y para los siglos V y VI, se cree que contaba con miles. Para entonces, los asentamientos se habían extendido más de setenta y siete kilómetros cuadrados.

La pobreza era muy estricta allí, y sólo se animaba a los que vivían en el desierto a asentarse. La mayor parte del tiempo los monjes vivían en soledad, reuniéndose sólo para los servicios eucarísticos semanales comunes. Las viviendas individuales se colocaban a gran distancia para que no se escuchara ningún sonido de un vecino y no se viera ninguna actividad. Este es un lugar muy asociado con los «dichos de los padres del desierto», que luego se difundieron para su edificación internacional una vez que las comunidades originales fueron dispersadas y reducidas por las incursiones bárbaras.

Estas colecciones de leyendas y dichos de los padres del desierto tienen un estilo simple y aforístico de sabiduría experiencial. Son apotegmáticos: de carácter gnómico y conciso. También hay historias compuestas de viñetas cortas que tratan de las «grandes hazañas» de los padres fundadores: se registran grandes hazañas ascéticas y milagros domésticos. Los monjes son vistos como ángeles terrenales, regresando a través de la oración y el ayuno a un estado de simplicidad infantil donde incluso los animales salvajes llegan a confiar en ellos. Ellos son guías del alma e intercesores por sus hermanos cristianos ante Dios. Se pone gran énfasis en la oración constante, el

---

[80] Hoy es Al-Muna. Tuvo su edad de oro en los siglos V al VI; sufrió un declive en los siglos VII y VIII debido a las disputas doctrinales que afectaban a Egipto y también debido a las incursiones nómadas procedentes del desierto oriental (libio). Permaneció habitada hasta el siglo IX, pero sólo se conservan restos arqueológicos. Antoine Guillaumont comenzó las excavaciones en 1964, y han continuado durante muchas décadas. En más de cuarenta y ocho millas cuadradas, se encontraron más de mil quinientas estructuras, que iban desde celdas de ermitaños individuales hasta grupos donde dos o tres vivían juntos, y un número menor de complejos más grandes agrupados alrededor de una torre defensiva, que generalmente tenía una pequeña capilla. También había una iglesia central donde los hermanos se reunían para el culto en común (*qasr Isa*), un sitio para los servicios de cuidado común (*qasr waheida*), y un centro comercial (*qasr al-Izeila*). Véase Roger S. Bagnall, ed., *Egypt from Alexander to the Early Christians: An Archaeological and Historical Guide* (Los Angeles: Getty Publications, 2004), 108-12.

enfoque en el control de los pensamientos y la resistencia implacable. Algunos de los aforismos de esta tradición se han convertido en lugares comunes monásticos hasta el día de hoy: «Quédate en tu celda para que tu celda pueda retenerte». Los monjes rezaban toda la noche, comían al amanecer y al atardecer, mantenían un equilibrio de trabajo físico deliberadamente sin sentido (jardinería, fabricación de cuerdas, cestería, por ejemplo) junto con la oración mental entrelazada con la recitación del Salterio.

Después de la llegada de Evagrio, Kellia se asoció con la tradición mística origeniana, ya que rápidamente se convirtió en su habitante más famoso. Algunas partes de la tradición del apotegma señalan que muchos de los hermanos encontraron inquietantes las prácticas de Evagrio. Por su parte, Evagrio atrajo a sus discípulos a su alrededor en un modelado consciente de una antigua *schola* filosófica, donde el trabajo intelectual, el estudio, la reflexión meditativa profunda y el desarrollo de los estados de paz interior y la oración sin palabras tenían una mayor prioridad sobre las formas tradicionales de trabajo ascético y los servicios de oración vocal (salmos y exclamaciones) favorecidos por los monjes menos intelectuales anteriores.

Scetis fue el tercer gran centro de la vida monástica en el desierto interior. El nombre de este lugar también ha sobrevivido en el uso monástico moderno como descriptor de una forma de vida que mezcla la vida cenobítica con la tranquilidad de una existencia semihermitaña. El término *skete* hoy en día usualmente significa una pequeña casa monástica habitada por unos pocos discípulos más avanzados reunidos alrededor de su anciano. El lugar original era una zona desértica con varios lagos salados al oeste de Alejandría. Estaba al sur y cerca de Kellia. Hoy en día se encuentra en el mapa a medio camino entre Alejandría y El Cairo. Las salinas se utilizaban en la antigüedad para la extracción de natrón utilizado en los rituales de momificación, y el lugar en la actualidad se llama Uadi Natrun (lo que ha llevado a muchos a confundirlo con Nitria, que en realidad se encuentra al este). Aquí se estableció el famoso maestro del desierto San Macario de Alejandría en el año 330 y atrajo a numerosos seguidores monásticos. Desde entonces, Scetis fue uno de los centros espirituales más importantes del monaquismo egipcio, hasta la época de las devastaciones bárbaras del siglo V. En la actualidad se conservan en la zona cuatro monasterios de antigua fundación.

Macario el egipcio era el anciano espiritual en Scetis, mientras que Macario el alejandrino servía como sacerdote en Kellia. Ambos hombres tuvieron una influencia formativa en la tradición del desierto y especialmente en Evagrio. La reputación del egipcio como asceta avanzado le valió el título de «Macario el Grande», pero muy poca tradición textual real sobrevivió de su mano. De él hablan los viajeros al desierto, que difundieron su fama en las capitales, y así aparece como un personaje significativo en la colección conocida como los dichos de los padres (*apophthegmata patrum*).[81] Al ser famoso por sus estanterías vacías, por así decirlo, fue un blanco importante de la antigua práctica de la pseudo-pigmigrafía; es decir, fue un refugio en el que otras

---

[81] Es descrito, por ejemplo, por Paladio en su *Lausiac History* 17, y Rufino en su *History of the Monks* 28.

escrituras podían esconderse en épocas críticas. En consecuencia, cuando los escritos de un importante teólogo sirio de la región de Capadocia (probablemente llamado Simeón) fueron censurados por aspectos de aparente dualismo a principios del siglo V, la escuela monástica de este fundador, que con razón los consideraba obras maestras de la vida interior generalmente malentendidas, los rebautizó como obras maestras de Macario el Grande.[82] La cuestión se resuelve hoy en día por los estudiosos, que llaman a este último Pseudo-Macario.

Sin embargo, para la iglesia del siglo V en adelante, este subterfugio significó que la espiritualidad siria, en una fusión literaria del siglo V, se fusionó simbólica y prácticamente para edades posteriores con las tradiciones del desierto egipcio. El Macario egipcio original representaba la continuación de la tradición antoniana de un estilo de vida radicalmente simple, junto con la dedicación a la oración regular y al trabajo físico. Pseudo-Macario, por otro lado, es un maestro siro-griego retórico y teólogo, con doctrinas relacionadas con el tema del corazón como el trono del Espíritu residente. Su *Gran carta* y sus *Discursos espirituales* están entre los más grandes escritos sobre la oración producidos por los primeros cristianos.

El monaquismo federado de Pacomio. Pacomio también ha sido llamado el «padre de los monjes» y compite con Antonio para ser el símbolo de la inspiración básica detrás del monaquismo de la vida común en sus formas cristianas. Vivió entre los años 290 y 346, tenía su base en el Alto Egipto, cerca de la antigua Tebas, y fue un exsoldado que trajo a la vida monástica del Alto Egipto las habilidades de organización comunitaria.[83] Al ser conducido encadenado por el Nilo como un recluta pagano para los ejércitos de la guerra civil tardía, Pacomio se convirtió al cristianismo en el año 313 después de recibir la amabilidad y la tutela de los cristianos al pasar por la aldea de Jenoboskion. Aquí había sido consolado por los consejos de un viejo asceta cristiano (Abba Palamón), por lo que más tarde regresó, después de completar el servicio militar, para ser entrenado por él en la vida ascética en el desierto.

Los asentamientos de Pacomio después de la muerte de Palamón se componían de grupos de ascetas que vivían en un recinto fortificado bajo la supervisión de un *higumen*, o abad, que era el «padre» (abba) de la comunidad y tenía gran autoridad sobre todos los aspectos de la vida de la comuna. El espíritu del movimiento era «trabajo y oración». Las órdenes monásticas benedictinas occidentales son las que más se asemejan a este patrón. Hasta el tiempo de Pacomio, el monaquismo era individualista y más bien desorganizado. Pacomio trajo el sistema al movimiento, y

---

[82] La escuela enfatiza los dos principios del bien y del mal que están en guerra permanentemente en el corazón. Esto podría leerse como un tropo moral o una forma de antropología dualista, dependiendo de la perspectiva del espectador; pero fue una de las cosas que alarmó a sus críticos episcopales cuando estos maestros espirituales comenzaron a propagar el punto de vista en los desiertos sirios. La habitación de un «espíritu maligno» en el alma sonaba superficialmente como un resurgimiento del maniqueísmo. Esto claramente no es lo que Simeón/Macario estaba propagando. La tradición siria anterior tiene matices similares (al igual que el latín), pero la tradición griega no era tan pesimista en su visión del estado del alma de la humanidad después de la caída.

[83] Era un pagano reclutado en el ejército romano, y la bondad de los cristianos de Jenoboskion durante su servicio forzado sirvió para convertirlo. Bautizado en el año 313, sirvió al asceta Apa Palamón hasta el año 320, cuando cuenta que oyó una voz celestial que le instruyó a construir un monasterio para recibir a muchos discípulos.

con ese sistema vino la estabilidad financiera y militar (protectora), que permitió que su trabajo como fundador prosperara. Una vez se pensó que había sentado las bases de su único «orden» en muchos lugares diferentes, pero esto es para invertir su trabajo retrospectivamente con más coherencia de la que podría haber tenido en sus primeras etapas. Aun así, fundó dos casas muy poco tiempo después, en Jenoboskion y Pbow, entre 320 y 326. La segunda se convirtió finalmente en la sede de una serie de once casas pacomianas a lo largo del Nilo, debajo de Tebas, en la región de Tabennisi (cerca de la moderna Nag Hammadi), dos de las cuales eran sólo para mujeres. Los estudios modernos sugieren que los complejos de los monasterios pacomianos eran más bien instituciones separadas que entraban en una especie de federación, algo así como una franquicia moderna.

Se dice que los antecedentes militares de Pacomio han dado forma a sus ideas sobre la organización de grupos, aunque algunos estudios recientes han señalado la posible influencia de las comunidades maniqueas en la zona. Los asentamientos pacomianos se caracterizaban por una estricta insistencia en la pobreza comunal, y la disciplina en las casas a veces bordeaba lo que los lectores modernos podrían considerar excesivo, aunque en comparación con otros como Shenute de Atripe, Pacomio era positivamente moderado. Las comunidades monásticas antiguas, sin embargo, parecían haber sido lugares extremadamente disciplinados, con muchos castigos físicos designados por infracciones del orden. Al igual que Shenute, Pacomio parece haber sido una personalidad carismática y visionaria. Fuentes coptas sugieren que las experiencias visionarias y las intuiciones celestiales eran una parte regular de la forma en que él percibía al líder cristiano inspirado para funcionar en la comunidad electa. Las fuentes griegas claramente subrepresentan este aspecto de la vida de Pacomio, minimizando los elementos visionarios carismáticos en el proceso de difundir su fama y su ejemplo más allá de la comunidad cristiana internacional de habla griega.

En 345, Pacomio fue censurado por un sínodo de obispos egipcios reunidos en Latópolis. El ataque eclesiástico contra él y el poder (obviamente creciente) de su organización eclesial «paralela» (entonces en gran medida fuera del control de los episcopados locales) tuvieron poco efecto, sobre todo porque su muerte estaba a punto de producirse, pero también porque sus partidarios eran lo suficientemente fuertes como para poder rechazarla directamente. Es una indicación interesante, entre otras de este período, de la creciente tensión entre las formas ascéticas de la configuración del cristianismo y el poder tradicional de los obispos de los pueblos y ciudades. Cuestiones similares están en juego en el Sínodo de Gangra en Asia Menor (340). Se dice que san Atanasio fue un constante defensor del ideal pacomiano. Cuando se considera que los hallazgos gnósticos de Nag Hammadi de mediados del siglo XX procedían muy probablemente de la biblioteca de un asentamiento pacomiano, enterrados deliberadamente en lugar de ser quemados, la naturaleza exacta de la relación entre estas casas ascéticas y las estructuras establecidas de las comunidades cristianas de aldeas, con su jerarquía episcopal y sacerdotal, se convierte en una fuente interesante de especulación.

En el año 346 Pacomio murió en una grave plaga que asoló los asentamientos a lo largo del Nilo. En ese momento tenía nueve monasterios masculinos y dos femeninos bajo su autoridad. El historiador Paladio, que escribió hacia el año 420, estimó que tres mil monjes pertenecían a la federación de Pacomio en vida.[84] En el siglo V, la federación había entrado en un proceso de disolución, acelerado por controversias cristológicas divisorias que afectaban a la iglesia egipcia tras el Concilio de Calcedonia (451). Sin embargo, el modelo de vida cenobítica de Pacomio había dejado para entonces una marca indeleble en la conciencia de la organización monástica en otras partes del mundo cristiano, como en el Sinaí, Palestina y Capadocia, e iba a tener efectos duraderos.

Las «reglas» de Pacomio son muy prácticas y se basan en el sentido común y en un concepto activo del bien común. Tal vez no se escribieron hasta después de la muerte de Pacomio, pero representan el tenor esencial de su sistema. No sólo influyeron a Basilio de Cesarea y Shenute de Atripe, sino que, traducido al latín por San Jerónimo, ejercieron una fuerte influencia sobre Juan Casiano, Cesáreo de Arlés y Benito de Nursia, y así desempeñaron un papel como una especie de guía arquetípica de los fundadores cenobitas tanto en las iglesias orientales como en las occidentales, dando a muchas formas de monaquismo la idea de una «regla» escrita para consagrar el espíritu, la conducta y los valores de las diversas casas.[85] En el monaquismo bizantino del siglo V en adelante, diferentes casas podían componer sus propias *typika* (reglas), y uno nota una diversidad bastante amplia hasta que el siglo IX trae un mayor

---

[84] Véase Paladio, *Historia Lausiaca* 26.18-20. Basilio (330–379) fue uno de los principales padres de la iglesia, y sus escritos tuvieron una importancia perdurable. Sus obras ascéticas incluían una reedición de los tratados monásticos de Eustacio de Sebaste, un importante asceta de Capadocia. Bajo el nombre de Basilio, el *Asketikon*, publicado en el año 363 (también conocido como la «regla» de Basilio), es un conjunto suelto de aforismos bíblicos para la guía de los monjes. Se extendió mucho y Basilio se ganó el título de «padre de los monjes».

[85] Shenute de Atripe (c. 350–466) también conocido como Sinute, o Shenoude; fue el primero en exigir a los monásticos la profesión escrita. En el 88 se convirtió en el líder del Monasterio Blanco de su tío en el Alto Egipto. Aplicó radicalmente a los muchos monjes a su disposición con el propósito de la (a menudo violenta) supersesión de la antigua religión egipcia. Expandió el Monasterio Blanco a casi dos mil monjes y tuvo una fundación de mujeres de casi el mismo tamaño. Dirigió un régimen estricto en el que los azotes por infracciones eran comunes. Para más información sobre esta figura que se considera un gran líder de los primeros coptos, véase D. N. Bell, trad., *Besa: The Life of Shenoute* (Kalamazoo, MI: Cistercian Publications, 1983); A. Grillmeier y T. Hainthaler, *Christ in Christian Tradition*, vol. 2, parte 4, *The Church of Alexandria with Nubia and Ethiopia After 451* (London: Mowbray, 1996), 267-57; J. Limbi, "The State of Research on the Career of Shenoute of Atripe," en *The Roots of Egyptian Christianity*, ed. B. A. Pearson y J. E. Goehring (Philadelphia: Fortress, 1986), 258-70.

Juan Casiano (360–433) fue el fundador de importantes monasterios en Occidente, donde aportó muchas ideas orientales y compuso un influyente tratado sobre ascetismo titulado *Las conferencias*. Para más información, véase C. Luibheid, *John Cassian: The Conferences*, Classics of Western Spirituality (New York: Paulist, 1985); P. Munz, "John Cassian," *JEH* 9 (1960): 1-22; P. Rousseau, *Ascetics, Authority and the Church in the Age of Jerome and Cassian* (Oxford: Oxford University Press, 1978).

Cesáreo de Arlés (468–542) fue un importante organizador monástico episcopal antes de la era benedictina. Dejó atrás un importante conjunto de reglas en latín para monjes y monjas: *Regula ad Monachos* y *Regula ad Virgines*. Para más detalles, véase W. E. Klingshirn, *Caesarius of Arles: The Making of a Christian Community in Late Antique Gaul* (Cambridge: Cambridge University Press, 1994).

Benito de Nursia fue el llamado padre del monaquismo latino, y estudiaremos su carrera en breve.

sentido de asentamiento en formas estándar.[86] Occidente siguió un conjunto más estático de arquetipos desde una fecha temprana hasta que, de nuevo en el siglo IX, el gobierno de San Benito llegó a ser de una importancia abrumadora en la determinación del ethos de las casas monásticas occidentales.

Otros notables centros monásticos egipcios: Gaza y Sinaí. Cabe mencionar brevemente otros dos ejemplos importantes del estilo egipcio de vida monástica: Barsanufio y Juan, los conocidos ancianos de Gaza; y Juan Clímaco, que representaba a los (muchos) ancianos del Sinaí, se congregaron durante muchas generaciones alrededor del gran monasterio al pie del Monte Sinaí.[87]

Barsanufio y Juan eran dos ancianos renombrados que vivían a mediados del siglo XVI y eran considerados como un ejemplo del último de la tradición clásica de los santos del desierto, ya que para entonces la seguridad de la frontera romana se había deteriorado y las incursiones bárbaras habían diezmado el número de asentamientos supervivientes en el desierto. Barsanufio era un egipcio de nacimiento que vivía como un asceta solitario en Gaza. Su contemporáneo más joven, Juan el Profeta, era un ermitaño que vivía cerca de él. Entre los dos hombres tuvo lugar una serie de intercambios literarios que luego fueron recogidos y difundidos bajo el título de *Preguntas y Respuestas*. El libro se convirtió en un manual bestseller para los antiguos monjes. Fue una serie de preguntas planteadas al anciano, por Juan y otros monjes, posiblemente a través de la mediación de Juan, que buscaban dilucidar el significado más profundo de la vida ascética, y maneras prácticas de evitar problemas comunes. Los diálogos concisos resumen la tradición desértica de los primeros tiempos del período de Nitrian, pero editados para representar los dichos de los padres (*apophthegmata*), como maestros altamente prácticos y no especulativos.

Esta edición de la tradición llegó en un momento en que partes del mundo monástico en Egipto y Palestina estaban reaccionando fuertemente contra la teología especulativa de Orígenes, y tuvieron un profundo impacto en la tradición ascética posterior durante dos importantes momentos de síntesis.[88] En primer lugar, las obras influyeron en los importantes maestros monásticos del siglo VII, Juan Clímaco y Doroteo de Gaza.[89] Y segundo, en un período posterior también disfrutarían de un gran renacimiento en Bizancio, afectando a místicos medievales tan influyentes como Simeón el Nuevo Teólogo y Pablo de Evergetinos.[90] Así fue como este libro de Barsanufio y Juan conservó, en la más amplia tradición de la teología ascética

---

[86] *Regula* en latín, *typikon* en griego. Los escritos del reformador monástico San Teodoro Estudita se convirtieron en una regla ampliamente utilizada para las casas.

[87] Hoy llamada Santa Catalina, en tiempos de Justiniano (en el siglo VI) llamada Iglesia de la Transfiguración.

[88] La teología especulativa de Orígenes fue defendida por Evagrio y los hermanos altos.

[89] C. 505–565 (algunos sitúan su muerte a principios del siglo VII). Discípulo de los dos ancianos, se convirtió en *higumen* de su propio monasterio en el año 540 y escribió libros de consejos espirituales para monjes que tuvieron una gran influencia.

[90] Simeón el Nuevo Teólogo (949–1022) fue un importante maestro místico y monástico cristiano medieval en Constantinopla. Pablo de Evergetinos (m. 1054 en Constantinopla) era el jefe de un monasterio mayor allí (los Evergetinos), y compiló una gran recopilación de cuentos monásticos y aforismos (*Evergetinon*) que tuvieron una gran influencia sobre la iglesia cristiana oriental.

cristiana oriental, una imagen clásica de los antiguos monjes del desierto. Sin embargo, en su posterior adopción se convirtió en una imagen de los valores monásticos que no era sólo una reiteración de la escuela apotemática más sencilla, sino que añadía a ella una silenciosa rehabilitación de las tradiciones místicas origenianas-evagrianas que se centraban más directamente en la necesidad de acallar el alma y elevarse desde la pureza del corazón hasta el sentido de la presencia mística de Dios. Los últimos maestros de Gaza, en resumen, en realidad sirven para sintetizar las variadas tradiciones de sus predecesores monásticos.

Juan Clímaco (c. 575-650) toma su nombre del título del manual altamente influyente que escribió para aconsejar a los monjes en formación: *La escalera de la ascensión divina*. *Clímaco* significa «de la escalera». Durante más de cuarenta años de su vida fue un recluso estricto en el desierto del Sinaí, pero hacia el final de ese período se había convertido en un consejero de monjes muy exigente. Hacia 635 fue elegido para ser el *higumen* del gran monasterio fortificado del Sinaí. Consciente de que durante su vida las muchas comunas del desierto estaban desapareciendo, escribió un manual de guía espiritual para capturar las viejas prácticas y costumbres. Alcanzó una inmensa fama en la iglesia primitiva y hasta el día de hoy es considerada como la introducción clásica a un estilo de vida monástico. Es un libro muy práctico, en forma de «escalera al cielo» de treinta peldaños ascendentes. Los primeros veintitrés de ellos esbozan los peligrosos vicios que acosan al discípulo radical, y los últimos siete hablan elocuentemente de las virtudes superiores, terminando en el peldaño más alto, que está dedicado al amor de Dios. La obra de Juan es una síntesis clara y simplificada de las enseñanzas de los ancianos de Gaza y pasó a ser una importante influencia formativa sobre el monaquismo atonita en el período medieval bizantino. Juan Clímaco tiene un enfoque especial en su trabajo sobre la necesidad de simplificación del monje, tanto en lo que se refiere a la vida como a los hábitos de oración interior.[91] Hasta el día de hoy, el libro se da a los novicios que entran en el monaquismo cristiano oriental como la primera «guía para empezar» para un nuevo aspirante monástico.

Monasterios en Palestina y más allá. Hay dos maestros destacados en la antigua tradición palestina de vida monástica: Sabas y Eutimio. Cirilo de Escitópolis (Beth Shan en Israel) se convirtió en su hagiógrafo posterior, y su relato en su libro *Vidas de los monjes palestinos* es una fuente clásica de la historia.[92] Palestina bajo los emperadores bizantinos floreció enormemente entre los siglos V y VII como un lugar central del mundo cristiano, buscando peregrinar a Jerusalén y a los lugares sagrados. Los ascetas se asentaron en los desiertos palestinos, en cuevas aisladas, en pequeñas familias de tipo *skete* de tres o cuatro, y también en casas cenobitas mucho más

---

[91] La quietud de la naturaleza iba a ser la raíz del posterior hesicasmo (un término derivado de este proceso de «quietud»). Su énfasis en la utilidad de expresiones bíblicas simples, repetidas muchas veces, llevó también a la prevalencia de la tradición cristiana oriental de la oración de Jesús.

[92] Cirilo de Escitópolis (525-557+) entró en la vida monástica a la edad de dieciocho años, y un año después, 544, fue transferido a la *lavra* de Eutimio, donde permaneció durante once años. Luego asumió el liderazgo de la «Nueva Lavra» después de la expulsión de los monjes originales que la habían fundado. Véase R. M. Price, *Cyril of Scythopolis: Lives of the Monks of Palestine* (Kalamazoo, MI: Cistercian Publications, 1991).

grandes. Pero sobre todo los monjes palestinos favorecían el estilo de vida lavriótico, en el que un valle sería tomado por una comunidad de ermitaños que vivían vidas solitarias durante la mayor parte de la semana y que se reunían para una liturgia semanal los sábados por la tarde y los domingos bajo el gobierno de un anciano y un sabio espiritual comúnmente venerados. Sabas y Eutimio eran dos de esos líderes famosos. El monaquismo palestino estuvo marcado por la geografía especial de la región. El área silvestre del desierto de Judea no era tan desolada o solitaria como el desierto egipcio, y la mayoría de las casas del desierto estaban lo suficientemente cerca de la ciudad de Jerusalén como para que los ascetas pudieran disfrutar de una vida pastoral activa con una influencia significativa en los asuntos de las iglesias urbanas.

Eutimio. Eutimio (377–473) es considerado en la tradición cristiana oriental como uno de los más grandes ascetas de la historia del monaquismo. Venía de Melitene, en Armenia Inferior, fue ordenado sacerdote cuando era joven y ocupaba un alto cargo clerical en la administración de la diócesis. Aunque es probable que se haya convertido en obispo, vino a Jerusalén buscando desconexión y soledad en el año 405. Vivió como monje solitario en varios lugares cerca de la ciudad santa, pero en 426 finalmente estableció una *lavra* en un lugar llamado Khan El Ahmar (ahora está cubierto por uno de los asentamientos en Cisjordania). En el período posterior al Concilio de Calcedonia, fue una de las pocas altas autoridades en el desierto que se mantuvo firme en su apoyo al Concilio. La suya era una voz poderosa en los asuntos monásticos internacionales de su tiempo.

Sus enseñanzas trajeron consigo una aceptación general y de larga data después de él de que los estilos de vida cenobítico y lavriótico de los monjes podían combinarse. Un joven aprendiz debe comenzar en las casas cenobitas y perseverar allí, aprendiendo disciplina espiritual, antes de pasar a los estilos de vida lavrióticos cuando haya adquirido cierta antigüedad y estabilidad, y eventualmente, si lo desea, reclamar un estilo de vida de gran soledad como ermitaño. Así que, si lo desea, un monje celoso podría moverse a través de las tres formas en su carrera e incluso regresar (como lo hizo Juan Clímaco) a la vida cenobítica al final. O un monje podría quedarse durante toda su carrera en una casa cenobítica si se adaptaba mejor a su temperamento. Este sistema permitía en el monaquismo cristiano oriental una flexibilidad mucho mayor que la que era común en Occidente. Después de que el benedictinismo se generalizó allí, también lo hizo la insistencia de Benito de que un buen monje debe preferir la vida común y una vez admitido en un monasterio nunca debe desear dejarla y vagar por otros lugares.

Mar Saba. Sabas (439–532) era originario de Capadocia (de la ciudad de Mutalaska, cerca de la Cesarea capadocia) y pasó un tiempo como monje en el monasterio flaviano de Cesarea antes de partir, a la edad de diecisiete años, hacia los lugares sagrados de Palestina. Una vez allí decidió quedarse y fue brevemente monje en los monasterios de Abbas Passarion, y luego Eutimio, y luego (para una estancia más larga) en la comunidad de Abba Teoctisto. Permaneció con este último mentor hasta los treinta y cuatro años, en el año 473. Luego se mudó del cenobio para vivir cinco años en una cueva solitaria. En 478 se trasladó a una nueva cueva a orillas del río Cedrón, cerca de Belén, una garganta en lo que hoy es el Wadi en-Nar. Aquí empezó a atraer a muchos discípulos monásticos a su *schola*.

La austeridad y el tamaño de la comunidad pronto la hicieron famosa. El escarpado desfiladero hacía poco práctico el diseño habitual de la *lavra* (un valle largo que alberga muchas cuevas separadas), por lo que desde los primeros tiempos las celdas reunidas localmente se amurallaron y las casas, tan compactas, se fortificaron en los muros del desfiladero. Esta casa, ahora llamado monasterio Mar Saba (de San Sabas), es uno de los más antiguos monasterios continuamente habitados del mundo cristiano. Sobrevive como una fortaleza inexpugnable aferrada a las rocas. En su época se la conocía como la Gran Lavra. Está situado en el desierto muy accidentado entre Jerusalén y el Mar Muerto. En 490 Sabas aceptó a regañadientes la ordenación sacerdotal (en un momento en que era muy inusual para los monjes), y en 492 fue nombrado archimandrita de Palestina (cabeza única de todos los monjes de la diócesis) por el patriarca de Jerusalén.

Sabas tuvo un fuerte protagonismo en la crisis de finales del siglo V que enfrentó a dos partidos de monásticos entre sí: los que se deleitaban en la filosofía espiritual de Orígenes y los que querían que su influencia fuera purgada de la iglesia. Él mismo se opuso a los monjes «origenistas», pero tuvo que trabajar duro para asegurarse de mantener el control de su propia casa, y sólo pudo hacerlo forzando la salida de muchos disidentes. Al igual que Eutimio, fue una poderosa fuerza conservadora para la teología del Concilio de Calcedonia y contra el monofisismo. Su *typikon* monástico (dominio de la Gran Lavra) se convirtió en un importante ejemplo y modelo para los monasterios bizantinos posteriores.

Él mismo tenía la reputación de ser un líder muy estricto y dominante, y su gobierno despertó la oposición de muchos, especialmente entre los literatos cultos y los teólogos opuestos al difisismo, que no apreciaban la manera en que trataba de usar su autoridad para cerrar el debate. Las disputas fueron tan amargas en un momento dado que el propio Sabas fue expulsado de su propio monasterio y tuvo que buscar el apoyo imperial en varias visitas a Constantinopla cuando Justiniano estaba reinando. Su casa le fue devuelta, y los monjes origenistas a su vez se fueron a fundar la «Nueva Lavra». Murió en Constantinopla en 532 mientras estaba en una misión allí.

En el siglo IX su Gran Lavra se convirtió quizás en el centro más importante para la escritura litúrgica y teológica en el mundo oriental. Comenzó otra gran fuerza de sintetizar las tradiciones sirias, egipcias, campesinas y origenianas-evagrianas del misticismo ascético que tuvo una influencia duradera sobre las formas subsiguientes de la escritura monástica bizantina. A las formas de liturgia pública ya influenciadas por el ceremonial de la corte imperial, se añadió una fuerte «edición» para dar prominencia al estilo monástico del uso de extensos salmos, oraciones y vigilias. Las estructuras litúrgicas del mundo cristiano oriental están, hasta hoy, fuertemente marcadas por la síntesis que tuvo lugar por primera vez en los monasterios palestinos del siglo V.

El primer monaquismo en Occidente. *Martín de Tours.* Martín (316–397) fue una figura de transición que sirvió de puente entre el crepúsculo del mundo de resonancia clásica de la antigüedad tardía y el amanecer de la Alta Edad Media. Fundó un tipo muy carismático de ascetismo monástico en Occidente, utilizándolo para promover una agresiva expansión misionera de la fe cristiana en las zonas rurales del interior, donde el culto pagano todavía era fuerte en este período, con muchos templos y santuarios en funcionamiento. Comenzando como monje, usaría a los monjes cuando fuera elevado como obispo como parte de su arsenal episcopal en la causa de deconstruir el paganismo por cualquier medio a su disposición.

Nacido en la provincia imperial romana de Panonia (hoy transfrontera entre Austria, Hungría, Serbia y Croacia), Martín era hijo de un oficial legionario y se crió en Italia, en Pavía. Allí, a la edad de diez años, se sintió atraído por la comunidad cristiana, y pidió ser inscrito como catecúmeno en el año 326. En el año 331, cuando tenía quince años, se le exigió por ley que siguiera a su padre en las fuerzas armadas y así se convirtió en oficial de caballería en los ejércitos del emperador Constancio y luego bajo el mando de Juliano. Era parte de los guardias de caballos fuertemente armados (*cataphracts*). Sulpicio, que escribió su *Vida* hagiográfica, intenta en la medida de lo posible minimizar esta fase militar de su vida, y hoy Martín se ha convertido incluso en un símbolo del objetor de conciencia.[93] Pero sin duda pasó más tiempo en el ejército de lo que parece en el texto. Lo que finalmente lo expulsó del servicio militar fue probablemente la ascendencia de Juliano, quien no era tan amigable con los oficiales cristianos como lo había sido Constancio.[94] Cuando Juliano comenzó su política imperial de marginar al cristianismo, esto señaló a muchos cristianos que era hora de retirarse de la corte. Al mismo tiempo Gregorio el Teólogo escribió a su hermano Cesáreo, médico de la corte de Juliano, que sería un buen momento para volver a la vida privada. En ese momento, en el año 356, el propio Martín tendría cuarenta años y habría cumplido el plazo legal requerido de veinticinco años para ser oficial del ejército.

En Worms, después de dejar el ejército, conoció y se unió al grupo de Hilario de Poitiers, el famoso obispo-teólogo, y le ayudó a difundir las misiones eclesiales para el partido proniceno en la región de Ilírico—que ahora es la zona costera albanesa y croata. Se enfrentó con el principal obispo arriano de Milán, Ausencio, y fue

---

[93] Una historia cuenta cómo se negó a pelear una batalla en Worms y fue acusado de cobardía. A esto contestó que con gusto conduciría a las tropas a la batalla, pero desarmado. Antes de que sus comandantes le obligaran a hacerlo, se dice que la guerra ha cesado. La famosa narración de su división del manto militar con su espada para dar la mitad a un pobre y frío hombre a la puerta de Amiens (*Vida de San Martín*, cap. 3; en la breve lectura abajo) fue equivalente a un acto de traición en ese día, comparable a quemar la bandera en la nuestra. Es una señal de que políticamente se estaba despidiendo de Juliano. La *Vita* cuenta esto (y una visión posterior) como el momento decisivo para su bautismo (cuando tenía dieciocho años), pero hay motivos para suponer que Sulpicio ha maquillado los episodios de la *Vita* para resaltar la preferencia de Martín por el pacifismo como la razón por la que dejó el servicio militar.

[94] Juliano fue elevado como César en Occidente por Constancio, en el año 355, y sus tropas lo proclamaron Augusto en el año 360, iniciando así la guerra civil entre él y Constancio.

expulsado de la ciudad. Poco después de este contratiempo se convirtió en ermitaño en Liguria, en la isla de Gallinara (frente a la costa noreste de Italia, cerca de Génova). Algunos años después, en el año 361, retomó el ministerio público en Ligugé, cerca de Poitiers. Coincide con la época en que el propio Hilario fue restaurado a su sede y a sus dignidades. A partir de este momento Martín aparece como un superior monástico dirigiendo una comunidad en un terreno que probablemente le fue dado de las propiedades de la propia familia de Hilario. Este fue un momento histórico, ya que se convirtió en la primera fundación monástica en la iglesia occidental que se puede fechar adecuadamente. Martín fue presionado cada vez más por el partido de Nicea para que se convirtiera en el obispo de Tours y en este papel pasó el resto de su vida, aplicando las fuerzas monásticas para evangelizar las áreas rurales, todavía muy paganas, de la región central del Loira en Francia (contemporánea).[95]

Para ello utilizó dos sedes, incluida su sede episcopal de Tours, donde se dedicó a organizar al clero de una manera casi monástica y jerárquica. No es de extrañar que se mostraran reacios a aceptar su autoridad episcopal. Su otra sede se encontraba en el monasterio que dirigía en Marmoutier (el francés es una corrupción del *maius monasterium*, o «gran monasterio»), que fundó en 372, dos millas río arriba de su ciudad episcopal. Como obispo misionero no era pluralista. Abogó por la destrucción de los templos y la tala de las arboledas sagradas.[96]

Se convirtió en una figura política muy cargada y finalmente obtuvo mucho apoyo de la aristocracia romana provincial, que ahora veía a la iglesia como la mejor oportunidad para la continuación de una civilización «galorromana» de base clásica en un clima político en decadencia. La aristocracia lo apoyó porque ellos también percibieron la necesidad de la conversión del campesinado pagano celta para arreglar el proceso de romanización frente al control cada vez más leve que las fuerzas imperiales romanas tenían sobre las provincias occidentales. Al parecer, se necesita una *conversio morum*, y no una ocupación militar que no pueda mantenerse a largo plazo. Pero Martín también tenía sus propios planes. Aparece regularmente como obispo *philoptochos*, o amigo de los pobres, como había visto representado en las provincias orientales por obispos de su tiempo como Basilio de Cesarea o Gregorio Nacianceno. Defendió los derechos de los pobres contra gobernadores poderosos como el conde Avito, que había arrestado a muchos ciudadanos de su región por no pagar impuestos. También apeló (sin éxito) al usurpador Emperador Máximo para que

---

[95] Se dice (en un tropo de este tipo de literatura hagiográfica) que se escondió en un granero para evitar la consagración episcopal, pero los gansos de los campesinos traicionaron su presencia, y la gente común exigió por la fuerza su consagración. La clase alta gala seguía teniendo muchas dudas sobre él y su estilo de comportamiento, no sólo por las rotas ropas de un campesino que él insistía en seguir usando, sino también por sus rudos modales, que ellos pensaban que no eran adecuados para un obispo.

[96] Sulpicio, en el capítulo 13 de la *Vita Martini*, muestra cómo los lugareños preferían sus propios árboles sagrados a los cultos superficiales romanizados representados por los templos clásicos: «Cuando en cierta aldea él, Martín, había demolido un templo muy antiguo, y se había puesto a cortar un pino que estaba cerca del templo, el sumo sacerdote de ese lugar y una multitud de otros paganos comenzaron a oponerse a él vigorosamente; y, aunque, bajo la influencia del Señor, estas personas se habían quedado calladas mientras el templo estaba siendo derribado, no podían soportar pacientemente que el árbol fuera derribado.

detuviera la ejecución de Prisciliano por herejía (el primer disidente cristiano que fue quemado por los poderes seculares cristianos).

La actividad misionera de Martín estaba muy expandida y se extendía por el norte y el centro de la Francia moderna. Utilizó a los monásticos para dirigir los esfuerzos misioneros, algo que Hilario probablemente le había sugerido, pero que contrastaba con la forma usual de considerar a los monásticos como que se retiraban de los asuntos de la iglesia por motivos de contemplación. En *Vida* que presenta su biógrafo Sulpicio, hay un profundo énfasis en lo visionario y en lo milagroso. El celoso misionero monástico está siendo modelado aquí, en la figura de Martín, como un exorcista carismático y destructor de demonios, cuya profunda santidad inspira un poderoso ministerio de predicación, reconciliación y conversión. A sus monjes se les dio una libertad considerable en la vida colectiva, un marcado contraste con los tipos de control que podemos ver aplicables a los monjes en los establecimientos cenobíticos de Pacomio y otros egipcios. La hagiografía de Sulpicio en su honor canoniza efectivamente a Martín antes de su muerte (pues fue escrita mientras estaba vivo). Sulpicio ve a Martín como un hombre culto, pero la evidencia histórica sugiere que era un soldado tosco y listo, con una gran fuerza de personalidad y un sentido de santidad poderosamente elevado.

Después de la muerte de Martín en 397, su culto (y su política monástica, por extensión) fue propagado activamente tanto por la *Vita Martini* de Sulpicio como más tarde por Gregorio de Tours, quienes llenaron la narrativa de historias milagrosas (sus luchas con el diablo, sus visiones, su evasión de la muerte cuando se paró bajo el árbol [druida] que caía, su evitación de las llamas que salían de su destrucción de un templo romano que amenazaba las casas de la gente de la ciudad, y así sucesivamente).[97] Claramente se le presenta como una figura que hace milagros y que supera a cualquier chamán local que las aldeas paganas puedan lanzar contra él. Poco después de su muerte, la figura de Martín fue tomada como símbolo cristiano de la dinastía merovingia, que promovió su causa bajo su patrocinio especial. Sus reyes después del siglo VII (cuando se atestigua por primera vez la práctica) llevaban la reliquia del medio manto de Martín (*cappa*) en la batalla como *palladium*. El sacerdote que tenía a su cargo la *cappa sancti martini* se llamaba *capellanus*, y de ahí se extendió a un título para sacerdotes que servían a los militares, y aún hoy ha sobrevivido como la palabra *capellán*. Los maestros del mosaico de San Apolinar en Nuovo en Rávena pusieron la figura de San Martín a la cabeza de su representación de la procesión de los mártires al trono de Cristo (aunque no fuera un mártir en absoluto). San Benito también consagraría una capilla dedicada a su honor en la cima del Monte Cassino, donde había habido un templo pagano. Pero sobre todo Benito recurre a Casiano, no a

---

[97] Sobre Sulpicio (c. 363–425) para más detalles, véase C. Stancliffe, *St. Martin and His Hagiographer: History and Miracle in Sulpicius Severus* (Oxford: Oxford University Press, 1983); S. Farmer, *Communities of St. Martin: Legend and Ritual in Medieval Tours* (Ithaca, NY: Cornell University Press, 1991). Gregorio de Tours (c. 538–594), cronista de la *Historia de los francos*, escribió también cuatro libros *Sobre los milagros de San Martín*. En su época, la tumba de Martín en su iglesia catedral atrajo a numerosos peregrinos.

Martín, en busca de ideas sobre la organización monástica. Más tarde, los carolingios, siguiendo la indicación de Benito, abogarían fuertemente por la forma benedictina de una política monástica más ordenada.

En este período, hacia finales del siglo IX, la leyenda de Martín, y la idea de un ideal de errante misionero carismático monástico que defendía, había salido de la región gala, pero fue retomada con entusiasmo en Irlanda. El antiguo monasterio de Martín en Marmoutier se convirtió en un lugar privilegiado de formación para los monjes celtas que pretendían trabajar como misioneros en el continente. Columbano se detuvo allí por un tiempo. Algunas leyendas eclesiásticas irlandesas incluso trataron de entender que San Patricio era el sobrino de Martín. Más tarde, el cristianismo medieval occidental celebró su día de fiesta, el 11 de noviembre, en alto honor, llamándolo Fiesta de San Martín. Era un día expansivo de carnaval, de fiesta y de jolgorio, seguido de cuarenta días de ayuno (*Quadragesima Sancti Martini*), más tarde conocido como el ayuno de Adviento que precede a la Navidad.

Juan Casiano en Marsella. Juan Casiano (c. 360–433) era de Escitia (la actual Rumanía) de nacimiento, una región de habla latina que limita con la iglesia oriental, en un momento en que las tradiciones de ambas partes del cristianismo todavía se cruzaban con fluidez con influencias mutuas. El mismo Juan era bilingüe en latín y griego. Sus extensos viajes lo llevaron finalmente a Occidente, donde aportó su conocimiento de primera mano de las condiciones y prácticas del monaquismo egipcio y se estableció rápidamente como un «traductor» muy influyente de la vida monástica del desierto a las condiciones occidentales. Estableció importantes monasterios de habla latina y tuvo una influencia fundamental en la teología de la experiencia ascética para todos los teólogos occidentales que vinieron después de él. Su escritura, por ejemplo, fue una gran influencia para San Benito.

Había adoptado el estilo de vida monástico cuando era joven en Belén. Pocos años después de su profesión, se trasladó a Egipto para estudiar allí de primera mano el ascetismo y se vio profundamente influenciado por su encuentro con el gran místico y teólogo Evagrio en Scetis, cuyo pensamiento posteriormente moderó y difundió ampliamente a través de sus propios escritos. En Egipto pasó más de una década viviendo la vida ascética, y observando y registrando los dichos de los grandes ancianos. A principios de los años 400 estuvo en Constantinopla, defendiendo la causa de los monjes origenistas que habían sido atacados por Teófilo de Alejandría. Fue ordenado diácono al servicio del renombrado patriarca Juan Crisóstomo. Después de que Teófilo, con la aprobación imperial, orquestó la declaración de Juan en el Sínodo de la Encina en 404, Casiano fue a Roma en una misión de apelación al Papa Inocencio I. Aquí conoció y se hizo amigo del Arcediano Romano León, quien más tarde se convertiría en el mismo Papa.

Juan parece haberse establecido en Occidente desde las primeras décadas del siglo V, fundando dos monasterios en Marsella en el año 415. Para estas comunidades escribió sus dos libros más famosos: *Los institutos*, que describen los ocho vicios principales que obstaculizan a los monjes, y en los que él dicta el régimen (detalles sobre la comida, la vestimenta y los tiempos de oración de los monjes) que debe regir el estilo de vida de un monje serio; y también *Las conferencias*, que relata las muchas conversaciones que tuvo con los famosos ancianos monásticos en Oriente.[98] Ambas obras tuvieron un profundo impacto en el monasticismo a medida que éste comenzaba a expandirse en la iglesia occidental. Sus *Institutos*, en particular, afectaron la forma de muchas reglas monásticas occidentales posteriores y fueron adaptados como una subestructura a la carta monástica por la familia benedictina. Juan tenía una típica aversión griega a las ideas de Agustín sobre la gracia, y en *Conferencias* 13, ataca las ideas de Agustín presentando la enseñanza de Juan Crisóstomo (ganándose así, en la ascendencia agustiniana póstuma, la designación más bien dudosa y censurable como semipelagiano en la iglesia occidental, aunque en la iglesia oriental se le considera como un santo y un gran maestro). En el curso de los preparativos para el Concilio de Éfeso, en el año 430, el Papa Celestino, por consejo de León, pidió a Casiano que preparara una adjudicación oficial sobre la doctrina de Nestorio, y así hizo un estudio de la teología de la encarnación que finalmente publicó en sus *Siete Libros sobre la Encarnación del Señor*.

La *Conferencia* y los *Institutos* de Casiano fueron concebidos como un contrapeso deliberado a la influencia de Martín de Tours en el sur de la Galia y a la filosofía ascética de su biógrafo, Sulpicio, que tanto había destacado los aspectos carismáticos y errantes de la vida ascética. Casiano deseaba, por el contrario, traer un sentido de orden a una casa más asentada de ascetas que vivían bajo la guía de un solo abad al estilo de las clásicas casas cenobitas egipcias.

Monaquismo irlandés. El cristianismo podría haber llegado a Irlanda antes que San Patricio (se han registrado algunos hallazgos arqueológicos cristianos aleatorios del siglo IV), pero es con la misión, primero del Palladio romano y luego de San Patricio, que se pueden datar los primeros orígenes formalmente registrados de la iglesia en Irlanda.[99] Según Próspero de Aquitania, el Papa Celestino envió a uno de sus diáconos para que fuera obispo «para los irlandeses que creen en Cristo».[100] Esto sugiere que ya existía una iglesia, probablemente con sede en el sur de Irlanda, pero el conocimiento de Palladio y su actividad se ha perdido en la oscuridad. Las varias *Vidas de San Patricio* (que básicamente se ocupan de apartar a Palladio) hablan de su martirio o dicen que él regresó a Britania (aunque nunca había venido de Britania) y generalmente no son confiables para información definitiva. Sin embargo, como uno de los diáconos personales del Papa, la misión irlandesa paladiana no es insignificante.

El verdadero apóstol de Irlanda, sin embargo, era indiscutiblemente Patricio. Era un cristiano de la costa sur de Britania que había sido capturado y esclavizado por

---

[98] *Institutes of the Coenobia; Conlationes* o *Collationes patrum in scetica eremo* (*Conferencias de los Padres del Desierto de Skete*).

[99] Véase D. O. Croinin, *Early Medieval Ireland: 400–1200* (London: Longman, 1995); J. F. Kenny, *The Sources for the Early History of Ireland*, vol. 1, *Ecclesiastical* (New York: Columbia University Press, 1966); L. de Paor, *St. Patrick's World: The Christian Culture of Ireland's Apostolic Age* (London: University of Notre Dame Press, 1993).

[100] Próspero de Aquitania (c. 390–455), *Crónicas* (para el año 431).

piratas irlandeses y obligado a trabajar como pastor. Escapó y poco después entró en la vida monástica, regresando finalmente a Irlanda como obispo misionero. Su campo de trabajo estaba en el norte de Irlanda, y durante más de treinta años desarrolló una dramática y peligrosa misión de viaje entre los señores paganos del norte, resonante en algunos aspectos con la imagen icónica de Martín de Tours. Las iglesias que él fundó florecieron y crecieron. Aprendió irlandés, y las muchas historias asociadas con él sugieren que atacó la magia pagana de frente con actos taumatúrgicos que superaron a los chamanes irlandeses locales.

Su misión, sin embargo, no sólo encontró una fuerte resistencia pagana, sino que también fue atacado por el clero británico del continente, que pensó que había violado sus derechos eclesiásticos; y en respuesta a sus acusaciones de que su episcopado era inválido, produjo sus famosas *Confesiones* para justificar su apostolado. Su *Carta a Corotico*, el rey británico, amenazó valientemente al caudillo cristiano con la excomunión por haber hecho caso omiso de los cánones de la iglesia al esclavizar a los cristianos irlandeses durante una redada. Ambos escritos son los primeros documentos conocidos de la iglesia escritos en Irlanda, y presentan una imagen vívida de un hombre valiente, lleno de un sentido de su destino apostólico.

Después de Patricio hay una escasez de fuentes históricas sobre la iglesia irlandesa hasta finales del siglo VI, cuando una serie de santos monásticos (Columba, Brigid, Brendan y Columbano) demuestran el carácter altamente ascético, militante y penitencial de la iglesia irlandesa, que permaneció característico de ella incluso en los tiempos modernos. Durante el siglo VII hubo un considerable conflicto interno en la iglesia irlandesa entre los conservadores (que deseaban conservar las antiguas características celtas de su iglesia) y los «innovadores» (que querían adoptar formas litúrgicas e institucionales que adaptaran cada vez más a Irlanda a la evolución de las tradiciones continentales y romanas). Las controversias condujeron a la formación de numerosos colegios pequeños y fueron responsables del aumento de la reputación de los eclesiásticos irlandeses entre los más eruditos de Europa. Las tensiones fueron generalmente resueltas a finales del siglo VII por los romanistas que consiguieron que se adoptara en general el cómputo romano de la Pascua, y el partido celta que consiguió mantener la organización monástica de las iglesias en lugar de un sistema metropolitano de obispos, como en otros lugares.

Sólo después del siglo IX las ciudades llegaron a desempeñar un papel significativo en la organización de la iglesia irlandesa. En los siglos VI y VII, los eruditos irlandeses (arraigados por igual en el espíritu celta y en las formas de la literatura latina) deambularon por la Galia, Alemania e Italia, llevando consigo sus habilidades literarias y artísticas. Escritores como Sedulio Escoto (*escotus* es la palabra en latín original para «irlandés») llevaron la influencia celta al corazón del dominio carolingio en el continente. Los escritores irlandeses del período patrístico eran principalmente importantes como transcriptores de manuscritos e hicieron numerosas copias (a menudo brillantemente iluminadas) de las Escrituras, así como la preservación de las obras de los padres latinos para Europa Occidental en un período en el que la infraestructura del Imperio Romano de Occidente se había derrumbado. La poesía cristiana irlandesa es una de las joyas de la literatura medieval temprana. Dos de las grandes figuras monásticas son Columba y Columbano.

COLUMBA. El líder monástico Columba (521-597), que en latín significa «paloma», era conocido como Colm Cille en irlandés («paloma de la iglesia»). Era el abad misionero del monasterio de Iona, frente a las costas escocesas. Era de linaje real irlandés (que en ese período significaba pariente de un cacique de tribu de un clan guerrero ascendente), pero desde su temprana juventud mostró una marcada preferencia por la vida religiosa, por lo que se le apartó de la formación de guerreros y se le asignó la educación. Enviado a las escuelas de los monasterios, fue educado por algunas de las principales figuras de su tiempo, entre ellas San Finian. Era un famoso (y extremadamente rápido) copista de manuscritos, y en lo que posiblemente sea el primer caso conocido de una disputa sobre derechos de autor, estalló una gran batalla entre los clanes porque se pensó que Colm Cille había sido privado de sus derechos en una disputa sobre la propiedad de un manuscrito. Los clanes se levantaron para disputar la alta realeza de los irlandeses, y una sangrienta batalla tuvo lugar en el año 561 en Cul-Drebene. Sintiéndose en parte responsable del derramamiento de sangre, Columba adoptó la forma radical de penitencia conocida como *xeniteia* (exilio voluntario de la patria) y navegó de Irlanda a Britania para hacer una larga penitencia como misionero «peregrino por Cristo». Así fue como llegó a fundar su monasterio en Iona, en un terreno que le fue dado por el rey picta, Bride. En el año 574 Columba ungió a Aedan MacGabrain como rey de los escoceses de Dalriada y al año siguiente asistió a la convención de reyes tribales en Druim Cett en Irlanda. Fundó el monasterio irlandés de Durrow en 585 (o algún tiempo después).[101]

El monaquismo de Columba es el de un clan guerrero paralelo. Los monjes están estrechamente ligados al abad por los lazos del clan o de parentesco y tienen que dar la máxima lealtad en cuanto al señor liege. La desobediencia es equivalente a la traición. La disciplina era dura y estricta. Las infracciones de la norma darían lugar a reembolsos inmediatos en caso de palizas. Al igual que los monásticos de Martín, estas hermandades de ascetas móviles altamente organizadas y disciplinadas eran altamente eficientes como evangelizadores misioneros de las tribus ásperas y peligrosas del mundo celta y del norte inglés.

COLUMBANO. Columbano (d. c. 615) fue llamado «el pequeño Columba» como un contemporáneo ligeramente más joven de Columba. Él también era abad y misionero. Comenzó su carrera eclesiástica en la abadía de San Comgal en Bangor. Alrededor de 590 dejó Irlanda y navegó hacia la Galia, estableciendo monasterios con reglas muy estrictas en Annegray y Luxeuil, en la región de los Vosgos. Él trajo la penitencia dramáticamente al primer plano en la vida monástica, como su razón de ser, e introdujo ayunos severos en el estilo de vida monástico para representar el espíritu del luto penitencial diario como un motivo dominante de la espiritualidad monástica

---

[101] Aunque Bede dice que fue antes de 565.

irlandesa. Animó a los monásticos a revelar todos los pensamientos secretos del corazón a su consejero espiritual, popularizando así el concepto de la confesión regular de los pecados.

Sus monjes fueron una fuerza fuerte para revivir las misiones cristianas en la Galia en este tiempo. Al propagar ferozmente las tradiciones eclesiásticas irlandesas de penitencia comunitaria, primero alarmó, y luego galvanizó, la fuerte oposición de los obispos gálicos, que le obligaron a presentar una defensa de su comportamiento en un sínodo de obispos gálicos en el año 603. Para reforzar el apoyo a su causa, también escribió un llamamiento al Papa. Al principio contaba con el apoyo del rey local, pero pronto lo perdió cuando denunció el concubinato polígamo del rey. En el año 610 fue expulsado de la Galia por decreto real, y luego fue al lago de Constanza, donde inició misiones entre la tribu pagana de los alemanes. Aquí también fue expulsado por la lucha política en el año 612. Finalmente, él y sus compañeros se establecieron en Bobbio en Italia, que eventualmente creció hasta convertirse en un gran centro de aprendizaje monástico de inspiración irlandesa. Sus restos literarios incluyen cartas, trece sermones, el gobierno del monje, el gobierno comunal y el penitencial. La autenticidad de su poesía es discutida. Un breve extracto de su regla monástica se da en la breve lectura.

UNA BREVE LECTURA

Los preceptos de Pacomio *1-8 (siglo IV)*. 1. Si un hombre iletrado entra en la asamblea de los santos, el portero debe presentarlo, según su rango, desde la puerta del monasterio, y asignarle un asiento en la asamblea (*synaxis*) de los hermanos. No debe cambiar el lugar de su rango asignado para sentarse hasta que el monje a cargo de cada casa (*oikiakos*) lo asigne al lugar que sea adecuado para él. 2. Debe sentarse con toda modestia y mansedumbre. Debe tomar la piel de cabra que cuelga de su hombro, de su costado, y meterla por debajo de su parte trasera, así como atar cuidadosamente su túnica interior de lino sin mangas, el *lebitonarium*, de tal manera que sus rodillas queden cubiertas. 3. Tan pronto como el recién llegado oiga el sonido de la trompeta llamando a los monjes a la *synaxis*, debe abandonar su celda y recitar frases de la Escritura hasta que llegue a la puerta de la *synaxis*. 4. Cuando empiece a entrar en esa habitación, en su camino hacia el lugar donde se parará y se sentará, debe evitar pisar los juncos que están allí depositados, que ya han sido sumergidos en agua para prepararlos para ser trenzados en cuerdas, de modo que ninguna pérdida pueda llegar al monasterio a través de la negligencia de una persona. 5. Por la noche, cuando se da la señal, no merodees junto al fuego que normalmente se enciende para mantener alejados los cuerpos fríos y calientes. Y nunca te quedes de brazos cruzados en la *synaxis*. En su lugar, con las manos ávidas, prepara cuerdas para la urdimbre de las esteras de junco. Por supuesto, hay que hacer excepciones para aquellos que están enfermos, y se les debe permitir descansar. 6. Cuando el monje que está en el podio recitando las Escrituras desde su corazón aplauda para señalar el final de las oraciones, nadie se demorará en levantarse. Todos deben ponerse de pie juntos. 7. Y que nadie mire a nadie más retorciendo cuerdas o rezando. Que cada uno se concentre en su propio trabajo, con los ojos abatidos. 8. Tales son los preceptos de la vida que los ancianos nos transmitieron. Y si durante la recitación de los salmos, o durante el tiempo de oración, o durante una lectura, alguien debe hablar o reír, entonces esa persona inmediatamente se desabrochará el cinturón y se dirigirá al altar con la cabeza y las manos colgando hacia abajo, y allí será reprendido por el superior del monasterio. Lo mismo hará en la *synaxis* de los hermanos, y también en el refectorio.

La serie sistemática de los apophthegmata anónimos (principios del siglo V). 1 (10): Un viejo dijo: «Esta es la voz que clama a la humanidad hasta el último suspiro: Arrepiéntete hoy».

18 (89): Una vez le preguntaron a un anciano: «¿Qué debe ser el monje?» Y él dijo: «En mi opinión, debe estar solo con el Solo» (*monos pros Monon*).[102]

19 (90): Le preguntaron a un anciano: «¿Por qué tengo miedo cuando camino por el desierto?» Y él respondió: «Porque aún estás vivo».

20 (91): Le preguntaron a un anciano: «¿Qué debo hacer para ser salvo?» Estaba haciendo una cuerda en ese momento, y sin levantar la vista de su tejido, contestó: «Lo estás mirando».

22 (93): Le preguntaron a un anciano: «¿Cuál es el trabajo de un monje?» Y él respondió: «Discernimiento».

24 (95): Le preguntaron a un anciano: «¿Qué debe hacer un monje?» Él respondió: «Practica todo lo que es bueno. Evita todo lo que es malo».

25 (96): Los ancianos solían decir: «El espejo para el monje es la oración».

26 (97): Los ancianos solían decir: «Lo peor del mundo es juzgar a otro».

27 (98): Los ancianos solían decir: «La corona de un monje es la humildad».

28 (99): Los ancianos solían decir: «Di a cada pensamiento que te venga a la mente: ¿Nos perteneces a nosotros o a nuestros enemigos? Y tendrá que confesar».

32 (103): Un anciano dijo una vez: «No hagas nada antes de preguntarte si lo que vas a hacer es de acuerdo a Dios».

37 (108): Un anciano dijo: «Así como la tierra es incapaz de caer, también lo es el alma humilde».[103]

53 (124): Un anciano dijo: «Mantente alejado de los que aman el conflicto en la discusión».[104]

---

[102] «Párate solo ante Aquel [que es]». Un juego de palabras griego que entreteje los temas de estar en solitario (la palabra *monje* deriva del término griego para solitario) y estar en presencia de la unidad divina (Mónada suprema).

[103] Un juego de palabras sobre la raíz latina de «humildad», que significa «cerca de la tierra».

La serie anónima del Apophthegmata Patrum (principios del siglo V). 5. Un hermano preguntó una vez a un anciano: «¿Cómo entra en el alma el temor de Dios?» Y el anciano dijo: «Si una persona tiene humildad y pobreza y no juzga a nadie, el temor de Dios viene a él».

6. Un hermano vino a ver a un anciano y le preguntó: «Abba, ¿por qué mi corazón es tan duro, y por qué no temo a Dios?» Y el anciano le dijo: «En mi opinión, si una persona tiene en cuenta los reproches que realmente merece, adquirirá el temor de Dios».

7. Un anciano vio una vez a un hermano riéndose y le dijo: «Tenemos que dar cuenta de toda nuestra vida en presencia del cielo y de la tierra. ¿Cómo es que eres capaz de reír?»

8. Un anciano dijo: «Así como llevamos nuestra propia sombra con nosotros a todas partes, así debemos tener lágrimas y arrepentimiento dondequiera que vayamos».

15. Un hermano vino a ver a un anciano muy experimentado y le dijo: «Estoy en problemas». Y el anciano le dijo: «Siéntate en tu celda, y Dios te dará paz».

17. Uno de los ancianos fue a visitar a otro anciano, que le dijo a su discípulo: «Prepáranos unas pocas lentejas», lo cual hizo, «y remoja unos panes», lo cual también hizo. Y se quedaron hablando de asuntos espirituales hasta el mediodía del día siguiente. El anciano dijo a su discípulo: «Hijo mío, prepáranos unas lentejas». Y el discípulo dijo: «Estaba listo ayer». Así que entonces comieron.

18. Otro anciano vino a ver a uno de los padres, que cocinó unas cuantas lentejas y le dijo: «Digamos algunas oraciones». Y el primero recitaba el salterio entero; y luego el otro hermano se lo recitaba de memoria a los dos grandes profetas. Por la mañana, el visitante se marchó. Se habían olvidado de la comida.

22. Viendo a unas monjas que venían hacia él por el camino, uno de los hermanos se desvió mucho. La abadesa le gritó: «Si fueras un monje perfecto no habrías notado que somos mujeres».

90. Le preguntaron a un anciano: «¿Cómo puedo encontrar a Dios?» Él dijo: «En el ayuno, en las vigilias, en los trabajos, en la devoción y sobre todo en el discernimiento. Te digo esto: muchos han cargado sus cuerpos sin discernimiento y luego se han ido de nosotros sin ganar nada. Nuestras bocas huelen mal por el ayuno. Nos sabemos las Escrituras de memoria. Recitamos todos los salmos de David. Pero aún no tenemos lo que Dios requiere de nosotros: caridad y humildad».

102. Un anciano dijo: «No estés de acuerdo con cada palabra que escuches. Sé lento para dar tu consentimiento. Sé rápido para decir la verdad».

---

[104] *Apophthegmata Patrum: Systematic Series*. Textos en C. Stewart, *The World of the Desert Fathers* (Oxford: SLG Press, 1986).

151. Un hermano fue a ver a un ermitaño y cuando se iba dijo: «Perdóname, padre, por alejarte de tu santo deber». Y él dijo: «Mi deber es refrescarte y enviarte en paz».[105]

Barsanufio y Juan, Preguntas y respuestas 90 *(mediados del siglo V)*. Pregunta: ¿Es apropiado poner ante los ancianos todos los pensamientos que nacen en el corazón de uno?

Responde: ¡Hermano! Nunca molestes a los ancianos con todos los pensamientos que se elevan dentro de ti. Porque algunos de ellos mueren en un momento. Sólo llama la atención a los que permanecen mucho tiempo en un monje y le causan problemas y luchas. Porque es como el caso de un hombre que es interrumpido por muchos enemigos, pero que derrama desprecio sobre sus enemigos y no les presta atención. Pero si alguno de ellos se levantase y se acercase como para atacarle, seguramente informaría inmediatamente de ello a su comandante.

Agustín de Hipona, **Carta 211**, *A una comunidad monástica femenina (siglo V)*. Las reglas que establecemos para ser observadas por ustedes como personas asentadas en un monasterio femenino son estas: Ante todo, para cumplir el fin para el que han sido reunidos en una sola comunidad, habiten en la casa con unidad de espíritu, y que sus corazones y sus mentes estén unidos en Dios. No llamen a nada propiedad de nadie, sino que todas las cosas sean tenidas en común, y que la priora haga la distribución de comida y ropa a cada miembro; y no en igual medida a todos, porque no todos son igualmente fuertes, sino más bien a cada uno según su necesidad. Porque se puede leer en los Hechos de los Apóstoles: «Tenían todas las cosas en común: y la distribución fue hecha a cada uno según su necesidad». Por lo tanto, que los que poseían bienes mundanos antes de entrar en el monasterio deseen con alegría que éstos se conviertan en propiedad común. Que aquellos que no poseían bienes mundanos nunca pidan dentro del monasterio lujos que nunca podrían haber disfrutado mientras estaban fuera de sus muros. A pesar de que su pobreza antes de entrar en el monasterio haya sido tal que no hayan podido conseguir para sí mismos lo estrictamente necesario para la vida, que se les dé las comodidades que la enfermedad de cualquier miembro requiere. En tales casos, tengan cuidado de no considerar, entre las principales alegrías de su condición actual, que han encontrado comida y ropa en el monasterio, que de otro modo estaba fuera de su alcance. Más aún, que no levanten la cabeza porque están asociados en igualdad de condiciones con personas a las que no se atreverían a acercarse en el mundo exterior; sino que más bien levanten sus corazones en lo

---

[105] *Apophthegmata Patrum: Anonymous Series*. Textos en B. Ward, *The Wisdom of the Desert Fathers* (Oxford: SLG Press, 1975).

alto y no busquen posesiones terrenales, porque si los ricos son humillados, pero los pobres se hinchan de vanidad en nuestros monasterios, entonces estas instituciones serán útiles sólo para los ricos y perjudiciales para los pobres. Por otro lado, nunca permitas que quienes alguna vez ocuparon algún cargo en el mundo menosprecien a sus hermanas más pobres con desprecio. Más bien, que tengan cuidado de glorificarse en el compañerismo de sus hermanas pobres, más que en el rango de sus padres ricos. Y que no se exalten a sí mismos por encima de los demás simplemente porque puedan haber contribuido con sus recursos al mantenimiento de la comunidad. Porque en ese caso encontrarán en sus riquezas una ocasión aún mayor para el orgullo, para compartirlas en el monasterio, de lo que habrían encontrado si hubieran gastado la riqueza en sus propios placeres en el mundo. Porque toda otra clase de pecado encuentra su salida en las malas obras y las lleva a su consumación; pero la soberbia puede acechar incluso en las buenas obras, y las lleva a la destrucción. ¿De qué serviría prodigar dinero a los pobres, e incluso hacerse pobre uno mismo, si el alma infeliz se enorgullece más de despreciar las riquezas de lo que lo había hecho al poseerlas? Por eso les ruego a todos que vivan en unanimidad y concordia, y que honren a aquel Dios cuyos templos han creado en las personas de los demás.

Sean regulares en sus oraciones en las horas y horarios señalados. En el oratorio, que nadie haga otra cosa que no sea el deber por el que se hizo ese lugar, y del que recibió su nombre; para que si alguno de ustedes que tiene tiempo libre y desea rezar en otro horario a los que le han sido asignados, no se vea obstaculizado por otros miembros que utilicen el lugar para fines diferentes. En los salmos e himnos que usan en sus oraciones a Dios, que sean meditados en el corazón que es pronunciado por la voz. No cantes excepto las cosas que te receten para ser cantadas. Pero lo que no está prescrito no debe ser cantado. Mantenga la carne bajo control ayunando y absteniéndose de comer y beber, en la medida en que la salud lo permita. Si alguien no puede ayunar, no le permita, a menos que esté enfermo, tomar ningún alimento excepto a la hora habitual de la comida. Desde el momento en que llegas a la mesa hasta que te levantas de ella, escucha en silencio y sin argumentos lo que se te está leyendo. Así que no sólo hagan ejercicio en la boca para comer, sino que sus oídos también se ocupen en recibir la palabra de Dios.... Deja que tu forma de vestir sea totalmente discreta. Aspira a edificar a otros por tu comportamiento en vez de por tu estilo de vestir. Que sus tocados no sean tan finos como para mostrar las redes debajo de ellos.... Deja que tu pelo esté completamente cubierto, y cuando salga del monasterio, no debe estar descuidadamente desordenado o demasiado cuidadosamente arreglado. Cuando vayan a alguna parte, caminen juntas como grupo, y cuando lleguen al lugar al que se dirigían, párense juntas. Al caminar, o al estar de pie, en conducta, y de hecho en todos tus movimientos, no hagas nada que pueda atraer los deseos impropios de cualquier hombre, sino más bien deja que todo lo que hagas esté de acuerdo con tu carácter sagrado. Aunque una mirada pasajera pueda ser dirigida hacia cualquier hombre, nunca dejes que tus ojos miren fijamente a ninguno. Porque cuando sales no se te prohíbe ver a los hombres, pero nunca debes dejar que tus deseos salgan a ellos, o desear ser objeto de deseo por su parte.... Así que, cuando estén juntas en la iglesia, o en cualquier otro lugar donde haya hombres presentes, guarden su castidad cuidándose las unas a las otras, y Dios, que habita en ustedes, las guardará así por medio de ustedes mismas.... Pero si alguna de ustedes ha incurrido en un pecado tan grande como para recibir cartas o regalos de cualquier tipo de manera secreta de un hombre, que sea perdonada y orada si ella misma confiesa esto por su propia voluntad. Pero si se le descubre y se le condena por tal conducta, que sea castigada más severamente, según la sentencia de la priora, o del prior, o incluso del obispo.

Dejen que su ropa sea lavada, ya sea por ustedes mismas o por lavanderas, en los intervalos que sean aprobados por la priora, en caso de que la indulgencia del cuidado indebido por la ropa muy limpia produzca manchas internas en sus almas. Que el lavado del cuerpo y el uso de baños no sean diarios, sino en el intervalo habitual que se le asigna, es decir, una vez al mes. Pero si alguna enfermedad hace más necesario lavar a una persona, que esto no se retrase. Pero que esto se haga por recomendación de un médico, y sin quejas, aunque la paciente pueda ser reacia, pues debe hacer por orden de la priora lo que la salud le exija.... Que los manuscritos para leer se soliciten a una hora fija todos los días, y que nadie que los pida a otras horas los reciba. Pero a cualquier hora del día la ropa y los zapatos son requeridos por alguien necesitado, que los encargados de este departamento nunca se demoren en suplir las necesidades. Las riñas deben ser desconocidas entre ustedes, o al menos, si surgen, deben ser terminadas lo más rápido posible, para que la ira no se convierta en odio.... Así que, absténte de las palabras duras; pero si se te han escapado de los labios, sé rápida para ofrecer palabras de curación de los mismos labios con los que se infligieron las heridas.... Obedece a la priora como madre, dándole todo el debido honor, para que Dios no se ofenda por tu olvido de lo que le debes. Más aún, les corresponde a ustedes obedecer al presbítero que tiene a su cargo a todas ustedes. A la priora le corresponde muy especialmente la responsabilidad de velar por que se observen todas estas reglas, y que, si se ha descuidado alguna de ellas, la ofensa no se pase por alto, sino que se corrija y discipline cuidadosamente.... Que el Señor les conceda la sumisión amorosa a todas estas reglas, propias de personas enamoradas de la belleza espiritual y que difunden un dulce sabor de Cristo por medio de la buena conversación, no como esclavas bajo la ley, sino como esclavas establecidas en libertad bajo la gracia.

Juan Casiano, **Los Institutos 3** *(siglo V).* Sobre el juicio por el cual un hombre que ha de ser recibido en el monasterio será probado: El que pide la admisión a la disciplina del monasterio no debe ser recibido nunca antes de dar alguna prueba de su capacidad de perseverar. Esto se hará permaneciendo fuera de las puertas durante diez días o incluso más. Demostrará la fuerza de su deseo, su humildad y su paciencia. Al postrarse a los pies de todos los hermanos que pasen, será rechazado deliberadamente y despreciado por todos ellos; como si se viera obligado a entrar en el monasterio, no por motivos religiosos, sino como si se viera obligado a entrar en él. Y cuando haya dado esta prueba práctica de su estabilidad, frente a muchos insultos y molestias, y haya dado una indicación por la forma en que ha sufrido esta desgracia de lo que será en el tiempo de las pruebas, y sólo después de esta prueba del fervor de su alma, entonces será admitido. Entonces le preguntarán con el mayor cuidado si tiene la contaminación de una sola moneda en su persona de las posesiones que antes le pertenecían. Porque saben que un hombre no puede permanecer mucho tiempo bajo la disciplina del monasterio, y nunca puede aprender la virtud de la humildad y la obediencia, ni siquiera ser feliz bajo la pobreza y las dificultades de la vida en el monasterio, si sabe que incluso una pequeña suma de dinero se ha mantenido oculta. En tal caso, tan pronto como surjan los primeros problemas, huirá inmediatamente del monasterio como un tiro de piedra de una honda, llevado a este curso de acción porque ha depositado su confianza en esa suma de dinero.

Sulpicio Severo, **Vida de San Martín de Tours 3, 15.** Y así, en un momento en que Martin no tenía nada en su persona excepto sus brazos y su simple uniforme militar, en medio del invierno, una estación que había sido aún más amarga de lo habitual, de modo que el frío extremo estaba resultando fatal para muchos, tuvo la oportunidad de encontrarse en la puerta de la ciudad de Amiens con un mendigo desprovisto de ropa. Estaba rogando a los transeúntes que se compadezcan de él, pero todos pasaron junto al miserable hombre y no le prestaban atención. Por esta razón, Martín, aquel hombre lleno de Dios, comprendió que esta criatura por la que los demás no tenían piedad, le era, por lo tanto, dejada a él. Pero, ¿qué debería hacer? No tenía nada más que el manto con el que estaba envuelto, pues ya había regalado otras prendas en ocasiones similares. Entonces sacó la espada que llevaba puesta y cortó su manto en dos mitades, y dio una al pobre hombre, mientras se envolvía una vez más en la otra mitad. Al ver esto, algunos de los espectadores empezaron a reírse, porque ahora se veía ridículo, alguien medio vestido. Pero varios de los más sabios se sentían tristes por dentro porque no habían hecho lo mismo. Y lo sentían tanto más cuanto que poseían mucho más que Martín y podían haber vestido al pobre hombre sin reducirse a la desnudez. La noche siguiente, después de que Martín se durmió, tuvo una visión de Cristo usando esa parte de su propio manto que había envuelto alrededor del pobre hombre. Miró al Señor más de cerca y alguien le preguntó si este era su propio manto. Y entonces oyó a Jesús hablar en voz alta a los ángeles que lo rodeaban: «Martín, que todavía es sólo un catecúmeno, me vistió con esta túnica». El Señor se acordaba de sus propias palabras, porque había dicho mientras estaba en la tierra: «En la medida en que has hecho esto al más pequeño de ellos, me lo has hecho a mí». Por eso anunció que en la persona de ese pobre hombre era él mismo quien se había vestido. Y para confirmar este testimonio que dio de tan buena obra, se dignó mostrarse con esa misma vestidura que el pobre había recibido. Después de esta visión, el hombre santo no fue hinchado de gloria humana, sino que reconoció la bondad de Dios en lo que se había hecho. Con veinte años de edad, se apresuró a recibir el bautismo. Sin embargo, no cesó inmediatamente después de la vida militar. Cedió a las súplicas de su tribuno, que era su amigo íntimo y compañero de tienda, pues el tribuno había prometido que tan pronto como expirara su propio período de servicio, él también se retiraría del mundo. Martín entonces se retrasó esperando el cumplimiento de esa promesa por dos años más después de su bautismo, y así continuó (pero sólo en nombre) actuando como soldado. También les contaré algo que ocurrió en la aldea de los Aedui. Cuando Martín estaba allí derribando un templo, una multitud de paganos rurales se precipitaron sobre él en un frenesí de rabia. Y cuando uno de ellos, más audaz que los demás, corrió a herirlo con una espada desenvainada, Martín echó hacia atrás su capa y ofreció su cuello desnudo al asesino. Esto no desanimó al pagano; rápidamente levantó su brazo derecho, pero en el acto mismo de levantarlo cayó al suelo sobre su espalda. Entonces, abrumado por el temor de Dios, el hombre pidió perdón. Algo más como esto le pasó a Martín. Cierto hombre había decidido apuñalarlo con un cuchillo cuando estaba a punto de destruir algunos ídolos. Pero en el mismo momento de dar el golpe, el arma fue arrancada de sus manos y desapareció. Sucedió en muchas ocasiones que cuando los paganos le rogaban que no derribara sus templos, tranquilizaba y conciliaba la mente de los paganos con su santa predicación que, una vez que se les había revelado la luz de la verdad, ellos mismos demolían sus propios templos.

La regla monástica de San Columbano 10 (siglo VII). *En cuanto a la Perfección del Monje.* Que el monje viva en una comunidad bajo la disciplina de un padre y en compañía de muchos, para que de uno aprenda la humildad y de otro la paciencia. Porque uno puede enseñarle silencio, y otro puede enseñarle mansedumbre. Que un monje no haga lo que quiera; que coma lo que se le ha dado, que guarde todo lo que ha recibido, que cumpla la suma de su trabajo, que se someta a alguien que no le guste. Que venga cansado a su cama como si caminara dormido, y que se le haga levantarse de nuevo mientras aún desea seguir durmiendo. Que guarde silencio cuando haya sufrido algún mal. Que tema al superior de su comunidad como un señor, pero que lo ame como a un padre, y crea que todo lo que ordene es bueno para su alma. Que no juzgue nunca la opinión de un anciano, porque es su deber obedecer y cumplir lo que se le ha mandado, como dice Moisés: «Oye, Israel», y lo que sigue.

LECTURAS COMPLEMENTARIAS

Arrepentimiento, reconciliación, penitenciales

Foley, G. C. *Anselm's Theory of the Atonement*. London: Longmans, Green, 1909.

Langstadt, E. "Tertullian's Doctrine of Sin and the Power of Absolution in the De Pudicitia." *StPatr* 2 (1957): 251-57.

Morris, L. L. *The Atonement: Its Meaning and Significance*. Downers Grove, IL: InterVarsity Press, 1983.

Turner, H. E. W. *The Patristic Doctrine of Redemption*. London: Mowbray, 1952.

Vogel, C. *Le pécheur et la pénitence dans l'Église ancienne*. Paris: Editions du Cerf, 1966.

Ward, B. *Harlots of the Desert: A Study of Repentance in Early Monastic Sources*. Kalamazoo, MI: Cistercian Publications, 1987.

Watkins, O. D. *A History of Penance*. 2 vols. London: Longman, 1920.

White, L. M. "Transactionalism in the Penitential Thought of Gregory the Great." *Romisch Quartalschrift* 21 (1978): 33-51.

Ascetismo y cultura monástica

Abouzayd, S. *Ihidayutha: A Study of the Life of Singleness in the Syrian Orient. From Ignatius of Antioch to Chalcedon 451 A.D.* ARAM: Society for Syro-Mesopotamian Studies. Oxford: ARAM: Society for Syro-Mesopotamian Studies, 1993.

Anderson, G. *Sage, Saint & Sophist. Holy Men and Their Associates in the Early Roman Empire*. London: Routledge, 1994.

Athanassakis, A., trad. *The Life of Pachomius*. Missoula, MT: Scholars Press, 1975.

Breydy, M. "Les laics et les *bnay qyomo* dans l'ancienne tradition de l'Église syrienne." *Kanon: Jahrbuch der Gesellschaft für das Recht der Ostkirchen* 3 (1977): 51-75.

Brown, P. *The Body & Society: Men, Women & Sexual Renunciation in Early Christianity*. New York: Columbia University Press, 1988.

Charanis, P. "The Monk as an Element of Byzantine Society." *Dumbarton Oaks Papers* 25 (1971): 61-68.

Chitty, D. *The Desert a City*. Oxford: Blackwell, 1966.

Clark, E. A. *Ascetic Piety and Women's Faith*. Lewiston, NY: Edwin Mellen, 1986.

Cloke, G. *This Female Man of God: Women and Spiritual Power in the Patristic Age. AD 350–450*. London: Routledge, 1995.

Evelyn-White, H. G. *History of the Monasteries of Nitria and Scetis*. 3 vols. New York: Metropolitan Museum of Art, 1932.

Faherty Dunn, M. *The Emergence of Monasticism: From the Desert Fathers to the Early Middle Ages*. Oxford: Blackwell, 2003.

Fahey, W. *The Foundations of Western Monasticism*. Charlotte, NC: Tan Classics, 2013.

Farmer, S. *Communities of St. Martin: Legend and Ritual in Medieval Tours*. New York: Cornell University Press, 1991.

Fowden, G. "The Pagan Holy Man in Late Antique Society." *Journal of Hellenic Studies* 102 (1982): 33-59.

Fry, T., ed. *The Rule of St. Benedict in Latin and English with Notes*. Collegeville, MN: Liturgical Press, 1981.

Goehring, J. E. *The Letter of Ammon and Pachomian Monasticism*. Patristische Texte und Studien 27. Berlin: De Gruyter, 1986.

_____. "New Frontiers in Pachomian Studies." En *The Roots of Egyptian Christianity*, ed., B. A. Pearson y J. Goehring, 236-57. Minneapolis: Fortress, 1986.

Gregg, R. C. *Athanasius: The Life of Antony*. Classics of Western Spirituality. Mahwah, NJ: Paulist, 1980.

Griffith, S. H. "Monks, 'Singles,' and the 'Sons of the Covenant': Reflections on Syriac Ascetic Terminology." En *ΕΥΛΟΓΗΜΑ: Studies in Honor of Robert Taft S.J.*, ed. E. Carr et al., 141-60. Studia Anselmiana 110. Analecta Liturgica 17. Rome: Pontificio Ateneo S. Anselmo, 1993.

Harmless, W. *Desert Christians: An Introduction to the Literature of Early Monasticism*. Oxford: Oxford University Press, 2004.

Keller, D. G. R. *Desert Banquet: A Year of Wisdom from the Desert Mothers and Fathers*. Collegeville, MN: Liturgical Press, 2011.

Kirschner, R. "The Vocation of Holiness in Late Antiquity.: *VC* 38 (1984): 105-24.

Lawrence, C. H. *Medieval Monasticism: Forms of Religious Life in Western Europe in the Middle Ages*. London: Longman, 2001.

Leclercq, J. *The Love of Learning and the Desire for God: A Study of Monastic Culture*. New York: Fordham University Press, 1982.

Lowther Clark, W. K. *The Lausiac History of Palladius*. London: SPCK, 1918.

Luibheid, C. *John Cassian: The Conferences*. Classics of Western Spirituality. Mahwah, NJ: Paulist, 1985.

Luibheid, C., et al. *John Climacus: The Ladder of Divine Ascent*. Classics of Western Spirituality. Mahwah, NJ: Paulist, 1982.

McGuckin, J. A., ed. *Orthodox Monasticism Past and Present*. Piscataway, NJ: Gorgias Press, 2015.

Munz, P. "John Cassian." *JEH* 9 (1960): 1-22.

Petersen, J. *Handmaids of the Lord: Contemporary Descriptions of Female Asceticism in the First Six Christian Centuries*. Kalamazoo, MI: Cistercian Publications, 1996.

Price, R. M., trad. *Cyril of Scythopolis: The Lives of the Monks of Palestine*. Kalamazoo, MI: Cistercian Publications, 1991.

Rose, S., trad. *Saints Barsanuphius and John: Guidance Toward Spiritual Life-Answers to the Questions of Disciples*. Platina, CA: St. Herman of Alaska Brotherhood, 1990.

Rousseau, P. *Ascetics, Authority and the Church in the Age of Jerome and Cassian*. Oxford: Oxford University Press, 1978.

_____. *Pachomius: The Making of a Community in Fourth Century Egypt*. Berkeley: University of California Press, 1985.

Rubenson, S. *The Letters of Saint Antony: Origenist Theology, Monastic Tradition, and the Making of a Saint*. Bibliotheca Historico-Ecclesiastica Lundensis 24. Lund: Lund University Press, 1990.

Stancliffe, C. *St. Martin and His Hagiographer: History and Miracle in Sulpicius Severus*. Oxford: Clarendon, 1983.

Stewart, C. *The World of the Desert Fathers*. Oxford: SLG Press, 1986.

Talbot, A. M. "An Introduction to Byzantine Monasticism." *Illinois Classical Studies* 12 (1987): 229-41.

Veilleux, A. *Pachomian Koinonia*. 3 vols. Kalamazoo, MI: Cistercian Publications, 1980–1982.

Vivian, T. *Journeying into God: Seven Early Monastic Lives*. Minneapolis: Fortress, 1996.

Voobus, A. *A History of Asceticism in the Syrian Orient*. 2 vols. Louvain: Secrétariat du Corpus Scriptorum Christianorum Orientalium, 1958, 1960.

Waddell, H. *The Desert Fathers*. London: Sheed and Ward, 1936.

Ward, B. *The Sayings of the Desert Fathers: The Alphabetical Collection*. London: Penguin, 1975, 1981.

_____. *The Wisdom of the Desert Fathers*. Oxford: SLG Press, 1975, 1986.

Wimbush, V., ed. *Ascetic Behaviour in Greco-Roman Antiquity*. Minneapolis: Fortress, 1990.

Acerca del autor

John Anthony McGuckin, anteriormente consultor en teología patrística y bizantina en la Universidad de Leeds en Inglaterra, es actualmente Profesor Nielsen de Antigüedad Tardía e Historia Cristiana Bizantina en el Union Theological Seminary y profesor de Estudios Cristianos Bizantinos en la Universidad de Columbia en la ciudad de Nueva York.

Es Arcipreste de la Iglesia ortodoxa rumana y miembro de la Royal Society of Arts y de la Royal Historical Society del Reino Unido. Ha escrito veinticinco obras de teología histórica, entre ellas *St. Cyril of Alexandria: The Christological Controversy*, *St. Gregory of Nazianzus: An Intellectual Biography*, *The Westminster Handbook to Patristic Theology*, y *The Ascent of Law*.

Made in the USA
Columbia, SC
17 May 2021